J. von Staudingers
Kommentar zum Bürgerlichen Gesetzbuch
mit Einführungsgesetz und Nebengesetzen
Buch 2 · Recht der Schuldverhältnisse
§§ 311, 311a–c
(Vertragsschluss)

Kommentatorinnen und Kommentatoren

Dr. Christoph Althammer
Professor an der Universität Regensburg

Dr. Georg Annuß, LL.M.
Rechtsanwalt in München, Außerplanmäßiger Professor an der Universität Regensburg

Dr. Christian Armbrüster
Professor an der Freien Universität Berlin, Richter am Kammergericht a. D.

Dr. Arnd Arnold
Professor an der Universität Trier, Dipl.-Volksw.

Dr. Markus Artz
Professor an der Universität Bielefeld

Dr. Martin Avenarius
Professor an der Universität zu Köln

Dr. Ivo Bach
Professor an der Universität Göttingen

Dr. Christian Baldus
Professor an der Universität Heidelberg

Dr. Wolfgang Baumann
Rechtsanwalt und Notar a. D. in Wuppertal, Professor an der Bergischen Universität Wuppertal

Dr. Winfried Bausback
Professor a. D. an der Bergischen Universität Wuppertal, bayerischer Staatsminister der Justiz a. D., Mitglied des Bayerischen Landtags

Dr. Roland Michael Beckmann
Professor an der Universität des Saarlandes, Saarbrücken

Dr. Dr. h. c. Detlev W. Belling, M.C.L.
Professor an der Universität Potsdam

Dr. Andreas Bergmann
Professor an der Fernuniversität in Hagen

Dr. Falk Bernau
Richter am Bundesgerichtshof, Karlsruhe

Dr. Martin Bialluch
Wiss. Assistent am Max-Planck-Institut in Hamburg

Dr. Marcus Bieder
Professor an der Universität Osnabrück

Dr. Werner Bienwald †
Professor an der Evangelischen Fachhochschule Hannover, Rechtsanwalt in Oldenburg

Dr. Tom Billing
Rechtsanwalt in Berlin

Dr. Eike Bleckwenn
Rechtsanwalt in Hannover

Dr. Reinhard Bork
Professor an der Universität Hamburg

Dr. Wolfgang Breyer
Rechtsanwalt in Stuttgart

Dr. Jan Busche
Professor an der Universität Düsseldorf

Dr. Georg Caspers
Professor an der Universität Erlangen-Nürnberg

Dr. Dr. h. c. Tiziana Chiusi
Professorin an der Universität des Saarlandes, Saarbrücken

Dr. Michael Coester, LL.M.
Professor an der Universität München

Dr. Dr. h. c. Dagmar Coester-Waltjen, LL.M.
Professorin an der Universität Göttingen

Dr. Johanna Croon-Gestefeld, LL.M.
Professorin an der Universität Lüneburg

Dr. Thomas Diehn, LL.M.
Notar in Hamburg, Lehrbeauftragter an der Universität Hamburg

Dr. Katrin Dobler
Richterin am Oberlandesgericht Stuttgart

Dr. Heinrich Dörner
Professor an der Universität Münster

Dr. Werner Dürbeck
Vorsitzender Richter am Oberlandesgericht Frankfurt a. M.

Dr. Anatol Dutta, M.Jur.
Professor an der Universität München

Dr. Christina Eberl-Borges
Professorin an der Universität Mainz

Dr. Dres. h. c. Werner F. Ebke, LL.M.
Professor an der Universität Heidelberg

Dr. Jan Eickelberg, LL.M. †
Professor an der Hochschule für Wirtschaft und Recht, Berlin

Jost Emmerich
Richter am Oberlandesgericht München

Dr. Volker Emmerich
Professor an der Universität Bayreuth, Richter am Oberlandesgericht Nürnberg a. D.

Dr. Cornelia Feldmann
Rechtsanwältin in Freiburg i. Br.

Dr. Matthias Fervers
Akad. Rat a. Z. an der Universität München

Dr. Timo Fest, LL.M.
Professor an der Universität zu Kiel

Dr. Karl-Heinz Fezer
Professor em. an der Universität Konstanz, Honorarprofessor an der Universität Leipzig, Richter am Oberlandesgericht Stuttgart a. D.

Dr. Philipp S. Fischinger, LL.M.
Professor an der Universität Mannheim

Dr. Holger Fleischer
Direktor am Max-Planck-Institut für ausländisches und internationales Privatrecht in Hamburg, Professor an der Bucerius Law School, Hamburg

Dr. Robert Freitag, Maître en droit
Professor an der Universität Erlangen-Nürnberg

Dr. Jörg Fritzsche
Professor an der Universität Regensburg

Dr. Tobias Fröschle
Professor an der Universität Siegen

Dr. Susanne Lilian Gössl, LL.M.
Professorin an der Universität Bonn

Dr. Beate Gsell, Maître en droit
Professorin an der Universität München, Richterin am Oberlandesgericht München

Dr. Thomas Gutmann, M. A.
Professor an der Universität Münster

Dr. Martin Gutzeit
Professor an der Universität Gießen

Dr. Martin Häublein
Professor an der Universität Innsbruck

Dr. Johannes Hager
Professor an der Universität München

Dr. Felix Hartmann, LL.M.
Professor an der Freien Universität Berlin

Dr. Wolfgang Hau
Professor an der Universität München, Richter am Oberlandesgericht München

Dr. Rainer Hausmann
Professor an der Universität Konstanz

Dr. Stefan Heilmann
Vorsitzender Richter am Oberlandesgericht Frankfurt, Honorarprofessor an der Frankfurt University of Applied Sciences

Dr. Jan von Hein
Professor an der Universität Freiburg i. Br.

Dr. Jörn Heinemann
Notar in Neumarkt i.d. Opf.

Dr. Christian Heinze
Professor an der Universität Heidelberg

Dr. Stefan Heinze
Notar in Köln

Dr. Tobias Helms
Professor an der Universität Marburg

Silas Hengstberger, LL.B.
Wiss. Mitarbeiter an der Universität Mannheim

Dr. Dr. h. c. mult. Dieter Henrich
Professor an der Universität Regensburg

Dr. Carsten Herresthal, LL.M.
Professor an der Universität Regensburg

Christian Hertel, LL.M.
Notar in Weilheim i. OB.

Dr. Stephanie Herzog
Fachanwältin für Erbrecht in Würselen

Joseph Hönle
Notar in München

Dr. Ulrich Hönle
Notar in Waldmünchen

Dr. Clemens Höpfner
Professor an der Universität Münster

Dr. Bernd von Hoffmann †
Professor an der Universität Trier

Dr. Dr. h. c. Heinrich Honsell
Professor an der Universität Zürich, Honorarprofessor an der Universität Salzburg

Dr. Rainer Hüttemann
Professor an der Universität Bonn

Dr. Martin Illmer, M.Jur.
Richter am Landgericht Hamburg, Privatdozent an der Bucerius Law School

Dr. Florian Jacoby
Professor an der Universität Bielefeld

Dr. Ulrich von Jeinsen
Rechtsanwalt und Notar in Hannover, Honorarprofessor an der Universität Hannover

Dr. Dagmar Kaiser †
Professorin an der Universität Mainz

Dr. Bernd Kannowski
Professor an der Universität Bayreuth

Dr. Christoph A. Kern, LL.M.
Professor an der Universität Heidelberg

Dr. Christian Kesseler
Notar in Düren, Honorarprofessor an der Universität Trier

Dr. Walter Klein
Rechtsanwalt in Köln

Dr. Fabian Klinck
Professor an der Universität Bochum

Dr. Frank Klinkhammer
Richter am Bundesgerichtshof, Karlsruhe, Honorarprofessor an der Universität Marburg

Dr. Steffen Klumpp
Professor an der Universität Erlangen-Nürnberg

Dr. Jürgen Kohler
Professor an der Universität Greifswald

Dr. Sebastian Kolbe
Professor an der Universität Bremen

Dr. Stefan Koos
Professor an der Universität der Bundeswehr München

Dr. Rüdiger Krause
Professor an der Universität Göttingen

Dr. Heinrich Kreuzer
Notar in München

Dr. Lena Kunz, LL.M.
Akad. Mitarbeiterin an der Universität Heidelberg

Dr. Steffen Kurth, LL.M.
Rechtsanwalt in Bielefeld

Dr. Clemens Latzel
Privatdozent an der Universität München

Dr. Arnold Lehmann-Richter
Professor an der Hochschule für Wirtschaft und Recht Berlin

Dr. Saskia Lettmaier, B.A., LL.M.
Professorin an der Universität zu Kiel, Richterin am Schleswig-Holsteinischen Oberlandesgericht in Schleswig

Stefan Leupertz
Richter a. D. am Bundesgerichtshof, Honorarprofessor an der TU Dortmund

Dr. Johannes Liebrecht
Professor an der Universität Zürich

Dr. Jan Lieder, LL.M.
Professor an der Universität Freiburg i. Br., Richter am Schleswig-Holsteinischen Oberlandesgericht

Dr. Dimitrios Linardatos
Professor an der Universität des Saarlandes, Saarbrücken

Dr. Martin Löhnig
Professor an der Universität Regensburg

Dr. Dirk Looschelders
Professor an der Universität Düsseldorf

Dr. Stephan Lorenz
Professor an der Universität München

Dr. Sigrid Lorz
Professorin an der Universität Greifswald

Dr. Katharina Lugani
Professorin an der Universität Düsseldorf

Dr. Tobias Lutzi, LL.M., M. Jur.
Professor an der Universität Augsburg

Dr. Gerald Mäsch
Professor an der Universität Münster, Richter am Oberlandesgericht Hamm a.D.

Dr. Robert Magnus
Professor an der Universität Bayreuth

Dr. Ulrich Magnus
Professor an der Universität Hamburg, Affiliate des MPI für ausländisches und internationales Privatrecht, Hamburg, Richter am Hanseatischen Oberlandesgericht zu Hamburg a. D.

Dr. Mark Makowsky
Professor an der Universität Mannheim

Dr. Peter Mankowski †
Professor an der Universität Hamburg

Dr. Dr. h. c. Heinz-Peter Mansel
Professor an der Universität zu Köln

Dr. Peter Marburger †
Professor an der Universität Trier

Dr. Wolfgang Marotzke
Professor an der Universität Tübingen

Dr. Sebastian A. E. Martens
Professor an der Universität Passau

Dr. Dr. Dr. h. c. mult. Michael Martinek, M.C.J.
Professor an der Universität des Saarlandes, Saarbrücken, Honorarprofessor an der Universität Johannesburg, Südafrika

Dr. Annemarie Matusche-Beckmann
Professorin an und Vizepräsidentin der Universität des Saarlandes, Saarbrücken, Stellv. Richterin am Verfassungsgerichtshof des Saarlandes

Dr. Felix Maultzsch, LL.M.
Professor an der Universität Frankfurt a. M.

Dr. Patrick Meier
Notar in Bischofsheim i.d. Rhön, Privatdozent an der Universität Würzburg

Dr. Dr. Detlef Merten
Professor an der Deutschen Universität für Verwaltungswissenschaften Speyer

Dr. Tanja Mešina
Staatsanwältin, Stuttgart

Dr. Rudolf Meyer-Pritzl
Professor an der Universität zu Kiel, Richter am Schleswig-Holsteinischen Oberlandesgericht in Schleswig

Dr. Morten Mittelstädt
Notar in Hamburg

Dr. Oliver Moufang
Rechtsanwalt in Frankfurt a.M., Honorarprofessor an der Hochschule Wiesbaden

Dr. Peter O. Mülbert
Professor an der Universität Mainz

Dr. Hans-Heinrich Nöll
Rechtsanwalt in Hamburg

Dr. Jürgen Oechsler
Professor an der Universität Mainz

Dr. Hartmut Oetker
Professor an der Universität zu Kiel, Richter am Thüringer Oberlandesgericht in Jena a. D.

Wolfgang Olshausen
Notar a. D. in Rain am Lech

Dr. Dirk Olzen
Professor an der Universität Düsseldorf

Dr. Sebastian Omlor, LL.M., LL.M.
Professor an der Universität Marburg

Dr. Gerhard Otte
Professor an der Universität Bielefeld

Dr. Frank Peters †
Professor an der Universität Hamburg, Richter am Hanseatischen Oberlandesgericht zu Hamburg a. D.

Dr. Christian Picker
Professor an der Universität Tübingen

Dr. Andreas Piekenbrock
Professor an der Universität Heidelberg

Dr. Jörg Pirrung †
Richter am Gericht erster Instanz der Europäischen Gemeinschaften i. R., Honorarprofessor an der Universität Trier

Dr. Paul Popescu
Rechtsanwalt in Köln

Dr. Maximilian Freiherr von Proff zu Irnich
Notar in Köln

Dr. Lukas Rademacher M. Jur.
Professor an der Universität zu Kiel

Dr. Thomas Raff
Notar in Ludwigshafen

Dr. Manfred Rapp †
Notar a. D., Landsberg am Lech

Dr. Dr. h.c. Thomas Rauscher
Professor an der Universität Leipzig, Professor h.c. an der Eötvös Loránd Universität Budapest, Dipl.Math.

Dr. Peter Rawert, LL.M.
Notar in Hamburg, Honorarprofessor an der Universität Kiel

Dr. Wolfgang Reetz
Notar in Köln

Eckhard Rehme
Vorsitzender Richter am Oberlandesgericht Oldenburg i. R.

Dr. Moritz Renner
Professor an der Universität Mannheim

Dr. Tilman Repgen
Professor an der Universität Hamburg

Dr. Philipp Reuß, M. Jur.
Professor an der Universität Göttingen

Dr. Christoph Reymann, LL.M. Eur.
Notar in Landsberg am Lech, Professor an der Privaten Universität Liechtenstein

Dr. Reinhard Richardi
Professor an der Universität Regensburg, Präsident a. D. des Kirchlichen Arbeitsgerichtshofs der Deutschen Bischofskonferenz, Bonn

Dr. Volker Rieble
Professor an der Universität München, Direktor des Zentrums für Arbeitsbeziehungen und Arbeitsrecht

Dr. Daniel Rodi
Akad. Rat a. Z. an der Universität Heidelberg

Dr. Anne Röthel
Professorin an der Bucerius Law School, Hamburg

Dr. Christian Rolfs
Professor an der Universität zu Köln

Dr. Dr. h. c. Herbert Roth
Professor an der Universität Regensburg

Dr. Ludwig Salgo
Apl. Professor an der Universität Frankfurt a. M.

Dr. Adam Sagan, M. Jur.
Professor an der Universität Bayreuth

Dr. Anne Sanders
Professorin an der Universität Bielefeld

Dr. Daniel Schäuble
Notar in Waldshut-Tiengen

Dr. Renate Schaub, LL.M.
Professorin an der Universität Bochum

Dr. Martin Josef Schermaier
Professor an der Universität Bonn

Dr. Gottfried Schiemann
Professor an der Universität Tübingen

Dr. Eberhard Schilken
Professor an der Universität Bonn

Dr. Martin Schmidt-Kessel
Professor an der Universität Bayreuth

Dr. Daniel Johannes Schneider
Notarassessor in Neustadt a. d. Weinstraße

Ulf Schönenberg-Wessel
Notar und Rechtsanwalt in Kiel

Dr. Günther Schotten
Notar a. D. in Köln, Honorarprofessor an der Universität Bielefeld

Dr. Andrea Schulz
Deutsche Verbindungsbeamtin in Frankreich, Bundesministerium der Justiz und für Verbraucherschutz

Dr. Holger Schulz
Direktor des Amtsgerichts Meldorf

Dr. Roland Schwarze
Professor an der Universität Hannover

Dr. Andreas Schwennicke
Rechtsanwalt und Notar a. D. in Berlin

Dr. Stephan Serr
Notar in Ochsenfurt

Dr. Reinhard Singer
Professor an der Humboldt-Universität Berlin, Richter am Oberlandesgericht Rostock a. D.

Dr. Stephanie Sittmann-Haury, M.M.
Wiss. Mitarbeiterin an der Universität Mainz

Dr. Dr. h. c. Ulrich Spellenberg
Professor an der Universität Bayreuth

Dr. Sebastian Spiegelberger
Notar a. D. in Rosenheim

Dr. Ansgar Staudinger
Professor an der Universität Bielefeld

Julian Stein, LL.M.
Wiss. Mitarbeiter an der Universität Mainz

Dr. Björn Steinrötter
Professor an der Universität Potsdam

Dr. Malte Stieper
Professor an der Universität Halle-Wittenberg

Dr. Markus Stoffels
Professor an der Universität Heidelberg

Dr. Michael Stürner, M. Jur.
Professor an der Universität Konstanz, Richter am Oberlandesgericht Karlsruhe

Dr. Felipe Temming, LL.M.
Professor an der Universität Hannover

Burkhard Thiele
Präsident des Oberlandesgerichts Rostock a. D., Präsident des Landesverfassungsgerichts Mecklenburg-Vorpommern a. D.

Dr. Christoph Thole
Professor an der Universität zu Köln

Dr. Karsten Thorn
Professor an der Bucerius Law School, Hamburg

Dr. Gregor Thüsing, LL.M.
Professor an der Universität Bonn

Dr. Madeleine Tolani, LL.M.
Professorin an der Hochschule Wismar

Dr. Barbara Veit
Professorin an der Universität Göttingen

Dr. Bea Verschraegen, LL.M., M.E.M.
Professorin an der Universität Wien, adjunct professor an der Universität Macao

Dr. Klaus Vieweg
Professor an der Universität Erlangen-Nürnberg

Dr. A. Olrik Vogel
Rechtsanwalt in München

Dr. Markus Voltz
Notar in Offenburg

Dr. Reinhard Voppel
Rechtsanwalt in Köln

Dr. Rolf Wagner
Professor an der Universität Potsdam, Ministerialrat im Bundesjustizministerium

Dr. Christoph Andreas Weber
Privatdozent an der Universität München

Dr. Johannes Weber, LL.M.
Notarassessor, Geschäftsführer des Deutschen Notarinstituts, Würzburg

Gerd Weinreich
Vorsitzender Richter am Oberlandesgericht Oldenburg a. D., Rechtsanwalt in Oldenburg

Dr. Matthias Wendland, LL.M.
Professor an der Universität Graz

Dr. Domenik H. Wendt, LL.M.
Professor an der Frankfurt University of Applied Sciences

Dr. Olaf Werner
Professor an der Universität Jena, Richter am Thüringer Oberlandesgericht Jena a. D.

Dr. Denise Wiedemann
Wiss. Mitarbeiterin am Max-Planck-Institut für ausländisches und internationales Privatrecht, Hamburg

Dr. Daniel Wiegand, LL.M.
Rechtsanwalt in München

Dr. Wolfgang Wiegand
Professor an der Universität Bern

Dr. Peter Winkler von Mohrenfels
Professor an der Universität Rostock, Richter am Oberlandesgericht Rostock a. D.

Dr. Felix Wobst
Notar in Gerolzhofen

Heinz Wöstmann
Richter am Bundesgerichtshof, Karlsruhe

Dr. Luitpold Graf Wolffskeel von Reichenberg
Notar in Bamberg

Dr. Hans Wolfsteiner †
Notar a. D., Rechtsanwalt in München

Dagmar Zorn
Dipl.-Rechtspflegerin, Großbeeren

Redaktorinnen und Redaktoren

Dr. Christian Baldus

Dr. Dr. h. c. mult. Christian von Bar, FBA

Dr. Michael Coester, LL.M.

Dr. Tobias Fröschle

Dr. Hans Christoph Grigoleit

Dr. Johannes Hager

Dr. Dr. h. c. mult. Dieter Henrich

Dr. Carsten Herresthal, LL.M.

Sebastian Herrler

Dr. Dr. h. c. Manfred Löwisch

Dr. Robert Magnus

Dr. Ulrich Magnus

Dr. Heinz-Peter Mansel

Dr. Peter O. Mülbert

Dr. Gerhard Otte

Dr. Lore Maria Peschel-Gutzeit †*

Dr. Thomas Raff

Dr. Peter Rawert, LL.M.

Dr. Volker Rieble

Dr. Christian Rolfs

Dr. Dr. h. c. Herbert Roth

Dr. Markus Stoffels

Dr. Barbara Veit

Dr. Wolfgang Wiegand

* Der STAUDINGER betrauert das Versterben seiner Autorin und Redaktorin Frau Dr. Lore Maria Peschel-Gutzeit. Wir erinnern hiermit voller Dankbarkeit an ihren großen und langjährigen Einsatz für den Kommentar.

J. von Staudingers
Kommentar zum Bürgerlichen Gesetzbuch mit Einführungsgesetz und Nebengesetzen

Buch 2
Recht der Schuldverhältnisse
§§ **311, 311a–c**
(Vertragsschluss)

Neubearbeitung 2023
von
Cornelia Feldmann
Patrick Meier

Redaktor
Manfred Löwisch

ottoschmidt – De Gruyter · Berlin

Die Kommentatorinnen und Kommentatoren

Neubearbeitung 2023
§§ 311, 311a: CORNELIA FELDMANN
§§ 311b, 311c: PATRICK MEIER

Neubearbeitung 2018
§§ 311, 311a: CORNELIA FELDMANN
§§ 311b, 311c: ROBERT SCHUMACHER

Neubearbeitung 2013
§§ 311, 311a: MANFRED LÖWISCH/
CORNELIA FELDMANN

Neubearbeitung 2012
§§ 311b, c: ROBERT SCHUMACHER

Neubearbeitung 2006
§§ 311b, c: EDUARD WUFKA

Neubearbeitung 2005
§§ 311, 311a: MANFRED LÖWISCH

Neubearbeitung 2001
§§ 310–314: EDUARD WUFKA

Sachregister

Dr. MARTINA SCHULZ, Pohlheim

Zitierweise

STAUDINGER/FELDMANN (2023)
Vorbem 1 zu §§ 311, 311a
STAUDINGER/FELDMANN (2023) § 311 Rn 1
STAUDINGER/MEIER (2023) § 311b Abs 1 Rn 1

Zitiert wird nach Paragraph bzw Artikel und Randnummer.

Hinweise

Der **Staudinger ist online auf juris** abrufbar. Nähere Angaben dazu sowie das Abkürzungsverzeichnis finden Sie auf www.staudinger-bgb.de.

Der **Stand der Bearbeitung** ist Juni 2023.

Am Ende eines jeden Bandes befindet sich eine Übersicht über den aktuellen Stand des Gesamtwerks STAUDINGER.

Die Deutsche Nationalbibliothek verzeichnet diese Publikation in der Deutschen Nationalbibliografie; detaillierte bibliografische Daten sind im Internet über http://dnb.dnb.de abrufbar.

ISBN 978-3-8059-1340-9

Satz: jürgen ullrich typosatz, Nördlingen.

Druck und Bindearbeiten: CPI books GmbH, Leck.

Umschlaggestaltung: Bib Wies, München.

∞ Gedruckt auf säurefreiem Papier, das die DIN ISO 9706 über Haltbarkeit erfüllt.

Inhaltsübersicht

* Zitiert wird nicht nach Seiten, sondern nach Paragraph bzw Artikel und Randnummer; siehe dazu auch „Zitierhinweise“.

Abschnitt 3
Schuldverhältnisse aus Verträgen
Titel 1
Begründung, Inhalt und Beendigung
Untertitel 1
Begründung

Vorbemerkungen zu §§ 311, 311a

1 Während das allgemeine Schuldrecht des BGB (§§ 241–432 BGB) sonst für alle Schuldverhältnisse gilt, gleichgültig, auf welchem Entstehungsgrund sie beruhen, hebt das Gesetz im dritten Abschnitt (§§ 311–361 BGB) die **Schuldverhältnisse aus Verträgen** besonders hervor und stellt eine Reihe von nur auf sie zugeschnittenen Regeln auf. Diese Regeln betreffen die Begründung von Schuldverträgen (§ 311 Abs 1 BGB), die Begründung von Schuldverhältnissen aus culpa in contrahendo (§ 311 Abs 2 und 3 BGB), die Folgen von Leistungshindernissen, die schon bei Vertragsschluss bestehen (§ 311a BGB), einige Fragen des zulässigen Inhalts und der Formbedürftigkeit von Verträgen über Grundstücke, das Vermögen und den Nachlass (§ 311b BGB), die Erstreckung von Verträgen über Sachen auf das Zubehör (§ 311c BGB), die Grundsätze bei Verbraucherverträgen und besonderen Vertriebsformen (§§ 312–312m BGB), insbesondere bei außerhalb von Geschäftsräumen geschlossenen Verträge und Fernabsatzverträgen (§§ 312b–312h BGB), die Störung der Geschäftsgrundlage und die Kündigung von Dauerschuldverhältnissen aus wichtigem Grund (§§ 313 und 314 BGB), die Art und Weise, wie der Inhalt von bei Vertragsschluss noch nicht hinreichend festgelegten Verträgen näher bestimmt werden kann (§§ 315–319 BGB), die Besonderheiten des gegenseitigen Vertrags bei der Erfüllung und bei Leistungsstörungen (§§ 320–326 BGB). Ferner sind hier Regeln zu Verträgen über digitale Produkte (§§ 327–327u BGB), zum Vertrag zugunsten Dritter (§§ 328–335 BGB), zu Draufgabe und Vertragsstrafe (§§ 336–345 BGB), zum Rücktritt (§§ 346–354 BGB) und zum Widerrufsrecht bei Verbraucherverträgen (§§ 355–361 BGB) verortet.

2 Die §§ 311–361 BGB enthalten **keine vollständige Regelung** der spezifischen Fragen des Schuldvertrags. Die *Regeln über den Vertrag überhaupt* setzen sie voraus, insbesondere diejenigen über das Zustandekommen des Vertrags, die in den §§ 145 ff BGB getroffen sind und außer für den Schuldvertrag auch für andere vertragliche Einigungen, insbesondere für den Verfügungsvertrag wie die dingliche Einigung (§§ 929, 873, 925 BGB) und die Abtretung (§ 398 BGB) gelten (hierzu Staudinger/Bork [2020] Vorbem 5 ff und 87 ff zu §§ 145 ff mit einem Überblick über die Vertragsarten). Andererseits finden sich für eine Reihe von im Rechtsverkehr häufig auftretenden Vertragstypen spezielle Regelungen in den §§ 433–808 BGB im Achten Abschnitt „Einzelne Schuldverhältnisse". Auch muss stets beachtet werden, dass es den Parteien offensteht, für die zwischen ihnen geschlossenen Verträge selbst Regeln zu vereinbaren, die Vorrang vor den gesetzlichen Bestimmungen haben, soweit diese nicht zwingend sind (vgl hierzu § 311 Rn 25 ff).

3 Das Recht des **öffentlich-rechtlichen Vertrages** ist durch die §§ 54 ff des VwVfG des Bundes sowie durch die VwVfGe der Länder besonders geregelt. Die VwVfGe sehen eine ergänzende Geltung der Vorschriften des BGB und damit auch der §§ 311 ff vor (vgl etwa § 62 S 2 VwVfG; zu diesem Problemkreis Stelkens/Bonk/Sachs-Bonk § 62 VwVfG Rn 21 ff; Kopp/Ramsauer/Tegethoff [23. Aufl 2022] § 62 VwVfG Rn 20; Meyer, Das neue öffentliche Vertragsrecht und die Leistungsstörungen, NJW 1977, 1705; Klückmann, Zum öffentlich-rechtlichen Vertrag des Verwaltungsverfahrensgesetzes, Staats- und Kommunalverwaltung 1977, 98 ff; Bullinger, Leistungsstörungen beim öffentlich-rechtlichen Vertrag, DÖV 1977, 812 ff). Auch für die Rechtsbeziehungen von den Krankenkassen zu den Leistungserbringern sieht § 69 Abs 1 S 3 SGB V die entsprechende Anwendung der Regelungen des BGB vor (BSG 24. 1. 2008 – B 3 KR 2/07 R, BSGE 99, 303; LSG Bayern 6. 7. 2017 – L 4 KR 569/15).

4 Aus § 62 S 2 VwVfG ergibt sich, dass auch die **Verhandlungen über den Abschluss von öffentlich-rechtlichen Verträgen** den Regeln des BGB über die Haftung für Verschulden bei Vertragsschluss unterliegen (hierzu § 311 Rn 103). Diesbezügliche Streitigkeiten gehören nach Auffassung des BGH gem § 40 Abs 2 S 1 VwGO vor die Zivilgerichte (BGH 3. 10. 1985 – III ZR 60/84, NJW 1986, 1109, str; wie der BGH Lüke JuS 1980, 647; Schoch/Schneider/Ehlers/Schneider [43. EL August 2022] § 40 VwGO Rn 546; **aA** OVG Bautzen 2. 10. 2007 – 5 B 178/07, KStZ 2008, 155; Eyermann/Rennert § 40 VwGO Rn 121). Das BVerwG ist dieser Auffassung ausdrücklich gefolgt, sofern ein sachlicher Zusammenhang zwischen dem Anspruch aus Verschulden bei Vertragsschluss und einem entsprechenden Amtshaftungsanspruch besteht (BVerwG 30. 4. 2002 – 4 B 72/01, NJW 2002, 2894). Soweit öffentlich-rechtliche Körperschaften privatrechtliche Verträge abschließen, gilt § 311 Abs 2, 3 BGB ohnehin.

§ 311
Rechtsgeschäftliche und rechtsgeschäftsähnliche Schuldverhältnisse

(1) Zur Begründung eines Schuldverhältnisses durch Rechtsgeschäft sowie zur Änderung des Inhalts eines Schuldverhältnisses ist ein Vertrag zwischen den Beteiligten erforderlich, soweit nicht das Gesetz ein anderes vorschreibt.

(2) Ein Schuldverhältnis mit Pflichten nach § 241 Abs. 2 entsteht auch durch

1. **die Aufnahme von Vertragsverhandlungen,**
2. **die Anbahnung eines Vertrags, bei welcher der eine Teil im Hinblick auf eine etwaige rechtsgeschäftliche Beziehung dem anderen Teil die Möglichkeit zur Einwirkung auf seine Rechte, Rechtsgüter und Interessen gewährt oder ihm diese anvertraut, oder**
3. **ähnliche geschäftliche Kontakte.**

(3) Ein Schuldverhältnis mit Pflichten nach § 241 Abs. 2 kann auch zu Personen entstehen, die nicht selbst Vertragspartei werden sollen. Ein solches Schuldverhältnis entsteht insbesondere, wenn der Dritte in besonderem Maße Vertrauen für sich

in Anspruch nimmt und dadurch die Vertragsverhandlungen oder den Vertragsschluss erheblich beeinflusst.

Materialien: § 305 BGB aF: E I § 342; II § 310; III § 290; JAKOBS/SCHUBERT 365 ff.
Zu Abs 1: BGB-KE S 142; DE S 20; KF S 23; RegE BT-Drucks 14/6040, 12, 161; Beschlussempfehlung und Bericht des Rechtsausschusses, BT-Drucks 14/7052, 36.
Zu Abs 2 und 3: BGB-KE S 142; DE S 20; KF S 23 f; RegE BT-Drucks 14/6040, 12, 161 ff; Beschlussempfehlung und Bericht des Rechtsausschusses, BT-Drucks 14/7052, 36 f, 292 f.

Schrifttum

1. Zum Vertragsprinzip (Abs 1)

a) Nach dem BGB

BAYER, Schranken der Vertragsfreiheit (2007)
BECKER, Vertragsfreiheit, Vertragsgerechtigkeit und Inhaltskontrolle, WM 1999, 709
BREDT, Das Verfahren der Regulierungsverwaltung zwischen Vertragsautonomie und Wettbewerbsförderung, DÖV 2010, 430
BORK, Der Vergleich (1988)
BYDLINSKY, Kontrahierungszwang und Anwendung allgemeinen Zivilrechts, JZ 1980, 378
CANARIS, Verfassungs- und europarechtliche Aspekte der Vertragsfreiheit in der Privatrechtsgesellschaft, in: FS Lerche (1993) 873
ders, Wandlungen des Schuldvertragsrechts. Tendenzen zu seiner „Materialisierung", AcP 200 (2000) 273
CHARMATZ, Zur Geschichte und Konstruktion der Vertragstypen im Schuldrecht mit besonderer Berücksichtigung der gemischten Verträge, Rechts- und staatswissenschaftliche Abhandlungen (1937; Neudruck 1968)
CREMER, Grundrechte und Sozialstaatsprinzip – Vertragsfreiheit und die (partiell) sozialstaatliche Imprägnierung der grundrechtlichen Schutzpflicht, in: Organisation und Verfahren im sozialen Rechtsstaat (2008) 29
DELLIOS, Zur Präzisierung der Rechtsfindungsmethode bei „gemischten" Verträgen (1981)
FECHT, Neuverhandlungspflichten zur Vertragsänderung (1987)
GERNHUBER, Die Erfüllung und ihre Surrogate (1994) §§ 17 und 18
ders, Das Schuldverhältnis (1989) §§ 7, 27 und 31
GRÖSCHLER, Zur Frage der einvernehmlichen Fortsetzung erloschener Verbindlichkeiten: Wiederherstellung oder Neubegründung?, NJW 2000, 247
GROSSFELD, Zivilrecht als Gestaltungsaufgabe (1977)
HEIDERHOFF/SAHNER, Materielle Vertragsfreiheit und soziales Mietrecht, AL 2014, 108
HELLWIG, Verträge auf Leistung an Dritte (1899; Neudruck 1968) 70
HÖFLING, Vertragsfreiheit (1991)
HOENIGER, Untersuchungen zum Problem der gemischten Verträge, 1. Bd: Die gemischten Verträge in ihren Grundformen (1910)
ders, Das Problem der gemischten Verträge, DJZ 1913, 263
HÖNN, Kompensation gestörter Vertragsparität (1982)
HORN, Neuverhandlungspflicht, AcP 181 (1981) 255
U HUBER, Typenzwang, Vertragsfreiheit und Gesetzesumgehung, JURA 1970, 784
KEISER, Vertragszwang und Vertragsfreiheit im Recht der Arbeit von der Frühen Neuzeit bis in die Moderne (2013)
KILIAN, Kontrahierungszwang und Zivilrechtssystem, AcP 180 (1980) 47
LIEBETRAU, Der Zusammenhang von Kontrahierungszwang und Beschränkung der vertraglichen Inhaltsfreiheit am Beispiel von Entgeltregelungen für Basiskonten (2019)
LÖWISCH, Schutz der Selbstbestimmung durch Fremdbestimmung – Zur verfassungsrechtlichen

Ambivalenz des Arbeitnehmerschutzes, ZfA 1996, 293
LOTMAR, Arbeitsvertrag (2. Aufl 2001)
MAJER, Das Ende der Privatautonomie? Zum Kontrahierungszwang bei allgemein dem Publikum zugänglichen Leistungen, JR 2015, 107
MARSKI, Schutz des Patienten durch Kontrahierungszwang? (2021)
MARTINEK, Moderne Vertragstypen, Bd I: Leasing und Factoring (1991), Bd II: Franchising, Know-how-Verträge, Management- und Consultingverträge (1992), Bd III: Computerverträge, Kreditkartenverträge sowie sonstige moderne Vertragstypen (1993)
MICHALSKI, Die Formbedürftigkeit von Abänderungs- und Aufhebungsverträgen, WiB 1997, 785
MOHR, Sicherung der Vertragsfreiheit durch Wettbewerbs- und Regulierungsrecht (2014)
ders, Sicherung der Vertragsfreiheit durch Wettbewerbs- und Regulierungsrecht, AcP 216 (2016) 367
L RAISER, Vertragsfreiheit heute, JZ 1958, 1
REPGEN/LOBINGER/HENSE/ISENSEE, Vertragsfreiheit und Diskriminierung (2007)
REUTER, Freiheitsethik und Privatrecht, DZWiR 1993, 45
RIEBLE, Arbeitsmarkt und Wettbewerb – Der Schutz von Vertrags- und Wettbewerbsfreiheit im Arbeitsrecht (1996)
RITTNER, Über das Verhältnis von Vertrag und Wettbewerb, AcP 188 (1988) 101
ders, Die wirtschaftsrechtliche Ordnung der EG und das Privatrecht, JZ 1990, 838
RÜMELIN, Dienst- und Werkvertrag (1905) 320
SCHÄFER, Kontrahierungszwang und Beförderungspflicht im Luftverkehr, ZLW 2015, 453
SCHELP, Gemischte Rechtsverhältnisse mit arbeitsrechtlichen Elementen, in: FS Herschel (1955) 87
SCHMIDT-RIMPLER, Zum Vertragproblem, in: FS L Raiser (1974) 3
SCHREIBER, Gemischte Verträge, JherJb 60, 106
SCHULTE-NÖLKE, Vertragsfreiheit und Informationszwang nach der Schuldrechtsreform, ZGS 2002, 72
SIBER, Die schuldrechtliche Vertragsfreiheit, JherJb 70, 278
SIGULLA, Vertragstypologie und Gesetzesleitbilder im modernen Dienstleistungsrecht (1987)
SIMON, Unabdingbarkeit und vertraglicher Verzicht: ein Beitrag zu Reichweite und Grenzen der Vertragsfreiheit im Arbeitsrecht (2008)
SINGER, Vertragsfreiheit, Grundrechte und der Schutz des Menschen vor sich selbst, JZ 1995, 1133
SPRAFKE, Diskriminierungsschutz durch Kontrahierungszwang (2013)
STOFFELS, Gesetzlich nicht geregelte Schuldverträge – Rechtsfindung und Inhaltskontrolle (2001)
TEMME, Rechtliche Handhabung typengemischter Verträge, TranspR 2008, 374
VAHLE, Vertragsfreiheit und Einschränkungen, DVP 2010, 274
WESTERMANN, Vertragsfreiheit und Typengesetzlichkeit im Recht der Personengesellschaften (1970)
M WOLF, Rechtsgeschäftliche Entscheidungsfreiheit und Interessenausgleich (1970)
ders, Die Privatautonomie, in: Grundlagen des Vertrags- und Schuldrechts, Bd 1 (1972) 20
ZÖLLNER, Privatautonomie und Arbeitsverhältnis, AcP 176 (1976) 221
ders, Der Arbeitsvertrag – Restposten oder Dokument der Selbstbestimmung? Zum Stellenwert der Arbeitsvertragsfreiheit, Sonderbeilage zu NZA 3/2000, 1
ZWANZIGER/BENGELSDORF, Aufhebungsverträge und Vertragsfreiheit, BB 1996, 903.

b) Im europäischen Recht

ALPA/ANDENENAS/HEIDEMANN, Grundlagen des Europäischen Privatrechts (2010)
CANARIS, Drittwirkung der gemeinschaftsrechtlichen Grundfreiheiten, in: BAUER/CZYBULKA/KAHL/VOSSKUHLE (Hrsg), Umwelt, Wirtschaft und Recht (2002) 29
DREXL, Zwingendes Recht als Strukturprinzip des Europäischen Verbrauchervertragsrechts?, in: FS Sonnenberger (2004) 771
GRUNDMANN, Harmonisierung, Europäischer Kodex, Europäisches System der Vertragsrechte – Die Perspektiven der Kommissionsmitteilung zum Europäischen Vertragsrecht, NJW 2002, 393
HERRESTHAL, Das geplante europäische Ver-

tragsrecht: Die optionale Ausgestaltung des sog Optionalen Instruments, ZIP 2011, 1347
KEISER, Grundrechte als Schranken der Vertragsfreiheit in europäischen Privatrechtssystemen, KritV 2013, 83
MÜLLER-GRAFF, Gemeinsames Privatrecht in der Europäischen Gemeinschaft (2. Aufl 1999)
PISULINSKI, Die Entwicklung des europäischen Zivilrechts, GPR 2013, 254
RIESENHUBER, System und Prinzipien des Europäischen Vertragsrechts (2003)
ders, Europäisches Arbeitsrecht (2009) S 36
ders, Europäisches Vertragsrecht (2. Aufl 2006)
SCHULZE/ZOLL, Europäisches Vertragsrecht (3. Aufl 2021)
STÜRNER, Europäisches Vertragsrecht (2021)
TONNER, Das Grünbuch der Kommission zum Europäischen Vertragsrecht für Verbraucher und Unternehmer – Zur Rolle des Verbrauchervertragsrechts im europäischen Vertragsrecht, EuZW 2010, 767
WENDLAND, Ein neues europäisches Vertragsrecht für den Online-Handel?, EuZW 2016, 126
ZIMMERMANN, Vertrag und Versprechen – deutsches Recht und principles of european contract law im Vergleich, in: FS Heldrich (2005) 467.

2. Zum Verschulden bei Vertragsschluss (Abs 2 und 3)

a) Vor der Schuldrechtsreform

ASSMANN, Der Inhalt des Schadensersatzanspruchs fehlerhaft informierter Kapitalanleger, in: FS Lange (1992) 345
BALLERSTEDT, Zur Haftung für culpa in contrahendo bei Geschäftsabschluss durch Stellvertreter, AcP 151 (1950/1951) 501
BATTIS, Culpa in contrahendo im Beamtenrecht, ZBR 1971, 300
BRANDNER, Haftung des Gesellschafters/Geschäftsführers einer GmbH aus cic, in: FS Werner (1984) 53
CANARIS, Geschäfts- und Verschuldensfähigkeit bei Haftung aus „culpa in contrahendo“, Gefährdung und Aufopferung, NJW 1964, 1987
ders, Die Vertrauenshaftung im deutschen Privatrecht (1971)
ders, Die Haftung des Sachverständigen zwischen Schutzwirkungen für Dritte und Dritthaftung aus culpa in contrahendo, JZ 1998, 603
ders, Die Reichweite der Expertenhaftung gegenüber Dritten, ZHR 163 (1999) 206
ders, Die Schadensersatzpflicht der Kreditinstitute für eine unrichtige Finanzierungsbestätigung, in: FS Schimansky (1999) 43
ders, Die Vertrauenshaftung im Lichte der Rechtsprechung des Bundesgerichtshofs, in: Festgabe 50 Jahre BGH (2000) Band I 129
DAHM, Die dogmatischen Grundlagen und tatbestandlichen Voraussetzungen des Vertrages mit Schutzwirkung für Dritte unter besonderer Berücksichtigung des vorvertraglichen Bereichs (1988)
ders, Vorvertraglicher Drittschutz, JZ 1992, 1167
FISCHER, cic im internationalen Privatrecht, JZ 1991, 168
FLEISCHER, Konkurrenzprobleme um die culpa in contrahendo – fahrlässige Irreführung versus arglistige Täuschung, AcP 200 (2000) 91
GRIGOLEIT, Vorvertragliche Informationshaftung: Vorsatzdogma, Rechtsfolgen, Schranken (1997)
ders, Neuere Tendenzen zur schadensrechtlichen Vertragsaufhebung, NJW 1999, 900
GRUNEWALD, Aufklärungspflichten ohne Grenzen?, AcP 190 (1990) 609
K HELDRICH, Das Verschulden beim Vertragsschluss im klassischen römischen Recht und in der späteren Rechtsentwicklung (1924)
JHERING, Culpa in contrahendo, JherJb 4 (1861) 1
D KAISER, Schadensersatz aus culpa in contrahendo bei Abbruch von Vertragsverhandlungen über formbedürftige Verträge, JZ 1997, 448
KREBS, Sonderverbindung und außerdeliktische Schutzpflichten (2000)
KREUZER, Culpa in contrahendo und Verkehrspflichten – Ein rechtsvergleichender Beitrag zur Begrenzung der Haftung nach Vertragsrecht (1972)
KÜPPER, Das Scheitern von Vertragsverhandlungen als Teilgruppe der cic (1988)
LARENZ, Bemerkungen zur Haftung für „culpa in contrahendo“, in: FS Ballerstedt (1975) 397
LIEB, Culpa in contrahendo und rechtsge-

schäftliche Entscheidungsfreiheit, in: FS Medicus (1999) 337
Liebs, „Fahrlässige Täuschung“ und Formularvertrag, AcP 174 (1974) 26
Littbarski, Die Haftung aus cic im öffentlichen Recht, JuS 1979, 537
Lobinger, Rechtsgeschäftliche Verpflichtung und autonome Bindung (1999)
St Lorenz, Der Schutz vor dem unerwünschten Vertrag (1997)
ders, Vertragsaufhebung wegen culpa in contrahendo: Schutz der Entscheidungsfreiheit oder des Vermögens?, ZIP 1998, 1053
Medicus, Grenzen der Haftung für culpa in contrahendo, JuS 1965, 209
ders, Zur Entstehungsgeschichte der culpa in contrahendo, in: FS Kaser (1986) 169
ders, Zur Eigenhaftung des GmbH-Geschäftsführers aus Verschulden bei Vertragsverhandlungen, in: FS Steindorff (1990) 725
ders, Ansprüche auf das Erfüllungsinteresse aus Verschulden bei Vertragsverhandlungen, in: FS Lange (1992) 539
Messer, Schadensersatzansprüche aus cic wegen der Verletzung für den Vertragsinhalt wesentlicher vorvertraglicher Pflichten, in: FS Steindorff (1990) 743
Niemann, Verschulden beim Vertragsschluss (1932)
Nirk, Rechtsvergleichendes zur Haftung für culpa in contrahendo, RabelsZ 1953, 310
ders, Culpa in contrahendo – eine richterliche Rechtsfortbildung in der Rechtsprechung des Bundesgerichtshofes, in: 1. FS Möhring (1965) 385
ders, Culpa in contrahendo – eine geglückte richterliche Rechtsfortbildung – Quo vadis?, in: 2. FS Möhring (1975) 71
Picker, Vertragliche und deliktische Schadenshaftung, JZ 1987, 1041
R Schuhmacher, Vertragsaufhebung wegen fahrlässiger Irreführung unerfahrener Vertragspartner (1979)
W Schuhmacher, Verbraucherschutz bei Vertragsanbahnung (1983)
Sieg, Zur Haftung des Versicherers aus culpa in contrahendo, BB 1987, 352
H Stoll, Tatbestände und Funktionen der Haftung für culpa in contrahendo, in: FS vCaemmerer (1978) 433
ders, Vertrauensschutz bei einseitigen Leistungsversprechen, in: FS Flume Bd I (1978) 741
ders, Haftungsfolgen fehlerhafter Erklärungen beim Vertragsschluss, in: FS Riesenfeld (1983) 275
ders, Schädigung durch Vertragsschluss, in: FS Deutsch (1999) 361
H Stoll, Haftung für das Verhalten während der Vertragsverhandlungen, LZ 1923, 523
Tiedtke, Der Inhalt des Schadensersatzanspruchs aus Verschulden bei Vertragsschluss wegen fehlender Aufklärung, JZ 1989, 569
ders, Schadensersatzverpflichtungen aus Verschulden beim Vertragsabschluss nach Abbruch der Vertragsverhandlungen ohne triftigen Grund, ZIP 1989, 1093
Titze, Das Verschulden beim Vertragsschluss, DJZ 1925, 490
Weimar, Das Verschulden beim Vertragsabschluss bei Geschäftsräumen und Gaststätten, MDR 1967, 459
Wiedemann, Zur culpa in contrahendo beim Abschluss des Arbeitsvertrages, in: FS Herschel (1982) 463
Ziegler, Die Beschränkung der Haftung aus cic in allgemeinen Geschäftsbedingungen, BB 1990, 2345.

b) Zu und nach der Schuldrechtsreform

Adolphsen, Expertenhaftung aus § 311 Abs 3 S 2 BGB – am Beispiel veterinärmedizinischer Kaufuntersuchungen, in: FS Gottwald (2014) 1
Bauwens, Woher kommt eigentlich …? Die culpa in contrahendo, AL 2013, 289
Benedict, Culpa in Contrahendo – Transformationen des Zivilrechts (2018)
Bergjan, Die Haftung aus culpa in contrahendo beim Letter of Intent nach dem neuen Schuldrecht, ZIP 2004, 395
Brors, Vertrauen oder Vertrag – gibt es eine Haftung für Wertgutachten nach § 311 Abs 3 BGB?, ZGS 2005, 142
Canaris, Die Reform des Rechts der Leistungsstörungen, JZ 2001, 499
Eckebrecht, Vertrag mit Schutzwirkung für

Dritte – Die Auswirkungen der Schuldrechtsreform, MDR 2002, 425
EICHLER, Vertragliche Dritthaftung (2007)
FAUST, Der Schutz vor reinen Vermögensschäden – illustriert am Beispiel der Expertenhaftung, AcP 210 (2010) 555
GIESEN, Die Rechtsbeziehung der Arbeitskampfparteien als vorvertragliches Schuldverhältnis, NZA 2021, 319
FREITAG/KORCH, Persönliche Geschäftsleiterhaftung aus culpa in contrahendo, GmbHR 2013, 1184
GRAF, Das Gebot fairen Verhandelns beim Abschluss eines arbeitsrechtlichen Aufhebungsvertrags (2021)
GRIGOLEIT, Reformperspektiven der vorvertraglichen Informationshaftung, in: SCHULZE/SCHULTE-NÖLKE (Hrsg), Die Schuldrechtsreform vor dem Hintergrund des Gemeinschaftsrechts (2001) 269
HARKE, Versicherungsvertragliche Anzeigepflicht und Garantiehaftung für culpa in contrahendo, ZVersWiss 2006, 391
HÄUBLEIN, Der Beschaffenheitsbegriff und seine Bedeutung für das Verhältnis der Haftung aus culpa in contrahendo zum Kaufrecht, NJW 2003, 388
vHEIN, Die culpa in contrahendo im europäischen Privatrecht: Wechselwirkungen zwischen IPR und Sachenrecht, GPR 2007, 54
HINZ, Die Beteiligung des Vertretenen am vorvertraglichem Schuldverhältnis (2016) 63
HOFER/HENGSTBERGER, Vertragliche Haftung für fehlerhafte Arbeitszeugnisse, NZA-RR 2020, 118
KATZENSTEIN, Die Bedeutung der vertraglichen Bindung für die culpa-Haftung des Vertragsschuldners auf Schadensersatz, JURA 2004, 800; 2005, 73
KELLER, Schuldverhältnis und Rechtskreisöffnung, Von der Lehre der culpa in contrahendo zum Rücksichtsnahmeschuldverhältnis der §§ 311 Abs 2 und Abs 3 BGB (2007)
KELLNER, Fallgruppen der culpa in contrahendo im Verwaltungsrecht, DöV 2011, 26
KERSTING, Die Dritthaftung für Informationen im Bürgerlichen Recht (2007)
ders, Informationshaftung Dritter: Vertrauen auf Verlässlichkeit, JR 2008, 312
KOCH, § 311 Abs 3 BGB als Grundlage einer vertrauensrechtlichen Auskunftshaftung, AcP 204 (2004) 59
KÖNDGEN, Die Positivierung der culpa in contrahendo als Frage der Gesetzgebungsmethodik, in: SCHULZE/SCHULTE-NÖLKE (Hrsg), Die Schuldrechtsreform vor dem Hintergrund des Gemeinschaftsrechts (2001) 231
KREBBER, Der nicht zufällige Kontakt ohne Vertragsnähe auf der Grenze zwischen vertraglicher und deliktischer Haftung – Eine Untersuchung zu § 311 Abs 2 und 3 BGB, VersR 2004, 150
C KRÜGER, Das Konkurrenzverhältnis von Mängelrechten, Anfechtung und Ansprüchen aus Culpa in Contrahendo des Käufers im Kommissionsvorschlag für ein Gemeinsames Europäisches Kaufrecht (GEK/GESL), GPR 2014, 182
U KRÜGER, Aufklärung und Beratung bei Kapitalanlagen – Nebenpflicht statt Beratungsvertrag, NJW 2013, 1845
LANDSCHEIDT, Die Haftung von Organen aus culpa in contrahendo (c. i. c.), BRJ 2013, 118
LIEB, Culpa in contrahendo und Dritthaftung, in: DAUNER-LIEB/HEIDEL/LEPA/RING, Das neue Schuldrecht (2002) 138
LIMBACH, Die Umsetzung der Schrottimmobilienurteile des EuGH durch das OLG Bremen, ZGS 2006, 216
LORENZ, Grundwissen – Zivilrecht – Culpa in contrahendo (§ 311 II, III BGB), JuS 2015, 398
LÜTTRINGHAUS, Das internationale Privatrecht der culpa in contrahendo nach den EG-Verordnungen „Rom I“ und „Rom II“, RIW 2008, 193
MÄSCH, Allgemeines Schuldrecht: Haftung des Gutachters gegenüber Dritten, JuS 2013, 935
MERTENS, Die Rechtsfolgen einer Haftung aus culpa in contrahendo beim zustande gekommenen Vertrag nach neuem Recht, ZGS 2004, 67
OECHSLER, Die culpa in contrahendo wegen unterbliebener Haustürwiderrufsbelehrung, NZG 2008, 368
PLUM, Das Gebot fairen Verhandelns bei Vertragsverhandlungen, MDR 2020, 69
POERTZGEN, Insolvenzverschleppungshaftung der Geschäftsführer aus cic, ZInsO 2010, 416 und 460

RIEBLE, Die Kodifikation der culpa in contrahendo, in: DAUNER-LIEB/KONZEN/SCHMIDT, Das neue Schuldrecht in der Praxis (2003) 137
SCHÄFERS, Das Verhältnis der vorvertraglichen Anzeigepflicht (§§ 19 ff VVG) zur Culpa in contrahendo, VersR 2010, 301
SCHIPPER, Verletzung vorvertraglicher Wahrheits- und Aufklärungspflichten des Unternehmers bei Handelsvertreterverträgen und ihre Folgen, NJW 2007, 734
SCHUMACHER/LADA, Culpa in contrahendo und Sachverständigenhaftung nach neuem Schuldrecht, ZGS 2003, 450
M SCHWAB, Grundfälle zur culpa in contrahendo, Sachwalterhaftung und Vertrag mit Schutzwirkung für Dritte nach neuem Schuldrecht, JuS 2002, 773 und 872
SCHWARZE, Die vorvertragliche Pflicht zur „Abstandnahme vom Vertragsschluss", ZfPW 2016, 335
SEIBL, Verbrauchergerichtsstände, vorprozessuale Disposition und Zuständigkeitsprobleme bei Ansprüchen aus cic, IPRax 2011, 234
TEMMING/WEBER, Die Haftung Dritter: Hintergrund, Anwendungsbereich und Potenziale des § 311 Abs 3 BGB, JURA 2019, 923 und JURA 2019, 1039
THEISEN, Rechtsfolgen eines Schadensersatzanspruches aus culpa in contrahendo, NJW 2006, 3102
WAGNER, Haftung der Bieter für Culpa in contrahendo in Vergabeverfahren, NZBau 2005, 436
WEILER, Culpa in contrahendo, Anfechtung und Kaufrecht – alte Konkurrenzfragen in neuem Licht, ZGS 2003, 249
WENDELSTEIN, Außervertragliche Haftung wegen der Verletzung vermögensschützender Pflichten am Beispiel der Gutachterhaftung, JURA 2018, 144
ZACCARIA, Die Natur der Haftung für culpa in contrahendo aus der Sicht der Krabbe, ZEuP 2014, 626.

3. Zur Prospekthaftung

BARTA, Der Prospektbegriff in der neuen Verkaufsprospekthaftung, NZG 2005, 305
BENECKE, Haftung für Inanspruchnahme von Vertrauen – Aktuelle Fragen zum neuen Verkaufsprospektgesetz, BB 2006, 2597
BUCK-HEEB/DIECKMANN, Grundlagen der Prospekthaftung, ZHR 2020, 646
dies, Anlegerschutz durch die Prospekthaftung i.w.S. – was nach der Rechtsprechung des XI. Zivilsenats bleibt, ZIP 2022, 145
FLEISCHER, Prospektpflicht und Prospekthaftung für Vermögensanlagen des Grauen Kapitalmarkts nach dem Anlegerschutzverbesserungsgesetz, BKR 2004, 339
FREITAG, Internationale Prospekthaftung revisited – Zur Auslegung des europäischen Kollisionsrechts vor dem Hintergrund der „Kolassa"-Entscheidung des EuGH, WM 2015, 1165
HAERTLEIN, Prospektverantwortlichkeit infolge werbender Äußerungen über Kapitalanlagen, ZIP 2008, 726
HANKE, Überblick über die Prospekthaftung bei geschlossenen Fonds nach dem Inkrafttreten des KAGB, BKR 2014, 441
HELLGARDT, Von der bürgerlich-rechtlichen Prospekthaftung zur Informationshaftung beim Vertrieb von Vermögensanlagen, ZBB 2012, 73
HOFFMEYER, Gesetzesnamen als Etikettenschwindel?, NZG 2016, 1133
HOLTZ, Die Prospekthaftung im Franchiserecht, ZVertriebsR 2014, 23
KEUL/ERTTMANN, Inhalt und Reichweite zivilrechtlicher Prospekthaftung, DB 2006, 1664
KIETHE, Anlageprospekte – Die Haftung des Emittenten für Richtigkeit und Vollständigkeit, MDR 2006, 843
KIND/BRUCHWITZ, Die Verjährung von Prospekthaftungsansprüchen bei geschlossenen Fonds und Bauherrenmodellen, BKR 2011, 10
KLÖHN, Das Verhältnis von culpa in contrahendo und gesetzlicher Prospekthaftung nach dem HCI-Beschluss des XI. Zivilsenats, NZG 2021, 1063
LEUERING, Die Neuordnung der gesetzlichen Prospekthaftung, NJW 2012, 1905
MADAUS, Die Prospekthaftung, JURA 2006, 881
NOBBE, Prospekthaftung bei geschlossenen Fonds, WM 2013, 193
SCHNAUDER, Regimewechsel im Prospekthaftungsrecht bei geschlossenen Publikumsfonds, NJW 2013, 3207

SCHNEIDER, Anlegerschutz – Haftung aus Prospekt und Verschulden bei Vertragsverhandlungen, MDR 2016, 496
SCHULTHEISS, Schwerpunktbereichsklausur – Kapitalmarktrecht: Prospekthaftung – Falsches Vertrauen, JuS 2013, 48
STUMPF/LAMBERTI, Die Haftung des Treuhandkommanditisten in einer GmbH & Co. KG wegen der Verletzung von Aufklärungspflichten gegenüber Kapitalanlegern, BB 2008, 2255
SUCHOMEL, Konkurrenz von § 20 VermAnlG und bürgerlich-rechtlicher Prospekthaftung bei fehlerhaftem Prospekt, NJW 2013, 1126
ZIEGLER, Die Prospekthaftung am nicht-organisierten Kapitalmarkt im Spannungsverhältnis zu personengesellschaftsrechtlichen Grundsätzen, DStR 2005, 30
ders, Die Rechtsfolgen der §§ 13, 13a VerkProspG n. F. und der Kapitalerhaltungsgrundsatz, NZG 2005, 301.

Systematische Übersicht

Alphabetische Übersicht

A. Vertragsprinzip

I. Allgemeines

1 Unsere Privatrechtsordnung baut entsprechend den durch Art 2 Abs 1, Art 12 und Art 14 GG getroffenen Entscheidungen auf dem **Grundsatz der Vertragsfreiheit** auf: Grundsätzlich ist es Sache der Teilnehmer am Rechtsverkehr, ob, mit wem, über welchen Gegenstand und mit welchem Inhalt sie rechtsverbindliche Geschäfte abschließen wollen (zum Grundsatz der Vertragsfreiheit in diesem Sinne vgl BVerfG 12. 11. 1958 – 2 BvL 4/56 ua, BVerfGE 8, 274, 328; BVerfG 16. 5. 1961 – 2 BvF 1/60, BVerfGE 12, 341, 347; Harke Rn 20 ff; speziell für die Arbeitsvertragsfreiheit BVerfG 19. 10. 1983 – 2 BvR 298/81, BVerfGE 65, 196, 210 und BVerfG 7. 2. 1990 – 1 BvR 26/84, BVerfGE 81, 242, 254 ff; Löwisch ZfA 1996, 294 ff; Badura, Grundprobleme des Wirtschaftsverfassungsrechts, JuS 1986, 210 ff; prägnant Repgen/Lobinger/Hense/Isensee/Isensee 239 ff; zur Vertragsfreiheit im Falle sittenwidriger Bürgschaften naher Familienangehöriger BVerfG 19. 10. 1993 – 1 BvR 567/89 ua, BVerfGE 89, 214, 231 ff; s im Übrigen ausf Höfling mit zahlreichen Nw; Staudinger/Bork [2020] Vorbem 12 ff zu §§ 145 ff; Staudinger/Klumpp [2021] Vorbem 16 ff zu §§ 104–125).

2 Die Vertragsfreiheit ist zentrales Element der **marktwirtschaftlichen Wirtschaftsordnung**. Insbesondere Vertrag und Wettbewerb bedingen einander. Für sich den günstigen Vertragsschluss zu erreichen, ist das Ziel der im Wettbewerb stehenden Marktteilnehmer. Zugleich begrenzt damit der Wettbewerb die Marktmacht des einzelnen und trägt damit zur Vertragsgerechtigkeit bei. Zu diesen Zusammenhängen im Einzelnen Schmidt-Rimpler, in: FS L Raiser (1974) 3 ff; Rittner AcP 188 (1988) 126 ff; Rieble Rn 828 ff.

3 Die **Abschlussfreiheit** ist in Fällen des **Kontrahierungszwangs** durchbrochen (s umfassend zur Historie und Meinungsstand Staudinger/Oechsler [2021] § 826 Rn 853 ff; vgl auch Joussen Rn 58 ff). Als Grundrechtseingriff bedarf dieser der verfassungsrechtlichen Rechtfertigung, die vor allem in Monopolsituationen gegeben ist. Ein solcher Kontrahierungszwang ist teilweise gesetzlich ausdrücklich festgelegt: so etwa in §§ 17 Abs 1, 18 Abs 1 S 1 EnWG für die Betreiber von Energieversorgungsnetzen, in § 36 Abs 1 S 1 EnWG für die Energieversorgungsunternehmen, in § 10 AEG für öffentliche Eisenbahnverkehrsunternehmen hinsichtlich der Personen- und Reisegepäckbeförderung, in § 22 PBefG, § 13 BOKraft für Unternehmen, die Personenbeförderung mit Straßenbahnen und Kraftfahrzeugen übernommen haben, in § 21 Abs 2 S 3 LuftVG für Linienfluganternehmen, in § 3 Postdienstleistungsverordnung für Postdienstleistungsunternehmen, in § 5 Abs 2 PflVG für Kfz-Haftpflichtversicherer, in den Landesgesetzen zu den Krankenhäusern (s etwa § 2 Abs 1 KHGG NRW), in § 193 Abs 5 S 1 VVG für private Krankenkassen hinsichtlich der Versicherung im Basistarif von nicht in der gesetzlichen Krankenversicherung versicherungspflichtigen Personen, in § 12a Abs 1 S 1 ApoG für Apotheken gegenüber Heimträgern und in den §§ 19 ff GWB für marktbeherrschende Unternehmen und Wirtschafts- und Berufsvereinigungen. In § 156 Abs 1, 2 TKG iVm § 161 Abs 1–3 TKG ist ein Kontrahierungszwang für Universaldienstleistungen (§ 78 Abs 2 TKG) erbringende Unternehmen zugunsten der Endnutzer normiert (AG Bonn 12. 10. 2006 – 9 C 55/06). Teilweise wird der Kontrahierungszwang auch aus dem in § 826 BGB ausgedrückten Verbot der sittenwidrigen Vermögensschädigung abgeleitet (s im Einzelnen hierzu Staudinger/Bork [2020] Vorbem 15 ff zu §§ 145 ff). Ein Fall, bei dem aufgrund der Monopol-

stellung des Anbieters ein Kontrahierungszwang besteht, der keine spezialgesetzliche Regelung gefunden hat, liegt bei dem für sportliche Großereignisse, wie Olympische Spiele, Welt- und Europameisterschaften, als einziges für die Endnominierung der Sportler zuständigem Sportverband vor. Nominiert dieser als einziger bei Vorliegen der von ihm selbst aufgestellten Kriterien die Sportler für die Teilnahme an der Veranstaltung, muss er diese Nominierung jedem Sportler gewähren, der diese Kriterien erfüllt (BGH 13. 10. 2015 – II ZR 23/14, BGHZ 207, 144; OLG Frankfurt 30. 7. 2008 – 4 W 58/08, NJW 2008, 2925). Ein weiterer gesetzlich geregelter Fall eines Kontrahierungszwangs zum Abschluss eines Änderungsvertrages ist § 9 TzBfG (BAG 27. 2. 2018 – 9 AZR 167/17, ZTR 2018, 410).

Auf der anderen Seite kann die Abschlussfreiheit auch durch **Abschlussverbote** 4
eingeschränkt sein, die zur Nichtigkeit des abgeschlossenen Vertrages führen (s hierzu Staudinger/Fischinger/Hengstberger [2021] § 134 Rn 1 ff). Beschränkungen der **Inhaltsfreiheit** dienen in erster Linie dem Schutz typischerweise unterlegener Vertragspartner. Hierher gehört im BGB vor allem das Recht der Allgemeinen Geschäftsbedingungen in den §§ 305 ff BGB (s hierzu Staudinger/Mäsch [2022] Vorbem 1 ff zu §§ 305 ff) und das Verbraucherschutzrecht der §§ 312 ff BGB (dazu Staudinger/Thüsing [2019] Vorbem 1 ff zu §§ 312b–h). Auch das Wohnungsmietrecht und das Arbeitsrecht dienen diesem Ziel. Andere Beschränkungen wie die des GWB und des UWG dienen dem Funktionieren der Wirtschaftsordnung unter Aufrechterhaltung eines redlichen Geschäftsverkehrs. Auch der durch das AGG begründete Schutz vor Diskriminierung führt zur Beschränkung der Inhaltsfreiheit: Nach § 7 Abs 2 AGG sind etwa Bestimmungen in Vereinbarungen, die gegen ein Benachteiligungsverbot verstoßen, unwirksam.

§ 311 Abs 1 BGB setzt den Grundsatz der Vertragsfreiheit in die Rechtsanwendung 5
des Privatrechts um: Indem er den Vertrag zwischen den Beteiligten zur Begründung eines zwischen ihnen bestehenden Schuldverhältnisses führen lässt, stellt er die Durchführung des Vereinbarten sicher. Denn kraft des so entstandenen Schuldverhältnisses können die Beteiligten gem § 241 Abs 1 S 1 BGB die vereinbarten Leistungen von Rechts wegen verlangen. § 311 Abs 1 BGB ist so zunächst und vor allem die Normierung des Satzes **„pacta sunt servanda"** für das Privatrecht (Löwisch, Rechtswidrigkeit und Rechtfertigung von Forderungsverletzungen, AcP 165 [1965] 421, 422 f).

Der Grundsatz der Vertragsfreiheit erschöpft sich dabei nicht in der Befugnis der 6
Teilnehmer am Rechtsverkehr, einen Vertrag zu schließen und ihm einen bestimmten Inhalt zu geben. Zur Vertragsfreiheit gehört vielmehr genauso die Möglichkeit, einen einmal abgeschlossenen Vertrag *abzuändern* und wieder *aufzuheben* (BAG 30. 9. 1993 – 2 AZR 268/93, BAGE 74, 281). Auch dafür ebnet § 311 Abs 1 BGB den Weg im Privatrecht, indem er den Parteien ermöglicht, den Inhalt eines Schuldverhältnisses durch einen zwischen ihnen geschlossenen Vertrag zu ändern.

§ 311 Abs 1 BGB beschränkt die rechtsgeschäftliche Begründung von Schuldverhält- 7
nissen für den Regelfall auf Verträge. Eine Begründung durch **einseitiges Rechtsgeschäft** ist nur in den Fällen zulässig, in denen das Gesetz dies vorsieht (s dazu noch unten Rn 20 ff) oder die Befugnis dazu durch Vertrag eingeräumt wird. Auch die grundsätzliche Ablehnung rechtsverbindlicher einseitiger Schuldverpflichtungen durch das BGB lässt sich auf den Grundsatz der Vertragsfreiheit zurückführen.

Ihm entspricht es auch, dass niemandem eine Forderung aus dem Leistungsversprechen eines anderen ungewollt aufgedrängt werden kann (s STAUDINGER/KLUMPP [2020] Vorbem 4 f, 20 ff zu §§ 328–335, § 333 Rn 2).

8 Die Vertragsfreiheit ist auch Grundlage des **Europäischen Gemeinschaftsrechts**. So bekennt sich die europäische Wirtschaftsordnung, deren Ziel die Errichtung eines gemeinsamen Marktes ist, als offene Marktwirtschaft mit freiem, unverfälschtem Wettbewerb (Art 3 Abs 3 S 2 EUV; Art 3 Abs 1 lit b, Art 5 Abs 1, Art 119, 120 AEUV) zur Freiheit von Vertrag und Wettbewerb (RIESENHUBER, System und Prinzipien des Europäischen Vertragsrechts 240; RITTNER JZ 1990, 838, 840 f; CANARIS, in: FS Lerche [1993] 873, 889 f; ders AcP 200 [2000] 273, 363 f; SCHWARZE EuZW 2004, 135, 139 mit Fn 50). Hinzu kommt die Gewährleistung der Grundfreiheiten (Art 26 Abs 2 AEUV), die die Vertragsfreiheit grenzüberschreitend gegen nicht gerechtfertigte Beschränkungen des Waren-, Personen-, Dienstleistungs- und Kapitalverkehrs absichert (MÜLLER-GRAFF 9 ff, 28 f). Der EuGH hat die Vertragsfreiheit in einigen Entscheidungen als „Grundrecht" bezeichnet (vgl EuGH 18. 7. 2013 – C-426/11 [Alemo-Herron ua], NZA 2013, 835; EuGH 16. 12. 1992 – C-132/91 ua [Katsikas], NZA 1993, 169, 170). Auch bleiben nach Art 6 EUV und ständiger Rechtsprechung des Gerichtshofs die Gemeinschaftsgrundrechte nicht hinter den nationalen Grundrechten zurück (EuGH 11. 7. 1989 – 265/87 [Schräder], Slg 1989, 2237, Rn 14 mwNw). Weiter schützen Art 15 und 16 der Charta der Grundrechte der Europäischen Union mit der Berufsfreiheit und unternehmerischen Freiheit auch die Vertragsfreiheit (EuGH 30. 6. 2016 – C-134/15; EuGH 18. 7. 2013 – C-426/11 [Alemo-Herron ua], NZA 2013, 835, jeweils für Art 16 der Charta). Nach Art 6 Abs 1 EUV anerkennt die Union auch die Charta der Grundrechte und erklärt diese für rechtlich gleichrangig mit den Verträgen. Freilich beziehen sich diese nur auf die Durchführung des Rechts der Union durch die Mitgliedstaaten (Art 51 Abs 1 S 1 der Grundrechtscharta).

9 Im europäischen Sekundärrecht wird die **Vertragsabschlussfreiheit** der Verbraucher durch zahlreiche Widerrufsrechte, die das Eintreten der vertraglichen Bindungswirkung über einen bestimmten Zeitraum aufschieben, erweitert. Gemeinschaftsrechtliche Einschränkungen der **Vertragsinhaltsfreiheit** ergeben sich zum einen aus zwingendem Vertragsrecht (s DREXL, in: FS Sonnenberger [2004] 771 ff mit Nachweisen), zum anderen aus der vom EuGH angenommenen unmittelbaren Drittwirkung der Grundfreiheiten, namentlich von Art 18, 45, 56 und 157 AEUV (s nur EuGH 6. 6. 2000 – C-281/98 [Angonese], NJW 2000, 3634 zu Art 39 EG; EuGH 8. 4. 1976 – 43/75 [Defrenne], NJW 1976, 2068). Die letztgenannte Einschränkung der Vertragsfreiheit wird zT als unangemessen angesehen (CANARIS, in: Umwelt, Wirtschaft und Recht 29, 42 ff; STREINZ/LEIBLE EuZW 2000, 459, 464 f).

10 Auch sämtliche bislang getroffene Vorschläge für ein gemeinsames europäisches Vertragsrecht heben die Vertragsfreiheit hervor. Die auf rechtsvergleichender Grundlage gewonnenen Grundregeln des Europäischen Vertragsrechts (deutsche Ausgabe hrsg von vBAR/ZIMMERMANN [2002]) der LANDO-Kommission, Principles of European Contract Law, gewährleisten in Art 1:102 PECL die Vertragsfreiheit. Der sogenannte GANDOLFI-Entwurf der Akademie Europäischer Privatrechtswissenschaftler (abgedruckt in ZEuP 2002, 139 ff) normiert in Art 2 unter der Überschrift „Vertragsautonomie" die Inhaltsfreiheit. Auch das Grünbuch der Kommission über Optionen für die Einführung eines europäischen Vertragsrechts für Verbraucher und Unternehmen vom 1. 7. 2010 (KOM [2010] 348 endgültig) geht von der Vertragsfreiheit aus

(s allg zum Entwurf Herresthal ZIP 2011, 1347; Tonner EuZW 2010, 767). Im Vorschlag für eine Verordnung des Europäischen Parlamentes und des Rates über ein Gemeinsames Europäisches Kaufrecht vom 11. 10. 2011 (KOM [2001] 635) ist die Vertragsfreiheit im Anhang I der Verordnung in Art 1 Abs 1 allen anderen Bestimmungen vorangestellt. Danach steht es den Parteien – vorbehaltlich einschlägiger zwingender Vorschriften – frei, einen Vertrag zu schließen und dessen Inhalt zu bestimmen.

II. Vertragliche Begründung von Schuldverhältnissen

§ 311 Abs 1 BGB verlangt für die Begründung eines Schuldverhältnisses durch Rechtsgeschäft den Abschluss eines **Vertrages** zwischen den Beteiligten. Gemeint ist damit die gem *§§ 145 ff BGB* erfolgende vertragliche Einigung über die rechtliche *Verpflichtung* eines oder beider Teile zur Leistung. **11**

Regelmäßig ist die Leistung dabei an den anderen am Vertragsschluss Beteiligten zu erbringen, sodass dieser Gläubiger des Forderungsrechts aus dem Schuldverhältnis ist. Notwendig ist dies aber nicht. Vielmehr kann das Forderungsrecht auch einem Dritten eingeräumt werden. Es liegt dann ein **Vertrag zugunsten Dritter** iS der §§ 328 ff BGB vor (dazu Staudinger/Klumpp [2020] Vorbem 20 ff zu §§ 328 ff, § 328 Rn 1 ff). **12**

Dagegen ist die vertragliche Verpflichtung Dritter ausgeschlossen, da sie dem Grundsatz der Vertragsfreiheit widerspricht (vgl zu diesem **Verbot des „Vertrages zu Lasten Dritter"** und den scheinbaren Ausnahmen Staudinger/Klumpp [2020] Vorbem 54 ff zu § 328). **13**

Einer Form bedarf der Abschluss eines Schuldvertrages im Allgemeinen nicht. Grundsätzlich besteht **Formfreiheit**. Ausnahmsweise schreibt das Gesetz aber eine bestimmte Form für den Vertragsabschluss vor. So ist zB *Schriftform* (§§ 126, 126a BGB) vorgeschrieben für Verbraucherdarlehensverträge (§ 492 Abs 1 S 1 BGB), für Teilzahlungsgeschäfte mit Verbrauchern (§§ 506 Abs 1, 507 Abs 2 BGB), für Ratenlieferungsverträge (§ 510 Abs 1 S 1 BGB), für Teilzeit-Wohnrechteverträge (§ 484 Abs 1 BGB), für den befristeten Mietvertrag, der für längere Zeit als ein Jahr geschlossen wird (§ 550 BGB), für den befristeten Arbeitsvertrag (§ 14 Abs 4 TzBfG) und den Vertrag zur Auflösung eines Arbeitsverhältnisses (§ 623 BGB), für Darlehensvermittlungsverträge mit Verbrauchern (§ 655b BGB), für das abstrakte Schuldversprechen und das Schuldanerkenntnis (§§ 780, 781 BGB), für die Annahme einer Anweisung (§ 784 Abs 2 S 1 BGB), für das Versprechen einer Leibrente (§ 761 BGB) und für die Bürgschaftserklärung (§ 766 BGB). Eine gerichtliche oder notarielle *Beurkundung* (§ 128 BGB) ist erforderlich für den Vertrag, durch den sich ein Teil verpflichtet, sein gegenwärtiges Vermögen oder einen Bruchteil seines gegenwärtigen Vermögens zu übertragen oder mit einem Nießbrauch zu belasten (§ 311b Abs 3 BGB), für den Vertrag, der unter künftigen gesetzlichen Erben über den gesetzlichen Erbteil oder den Pflichtteil eines von ihnen geschlossen wird (§ 311b Abs 5 BGB), für die vertragliche Verpflichtung, das Eigentum an einem Grundstück zu übertragen oder zu erwerben (§ 311b Abs 1 BGB), für das Schenkungsversprechen (§ 518 Abs 1 BGB) und für den Erbschaftskauf (§ 2371 BGB). Weitere Formerfordernisse sind aufgestellt für den Abschluss eines Erbvertrages (§ 2276 BGB). Vgl im Übrigen Staudinger/Hertel (2023) § 125 Rn 22 ff. **14**

15 Das vertragliche Schuldverhältnis ist vom bloßen **Gefälligkeitsverhältnis** zu unterscheiden. Kennzeichen des Gefälligkeitsverhältnisses ist es, dass die Beteiligten *ohne Rechtsbindungswillen* handeln, dh gerade keine Verpflichtung zu der aus Gefälligkeit zugesagten Leistung vereinbart haben. Das Gefälligkeitsverhältnis schließt aber entsprechend dem Rechtsgedanken des § 814 BGB einen Bereicherungsanspruch auf Rückgewähr der einmal erbrachten Leistung aus. Zur Entstehung von Schutzpflichten bei Gefälligkeitshandlungen s Rn 118. Das Gefälligkeitsverhältnis und seine Abgrenzung zum aus Gefälligkeit abgeschlossenen, rechtlich verbindlichen Schuldverhältnis ist ausführlich bei Staudinger/Olzen (2019) § 241 Rn 71 ff sowie Staudinger/Bork (2020) Vorbem 79 ff zu §§ 145 ff dargestellt.

16 Vertragliche Schuldverhältnisse können **nur durch** entsprechende **Willenserklärungen** der Beteiligten entstehen. Die insbesondere von Haupt (Über faktische Vertragsverhältnisse, in: FS Siber II [1943] 1) begründete Auffassung, Vertragsverhältnisse könnten auch durch tatsächliche Vorgänge entstehen, kann heute als überwunden gelten. Die Sachprobleme dieser sog *„faktischen Vertragsverhältnisse“* lassen sich teilweise – so bei der Gesellschaft und beim Arbeitsverhältnis – dadurch lösen, dass die Nichtigkeitsfolgen eingeschränkt werden, teilweise – so bei den Verträgen des Massenverkehrs und der Massenversorgung – mit einer zweckentsprechenden Anpassung der Voraussetzungen für eine vertragliche Einigung (Staudinger/Bork [2020] Vorbem 39 zu §§ 145 ff).

17 Auch zwischen dem ausrichtenden Verband einer Sportveranstaltung, wie zB den *Olympischen Komitees,* und dem einzelnen Sportler, entstehen ohne Austausch entsprechender sich deckender Willenserklärungen keine vertraglichen Beziehungen. Regelmäßig werden die Sportler zur Teilnahme an den Veranstaltungen nicht von dem ausrichtenden Verband, sondern von ihren jeweiligen nationalen Verbänden nominiert, die Mitglied im ausrichtenden Verband sind. Ein Vertragsverhältnis zwischen dem ausrichtenden Verband und dem Sportler besteht dann nicht. Insbesondere führt allein das Ausrichten der Veranstaltung, an dem der Sportler teilnehmen möchte, nicht zu einem Vertragsverhältnis, aus dem der Sportler den Ausrichter in Anspruch nehmen kann (LG Bonn 6. 9. 2016 – 20 O 325/16). Dies gilt auch dann, wenn der ausrichtende Verband ausnahmsweise zugleich als einziger für die (End-)Nominierung der Sportler zuständig ist und diese nach den von ihm selbst aufgestellten Kriterien erfolgt (s dazu Rn 3). Denn auch in Fällen eines bestehenden Kontrahierungszwangs entsteht der Vertrag erst durch Angebot und Annahme, setzt also voraus, dass der aus dem Kontrahierungszwang Unterliegende das Vertragsangebot des Vertragswilligen annimmt (Staudinger/Bork [2020] Vorbem 30, 33 zu §§ 145 ff). S zum Entstehen eines vorvertraglichen Schuldverhältnis Rn 106 ff.

18 Kein vertragliches, sondern ein gesetzliches Schuldverhältnis ist das Schuldverhältnis, welches nach § 311 Abs 2 und 3 BGB aus **geschäftlichem Kontakt**, insbesondere aus der Aufnahme von Vertragsverhandlungen entsteht, mag es auch in einzelnen Punkten den Regeln des Vertrages folgen, um dessen Abschluss es ging. S zu diesem Problemkreis des Verschuldens bei Vertragsschluss unten Rn 98 ff.

19 Nur eine besondere Art des Schuldvertrags ist der Vertrag, durch den die Verpflichtung übernommen wird, ein Schuldverhältnis erst einzugehen **(Vorvertrag)**. Der Vorvertrag ist wegen der Verwandtschaft mit den Problemen des bindenden Ver-

tragsantrags dort behandelt, s dazu STAUDINGER/BORK (2020) Vorbem 51 ff zu §§ 145 ff.

20 § 311 Abs 1 BGB anerkennt die Begründung von Schuldverhältnissen durch **einseitiges Rechtsgeschäft** nur in den Fällen, in denen dies *gesetzlich geregelt* ist. Die einzige im Schuldrecht des BGB vorgesehene Ausnahme dieses Inhalts ist § 657 BGB, nach dem durch die *Auslobung* einseitig die Verpflichtung des Auslobenden zur Entrichtung der Belohnung begründet wird. Die Schuldverschreibung auf den Inhaber (§§ 793 ff BGB) und die Annahme einer Anweisung (§§ 783 ff BGB) bilden nach dem BGB keine Ausnahme, weil bei ihnen nach hM regelmäßig ein sog Begebungsvertrag vorliegen muss, um eine Verpflichtung des Ausstellers oder des Annehmers zu begründen. Vgl hierzu STAUDINGER/MARBURGER (2015) § 783 Rn 16 und § 793 Rn 12 ff.

21 Nach einer von HILGER (Das betriebliche Ruhegeld [1959] 58 ff) begründeten, vom BAG (BAG 12. 3. 1963 – 3 AZR 266/62, BAGE 14, 126) zunächst übernommenen Auffassung soll das in Form einer **„Gesamtzusage“**; für alle oder eine Gruppe von Arbeitnehmern des Betriebes abgegebene einseitige *Ruhegeldversprechen* des Arbeitgebers diesen zur Leistung von Ruhegeldern verpflichten, ohne dass es einer vertraglichen Einigung mit den bedachten Arbeitnehmern bedürfte. Diese Auffassung durchbricht den Grundsatz des § 311 Abs 1 BGB ohne Not, weil es zur Sicherung der Arbeitnehmerinteressen vollkommen genügt, einen Vertragsschluss anzunehmen, für den der Annahmewille gem § 151 BGB nicht erklärt zu werden braucht (BAG 8. 12. 1981 – 3 ABR 53/80, BAGE 36, 327; BAG 20. 8. 2014 – 10 AZR 453/13, NZA 2014, 1333). Sie ist deshalb abzulehnen (zutr ZÖLLNER in der Anm zu diesem Urteil des BAG in AP Nr 90 zu § 242 BGB Ruhegehalt; LÖWISCH/DILLER, Die Geltung von Gesamtzusagen für künftige Betriebsangehörige, BB 2007, 830).

22 Keine eigentlichen Ausnahmen von § 311 Abs 1 BGB sind das **Stiftungsgeschäft** iS der §§ 80 ff BGB und das **Vermächtnis** iS der §§ 1939, 2147 ff BGB. Das Stiftungsgeschäft verpflichtet zwar den Stifter, das zugesicherte Vermögen an die vor der behördlichen Genehmigung als selbstständige Rechtsperson noch gar nicht existierende Stiftung zu übertragen und bindet so, ohne dass es einer Annahme bedürfte, den Stifter. Aber das Stiftungsgeschäft ist ein Rechtsgeschäft besonderer Art, welches sich den Kategorien des Schuldvertrags nicht unterordnen lässt (vgl STAUDINGER/HÜTTEMANN/RAWERT [2017] § 80 Rn 1). Und das Vermächtnis, welches durch das einseitige Rechtsgeschäft des Testaments ein Schuldverhältnis zwischen dem Beschwerten und dem Bedachten begründet, ohne dass einer von ihnen zustimmen müsste, gehört dem Erbrecht an und hat dort eine besondere Regelung gefunden (s allg zum Vermächtnis STAUDINGER/OTTE [2017] § 1939 Rn 1 ff).

23 Mit § 311 Abs 1 BGB im Einklang stehen Verträge, nach deren Inhalt die eine Partei infolge bestimmter einseitiger Maßnahmen der anderen Forderungen gegen diese erwerben können soll. Hauptfall ist das **Optionsrecht** (STAUDINGER/BORK [2020] Vorbem 69 ff zu §§ 145 ff). Zu finden sind solche Vereinbarungen im Bankverkehr beim **Zahlungsdienstevertrag** nach den §§ 675c–676z BGB. Der Inhaber des Bankkontos erwirbt aus einseitigen, des Zugangs nicht bedürftigen Erklärungen der Bank Gutschriften, dh Forderungen gegen die Bank. Rechtlich wird hier ein abstraktes Schuldversprechen durch das Gestaltungsrecht der Bank begründet; zur Gestaltung

ist sie aufgrund des auf die Erbringung von Zahlungsdiensten gerichteten Vertrages ermächtigt (vgl § 675t BGB; Grüneberg/Grüneberg § 675 f Rn 37; Canaris, Bankvertragsrecht [4. Aufl 2005] Rn 415 ff).

24 Soweit einseitige Verpflichtungserklärungen nach dem BGB verbindlich sind, gelten auch für sie die Vorschriften der §§ 311 Abs 1, 311a BGB entsprechend. Der E I hatte dies in § 343 BGB besonders bestimmt; die Zweite Kommission hat die Bestimmung als selbstverständlich weggelassen (Prot I 448).

III. Vertragliche Inhaltsbestimmung von Schuldverhältnissen

1. Allgemeines

25 Die Befugnis, durch Vertrag Schuldverhältnisse zu begründen, schließt die Befugnis ein, durch Vertrag auch den **Inhalt** der so begründeten Schuldverhältnisse zu bestimmen: Den Teilnehmern am Rechtsverkehr steht es grundsätzlich frei, ihre Verträge so auszugestalten, wie sie dies für richtig halten. Eine **Grenze** zieht ihnen insoweit nur das aus besonderen Gründen zwingend ausgestaltete Gesetzesrecht. Solche Gründe sind der Schutz des wirtschaftlich Schwächeren (zB im Arbeitsrecht, Mietrecht), die Gewährleistung einer intakten Wirtschaftsordnung (GWB, Art 101 ff AEUV), der redliche Geschäftsverkehr (geschützt durch die übrigen Wettbewerbsgesetze, insbesondere durch das UWG) sowie die Rechtsklarheit und die Rechtssicherheit (Typenzwang des Sachenrechts, der Güterstände und des Gesellschaftsrechts). Darüber hinaus schränkt das Gesetz den zulässigen Inhalt von Verträgen durch Vorschriften ein, die allgemeine Wertvorstellungen aufnehmen und umsetzen. Hierher gehören das Verbot von Haftungsausschlüssen bei vorsätzlichem und arglistigem Verhalten (zB §§ 276 Abs 3, 444 BGB), der Erhalt der Chance, Vermögen zu erwerben (§ 311b Abs 2 BGB), die Einschränkung spekulativer Geschäfte (§ 311b Abs 4 und 5 BGB, §§ 762 f BGB) und vor allem die Unzulässigkeit sittenwidriger Verträge (§ 138 BGB). Hingegen kennt die Rechtsordnung keine allgemeine Kontrolle des Inhalts der Verträge auf „Angemessenheit". Eine solche Inhaltskontrolle bedarf der besonderen Rechtfertigung aus dem jeweiligen Sachzusammenhang. S zu diesem Fragenkreis Staudinger/Looschelders/Olzen (2019) § 242 Rn 456 ff und Fastrich, Richterliche Inhaltskontrolle im Privatrecht (1992) 12 ff, 36 ff, 77 f.

26 Ein Mittel zur Inhaltsgestaltung von Verträgen sind auch die **Allgemeinen Geschäftsbedingungen** (AGB), die, meist auf Veranlassung einer Partei, dem Vertrag zugrunde gelegt werden. Der Inhalt von AGB wird gemäß §§ 305 ff BGB auf seine Angemessenheit hin kontrolliert.

27 Die Parteien können den Vertragsinhalt auch dadurch gestalten, dass sie vereinbaren, für künftig von ihnen abzuschließende Verträge sollten bestimmte Bedingungen gelten, ohne dass diese jeweils neu vereinbart werden müssten. Solche **Rahmenverträge** nehmen ein Stück des Inhalts der künftigen Einzelverträge vorweg, werden aber erst mit den später abgeschlossenen Einzelverträgen wirksam. Die Parteien sind nur insoweit gebunden, als sie, wenn sie einen Einzelvertrag abschließen, die im Rahmenvertrag vereinbarten Bedingungen gelten lassen müssen, es sei denn, sie vereinbaren bei Abschluss des Einzelvertrages etwas anderes (zu den Rahmenverträgen vgl OLG Frankfurt 11. 5. 1995 – 1 U 67/94, NJW-RR 1995, 1204; Larenz I § 7 I; Fikentscher

136 ff; Löwisch, Rahmenvereinbarungen für befristete Arbeitsverträge, RdA 1987, 97). Auch wenn ein Rahmenvertrag besteht, erfolgt die Befristungskontrolle nur anhand des letzten Arbeitsvertrages (LAG Berlin-Brandenburg 2. 12. 2010 – 5 Sa 1863/10, nachgehend BAG 15. 2. 2012 – 10 AZR 111/11, NZA 2012, 733).

Im Rahmenvertrag können auch über die Einzelverträge hinausgreifende Rechte und Pflichten festgelegt werden, etwa bei einem Rahmenvertrag für befristete Arbeitsverträge ein Wettbewerbsverbot oder die Verpflichtung zur Zahlung eines Übergangsgeldes bei Beendigung des Arbeitsverhältnisses (Löwisch, Rahmenvereinbarungen für befristete Arbeitsverträge, RdA 1987, 98). Betreffen solche Rahmenverträge die von einer Partei verwendeten AGB (sog Pauschalvereinbarungen), sind auf sie §§ 305 ff BGB anwendbar (§ 305 Abs 3 BGB; BGH 18. 6. 1986 – VIII ZR 137/85, NJW-RR 1987, 112; OLG Frankfurt 11. 5. 1995 – 1 U 67/94, NJW-RR 1995, 1204; s hierzu auch Staudinger/Mäsch [2022] § 305 Rn 203 ff; Erman/Looschelders § 305 Rn 44 f). Der Rahmenvertrag kann für bestimmte, von vornherein ins Auge gefasste Einzelverträge abgeschlossen werden; möglich ist aber auch, dass er für alle künftigen Einzelverträge gelten soll. Im letzteren Fall endet er entweder mit dem Ablauf der Zeit, für die er eingegangen ist, oder durch Kündigung, wobei die für die Einzelverträge geltenden Kündigungsfristen analog anzuwenden sind (Löwisch, Rahmenvereinbarungen für befristete Arbeitsverträge, RdA 1987, 98). Daneben kann er durch hierauf gerichtete übereinstimmende Willenserklärungen jederzeit von den Parteien aufgehoben oder in seiner Anwendung eingeschränkt werden. 28

Soweit die Parteien von ihrem Recht zur inhaltlichen Gestaltung des von ihnen abgeschlossenen Vertrages keinen Gebrauch gemacht haben, greift das **Gesetz mit dispositiven Regeln** für die Inhaltsbestimmung, insbesondere für die Abwicklung der Verträge und für Leistungsstörungen ein. Neben den allgemeinen Bestimmungen des Schuldrechts für Schuldverhältnisse und Verträge sind dabei für bestimmte **typische Verträge** im BGB (§§ 433–808 BGB), aber auch in anderen Gesetzen spezielle Rechtsnormen vorgesehen. Ein Vertrag, der mit dem von ihm verfolgten geschäftlichen, wirtschaftlichen und sonstigen Zweck einem solchen geregelten Typus entspricht, ist, wenn keine besonderen Anhaltspunkte dagegensprechen, als von den Parteien den Regeln dieses Typus unterstellt anzusehen. So ist bei einem Tarifvertrag oder einer Betriebsvereinbarung regelmäßig davon auszugehen, dass die dort getroffenen Regelungen normativen und nicht nur schuldrechtlichen Charakter haben sollen (näher Löwisch/Rieble § 1 TVG Rn 1681). 29

Die Parteien können im Vertrag **auf bestehendes Gesetzesrecht Bezug nehmen**, sei es, dass sie erklären, die gesetzliche Regelung solle unberührt bleiben, sei es, dass sie bestimmte gesetzliche Regelungen als auf den Vertrag anwendbar erklären, sei es, dass sie den Wortlaut von gesetzlichen Bestimmungen im Vertrag wiederholen. An der Anwendung des für den Vertrag einschlägigen zwingenden Gesetzesrechts ändert eine solche Bezugnahme nichts. Im Übrigen entsteht die Frage, ob die Bezugnahme nur deklaratorisch gemeint ist, also auf das einschlägige Gesetzesrecht hinweisen soll, oder ob ihr konstitutiver Charakter mit der Folge zukommt, dass die gesetzlichen Bestimmungen ohne Rücksicht darauf gelten, ob sie für den Vertrag an sich einschlägig sind oder nicht. Im Zweifel werden pauschale Verweisungen eher für einen deklaratorischen Charakter sprechen, während differenzierte Bezugnahmen auf einzelne Vorschriften auf einen konstitutiven Charakter hinweisen. 30

31 Besondere Bedeutung hat die Unterscheidung zwischen deklaratorischem und konstitutivem Charakter der Bezugnahme **im Falle einer Gesetzesänderung**. Ist sie konstitutiv gemeint, bleibt es dann, soweit das geänderte Recht nicht zwingend ist, beim bisherigen Rechtszustand. Ist sie deklaratorisch gemeint, greift das geänderte Gesetzesrecht ein. In Mietverträgen festgelegten Kündigungsfristen misst der BGH konstitutiven Charakter bei, mit der Folge, dass die entsprechenden Klauseln gem Art 229 § 3 Abs 10 S 1 EGBGB auch nach der Änderung der Kündigungsfristen durch das Gesetz zur Reform des Mietrechts vom 19. 6. 2001 (BGBl I 1149) fortbestehen, wenn sie durch Individualvereinbarung iSv § 305 Abs 1 S 3 BGB ausgehandelt sind (BGH 18. 6. 2003 – VIII ZR 240/02, BGHZ 155, 178; BGH 10. 3. 2004 – VIII ZR 64/03, NJW 2004, 1447; zu dieser Problematik Staudinger/Rolfs [2021] § 573c Rn 55). Sind die Kündigungsfristen hingegen durch AGB vereinbart, gelten sie wegen Art 229 § 3 Abs 10 S 2 EGBGB nur, wenn und soweit sie mit § 573c Abs 4 BGB vereinbar sind (Staudinger/Rolfs [2021] § 573c Rn 56). Zu der Problematik, die in vergleichbarer Weise im Verhältnis von Tarifverträgen zu geändertem Gesetzesrecht besteht, BAG 27. 8. 1982 – 7 AZR 190/80, BAGE 40, 102; BAG 16. 6. 1998 – 5 AZR 638/97, BAGE 89, 108 (Löwisch/Rieble § 1 TVG Rn 36).

2. Atypische und gemischte Verträge

a) Fallgruppen

32 Der Befugnis zur Inhaltsbestimmung entspricht es auf der anderen Seite, dass die Parteien Verträge abschließen können, die von den besonders geregelten Vertragstypen ganz oder teilweise abweichen. § 311 Abs 1 BGB ermöglicht es den Parteien so, die Ausgestaltung ihrer Rechtsbeziehungen in den Grenzen des zwingenden Rechts (Rn 25) den gesellschaftlichen und wirtschaftlichen Entwicklungen anzupassen (Martinek I § 2).

33 Die **nicht kodifizierten Vertragstypen** (Martinek I § 1 II spricht von Innominatverträgen) lassen sich danach unterscheiden, ob sie ihrem Inhalt nach unter keinen der im Gesetz geregelten Vertragstypen geordnet werden können, oder ob sie sich aus Tatbestandsmerkmalen verschiedener geregelter und/oder nicht geregelter Vertragstypen zusammensetzen. Im ersten Fall spricht man von atypischen Verträgen im engeren Sinne, im zweiten Fall von gemischten Verträgen.

34 Im Zuge der ständigen Fortentwicklung des Rechts haben sich im Laufe der Zeit fest umrissene und weit verbreitete Vertragsgestaltungen entwickelt. Zu bestimmten Gestaltungsarten hat die Rechtsprechung wiederholt sehr ins Detail gehende Grundsätze herausgearbeitet, sodass die für solche Fälle zusammengefassten Vertragsnormen **zu typischen Vertragsbildungen herangewachsen** sind. Von Fall zu Fall werden diese Vertragstypen auch vom Gesetzgeber aufgegriffen und näher, mitunter auch die Rechtsprechung korrigierend, ausgestaltet. Beispiele bilden der Vertrag über die Teilzeitnutzung von Wohngebäuden (§§ 481, 482–487 BGB), der Vertrag über ein langfristiges Urlaubsprodukt (§§ 481a, 482–487 BGB), der Tauschsystemvertrag (§§ 481b Abs 2, 482–487 BGB), der Verbraucherdarlehensvertrag (§§ 491–505d BGB), der Behandlungsvertrag (§§ 630a ff BGB), der Bau- und Verbraucherbauvertrag (§§ 650a ff BGB), der Reisevertrag (§§ 651a ff BGB), der Architekten- und Ingenieurvertrag (§§ 650p ff BGB), der Bauträgervertrag (§§ 650u f BGB), der Zahlungsdienstevertrag (§§ 675c ff BGB), der Fernunterrichtsvertrag (Fernunter-

richtsschutzgesetz in der Fassung v 4. 12. 2000, BGBl I 1670, zuletzt geändert durch Gesetz v 10. 8. 2021, BGBl I 3483), der Wohnungsvermittlungsvertrag (Gesetz zur Regelung der Wohnungsvermittlung vom 4. 11. 1971, BGBl I 1745, 1747, zuletzt geändert durch Gesetz v 21. 4. 2015, BGBl I 610) und der Ausbildungsvertrag (§§ 10 ff BBiG).

Zu den **gemischten Verträgen** gehören: *Adoptionsvermittlungsvertrag* (LG Karlsruhe 16. 4. 2010 – 9 S 259/09); *Automatenaufstellungsvertrag* (BGH 24. 4. 1997 – I ZR 210/94, NJW 1998, 76; BGH 22. 3. 1967 – VIII ZR 10/65, BGHZ 47, 202; Gitter, Gebrauchsüberlassungsverträge [1988] § 9 B IV 2); *Bankvertrag* (BGH 24. 9. 2002 – XI ZR 345/01, BGHZ 152, 114; BGH 12. 12. 1995 – XI ZR 15/95, NJW 1996, 840; BGH 4. 7. 1985 – III ZR 144/84, NJW 1985, 2699; OLG Celle 23. 9. 1998 – 3 U 317/97, MDR 1999, 107; Einsele, Das neue Recht der Banküberweisung, JZ 2000, 9; Köndgen, Die Entwicklung des privaten Bankrechts in den Jahren 1992–1995, NJW 1996, 558; Canaris, Bankvertragsrecht [4. Aufl 2005] Rn 1 ff, insbes Rn 300 ff zum Girovertrag); *Beherbergungsvertrag* (BGH 29. 3. 1978 – VIII ZR 220/76, BGHZ 71, 175; Gitter, Gebrauchsüberlassungsverträge [1988] § 7 A II 1); *Belegarztvertrag* (OLG Stuttgart 31. 1. 2001 – 9 U 156/00, OLGR Stuttgart 2001, 447; OLG München 20. 6. 1996 – 1 U 4529/95, VersR 1997, 977; OLG Hamm 4. 12. 1985 – 11 U 284/84, NJW 1988, 775; Franzki/Hansen, Der Belegarzt – Stellung und Haftung im Verhältnis zum Krankenhausträger, NJW 1990, 737); *Bierlieferungsvertrag* (BGH 25. 4. 2001 – VIII ZR 135/00, BGHZ 147, 279; BGH 15. 4. 1998 – VIII ZR 377/96, NJW 1998, 2286; BGH 10. 5. 1995 – VIII ZR 264/94, BGHZ 129, 371); *Bildüberlassungsvertrag* (BGH 19. 9. 2001 – I ZR 343/98, NJW-RR 2002, 1027); *Vertrag über Buchhaltungsarbeiten und Entwurf von Jahresabschlüssen* (BGH 7. 3. 2002 – III ZR 12/01, NJW 2002, 1571); *Bühnenaufführungsvertrag* (BGH 23. 4. 1954 – I ZR 139/53, BGHZ 13, 115); *Consultingvertrag* (OLG Dresden 29. 7. 1999 – 16 U 1687/98, NJW-RR 2000, 652; Martinek II § 21 III 2 [1992]); *Depotvertrag* (OLG Stuttgart 29. 1. 2004 – 2 U 112/03, VuR 2004, 146); *Dienstverschaffungsvertrag* (OLG Koblenz 13. 1. 2004 – 5 W 21/04, MDR 2004, 386; BGH 26. 1. 1995 – VII ZR 240/93, NJW-RR 1995, 659; OLG Celle 22. 5. 1996 – 20 U 15/95, NJW-RR 1997, 469; Becker, Zur Abgrenzung des Arbeitnehmerüberlassungsvertrages gegenüber anderen Vertragstypen mit drittbezogenem Personaleinsatz, ZfA 1978, 131, 145 ff); *Direktunterrichtsvertrag* (OLG Saarbrücken 23. 12. 2003 – 4 U 199/03, OLGR Saarbrücken 2004, 295; OLG Köln 15. 7. 1997 – 15 U 189/96, MDR 1998, 1212; OLG Celle 10. 5. 1995 – 20 U 75/94, NJW-RR 1995, 1465; Wienands, Neue Tendenzen im Recht des Direktunterrichts, MDR 1996, 659); *Diskontierungsvertrag* (BGH 26. 9. 1995 – XI ZR 159/94, NJW 1995, 3315; BGH 21. 6. 1994, BGHZ 126, 261; BGH 13. 4. 1972 – II ZR 107/70, BGHZ 59, 197; Liesecke, Neuere Entwicklungen im internationalen Wechselrecht – 2. Teil, WM 1971, 366, 370 ff); *Distributionsvertrag* (BGH 7. 3. 1996 – I ZR 68/94, NJW-RR 1996, 1120); *Eigenhändlervertrag* (BGH 17. 4. 1996 – VIII ZR 5/95, NJW 1996, 2159; OLG Köln 25. 4. 1997 – 19 U 159/96, BB 1997, 2451; Stumpf, Vertragshändlerausgleich analog § 89b HGB – praktische und dogmatische Fehlverortung, NJW 1998, 12); *Energielieferungsvertrag* (OLG München 14. 10. 1998 – 3 U 3587/98, NJW-RR 1999, 421); *Factoringvertrag* (BGH 26. 2. 1997 – VIII ZR 128/96, NJW-RR 1997, 1054; BGH 15. 4. 1987 – VIII ZR 97/86, BGHZ 100, 353; OLG Köln 31. 10. 1995 – 22 U 268/94, VersR 1997, 623; Staudinger/Busche [2022] Einl 136 ff zu §§ 398 ff; Martinek I § 10 II); *Fertighausvertrag* (BGH 23. 3. 1995 – VII ZR 228/93, NJW-RR 1995, 749; OLG Hamm 10. 3. 1995 – 25 U 73/94, NJW-RR 1995, 1045); *Filmverwertungsvertrag* (OLG München 20. 3. 1997 – 29 U 4573/96, NJW-RR 1997, 1405; BGHZ 2, 331; Gitter, Gebrauchsüberlassungsverträge [1988] § 12 B II 3); *Finanzierungs- und Projektförderungsvertrag* (zB Finanzierungsvertrag Stuttgart 21 30. 3. 2009, abrufbar unter www.mvi.baden-wuerttemberg.de); *Fitnessstudiovertrag* (LG Stuttgart 13. 2. 2007 – 5 S 199/06; LG Bonn 5. 8. 2014 – 8 S 103/14; offen gelassen von BGH 4. 5. 2016 – XII ZR 62/15, NZM 2016, 798); *Franchise-* 35 *vertrag* (BGH 17. 12. 1998 – I ZR 106/96, NJW 1999, 1177; LG Köln 26. 2. 2008 – 5 O 106/07; Giesler, das Minderungsrecht des Franchisenehmers, ZIP 2000, 2098; Wolf/Ungeheuer, Vertragsrechtliche Probleme des Franchising, BB 1994, 1027; Martinek II § 14); *Gastaufnahmevertrag* (AG Burgwedel v 10. 4. 1986 – 22 C 669/85, NJW 1986, 2647; Ramrath, Vertragsbeendigung bei mangelhaften Restaurantleistungen, AcP 189 [1989] 559 ff); *Gebrauchsüberlassungsverträge mit Bedienungspersonal* (BAG 17. 2. 1993 – 7 AZR 167/92, BAGE 72, 255); *Gerüstbauvertrag* (KG Berlin 5. 8. 2009 – 11 U 64/08; OLG Celle 3. 4. 2007, 16 U 267/06, BauR 2007, 1583); *Gestattungsvertrag* (zur Errichtung einer Breitbandkabelanlage BGH 17. 7. 2002 – XII ZR 86/01, NJW 2002, 3322; zur Anbringung von Werbetafeln auf Golfplatzgelände BGH 26. 1. 1994 – XII ZR 93/92, NJW-RR 1994, 558); *Heimvertrag* (BGH 16. 9. 2003 – VIII ZR 187/03, NJW-RR 2004, 160; BGHZ 149, 146; BGHZ 148, 233; BGH 19. 1. 1995 – III ZR 108/94, NJW 1995, 1222; OLG Düsseldorf 4. 4. 2011 – I-24 U 130/10, MDR 2011, 907; OLG Frankfurt 30. 10. 2013 – 1 U 153/12, NJW-RR 2014, 688; Gaiser, Fallstricke bei der Altenheim-Vertragsgestaltung, NJW 1999, 2311); *Hofübergabevertrag* (BGH 9. 10. 1951 – VBLw 67/50, BGHZ 3, 206; Lüdtke-Handjery, Hofübergabe als vertragliche und erbrechtliche Nachfolge, DNotZ 1985, 322); *Honorarverteilungsvertrag* (OLG München 27. 9. 1995 – 15 U 6473/94, NJW-RR 1996, 561); *Inkassovertrag* (Michalski, Die Befugnis von Inkassounternehmen zur gerichtlichen Durchsetzung von Forderungen, BB 1995, 1361); *Internetauktionsvertrag* (AG Bochum v 8. 5. 2008 – 44 C 13/08, VuR 2009, 189); *Joint-venture-Vertrag* (BGH 4. 3. 1974 – II ZR 89/72, BGHZ 62, 193; Ebenroth, Das Verhältnis zwischen Joint-venture-Vertrag, Gesellschaftssatzung und Investitionsvertrag, JZ 1987, 265; Martinek III § 25 II); *Just-in-time-Vertrag* (Grunewald, Just-in-time-Geschäfte – Qualitätssicherungsvereinbarungen und Rügelast, NJW 1995, 1777; Steckler, Das Produkthaftungsrisiko im Rahmen von Just-in-Time-Lieferbeziehungen, BB 1993, 1225; Martinek III § 28 II); *Know-how-Vertrag* (BGH 17. 3. 1998 – KZR 42/96, NJW-RR 1998, 1502; Martinek II § 19 III); *Kreditkartenvertrag* (BGH 24. 9. 2002 – XI ZR 420/01, BGHZ 152, 75; BGH 14. 10. 1997 – XI ZR 167/96, BGHZ 137, 27; BGH 29. 3. 1994 – XI ZR 69/93, BGHZ 125, 343; Metz, Aktuelle Fragen der Kreditkartenpraxis, NJW 1991, 2804; Bitter, Zum Widerruf der Anweisungen im Kreditkartenverfahren, BB 1997, 480; Martinek III § 23 II); *Leasingvertrag* (BGH 28. 6. 2000 – VIII ZR 240/99, BGHZ 144, 371; BGH 16. 9. 1981 – VIII ZR 265/80, BGHZ 81, 298; Knebel, Zur typologischen Einordnung des Leasingvertrags, WM 1993, 1026; Martinek I § 4. S auch ausführlich Staudinger/Stoffels [2023] Leasing); *Lieferungsvertrag mit Montageverpflichtung* (BGH 22. 7. 1998 – VIII ZR 220/97, NJW 1998, 3197; BGH 12. 3. 1986 – VIII ZR 332/84, WM 1986, 714); *Lizenzvertrag* (BGH 29. 4. 1997 – X ZR 127/95, NJW-RR 1997, 1467; BGH 28. 6. 1979 – X ZR 13/78, GRUR 1979, 768; Pres, Gestaltungsformen urheberrechtlicher Softwarelizenzverträge, CR 1994, 520; Pfaff/Osterrieth, Lizenzverträge [4. Aufl 2018]); *Managementvertrag* (BGH 5. 10. 1981 – II ZR 203/80, NJW 1982, 1817; Martinek II § 20 I 3); *Mietvertrag mit Gestellung des Bedienungspersonals* (BGH 26. 3. 1996 – X ZR 100/94, WM 1996, 1785); *Vertrag über die nichteheliche Lebensgemeinschaft* (BGH 25. 9. 1997 – II ZR 269/96, NJW 1997, 3371; Grziwotz, Partnerschaftsverträge für nichteheliche Lebensgemeinschaften, MDR 1999, 709; Weimar, Ausgleichsansprüche bei Auflösung nichtehelicher Lebensgemeinschaften?, MDR 1997, 713); *Patronatsvertrag* (OLG Nürnberg 9. 12. 1998 – 12 U 2626/98, IPRax 1999, 464; OLG Düsseldorf 26. 1. 1989 – 6 U 23/88, NJW-RR 1989, 1116; Habersack, Patronatserklärungen ad incertas personas, ZIP 1996, 257; Michalski, Die Patronatserklärung, WM 1994, 1229); *Pay-TV-Abonnementvertrag* (BGH 13. 3. 2003 – I ZR 290/00, NJW 2003, 1932); *Poolvertrag* (BGH 19. 3. 1998 – IX ZR 22/97, BGHZ 138, 291; OLG Köln 29. 4. 1994 – 20 U 168/90, ZIP 1994, 1461; Serick, Probleme des Sicherheitenpools der Gläubiger in der Insolvenz des Schuldners, KTS 1989, 743; Martinek III § 24 II 3); *Pferdepensions- bzw Pferdeeinstellungsvertrag* (BGH 2. 10. 2019 – XII ZR 8/19, BGHZ 223, 225; BGH 12. 1. 2017 – III ZR 4/16; OLG Oldenburg 4. 1. 2011 – 12 U 91/10; LG Krefeld 16. 8. 2010 – 2 O 244/10); *Prozessfinanzierungs-*

vertrag (Hartung/Weberstaedt, Die Beteiligung von Rechtsanwälten an Prozessfinanzierern, AnwBl 2015, 840; Bruns, Das Verbot der quota litis und die erfolgshonorierte Prozessfinanzierung, JZ 2000, 232; Dethloff, Verträge zur Prozessfinanzierung gegen Erfolgsbeteiligung, NJW 2000, 2225; Grunewald, Prozessfinanzierungsvertrag mit gewerbsmäßigem Prozessfinanzierer – ein Gesellschaftsvertrag, BB 2000, 729); *Verträge über die Verpflichtung zu einem bestimmten prozessualen Verhalten* (BGH 21. 12. 1992 – II ZR 82/92, VersR 1993, 714); *Qualitätssicherungsvereinbarung* (Grunewald, Just-in-time-Geschäfte – Qualitätssicherungsvereinbarungen und Rügelast, NJW 1995, 1777; Ensthaler, Haftungsrechtliche Bedeutung von Qualitätssicherungsvereinbarungen, NJW 1994, 817); *Schiedsgutachtervertrag* (BGH 3. 11. 1995 – V ZR 182/94, NJW 1996, 452; BGH 6. 6. 1994 – II ZR 100/92, NJW-RR 1994, 1314; Gehrlein, Wirksamkeitsmängel von Schiedsgutachten, VersR 1994, 1009); *Schiedsrichtervertrag* (BGH 6. 10. 1954 – II ZR 149/53, BGHZ 15, 12; Breetzke, Vertrag und Vergütung des Schiedsrichters, NJW 1968, 1113); *Schuldmitübernahmevertrag* (BGH 23. 11. 1999 – XI ZR 20/99, NJW 2000, 575; BGH 5. 6. 1996 – VIII ZR 151/95, BGHZ 133, 71; Fischer, Aktuelle Rechtsprechung des Bundesgerichtshofs zur Bürgschaft und zum Schuldbeitritt, WM 1998, 1705; Kohte, Die Stellung des Schuldbeitritts zwischen Bürgschaft und Schuldübernahme, JZ 1990, 997); Soziales-Netzwerk-Account-Nutzungsvertrag (OLG Stuttgart 6. 9. 2018 – 4 W 63/18, MDR 2018, 1485; LG Göttingen 20. 2. 2019 – 9 O 4/18; LG Hamburg 31. 5. 2019 – 305 O 117/18; Grüneberg/Grüneberg Überbl v § 311 Rn 12; vgl auch BGH 12. 7. 2018 – III ZR 183/17, BGHZ 219, 243–276; OLG München 24. 8. 2018 – 18 W 1294/18, NJW 2018, 3115); *Sponsoringvertrag* (BGH 17. 6. 1992 – XII ZR 253/90, NJW 1992, 2690; Weiand, Rechtliche Aspekte des Sponsoring, NJW 1994, 227); *Sportstudiovertrag* (AG Bremen 29. 12. 2011 – 9 C 464/11); *Tankstellenvertrag* (BGH 3. 11. 1999 – VIII ZR 269/98, BGHZ 143, 104; BGH NJW 1969, 1662; OLG Brandenburg 18. 2. 2009 – 3 U 64/08; Gitter, Gebrauchsüberlassungsverträge [1988] § 10b I); *Turnkey-Vertrag* (BGH 11. 3. 1982 – VII ZR 357/80, BGHZ 83, 197; Fikentscher, Der Werkverschaffungsvertrag, AcP 190 [1990] 34, 49 ff; Martinek III § 26 II); *Überwachungsvertrag bei Geld- und Valoren-Transporten* (Schünemann, Vertragstypen im Sicherheitsgewerbe, NJW 2003, 1689, 1690 f); *Verfilmungsvertrag* (Kreile, Aktuelle Probleme der Vertragsgestaltung bei der Produktion von Filmen und Fernsehfilmen – „Auftragsproduktion", ZUM 1991, 386; BGH 15. 4. 1958 – I ZR 31/57, BGHZ 27, 90); *Vertrag über ein wettbewerbliches Unterlassen* (BGH 18. 9. 1997 – I ZR 71/95, NJW 1998, 1144; BGH 17. 7. 1997 – I ZR 40/95, NJW 1997, 3087; Köhler, Der wettbewerbsrechtliche Unterlassungsvertrag, in: FS vGamm [1990] 57 ff); *Wartungsvertrag* (BGH 17. 12. 2002 – X ZR 220/01, WM 2003, 448; OLG Köln 17. 7. 1998 – 19 U 9/98, VersR 2000, 335; OLG Frankfurt 22. 4. 1983 – 6 U 90/82, ZIP 1983, 702; Redeker, Die Ausübung des Zurückbehaltungsrechts im Wartungs- und Pflegevertrag, CR 1995, 385; Schmid, Probleme der Rechtsnaturbestimmung moderner Vertragstypen – am Beispiel des „Back-up-Vertrages", CR 1994, 543); *Wechselvertrag* (BGH 21. 4. 1998 – XI ZR 239/97, NJW-RR 1998, 1124; Hueck/Canaris, Recht der Wertpapiere [1986] § 7 III 3; Stöcker/Heidinger, Zum Wesen des „Begebungsvertrages" im Wechselrecht, NJW 1992, 880); *Werbeagenturvertrag* (OLG München 24. 5. 1995 – 7 U 5806/94, NJW-RR 1996, 626, v 10. 5. 1995, 7 U 5531/94, NJW-RR 1996, 176; Sosnitza, Plagiate, Prozesse und Provisionen – Rechtsfragen bei der Tätigkeit von Werbeagenturen, ZUM 1998, 631); *Werkförderungsvertrag* (BGH 16. 9. 1966 – VIII, ZR 202/64, NJW 1967, 2260, 2261; Roquette, Werkförderungsverträge als Verträge zugunsten Dritter, NJW 1967, 2239); *Werkverschaffungsvertrag* (Fikentscher, Der Werkverschaffungsvertrag, AcP 190 [1990] 34); *Zeitschriftenbezugsvertrag* (BGH 8. 2. 1978 – VIII ZR 20/77, BGHZ 70, 357; BGH 26. 5. 1986 – VIII ZR 218/85, NJW 1986, 3134; H D Schmid, Arbeitskampfklauseln in den allgemeinen Geschäftsbedingungen des Zeitungsbezugsvertrags, NJW 1979, 15); *Zeitschriftenhändlervertrag* (BGH 6. 11. 1967 – VIII ZR 175/65, JZ 1969, 71).

36 Reine **atypische Verträge** sind selten. Genannt werden können im Grunde nur der *Garantievertrag* (RG 11. 12. 1934 – VII 240/34, RGZ 146, 123; RG 28. 9. 1940 – II 23/40, RGZ 165, 47; BGH 14. 10. 1982 – III ZR 14/82, WM 1982, 1324; BGH 10. 11. 1998 – XI ZR 370/97, BGHZ 140, 49; Gröschler, Einwendungsausschluss bei der Garantie auf erstes Anfordern und der einfachen Garantie, JZ 1999, 822; Staudinger/Stürner [2020] Vorbem 207 ff zu §§ 765–778) und der *Softwarevertrag* (BGH 20. 2. 2001 – X ZR 9/99, NJW 2001, 1718; OLG Celle 22. 11. 1995 – 13 U 111/95, CR 1996, 539; OLG Hamm 22. 8. 1991 – 31 U 260/90, NJW-RR 1992, 953; vWestphalen, Der Software-Entwicklungsvertrag – Vertragstyp – Risikobegrenzung, CR 2000, 73 ff; Junker, Die Entwicklung des Computerrechts im Jahre 1998, NJW 1999, 1294; Volle, Rechtliche Einordnung der EDV-Systemverträge, CR 1996, 139). Ebenfalls als atypischer Vertrag eingeordnet werden zudem etwa der *Internet-System-Vertrag* (OLG Koblenz 23. 6. 2010 – 1 U 1355/09, CR 2010, 706; **aA** BGH 4. 3. 2010 – III ZR 79/09, BGHZ 184, 345, der ihn als Werkvertrag einordnet) sowie *Swap-Verträge* (BGH 28. 4. 2015 – XI ZR 378/13, BGHZ 205, 117; OLG Stuttgart 14. 12. 2011 – 9 U 11/11; LG Köln 5. 11. 2015 – 15 O 539/14). Manche der gemischten Verträge weichen allerdings so weit von den Tatbestandsmerkmalen der gesetzlich geregelten Vertragstypen ab, dass sie den atypischen Verträgen nahekommen. Das gilt etwa für Franchise- und Inkassoverträge. Das wirksame Zustandekommen von atypischen Verträgen setzt – wie auch bei jedem anderen Vertrag – voraus, dass die Leistung von den Parteien so konkret vertraglich geregelt ist, dass Gegenstand und Dauer der geschuldeten Leistung zumindest bestimmbar sind (BGH 27. 1. 1971 – VIII ZR 151/69, BGHZ 55, 248, 250). Diese Voraussetzung ist beim atypischen Vertrag nur erfüllt, wenn er eine den angestrebten Vertragszweck deutliche machende, in sich geschlossene und verständliche Regelung enthält (OLG Koblenz 23. 6. 2010 – 1 U 1355/09, CR 2010, 706).

b) Anzuwendendes Recht

37 Die entscheidende Frage bei den atypischen und gemischten Verträgen geht dahin, **welche Rechtsnormen** auf den einzelnen Vertrag Anwendung finden. Auch für die **gemischten Verträge** lässt sich darauf entgegen der älteren Lehre (Hoeniger 314 f) wegen der Vielgestaltigkeit der geregelten Lebenssachverhalte keine allgemeingültige Antwort geben. Ausgangspunkt für die Bestimmung des auf den Vertrag anzuwendenden Rechts muss stets der zwischen den Parteien geschlossene Vertrag sein (Stoffels 192 ff). Besondere Rücksicht verdienen dabei die von den Parteien gestaltete *jeweilige Interessenlage* und die besonderen Umstände des Einzelfalles (BGH 13. 9. 2007 – I ZR 207/04, BGHZ 173, 344; Gernhuber, Schuldverhältnis § 7 V 2; MünchKommBGB/Emmerich § 311 Rn 29; Stoffels 173, 179).

38 Praktisch am wichtigsten ist, ob der gemischte Vertrag sowohl hinsichtlich der den Parteiwillen ergänzenden (nachgiebigen) als auch hinsichtlich der die Vertragsfreiheit einengenden (zwingenden) Normen den für einen bestimmten Vertragstyp oder den für verschiedene Vertragstypen geltenden Vorschriften unterworfen ist. Das erstere lehren die Vertreter des sog **Absorptionsprinzips** (insbes Lotmar 215 ff, 709 ff). Danach sei eine der im Vertrag bedungenen Leistungen die Hauptleistung; diese bestimme die Natur des Vertrages (in diese Richtung neuerdings auch BGH 2. 10. 2019 – XII ZR 8/19, BGHZ 223, 225). Im Gegensatz dazu vertreten die Anhänger des sog **Kombinationsprinzips** (insbes Rümelin 320 ff; Hoeniger 314 f) die Auffassung, dass in jedem Einzelfall die Normen aus den in dem gemischten Vertrag enthaltenen verschiedenen Vertragstypen zu kombinieren sind (abw, aber doch dem Kombinationsprinzip nahestehend und entschieden gegen das Absorptionsprinzip Schreiber JherJb 60, 106 ff,

203 ff, 213). Je nachdem, ob man das Absorptionsprinzip oder das Kombinationsprinzip vertritt, gelangt man auch zu anderen Antworten auf die Frage, ob die Nichtigkeit der einem der verschiedenen Vertragstypen angehörenden Verpflichtungen die Nichtigkeit des ganzen Vertrages bewirkt oder nicht. Der Anhänger des Absorptionsprinzips wird dies bei Nichtigkeit der ihm als Hauptverpflichtung erscheinenden Verbindlichkeit und nur bei dieser annehmen. Der Vertreter des Kombinationsprinzips wird zu vorsichtigeren Entscheidungen und zu komplizierteren Ergebnissen gelangen.

Das **Absorptionsprinzip** ist zu einfach, um richtig zu sein. Es wird der Vielgestaltig- **39** keit des Lebens nicht gerecht. Denn es trifft nicht zu, dass stets eine Leistung als Hauptleistung angesehen werden kann. Etwa kann jemand für Wohnung und für Unterricht Geld zahlen, und es kann ihm beides gleich wichtig sein. Oder ein Vertrag über die Austragung einer Hochzeitsfeier kann Vereinbarungen enthalten, die das Bereitstellen des Festsaales, die Versorgung des Brautpaars und der Gäste mit Speisen und Getränken, die musikalische Begleitung der Feier durch eine Big Band und den Hin- und Rücktransport der Feiernden zum Austragungsort oä, also Leistungen betreffen, die den Umständen und der Interessenlage nach durchaus nicht nebensächlich zu sein brauchen. Solchen Fällen tut das Absorptionsprinzip Gewalt an, indem es den gemischten Vertrag unter einen bestimmten Vertragstypus als den Typus der vermeintlichen Hauptleistung zwingen will.

Aber auch das **Kombinationsprinzip** trifft nicht immer zu. Einmal gibt es tatsächlich **40** Fälle, in denen eine Leistung so sehr überwiegt, dass sie dem Vertrag ihren Charakter aufzwingen muss. Niemand wird bezweifeln, dass in dem oft erörterten Beispiel der Vermietung eines Zimmers mit Bedienung (Enneccerus/Lehmann § 100 B I; Hoeniger 111) ein Mietvertrag, oder beim Kauf von Getreide in Säcken, die erst nach einiger Zeit zurückgegeben werden sollen, ein Kaufvertrag abgeschlossen wird. Zum anderen muss berücksichtigt werden, dass zwingende Rechtsvorschriften, insbesondere soweit sie dem Schutz eines Vertragsteils dienen, ihrem Zweck nach Geltung für den gesamten Vertrag beanspruchen können, auch wenn der Vertragstyp, für den sie aufgestellt sind, nur ein Element des Vertrages ausmacht (Schelp, in: FS Herschel [1955] 94 ff). So muss etwa für die Kündigung eines aus Arbeitsvertrags-, Mietvertrags- und Darlehensvertragselementen zusammengesetzten Vertrags regelmäßig das KSchG gelten (BAG 6. 2. 1969 – 2 AZR 236/68, BAGE 21, 340). Weder mit dem Absorptionsprinzip noch mit dem Kombinationsprinzip lässt sich auch das Problem der sog gemischten Schenkung bewältigen. Hier muss nach dem Parteiwillen entschieden werden, ob der entgeltliche und der unentgeltliche Teil des Geschäfts für sich zu behandeln sind oder ob der entgeltliche oder unentgeltliche Teil das gesamte Vertragsverhältnis prägt (ausführlich hierzu Staudinger/Chiusi [2021] § 516 Rn 259 ff).

Deshalb gilt für das auf einen gemischten Vertrag anzuwendende Recht: Nur auf- **41** grund einer sorgfältigen Beurteilung der in dem Vertragswerk jeweils zusammengefügten Lebensvorgänge und Rechtsverhältnisse, und zwar nicht nach den vereinzelten Vorgängen, sondern ihrer Gesamtheit (RG 26. 9. 1939 – I 59/39, RGZ 161, 321, 323; BGH 15. 12. 1950 – I ZR 48/50, NJW 1951, 150) einerseits, und andererseits des Zwecks, des Geltungsanspruchs und der Funktionsweise der in Betracht kommenden verschiedenen Rechtsnormen kann entschieden werden, welche Regeln gelten (vgl Münch-

KommBGB/Emmerich § 311 Rn 31 f). Verallgemeinerungen können dabei nur nach und nach in einem Diskurs von Rechtspraxis und Rechtslehre herausgebildet werden (zutreffend Martinek I 29 ff). Nur unter diesem Vorbehalt kann man der Systematisierung der gemischten Verträge folgen, wie sie in der Rechtslehre von Enneccerus/Lehmann (§ 100 B) entwickelt worden ist. Nach ihr können folgende Arten von gemischten Verträgen unterschieden werden:

42 **Gemischter Vertrag mit aneinandergereihten Typen und mit gleichwerten Leistungen**: Hier verpflichten sich ein Vertragspartner oder auch mehrere Vertragspartner nebeneinander zu mehreren Leistungen, von denen jede einem anderen Vertragstyp angehört, die aber nach Absicht der Parteien gleich wichtig sind. Enneccerus/Lehmann sprechen hier von einem *„Kombinationsvertrag"*. Beispiele sind die Verpackung und Spedition von Waren (BGH 13. 9. 2007 – I ZR 207/04, BGHZ 173, 344), die Gewährung von Kost und Wohnung gegen Geld, der Verkauf eines Kraftfahrzeuges mit Übernahme der Verpflichtung, dem Käufer Fahrunterricht zu erteilen, die Übernahme der zusätzlichen Aufgabe der Geschäftsführung einer Tochterfirma durch einen Angestellten (BAG 24. 8. 1972 – 2 AZR 437/71, BB 1973, 91) oder die Anstellung eines Anwalts mit Sozietätszusage (BAG 30. 10. 1975 – 11 Ca 7935/75, BB 1976, 139). Aber auch der Pferdepensionsvertrag gehört hierher, der in der Regel mit gleichem Gewicht miet- und dienstvertragsrechtliche Elemente enthält (vgl MünchKommBGB/Emmerich § 331 Rn 31; für gemischten Vertrag mit aneinandergereihten Typen und Überwiegen mietrechtlicher Elemente jedoch Staudinger/Emmerich [2021] Vorbem 43 zu § 535; für Verwahrungsvertrag: OLG Brandenburg 28. 6. 2006 – 13 U 138/05, NZM 2006, 839 und LG Ulm 19. 4. 2004 – 1 S 184/03, NJW-RR 2004, 854; offengelassen von BGH 2. 10. 2019 – XII ZR 8/19, BGHZ 223, 225). Die Vermietung eines Schiffes mit der dazugehörenden Mannschaft ist als Sachmiete in Verbindung mit der Verschaffung von Dienstleistungen angesehen worden (RG 1. 7. 1908 – I 463/07, RGZ 69, 127, 129); Bühnenaufführungsverträge enthalten häufig Elemente des Pacht-, Gesellschafts- und Werkvertrages und oft auch solche des Verlagsrechts (BGH 23. 4. 1954 – I ZR 139/53, BGHZ 13, 119). Begibt sich ein privat versicherter Patient zur Krebstherapie in ein Krankenhaus und erhält er dort von der klinikeigenen Apotheke individuell hergestellte Medikamente, so treten neben die Elemente eines Behandlungsvertrages die des Werklieferungsrechtes (BGH 20. 2. 2019 – VIII ZR 7/18, BGHZ 221, 145; MünchKommBGB/Emmerich § 331 Rn 31). Zu den „Kombinationsverträgen" gehören aber auch solche Verträge, in denen auf Seiten beider Vertragspartner Leistungen mehrerer Typen aneinandergereiht werden. Beispiel ist die Gewährung von Kost und Wohnung gegen Geld und Unterricht.

43 Entscheidend ist in allen „Kombinationsverträgen", dass die Verpflichtungen, die an sich verschiedenen Vertragstypen angehören, nur lose aneinandergereiht sind, nur *addiert* werden. Hier gilt in der Regel das *Kombinationsprinzip* (Rn 38, Rn 40). Bei einem Vertrag über die Gewährung von Kost und Wohnung gegen Geld und Unterricht gilt für die Überlassung der Wohnung Mietrecht, für die Gewährung der Kost Kaufrecht und für die Erteilung des Unterrichts das Recht des Dienstvertrages. Bei Anstellung eines Anwalts mit Sozietätszusage gilt für den Anstellungsvertrag das Recht des Arbeitsverhältnisses und für die Sozietätszusage allgemeines Zivilrecht (BAG 15. 8. 1975 – 5 AZR 217/75, NJW 1976, 206). Übernimmt ein Arbeitnehmer zusätzlich die Geschäftsführung einer Tochterfirma, gilt für den Geschäftsführungsvertrag das allgemeine Dienstvertragsrecht, während es im Übrigen beim Arbeitsrecht bleibt.

Die im Einzelnen Fall oft sehr schwierige Frage, wie die verschiedenen hiernach maßgebenden Normen zu kombinieren sind, ist unter sorgfältiger Erforschung des Parteiwillens, insbesondere des beabsichtigten Vertragszweckes einerseits und des Zwecks der Funktionsweise der in Betracht kommenden Rechtsnormen andererseits zu lösen.

In aller Regel führt der in einem Teil eines Vertrags betreffende Beendigungsgrund 44
zum Recht, den gesamten Vertrag zu beendigen. Wird etwa die Benutzung einer Fabrik und die Lieferung der zu ihrem Betrieb erforderlichen Energie für eine einheitliche Gegenleistung versprochen, und erweist sich die Gebrauchsgewährung als unerfüllbar, kann der Vertrag nach Pachtvertragsrecht insgesamt gekündigt werden. Ebenso kann der Arbeitgeber den Arbeitsvertrag, der mit Elementen des Mietvertrages und Darlehensvertrages gemischt ist, insgesamt kündigen, wenn ein arbeitsvertraglicher Auflösungsgrund vorhanden ist. Und so ist beim Altenheimvertrag für die Auflösung Mietvertragsrecht zugrunde zu legen (BGH 21. 2. 1979 – VIII ZR 88/78, BGHZ 73, 350; auf die Gestaltung im Einzelnen hebt demgegenüber ab BGH 29. 10. 1980 – VIII ZR 326/79, NJW 1981, 341, 342).

Nur *ausnahmsweise* berührt die Kündigung eines Vertragsteils oder der Rücktritt 45
von einem Vertragsteil die Wirksamkeit des übrigen Vertrages nicht. Ist etwa in dem Vertrag über Gewährung von Kost und Wohnung gegen Geld und Unterricht der Vermieter gem § 543 BGB berechtigt, den Mietvertrag zu kündigen, so wird er auch durch die Kombination der verschiedenen Vertragsleistungen nicht daran gehindert, dies zu tun. Mit der Kündigung wird nicht der ganze Vertrag aufgelöst, weil die übrigen Vertragsleistungen nach der Absicht der Parteien ebenso wichtig sind wie die Miete. Infolgedessen muss der Mieter nach Kündigung des Mietvertragsteils gem § 242 BGB berechtigt sein, die in Geld zu zahlende Miete (die zugleich Kaufpreis für die Kost ist) entsprechend herabzusetzen und gegebenenfalls sogar für den Unterricht eine angemessene Vergütung zu fordern.

Interessenlage und besondere Umstände können ausnahmsweise auch dazu führen, 46
dass bestimmte Rechtsfolgen, zB die **Gewährleistungsrechte**, dem spezifischen Sinngehalt des Vertrages entsprechend durch das Heranziehen vergleichbarer Bestimmungen aus anderen Rechtsgebieten zu beurteilen sind (s folgende Entscheidungen zum sog Filmverwertungsvertrag: RG 24. 11. 1938 – V 165/38, RGZ 158, 318, 328, 330; RG 26. 9. 1939 – I 59/39, RGZ 161, 321, 324; BGH 15. 6. 1951 – I ZR 121/50, BGHZ 2, 331, 334 f; BGH 21. 4. 1953 – I ZR 110/52 BGHZ 9, 262, 264; BGH 15. 4. 1958 – I ZR 31/57, BGHZ 27, 90, 96 und Schröcker, Probleme des Filmverwertungsvertrages, NJW 1952, 652; s ferner BGH 15. 12. 1955 – II ZR 204/54, BGHZ 19, 269, 275, betreffend die Umdeutung eines nichtigen Vertrages über die Errichtung einer BGB-Gesellschaft, für die in den Grenzen des rechtlich Möglichen die Vorschriften der OHG gelten).

Gemischter Vertrag mit aneinandergereihten Typen und Überwiegen des einen Typus: 47
Hier werden ebenfalls mehrere, verschiedenen Vertragstypen angehörige Leistungen lose aneinandergereiht; nach der Absicht der Parteien ist aber eine Leistung die *Hauptleistung,* während die anderen von untergeordneter Bedeutung sind. Hierher gehören der oben erwähnte Fall der Vermietung eines Zimmers mit Bedienung, regelmäßig der Kauf mit Montageverpflichtung (vgl BGH 22. 7. 1998 – VIII ZR 220/97, NJW 1998, 3197; BGH 3. 3. 2004 – VIII ZR 76/03, NJW-RR 2004, 850), der Verkauf von

Flaschenbier unter gleichzeitiger Verleihung der Flaschen an den Käufer und auch die Lieferung von Getreide in Säcken, die nach einer gewissen Zeit zurückzugeben sind (vgl für die mit der Verpackung zusammenhängenden Rechtsfragen Staudinger/Matusche-Beckmann [2023] § 434 Rn 315 ff; Staudinger/Beckmann [2023] § 447 Rn 33, 62; § 448 Rn 12 ff). Dass eine Leistung nach dem Willen der Parteien der oder den anderen übergeordnet sein soll, bewirkt in diesen Fällen regelmäßig die Geltung des *Absorptionsprinzips:* Die Vermietung eines Zimmers mit Bedienung (RG 30. 3. 1942 – V 120/41, RGZ 169, 84, 87 f) und die Gestellung eines Krans inklusive Auf- und Abbau (OLG Celle 25. 1. 2013 – 2 U 155/12, MDR 2013, 582) sind Miete; der Verkauf von Flaschenbier unter Verleihung der Flaschen ist Kauf mit Flaschenleihe oder Flaschendarlehen (vgl BGH 5. 10. 1955 – IV ZR 302/54, NJW 1956, 298 mNw). Neben den für den vorherrschenden Vertragstypus geltenden Rechtsnormen sind untergeordnet und gegebenenfalls entsprechend auch die Vorschriften anzuwenden, die für die in ihrer Bedeutung zurücktretenden Leistungen gelten, sofern Zweck und Eigenart des Gesamtvertrages nicht entgegenstehen und nur dadurch dem Vertragsinhalt hinreichend Rechnung getragen wird (BGH 12. 1. 2017 – III ZR 4/16). Etwa gilt bei einem auf zahnprothetische Behandlung gerichteten Dienstvertrag das Gewährleistungsrecht des Werkvertrages, soweit es nicht um die spezifisch zahnärztliche Heilbehandlung, sondern um die technische Anfertigung der Prothese geht (BGH 9. 12. 1974 – VII ZR 182/73, BGHZ 63, 306). Dass ein Hauptvertragstypus vorherrscht, hindert auch nicht, hinsichtlich der Hauptleistung nach § 242 BGB vom Recht des Haupttypus mit Rücksicht auf die Nebenleistungen abzuweichen.

48 Von der eben erörterten Fallgruppe sind diejenigen Tatbestände zu unterscheiden, in denen nur scheinbar verschiedenartige Leistungen aneinandergereiht werden, sich ein Vertragspartner in Wirklichkeit aber nur eine *bestimmte Beschaffenheit zusagen* oder eine *bestimmte Eigenschaft zusichern* lässt (§§ 434 Abs 1 S 1, 536 Abs 2, 633 Abs 2 S 1 BGB). Hierher gehört etwa der Fall, dass sich der Hauseigentümer vor Einzug des Mieters verpflichtet, Zimmer in bestimmter Weise tapezieren zu lassen (vgl Hoeniger 369 f). Um einen gemischten Vertrag handelt es sich aber dann, wenn im Zuge eines Kaufvertrages nicht lediglich eine Beschaffenheitsvereinbarung iSv § 434 Abs 1 S 1 BGB getroffen, sondern über die Eigenschaft der Sache ein selbstständiges Garantieversprechen (§ 443 BGB) vereinbart wird (s zur Garantie Staudinger/Matusche-Beckmann [2023] § 443 Rn 23 ff; s allg zu Compliancegarantien Schniepp/Holfeld, Compliancegarantien in Unternehmenskaufverträgen, DB 2016, 1738).

49 **Gemischter Vertrag mit verschmolzenen Typen**: Hier sind nicht Leistungen, die zu verschiedenen Vertragstypen gehören, aneinandergereiht, sondern ein Bestandteil des Vertrages stellt sich gleichzeitig als ein anderer Vertragstypus dar. So kann im Rahmen eines Vergleichs ein Kaufvertrag abgeschlossen werden, wenn etwa eine Forderung gegen Verkauf eines Tisches ermäßigt wird. Ebenso kann ein Dienstvertrag zugleich einen Gesellschaftsvertrag enthalten, etwa wenn sich jemand verpflichtet, die landwirtschaftlichen Bücher eines Gutsbesitzers zu führen und dafür als Gegenleistung in die Branntweinbrennerei des Gutsbesitzers als Teilhaber aufgenommen wird (ein von Enneccerus/Lehmann § 100 B IV entlehntes Beispiel).

50 Wesentlich ist hier, dass die Vertragstypen miteinander *verschmolzen* sind: Der Verkauf des Tisches ist einerseits das Nachgeben des einen Teils im Rahmen des Vergleichs, andererseits die Vertragsleistung im Rahmen eines Kaufvertrages. In diesen Fällen gilt daher insofern das *Absorptionsprinzip,* als der ganze Vertrag zunächst dem Recht desjenigen Vertragstypus unterworfen ist, dem jeder Bestandteil des Vertrages angehört, im Beispielsfall also dem Recht des Vergleichs. Für den Vertrag gilt deshalb zunächst zB § 779 BGB. Soweit aber der Vertragsbestandteil betroffen ist, hinsichtlich dessen die Vertragstypen verschmolzen sind, gilt auch das *Kombinationsprinzip:* So bestimmt sich die Gewährleistungspflicht des Verkäufers im Beispielsfall nach dem Kaufvertragsrecht. Wenn sich etwa herausstellt, dass dem Verkäufer der Tisch gar nicht gehört, so bestimmen sich die Rechte der anderen Vergleichspartei nach §§ 435, 437 BGB.

Zu der Gruppe der gemischten Verträge mit verschmolzenen Typen gehören die sog **51** gemischte Schenkung (vgl dazu Staudinger/Chiusi [2021] § 516 Rn 64 ff, 259 ff), der Leasingvertrag (entgeltliche Gebrauchsüberlassung mit kaufvertraglichen und kreditvertraglichen Elementen, s Staudinger/Beckmann [2023] Vorbem 171 ff zu §§ 433 f; Staudinger/Stoffels [2023] Leasing Rn 76 ff, der ihn als Vertrag sui generis bezeichnet), der Franchisevertrag (Mischung zahlreicher Vertragstypenelemente, insbesondere des Geschäftsbesorgungsvertrages, des Lizenzvertrages, des Kaufvertrages und des Handelsvertretervertrages) und der Factoringvertrag (Elemente des Kaufvertrages, des Darlehensvertrages und des Geschäftsbesorgungsvertrages).

Gemischter Vertrag mit doppeltem Typus: Hier gehört der Vertrag zwei Vertrags- **52** typen an; er ist seinem Inhalt nach sowohl ein Vertrag des einen als auch ein Vertrag des anderen Typus. Der von Enneccerus/Lehmann (§ 100 B III) für diese Fälle geprägte Name *„Zwittervertrag"* ist treffend. Dieser Vertragstypus ist dadurch gekennzeichnet, dass die Gegenleistung nicht in Geld, sondern in einer oder mehreren anderen Leistung/en besteht (so treffend MünchKommBGB/Emmerich § 311 Rn 33). Zu denken ist an den Fall, dass eine freie Wohnung gegen Leistung von Hausmeisterdiensten überlassen wird (sog Hausmeistervertrag). Dieser Vertrag ist seinem ganzen Inhalt nach sowohl Mietvertrag als auch Dienstvertrag. Ähnlich verhält es sich bei der Übertragung eines mit einem Wohnhaus bebauten Grundstücks gegen eine lebenslange Pflegeverpflichtung des Erwerbers (s dazu BGH 9. 7. 2021 – V ZR 30/20, MDR 2021, 1526). Dieser Vertrag ist sowohl Tauschvertrag als auch Dienstvertrag. Die Verträge mit doppeltem Typus unterstehen den *Normen beider Vertragstypen.* Widersprechen diese Normen einander, so müssen der Zweck des Vertrages einerseits und der Zweck der Rechtsnormen andererseits darüber entscheiden, welche Rechtsnorm Anwendung finden soll. In Einzelfällen enthält schon das Gesetz eine ausdrückliche Regelung, etwa für die Werkdienstwohnung in § 576b BGB (s dazu Staudinger/Rolfs [2021] § 576b Rn 1 ff). S ferner BGH 15. 12. 1950 – I ZR 48/50, NJW 1951, 150, 151 zu einem einheitlichen Gemüseanbau- und Gemüselieferungsvertrag mit der Nebenverpflichtung des Käufers, das Saatgut zu liefern; s auch Schelp, in: FS Herschel (1955) 98 ff.

Besondere Schwierigkeiten bereitet die AGB-Kontrolle gemischter und atypischer **53** Verträge. Ob Allgemeine Geschäftsbedingungen von Rechtsvorschriften abweichen, muss danach bestimmt werden, welche Rechtsvorschriften auf die jeweils in Rede stehende Bedingung anwendbar sind. Die Freistellung der Hauptleistungspflichten von der AGB-Kontrolle nach § 307 Abs 1 BGB kann nur insoweit Platz greifen, wie keine Hauptpflichten berührt sind. Diese müssen im Einzelfall durch Auslegung festgestellt werden (OLG Stuttgart 29. 1. 2004 – 2 U 112/03, VuR 2004, 146 für einen Depotvertrag).

3. Zusammengesetzte Verträge

54 Vom gemischten Vertrag wird der **zusammengesetzte Vertrag** unterschieden. Während beim gemischten Vertrag ein einheitlicher Vertrag vorliegt, besteht der zusammengesetzte Vertrag aus mehreren an sich *selbstständigen Teilen,* die aber nach dem Willen der Parteien *voneinander abhängig* sein sollen (BGH 6. 12. 1979 – VII ZR 313/78, BGHZ 76, 43, 49; BGH 6. 11. 1980 – VII ZR 12/80, BGHZ 78, 346, 348 ff). Beim zusammengesetzten Vertrag folgt jeder Vertrag grundsätzlich den Regeln seines Vertragstypus. Die Tatsache, dass die verschiedenen Vertragsteile zu einem zusammengesetzten Vertrag verbunden sind, ist vor allem für die Anwendung des § 139 BGB wesentlich: Ist einer der verbundenen Verträge nichtig, trifft das regelmäßig auch die anderen Verträge (s näher Staudinger/Roth [2020] § 139 Rn 36 ff). Weiter folgt aus der Verknüpfung der Verträge, dass die für einen Vertrag geltende Formvorschrift, etwa § 311b Abs 1 BGB, auch für den anderen Vertrag und für die beiderseitige Verknüpfung gilt (BGH 6. 12. 1979 – VII ZR 313/78, BGHZ 76, 43, 49; BGH 6. 11. 1980 – VII ZR 12/80, BGHZ 78, 346, 348; BGH 11. 11. 1983 – V ZR 211/82, BGHZ 89, 41, 43; BGH 16. 3. 1988 – VIII ZR 12/87, BGHZ 104, 18, 22 f; Staudinger/Meier § 311b Abs 1 Rn 239 ff). Schließlich kann auch das Synallagma erweitert sein, sodass Rücktritt, Schadensersatz statt der Leistung oder Kündigung aus wichtigem Grund hinsichtlich eines Vertrages den gesamten einheitlichen Vertrag umfassen (BGH 30. 4. 1976 – V ZR 143/74, NJW 1976, 1931). In diesem Fall nähert sich der zusammengesetzte Vertrag in seinen Rechtsfolgen stark dem gemischten Vertrag an.

55 Ob mehrere Verträge in einem zusammengesetzten Vertrag verbunden sind, kann nur nach dem *Willen der Parteien* entschieden werden, nicht nach äußerlichen Merkmalen. Etwa ist die Tatsache, dass die Verträge in einer oder in verschiedenen Urkunden vereinbart sind, nur ein Indiz (s einerseits BGH 6. 12. 1979 – VII ZR 313/78, BGHZ 76, 43, 49; BGH 6. 11. 1980 – VII ZR 12/80, BGHZ 78, 346, 348 ff; andererseits BGH 22. 5. 1970 – V ZR 130/67, BGHZ 54, 71: der BGH spricht von einer Vermutung für einen zusammengesetzten Vertrag bei Vereinbarung in einer Urkunde, meint damit aber ersichtlich keine eigentliche Beweisregel; näher Staudinger/Roth [2020] § 139 Rn 40; Staudinger/Meier § 311b Abs 1 Rn 261 ff). Ein solches Indiz kann auch der wirtschaftliche Zusammenhang der zusammengesetzten Verträge sein (BGH 10. 10. 1986 – V ZR 247/85, NJW 1987, 1069).

56 *Beispiele* für zusammengesetzte Verträge können sein: Verpachtung der einer Brauerei gehörenden Wirtschaft oder Verkauf eines Gastwirtschaftsgrundstücks bei gleichzeitigem Abschluss eines Bierbezugsvertrages (RG 16. 11. 1907 – V 102/70, RGZ 67, 101, 104); die Gewährung eines Baukredits durch einen Holzhändler bei gleichzeitigem Abschluss eines Kaufvertrages über das zum Bau verwendete Holz und der gleichzeitige Abschluss eines Baubetreuungs- und eines Grundstückskaufvertrages (BGH 30. 4. 1976 – V ZR 143/74, NJW 1976, 1931); Installation und Anpassung eines bestimmten Softwaresystems (Implementierung) nebst Einweisung (OLG Frankfurt 22. 9. 2010 – 4 U 52/10).

57 Die Parteien können einen einmal hergestellten Zusammenhang zweier Verträge auch nachträglich *wieder aufheben,* insbesondere sich darüber einigen, dass Rücktritt

oder Schadensersatz statt der Leistung auf einen Vertrag beschränkt werden. Soweit der zusammengesetzte Vertrag nach § 139 BGB nichtig war, liegt in dieser Einigung über die nachträgliche Auflösung des zwischen den Verträgen bestehenden Zusammenhangs eine – gegebenenfalls formbedürftige – Bestätigung iS des § 141 Abs 1 BGB.

Im genannten Sinne zusammengesetzt werden können auch *Verträge zwischen unterschiedlichen Parteien* (BGH 22. 5. 1970 – V ZR 130/67, BGHZ 54, 71: Grundstückskaufvertrag mit einer Erbengemeinschaft und einem ihrer Mitglieder, das Eigentümer einer Grundstückshälfte ist; BGH 6. 12. 1979 – VII ZR 313/78, BGHZ 76, 43; BGH 30. 4. 1976 – V ZR 143/74, NJW 1976, 1931: Grundstückskaufvertrag und Baubetreuungsvertrag mit einer vom Grundstücksverkäufer verschiedenen Person). Die Verträge gelten als zusammengesetzt zwischen den Parteien, die den Zusammenhang hergestellt haben. Beim Kauf von Miteigentümern werden meist beide Kaufverträge voneinander abhängig sein; es ist aber auch denkbar, dass eine solche Abhängigkeit lediglich für den einen Kaufvertrag hergestellt wird, während der andere, weil der Verkäufer darauf besteht, in jedem Fall wirksam sein soll. Als zusammengesetzter Vertrag ist es auch anzusehen, wenn mit einem Arbeitnehmer aufgrund drohender betriebsbedingter Kündigung ein dreiseitiger Vertrag zwischen ihm, seinem Arbeitgeber und einer Qualifizierungsgesellschaft geschlossen wird, in dem die Aufhebung des bisherigen Arbeitsverhältnisses und eine Beschäftigung, Qualifizierung und berufliche Neuorientierung des Arbeitnehmers durch Maßnahmen der Qualifizierungsgesellschaft vereinbart werden (LAG Rheinland-Pfalz 30. 11. 2010 – 6 Ta 215/10, das hier zu Unrecht von einem atypischen Kombinationsvertrag ausgeht). 58

Nicht zu verwechseln mit den zusammengesetzten Verträgen ist der Fall, dass die Wirksamkeit eines Vertrages von der **aufschiebenden oder auflösenden Bedingung** der Wirksamkeit eines anderen Vertrages abhängig gemacht wird. Rechtsfolge ist bei der aufschiebenden Bedingung lediglich, dass der bedingte Vertrag solange nicht wirksam wird, wie auch der andere nicht wirksam wird; bei der auflösenden Bedingung, dass die Wirksamkeit des bedingten Vertrages mit Bedingungseintritt endet. Vom Fall des zusammengesetzten Vertrages zu unterscheiden ist weiter der Fall, dass ein Vertrag im Sinne von § 313 BGB **Geschäftsgrundlage** eines anderen ist. Denkbar ist ferner eine **Rahmenvereinbarung**, mit deren Hilfe Verträge zwischen mehr als zwei Parteien miteinander gekoppelt werden, ohne dass die Parteien der einzelnen Verträge jeweils an allen Verträgen beteiligt wären (RG 9. 1. 1915 – I 254/14, RGZ 86, 107, 109). 59

IV. Vertragliche Änderung von Schuldverhältnissen

1. Vertrag als Voraussetzung

Auch die rechtsgeschäftliche Abänderung des einmal begründeten vertraglichen oder gesetzlichen Schuldverhältnisses bedarf nach § 311 Abs 1 BGB des Vertrages. Wird der Arbeitnehmer einer GmbH zu deren Geschäftsführer berufen, wandelt sich der Arbeitsvertrag nicht automatisch in einen selbstständigen Dienstvertrag um, sondern ist hierfür ein Änderungsvertrag erforderlich. Regelmäßig wird freilich im Abschluss eines Geschäftsführerdienstvertrages zugleich die konkludente Aufhebung des bisherigen Arbeitsverhältnisses vereinbart sein (BAG 8. 6. 2000 – 2 AZR 60

207/99, BAGE 95, 62; BAG 25. 4. 2002 – 2 AZR 352/01, NJW 2003, 918; dazu Löwisch/Schlünder/Spinner/Wertheimer/Wertheimer § 14 KSchG Rn 15). Dieser Änderungsvertrag bedarf dann der Schriftform des § 623 BGB (LAG Berlin 5. 3. 2003 – 17 Sa 2269/02, NZA-RR 2003, 516; Staudinger/Oetker [2022] § 623 Rn 49).

61 Eine Änderung des Vertragsinhalts durch **einseitiges Rechtsgeschäft** ist *nur* möglich, soweit das Gesetz sie zulässt oder die Parteien dies vereinbart haben (BGH 5. 7. 2017 – VIII ZR 163/16, MDR 2017, 1115; OLG Saarbrücken 16. 7. 2021 – 5 U 2/21, VersR 2021, 1415). Gesetzlich zugelassen sind zB Gestaltungsrechte wie das Wahlrecht nach § 263 BGB oder das Leistungsbestimmungsrecht gem §§ 315 ff BGB, etwa das Weisungsrecht des Arbeitgebers (§ 106 GewO), die Konkretisierung einer Gattungsschuld in eine Speziesschuld nach § 243 Abs 2 BGB, die Fristsetzung gem §§ 281, 323 BGB und die Kündigungs-, Rücktritts- und Anfechtungsrechte. Aber auch die Erhöhung der Wohnraummiete nach den §§ 559–561 BGB zählt hierzu (s Staudinger/Emmerich [2021] § 559 Rn 3 ff).

62 Ob die Parteien ein einseitiges Änderungsrecht eines Vertragspartners *vereinbart* haben, ist eine Frage des Einzelfalls; in Allgemeinen Geschäftsbedingungen kann eine solche Vereinbarung unwirksam sein, § 308 Nr 4 BGB. Bei geringfügigen Änderungen wird man ein solches Recht durch Auslegung des Vertrages nach Treu und Glauben mit Rücksicht auf die Verkehrssitte (§§ 157, 242 BGB) ableiten können, wenn hierdurch der Vertragsgegner nicht belastet wird. Deshalb ist etwa eine abändernde Anweisung des Gläubigers über die Art und Weise oder das Ziel der Verpfändung der verkauften Ware ebenso zulässig wie ein nachträgliches Verlangen des Gläubigers, die Leistung gegen Erstattung etwaiger Mehrkosten an einen Dritten zu erbringen (Erman/Dieckmann § 311 Rn 8).

63 Keine Ausnahme von dem Grundsatz des § 311 Abs 1 BGB gilt für den **Verzicht auf Rechte aus einem Vertrag**. Ein solcher Verzicht ändert den Inhalt des Schuldverhältnisses und erfordert deshalb nach § 311 Abs 1 BGB einen Vertrag (RG 12. 11. 1909 – VII 29/09, RGZ 72, 168 171 für § 397). Allerdings wird man allgemein sagen können, dass die Verzichtserklärung, weil sie dem anderen Vertragspartner nur einen Vorteil bringt, gem § 151 BGB stillschweigend angenommen werden kann. Einseitig verzichtet werden kann aber auf Gestaltungsrechte und auf Einreden. Denn durch den Verzicht auf ein Gestaltungsrecht oder auf eine Einrede wird der Vertrag als solches nicht verändert. Für sie genügt in Analogie zu § 144 BGB eine Erklärung des Verzichtenden, die auch konkludent abgegeben werden kann und des Zugangs nicht bedarf (für die Einrede der Verjährung RG 2. 1. 1912 – II 358/11, RGZ 78, 130, 131; BGH 18. 1. 1972 – VI ZR 204/70, VersR 1972, 394; BGH 4. 7. 1973 – IV ZR 185/72, NJW 1973, 1690; Staudinger/Peters/Jacoby [2019] § 214 Rn 31; differenzierend Roth, Die Einrede des bürgerlichen Rechts [1988] 148 f).

64 Ist ein Vertrag nichtig, so kann die **Nichtigkeit** nicht einseitig beseitigt werden. Erklärt eine Partei, sich auf die Nichtigkeit nicht berufen zu wollen, so ist diese Erklärung als Neuvornahme zu verstehen, die nur vertraglich möglich ist, § 141 BGB. Wenn beispielsweise nach Abschluss eines Scheingeschäfts der eine Vertragspartner nachträglich auf den Einwand der Simulation verzichtet, so genügt dies, solange der Verzicht vom anderen Vertragspartner nicht angenommen ist, keineswegs, um das Scheingeschäft nachträglich in ein gültiges Geschäft umzuwandeln.

Einseitig möglich ist aber die Bestätigung eines anfechtbaren Rechtsgeschäfts, § 144 BGB.

Bei **Dauerschuldverhältnissen** kann eine Änderung des Vertragstyps durch Änderung der tatsächlichen Verhältnisse eintreten. Etwa wandelt sich ein Arbeitsvertrag in einen freien Dienstvertrag um, wenn infolge einer Änderung in der Stellung des Dienstverpflichteten dessen persönliche Unselbstständigkeit wegfällt. Ein Beispiel bietet der Erwerb der Stimmenmehrheit durch den Gesellschafter einer GmbH, der bei dieser bisher als Arbeitnehmer angestellt war (BAG 6. 5. 1998 – 5 AZR 612/97, AP Nr 95 zu § 611 BGB Abhängigkeit). Der Wechsel des Vertragstyps tritt in einem solchen Fall *automatisch* ein (BAG 6. 5. 1998 – 5 AZR 612/97, näher Löwisch, Verlust des Arbeitnehmerstatus durch Erwerb einer Gesellschafterstellung mit maßgebendem Einfluss, in: FS Kraft [1998] 375, 378 ff). Der Form des § 623 BGB bedarf es dann nicht. 65

Die Vertragspartner können auch **verpflichtet** sein, sich auf eine vertragliche Abänderung des Schuldverhältnisses einzulassen (ausf Gernhuber, Schuldverhältnis § 27 II). Eine solche Verpflichtung kann sich einmal aus dem Gesetz ergeben. Beispiel ist § 558 Abs 1 BGB, nach dem der Vermieter vom Mieter die Zustimmung zu einer Erhöhung des Mietzinses verlangen kann. Eine solche Verpflichtung kann auch bei der Begründung des Vertrages von den Parteien festgelegt werden. Die Situation ist dann ähnlich wie bei einem Vorvertrag (Larenz I § 7 II Fn 17). So wird man etwa bei „Anpassungsklauseln“ uU eine aufschiebend bedingte Verpflichtung zum Abschluss von Änderungsverträgen anzunehmen haben (Bilda, Besondere Arten von Anpassungsklauseln in Verträgen, Betrieb 1969, 427). 66

2. Form des Änderungsvertrages

Der Änderungsvertrag bedarf in den Fällen, in denen der **Zweck der betreffenden Formvorschrift** deren Anwendung gebietet, der für die Begründung des Schuldverhältnisses erforderlichen Form. Das wird immer dann der Fall sein, wenn Verpflichtungen, deren Übernahme das Gesetz an bestimmte Formen gebunden hat, erweitert, verschärft oder aber, zB indem die Gegenleistung herabgesetzt wird, wirtschaftlich in einer Weise verändert werden sollen, die nicht lediglich eine Erleichterung bedeutet. War die Form nur mit Rücksicht auf die Willenserklärung *einer* Partei vorgeschrieben, ist auch nur bei Änderung der Leistungsverpflichtungen dieser Partei die Form zu beachten. Besteht die Formvorschrift im Interesse der Rechtsklarheit, so müssen alle Abänderungen formgerecht vereinbart werden (BGH 26. 10. 1973 – V ZR 194/72, NJW 1974, 271). Vgl zu diesem Fragenkreis Staudinger/Hertel (2023) § 125 Rn 73 ff sowie ausführlich Staudinger/Meier § 311b Abs 1 Rn 283 ff; Michalski WiB 1997, 785 ff. 67

Auch die **Änderung eines an sich nicht formbedürftigen Vertrages** kann formbedürftig sein. Das gilt zB wegen § 550 BGB bei der Verlängerung eines *Mietvertrages* zu einer über ein Jahr hinausgehenden Dauer (BGH 24. 1. 1990 – VIII ZR 296/88, DB 1990, 877) oder bei Mieterhöhungen im Rahmen eines solchen langfristigen Vertrages (Staudinger/Emmerich [2021] § 550 Rn 34 f) sowie wegen § 14 Abs 4 TzBfG bei der befristeten Verlängerung eines ursprünglich unbefristeten gekündigten Arbeitsvertrags (Caspers, Rechtsfolgen des Formverstoßes bei § 623 BGB, RdA 2001, 28, 33 ff). Dasselbe gilt, wenn erst mit der Vertragsänderung eine Verpflichtung zur Grundstücksübertragung in 68 den Vertrag aufgenommen wird, zB ein Pachtvertrag durch Einräumen eines persönlichen Vorkaufrechts ergänzt wird. Ebenso ist wegen § 518 Abs 1 BGB die Änderung eines Kaufvertrages in ein *Schenkungsversprechen* formbedürftig, selbst wenn die Vertragsänderung lediglich im Erlass der Kaufpreisforderung besteht. Demgegenüber kann einem Schenkungsversprechen formfrei eine Auflage beigefügt werden, weil die Auflage den Umfang der Schenkerverpflichtung lediglich einschränkt. Hingegen unterliegt die schenkweise Erhöhung der geschenkten Summe oder das Auswechseln des Gegenstands der Schenkung wiederum der notariellen Beurkundung nach § 518 S 1 BGB. Da andererseits der Aufhebungsvertrag, der eine vollzogene Schenkung rückgängig machen soll, selbst kein Schenkungsversprechen enthält, bedarf die Erklärung des Beschenkten, durch die er sich zu der Rückgabe des Geschenkes verpflichtet, nicht der Form des § 518 BGB.

69 Soweit der Änderungsvertrag keiner Form bedarf, kann er auch **stillschweigend** abgeschlossen werden. Dies ist insbesondere anzunehmen, wenn der Vertrag, nachdem eine Partei abgeänderte Bedingungen mitgeteilt hat, beiderseits fortgesetzt wird (BAG 20. 5. 1976 – 2 AZR 202/75, AP Nr 4 zu § 305 BGB für die Änderung eines Arbeitsvertrages).

70 Bedurfte die Begründung des Schuldverhältnisses einer **behördlichen Genehmigung**, so gilt dies in der Regel auch für seine Abänderung, sofern durch die Änderung diejenigen Bestandteile des Vertrages betroffen sind, derentwegen das Genehmigungserfordernis aufgestellt ist (Erman/Dieckmann § 311 Rn 7; Soergel/Gröschler § 311 Rn 46).

3. Inhalt des Änderungsvertrages

71 Die Abänderung des Schuldverhältnisses kann sich auf die **Zukunft** beschränken (so etwa häufig bei Dienst-, Arbeits- und Mietverhältnissen). Die Parteien können aber ebenso vereinbaren, den Vertrag so zu ändern, als habe er **von Anfang an** den geänderten Inhalt gehabt. Ob die Änderung zurückwirken oder nur für die Zukunft gelten soll, ist durch Auslegung des konkreten Vertrages festzustellen (Larenz I § 7 II). **Gegenstand** der abändernden Absprache kann der gesamte Inhalt des Schuldverhältnisses, eine Mehrheit von Ansprüchen oder ein einzelner Anspruch sein. Die Änderung kann eine Erweiterung oder Beschränkung der Leistungspflicht eines Vertragspartners oder beider Partner bezwecken. Die Absprache kann sich auf die Änderung von Nebenleistungen oder auf die Änderung der Art und Weise beschränken, wie der Vertrag durchgeführt werden soll (zB Hinausschieben von Lieferterminen oder Zahlungsfristen). Die Parteien können aber auch die Leistungspflicht eines Vertragspartners oder beider Vertragspartner ändern. Die Parteien können zB vereinbaren, dass die Miete von einem bestimmten Zeitpunkt an herauf- oder herabgesetzt wird; eine Geldzahlungspflicht kann gestundet, Darlehensbedingungen können geändert, einer Schenkung nachträglich eine Auflage hinzugefügt, ein unübertragbares, persönliches Vorkaufsrecht in ein übertragbares umgewandelt werden (RG 29. 5. 1935 – V 488/34, RGZ 148, 105 ff) usw. Besonders häufig und wichtig ist in der Praxis die Umwandlung einer beliebigen Schuld in eine Darlehensschuld (sog Vereinbarungsdarlehen; s dazu Staudinger/Freitag [2015] § 488 Rn 73 ff; Erman/Nietsch § 488 Rn 23 ff). Fälle der Abänderung sind auch die Abtretung von Forderungen oder Rechten (§§ 398 ff BGB), die Schuldübernahme (§§ 414 ff BGB), die Vertragsüber-

nahme (hierzu Staudinger/Busche [2022] Einl 196 ff zu §§ 398 ff), das Hinzutreten eines weiteren Gläubigers (BGH 5. 3. 1975 – VIII ZR 97/73, BGHZ 64, 67) und das Hinzutreten eines weiteren Schuldners.

Werden durch den Änderungsvertrag **Leistungen herabgesetzt**, so bedeutet die Zustimmung des Gläubigers hierzu eine Verfügung über seine Forderung in dem Maße, in dem er sie „erlässt" (§ 397 BGB). Werden die bisherigen Leistungspflichten **erweitert** oder werden zusätzliche übernommen, so handelt es sich um einen verpflichtenden Änderungsvertrag. Enthält der Änderungsvertrag, wie in der Praxis häufig, sowohl verfügende als auch verpflichtende Elemente, so berührt dies gleichwohl seine einheitliche Struktur als Änderungsvertrag nicht; er ändert das gesamte Schuldverhältnis und ist so eine gemeinsame Verfügung der Vertragspartner über das Schuldverhältnis als Ganzes (so zutr Larenz I § 7 II; Enneccerus/Lehmann § 42 II 1; RG 14. 6. 1932 – VII 43/32 RGZ 136, 395, 400; s auch Siber JherJb 70, 278; kritisch Staudinger/Rieble [2022] § 397 Rn 37 ff). 72

Eine Vertragsänderung ist auch die **Verlängerung eines befristeten Dauerschuldverhältnisses** (BGH 30. 6. 1964 – V ZR 7/63, BGHZ 42, 333, 337). Ein Dauerschuldverhältnis kann auch durch einverständliche Aufhebung einer bereits ausgesprochenen Kündigung verlängert werden (Stahlhacke/Preis/Vossen, Kündigung und Kündigungsschutz Rn 151). Das ist allerdings nur möglich, solange die Kündigungsfrist noch nicht abgelaufen ist. Nach Ablauf der Kündigungsfrist ist der ursprüngliche Vertrag aufgehoben, und es muss ein neuer Vertrag abgeschlossen werden, um das Dauerschuldverhältnis wiederaufzunehmen (BGH 24. 6. 1998 – XII ZR 195/96, BGHZ 139, 123). Die Konsequenz ist, dass etwaige Formvorschriften und Genehmigungserfordernisse erneut beachtet werden müssen (BGH 24. 6. 1998 – XII ZR 195/96, BGHZ 139, 123 für § 550 BGB; **aA** Gröschler NJW 2000, 247, 250 f). Da ein Arbeitsverhältnis auch rückwirkend begründet werden kann (s dazu § 311a Rn 21), können die Vertragsparteien bei Ungewissheit über die Wirksamkeit oder Unwirksamkeit einer Kündigung einvernehmlich bestimmen, dass das Arbeitsverhältnis auch nach Ablauf der Kündigungsfrist unverändert fortbesteht, und zwar unabhängig davon, ob die Kündigung tatsächlich wirksam oder unwirksam war (BAG 17. 4. 1986 – 2 AZR 308/85, BB 1986, 2202; ebenso Stahlhacke/Preis/Vossen, Kündigung und Kündigungsschutz, Rn 152). 73

4. Rechtsfolgen

Der Änderungsvertrag hebt das bestehende Schuldverhältnis nicht auf, es bleibt – trotz der Abänderung in einzelnen Teilen – **mit dem alten identisch** (Larenz I § 7 II; Enneccerus/Lehmann § 42 II 1; Gernhuber, Schuldverhältnis § 27 I 7). Deshalb bleiben alle nicht von der Abänderung betroffenen Bestimmungen wirksam: Bürgschaft, Pfandrecht und sonstige **Sicherungsrechte** bestehen grundsätzlich weiter, und zwar auch dann, wenn gerade die Schuld, deren Sicherung sie dienen, abgeändert worden ist. Sicherungsrechte können sich indessen auf etwaige Erweiterungen der Schuld nur dann erstrecken, wenn der Sicherungsgeber (Bürge, Garant) oder der Eigentümer des Sicherungsguts bzw der Pfandsache einwilligen (§§ 767 Abs 1 S 3; 1210 Abs 1 S 2; 185; 401 BGB; s auch Gernhuber, Schuldverhältnis § 27 I 7). 74

Die Identität des abgeänderten mit dem ursprünglichen Schuldverhältnis hat zur Folge, dass nach wie vor alle *Verpflichtungen solche des ursprünglichen Schuldver-* 75 *hältnisses* sind. Besteht kein Schuldverhältnis, können daher auch aus dem dann wirkungslosen Abänderungsvertrag keine selbstständigen Verpflichtungen hervorgehen (Larenz I § 7 II). Weitere Folge der Identität ist, dass, wenn das ursprüngliche Schuldverhältnis ein Gegenseitigkeitsverhältnis ist, auch die abgeänderte Forderung nunmehr im Synallagma steht und ihr gegebenenfalls die Einrede des nicht erfüllten Vertrages entgegengehalten werden kann (§ 320 BGB).

76 Wird dem Schuldner die Erfüllung der abgeänderten Forderung *nachträglich unmöglich,* lebt nicht etwa die ursprüngliche Forderung wieder auf. Vielmehr wird der Schuldner nach § 275 Abs 1 BGB von der Verpflichtung zur Leistung frei. Im Falle der *Unzumutbarkeit* bleibt es bei dem Leistungsverweigerungsrecht des Schuldners nach § 275 Abs 2 oder 3 BGB. Das Schicksal eines etwaigen Anspruchs auf eine Gegenleistung richtet sich nach § 326 BGB. Auch wenn die Erfüllung der geänderten Forderung schon *von Anfang an unmöglich* ist, bleibt der Änderungsvertrag gem § 311a Abs 1 BGB bestehen. Die Rechtsfolgen richten sich nach § 311a Abs 2 BGB (s auch § 311a Rn 18 ff).

5. Abänderungsvertrag oder Schuldersetzung

77 Die Frage, ob durch eine rechtsgeschäftliche Vereinbarung das ursprüngliche Schuldverhältnis nur **abgeändert** wird, **oder** ob es aufgehoben und ein gänzlich **neues** an seine Stelle gesetzt worden ist (Schuldersetzung, Novation), lässt sich nicht immer ohne Weiteres beantworten. Sie ist, wie in Rn 74 ausgeführt, vor allem für die Frage nach dem Fortbestand der für die ursprünglichen Verpflichtungen bestellten Sicherungsrechte von praktischer Bedeutung, die nur bei einer Schuldabänderung erhalten bleiben, welche die Identität mit dem Ausgangsschuldverhältnis wahrt. Auch kann sowohl die Begründung eines gänzlich neuen Schuldverhältnisses als auch die Aufhebung des ursprünglichen (zB gem § 623 BGB) einer Formvorschrift unterliegen. Für die Einordnung als Änderungsvertrag oder Schuldersetzung sind der Wille der Parteien, die wirtschaftliche Bedeutung der Abänderung für das Vertragsgefüge und die Verkehrsauffassung entscheidend (BGH 19. 12. 1969 – V ZR 110/66, MDR 1970, 311). Ob der geänderte Vertrag unter denselben rechtlichen Vertragstypus subsumiert werden kann, ist demgegenüber nicht maßgebend (vgl Larenz I § 7 II). Auch bei einer Änderung des Vertragstypus kann das Rechtsverhältnis dasselbe bleiben, wenn zB die Leistungspflicht des einen Teils nicht geändert wird (zB Umwandlung eines Leih- in ein Mietverhältnis oder eines Arbeitsverhältnisses in einen freien Dienstvertrag). Auch ein Auswechseln des einen Leistungsgegenstandes durch einen gleichartigen anderen (zB die Wohnung im 1. Stock soll, statt der im 2. Stock, Mietgegenstand werden) braucht die Identität des Schuldverhältnisses nicht aufzuheben, wenn der Vertragszweck beider Parteien (wie im Beispielsfall) derselbe bleibt (Larenz I § 7 II; einschränkend Enneccerus/Lehmann § 42 II 2). S noch unten Rn 91 ff.

78 Andererseits kann mit dem ursprünglichen Schuldverhältnis, wie der nun von § 311 Abs 1 BGB mitumfasste Fall des Vereinbarungsdarlehens zeigt (dazu Grüneberg/Weidenkaff § 488 Rn 21; Staudinger/Freitag [2015] § 488 Rn 73 ff; Erman/Nietsch § 488 Rn 23 ff; Soergel/Gröschler § 488 Rn 48), ein weiterer wirtschaftlicher Zweck verbunden werden. So wird zB beim Vereinbarungsdarlehen der Austauschzweck des Kaufvertrags mit dem der Kreditgewährung verbunden, wobei der Leistungsgegenstand, eine bestimmte Summe Geld, derselbe ist. Freilich muss der Leistungsgegenstand nicht derselbe bleiben. Die Parteien können auch eine neue, fortan selbstständige Schuld an die Stelle der ursprünglichen setzen wollen und damit statt der Schuldabänderung eine Schuldersetzung meinen. Eine Identität des Schuldverhältnisses ist in der Regel dann anzunehmen, wenn entweder, wie beim Vereinbarungsdarlehen, die geschuldete Leistung dieselbe bleibt, oder wenn trotz einer Änderung des Leistungsgegenstandes der wirtschaftliche Zweck beider Vertragsteile nicht geändert wird. Wo weder das eine noch das andere zutrifft, kann hingegen nicht mehr von einer Identität der Vereinbarungen ausgegangen werden (Larenz I § 7 II).

Ausgeschlossen ist die Annahme einer bloßen Schuldabänderung, wenn die neue Verpflichtung *von der alten wesentlich abweicht;* so erscheint es nicht möglich, ein Schuldverhältnis in ein anderes mit wesentlich anderen Rechten und Pflichten zu überführen. Deshalb kann ein Mietvertrag über einen einzelnen Gegenstand nicht in einen solchen über das ganze Inventar und ein Kaufvertrag über Vieh nicht in einen über andere Sachen verändert werden, ohne dass die Identität endet. In derartigen Vereinbarungen kann nur die Beendigung des bisherigen und die Vereinbarung eines gänzlich neuen Schuldverhältnisses gesehen werden, sodass die alten Vertragsbedingungen nur insoweit fortgelten, wie sie Inhalt auch der neuen Vereinbarung geworden sind (Larenz I § 7 II). 79

Bleiben nach den genannten Auslegungskriterien im Einzelfall **Zweifel** bestehen, so ist regelmäßig anzunehmen, dass die Parteien lediglich einen **Änderungsvertrag** gewollt haben, weil damit die für die Forderungen gestellten Sicherheiten erhalten bleiben (vgl BGH 5. 10. 2010 – VI ZR 159/09, BGHZ 187, 156; BGH 19. 12. 1969 – III ZR 80/84, NJW 1986, 1490; insbes zur Beweispflicht RG 21. 11. 1927 – VI 71/27, RGZ 119, 21, 24 f). 80

Inhalt und Umfang einer Änderung von Schuldverhältnissen hat derjenige zu **beweisen**, der Rechte aus ihr herleiten will (BGH 11. 10. 1994 – X ZR 30/93, NJW 1995, 49 ff). 81

V. Vertragliche Aufhebung von Schuldverhältnissen

1. Inhalt und Form

Dass zur Aufhebung eines Schuldverhältnisses ein Vertrag erforderlich sei, konnte in § 311 Abs 1 BGB nicht bestimmt werden. Denn das Schuldverhältnis erlischt ja auch auf andere Weise, insbesondere durch Erfüllung (§ 362 BGB), oder aber es endet mit dem Tod einer Partei, wie zB bei höchstpersönlichen Leistungen, je nach den besonderen Umständen auch in anderen Fällen (BGH 4. 7. 1962 – V ZR 14/61, BGHZ 37, 319, 329: Die Verpflichtung eines Erbanwärters gegenüber dem Erblasser zum Abschluss eines Erbverzichtsvertrags endet zB, wenn man eine solche Verpflichtung für rechtlich möglich hält, jedenfalls mit dem Tod des Erblassers). Selbstverständlich aber **kann** ein Schuldverhältnis **durch Vertrag aufgehoben** werden. Den Verfassern des BGB war es nach den Grundsätzen der Vertragsfreiheit „zweifellos, dass, wenn noch von keiner Seite eine Leistung erfolgt ist, es den Parteien freisteht, einen Vertrag bzw einen neuen Vertrag des Inhalts zu schließen, der frühere Vertrag solle dergestalt außer Kraft treten, als wäre das betreffende Schuldverhältnis nie begründet, insbesondere der frühere Vertrag nicht geschlossen" (Mot II 79). Allerdings ist im konkreten Fall genau zu prüfen, 82 ob die Vertragsparteien tatsächlich eine rückwirkende Aufhebung in diesem Sinne gemeint haben, oder ob sie, wie das insbesondere bei Dauerschuldverhältnissen naheliegt, die Vertragswirkungen nur für die Zukunft beseitigen wollten (BGH 16. 6. 1978 – V ZR 115/77, LM § 305 BGB Nr 18; s zum gleichen Punkt bei der Schuldabänderung oben Rn 67).

83 Das Schuldverhältnis kann aufgehoben werden durch einfache Vereinbarung, dass der bestehende Vertrag aufgehoben werden soll **(Aufhebungsvertrag)**, oder durch **Schuldersetzung** (Novation), dh durch Verbindung der Aufhebung eines Schuldverhältnisses mit der Begründung eines neuen (zum Aufhebungsvertrag Staudinger/Kern [2022] Einl 52 ff zu §§ 362 ff; zur Novation Einl 39 ff). Die Aufhebung des Vertrages ist vom *Erlass* iS des § 397 BGB zu unterscheiden. Die Aufhebung hat das Schuldverhältnis zum Gegenstand, der Erlass eine Forderung (§ 397 BGB); beim Erlass einer Forderung ist das Erlöschen des Schuldverhältnisses, dem die Forderung angehörte, nur eine mögliche Folge.

84 Soweit gesetzlich nichts anderes bestimmt ist, richtet sich die **Formbedürftigkeit** des Aufhebungsvertrages nach den gleichen Grundsätzen wie die Formbedürftigkeit des Änderungsvertrages (s oben Rn 77). Daraus folgt, dass die Formvorschriften für die Begründung des Schuldverhältnisses *in der Regel nicht* für den Aufhebungsvertrag gelten, weil durch ihn keine Verpflichtungen begründet, sondern gerade aufgehoben werden (Hk-BGB/Schulze § 311 Rn 7). Dies gilt insbesondere für die Aufhebung eines Grundstückskaufvertrages, solange er noch nicht durch Auflassung und Eintragung vollzogen ist (s Staudinger/Meier § 311b Abs 1 Rn 295 ff).

85 Eine ausdrückliche gesetzliche Formvorschrift für Aufhebungsverträge enthält § 623 BGB. Danach bedarf die Beendigung von Arbeitsverhältnissen durch Auflösungsvertrag zu ihrer Wirksamkeit der Schriftform (s dazu Caspers, Rechtsfolgen des Formverstoßes bei § 623 BGB, RdA 2001, 28, 33).

86 Soweit eine Formvorschrift ihrem Zweck nach Klarheit darüber schaffen soll, ob ein Vertrag besteht oder nicht, muss sie auch für den Aufhebungsvertrag gelten (bedenklich deshalb BAG 19. 10. 1976 – 1 AZR 611/75, BAGE 28, 225, wenn dort für die Beendigung eines Tarifvertrages durch Aufhebungsvertrag trotz der für den Tarifvertrag geltenden Formvorschrift des § 1 Abs 2 TVG keine Form verlangt wird; s dazu Löwisch/Rieble [4. Aufl 2016] § 1 TVG Rn 1655). Formbedürftig ist der Aufhebungsvertrag insbesondere auch, wenn durch ihn Verpflichtungen begründet werden sollen, für deren Eingehung eine Form vorgeschrieben ist (Michalski WiB 1997, 785, 789 f). Dies ist nicht nur für die Schuldersetzung, sondern auch für den einfachen Aufhebungsvertrag von Bedeutung. Sind nämlich vor Abschluss des Aufhebungsvertrages von beiden Teilen bereits Leistungen erbracht worden, so wird der Wille der Vertragsparteien in der Regel dahingehen, dass diese Leistungen zurückzugewähren sind. Dabei kann es sich aber um eine formbedürftige Verpflichtung handeln. Wird etwa ein Grundstückskaufvertrag aufgehoben, nachdem der Verkäufer durch Auflassung und Eintragung erfüllt hat, der Käufer also bereits Eigentümer geworden ist, so wird durch den Aufhebungsvertrag bezweckt, dass der Käufer zu einer Rückübertragung des Grundeigentums verpflichtet wird. Deswegen ist für diesen Aufhebungsvertrag, der die Verpflichtung zur Übertragung von Grundstückseigentum begründet, die Form des § 311b Abs 1 BGB erforderlich (BGH 30. 4. 1982 – V ZR 104/81, BGHZ 83, 395, 397; vgl Staudinger/Meier § 311b

Abs 1 Rn 304). Soweit der Aufhebungsvertrag keiner Form bedarf, kann er auch durch schlüssiges Handeln zustande kommen.

Wird der Aufhebungsvertrag später seinerseits durch einen Aufhebungsvertrag aufgehoben, führt das nicht zum Wiederaufleben des ursprünglichen Vertrages, da die Rechtswirkung der Aufhebung des früheren Vertrages bereits eingetreten war. Wollen die Parteien die ursprüngliche Rechtslage wiederherstellen, müssen sie den ersten Vertrag neu begründen. Eine Ausnahme gilt insoweit nur für die Aufhebung eines Erbvertrages, auf die §§ 2257, 2258 Abs 2 BGB analog angewandt werden können (Staudinger/Raff [2022] § 2290 Rn 28 mit dem zutreffenden Hinweis, dass in einem solchen Fall die Vorschriften der §§ 2274 ff BGB eingehalten werden müssen). 87

2. Schuldersetzung

Die **Schuldersetzung** ist von der bloßen Änderung des Inhalts eines Schuldverhältnisses (Rn 77 ff) zu unterscheiden: Bei einer Schuldersetzung wird nicht nur die den Gegenstand des Schuldverhältnisses bildende Verpflichtung selbst oder eine Leistungsmodalität (Zeit, Ort usw) abgeändert, sondern unter *Aufhebung des bisherigen Rechtsgrundes* zugleich ein *neuer Rechtsgrund,* sei es unter denselben Beteiligten, sei es unter Übertragung einer oder beider Seiten des Schuldverhältnisses auf andere Personen, geschaffen, sodass lediglich die Identität des wirtschaftlichen Zwecks gewahrt bleibt (s Rn 73 ff). Rechtlich bedeutet Schuldersetzung also, dass eine neue Verbindlichkeit begründet wird, welche die alte aufhebt, weil sie nach der Parteivereinbarung an deren Stelle treten soll. Folgende rechtliche Möglichkeiten der Schuldersetzung sind zu unterscheiden: 88

Dass eine neue Schuld begründet und dass diese die bisherige Schuld ersetzen soll, kann Inhalt eines *kausalen Vertrages* sein. Aus ihm wird ersichtlich, dass die Parteien die Schuld umwandeln wollen, und dass die neue Schuld von dem rechtlichen Bestand der alten Schuld unmittelbar abhängig ist. Besteht die alte Schuld nicht oder wird ihre beabsichtigte Aufhebung nicht erreicht, so entsteht auch keine neue Schuld (vgl RG 13. 11. 1905 – VI 1/05, RGZ 62, 51, 52; offen gelassen allerdings in RG 13. 10. 1932 – VII 292/32, RGZ 138, 52, 55). Man kann diese *„kausale Schuldersetzung"* (Fikentscher/Heinemann, Schuldrecht, Rn 346), die systematisch zwischen der Schuldabänderung und der gleich zu erörternden „abstrakten Schuldersetzung" steht, mit Enneccerus/Lehmann (§ 75 IV 1) als **„Schuldumschaffung"**; kennzeichnen. Sie ist zB anzunehmen bei der Umwandlung einer Kaufpreisforderung in einen Darlehensanspruch, wenn die Parteien diese nicht nur als Schuldabänderung verstanden wissen wollten (BGH 25. 9. 1958 – VII ZR 85/57, BGHZ 28, 164, 166). 89

Die Parteien können auch ein *neues, abstraktes Schuldverhältnis* vereinbaren, das nach einer weiteren, eventuell stillschweigenden Vereinbarung das alte Schuldverhältnis ersetzen soll (Fikentscher/Heinemann, Schuldrecht, Rn 347). Man kann hier mit Enneccerus/Lehmann (§ 75 IV 1) von **„Schuldneuschaffung"**; sprechen: Dem neugeschaffenen Schuldverhältnis ist nicht zu entnehmen, auf welche alte Schuld es sich gründet. Infolge seiner abstrakten Natur entsteht das neugeschaffene Schuldverhältnis unabhängig von dem Bestand des alten und ist unabhängig von diesem rechtswirksam. Es ist von dem alten Schuldverhältnis nur mittelbar in der Weise abhängig, dass der Schuldner eine *Kondiktionsmöglichkeit* nach § 812 Abs 2 BGB und gege- 90 benenfalls Einreden aus § 821 BGB hat (vgl RG 18. 11. 1927 – II 63/27, RGZ 119, 5, 12). Beispiele für eine solche Schuldneuschaffung sind etwa das Schuldanerkenntnis, das Schuldversprechen, die Wechsel- oder die Scheckhingabe.

91 Für die Frage, ob eine Schuldersetzung oder eine bloße Schuldabänderung im oben Rn 77 ff dargelegten Sinne vereinbart ist, ist der **Parteiwille** maßgebend (BGH 1. 4. 2014 – XI ZR 276/13, MDR 2014, 736; BGH 8. 3. 2012 – IX ZR 51/11, WM 2012, 857). Im Zweifel ist stets die schwächere Wirkung, also nur Veränderung, keine Schuldersetzung, anzunehmen (BGH 1. 4. 2014 – XI ZR 276/13, MDR 2014, 736; BGH 8. 3. 2012 – IX ZR 51/11, WM 2012, 857; BGH 14. 11. 1985 – III ZR 80/84, WM 1986, 135, 136; BGH 8. 11. 1978 – IV ARZ 73/78, NJW 1979, 426, 427; Grüneberg/Grüneberg § 311 Rn 8). Sind die Parteien des alten und des neuen Schuldverhältnisses identisch, so ist im Zweifel überdies anzunehmen, dass die neue Verbindlichkeit nur erfüllungshalber übernommen wird, also neben die alte Schuld tritt, die fortbestehen bleibt (§ 364 Abs 2 BGB; vgl auch RGZ 134, 156; Fikentscher/Heinemann, Schuldrecht, Rn 347; Staudinger/Kern [2022] § 364 Rn 21 ff).

92 *Keine Schuldersetzung* ist demnach das sog deklaratorische oder kausale Anerkenntnis, durch das das alte Schuldverhältnis lediglich gefestigt, aber kein neues Schuldverhältnis begründet wird (s hierzu ausführlich Staudinger/Hau [2020] § 781 Rn 9). Wiederholungen, die Änderungen enthalten, stellen ebenfalls keine Schuldersetzung dar (RG 27. 9. 1924 – V 8/23, RGZ 109, 22, 27). Auch Änderungen der Zinspflichten, Stundungsabreden oder die längere Jahre unterlassene Einforderung eines Guthabens sind keine Schuldersetzung (RG 21. 11. 1927 – VI 71/27, RGZ 119, 21, 24); ferner nicht eine mündliche Vereinbarung zwischen Darlehensgeber und Darlehensnehmer dahin, dass die Darlehensschuld in Form von Rentenbeträgen zurückgezahlt werden soll (RG DRWiss 1942, 174). Zum Neubeginn der Verjährung im Fall eines deklaratorischen Schuldanerkenntnisses nach § 212 Abs 1 Nr 1 BGB Staudinger/Peters/Jacoby (2019) § 212 Rn 3 ff.

93 Nur wenn die Parteien *unzweideutig vereinbaren,* dass die bisherige Schuld mit der neuen Verbindlichkeit (zB einem selbstständigen Schuldversprechen oder einem Schuldanerkenntnis, §§ 780, 781 BGB; einem Wechselakzept, einem Darlehensversprechen statt der Kaufpreisforderung) erlöschen soll, kann eine Schuldersetzung angenommen werden. Diese Annahme ist zB sicher dann gerechtfertigt, wenn für einen Wechsel nach seinem Verfall ein sog Prolongationswechsel ausgestellt und der alte zurückgegeben wird (RG 30. 5. 1923 – V 779/22, RGZ 107, 34, 35).

94 Eine Schuldersetzung *kann* anzunehmen sein bei der Umwandlung des Auseinandersetzungsguthabens aus einer Gesellschaft oder einer Kaufpreisforderung in ein Darlehen (RG 12. 11. 1931 – VI 246/31, RGZ 134, 153, 155, ein dahingehender Parteiwille war dort der Ausstellung eines besonderen Schuldscheins zu entnehmen; vgl auch RG 18. 11. 1927 – II 115/27, RGZ 119, 90, 94). Ebenso kann eine Kaufpreistilgung durch Hingabe eines abstrakten Schuldversprechens (RG 18. 11. 1927 – II 63/27, RGZ 119, 5, 12), die Hingabe von Schuldverschreibungen an Zahlung statt (RG 7. 6. 1929 – II 605/28, RGZ 124, 355, 365), die Umwandlung einer Bauschuld in ein Darlehen (RG 13. 11. 1905 – VI 1/05, RGZ 62, 51) und die Umwandlung eines irregulären Verwahrungsvertrags in ein verzinsliches Depositum (RG 5. 7. 1935 – II 340/34, RGZ 67, 257, 264) eine Schuldersetzung sein.

Dagegen enthält der *Vergleich* in der Regel keine Schuldersetzung (BGH 27. 3. 1969 – VII ZR 165/66, BGHZ 52, 39, 46; BGH 24. 11. 1960 – II ZR 9/60, WM 1961, 25, 27; BGH 29. 11. 1965 – VII ZR 265/63, WM 1966, 13, 15 f; BGH 25. 6. 1987 – VII ZR 214/86, NJW-RR 1987, 1426, 1427; s aber RG 11. 6. 1940 – VII 233/39, RGZ 164, 212, 217, das eine Schuldersetzung angenommen hat; vgl STAUDINGER/KERN [2022] § 364 Rn 63). 95

Als Fall der Schuldersetzung wird von der Rechtsprechung die Anerkennung des jeweiligen Saldos beim *Kontokorrentverhältnis* angesehen (RG 7. 1. 1916 – II 386/15, RGZ 87, 434, 435; RG 3. 10. 1929 – VI 14/29, RGZ 125, 411, 416; BGH 28. 11. 1957 – VII ZR 42/57, BGHZ 26, 150; BGH 8. 3. 1972 – VIII ZR 40/71, BGHZ 58, 260; BGH 8. 7. 1982 – I ZR 148/80, BGHZ 84, 371, 376). Dagegen bestehen insofern Bedenken, als nach § 356 Abs 1 HGB im kaufmännischen Kontokorrentverhältnis die Sicherheiten auch für den Saldo nur bestehen bleiben, soweit sich dieser mit den ursprünglichen Forderungen deckt (vgl hierzu LARENZ I § 7 III). Jedenfalls ist die Übersendung von Tagesauszügen im Sparkassenkontokorrent keine Schuldersetzung (BGH 28. 6. 1968 – I ZR 156/66, BGHZ 50, 277; BGH 29. 1. 1979 – II ZR 148/77, BGHZ 73, 207, 210). S zu den Fragen des Kontokorrents näher STAUDINGER/HAU (2020) § 782 Rn 6 ff. 96

Beweispflichtig ist, wer sich auf die Schuldersetzung beruft (RG 21. 11. 1927 – VI 71/27, RGZ 119, 21, 24 f). 97

B. Verschulden bei Vertragsschluss

I. Allgemeines

Das ALR von 1794 (I 5 § 284) hatte allgemein angeordnet, dass das, „was wegen des bei Erfüllung des Vertrages zu vertretenden Grades der Schuld Rechtens ist, auch für den Fall gilt, wenn einer der Kontrahenten bei Abschließung des Vertrages die ihm obliegenden Pflichten vernachlässigt hat". Der Gesetzgerber hatte diesen Satz als ausdrückliche Vorschrift zunächst nicht in das BGB übernommen. Daraus wurde früher geschlossen, dass eine Haftung für Verschulden bei Vertragsschluss (culpa in contrahendo) nach dem BGB nur in den Fällen bestehe, für die das Gesetz dies ausdrücklich vorschreibt, so in den Fällen des § 122 BGB (diese Vorschrift gehört aber nur in einem weiteren Sinne hierher, weil die Haftung dort kein Verschulden voraussetzt; vgl LARENZ I § 9 I) und der §§ 179, 663, 694 BGB und die früheren §§ 307, 309, 463 S 2 BGB. Das unabweisbare Bedürfnis des Verkehrs, entgegengebrachtes Vertrauen zu schützen, hatte aber zunehmend zu der entgegengesetzten Auffassung geführt, dass aus den genannten Einzelbestimmungen der Grundsatz folge, die Aufnahme von Vertragsverhandlungen lasse ein gesetzliches Schuldverhältnis entstehen, welches die Verhandlungsparteien einander zu Sorgfalt und Rücksichtnahme verpflichte (RG 14. 3. 1939 – III 128/37, RGZ 162, 129, 156; BGH 20. 6. 1952 – V ZR 34/51, BGHZ 6, 330, 333; LARENZ I § 9 I; JOUSSEN Rn 94; FROTZ, in: GS Gschnitzner [1969] 163 ff). Dieser Grundsatz konnte als **Gewohnheitsrecht** gelten (LARENZ I § 9 I). 98

Die Frage, ob die Haftung für Verschulden bei Vertragsschluss kodifiziert werden sollte, ist im Zuge der Schuldrechtsreform Gegenstand ausführlicher Diskussion gewesen (zum Gang der Gesetzgebung s STAUDINGER/LÖWISCH [2001] Vorbem 60 zu §§ 275–283; für die Kodifizierung insbes CANARIS JZ 2001, 499, 519 f; FLEISCHER, Vorvertragliche Pflichten 99

250 ff, in: Schulte-Nölke; krit dagegen Rieble, Kodifikation der cic, 137 ff; Köndgen, Positivierung der cic, 231 ff). Das Schuldrechtmodernisierungsgesetz (SRMG) hat sich letztlich für die Kodifizierung entschieden. § 311 Abs 2 BGB formuliert als Grundsatz, dass ein in der amtlichen Überschrift als „rechtsgeschäftsähnlich" bezeichnetes Schuldverhältnis mit der Pflicht zur Rücksichtnahme auf die Rechte, Rechtsgüter und Interessen des anderen Teils (§ 241 Abs 2 BGB) auch durch die Aufnahme von Vertragsverhandlungen, die Anbahnung eines Vertrags und ähnliche geschäftliche Kontakte entstehen kann. § 311 Abs 3 BGB ergänzt diesen Grundsatz durch die gewohnheitsrechtlich auch bereits zuvor anerkannte Entstehung eines solchen rechtsgeschäftlichen Schuldverhältnisses auch zu dritten Personen, insbesondere wenn der Dritte besonderes Vertrauen für sich in Anspruch nimmt und dadurch die Vertragsverhandlungen oder den Vertragsschluss erheblich beeinflusst.

100 Dass § 311 Abs 2 BGB ein Schuldverhältnis mit Pflichten nach § 241 Abs 2 BGB entstehen lässt, wirft die Frage auf, ob die potenziellen Vertragsparteien einander auf Erfüllung der sich aus diesem Schuldverhältnis ergebenden Nebenpflichten in Anspruch nehmen können. Die durch die Inbezugnahme von § 241 Abs 2 BGB erfolgte systematische Gleichschaltung mit den sich aus einem geschlossenen Vertrag ergebenden Nebenpflichten, für die der Erfüllungsanspruch heute weitgehend bejaht wird (Stürner, Der Anspruch auf Erfüllung von Treue- und Sorgfaltspflichten, JZ 1976, 384 ff; Erman/Martens § 241 Rn 13, nach dem die grundsätzliche Klagbarkeit der Schutz- und Obhutspflichten angesichts der Tatsache, dass § 241 Abs 2 BGB ausdrücklich von einer Verpflichtung spricht, nicht mehr zu leugnen ist), spricht dafür. Indessen würde ein solch generelles Verständnis die Funktion von § 311 Abs 2 BGB überdehnen. Nicht nur die Vorstellung, der ein Kaufhaus betretende potenzielle Kunde könne die Entfernung der auf dem Boden liegenden Bananenschale verlangen und diesen Anspruch im Wege der einstweiligen Verfügung durchsetzen, ist absurd. Überhaupt lässt sich die Annahme der gerichtlichen Durchsetzbarkeit von Nebenpflichten mit dem vorläufigen Charakter der in § 311 Abs 2 BGB geregelten vorvertraglichen Schuldverhältnisse, was die bloßen Schutz- und Rücksichtnahmepflichten anbelangt, nicht vereinbaren. Dem Schadensverhütungsinteresse der potenziellen Vertragsparteien ist hier nämlich dadurch genügt, dass sie die Vertragsverhandlungen oder den geschäftlichen Kontakt jederzeit abbrechen können. Der potenzielle Kunde, dem der Gang durch das Kaufhaus zu riskant ist, mag von diesem Abstand nehmen. Der potenzielle Kreditnehmer, der sich nicht genügend informiert fühlt, mag die Verhandlungen über den Kredit abbrechen. Anders zu bewerten ist dies aber, wenn es um Nebenpflichten geht, die leistungssichernd sind. Zu denken ist beispielsweise an den Fall des wegen einer ausstehenden behördlichen Genehmigung schwebend unwirksamen Rechtsgeschäfts (s Rn 132) oder die Fälle, in denen der andere Teil kraft Monopolstellung zur Annahme des Angebots verpflichtet ist (s Rn 3, 113). Hier haben die künftigen Vertragsparteien die leistungsbezogene Nebenpflicht, an der Beseitigung des Wirksamkeitshindernisses mitzuwirken (Wittmann, Vertrauen und Vertrag [2022] 52 f). Mit einer solchen Mitwirkungspflicht korrespondiert nach deren eindeutiger Zielrichtung auch ein Erfüllungsanspruch (MünchKommBGB/Bachmann § 241 Rn 79, 88 f, 95). Es muss also zwischen den einzelnen Nebenpflichten differenziert und danach gefragt werden, ob die Nebenpflicht auf die Hauptleistung bezogen leistungssichernd ist oder nicht (überzeugend MünchKommBGB/Bachmann § 241 Rn 71, 77 ff).

Etwas anders gilt zudem wegen seiner öffentlich-rechtlichen Prägung im Vergabeverfahren. Dem öffentlichen Recht wohnt der Grundsatz des Primärrechtsschutzes inne, dh die Geltendmachung von Schadensersatz und Entschädigung ist subsidiär (BGH 26. 1. 1984 – III ZR 216/82, BGHZ 90, 17, 31; Ossenbühl/Cornils, Staatshaftungsrecht, S 315 für den enteignungsgleichen Eingriff). Erkennt der Bieter, dass wesentliche Verfahrensgrundsätze nicht beachtet werden, ist er deshalb gehalten, hiergegen einzuschreiten. Ihn insofern auf die Geltendmachung eines etwaigen Schadensersatzes zu beschränken, widerspräche nicht nur dem Subsidiaritätsgrundsatz des Staatshaftungsrechtes, sondern auch dem Gebot des effektiven Rechtsschutzes. Der Ausschreibende ist als juristische Person des öffentlichen Rechts selbst an die Grundrechte und an Recht und Gesetz (Art 20 Abs 3 GG) gebunden. Diese Bindung gilt uneingeschränkt gegenüber jedermann; sie muss – soll sie nicht leerlaufen – bei der Verletzung subjektiver Rechte des Einzelnen, dh hier des Bieters, im Klagewege und des einstweiligen Rechtsschutzverfahrens durchsetzbar sein (BVerfG 13. 6. 2006 – 1 BvR 1160/03, NJW 2006, 3701). Bei erheblichen Mängeln im Vergabeverfahren hat deshalb der Bieter einen im Wege der einstweiligen Verfügung zu sichernden Unterlassungsanspruch (OLG Dresden 13. 8. 2013 – 16 W 439/13, ZfBR 2014, 512; OLG Düsseldorf 13. 1. 2010 – I-27 U 1/09 ua, NZBau 2010, 328; OLG Weimar 8. 12. 2008 – 9 U 431/08, VergabeR 2009, 524), es sei denn, das Interesse des Ausschreibenden an der raschen Fortsetzung des Verfahrens wiegt ausnahmsweise höher. 101

Von § 311 Abs 2 BGB werden im Wesentlichen fünf Fallgruppen erfasst, in denen ein Bedürfnis nach Haftung nach Vertragsgrundsätzen besteht. Einmal soll die Deliktshaftung für Verkehrspflichten durch vorvertragliche Fürsorge-, Rücksichtnahme- und Schutzpflichten ergänzt werden, da das Deliktsrecht wegen der Möglichkeit des Entlastungsbeweises bei Tätigwerden einer Hilfsperson (§ 831 BGB) und wegen des Fehlens einer Ersatzvorschrift für fahrlässige Vermögensbeschädigungen nicht ausreicht. Ferner erfasst sind die Fälle, in denen vorvertragliche Informations- und Aufklärungspflichten verletzt werden. Zum anderen geht es aber auch um ein Verschulden *im Hinblick auf den abzuschließenden Vertrag* selbst. Eine weitere Gruppe erfasst deshalb die Fälle, in denen das dem (potenziellen) Verhandlungspartner entgegengebrachte Vertrauen in das Zustandekommen des Vertrages enttäuscht wird. Schließlich ist an die Fälle zu denken, in denen durch den einen Teil der Vertragsschluss pflichtwidrig vereitelt wird sowie die Fälle, in denen der eine Teil den anderen pflichtwidrig zum Abschluss des Vertrages veranlasst hat. Die unterschiedliche Funktion, die dem Institut der Haftung für Verschulden bei Vertragsschluss zukommt, ist nicht ohne Auswirkungen auf ihre Voraussetzungen und Rechtsfolgen, insbesondere den zu leistenden Schadensersatz. Deswegen ist zwischen den unterschiedlichen Fallgruppen zu differenzieren. 102

Die Regeln über die Haftung für Verschulden bei Vertragsschluss gelten auch für Verhandlungen über den Abschluss von **öffentlich-rechtlichen Verträgen** (Vorbem 4 zu §§ 311, 311a). So hat das OVG Bautzen eine Haftung nach § 280 Abs 1 BGB iVm § 311 Abs 2 BGB in einem Fall angenommen, in dem eine Stadt als Verkäufer eines Grundstücks vom Käufer Vorausleistungen auf den Wasserversorgungsbeitrag zur Weiterleitung an den Abwasserzweckverband vereinnahmte, ohne den Käufer darüber aufzuklären, dass der Zweckverband keine Vorausleistungen auf den Wasserversorgungsbeitrag erhebt (OVG Bautzen 2. 10. 2007 – 5 B 178/07, KStZ 2008, 155). Auch mangelnde Information über den Stand und die Aussichten der Verwirklichung 103 einer Bauleitplanung kann die Haftung für Verschulden bei Abschluss eines öffentlich-rechtlichen Folgelastenvertrages begründen (BGH 8. 6. 1978 – III ZR 48/76, BGHZ 71, 386, 396 f). Verzögerungen bei der Bauleitplanung selbst können hingegen kein Verschulden bei Vertragsschluss begründen, weil es sich hierbei um eine genuin öffentlich-rechtliche Frage handelt (OLG Brandenburg 10. 2. 2010 – 1 U 36/08, NJ 2011, 394). Auch das BVerwG geht von der Anwendbarkeit des § 311 BGB aus, sofern ein sachlicher Zusammenhang zwischen culpa in contrahendo und einem entsprechenden Amtshaftungsanspruch besteht (BVerwG 30. 4. 2002 – 4 B 72/01, NJW 2002, 2894). Soweit öffentlich-rechtliche Körperschaften privatrechtliche Verträge abschließen, gilt § 311 Abs 2, 3 BGB ohnehin unmittelbar.

104 Die Haftung für Verschulden bei Vertragsschluss kann spezialgesetzlich abschließend geregelt sein. So sanktionieren die §§ 19 ff VVG die Verletzung der vorvertraglichen Anzeigeobliegenheit grundsätzlich abschließend (BGH 7. 2. 2007 – IV ZR 5/06, NJW-RR 2007, 826; Schäfers VersR 2010, 301, 303 ff; weitergehend Harke ZVersWiss 2006, 391). § 44 BRAO stellt die abschließende Anspruchsgrundlage für den Fall dar, dass ein Rechtsanwalt die Ablehnung eines Auftrags schuldhaft nicht unverzüglich erklärt (Jung, Vorvertragliche Informationspflichten des Rechtsanwalts, AnwBl 2015, 724, 725). Die Anfechtung wegen arglistiger Täuschung und Drohung nach § 123 Abs 1 BGB schließt die Haftung aus Verschulden bei Vertragsschluss nicht aus (s Rn 130). Zum Verhältnis von Verschulden bei Vertragsschluss zur Gewährleistungshaftung Rn 157 f.

105 Zur Frage der Anwendbarkeit des CISG auf das Stadium der Vertragsverhandlungen s Schlechtriem/Schwenzer/Schroeter/Schroeter, Kommentar zum UN-Kaufrecht – CISG, Vor Art 14–24 Rn 101 ff, sowie Staudinger/Magnus (2018) Art 4 CISG Rn 42 f.

II. Haftung der potenziellen Vertragspartner

1. Das Rücksichtnahmeschuldverhältnis

a) Entstehung des Rücksichtnahmeschuldverhältnisses

106 § 311 Abs 2 BGB benennt drei Fälle, in denen von einem vorvertraglichen Schuldverhältnis mit den Schutz- und Rücksichtnahmepflichten nach § 241 Abs 2 BGB auszugehen ist, nämlich die Aufnahme von Vertragsverhandlungen (Rn 107), die Anbahnung eines Vertrages (Rn 108 ff) und die ähnlichen geschäftlichen Kontakte (Rn 115 ff). Die Fallgruppen des § 311 Abs 2 Nr 1–3 BGB stehen gleichwertig nebeneinander. Eine Stufenfolge, nach der nur in den Fällen der Nr 1 und (schwächer) in den Fällen der Nr 2 umfassende Rücksichtnahmepflichten bestehen, in den Fällen der Nr 3 aber nur Schutzpflichten (so Bergjan ZIP 2004, 395, 397 f), findet im Gesetz keine Stütze. Auch der bloße geschäftliche Kontakt kann Aufklärungspflichten auslösen, mit der Folge, dass eine fehlerhafte Information zu einer Haftung führt. Richtig ist nur, dass je nach der konkreten Situation unterschiedliche Vertrauensmaßstäbe gelten können.

aa) Aufnahme von Vertragsverhandlungen

107 Nach § 311 Abs 2 Nr 1 BGB entsteht ein Rücksichtnahmeschuldverhältnis durch die Aufnahme von **Vertragsverhandlungen**. Solche liegen vor, wenn zwei oder mehr

Personen mit dem Ziel in Verhandlungen treten, einen bindenden Vertrag abzuschließen (weitergehend SCHWARZE, Das Recht der Leistungsstörungen § 31 Rn 6, der es ausreichen lässt, dass die Parteien Informationen austauschen und dabei einen sich anschließenden Vertragsschluss nicht ausschließen). Um welche Art von Vertrag es sich handelt, spielt keine Rolle (MünchKommBGB/EMMERICH § 311 Rn 46). Erfasst werden alle schuldrechtlichen Verträge, aber auch solche des Familienrechts, insbesondere über den Güterstand (§ 1408 BGB) und den Versorgungsausgleich (§ 1587 BGB iVm § 6 Abs 1 VersAusglG), des Erbrechts, insbesondere der Erbvertrag (§ 2274 ff BGB) und die Erbauseinandersetzung (§ 2042 BGB) und des Sachenrechts. Auch wenn zwischen zwei Personen streitig ist, ob die eine der anderen aus ungerechtfertigter Bereicherung zur Auflassung eines Grundstücks verpflichtet ist und zwischen den Personen über die Auflassung verhandelt wird, entsteht ein Rücksichtnahmeschuldverhältnis, ohne dass es darauf ankäme, ob ein Bereicherungsschuldverhältnis tatsächlich besteht oder nicht.

bb) Anbahnung eines Vertrages

Nach § 311 Abs 2 Nr 2 BGB genügt für die Entstehung eines Rücksichtnahme- **108**
schuldverhältnisses auch die **Anbahnung eines Vertrages**, bei welcher der eine Teil im Hinblick auf eine etwaige rechtsgeschäftliche Beziehung dem anderen Teil die Möglichkeit zur Einwirkung auf seine Rechte, Rechtsgüter und Interessen gewährt oder ihm diese anvertraut. Gemeint sind mit dieser Fallgruppe vor allem Vorgespräche und der Austausch schriftlicher Positionen vor der Aufnahme eigentlicher Vertragsverhandlungen (vgl MünchKommBGB/EMMERICH § 311 Rn 46, 49, der „Vorgespräche zu einem beabsichtigten Vertragsschluss" als Fall des § 311 Abs 2 Nr 1 BGB und „unverbindliche Gespräche" zur Interessenauslotung als Fall des § 311 Abs 2 Nr 2 BGB bewertet; ähnlich ERMAN/DIECKMANN § 311 Rn 210). Zu denken ist etwa an den Fall, dass eine Bank oder eine Versicherungsagentur einen potenziellen Kunden zu den unterschiedlichen Möglichkeiten einer Baufinanzierung berät (LG Hagen 3. 7. 2020 – 2 O 38/19, nv). Ferner zählt hierzu etwa die Teilnahme an einem Vergabeverfahren (BGH 3. 7. 2020 – VII ZR 144/19, MDR 2020, 1054; BGH 8. 12. 2020 – XIII ZR 19/19, BGHZ 228, 15; WAGNER NZBau 2005, 436; zu wenig differenzierend, aber iE zutreffend OLG Saarbrücken 13. 6. 2012 – 1 U 357/11, NZBau 2012, 654). Aber auch mit dem Ziel von Vertragsverhandlungen erfolgende Reaktionen auf Werbemaßnahmen und ähnliche Aufforderungen zu einem Angebot gehören hierher. Reagiert der Angesprochene auf eine invitatio ad offerendum und bekundet Interesse an der zum Kauf angebotenen Sache, so bahnt sich hierdurch ein Vertrag an.

Auch erfüllt ist § 311 Abs 2 Nr 2 BGB, wenn ein potenzieller Kunde Geschäfts- **109**
räume, zB ein Kaufhaus oder eine Gastwirtschaft, aufsucht (OLG Frankfurt 28. 12. 2012 – 16 U 118/12, NJW-RR 2013, 804; LG Konstanz 16, 1 2013 – 6 O 197/12 ua, NZV 2013, 294; OLG Karlsruhe 11. 5. 2021 – 9 U 62/19, NJW-RR 2021, 1321; GRÜNEBERG/GRÜNEBERG § 311 Rn 23). Zwingend vorausgesetzt ist das Betreten der Geschäftsräume des anderen Teils für das Eingreifen von § 311 Abs 2 Nr 2 BGB freilich nicht. Wo und wie der Vertrag sich iSv § 311 Abs 2 Nr 2 BGB anbahnt, ist gleichgültig. Auch wer auf dem Kundenparkplatz zu Schaden kommt, kann deshalb im Falle der Sorgfaltspflichtverletzung Ersatz fordern (LG München II 27. 5. 2008 – 8 S 538/08; OLG Karlsruhe 18. 4. 2012 – 7 U 254/10; AG Bad Segeberg 6. 3. 2014 – 17 C 13/13; OLG Zweibrücken 26. 1. 2022 – 1 U 209/20; **aA** LG Bielefeld 20. 6. 2007 – 5 O 161/07). In Betracht kommt eine Haftung auch, wenn sich das schädigende Ereignis sonstwo, zB bei der Vorführung eines Gerätes auf einem

Marktplatz, abspielt. Voraussetzung für die Haftung aus Verschulden bei Vertragsschluss ist in diesen Fällen aber stets, dass eine Vertragsanbahnung zum Schädigungszeitpunkt vorlag. Das setzt voraus, dass die Person sich mit dem Ziel des Vertragsabschlusses oder doch wenigstens als möglicher Kunde – wenn auch vielleicht noch ohne feste Kaufabsicht – in den Einflussbereich des anderen Teils begeben hat (BGH 28. 1. 1976 – VIII ZR 246/74, BGHZ 66, 51, 54 f; BGH 26. 9. 1961 – VI ZR 92/61, NJW 1962, 31; Nirk, in: 1. FS Möhring [1965] 392; Grüneberg/Grüneberg § 311 Rn 23; Hohloch JuS 1977, 302 ff; Hk-BGB/Schulze § 311 Rn 16; offen MünchKommBGB/Emmerich § 311 Rn 49; **abw** Dölle ZStW 103, 67, der allein den „sozialen" Kontakt genügen lassen will). Deshalb kann derjenige, der ein Kaufhaus oder eine Gastwirtschaft aus anderen Gründen aufgesucht hat, zB um dem Regen auszuweichen, keinen Anspruch aus § 311 Abs 2 BGB geltend machen (Lorenz JuS 2015, 398).

110 Unter § 311 Abs 2 Nr 2 BGB fallen aber zB die Besichtigung einer Immobilie durch Kaufinteressenten (OLG Düsseldorf 11. 9. 2019 – I-24 U 245/18 ua, NJW-RR 2020, 19), das Abstellen eines Bootes auf dem Gelände einer Bootswerft zu dessen Instandsetzung (BGH 2. 12. 1976 – VII ZR 302/75, NJW 1977, 376), die Einholung eines Kostenvoranschlags oder die Durchführung einer Probefahrt vor dem Kauf eines Kraftfahrzeuges (OLG Köln 20. 11. 1995 – 16 U 32/95, NJW 1996, 1288). Erfolgt die Überlassung des Fahrzeugs zur Probefahrt im Rahmen von aufgenommenen Kaufverhandlungen ist freilich kein Fall des § 311 Abs 2 Nr 2 BGB, sondern ein Fall des § 311 Abs 2 Nr 1 BGB gegeben (BGH 21. 5. 1968 – VI ZR 131/67, NJW 1968, 1472).

111 Notwendig ist auch im Rahmen von § 311 Abs 2 Nr 2 BGB aber immer das Einverständnis beider Seiten über die Möglichkeit einer späteren rechtsgeschäftlichen Beziehung. Dass jemand einseitig einen Vertrag anbahnen möchte, etwa indem er einem anderen ungefragt ein Vertragsangebot unterbreitet, führt nicht zu einem Rücksichtnahmeschuldverhältnis nach § 311 Abs 2 Nr 2 BGB, selbst wenn das Angebot Angaben enthält, durch die der Anbietende dem Angebotsempfänger Einwirkungsmöglichkeiten auf seine Interessen gewährt (ähnlich wie hier Schwarze, Das Recht der Leistungsstörungen § 31 Rn 7, der fordert, dass der andere Teil die Absicht hat, möglicherweise einen Vertrag zu schließen; **aA** MünchKommBGB/Emmerich § 311 Rn 49; Grüneberg/Grüneberg § 311 Rn 23; Erman/Dieckmann § 311 Rn 21). In einem solchen Fall fehlt es an der von der Vorschrift vorausgesetzten Rechtsgeschäftsähnlichkeit. Auch die bloße vom Empfänger nicht veranlasste Übersendung eines Werbeprospekts ist deshalb nicht als Vertragsanbahnung iSv § 311 Abs 2 Nr 2 BGB zu werten. In Betracht kommt in solchen Fällen aber ein Rücksichtnahmeschuldverhältnis aus geschäftlichem Kontakt (Rn 115 ff). Aus demselben Grund wird auch durch die schlichte Versendung einer urheberrechtlichen Abmahnung mit dem Entwurf einer Unterlassungsverpflichtung kein Vertrag angebahnt (LG München 13. 11. 2019 – 21 S 2205/19, iE bestätigt durch BGH 17. 12. 2020 – I ZR 228/19, NJW 2021, 2023).

112 Eine Vertragsanbahnung ist auch dann anzunehmen, wenn die Parteien für die Vertragsdurchführung im Vorfeld einen Termin vereinbaren, wie dies zB bei Ärzten und Rechtsanwälten oder bei Reservierung eines Tisches in einem Gasthaus der Fall ist. Dient der Termin selbst nicht der Vertragsdurchführung, sondern erst einer möglichen Vertragsanbahnung, wie dies etwa bei dem Besichtigungstermin einer Mietwohnung anzunehmen ist, liegt noch kein Fall des § 311 Abs 2 Nr 2 BGB, wohl aber von § 311 Abs 2 Nr 3 BGB vor (insofern unzutreffend AG Bremen 21. 8. 2013 – 23 C

0473/12 ua, das darauf hinweist, dass im Hinblick auf die Anzahl der Interessenten nicht feststand, dass die Klägerin die Wohnung tatsächlich hätte anmieten können. Darauf kommt es, wie der ähnlich gelagerte Fall der invitatio ad offerendum [Rn 108] zeigt, für die Annahme eines ähnlichen geschäftlichen Kontakts nicht an).

Einen Sonderfall bilden insofern jedoch die Fälle, in denen der andere Teil aufgrund **113**
seiner Monopolstellung zum Abschluss eines Vertrages verpflichtet ist (s dazu Rn 3). Hier kommt es für die Begründung eines vorvertraglichen Schuldverhältnisses nicht darauf an, ob die dem *Kontrahierungszwang* unterliegende Person den Vertrag schließen will. Denn letztere darf sich dem Vertragsschluss kraft Gesetzes nicht entziehen. Besteht ein Zwang zur Kontrahierung, ist deshalb bereits die Forderung des anderen Vertragsteils, den Vertrag zu schließen, als Vertragsanbahnung iSv § 311 Abs 2 Nr 2 BGB anzusehen, weil dieser den Abschluss letztlich einseitig durchsetzen kann. Verlangt in diesen Fällen eine Person den Abschluss des Vertrages, so entsteht deshalb mit dem Verlangen ein Schuldverhältnis mit den Fürsorge-, Rücksichtnahme- und Schutzpflichten des § 241 Abs 2 BGB (Staudinger/Bork [2020] Vorbem 31 zu §§ 145 ff; BGH 18. 4. 1974 – KZR 6/73, NJW 1974, 1903; BGH 13. 10. 2015 – II ZR 23/14, BGHZ 207, 144 für die Nominierung von Profisportlern zu Olympischen Spielen durch den Deutschen Olympischen Sportbund). Der eigentliche Leistungsanspruch, der auf Abschluss des Vertrages gerichtet ist, ist hiervon regelmäßig unabhängig; er folgt unmittelbar aus den spezialgesetzlichen Bestimmungen, die zur Kontrahierung verpflichten (s dazu Rn 3). Lediglich, wenn ausnahmsweise ohne Normierung wegen einer Monopolstellung ein Kontrahierungszwang besteht, lässt sich dieser Anspruch auf Annahme des Vertragsangebots aus dem durch das Verlangen entstandenden vorvertraglichen Schuldverhältnis ableiten (vgl BGH 13. 10. 2015 – II ZR 23/14, BGHZ 207, 144; s auch OLG Düsseldorf 1. 2. 2023 – VI-U [Kart] 7/21, WuW 2023, 277; Staudinger/Bork [2020] Vorbem 31 zu §§ 145 ff). Aus dem Rücksichtnahmeschuldverhältnis folgt in diesen Fällen eine leistungsbezogene Nebenpflicht (s Rn 100; zu eng Staudinger/Olzen [2019] § 241 Rn 153 ff, wonach Rücksichtnahmepflichtetn nach § 241 Abs 2 generell keinen Leistungsbezug haben sollen). S zur Verletzung der Kontrahierungspflicht auch Schwarze, Das Recht der Leistungsstörungen § 33 Rn 53, der die Anwendung von § 311 BGB hier ablehnt und die Schadensersatzpflicht unmittelbar aus §§ 280, 281 ff BGB ableiten will. Dagegen spricht aber, dass ohne Kontrahierung gerade kein Schuldverhältnis mit Hauptleistungspflichten entstanden ist.

Eine Besonderheit besteht auch beim Streik. Er zielt darauf ab, gegenüber der **114**
anderen potenziellen Tarifvertragspartei bestimmte Forderungen durchzusetzen oder deren Verhandlungsbereitschaft zum Abschluss eines Tarifvertrages zu erzwingen. Im ersteren Fall, dh wenn eine grds Abschlussbereitschaft bei beiden Kampfbeteiligten besteht, handelt es sich beim Streik ohne Zweifel um einen Teil einer Vertragsanbahnung nach § 311 Abs 2 Nr 2 BGB, sodass ein vorvertragliches Rücksichtnahmeschuldverhältnis zwischen den Beteiligten entsteht (Marlony, Die Haftung der Gewerkschaft gegenüber ihren Tarifpartnern [2019] 134 ff; Giesen NZA 2021, 319, 322). Dies gilt abweichend von dem in Rn 112 Gesagtem auch, wenn das bestreikte Unternehmen bzw dessen Arbeitgeberverband den Abschluss eines Tarifvertrages vehement ablehnen. Denn aufgrund des verfassungsrechtlich in Art 9 Abs 3 S 1 GG verbürgten Streikrechts können sie sich – losgelöst von ihrem Willen – den auf einen Tarifvertragsschluss abzielenden Maßnahmen nicht entziehen. Es besteht insofern zwar kein Kontrahierungszwang, wohl aber ein Zwang, sich den von der auf Vertrags-

schluss drängenden Gewerkschaft ergriffenen Maßnahmen zu stellen. Die insofern in gewisser Weise von Verfassungs wegen bestehende „Duldungspflicht" begründet ein vertragsähnliches Rechtsverhältnis, das – wenn nicht als Vertragsanbahnung nach § 311 Abs 2 Nr 2 BGB – so doch jedenfalls als ähnlicher geschäftlicher Kontakt iSv § 311 Abs 2 Nr 3 BGB (dazu sogleich unter Rn 115) anzusehen ist (iE ebenso Giesen NZA 2021, 319, 322). Bedeutung hat diese Frage allerdings nur, wenn zwischen den potenziellen Tarifvertragsparteien nicht ohnehin ein (Mantel-)Tarifvertrag mindestens nachwirkt. Denn in diesem Fall verbindet sie ohnehin ein Dauerschuldverhältnis.

cc) Ähnliche geschäftliche Kontakte

115 Nach § 311 Abs 2 Nr 3 BGB genügt auch die Aufnahme **ähnlicher geschäftlicher Kontakte** zur Begründung eines Rücksichtnahmeschuldverhältnisses. Damit trägt das Gesetz dem Umstand Rechnung, dass potenzielle Vertragspartner auch ohne konkrete Vertragsanbahnung ihre Rechtsgüter der Einflussnahme der anderen Seite öffnen. Zu denken ist hier einmal an Personen, die in dauerhaften Geschäftsverbindungen zueinander stehen (OLG Hamm 14. 5. 2020 – I-18 U 93/19, IHR 2021, 210; Hopt/Leyens HGB, Einl v § 343 Rn 3; MünchKommHGB/Maultzsch Vor § 343 Rn 32); zum anderen aber vor allem an die Fälle, die der Vertragsanbahnung zeitlich vorgelagert sind, wie dies etwa bei der Durchführung vor Bewerbergesprächen der Fall sein kann. Auch wer in der Praxis eines Arztes, der Kanzlei eines Rechtsanwaltes oder dem Büro eines Steuerberaters anruft, um einen Termin für ein Beratungsgespräch zu vereinbaren, nimmt geschäftlichen Kontakt auf, ohne dass in diesem Stadium von einer Vertragsanbahnung gesprochen werden kann. Erhält er bei dieser Gelegenheit von der den Anruf entgegennehmenden Person eine falsche Auskunft, liegt ein Verschulden bei Vertragsschluss vor, für welches der Geschäftsherr nach § 278 BGB haftet (OLG Karlsruhe 4. 3. 2010 – 4 U 105/09, DStR 2011, 191). Erfolgt die Auskunft freilich durch einen in der Praxis, der Kanzlei oder dem Büro *zuständigen* Sachbearbeiter, liegt bereits ein Vertrag vor, der abgerechnet wird und aus dem man haftet. Zur Haftung aus Verschulden bei Vertragsschluss bei einem – nicht bindenden – Letter of intent oder Memorandum of Understanding Staudinger/Bork (2020) § 145 Rn 14.

116 Auch § 311 Abs 2 Nr 3 BGB verlangt das Einverständnis beider Teile mit dem Zustandekommen des Kontakts. Einseitige Kontaktaufnahme begründet noch kein Rücksichtnahmeschuldverhältnis, auch wenn der Initiator seine Interessen der Einwirkung des gewünschten Partners öffnet (Krebber VersR 2004, 150, 155). Auch das ergibt sich aus der von § 311 Abs 2 BGB vorausgesetzten Rechtsgeschäftsähnlichkeit des entstehenden Rücksichtnahmeschuldverhältnisses. Auf der anderen Seite genügt es aber, wenn der einverständliche Kontakt überhaupt im Hinblick auf ein Rechtsgeschäft erfolgt. Dies braucht nicht unbedingt ein Vertrag zu sein. Auch die Kontaktaufnahme im Zuge einer Auslobung (§ 657 BGB) begründet ein Rücksichtnahmeschuldverhältnis (OLG Koblenz 17. 8. 2017 – 1 U 7/17). Sofern man – entgegen der ganz herrschenden Auffassung – die Vertretungswirkung der Anscheinsvollmacht verneint (vgl Staudinger/Schilken [2019] § 167 Rn 31 ff), muss man bei fahrlässiger Setzung des Anscheins der Vollmacht ebenfalls eine Haftung aus Verschulden bei Vertragsschluss annehmen (OLG Hamm 20. 7. 2010 – 28 U 2/10, DAR 2010, 707; Flume, AT § 49 4; Krebber VersR 2004, 150, 155). Ein ähnlicher geschäftlicher Kontakt kann zudem zwischen Personen bestehen, bei denen keine direkten vertraglichen Verbindungen bestehen, zwischen denen aber aufgrund eines mit einer dritten Person geschlossenen Vertrages (Dreiecksverhältnis) ein Leistungsaustausch erfolgt (vgl Raab, in: FS Preis [2021] 977, 988 ff).

Die **Entwicklung** des geschäftlichen Kontakts kann zur Entstehung von Rücksicht- 117
nahmepflichten führen, die bei seiner Aufnahme noch nicht bestanden haben. Wird zB einem Autohändler ein Kraftfahrzeug zum Kauf angeboten, so muss er das Fahrzeug nicht nur bei der Besichtigung pfleglich behandeln. Vielmehr ist er auch verpflichtet, einen von ihm erst entdeckten unfallträchtigen Mangel dem Anbieter mitzuteilen.

Stets muss es sich um einen geschäftlichen Kontakt handeln; es darf sich also nicht 118
auf einen rein sozialen Kontakt, wie etwa einen gemeinsamen Spiele- oder Fernsehabend, handeln (Grüneberg/Grüneberg § 311 Rn 24; Schwarze, Das Recht der Leistungsstörungen § 31 Rn 8). Auch bloße **Gefälligkeitshandlungen** begründen keinen geschäftlichen Kontakt im Sinne der Norm (Jauernig/Stadler § 311 Rn 45). Die frühere Auffassung, dass auch bei Gefälligkeitshandlungen – ähnlich wie bei Vertragsverhandlungen – Schutzpflichten durch die Anknüpfung rechtlicher Beziehungen oder eines vertragsähnlichen Vertrauensverhältnisses entstehen können, deren Verletzung den Schuldner schadensersatzpflichtig macht (BGH 22. 6. 1956 – I ZR 198/54, BGHZ 21, 102, 107; OLG Karlsruhe 27. 7. 1961 – 4 U 28/60, NJW 1961, 1866), ist durch das ausdrückliche Abstellen auf den **ähnlichen geschäftlichen** Kontakt überholt. Denn das Gesetz will damit die Haftung nach Vertragsgrundsätzen auf Fälle, in denen wenigstens potenziell ein Rechtsbindungswille vorhanden ist, beschränken (Krebber VersR 2004, 150, 156; Keilmann, Vorsicht! – Zum Gehalt des § 311 II, III BGB, JA 2005, 500, 501; Dassbach, Gefälligkeitsverhältnisse in der Fallbearbeitung, JA 2018, 575, 577 f; differenzierend Staudinger/Olzen [2019] § 241 Rn 404 ff; Canaris JZ 2001, 499, 520). Dem würde es widersprechen, über § 311 Abs 2 Nr 3 BGB ein Schuldverhältnis ohne einklagbare Leistungspflichten, aber bestehende Rücksichts- und Schutzpflichten zu konstruieren. Für reine Gefälligkeitsverhältnisse, bei denen ein Rechtsbindungswille fehlt, ist die Beschränkung auf die Deliktshaftung angemessen.

b) Parteien des Rücksichtnahmeschuldverhältnisses

Parteien des Rücksichtnahmeschuldverhältnisses sind in den Fällen von § 311 Abs 2 119
Nr 1 und 2 BGB diejenigen, die Partei des in Aussicht genommenen Vertrages wären, und in den Fällen des § 311 Abs 2 Nr 3 BGB diejenigen, die in einen ähnlichen geschäftlichen Kontakt treten. Aber auch Dritte können Ansprüche aus § 311 Abs 2 BGB geltend machen, wenn sie nach den Grundsätzen des Vertrages mit Schutzwirkung zugunsten Dritter in den Schutzbereich des gesetzlichen Schuldverhältnisses einbezogen sind (BGH 28. 1. 1976 – VIII ZR 246/74, NJW 1976, 712; Schneider, Kind, hier hast du etwa Geld, kauf dir ein Eis, JURA 2021, 867, 871; s zum Vertrag mit Schutzwirkung zugunsten Dritter umfassend Staudinger/Klumpp [2020] § 328 Rn 92 ff). Verpflichtete können Dritte hingegen nur unter den Voraussetzungen des § 311 Abs 3 BGB (dazu Rn 198 ff) sein.

Weder die Aufnahme von Vertragsverhandlungen nach § 311 Abs 2 Nr 1 BGB noch 120
die Anbahnung eines Vertrages nach § 311 Abs 2 Nr 2 BGB setzen tatbestandlich voraus, dass der Vertrag bei Abschluss wirksam wäre (vgl OLG Brandenburg 8. 11. 2017 – 4 U 206/16); eines Rückgriffs auf § 311 Abs 2 Nr 3 BGB bedarf es deshalb

für diese Fallgruppen nicht (so wohl der Gedanke des LG Limburg 28. 6. 2021 – 2 O 216/20, das im Übrigen verkennt, dass § 311 Abs 2 Nr 3 BGB nicht nur Ansprüche, sondern auch Pflichten begründet). **Minderjährige** haften aus Verschulden bei Vertragsschluss aber dennoch nur, wenn sie die Zustimmung des gesetzlichen Vertreters zur Aufnahme des geschäftlichen Kontakts besaßen; auch insoweit schlägt der rechtsgeschäftliche Charakter des Rücksichtnahmeschuldverhältnisses durch (Schwarze, Das Recht der Leistungsstörungen § 31 Rn 4; Canaris NJW 1964, 1987 ff; Erman/Dieckmann § 311 Rn 24; MünchKommBGB/Emmerich § 311 Rn 61). Die fehlende Zustimmung steht einer Haftung des Minderjährigen aus unerlaubter Handlung gem §§ 827, 828 BGB aber nicht entgegen (BGH 19. 6. 1973 – VI ZR 95/71, NJW 1973, 1790, 1791). Ansprüche aus Verschulden bei Vertragsschluss stehen Minderjährigen unabhängig davon zu, ob sie die Zustimmung des gesetzlichen Vertreters zur Aufnahme der Vertragsverhandlungen hatten oder nicht (BGH 19. 6. 1973 – VI ZR 95/71, NJW 1973, 1790, 1791; Canaris JZ 2001, 499, 520).

c) Ende des Rücksichtnahmeschuldverhältnisses

121 Das Rücksichtnahmeschuldverhältnis endet mit dem Zeitpunkt, in dem der geschäftliche Kontakt ohne Abschluss eines Vertrages abgebrochen wird. Kommt es zum Abschluss eines wirksamen Vertrages, so tritt ab diesem Zeitpunkt an die Stelle der Haftung aus Verschulden bei Vertragsschluss eine solche aus Vertrag (Grüneberg/Grüneberg § 311 Rn 25; vgl auch schon BGH 21. 1. 1975 – VIII ZR 101/73, BGHZ 63, 383, 387, nach dem die Haftung aus Verschulden bei Vertragsschluss im Augenblick des Vertragsschlusses von der Haftung aus Vertrag gleichsam „überholt" wird). Die Rücksichtnahmepflichten richten sich ab diesem Zeitpunkt nach dem Inhalt des Vertrages. Bereits entstandene Ansprüche aus Verschulden bei Vertragsschluss bleiben aber bestehen (Erman/Dieckmann § 311 Rn 23; Hk-BGB/Schulze § 311 Rn 18). Ob sie durch den abgeschlossenen Vertrag modifiziert werden, muss durch dessen Auslegung ermittelt werden. Das gilt insbesondere für Haftungsfreizeichnungen (vgl OLG München 26. 7. 2006 – 7 U 2128/06, DNotZ 2007, 712, nach dem aus einer Klausel, die „Gewährleistungsansprüche" ausschließt, keine Freizeichnung für Schadenersatzansprüche aus Verschulden bei Vertragsschluss zu entnehmen ist). Ist der Vertrag nichtig, bleibt es von vornherein beim gesetzlichen Rücksichtnahmeschuldverhältnis.

d) Fallgestaltungen des Rücksichtnahmeschuldverhältnisses

aa) Enttäuschung des Vertrauens auf das Zustandekommen des Vertrages

122 An sich ist es das gute Recht eines jeden an Vertragsverhandlungen Beteiligten, vom Vertragsschluss letztlich doch Abstand zu nehmen, ohne dies begründen zu müssen (BGH 7. 12. 2000 – VII ZR 360/98, NJW-RR 2001, 381). Wenn der eine Teil sich ausgerechnet hat, der Vertrag werde zustande kommen, und aus diesem Grund etwa Aufwendungen gemacht hat, so ist dies seine Sache (BGH 14. 7. 1967 – V ZR 120/64, NJW 1967, 2199). Auch wenn der andere Teil von diesen Aufwendungen weiß, begründet allein das keine Haftung aus Verschulden bei Vertragsschluss (BGH 19. 4. 1972 – VIII ZR 30/71, WM 1972, 772; BGH 18. 10. 1974 – V ZR 17/73, NJW 1975, 43, 44; BGH 28. 3. 1977 – VIII ZR 242/75, WM 1977, 620). **Erweckt** aber der eine Teil durch sein Verhalten im anderen Teil das **berechtigte Vertrauen, dass es mit Sicherheit zum Abschluss des Vertrages kommen** werde, so ist es gerechtfertigt, ihn wegen eines Verschuldens bei den Vertragsverhandlungen haften zu lassen, wenn er vom Vertragsschluss dann *ohne einen triftigen Grund Abstand nimmt* (BGH 25. 11. 1992 – VIII ZR 170/91, BGHZ 120, 281; BGH 8. 9. 1998 – X ZR 48/97, BGHZ 139, 259; zuvor schon BGH 13. 11. 1954 – II ZR 23/54, BB 1955, 429;

BGH 19. 10. 1960 – VIII ZR 133/59, MDR 1961, 49; BGH 14. 7. 1967 – V ZR 120/64, NJW 1967, 2199; BGH 6. 2. 1969 – II ZR 86/67, MDR 1969, 641, 642; BGH 10. 7. 1970 – V ZR 159/67, NJW 1970, 1840 f; BGH 22. 2. 1989 – VIII ZR 4/88, NJW-RR 1989, 627, 628; BAG 7. 6. 1963 – 1 AZR 276/62, BAGE 14, 206; BAG 16. 3. 1989 – 2 AZR 325/88, AP Nr 8 zu § 1 BeschFG 1985; OLG Brandenburg 27. 11. 2008 – 12 U 228/07). Der Grund für diese Haftung ist nach der Kodifizierung der culpa in contrahendo in der sich aus § 311 Abs 2 BGB iVm § 241 Abs 2 BGB ergebenden Verpflichtung der potenziellen Vertragspartei zu sehen, Rücksicht auf das Interesse des anderen Vertragsteils am Zustandekommen des Vertrags zu nehmen.

Wann davon zu sprechen ist, dass der eine Teil im anderen das **berechtigte Vertrauen** 123
erweckt hat, es werde mit Sicherheit zum Vertragsschluss kommen, lässt sich nur für den *Einzelfall* beurteilen. Wird der potenzielle Vertragspartner zu Maßnahmen ermuntert, die nur bei einem Zustandekommen des Vertrages sinnvoll sind, liegt darin in der Regel ein solcher Haftungsgrund (BGH 22. 2. 1989 – VIII ZR 4/88, NJW-RR 1989, 627, 628). Der BGH hat auf ein berechtigtes Vertrauen auf den Vertragsschluss etwa in dem Fall geschlossen, dass sich die Verhandlungspartner über die wesentlichen Punkte eines abzuschließenden Gesellschaftsvertrages geeinigt und beiderseits Vorbereitungen für die Zusammenarbeit nach Vertragsabschluss getroffen, sich insbesondere finanziell engagiert hatten (BGH 6. 2. 1969 – II ZR 86/67, MDR 1969, 641, 642; ähnlich BGH 6. 6. 1974 – II ZR 157/72, BB 1974, 1039 f für den Fall der beabsichtigten Bildung einer Bauarbeitsgemeinschaft). Auch einen Fall, in dem eine Lizenzvergabe an eine neu zu gründende Gesellschaft in Aussicht gestellt worden war, und diese Gesellschaft daraufhin gegründet wurde und alle Anforderungen des Lizenzgebers erfüllte, die Lizenz aber trotzdem nicht erhielt, hat der BGH hierher gerechnet (BGH 12. 6. 1975 – X ZR 25/73, NJW 1975, 1774). Erweckt eine Bank bei einem Kunden fälschlich das Vertrauen, sie werde ein Akkreditiv stellen können, und hält sie den Kunden so davon ab, sich das Akkreditiv anderweit zu besorgen, haftet sie wegen des dadurch beim Kunden erweckten Vertrauens (BGH 17. 10. 1983 – II ZR 146/82, NJW 1984, 866, 867). Das BAG bejaht eine Haftung aus culpa in contrahendo etwa, wenn der Arbeitgeber bei Verhandlungen über den Abschluss eines Arbeitsvertrages den Anschein erweckt, der Vertrag werde sicher geschlossen, und der Arbeitnehmer im Vertrauen darauf sein altes Arbeitsverhältnis kündigt (BAG 7. 6. 1963 – 1 AZR 276/62, BAGE 14, 206; LAG Köln 28. 7. 1993 – 2 Sa 199/93, LAGE § 276 BGB Verschulden bei Vertragsschluss Nr 2; vgl auch Grunsky BB 1973, 194 f).

Allein die telefonische Vereinbarung eines Behandlungstermins bei einem *Arzt* 124
begründet für sich genommen demgegenüber kein berechtigtes Vertrauen, dass es auch zum Abschluss eines Behandlungsvertrages zwischen Patient und Arzt kommt (AG Lünen 10. 2. 2016 – 7 C 424/15). Auch wer mit einem *Steuerberater* oder *Rechtsanwalt* über dessen Sekretariat einen Besprechungstermin vereinbart, kann nicht allein hieraus ableiten, dass sich der Steuerberater oder Rechtsanwalt tatsächlich seiner Sache annehmen wird.

Auch bei **formbedürftigen Verträgen** besteht grundsätzlich kein berechtigtes Ver- 125
trauen in den Abschluss des Vertrages. Dasselbe gilt, wenn die Parteien eine zu wahrende Schriftform mindestens konkludent vereinbart haben (AG München 14. 7. 2020 – 473 C 21303/19, ZMR 2020, 848). Etwas anderes gilt nur, wenn der andere Teil sich grob treuwidrig verhalten hat, was regelmäßig lediglich im Fall eines vorsätzlich

pflichtwidrigen Verhaltens, nämlich bei Vorspiegeln tatsächlich nicht vorhandener Abschlussbereitschaft, gegeben ist (LG Wuppertal 3. 3. 2023 – 6 O 101/22; OLG Stuttgart 2. 4. 2007 – 5 U 177/06, WM 2007, 1743 für den Unternehmenskauf mit Übertragung von Gesellschaftsanteilen; LG Heidelberg 5. 2. 2010 – 7 O 276/09, NJW-RR 2010, 1469 und OLG Celle 1. 12. 2011 – 16 U 95/11 für den Grundstückskauf; AG München 18. 10. 2012 – 423 C 14869, ZMR 2014, 295 und AG Halle 24. 1. 2008 – 93 C 3077/07 für die Wohnraummiete, LG Karlsruhe 31. 1. 2007 – 3 O 465/06 für die vertraglich vereinbarte Schriftform; Regler, Keine Anwendung des Vergaberechts bei Veräußerung öffentlicher Grundstücke, MittBayNot 2008, 477, 478) und daneben allenfalls beim Ausnutzen einer ganz besonderen Vertrauensposition in der Öffentlichkeit oder gegenüber dem anderen Vertragsteil durch jahrelange rechtsgeschäftliche Beziehungen in Frage kommt (so etwa bei der fortlaufenden Inanspruchnahme von Architektenleistungen ohne schriftliche Fixierung durch den Bürgermeister einer Gemeinde über 1½ Jahre, OLG Frankfurt 20. 4. 2012 – 24 U 63/11). Nach dem Zweck der Formvorschrift zu differenzieren (in diese Richtung Kellner DöV 2011, 26, 27 f), ist unangebracht. Entscheidend ist, dass der Verhandlungspartner mit der Formvorschrift als Voraussetzung für den Vertragsschluss rechnen muss.

126 Eine Haftung aus Verschulden bei Vertragsschluss scheidet aus, wenn derjenige, der beim anderen Teil das Vertrauen auf den Vertragsabschluss geweckt hat, einen **triftigen Grund zum Abbruch der Vertragsverhandlungen** hat. Dies ist natürlich zunächst immer dann der Fall, wenn sich der Verhandlungspartner den Abbruch der Verhandlungen aus bestimmten Gründen ausdrücklich vorbehalten hat. Deshalb stellt die Aufhebung einer Ausschreibung bei Vorliegen eines der Aufhebungsgründe nach § 17 Abs 1 VOB/A kein Verschulden bei Vertragsschluss dar (BGH 8. 9. 1998 – X ZR 99/96, BGHZ 139, 280, 283). Vertragsverhandlungen können weiter dann abgebrochen werden, wenn der Partner seinerseits nicht in angemessener *Frist* Klarheit darüber schafft, ob er den Vertrag wie vorgeschlagen abschließen werde, wobei die Frist in Analogie zu den §§ 145 ff BGB bestimmt werden kann (BGH 10. 7. 1970 – V ZR 159/67, NJW 1970, 1840, 1841). Aber auch im Übrigen dürfen mangels Bestehens einer vertraglichen Bindung an das Vorliegen eines triftigen Grundes keine allzu hohen Anforderungen gestellt werden; insbesondere muss kein wichtiger Grund iSv § 626 Abs 1 BGB analog vorliegen (BGH 10. 1. 1996 – VIII ZR 327/94, DB 1996, 777; OLG Naumburg 9. 1. 2023 – 12 U 31/22; MünchKommBGB/Emmerich § 311 Rn 195). Vielmehr reicht jede vernünftige Erwägung zur „Rechtfertigung" des Abbruchs der Verhandlungen aus (BGH 10. 1. 1996 – VIII ZR 327/94, DB 1996, 777; LG Frankfurt 8. 6. 2022 – 2-13 O 218/21 ua; KG Berlin 23. 3. 2021 – 7 U 168/19). Insofern steht außer Zweifel, dass ein triftiger Grund für den Verhandlungsabbruch vorliegt, wenn sich der Verhandlungspartner auf einen Umstand berufen kann, der ihn von einer *Verpflichtung zur Leistung* auch nach Abschluss des Vertrages befreit hätte (H Stoll, in: FS vCaemmerer [1978] 433, 450). Ist ihm etwa die Leistung, ohne dass er das zu vertreten hat, unmöglich geworden, oder ist dem Partner ein Verhalten zur Last zu legen, welches ihn nach Abschluss des Vertrages gem § 324 BGB zum Rücktritt wegen Vertragsverletzung berechtigt hätte (dazu Staudinger/Schwarze [2020] § 324 Rn 26 ff), so ist das ein Grund, der ihn zum Abbruch der Vertragsverhandlungen berechtigt. Ferner ist ein triftiger Grund für den Abbruch der Vertragsverhandlungen gegeben, wenn konkrete Anhaltspunkte bekannt werden, die nahelegen, dass der andere Vertragsteil sich nicht vertragstreu verhalten wird oder die Gegenleistung aus anderen Gründen nicht ohne Weiteres durchgesetzt werden kann (vgl AG Lünen 10. 2. 2016 – 7 C 424/15 für die Unsicherheit über die Identität des anderen Vertragsteils; LG Frankfurt 8. 6.

2022 – 2-13 O 218/21 ua für das Fehlen einer Finanzierungszusage durch die Bank des Kaufinteressenten). Dagegen genügt es nicht, wenn derjenige, der das Vertrauen in den Vertragsschluss geweckt hat, seine Dispositionen ändert, etwa der potenzielle Arbeitgeber die Stelle einspart, für die er dem Arbeitnehmer die Einstellung in Aussicht gestellt hat (BAG 7. 6. 1963 – 1 AZR 276/62, BAGE 14, 206). Auch die bloße Aversion gegen den Käufer oder dessen Bekannte stellt keinen triftigen Grund dar (**aA** OLG Naumburg 16. 1. 2014 – 1 U 54/13, welches letztlich einen triftigen Grund schon dann annimmt, wenn die Entscheidung nicht willkürlich ist und den Begriff des triftigen Grundes damit rechtsfehlerhaft mit dem des sachlichen Grundes gleichsetzt). Anders ist dies zu beurteilen, wenn es um die Begründung eines Dauerschuldverhältnisses geht. Hier können subjektive Vorbehalte gegen den künftigen Vertragspartner den Vertragsschluss unzumutbar erscheinen lassen.

Ein Verschulden bei Vertragsverhandlungen kommt auch in Betracht, wenn die **127** Wirksamkeit des Vertrages von der **Genehmigung** eines Dritten abhängt. Ist eine behördliche Genehmigung oder die Zustimmung eines Organs notwendig, etwa die des Gemeinderats einer Gemeinde (LG Dessau-Roßlau 16. 3. 2012 – 4 O 530/11) oder die der Aufsichtsbehörde zu einem von der Gemeinde abgeschlossenen Grundstückskaufvertrag (BGH 17. 5. 1974 – V ZR 158/72, MDR 1974, 918) oder zu einer Bürgschaft (BGH 10. 6. 1999 – IX ZR 409/97, BGHZ 142, 51) oder die Zustimmung einer Privatperson, etwa die des Grundstückseigentümers zu einem vom Erbbauberechtigten abgeschlossenen Mietvertrag (BGH 12. 4. 1967 – VIII ZR 252/64, MDR 1967, 835) oder die des Schuldners zu der an seine Zustimmung gebundenen Abtretung (BGH 29. 1. 1968 – VII ZR 126/65, WM 1968, 531), kann das in Kenntnis dieses Hindernisses erweckte Vertrauen auf den Vertragsabschluss ebenfalls die Haftung aus culpa in contrahendo auslösen. Hieran sind aber strenge Maßstäbe zu setzen. Ist dem Verhandlungspartner bekannt, dass noch die vorherige Beteiligung eines Dritten oder eines Organs erforderlich ist, kann er in der Regel nicht in den Vertragsschluss vertrauen. Denn er muss grundsätzlich unterstellen, dass der andere Teil sich rechtmäßig verhalten und zunächst die zuständigen Personen und Gremien beteiligen will (vgl LG Bonn 23. 9. 2016 – 1 O 468/15; LG München 27. 12. 2012 – 5 HK O 20845/11 ua, NZG 2013, 260). Die bloße Erklärung einer Partei, die Erteilung einer erforderlichen Zustimmung sei lediglich Formsache, reicht deshalb nicht aus (OLG Düsseldorf 10. 11. 2005 – I-10 U 179/04). Eine Haftung aus § 311 Abs 2 BGB scheidet allerdings nicht allein schon deshalb aus, weil der Vertrag von einer aufschiebenden Bedingung abhängig ist (BGH 7. 6. 1967 – VIII ZR 259/64, DB 1967, 1315). S zu etwaigen Aufklärungspflichten bei Unkenntnis des anderen Teils vom Genehmigungserfordernis Rn 151 ff.

An sich kann das Vertrauen auf das Zustandekommen des Vertrages auch dann **128** enttäuscht werden, wenn eine Person an den Markt herantritt und zusagt, die Auswahl zwischen den Vertragsinteressenten nach bestimmten, zuvor von ihr festgelegten Regeln zu treffen. Zu denken ist etwa an den Fall, dass ein Oldtimer an den bis zu einem bestimmten Stichtag Meistbietetenden verkauft werden soll. Aber auch, wenn eine private Hochschule die Stelle einer Professur ausschreibt und in der Stellenausschreibung mitteilt, die Auswahl erfolge analog der Bestenauslese nach Art 33 Abs 3 GG, wird bei den Bewerbern das berechtigte Vertrauen erweckt, dass nach diesen Grundsätzen die Auswahlentscheidung auch getroffen werden wird. Aufgrund der im Privatrecht bestehenden Vertragsfreiheit wird jedoch in diesen Fällen regelmäßig eine Haftung aus § 311 Abs 2 BGB ausscheiden; denn wie auch sonst bei Vertragsverhandlungen, kann auch hier der Vertragsanbietende jederzeit aus triftigem Grund von dem ursprünglich vorgesehenen Regeln bzw Verfahren abweichen (s zum triftigen Grund unter Rn 126).

129 In der **Verzögerung des Vertragsabschlusses** liegt grundsätzlich kein Verschulden bei Vertragsschluss. Hat jemand ein Vertragsangebot abgegeben, besteht von vornherein Rechtsklarheit, weil entweder eine Annahmefrist bestimmt ist (§ 147 Abs 1, § 148 BGB) oder sich diese aus den Umständen ergibt (§ 147 Abs 1 BGB). Liegt noch kein Vertragsangebot vor, ist die Erwartung, ein solches werde abgegeben werden, angesichts des Prinzips der Abschlussfreiheit (s Rn 1, Rn 6) regelmäßig nicht schutzwürdig (OLG Brandenburg 10. 2. 2010 – 3 U 65/09; LG Bonn 23. 9. 2016 – 1 O 468/15). Anders kann es nur dann liegen, wenn der den Vertragsabschluss anstrebende Teil auf eine rasche Antwort des anderen Teils angewiesen ist. So kann ein Verschulden bei Vertragsschluss vorliegen, wenn ein Versicherer über einen Versicherungsantrag erkennbar nicht innerhalb angemessener Zeit entscheidet, obwohl der Antragsteller alle Voraussetzungen für die Entscheidung erfüllt hat und nach Treu und Glauben eine rasche Bearbeitung erwarten durfte (OLG Saarbrücken 11. 1. 2006 – 5 U 584/04 ua, VersR 2006, 1345; vgl LG Mönchengladbach 18. 3. 1982 – 10 O 660/81). S zu dem Sonderfall der Anzeigepflicht derjenigen, die für bestimmte Geschäfte öffentlich bestellt sind oder sich zu solchen erboten haben § 663 BGB und die Erläuterungen bei Staudinger/Martinek/Omlor (2017) § 663 Rn 1 ff.

130 Ein weiterer Fall der Haftung für enttäuschtes Vertrauen auf das Zustandekommen des Vertrages ist schließlich gegeben, wenn der Vertrag durch **Anfechtung** rückwirkend wieder beseitigt worden ist. Dass der Anfechtende bei der Irrtumsanfechtung dem auf die Gültigkeit vertrauenden Vertragspartner nach § 122 BGB den auf den Betrag des Erfüllungsinteresses begrenzten Vertrauensschaden ersetzen muss, schließt die Haftung nach § 311 Abs 2 BGB nicht aus, soweit die Pflichtverletzung über die Herbeiführung der anfechtenden Willenserklärung hinausgeht. Beschränkt sich die Pflichtverletzung darauf, dass die andere Partei den Irrtum fahrlässigerweise nicht verhindert hat, bewendet es bei dem Recht zur Anfechtung und dem nachfolgenden Anspruch auf Ersatz des Vertrauensschadens (unrichtig OLG Dresden 4. 1. 2006 – 8 U 1558/05, NJW-RR 2006, 1429, das in einem solchen Fall unabhängig von der nach §§ 119 ff BGB gegebenen Rechtslage einen Anspruch aus § 311 Abs 2 BGB anerkennt, welcher dem Vertragsanspruch des anderen Teils entgegengehalten werden kann). S zum Ganzen Staudinger/Singer (2021) § 122 Rn 20 ff; Staudinger/Singer/vFinckenstein (2021) § 123 Rn 104.

bb) Pflichtwidrige Vereitelung des Vertragsschlusses

131 Auch die pflichtwidrige Vereitelung eines wirksamen Vertragsschlusses kann eine Haftung aus § 311 Abs 2 BGB begründen. Wegen Verschuldens bei Vertragsverhandlungen haftet daher auch derjenige, der gegenüber seinem Verhandlungspartner unredlicherweise den Anschein erweckt, ein **formbedürftiger Vertrag** sei gar nicht formbedürftig oder der Vertrag werde mit Sicherheit formgerecht abgeschlossen. Vereitelt hier derjenige, der den Anschein erweckt hat, ohne triftigen Grund den formgerechten Vertragsschluss, haftet er dem anderen Teil (BGH 16. 3. 1954 – I ZR 255/52, LM Nr 3 [Fa] zu § 276 BGB; BGH 29. 1. 1965 – V ZR 53/64, NJW 1965, 812, 813; BGH 14. 7. 1967 – V ZR 120/64, NJW 1967, 2199; BGH 10. 7. 1970 – V ZR 159/67, NJW 1970, 1840, 1841; BGH 18. 10. 1974 – V ZR 17/73, NJW 1975, 43; BGH 29. 4. 1977 – V ZR 236/74, BGHZ 69, 34; BGH 29. 3.

1996 – V ZR 332/94, NJW 1996, 1885; BGH 15. 1. 2001 – II ZR 127/99, DStR 2001, 802; krit zu diesen Fällen Fikentscher/Heinemann, Schuldrecht Rn 93). Unredlich ist das Verhalten des Verhandlungspartners in der Regel nur, wenn er vorsätzlich handelt (BGH 29. 3. 1996 – V ZR 332/94, NJW 1996, 1885; BGH 15. 1. 2001 – II ZR 127/99, DStR 2001, 802). Doch kann je nach den Umständen auch grobe Fahrlässigkeit genügen. Etwa muss von einem in Form einer Handelsgesellschaft geführten gemeinnützigen Wohnungsunternehmen erwartet werden, dass es in geeigneter Weise Rechtsauskunft über zu beachtende Formvorschriften erteilt (BGH 29. 1. 1965 – V ZR 53/64, NJW 1965, 812, 814). Zu der Frage, wann die Berufung auf den Formmangel wegen Treuwidrigkeit unbeachtlich ist s Staudinger/Hertel (2023) § 125 Rn 110 ff sowie Staudinger/Meier § 311b Abs 1 Rn 352 ff. Auch die Herbeiführung eines nach § 138 Abs 1 BGB wegen Benachteiligung des anderen Teils sittenwidrigen Vertrages stellt ein Verschulden bei Vertragsschluss dar (BGH 12. 11. 1986 – VIII ZR 280/85, BGHZ 99, 101).

Ein pflichtwidriges Vereiteln eines wirksamen Vertragsschlusses kommt ferner in 132
den Fällen in Betracht, in denen das Rechtsgeschäft schwebend unwirksam ist, weil es der Genehmigung von dritter Stelle, etwa einer Behörde, bedarf (s zur Unterscheidung zur bloßen Genehmigungspflichtigkeit der Erbringung der Leistung § 311a Rn 68). Ist nur eine der beiden Vertragsparteien für die Erteilung der Genehmigung antragsberechtigt und wirkt sie gleichwohl nicht auf die Genehmigung des Rechtsgeschäftes durch einen entsprechenden Antrag hin, so handelt sie gegenüber dem anderen Teil pflichtwidrig (MünchKommBGB/Bachmann § 241 Rn 79, 88 f). Anders ist dies zu beurteilen, wenn beide Vertragspartner, wie zB in den Fällen des § 144 Abs 1 Nr 2, Abs 2 Nr 1–4 BauGB, antragsberechtigt sind.

Während es sich in den bisher erörterten Fällen des enttäuschten Vertrauens auf das 133
Zustandekommen des Vertrages um Fälle handelte, in denen ein Verhandlungspartner aus eigenem Entschluss den Vertrag scheitern lässt, geht es in einem weiteren Teil der Fälle darum, dass er ein **objektives Hindernis** für das Zustandekommen des Vertrages **kennt oder kennen muss**, gleichwohl aber das Vertrauen auf das Zustandekommen des Vertrages hervorruft. Soweit es darum geht, dass die beabsichtigte Vertragsleistung von Anfang an *unmöglich* oder *unzumutbar* ist, haben diese Fälle in § 311a BGB eine ausdrückliche Regelung gefunden. Zu denken ist aber an den ähnlich gelagerten Fall, in dem wegen eines rechtlichen Hindernisses der Vertrag zwar nicht unwirksam ist, jedoch nur eine unvollkommene Verbindlichkeit, also entgegen dessen Erwartung kein Leistungsanspruch des Vertragspartners entsteht (OLG Brandenburg 4. 9. 2013 – 7 U 155/12 für das Entfallen der Privilegierung aus § 763 S 1 BGB bei nicht entsprechend der Zulassung betriebenen Spielautomaten). Zur Haftung aus Verschulden bei Vertragsschluss, wenn der Vertrag gegen ein gesetzliches Verbot verstößt und damit gem § 134 BGB nichtig ist, s § 311a Rn 6, Rn 60 ff.

Zu denken auch an Fälle, in denen eine Person vom Vertragsschluss abgehalten 134
wird, weil der andere Teil ihr falsche Vorstellungen von der geschuldeten Gegenleistung vermittelt und ihr dadurch das Geschäft unattraktiv erscheinen lässt. Hierbei ist aber stets zu fragen, in welchem Umfang der eine Teil durch Rücksichtnahme- oder Informationspflichten des anderen Teils geschützt werden soll. So begründet bspw die Pflicht zum Angebot einer angemessenen Gegenleistung nach § 31 Abs 1 S 1 WpÜG keine vorvertragliche Nebenpflicht des Bieters gegenüber den Aktionären der Zielgesellschaft und haftet dieser deshalb den Aktionären nicht wegen

pflichtwidrigen Vereitelns eines wirksamen Vertragsschlusses, wenn er die Gegenleistung darin lediglich fahrlässig zu niedrig angibt (BGH 23. 11. 2021 – II ZR 312/19, BGHZ 232, 46; BGH 23. 11. 2021 – II ZR 315/19, NZG 2022, 276). Über die maßgeblichen tatsächlichen Umstände für die Beurteilung der Angemessenheit der Gegenleistung muss er hingegen richtig unterrichten.

135 Kein Fall des pflichtwidrigen Vereitelns des Vertragsschlusses ist es, wenn der Schuldner ein bindendes Vertragsangebot unter Bestimmung einer Annahmefrist nach § 148 BGB unterbreitet und sich vor Ablauf der Frist von diesem Angebot wieder distanziert. Da ohne Zustimmung des Gläubigers eine Rücknahme des abgegebenen Angebots nach §§ 145, 146 BGB nicht möglich ist, liegt es an ihm, gleichwohl innerhalb der ursprünglich bestimmten Annahmefrist die Annahme des Angebots zu erklären und Leistung und bei ernsthafter und endgültiger Erfüllungsverweigerung Schadensersatz statt der Leistung zu fordern (fehlerhaft insofern OLG Köln 21. 7. 2014 – I-11 U 10/14 ua, das hier eine Haftung aus § 311 Abs 2 BGB auf das positive Interesse annimmt).

cc) Pflichtwidrige Herbeiführung des Vertragsschlusses

136 Veranlasst jemand einen anderen durch **arglistige Täuschung** oder **Drohung** zum Abschluss eines Vertrages, so wird dadurch nicht nur ein Anfechtungsrecht gem § 123 BGB begründet. Vielmehr liegt in dem Verhalten des Täuschenden oder Drohenden *auch* die Verletzung einer selbstverständlichen Rücksichtnahmepflicht auf die Interessen des anderen Teils, welche ihn zum Schadensersatz verpflichtet, selbst wenn der andere Teil den Vertrag angefochten hat (BGH 4. 4. 1968 – II ZR 68/66, WM 1968, 892, 893; LG Köln 17. 3. 2016 – 2 O 355/14; Staudinger/Singer/vFinckenstein [2021] § 123 Rn 104). Voraussetzung ist freilich, dass die Täuschung für den Vertragsabschluss kausal gewesen ist. Diese Kausalität ist gegeben, wenn der Getäuschte zur Abgabe der Vertragserklärung bestimmt worden ist; ein Unterschied zu § 123 BGB besteht insoweit nicht (aA St Lorenz S 75 ff und ZIP 1998, 1056, der einen – aber nicht greifbaren – Unterschied darin sehen will, dass bei § 123 BGB jeder Einfluss auf die Willensbildung genüge, während im Rahmen der Haftung für Verschulden bei Vertragsschluss notwendig sei, dass der Vertrag ohne die Täuschung überhaupt nicht geschlossen worden wäre). Die pflichtwidrige Herbeiführung des Vertragsschlusses begründet einen Schadensersatzanspruch, der im Wege der Naturalrestitution nach § 249 BGB auf Rückgängigmachung des Vertrages gerichtet ist (s dazu Rn 190 f). Soweit teilweise die Ansicht vertreten wird, ein entsprechender Schadensersatzanspruch lasse sich mit der Wertung von §§ 123 f BGB und § 826 BGB nicht vereinbaren (Canaris ZGR 1982, 395, 416 ff), mag zwar ein Wertungswiderspruch insofern zu konstatieren sein, dass für einen Anspruch nach § 280 Abs 1 BGB iVm §§ 311 Abs 2, 241 Abs 2 BGB bereits die fahrlässige Irreführung ausreicht, während § 123 BGB und § 826 BGB Vorsatz voraussetzen und für die Anfechtung nach § 123 BGB die Jahresfrist gem § 124 BGB gilt, während der Schadensersatzanspruch nach § 280 Abs 1 BGB der regelmäßigen Verjährung unterliegt (Rn 195). Dieser Wertungswiderspruch rechtfertigt es aber nicht, § 249 BGB iVm § 280 Abs 1 BGB iVm §§ 311 Abs 2, 241 Abs 2 BGB trotz Vorliegens seiner Voraussetzungen unangewendet zu lassen oder die daraus abgeleiteten Ansprüche anderen als den gesetzlich geregelten Verjährungsvorschriften zu unterwerfen (so aber Schwarze, Das Recht der Leistungsstörungen § 33 Rn 50; Grigoleit NJW 1999, 902 f; Fleischer AcP 200 [2000] 91, 119 und Staudinger/Singer/vFinckenstein [2021] § 123 Rn 104, die auch auf den Schadensersatzanspruch § 124 anwenden wollen;

wie hier: Erman/Dieckmann § 311 Rn 82). Dem Wertungswiderspruch ist allein mit einem strengen Maßstab an das Vorliegen einer Pflichtverletzung und der kritischen Überprüfung der Kausalität der Pflichtverletzung für den Abschluss des Vertrages zu begegnen. Im Übrigen ist er hinzunehmen und einer Rechtsfortbildung contra legem vorzuziehen. Dementsprechend ist auch in der Rechtsprechung anerkannt, dass die Haftung wegen Verschuldens bei Vertragsschluss den Getäuschten oder Bedrohten auch noch *nach Ablauf der* Anfechtungsfrist des § 124 BGB berechtigt, die *Rückgängigmachung des Vertrages* zu verlangen und dementsprechend dessen Erfüllung zu verweigern (BGH 18. 9. 2001 – X ZR 107/00, NJW-RR 2002, 308; BGH 11. 5. 1979 – V ZR 75/78, NJW 1979, 1983 f; Fikentscher/Heinemann, Schuldrecht, Rn 95). Soweit der BGH für den Anspruch auf Rückabwicklung des Vertrages jedoch zusätzlich verlangt, dass dem Betroffenen ein Vermögensschaden entstanden ist, ist dem nicht zu folgen (dazu näher unter Rn 193).

Auch abgesehen von den Fällen des § 123 BGB kann der eine Teil den Vertrags- **137**
schluss pflichtwidrig herbeiführen. Denn die aus § 241 Abs 2 BGB abzuleitenden Rücksichtnahmepflichten greifen auch bei Vertragsverhandlungen. Sie verlangen ua die Beachtung des sog Gebots fairen Verhandelns (BAG 24. 2. 2022 – 6 AZR 333/21, NZA 2022, 779; BAG 7. 2. 2019 – 6 AZR 75/18, BAGE 165, 315). Dieses Gebot ist missachtet, wenn die Entscheidungsfreiheit des potenziellen Vertragspartners in zu missbilligender Weise beeinflusst wird (BAG 24. 2. 2022 – 6 AZR 333/21, NZA 2022, 779). Dies kann etwa bei einer Überrumpelung des anderen Vertragsteils, der Ausnutzung eines objektiv erkennbaren psychischen Ausnahmezustandes oder unzureichender Sprachkenntnisse, aber auch bei der bewussten Schaffung ablenkender Rahmenbedingungen der Fall sein (BAG 7. 2. 2019 – 6 AZR 75/18, BAGE 165, 315; LAG Rheinland-Pfalz 12. 5. 2021 – 7 Sa 377/20; ArbG Gießen 9. 9. 2021 – 4 Ca 135/21; Plum MDR 2020, 69, 71; Tiedemann, Das sog Gebot fairen Verhandelns, ArbRB 2020, 61, 63). Nicht „unfair" ist hingegen, dass dem Gegenüber ein Angebot nur zur sofortigen Annahme unterbreitet wird (BAG 24. 2. 2022 – 6 AZR 333/21, NJW 2022, 1970). Dies entspricht vielmehr bei Anwesenden der gesetzlichen Regel (§ 147 Abs 1 BGB) und ist schon deshalb in keiner Weise missbilligenswert. Soweit es freilich um die Verhandlung über die Aufhebung eines Dauerschuldverhältnisses geht, leitet sich die Pflicht zum Gebot fairen Verhandelns als Nebenpflicht unmittelbar aus dem bestehenden Schuldverhältnis ab. Eines Rückgriffs auf § 311 Abs 2 Nr 1 BGB (Aufnahme von Vertragsverhandlungen zum Aufhebungsvertrag) bedarf es hierfür nicht (**aA** BAG 24. 2. 2022 – 6 AZR 333/21, NZA 2022, 779; BAG 7. 2. 2019 – 6 AZR 75/18, BAGE 165, 315).

Des Weiteren kann die Pflichtwidrigkeit auf der Verletzung von Aufklärungspflich- **138**
ten oder darauf gründen, dass ein Teil bei den Vertragsverhandlungen **fahrlässig falsche Angaben** macht. Etwa führt derjenige den Abschluss eines Bürgschaftsvertrages schuldhaft herbei, der als Gläubiger der zu sichernden Forderung den Bürgen durch ein unrichtiges Vertragsformular über die Rechtsnatur der Forderung und damit über den Umfang des Bürgschaftsrisikos getäuscht hat (BGH 28. 2. 1968 – VIII ZR 210/65, NJW 1968, 986, 987; vgl auch BGH Betrieb 1974, 2200). Auch der Verkäufer, der gegenüber dem Kaufinteressenten einer Eigentumswohnung angibt, der Kauf sei ohne jede finanzielle Belastung, da die Kosten durch Mieteinnahmen und Steuervorteile gedeckt würden, führt schuldhaft den Vertragsschluss herbei, wenn diese Angabe unzutreffend ist (BGH 26. 9. 1997 – V ZR 29/96, NJW 1998, 302). Gleiches gilt, wenn ein Handelsvertreter durch unrichtige Angaben über den zu erwartenden

Kundenstamm (OLG Nürnberg 9. 2. 1956 – 3 U 143/55, BB 1956, 352; SCHIPPER NJW 2007, 734) oder ein Franchisenehmer durch unrealistische, nicht fundierte oder lediglich geschätzte Umsatzangaben (OLG Hamburg 5. 9. 2014 – 4 U 10/14; OLG Dresden 18. 8. 2016 – 10 U 1137/15, ZVertriebsR 2016, 320; s zu den Aufklärungspflichten des Franchisegeber RAFSENDJANI, Vorvertragliche Aufklärungspflichten für das Franchising: Materielle Vorgaben und deren prozessuale Bedeutung, DB 2015, 2007, 2009) zum Vertragsschluss bewogen wird.

139 Auch wenn der Verkäufer eines Hausgrundstücks verschweigt, dass sich das Grundstück nicht bis an die vorhandene Grundstückseinfriedung erstreckt, kann darin das schuldhafte Herbeiführen des Vertragsschlusses liegen (BGH 11. 11. 2011 – V ZR 224/10, NJW 2012, 846, OLG Brandenburg 19. 5. 2016 – 5 U 130/14). Ebenso ist der Fall zu beurteilen, wenn ein Geothermie-Bohrungen betreibendes Unternehmen im Zuge der Verhandlungen über einen Gestattungsvertrag unrichtige Angaben über erfolgte geologische Voruntersuchungen macht und bei den Bohrungen infolge der geologischen Beschaffenheit Schäden am Gebäude des Grundstückseigentümers auftreten (BGH 24. 3. 1977 – III ZR 198/74, WM 1977, 756, 758 für unrichtige Angaben über erfolgte geologische Untersuchungen bei einem Vertrag über die Gestattung von Sickerbrunnen). Wählt ein Gebrauchtwagenhändler eine ungewöhnliche und undurchschaubare Vertragsgestaltung, welche die Gewährleistungsrechte des Käufers im krassen Widerspruch zu der Ankündigung in der Werbung weitgehend ausschließt, liegt darin ein schuldhaftes Herbeiführen des Vertragsschlusses (KG Berlin 24. 11. 2008 – 2 U 113/06, DAR 2009, 269).

140 Ebenfalls als pflichtwidriges Herbeiführen des Vertragsschlusses sind die Fälle anzusehen, in denen nach heimlichen Schmiergeldzahlungen des Vertragspartners an den bestochenen Verhandlungsvertreter der Vertrag geschlossen wird (BGH 16. 1. 2001 – XI ZR 113/00, NJW 2001, 1065).

141 Erkennt der Besteller eines Werkes, dass das Vertragsangebot des Werkunternehmers auf einem **Kalkulationsirrtum** beruht, so ist er verpflichtet, diesen darauf hinzuweisen und von der Annahme des Angebots abzusehen (BGH 11. 11. 2014 – X ZR 32/14, NJW 2015, 1513; BGH 7. 7. 1998 – X ZR 17/97, BGHZ 139, 177; BGH 4. 10. 1979 – VII ZR 11/79, NJW 1980, 180; OLG Köln 6. 7. 1994 – 11 U 57/94, BauR 1995, 98, 99; SCHWARZE ZfPW 2016, 335, 341 ff). Dies gilt unabhängig davon, wie weit die wirtschaftlichen Folgen der fehlerhaften Kalkulation reichen (SCHWARZE ZfPW 2016, 335, 347; **aA** BGH 11. 11. 2014 – X ZR 32/14, NJW 2015, 1513; OLG Brandenburg 25. 11. 2015 – 4 U 7/14, BauR 2016, 836; OLG Düsseldorf 9. 2. 2016 – I-21 U 100/15 ua). Auch wenn der Besteller berechtigte Zweifel an der Richtigkeit der Kalkulation hat, trifft ihn diese Pflicht (SCHWARZE ZfPW 2016, 335, 341). Allein die Tatsache, dass sich ihm solche Zweifel hätten aufdrängen müssen, genügt aber nicht. Aufklärungspflichten reichen nur so weit, wie der Angebotsempfänger über eine bessere Kenntnis als der andere Vertragsteil verfügt. Fehlt es an einem konkreten überlegenen Wissen, scheidet die Pflicht zur Aufklärung deshalb aus (s zum Erfordernis des Informationsgefälles STAUDINGER/OLZEN [2019] § 241 Rn 448 f). Jede andere Beurteilung widerspräche der in § 145 BGB und dem Anfechtungsrecht (§§ 119 ff BGB) zugrundliegenden Wertung, wonach die Motive für die Abgabe eines Angebots für dessen Bindungswirkung grundsätzlich irrelevant sind. Es obliegt allein dem Anbietenden, seinen Willen zur Abgabe eines Angebots aufgrund zutreffender Grundlagen zu bilden (s zum Prinzip der Selbstverantwortung im rechtsgeschäftlichen Verkehr STAUDINGER/SINGER [2021] § 119 Rn 5). Die in seiner Risikosphäre liegende

Willensbildung kann nicht auf dem Umweg allzu weit verstandener Wohlverhaltenspflichten anderen auferlegt werden. Bleibt dem Empfänger – gleich aus welchem Grunde – der Kalkulationsirrtum verborgen, so verletzt er durch die Annahme des Angebots deshalb keine vorvertraglichen Pflichten (BGH 4. 10. 1979 – VII ZR 11/79, NJW 1980, 180, das ebenfalls annimmt, dass ein bloßes Erkennenmüssen des Irrtums für eine Haftung aus § 280 Abs 1, § 311 Abs 2 BGB nicht ausreicht; offen gelassen BGH 7. 7. 1998 – X ZR 17/97, BGHZ 139, 177; weiter OLG Köln 6. 7. 1994 – 11 U 57/94, BauR 1995, 98, 99 und Schwarze ZfPW 2016, 335, 347, die eine Offensichtlichkeit des Fehlers ausreichen lassen wollen). Etwas anderes kann allenfalls dann angenommen werden, wenn sich der Empfänger einem evidenten Kalkulationsirrtum treuwidrig verschließt (OLG Düsseldorf 9. 2. 2016 – I-21 U 100/15 ua). Dann aber steht nicht die Verletzung von Aufklärungspflichten, sondern der ebenfalls aus § 241 Abs 2 BGB abzuleitenden Rechtspflicht zum redlichen Verhalten im Raum (s BGH 4. 10. 1979 – VII ZR 11/79, NJW 1980, 180; Staudinger/Olzen [2019] § 241 Rn 495). S zum Kalkulationsirrtum Staudinger/Singer (2021) § 119 Rn 51 ff.

Beweispflichtig für die fehlende Ursächlichkeit der Pflichtverletzung für den Ver- 142
tragsschluss ist der pflichtwidrig Handelnde (BGH 26. 9. 1997 – V ZR 29/96, NJW 1998, 302; BGH 28. 11. 1983 – II ZR 72/83; BGH 24. 3. 1977 – III ZR 198/74, WM 1977, 756).

dd) Fehler im Vergabeverfahren

Nach § 181 S 2 GWB bleiben bei Rechtsverstößen des Auftraggebers im Vergabe- 143
verfahren weiterreichende Ansprüche des Bieters auf Schadensersatz unberührt. Zu diesen gehören Ansprüche aus § 280 Abs 1 BGB. Verfahrensfehler, welche die Einleitung des Vergabeverfahrens als solche betreffen, hat der Auftraggeber regelmäßig zu vertreten mit der Folge, dass der Bieter Schadensersatz wegen nutzloser Aufwendungen auch dann verlangen kann, wenn er keine echte Chance auf den Zuschlag hatte (BGH 27. 11. 2007 – X ZR 18/07, VergabeR 2008, 219; BGH 3. 4. 2007 – X ZR 19/06, VergabeR 2007, 750). Dass der Bieter eigens auf die Rechtmäßigkeit des Vergabeverfahrens vertraut hat, ist für die Annahme der Pflichtverletzung nicht (mehr) erforderlich (BGH 9. 6. 2011 – X ZR 143/10, VergabeR 2011, 703). Nach Beginn des Vergabeverfahrens muss der Bieter über für ihn nicht erkennbare Umstände aufgeklärt werden, welche, wie die angekündigte Rüge von Verstößen gegen das Vergaberecht, die Erteilung des Zuschlags und damit eine erfolgreiche Teilnahme in Frage stellen können (BGH 27. 6. 2007 – X ZR 34/04, BGHZ 173, 33). Deshalb muss dem Bieter etwa auch der konkrete Inhalt von erst nach Abgabe des Angebots festgelegten Wertungsmaßstäben bekannt gegeben und die Möglichkeit zur Überarbeitung des Angebots gegeben werden (OLG Dresden 13. 8. 2013 – 16 W 439/13 ua, ZfBR 2014, 512).

Voraussetzung der Ersatzpflicht ist in solchen Fällen Kausalität zwischen der Pflicht- 144
verletzung und dem Schaden. Aufwendungen für das Ausschreibungsverfahren sind zu ersetzen, wenn anzunehmen ist, dass der Bieter von der Beteiligung an der Ausschreibung Abstand genommen hätte, wenn die Aufklärung erfolgt wäre (BGH 27. 6. 2007 – X ZR 34/04, BGHZ 173, 33; OLG Dresden 22. 1. 2008 – 20 U 821/07, OLGR Dresden 2008, 409; LG Magdeburg 2. 6. 2010 – 36 O 25/10 [007]). Dass er den Zuschlag erhalten hätte, ist nicht erforderlich (BGH 9. 6. 2011 – X ZR 143/10, VergabeR 2011, 703). Auch die Kosten eines Nachprüfungsverfahrens, das der Bieter mit Erfolg angestrengt hat, sind in diesen Fällen ersatzfähig (OLG Naumburg 28. 10. 2010 – 1 U 52/10 [HS], VergabeR 2011, 252).

145 Eine Ausschreibung begründet dagegen kein Vertrauen darauf, dass es auch tatsächlich zur Durchführung des ausgeschriebenen Vorhabens kommt (BGH 26. 3. 1981 – VII ZR 185/80, NJW 1981, 1673), wohl aber darauf, dass sie nicht ohne Vorliegen eines der in § 17 VOB/A genannten Gründe aufgehoben wird (BGH 8. 9. 1998 – X ZR 48/97, BGHZ 139, 259, 262 ff). Der Schadensersatzanspruch ist in diesen Fällen regelmäßig auf das negative Interesse begrenzt. Der Ersatz des positiven Interesses ist nur dann denkbar, wenn dem Übergangenen bei ordnungsgemäßem Ablauf des Vergabeverfahrens der Zuschlag hätte erteilt werden müssen und der ausgeschriebene oder ein diesem wirtschaftlich gleichzusetzender Auftrag an einen Dritten vergeben wurde (BGH 3. 7. 2020 – VII ZR 144/19, MDR 2020, 1054; BGH 8. 12. 2020 – XIII ZR 19/19, BGHZ 228, 15). S allgemein zum Schadensumfang Rn 186 ff.

146 In „Bieterverfahren“ außerhalb des Anwendungsbereiches des §§ 97 ff GWB kann ein Verschulden bei Vertragsschluss nicht aus den allgemeinen Vergabevorschriften abgleitet werden. Vielmehr gelten nur die allgemeinen Rücksichtnahmepflichten (BGH 22. 2. 2008 – V ZR 56/07, VergabeR 2008, 649).

147 Nicht nur für den öffentlichen Auftraggeber, sondern auch für den Bieter resultieren aus dem vorvertraglichen Schuldverhältnis Aufklärungspflichten. Erkennt der Bieter etwa während der Ausarbeitung seines Angebots Fehler in der Leistungsbeschreibung, so muss er hierüber den öffentlichen Auftraggeber informieren und ihm auf diese Weise Gelegenheit zur Korrektur geben (OLG Düsseldorf 3. 6. 2015 – VII-Verg 3/15).

2. Ausprägungen der Rücksichtnahmepflichten

a) Fürsorge-, Rücksichtnahme- und Schutzpflichten

148 Mit dem Verweis auf § 241 Abs 2 BGB knüpft § 311 Abs 2 BGB in erster Linie an die Vielzahl von Fürsorge-, Rücksichtnahme- und Schutzpflichten an, wie sie von der Rechtsprechung als Nebenpflichten des eigentlichen Schuldverhältnisses entwickelt worden sind. Das Rücksichtnahmeschuldverhältnis nach § 311 Abs 2 BGB soll potenzielle Vertragsparteien in gleicher Weise zur Rücksichtnahme verpflichten, wie das nach Vertragsschluss für Vertragsparteien gilt. Es ist vorrangig darauf gerichtet, die an ihm beteiligten Personen vor Schäden an ihren Rechtsgütern zu schützen (vgl Staudinger/Olzen [2019] § 241 Rn 156, 161, der von Bewahrung der gegenwärtigen Güterlage spricht).

149 Art und Umfang der Schutzpflichten richten sich sachlich nach den verschiedenen Vertragsverhältnissen, auf die sich die Vertragsverhandlungen, die Vertragsanbahnung oder der geschäftliche Kontakt beziehen. Sie sind deshalb im Zuge der Kommentierung der einzelnen Schuldverhältnisse dargestellt. Verwiesen wird für den Kaufvertrag auf Staudinger/Beckmann (2023) § 433 Rn 142 ff, für den Werkvertrag auf Staudinger/Peters (2019) § 631 Rn 49 ff, 59, 63 ff und für den Mietvertrag auf Staudinger/Emmerich (2021) Vorbem 84 ff zu § 535. S im Übrigen die ausführlichen Erl bei Staudinger/Olzen (2019) § 241 Rn 388 ff.

150 Auch unabhängig vom jeweiligen Vertragstyp bestehende Rücksichtnahmepflichten sind denkbar. So trifft den Verwender von AGB die Pflicht, keine unwirksamen Klauseln zu verwenden. Unterlässt es bei einem finanzierten Werkvertrag der Be-

steller, einen Überweisungsauftrag der Bank zu widerrufen, weil der Widerruf im Vertrag unwirksam ausgeschlossen war, kann er von der Bank Ersatz des Schadens verlangen, der ihm dadurch entstanden ist, dass er sich beim Werkunternehmer nicht schadlos halten kann (BGH 28. 5. 1984 – III ZR 63/83, NJW 1984, 2816; s weiter BGH 8. 10. 1987 – VII ZR 358/86, NJW 1988, 197). Allerdings kommt ein Ersatz aus Verschulden bei Vertragsschluss nur in Betracht, wenn der Schaden innerhalb des Schutzzwecks der die Unwirksamkeit begründenden Norm liegt (BGH 11. 6. 2010 – V ZR 85/09, WM 2010, 1514 für § 308 Nr 1).

b) Vorvertragliche Informations- und Aufklärungspflichten

Zu den sich aus § 311 Abs 2 BGB iVm § 241 Abs 2 BGB ergebenden Rücksicht- **151**
nahmepflichten gehören auch vorvertragliche Informations- und Aufklärungspflichten. Die in Vertragsverhandlungen oder jedenfalls in einem geschäftlichen Kontakt stehenden Beteiligten sind verpflichtet, den anderen Teil über Umstände zu informieren, die für diesen für den Abschluss und den Inhalt des in Aussicht genommenen Vertrages und die damit verbundenen Folgen wesentlich sein können und ihm bislang erkennbar verborgen blieben. Ferner ist Voraussetzung für das Eingreifen der Informationspflicht, dass zu Lasten der anderen Partei ein Informationsgefälle besteht; denn grundsätzlich ist dieser für sein rechtsgeschäftliches Handeln selbst verantwortlich und muss sich deshalb selbst darum bemühen, die für seinen Willensentschluss relevanten Informationen zu beschaffen (OLG Koblenz 8. 2. 2021 – 12 U 695/19, MDR 2021, 674; OLG Düsseldorf 17. 12. 2019 – I-24 U 21/19, Grundeigentum 2020, 193; Staudinger/Olzen [2019] § 241 Rn 148). Eine allgemeine Rechtspflicht, den anderen Teil über alle Umstände aufzuklären, die für seine Willensentschließung von Bedeutung sein können, gibt es nicht. Umfang und Intensität solcher Aufklärungspflichten variieren vielmehr. Sie hängen einmal von den *Vertragstypen* ab, für die die Rechtsprechung Standards entwickelt hat. Zum anderen kommt es auf die *konkrete Verhandlungssituation* an, insbesondere auf die persönlichen Umstände der Verhandlungspartner.

Aufklärungspflichten bestehen insbesondere vor Abschluss von **Kaufverträgen**: Beim **152**
Verkauf eines Bausatzes für die Selbstmontage einer Solarheizung muss darauf hingewiesen werden, dass nach der Montageanleitung Fachkenntnisse entsprechend einer abgeschlossenen Berufsausbildung notwendig sind (BGH 13. 6. 2007 – VIII ZR 236/06, NJW 2007, 3057). Der Verkäufer eines Wohnungseigentums nebst Sondernutzungsrecht an dem über der Wohnung befindlichen Dachraum muss darüber informieren, dass der bislang zu Wohnzwecken genutzte Dachraum nach der Teilungserklärung der WEG als Dachboden ausgewiesen ist und deshalb innerhalb der WEG der dahingehende Rückbau diskutiert wird (KG Berlin 17. 12. 2015 – 22 U 272/13, Grundeigentum 2016, 398). Der Verkäufer eines Grundstücks muss den Käufer über Umstände informieren, welche die Grundstücksnutzung behindern können. Solche Umstände sind zB das Vorhandensein großer Erdtanks im Boden (OLG Nürnberg 2. 2. 2005 – 6 U 3751/03, OLGR Nürnberg 2006, 85) und im Falle des Verkaufs eines Gastbetriebes der bisherige Betrieb als Stundenhotel (BGH 3. 7. 1992 – V ZR 97/91, NJW 1992, 2564). Bei Verkaufsverhandlungen über einen Seglerhafen muss der Verkäufer offenbaren, dass ein Teil der Liegeplätze ohne behördliche Genehmigung angelegt wurde (BGH 8. 12. 1989 – V ZR 259/87, NJW 1990, 1661, 1662). Ein Bauträger muss den Käufer eines noch zu erstellenden Einfamilienhauses auf die Notwendigkeit einer Baugenehmigung für Sonderwünsche hinweisen (BGH 11. 7. 2002 – VII ZR 437/01, ZfIR 2002, 975).

Preist ein Immobilienverkäufer einen „möglichen“ Dachgeschossausbau nach entsprechender Genehmigung im Exposé an, verschweigt er aber, das die zuständige Genehmigungsbehörde diesbezüglich bereits eine ablehnende Haltung eingenommen hat, so verstößt er gegen seine vorvertragliche Aufklärungspflicht (BGH 12. 10. 2017 – V ZR 17/17, NZM 2018, 294). Ein Baubetreuungsunternehmen ist verpflichtet, den Kunden offenzulegen, dass es nicht im Sinne des Wohnungsbaurechtes zugelassen ist (OLG Düsseldorf 3. 3. 1972 – 22 U 19/72, MDR 1972, 688; zur Aufklärungspflicht des Maklers hinsichtlich des Fertigstellungstermins eines Einfamilienhauses vgl OLG Köln 20. 1. 1972 – 10 U 83/71, NJW 1972, 1813). Auch aus dem Verhalten eines Nachbarn kann sich eine Aufklärungspflicht für den Verkäufer eines Hausgrundstücks ergeben, wenn dieses geeignet ist, den Nutzungswert erheblich zu beeinträchtigen. Der Fall ist dies bei schikanösem Nachbarverhalten (BGH 22. 2. 1991 – V ZR 299/89, NJW 1991, 1673; OLG Frankfurt 20. 10. 2004 – 4 U 84/01, DWW 2005, 431). Nachbarschaftsstreitigkeiten, bei denen die Grenze der Schikane nicht erreicht wird (OLG München 26. 3. 2012 – 18 U 3956/11, ZMR 2012, 665) oder die erkennbar auf persönlichen Diskrepanzen gründen und deshalb erwartungsgemäß bei einem Eigentümerwechsel sich nicht fortsetzen (OLG Koblenz 8. 2. 2021 – 12 U 695/19, MDR 2021, 674), lösen hingegen keine Aufklärungsplicht aus. Erscheint dem Käufer dieser Aspekt gleichwohl wichtig, steht es ihm frei, sich beim Verkäufer über etwaige nachbarrechtliche Streitigkeiten zu erkunden. Stellt der Käufer entsprechende Fragen und verweigert der Verkäufer nicht deren Beantwortung, so muss er wahrheitsgemäße Angaben treffen (OLG Koblenz 8. 2. 2021 – 12 U 695/19, MDR 2021, 674).

153 Keine Aufklärungspflichten bestehen, soweit die für den Kaufinteressenten maßgeblichen Umstände öffentlich zugänglich sind oder dieser sich die für relevanten Informationen ohne weiteres beschaffen kann. Eine von der Kommune geplante emissionsträchtige Nutzung auf dem Nachbargrundstück muss der Verkäufer deshalb nicht ungefragt offenlegen, wenn diese Information öffentlich zugänglich ist und die geplante Nutzung der Kaufsache nicht hindert (OLG Düsseldorf 21. 1. 2020 – I-21 U 46/19, MDR 2020, 556).

154 Will der Käufer den Kaufpreis, den er bereit ist für eine gebrauchte Sache zu zahlen, vom ursprünglichen Anschaffungspreis und Alter der Sache abhängig machen und macht der Verkäufer hierüber Angaben, so müssen diese wahrheitsgemäß erfolgen (OLG München 9. 10. 2019 – 20 U 556719, MittBayNot 2020, 333 für den Anschaffungspreis einer Küche, der vom Listenpreis abwich). Dagegen muss der Verkäufer einen erfahrenen Käufer nicht auf Zweifel an dessen Kalkulation hinweisen, sofern er die Unrichtigkeit nicht positiv kennt (BGH 26. 4. 1972 – VIII ZR 32/71, WM 1972, 854, 855 f). Erkennt er hingegen, dass der Käufer sein Angebot auf Grundlage falscher Vorstellungen abgibt, so muss der Verkäufer ihn über die Umstände aufklären, die für die Preiskalkulation wesentlich sind (BGH 1. 2. 2013 – V ZR 72/11, NJW 2013, 1807; BGH 26. 1. 1996 – V ZR 42/94, NJW-RR 1996, 690). Dies kann etwa dann der Fall sein, wenn der Kaufpreis auf Grundlage der Mieterträge ermittelt wird und eine erhebliche Diskrepanz zwischen der vereinbarten Miete und der rechtlich zulässigen oder von den Kostenträgern bei einem Pflegeheim als erstattungsfähig anerkannten Mietzinshöhe besteht (BGH 1. 2. 2013 – V ZR 72/11, NJW 2013, 1807; BGH 26. 1. 1996 – V ZR 42/94, NJW-RR 1996, 690). Der Verkäufer einer Gewerbeeinheit ist aber grundsätzlich nicht verpflichtet, dem Käufer ungefragt Angaben zu etwaigen negativen persönlichen und wirtschaftlichen Verhältnissen des Mieters des Objekts zu machen; zur Aufklärung ist er nur verpflichtet, wenn er zuvor durch irreführende Angaben den falschen Eindruck erweckt hat, die Immobilie sei an jemanden vermietet, dessen Bonität bei Vertragsschluss außer Zweifel steht (BGH 31. 1. 2003 – V ZR 389/01, NJW-RR 2003, 700). Eine Wohnungsbaugesellschaft muss den Käufer einer Eigentumswohnung über die monatliche Dauerbelastung informieren (BGH 27. 2. 1974 – V ZR 85/72, NJW 1974, 849, 851); nicht aber muss sie den Käufer ungefragt im Hinblick auf seine monatlichen Belastungen umfassend beraten (BGH 6. 4. 2001 – V ZR 402/99, NJW 2001, 2021). Informiert eine Immobilienfirma einen Kaufinteressenten über die Steuervorteile, die mit dem Erwerb einer bestimmten Immobilie verbunden sind, braucht sie nicht ungefragt auf die steuerlichen Aspekte ganz anderer Anlageobjekte hinzuweisen, selbst wenn diese weitergehende Steuerersparnismöglichkeiten bieten (OLG München 8. 5. 1996 – 15 U 5013/95, OLGR München 1996, 221).

Der **Verkäufer eines Fahrzeuges** muss darauf hinweisen, dass er dieses von einem 155
Dritten erworben hat, der nicht in der Zulassungsbescheinigung steht. Dabei kommt es nicht darauf an, ob es sich hierbei um einen „fliegenden Zwischenhändler" (OLG Brandenburg 12. 1. 2011 – 7 U 158/09, VRR 2011, 162), um einen „gewöhnlichen" Kfz-Händler (LG Dessau-Roßlau 24. 2. 2012 – 2 O 126/09) oder eine Privatperson handelt. Ist dem Verkäufer eines Oldtimers bekannt, dass im Zuge der Restaurierung der Tachostand zurückgesetzt wurde, so muss er den Käufer über die Abweichung von Tacholeistung und tatsächlicher Laufleistung aufklären (OLG München 14. 12. 2016 – 20 U 1458/16). Lassen sich wesentliche Wartungserfordernisse aus dem Benutzerhandbuch entnehmen, so muss der Verkäufer den Käufer hierauf regelmäßig nicht gesondert hinweisen (OLG Hamm 14. 11. 2013 – 28 U 33/13 zu notwendigen Freibrennfahrten bei Dieselpartikelfiltern). Fehlen solche Hinweise, so besteht jedoch eine entsprechende Aufklärungspflicht, wenn ohne Durchführung der Wartung Schäden am Fahrzeug oder einzelner Bauteile drohen (LG Düsseldorf 9. 5. 2016 – 23 O 195/15 für die Notwendigkeit von Freibrennfahrten zur Reinigung des Partikelfilters bei einem Dieselfahrzeug).

Beim **Unternehmenskauf** muss über alle Umstände aufgeklärt werden, die für die 156
Ertragskraft relevant sind (Hübner, Schadensersatz wegen Täuschung beim Unternehmenskauf, BB 2010, 1483). Bei Verhandlungen über den Kauf eines Unternehmens oder von GmbH-Geschäftsanteilen trifft den Verkäufer im Hinblick auf die wirtschaftliche Tragweite des Geschäfts und die regelmäßig erschwerte Bewertung des Kaufobjekts durch den Kaufinteressenten diesem gegenüber eine gesteigerte Aufklärungs- und Sorgfaltspflicht (BGH 4. 4. 2001 – VIII ZR 32/00, NJW 2001, 2163).

Allerdings scheitern beim Kaufvertrag Ansprüche aus Verschulden bei Vertrags- 157
schluss, soweit es sich um die Verletzung von Aufklärungspflichten über bestehende Sach- und Rechtsmängel handelt, regelmäßig an der Sperrwirkung des Gewährleistungsrecht der §§ 434 ff BGB (BGH 27. 3. 2009 – V ZR 30/08, BGHZ 180, 205). Anwendbar bleibt § 311 Abs 2 BGB in diesen Fällen nur bei Arglist des Verkäufers (BGH 27. 3. 2009 – V ZR 30/08, BGHZ 180, 205; BGH 26. 1. 1996 – V ZR 42/94, NJW-RR 1996, 690; OLG Düsseldorf 21. 1. 2020 – I-21 U 46/19, MDR 2020, 556; OLG Brandenburg 7. 9. 2016 – 4 U 171/10; OLG München 9. 11. 2011 – 20 U 3106/11; vgl auch BGH 19. 2. 2016 – V ZR 216/14, NJW 2016, 2315). Unabhängig davon bleiben Ansprüche wegen Verletzung von Aufklärungspflichten, die nicht mit der Beschaffenheit der Sache zu tun haben. Dies trifft etwa bei der mangelnden Aufklärung über den Ertrag beim Unternehmenskauf zu

(Rn 156). S im Einzelnen hierzu STAUDINGER/MATUSCHE-BECKMANN (2023) § 437 Rn 50 ff.

158 Bei Abschluss eines **Mietvertrages** für ein Gastspiel kann die Pflicht bestehen, über eine für den gleichen Termin geplante Festaufführung aufzuklären (vgl BGH 28. 10. 1970 – VIII ZR 91/69, VersR 1971, 155, 156). Bietet ein Mietwagenunternehmer dem Unfallgeschädigten einen besonderen für Unfallersatzfahrzeuge entwickelten Tarif an, der über dem Normaltarif auf dem örtlich relevanten Markt liegt, und besteht daher die Gefahr, dass die Haftpflichtversicherung des Schädigers nicht den vollen Tarif erstattet, so muss er den Mieter darüber aufklären (BGH 25. 3. 2009 – XII ZR 117/07, NJW-RR 2009, 1101, st Rspr seit BGH 28. 6. 2006 – XII ZR 50/04, BGHZ 168, 168). Der Verpächter einer Gaststätte muss über die erzielbaren Umsätze zutreffend informieren; maßgeblich ist dabei das branchenübliche Verständnis (BGH 16. 4. 1997 – XII ZR 103/95, NJWE-MietR 1997, 150). Eine Jagdgenossenschaft muss den an der Jagdpacht Interessierten über geplante Windkraftanlagen auf dem Gebiet der Jagdpacht informieren (LG Neuruppin 8. 4. 2008 – 2 O 286/07, GuT 2008, 327). Sog Automatenaufsteller müssen ihre Kunden über das Risiko dieses Geschäftes belehren (OLG Hamm 25. 7. 1962 – 5 U 24/62, MDR 1963, 48, 49; OLG Hamm 14. 11. 1972 – 4 U 186/72, BB 1973, 1510; OLG Frankfurt 5. 3. 1963 – 5 U 232/62, NJW 1964, 256, 257). Zum Verhältnis von § 311 Abs 2 BGB zur Mängelhaftung nach §§ 536 ff BGB STAUDINGER/EMMERICH (2021) Vorbem 85 zu § 535.

159 Ein **Arzt** hat einen potenziellen Patienten über die wahre Situation und die realistischen Chancen der ins Auge gefassten Therapie aufzuklären (OLG Hamm 14. 3. 2001 – 3 U 197/00, NJW 2002, 307). Den Arzt trifft auch die Pflicht, den wegen Betriebsunfalls behandelten Patienten darüber aufzuklären, dass dieser Ansprüche auf Kostenersatz gegen die Berufsgenossenschaft hat und den Unfall der Berufsgenossenschaft deshalb melden muss; er darf ihn nicht ohne diese Information einfach als Privatpatienten behandeln.

160 Ein **Tätowierer** hat seinen Kunden über die allgemeinen, mit der Tätowierung verbundenen gesundheitlichen Risiken aufzuklären. Auch muss er darauf hinweisen, dass das gewählte Motiv an der vorgesehenen Körperstelle aller Voraussicht nach nicht in der vom Kunden gewünschten Weise umsetzbar sein oder sich im Nachgang optisch deutlich verändern wird (LG Osnabrück 18. 3. 2022 – 7 O 2619/21). Bringt ein **Besteller** zum Ausdruck, dass Voraussetzung für den Abschluss eines Werkvertrages möglichst verlässliche Informationen über die entstehenden Kosten sind, muss ihm der Unternehmer alle hierfür relevanten und ihm bekannten Umstände offenlegen (BGH 14. 9. 2017 – VII ZR 307/16, NJW 2017, 3586).

161 Umfassende Aufklärungspflichten treffen **Rechtsanwälte**. So muss ein Anwalt, wenn sich die zu erhebenden Gebühren nach dem Gegenstandswert richten, den Mandanten vor Übernahme des Mandats gem § 49b Abs 5 BRAO hierauf hinweisen. Unterlässt er den Hinweis, liegt darin ein Verschulden bei Vertragsschluss (BGH 24. 5. 2007 – IX ZR 89/06, VersR 2007, 1377; vgl auch BGH 3. 11. 2011 – IX ZR 49/09). Eine Ersatzpflicht entsteht dabei aber nur, wenn der Mandant bei erfolgtem Hinweis von der Beauftragung Abstand genommen hätte. Dafür ist der Mandant beweispflichtig (BGH 24. 5. 2007 – IX ZR 89/06, VersR 2007, 1377). Die Annahme, dafür genüge in Anwendung von § 287 Abs 1 ZPO die überwiegende Wahrscheinlichkeit, dass der

Mandant einen anderen Anwalt gefunden hätte, der mit ihm eine – billigere – Stundenhonorarvereinbarung getroffen hätte (OLG Hamm 16. 6. 2009 – 28 U 1/09, AnwBl 2010, 143), geht daran vorbei, dass für die tatsächlichen Grundlagen der Schadensschätzung der Kläger stets die volle Beweislast trägt (BGH 17. 4. 1997 – X ZR 2/96, NJW-RR 1998, 331). Auch ist ein Anwalt gehalten, bei anspruchsberechtigten Mandanten auf die Möglichkeit, Prozesskostenhilfe zu beantragen, hinzuweisen (vgl BGH 15. 10. 2010 – IX ZR 227/09, NJW 2011, 229). Ein zum Pflichtverteidiger bestellter Anwalt muss nicht nur darüber aufklären, dass bei Abschluss der dem Beschuldigten vorgelegten Honorarvereinbarung die Zahlungspflicht die gesetzlichen Gebühren übersteigt und die Staatskasse im Fall der Kostenerstattung nicht mehr als die gesetzlichen Gebühren erstatten wird, sondern auch darüber, dass er auch ohne den Abschluss der Honorarvereinbarung nach §§ 48 Abs 1, 49 BRAO zur Verteidigung verpflichtet ist (BGH 13. 12. 2018 – IX ZR 216/17, NJW 2019, 676).

Nach denselben Grundsätzen muss ein **Gutachter**, der nach Verkehrsunfällen Scha- **162**
densgutachten über Kraftfahrzeuge zur Einreichung bei der gegnerischen Haftpflichtversicherung erstellt, im Zuge der Vertragsanbahnung darauf hinweisen, dass sein Honorar deutlich über dem ortsüblichen Honorar liegt und deshalb das Risiko besteht, dass dieses von der gegnerischen Haftpflichtversicherung nicht in vollem Umfang erstattet wird (BGH 1. 6. 2017 – VII ZR 95/16, BGHZ 215, 306).

Eine **Fluggesellschaft**, die weiß, dass sie Schwierigkeiten haben wird, bei voller **163**
Auslastung das Gepäck der Passagiere zeitgleich mit diesen zu befördern, mit der Folge, dass diese möglicherweise mehrere Tage ohne ihr Gepäck am Zielort auskommen müssen, muss beim Buchungsvorgang auf dieses Risiko hinweisen (OLG Celle 20. 10. 2022 – 11 U 9/22).

Übernimmt jemand eine **Bürgschaft**, nachdem er es abgelehnt hat, zur Absicherung **164**
der Forderung eine Grundschuld an seinem Grundstück als seinem einzigen nennenswerten Vermögensgegenstand zu bestellen, so ist der Gläubiger, wenn für ihn erkennbar der Bürge nicht weiß, dass die Bürgschaft im wirtschaftlichen Ergebnis den Zugriff auf das Grundstück ebenso ermöglicht wie eine dingliche Belastung, verpflichtet, ihn hierauf hinzuweisen (BGH 1. 7. 1999 – IX ZR 161/98, NJW 1999, 2814). Gleiches gilt, wenn eine Behörde denjenigen, der eine **Sicherheit** für etwaige Beihilferückforderungsansprüche stellen soll, nicht auf die Gefahr hinweist, dass die Zuwendung alsbald wieder zurückgefordert werden wird (BGH 6. 11. 2008 – III ZR 279/07, BGHZ 178, 243).

Eine **Gemeinde** muss bei Abschluss von privatrechtlichen Verträgen auf etwaige **165**
planungsrechtliche Probleme hinweisen (BGH 22. 10. 1981 – III ZR 37/80, NVwZ 1982, 145) und offenlegen, wenn in einem Flächennutzungsplan Bestimmungen über das Erbbaugrundstück getroffen werden, die den Vertragszweck gefährden (BGH 9. 7. 1976 – V ZR 221/74, JZ 1976, 647). Sie muss die Bieter bei Ausschreibungen informieren, wenn die Erstellung der ausgeschriebenen Baumaßnahme aus finanziellen Gründen nicht innerhalb der Zuschlagsfrist vorgenommen werden kann (OLG Düsseldorf 27. 1. 1976 – 24 U 35/75, NJW 1977, 1064). Auch auf ein aufsichtsbehördliches Zustimmungs- oder Genehmigungserfordernis muss hingewiesen werden (BGH 6. 6. 2000 – XI ZR 235/99, WM 2000, 1840). Kauft eine Gemeinde zur Errichtung eines Rückhaltebeckens ein Grundstück, das bis dahin landwirtschaftlich genutzt wurde, ohne den Verkäufer

darauf hinzuweisen, dass der bestehende Flächennutzungsplan geändert und ein großer Teil der Fläche Bauland werden soll, liegt darin eine Pflichtverletzung, aus der dem Verkäufer unter dem Gesichtspunkt des Verschuldens bei Vertragsverhandlungen ein Anspruch auf Rückübereignung der nicht für das Rückhaltebecken benötigten Fläche zusteht (BGH 25. 7. 2003 – V ZR 124/02, ZfIR 2003, 783).

166 Besondere Aufklärungspflichten bestehen auch bei **Geldanlagegeschäften**. So müssen etwa Anleger vor einer Beteiligung an einer Fondsgesellschaft über die mit der Beteiligungsform verbundenen Nachteile und Risiken zutreffend, verständlich und vollständig aufgeklärt werden (BGH 4. 7. 2017 – II ZR 358/16, ZIP 2017, 1664; BGH 8. 1. 2019 – II ZR 139/17, DB 2019, 600; s aber zum Vorrang der spezialgesetzlichen Prospekthaftung in diesen Fällen Rn 222 ff). Auch Vermittler von *Warentermindirektgeschäften* haben ihre Kunden über die wesentlichen Grundlagen solcher Geschäfte, die wirtschaftlichen Zusammenhänge, die damit verbundenen Risiken und eine etwaige Verminderung der Gewinnchancen durch die höher als üblich liegende Provision ungefragt aufzuklären (BGH 17. 3. 1992 – XI ZR 204/91, NJW 1992, 1879, 1880; vgl auch BGH 11. 7. 1988 – II ZR 355/87, BGHZ 105, 108). Ein bestimmte Form muss die Aufklärung nicht wahren (vgl BGH 8. 1. 2019 – II ZR 139/17, DB 2019, 600 für Beteiligung an einer Fondsgesellschaft; BGH 12. 3. 2002 – XI ZR 258/01, BGHZ 150, 164 für Geschäfte mit Aktienanleihen). Der Aufklärungspflicht kann insbesondere durch die Aushändigung eine Anlageprospekts Genüge getan werden, das nach Form und Inhalt geeignet ist, die nötigen Informationen wahrheitsgemäß und verständlich zu vermitteln (BGH 3. 11. 2015 – II ZR 270/14, WM 2016, 72; BGH 17. 9. 2015 – III ZR 384/14; BGH 23. 6. 2016 – III ZR 308/15, WM 2016, 1333; OLG Brandenburg 5. 12. 2018 – 7 U 46/17). Sie kann aber auch mündlich erfolgen (BGH 8. 1. 2019 – II ZR 139/17, DB 2019, 600; **aA** aber BGH 11. 7. 1988 – II ZR 355/87, BGHZ 105, 108, wonach sie grds schriftlich erfolgen müsse). Der Vermittler von *Penny Stocks* muss den Geldanleger über die besonderen Risiken dieser Form der Geldanlage informieren (BGH 22. 1. 1991 – XI ZR 151/89, NJW 1991, 1108). Den Vermittler von geschlossenen Fonds trifft eine Aufklärungspflicht über hohe Innenprovisionen (BGH 12. 2. 2004 – III ZR 355/02, EWiR 2004, 543) und verdeckte Rückvergütungen an ihn (OLG Hamm 24. 5. 2011 – 34 U 83/10). Bei *Optionsgeschäften* ist schriftlich über die wesentlichen Grundlagen, die wirtschaftlichen Zusammenhänge und die besonderen Risiken einschließlich etwaiger Prämienaufschläge aufzuklären (BGH 11. 7. 1988 – II ZR 355/87, BGHZ 105, 108, 110; BGH 27. 11. 1990 – XI ZR 115/89, NJW 1991, 1106; BGH 16. 11. 1993 – XI ZR 214/92, BGHZ 124, 151); bei börsenerfahrenen Kaufleuten genügt eine mündliche Aufklärung (BGH 25. 10. 1994 – XI ZR 43/94, NJW 1995, 321, 322). Auf der anderen Seite sind an die Aufklärung beim bankmäßigen Effektengeschäft nicht die gesteigerten Anforderungen wie bei Optionsgeschäften zu stellen, insbesondere genügt eine mündliche Aufklärung (BGH 19. 5. 1998 – XI ZR 286/97, NJW 1998, 2675). Eine *Bausparkasse* haftet für fahrlässig unrichtige Zuteilungsprognosen (BGH 23. 10. 1975 – III ZR 95/73, NJW 1976, 892, 893; BGH 13. 11. 1990 – XI ZR 268/89, NJW 1991, 694, 695). Im Emissionsprospekt eines geschlossenen Immobilienfonds müssen einem Gründungsgesellschafter gewährte Sondervorteile offengelegt werden (BGH 7. 4. 2003 – II ZR 160/02, NJW-RR 2003, 1054). Ist der Erfolg eines geschlossenen Immobilienfonds allein von nachhaltigen Miet- und Pachteinnahmen abhängig und wird mit einer Mietgarantie geworben, so muss in dem Prospekt über die Risikoverteilung bei leerstandsbedingten Nebenkosten zutreffend aufgeklärt werden (BGH 23. 10. 2012 – II ZR 45/11). S zum Vorrang der spezialgesetzlichen Prospekthaftung in diesen Fällen Rn 222 ff.

Auch bei **Kreditgeschäften** bestehen besondere Aufklärungspflichten. Etwa muss eine Bank, die einem Verbraucher unter der Bezeichnung „Idealkredit" einen *Kontokorrentkredit* mit variablem Zinssatz und festen Rückzahlungsmindestraten anbietet, den Kreditnehmer über die speziellen Nachteile und Risiken dieses Kredits aufklären (BGH 4. 12. 1990 – XI ZR 340/89, NJW 1991, 832, 834). Andererseits trifft den Kunden, wenn seine Vermögensverhältnisse unsicher sind, eine Pflicht, über seine *Kreditwürdigkeit* aufzuklären (BGH 5. 4. 1967 – VIII ZR 82/64, MDR 1967, 667; vgl aber auch BGH 25. 11. 1976 – II ZR 3/75, WM 1977, 638: grundsätzlich keine Pflicht der diskontierenden Bank, über die Vermögensverhältnisse der Wechselbeteiligten aufzuklären). 167

Finanziert eine Bank den Immobilienkauf eines Verbrauchers, muss sie den Darlehensnehmer auch über ein bestehendes Recht zum Widerruf nach § 312b BGB belehren. Unterlässt sie das, kann sie dem Darlehensnehmer nach § 311 Abs 2 BGB iVm § 241 Abs 2 BGB schadensersatzpflichtig werden. Voraussetzung ist ein Verschulden der finanzierenden Bank, ein Schaden bei dem Darlehensnehmer, der insbesondere im Minderwert der Immobilie bestehen kann, und die Schadensursächlichkeit des Belehrungsverstoßes (BGH 19. 9. 2006 – XI ZR 204/04, BGHZ 169, 109; BGH 6. 11. 2007 – XI ZR 322/03, NJW 2008, 644). Dazu gehört auch der Nachweis, dass der Verbraucher den Darlehensvertrag bei ordnungsgemäßer Belehrung tatsächlich widerrufen und die Anlage nicht getätigt hätte (BGH 6. 11. 2007 – XI ZR 322/03, NJW 2008, 644; BGH 19. 9. 2006 – XI ZR 204/04, BGHZ 169, 109). Der Auffassung des OLG Bremen, welches der Rechtsprechung des EuGH (EuGH 25. 10. 2005 – C-229/04 [Crailsheimer Volksbank eG], ZGS 2005, 474 und EuGH 25. 10. 2005 – C-350/03 [Schulte], ZGS 2005, 470) entnommen hat, dass die unterbliebene Widerrufsbelehrung zu einer verschuldensunabhängigen Haftung führen müsse (OLG Bremen 2. 3. 2006 – 2 U 20/02, ZGS 2006, 187, 193; zustimmend Jungmann NJW 2007, 1562, 1566), ist nicht zu folgen. Dass die Anwendung der Richtlinie 2011/83/EU nach Auffassung des EuGH nicht davon abhängig ist, dass der Gewerbetreibende wusste oder hätte wissen müssen, dass der Vertrag in einer Haustürsituation abgeschlossen worden ist, heißt nicht, dass ein aus mangelnder Belehrung abgeleiteter Schadensersatzanspruch kein Verschulden voraussetzen darf. 168

Eine kreditgebende Bank ist jedoch, wenn kein Beratungsvertrag geschlossen wurde, nicht verpflichtet, den Darlehensnehmer über die Risiken des finanzierten Geschäfts aufzuklären. Sie darf vielmehr im Regelfall davon ausgehen, dass der Kunde über die notwendigen Kenntnisse oder Erfahrungen verfügt oder sich der Hilfe anderer Fachleute bedient hat (BGH 31. 3. 1992 – XI ZR 70/91, MDR 1992, 767; BGH 26. 10. 2021 – XI ZR 209/19). Das in den Vertrieb nicht eingeschaltete Kreditinstitut muss sich deshalb bei steuersparenden Bauherren- und Erwerbermodellen keine Erklärungen des Vermittlers zum Wert und zur Rentabilität des Kaufobjekts zurechnen lassen. Sie betreffen nicht das Kreditgeschäft, sondern das zu finanzierende Geschäft und liegen damit außerhalb des Pflichtenkreises der Bank (BGH 18. 3. 2003 – XI ZR 188/02, NJW 2003, 2088). 169

Etwas anderes gilt dann, wenn die Bank über ihre Rolle als Kreditgeberin hinausgeht, weil sie im „Zusammenhang mit der Planung, der Durchführung oder dem Vertrieb des Objekts gleichsam als Partei des zu finanzierenden Geschäfts in nach außen erkennbarer Weise Funktionen oder Aufgaben des Veräußerers oder Vertreibers übernommen und damit einen zusätzlichen, auf die übernommenen Funk- 170 tionen bezogenen Vertrauenstatbestand geschaffen hat" (BGH 26. 10. 2021 – XI ZR 209/19; BGH 6. 11. 2007 – XI ZR 322/03, WM 2008, 115; BGH 5. 7. 2016 – XI ZR 254/15, WM 2016, 1831). Lässt eine Bank sich im **Prospekt** eines Bauherrenmodells nicht nur als Vertragspartner für die Finanzierung, sondern auch als Referenz benennen, so ist sie deswegen gegenüber Anlegern, die mit ihr über eine Finanzierung verhandeln, verpflichtet, die Richtigkeit der Prospektangaben und die Bonität der Initiatoren in banküblicher Weise zu überprüfen und die Kreditinteressenten über bestehende Bedenken aufzuklären (BGH 16. 6. 1992 – XI ZR 166/91, NJW 1992, 2148, 2149). Bei steuersparenden Bauherren-, Bauträger- und Erwerbermodellen ist die kreditgebende Bank zur Risikoaufklärung über das finanzierte Geschäft dann verpflichtet, wenn sie selbst den Vertrieb übernimmt und dabei durch eigene Werbeaussagen einen zusätzlichen Vertrauenstatbestand begründet (OLG Köln 30. 4. 2014 – 13 U 252/12) oder wenn die kreditgebende Bank einen besonderen Gefährdungstatbestand für den Kreditnehmer schafft oder dessen Entstehung begünstigt, indem sie diesen bewusst mit einem Risiko belastet, das über die mit dem zu finanzierenden Vorhaben normalerweise verbundenen Gefahren hinausgeht (BGH 18. 11. 2003 – XI ZR 322/01, ZIP 2004, 209; BGH 20. 3. 2007 – XI ZR 414/04, WM 2007, 876; BGH 18. 3. 2008 – XI ZR 241/06, VersR 2008, 1498 für den Fall, dass eine Bank den Beitritt zu einem überschuldeten Mietpool zur Voraussetzung für die Vergabe des Kredits macht). Das Gleiche gilt, wenn sie sich im Zusammenhang mit der Kreditgewährung sowohl an den Bauträger als auch an die einzelnen Erwerber in schwerwiegende Interessenkonflikte verwickelt.

171 Eine Verletzung von Aufklärungspflichten ist zudem anzunehmen, wenn die kreditgebende Bank einen konkreten Wissensvorsprung vor dem Darlehensnehmer hat und dies auch erkennen kann (BGH 18. 11. 2003 – XI ZR 322/01, ZIP 2004, 209; OLG München 13. 7. 2010 – 5 U 2034/08, ZIP 2010, 1744; OLG Köln 30. 4. 2014 – 13 U 252/12). Erkennt die kreditgebende Bank aufgrund fehlerhafter Bewertungsgrundsätze die unzureichende Werthaltigkeit der Immobilie nicht, so scheidet eine Haftung wegen der Verletzung vorvertraglicher Pflichten gegenüber dem Kreditnehmer grundsätzlich aus. Denn die Bank bewertet die mit dem Darlehen zu finanzierende Immobilie allein in ihrem eigenen Interesse (BGH 16. 5. 2006 – XI ZR 6/04, BGHZ 168, 1; BGH 15. 6. 2010 – XI ZR 318/09, WM 2010, 1448; OLG Frankfurt 12. 11. 2015 – 11 U 23/15). Nur wenn sich eine sittenwidrige Überteuerung einer zu finanzierenden Eigentumswohnung dem zuständigen Mitarbeiter aufdrängen musste, steht diese bloße Erkennbarkeit einem tatsächlichen Wissensvorsprung gleich (BGH 29. 4. 2008 – XI ZR 221/07, ZGS 2008, 307; BGH 15. 6. 2010 – XI ZR 318/09, WM 2010, 1448). Schließt hingegen ein Finanzierungsberatungsunternehmen mit einem unerfahrenen Bauherrn einen Geschäftsbesorgungsvertrag über die Buchhaltung von Baugeld und die wirtschaftliche Betreuung des Bauvorhabens, muss es für den Bauherrn ein solides, auf dessen Einkommenssituation ausgerichtetes Finanzierungskonzept entwickeln (OLG Köln 10. 6. 1996 – 18 U 214/95, OLGR 1996, 261). S allg zur Beweislast bei fehlerhaften Anlageberatungen Freitag, Die Verteilung der Beweislast für Fehler in der Anlageberatung de lege lata und de lege ferenda – Gedanken zur privatrechtlichen Bedeutung von Beratungsprotokoll und Geeignetheitserklärung, ZBB 2016, 1 ff.

172 Eine **Versicherung** muss den zu Versichernden über Risikoausschlüsse unterrichten, mit denen dieser nicht rechnen kann (OLG Saarbrücken 30. 5. 2007 – 5 U 704/06 ua, NJW-RR 2008, 275) und ebenso über den Zeitraum, den die Bearbeitung eines Antrags in Anspruch nimmt, wenn es dem Versicherungsnehmer darauf ersichtlich besonders ankommt (BGH 15. 10. 1975 – IV ZR 202/73, MDR 1976, 128 [im konkreten Fall verneint]). Bei einer fremdfinanzierten Lebensversicherung muss der zu Versichernde aufgeklärt werden, wenn das Geschäft auf der Grundlage des bestehenden Zinsniveaus wirtschaftlich sinnlos ist (BGH 9. 7. 1998 – III ZR 158/97, NJW 1998, 2898). Wirbt ein Versicherer für ein Rentenversicherungsmodell mit infolge steigender Lebenserwartung nicht mehr realistischen Gewinnanteilen, stellt das ein Verschulden bei Vertragsschluss dar (OLG Düsseldorf 15. 8. 2000 – 4 U 139/99, NJW-RR 2000, 1626). Hat der Versicherungsnehmer eine fondsgebundene Lebensversicherung abgeschlossen und wollte er nach dem Vertrag ersichtlich die Versicherungsprämien aus dem angelegten Kapital finanzieren, ist ihm der Versicherer wegen Beratungsverschuldens zum Schadensersatz verpflichtet, wenn er auf die Risiken der Wertanlage in einem Aktienfonds nicht hingewiesen worden ist (OLG Celle 24. 11. 2005 – 8 U 84/05, NdsRpfl 2006, 209). Dasselbe gilt, wenn der Vermittler einer Lebensversicherung unzutreffend darstellt, dass es sich bei den in den Antrag aufgenommenen Auszahlungsbeträgen um feste Zahlungszusagen handelt (OLG Dresden 19. 11. 2010 – 7 U 1358/09, VersR 2011, 910).

Der Versicherer hat für die fehlerhafte Beratung eines Vermittlers oder Versicherungsmaklers einzustehen, wenn er diesen im Rahmen einer Vertriebsorganisation mit Aufgaben betraut hat, die ihm als Anbieter eines Versicherungsprodukts typischerweise obliegen (BGH 11. 7. 2012 – IV ZR 151/11; OLG Karlsruhe 2. 8. 2011 – 12 U 173/10 – bestätigt durch BGH 26. 8. 2013 – IV ZR 166/11; OLG Nürnberg 27. 6. 2016 – 8 U 2633/14, MDR 2016, 1144). Für die Haftung des Versicherers in diesen Fällen ist ohne Belang, ob neben ihr auch der Versicherungsmakler selbst wegen Verletzung von Aufklärungspflichten aus einem mit dem Versicherungsnehmer geschlossenen eigenständigen Anlageberatungsvertrag haftet (BGH 11. 7. 2012 – IV ZR 151/11; OLG Köln 23. 3. 2018 – I-20 U 173/165). Dabei kommt es nicht darauf an, ob der Versicherer auf den Abschluss eines entsprechenden eigenständigen Anlageberatungsvertrages und dessen ordnungsgemäßer Erfüllung vertraut. Die Haftung aus §§ 311 Abs 2, 241 Abs 2, 280 Abs 1 BGB knüpft an die Verletzung der den künftigen Vertragspartner (hier die Versicherung) treffenden Pflichten an. Bedient dieser sich bei dem Abschluss oder der Anbahnung des Vertrages eines Dritten, so ist ihm nach allgemeinen zivilrechtlichen Grundsätzen dessen Verhalten nach § 278 BGB zuzurechnen. Eine Exkulpationsmöglichkeit sieht § 278 BGB anders als § 831 Abs 1 S 2 BGB gerade nicht vor. Auch würde für eine Exkulpation auch nicht das bloße Vertrauen des Versicherers genügen, der von ihm eingesetzte Versicherungsmakler werde seine eigenen vertraglichen Aufklärungspflichten schon hinlänglich nachkommen (so aber LG Bonn 14. 9. 2016 – 9 O 526/15). Freilich ist der Versicherer zur richtigen und vollständigen Information nur hinsichtlich der Umstände verpflichtet, die für den Abschluss des von ihm angebotenen Produkts erkennbar von besonderer Bedeutung sind. Ist die Versicherung lediglich ein Baustein eines von einem Finanzdienstleister kreierten Finanzprodukts, so obliegt allein dem Finanzdienstleister, nicht aber der Versicherung die Aufklärung über Inhalt und Risiken des Finanzprodukts (LG Bonn 14. 9. 2016 – 9 O 526/15). 173

Der Arbeitgeber muss den Arbeitnehmer bei Abschluss des **Arbeitsvertrages** auf Umstände aus seiner Sphäre hinweisen, aufgrund derer die Notwendigkeit droht, das als Dauerstellung gedachte Arbeitsverhältnis möglicherweise schon nach kurzer Frist kündigen zu müssen (LAG Düsseldorf 11. 12. 2001 – 4 Sa 1345/01, LAGE § 276 BGB Verschul- 174 den bei Vertragsschluss Nr 4, dort auch zur Beweislast; vgl auch BAG 24. 9. 1974 – 3 AZR 589/73, NJW 1975, 708 und ArbG Berlin v 29. 5. 2013 – 55 Ca 18019/12). Allein das Bestehen einer schlechten wirtschaftlichen Lage, in der aber noch keine konkrete Planung besteht, einen Arbeitsplatz zu streichen, kann noch keine Auskunftspflicht des Arbeitgebers über einen theoretischen Stellenabbau begründen (BAG 14. 7. 2005 – 8 AZR 300/04, NZA 2005, 1298; LAG München 8. 4. 2008 – 6 Sa 678/07; weitergehend für den Fall, dass die Finanzierung des geplanten Projektes zum Betrieb einer Klinik, in der der Arbeitnehmer eingesetzt werden soll, zum Zeitpunkt des Abschlusses des Arbeitsvertrages überhaupt noch nicht gesichert ist: LAG Hamm 14. 1. 2005 – 10 Sa 1278/04, AuA 2005, 305). Dies gilt auch, wenn wegen geringer Auftragslage zum Zeitpunkt des Vertragsschlusses Kurzarbeit angeordnet ist, weder jedoch mit Zahlungsschwierigkeiten des Arbeitgebers noch mit einem dauerhaften Wegfall des Beschäftigungsbedarfs zu rechnen ist (LAG Rheinland-Pfalz 9. 10. 2012 – 3 Sa 247/12). Hat der Arbeitgeber in Stellenanzeigen unzutreffende Angaben über die Höhe eines zu erzielenden Mindestjahreseinkommens gemacht und weist er den Bewerber im Vorstellungsgespräch nicht darauf hin, dass das angegebene, durch Provisionen erreichbare Einkommen nur von wenigen Mitarbeitern tatsächlich erreicht wird, verstößt er gegen die ihm Bewerbern gegenüber obliegende Aufklärungspflicht (LAG Hessen 13. 1. 1993 – 2 Sa 522/92, NZA 1994, 884, 885 f). Der Arbeitgeber ist aber nicht verpflichtet, den Arbeitnehmer über die üblichen Anforderungen an den in Aussicht genommenen Arbeitsplatz eigens zu informieren (BAG 12. 12. 1957 – 2 AZR 574/55, BAGE 5, 182).

175 Umgekehrt muss der Arbeitnehmer dem Arbeitgeber bei den Einstellungsverhandlungen seinen Gesundheitszustand offenbaren, wenn er damit rechnen muss, dass er infolge einer bereits bestehenden Krankheit die vertraglich geschuldete Arbeit nicht oder nicht ordnungsgemäß wird leisten können (BAG 7. 2. 1964 – 1 AZR 251/63, BAGE 15, 26, 264). Hingegen braucht sich der Arbeitnehmer nicht selbst strafrechtlicher Verfehlungen zu bezichtigen; hierüber kann der Arbeitgeber nach der Verkehrsauffassung keine Aufklärung erwarten (zur Frage der Offenbarungspflicht des Arbeitnehmers über Vorstrafen vgl Staudinger/Singer/vFinckenstein [2021] § 123 Rn 43).

176 Knüpft die Aufklärungspflicht allerdings an die Schaffung eines besonderen Vertrauenstatbestandes an, wie dies etwa bei § 311 Abs 3 BGB oder bei einem die Kreditgeberrolle überschreitenden Verhalten des Darlehensgebers der Fall ist (s Rn 170), dann muss der Gläubiger Kenntnis von dem den Vertrauenstatbestand begründenden Verhalten erlangt haben, um einen haftungsbegründenden Tatbestand annehmen zu können (BGH 26. 10. 2021 – XI ZR 209/19).

c) Pflicht zur Herbeiführung eines wirksamen Vertrages

177 Ist ein Vertrag, den geschäftsfähige Personen im eigenen Namen schließen (s zu den Fällen des § 108 BGB Staudinger/Klumpp [2021] § 108 Rn 40 und zu den Fällen des § 177 BGB Staudinger/Schilken [2019] § 177 Rn 8, 12), schwebend unwirksam, etwa, weil eine behördliche Genehmigung des Verpflichtungsgeschäftes aussteht, so trifft beide Parteien aus dem entstandenen Rücksichtsnahmeschuldverhältnis die Pflicht, an der Beseitigung des Wirksamkeitshemmnisses mitzuwirken (s Rn 100, 132; MünchKomm-BGB/Bachmann § 241 Rn 79, 88 ff, 95). Diese Mitwirkungspflicht ist eine selbstständig einklagbare Nebenpflicht (Rn 100). Da sie unmittelbar auf die Herbeiführung eines wirksamen Vertrages gerichtet ist, kann bei ihrer Verletzung im Einzelfall der Ersatz des Erfüllungsinteresses in Betracht kommen (s dazu Rn 188). Dies setzt freilich voraus, dass der Vertrag – abgesehen von der ausstehenden Genehmigung – wirksam ist (vgl MünchKommBGB/BACHMANN § 241 Rn 90)

3. Schadenshaftung

a) Vertretenmüssen

Die Verletzung der sich aus § 311 Abs 2 BGB iVm § 241 Abs 2 BGB ergebenden **178** Pflichten führt zum Schadensersatz wegen Pflichtverletzung nach § 280 Abs 1 BGB. Dieser setzt nach § 280 Abs 1 S 2 BGB voraus, dass der in Anspruch genommene, potenzielle Vertragspartner seine Pflichtverletzung zu vertreten hat. Damit gelten auch im Rahmen des Verschuldens bei Vertragsschluss die Maßstäbe der §§ 276 ff BGB. Im Einzelnen gilt:

Regelmäßig hat der potenzielle Vertragspartner gem § 276 Abs 1 S 1 BGB Vorsatz **179** und Fahrlässigkeit zu vertreten. Gesetzliche oder vertragliche Beschränkungen des normalen Verschuldensmaßstabes auf grobe Fahrlässigkeit oder die eigenübliche Sorgfalt erstrecken sich auf das Verschulden bei Vertragsschluss nur, soweit die verletzte Pflicht sich auf den Zweck des angestrebten Vertrages bezieht. Um den Kartoffelpülpe-Fall des BGH (BGH 20. 11. 1984 – IVa ZR 104/83, BGHZ 93, 23 ff) aufzugreifen und abzuwandeln: Wird im Zuge der Verhandlungen über die Schenkung der Kartoffelpülpe diese probeweise an einen Bullen verfüttert und verendet dieser, gilt der Haftungsmaßstab des § 521 BGB. Verletzt der potenzielle Schenker den potenziell Beschenkten durch eine Unachtsamkeit mit einem Gerät, bleibt es dagegen beim normalen Haftungsmaßstab des § 276 BGB. Auch aus dem Inhalt des Schuldverhältnisses kann sich ein abweichender Verschuldensmaßstab ergeben. Für Probefahrten im Rahmen der Kaufverhandlungen über einen Pkw nimmt die Rechtsprechung eine Beschränkung der Haftung des Kaufinteressenten an, wenn Verkäufer oder Kaufvermittler ein gewerblicher Kraftfahrzeughändler ist (BGH 7. 6. 1972 – VIII ZR 35/71, NJW 1972, 1363; BGH 10. 1. 1979 – VIII ZR 264/76, NJW 1979, 643; OLG Koblenz 13. 1. 2003 – 12 U 1360/01, NJW-RR 2003, 1185; **aA** LEHMANN-RICHTER, Zur Beschädigung eines nicht vollkaskoversicherten Fahrzeugs im Rahmen einer Probefahrt, VersR 2004, 342), während es bei Kaufverhandlungen unter Privaten bei der Haftung auch für leichte Fahrlässigkeit bleibt (OLG Köln 20. 11. 1995 – 16 U 32/95, NJW 1996, 1288; s zum Ganzen NIRK, in: 2. FS Möhring [1975] 86).

Minderjährige haften aus Verschulden bei Vertragsschluss nur, wenn sie schuldfähig **180** sind (§ 276 Abs 1 S 2 BGB). Vorausgesetzt ist außerdem, dass die Zustimmung des gesetzlichen Vertreters zur Aufnahme der Vertragsverhandlungen vorlag (s Rn 120).

Auch im Rahmen des Verschuldens bei Vertragsschluss haften die Beteiligten für ein **181** **Verschulden ihrer Erfüllungsgehilfen** und ihrer *gesetzlichen Vertreter* (§ 278 BGB). Gerade dies ist eine wesentliche Funktion des Rechtsinstituts des Verschuldens bei Vertragsschluss (Rn 102).

Wo das **Verschulden** bei Vertragsschluss in der **Enttäuschung des Vertrauens auf das** **182** **Zustandekommen des Vertrages** besteht (Rn 122 ff), genügt zur Begründung des Verschuldens regelmäßig **Fahrlässigkeit**. Dies gilt entgegen der Auffassung des BGH (BGH 29. 3. 1996 – V ZR 332/94, NJW 1996, 1885; ebenso OLG Koblenz 25. 2. 1997 – 3 U 477/96, NJW-RR 1997, 974) auch in dem Fall, dass der Abschluss eines formbedürftigen Vertrages als sicher dargestellt wird. Es ist kein Grund vorhanden, die Verpflichtung der potenziellen Vertragspartner zu redlichem Verhalten in diesem Fall über einen erhöhten Verschuldensmaßstab einzuschränken (zutr D Kaiser JZ 1997, 450 ff).

183 Ob das Vertrauen von dem potenziellen Vertragspartner selbst oder von einem seiner **Erfüllungsgehilfen** erweckt wird, ist gleichgültig. Auch wenn dem Erfüllungsgehilfen die Vertretungsmacht fehlt, muss sich der potenzielle Vertragspartner in Anwendung der Grundsätze des § 278 BGB dessen Verhalten zurechnen lassen (BGH 24. 9. 1996 – XI ZR 318/95, NJW-RR 1997, 116; BGH 20. 9. 1984 – III ZR 47/83, BGHZ 92, 164, 175 f für die Haftung einer Gemeinde bei nicht ordnungsgemäßer Vertretung; BGH 9. 7. 1998 – III ZR 158/97, NJW 1998, 2898; BAG 15. 5. 1974 – 5 AZR 393/73, DB 1974, 2060, 2061; krit hierzu Peters, in: FS Reinhardt [1972] 127 ff).

184 Macht ein **Erfüllungsgehilfe** bei den Vertragsverhandlungen fahrlässig falsche Angaben oder unterlässt er die gebotene Aufklärung, ist dessen Verschulden dem Geschäftsherrn gem § 278 BGB zuzurechnen. Das gilt unabhängig davon, ob der Erfüllungsgehilfe eine Vollmacht zum Vertragsschluss hatte oder nicht (BGH 30. 12. 1963 – VII ZR 168/63, WM 1964, 224, 226; BGH 29. 1. 1968 – VII ZR 126/65, WM 1968, 531 und BGH 4. 11. 1987 – VIII ZR 313/86, NJW-RR 1988, 241, 242: Lieferant als Verhandlungsgehilfe des Leasinggebers; BGH 8. 6. 1978 – III ZR 136/76, BGHZ 72, 93, 103: Arbeitgeber als Verhandlungsgehilfe einer Bank bei vermögenswirksamen Leistungen). Der Personenkreis, für den der Geschäftsherr wegen culpa in contrahendo unbedingt einzustehen hat, ist der gleiche wie bei § 123 Abs 2 BGB (BGH 8. 12. 1989 – V ZR 259/87, NJW 1990, 1661, 1662). Bestehen und Umfang der Aufklärungspflicht richten sich nicht nur nach dem Kenntnisstand des Geschäftsherrn, sondern auch nach dem des Erfüllungsgehilfen. Dabei sind dem Geschäftsherrn auch früher erworbene Kenntnisse eines Gehilfen zuzurechnen, der bei den Vertragsverhandlungen gar nicht anwesend war, soweit ein Informationsaustausch erwartet werden muss (BGH 1. 6. 1989 – III ZR 277/87, NJW 1989, 2881, 2882). Auch für das Verschulden seines gesetzlichen Vertreters haftet der Verhandlungspartner nach § 278 BGB. Die Haftung für einen Makler kommt in Betracht, wenn diesem alle im Zusammenhang mit der Vertragsanbahnung zu führenden Gespräche anvertraut waren (OLG München 8. 5. 1996 – 15 U 5013/95, OLGR 1996, 221).

b) Kausalität

185 Verletzt ein Verhandlungspartner im Zuge des geschäftlichen Kontakts Rechtsgüter des anderen, ist er nach § 280 Abs 1 S 1 BGB zum Ersatz des hierdurch entstehenden Schadens verpflichtet. Ein Schadensersatzanspruch besteht nur, soweit die vorvertragliche Pflichtverletzung für den behaupteten Schaden kausal gewesen ist. Grundsätzlich trifft den Gläubiger die Darlegungs- und Beweislast für die haftungsausfüllende Kausalität. Besteht die Pflichtverletzung allerdings in Aufklärungs- und Beratungsfehlern, so kommt dem Gläubiger eine Beweislastumkehr zugute. Denn die allgemeine Lebenserfahrung spricht dafür, dass sich der Gläubiger „aufklärungsrichtig“ verhalten hätte (BGH 1. 6. 2017 – VII ZR 95/16, NJW 2017, 2403; BGH 15. 7. 2016 – V ZR 168/15, BB 2016, 2959; BGH 23. 6. 2016 – III ZR 308/15, NJW 2016, 3024; BGH 11. 2. 2014 – II ZR 273/12, NZG 2014, 432; BGH 14. 4. 2011 – III ZR 27/10, NJW-RR 2011, 1139; BGH 8. 7. 2010 – III ZR 249/09, BGHZ 186, 152; BGH 31. 5. 2010 – II ZR 30/09, NJW 2010, 2506; BGH 9. 2. 2006 – III ZR 20/05, NJW-RR 2006, 685, 687; BGH 14. 7. 2003 – II ZR 202/02, DB 2003, 2118; BGH 5. 7. 1973 – VII ZR 12/73, BGHZ 61, 118, 120). Die sog Vermutung aufklärungsrichtigen

Verhaltens bewirkt, dass der Schuldner – will er nicht haften – darlegen und beweisen muss, dass der Gläubiger auch bei richtiger Beratung oder Aufklärung entsprechend gehandelt hätte. Dass der Gläubiger auch bei richtiger Beratung und Aufklärung sich in einem Entscheidungskonflikt befunden hätte und der von ihm gewählte Vertragsschluss deshalb gleichwohl in Betracht gekommen wäre, genügt zur Widerlegung der Vermutung nicht (BGH 15. 7. 2016 – V ZR 168/15, BB 2016, 2959 nun auch für Beratungsfehler bei dem Erwerb einer Immobilie zur Kapitalanlage). S zum Ganzen Staudinger/Schwarze (2019) § 280 Rn F 41 ff.

c) Umfang des Ersatzanspruchs

Bei Schutzpflichtverletzungen besteht der zu ersetzende Schaden im Ersatz des **186** *Integritätsinteresses* des Betroffenen. Schließt der andere in Unkenntnis der Schutzpflichtverletzung den Vertrag, kann er Schadensersatz statt der Leistung verlangen, wenn ihm die Leistung wegen der Schutzpflichtverletzung nicht zumutbar ist (§§ 280 Abs 2, 282 BGB). Richtet ein Handwerker bei der Besichtigung einer Baustelle vor Auftragserteilung durch grobe Unachtsamkeit erhebliche Schäden an, kann der Bauherr, der in Unkenntnis der Schäden den Werkvertrag abschließt, von der Erfüllung des Vertrages Abstand nehmen und Schadensersatz statt der Leistung verlangen. Die Aussage des Bundestags-Rechtsausschusses, Schadensersatz statt der Leistung komme in Fällen vorvertraglicher Pflichtverletzung nicht in Betracht, weil gar kein Leistungsanspruch bestehe (BT-Drucks 14/7052, 186; ebenso Staudinger/Schwarze [2019] § 282 Rn 32; Erman/Ulber § 282 Rn 4), ist insoweit missverständlich. Schließt der Verhandlungspartner in Unkenntnis der vorvertraglichen Pflichtverletzung den Vertrag, entsteht der Leistungsanspruch und ist es angemessen, ihm im Falle der Unzumutbarkeit Schadensersatz statt der Leistung zuzubilligen.

Ist das Vertrauen auf das **Zustandekommen des Vertrages** pflichtwidrig und schuld- **187** haft **enttäuscht** worden, beschränkt sich die Haftung idR auf den Ersatz des *Vertrauensschadens* (BGH 18. 7. 2001 – XII ZR 183/98, NJW-RR 2001, 1524; BGH 29. 3. 1996 – V ZR 332/94, NJW 1996, 1885 für den Fall des Scheiterns eines formbedürftigen Vertrags; ausf zu diesem Fall auch D Kaiser JZ 1997, 452 f; MünchKommBGB/Emmerich § 311 Rn 198; vgl weiter auch die in Rn 194 aufgeführte Rspr). Der Vertrauensschaden kann insbesondere in *vergeblichen Aufwendungen* für die Vorbereitung der Vertragsdurchführung oder in dem *Entgehen eines gewinnbringenden Geschäfts* bestehen, das der Geschädigte ansonsten abgeschlossen hätte. Veranlasst etwa der eine Teil den anderen durch ein pflichtwidriges Verhalten zu *vergeblichen Aufwendungen,* zB zur Reise an einen falschen Besichtigungs- oder Verhandlungsort oder zur Abgabe von Angeboten, obwohl über die Vergabe eines Auftrags schon entschieden ist, so rechtfertigt der Umstand, dass der Betroffene seine Rechtssphäre der Einflussnahme durch den anderen geöffnet hat, auch hier die Ersatzpflicht des Schädigers (Larenz, in: FS Ballerstedt [1975] 397 ff, 403 f; Kreuzer X III ff; **aA** insoweit H Stoll, in: FS vCaemmerer [1978] 433, 452 f). Ist ein Handelskauf über marktgängige Ware zum Marktpreis nicht abgeschlossen worden, so braucht der Verkäufer nicht darzulegen und nachzuweisen, dass er einen anderen Abnehmer für die Ware gehabt hätte (BGH 2. 3. 1988 – VIII ZR 380/86, NJW 1988, 2234). Der *Vertrauensschaden* ist aus Verschulden bei Vertragsschluss auch dann zu ersetzen, wenn ein Teil den Abschluss eines sittenwidrigen und deshalb gem § 138 BGB unwirksamen Vertrages herbeigeführt hat (Rn 131).

188 Ein Ersatz des *Erfüllungsinteresses* würde, worauf H Stoll (in: FS vCaemmerer [1978] 433, 445 f) hingewiesen hat, wirtschaftlich einem Kontrahierungszwang gleichkommen, der nicht gewollt sein kann (so auch MünchKommBGB/Emmerich § 311 Rn 198). Aus diesem Grund kann auch nicht zugegeben werden, dass, wie es der BGH (BGH 22. 1. 1998 – VII ZR 307/95, BGHZ 138, 35; BGH 11. 6. 2010 – V ZR 144/09, WuM 2011, 524; BGH 29. 1. 1965 – V ZR 53/64, NJW 1965, 812, 814; BGH 6. 6. 1974 – II ZR 157/72, BB 1974, 1039, 1040; BGH 24. 6. 1998 – XII ZR 126/96, NJW 1998, 2900: Der Fall gehört aber in die Gruppe der pflichtwidrigen Herbeiführung des Vertragsschlusses, s dazu Rn 190 ff) und das BAG (16. 3. 1989 – 2 AZR 325/88, AP Nr 8 zu § 1 BeschFG) formuliert haben, die Haftung dann auf Ersatz des Erfüllungsinteresses geht, wenn ohne das zum Schadensersatz verpflichtende Verhalten der Vertrag zustande gekommen wäre (so auch Grüneberg/Grüneberg § 311 Rn 56; Gutzki Verhinderung des Zugangs verkörperter Willenserklärungen und Schadensersatzanspruch, ZJS 2020, 328, 330). Zurecht hat der Gesetzgeber deshalb für Verstöße des Arbeitgebers gegen das Benachteiligungsverbot nach § 7 Abs 1 AGG im Rahmen eines Bewerber-/Auswahlverfahrens in § 15 Abs 6 AGG ausdrücklich klargestellt, dass dieser Verstoß keinen Anspruch auf Begründung eines Beschäftigungsverhältnisses oder beruflichen Aufstieg begründet, wenn sich ein solcher Anspruch nicht aus einem anderen Rechtsgrund ergibt. Jedenfalls in den vom BGH positiv entschiedenen Fällen ließ sich zudem schon mit dem Ersatz des Vertrauensinteresses helfen, denn es konnte jeweils angenommen werden, dass der in seinem Vertrauen auf den Vertragsschluss enttäuschte Partner ohne die Einleitung oder Fortführung der Vertragsverhandlungen oder die Durchführung des vermeintlich abgeschlossenen Vertrages ein gleichwertiges Geschäft abgeschlossen hätte (dh im Fall BGH 29. 1. 1965 – V ZR 53/64, NJW 1965, 812 anderweit ein Baugrundstück erworben hätte und im Fall BGH BB 1974, 1039 auf andere Weise an den Bauaufträgen beteiligt worden wäre). Im Fall des BAG wäre zu prüfen gewesen, ob nicht aus der Erklärung des Arbeitgebers, „Ihrem Wunsch entsprechend weisen wir darauf hin, dass bei Eignung und Einhaltung der og Arbeitsbedingungen eine unbefristete Übernahme beabsichtigt ist", unter Berücksichtigung weiterer Umstände im konkreten Fall auf eine Einstellungszusage hätte geschlossen werden können. Anders ist dies nur dann zu beurteilen, wenn es sich bei der verletzten Nebenpflicht um eine selbstständig einklagbare Nebenpflicht handelt, die unmittelbar auf die Herbeiführung eines wirksamen Vertrages gerichtet ist (s zu den Fällen Rn 100, 177).

189 Das **Erfüllungsinteresse** bildet die **Obergrenze** der Haftung. Denn mehr als Vertragserfüllung konnte der Verhandlungspartner in keinem Fall erwarten (RG 22. 6. 1936 – IV 75/36, RGZ 151, 357, 358 f; H Stoll, in: FS vCaemmerer [1978] 433, 451; D Kaiser JZ 1997, 453; **aA** BAG 15. 5. 1974 – 5 AZR 393/73, DB 1974, 2060, 2061 f; der entschiedene Fall ließ sich aber mit einer immaterielle Vorteile einschließenden Berechnung des Erfüllungsinteresses lösen, Erman/Dieckmann § 311 Rn 45; Grüneberg/Grüneberg § 311 Rn 55; Schwarze, Das Recht der Leistungsstörungen § 33 Rn 47).

190 Im Falle **pflichtwidriger Herbeiführung des Vertragsschlusses** bedeutet Schadensersatz in erster Linie, dass der zum Vertragsschluss Veranlasste im Wege der Naturalrestitution nach § 249 Abs 1 BGB *Rückgängigmachung des Vertrages* und zusätzlich Ersatz eines *Vertrauensschadens,* etwa von *vergeblichen Aufwendungen,* verlangen kann (BGH 31. 1. 1962 – VIII ZR 120/60, NJW 1962, 1196, 1198; BGH 28. 2. 1968 – VIII ZR 210/65, NJW 1968, 986, 987; BGH 23. 4. 1969 – IV ZR 780/68, NJW 1969, 1625, 1626; BGH 27. 2. 1974 – V ZR 85/72, NJW 1974, 849, 851 f; BGH 11. 6. 2010 – V ZR 144/09, WuM 2011, 524;

BGH 6. 2. 2018 – II ZR 17/17, ZIP 2018, 826; OLG Bamberg 24. 9. 1996 – 5 U 104/95, NJW-RR 1997, 694; NIRK, in: 1. FS Möhring [1965] 398 f; ders, in: 2. FS Möhring [1975] 90; LARENZ, in: FS Ballerstedt [1975] 405; H STOLL, in: FS vCaemmerer [1978] 433, 466; PLUM MDR 2020, 69, 72 f; krit MEDICUS JuS 1965, 209 ff; LIEBS AcP 174 [1974] 26 ff; teilweise auch HARTWIEG JuS 1973, 733 ff). Der Vertrag entfällt nicht automatisch, sondern muss durch entsprechende übereinstimmende Willenserklärungen oder deren Fiktion nach § 894 ZPO beseitigt werden.

Dies gilt gleichermaßen, wenn es sich bei dem Vertrag um einen **Aufhebungsvertrag** handelt, durch den ein Arbeitsverhältnis aufgelöst wurde. Soweit das BAG die Ansicht vertritt, dass ein Schadensersatzanspruch des Arbeitnehmers wegen Missachtung des Gebots fairen Verhandelns unmittelbar zum Entfall der Rechtswirkungen des Aufhebungsvertrages führt und damit die Fortsetzung des Arbeitsverhältnisses zu unveränderten Bedingungen bewirkt (BAG 7. 2. 2019 – 6 AZR 75/18, BAGE 165, 315; ihm folgend ArbG Heilbronn 18. 5. 2022 – 2 Ca 690/22; TIEDEMANN, Das sog Gebot fairen Verhandelns, ArbRB 2020, 61, 63), ist dies mit dem geltenden Schadensersatzrecht nicht in Einklang zu bringen. Dieses begründet einen Anspruch auf Schadensbeseitigung, bewirkt aber nicht die automatische Schadensbeseitigung. Das BAG umgeht mit seiner Rechtsprechung nicht nur §§ 123, 124 Abs 1, § 138 BGB, indem es einen im Gesetz nicht vorgesehenen Nichtigkeitsgrund konstruiert (vgl ArbG Gießen 9. 9. 2021 – 4 Ca 135/21, das den bestehenden Widerspruch zur einjährigen Anfechtungsfrist erkannt hat). Es lässt auch den Willen des Arbeitnehmers außer Acht, der womöglich seinen Schadensersatzanspruch überhaupt nicht verfolgen möchte. Würde – wie es das BAG formuliert – „der Schadensersatzanspruch des Arbeitnehmers [...] unmittelbar zu einem Entfall der Rechtswirkungen des Aufhebungsvertrages“ führen, würde das Arbeitsverhältnis in diesen Fällen ohne Rücksicht auf den Willen und das Wissen der oder jedenfalls auch nur eines Vertragspartners fortgesetzt werden. Hinsichtlich der zwischen Abschluss und Aufhebung des Aufhebungsvertrages verstrichenen Zeit und damit ggf einhergehenden finanziellen Nachteilen ist der Arbeitnehmer hinlänglich dadurch geschützt, dass er die rückwirkende Aufhebung des Aufhebungsvertrages bzw Neubegründung des Arbeitsverhältnisses verlangen kann (s dazu § 311a Rn 21). Dafür, dass der Arbeitnehmer in der Zwischenzeit seine Arbeitsleistung nicht erbringen konnte, ist der Arbeitgeber, wenn er das Gebots fairen Verhandelns missachtet hat, allein oder weitüberwiegend verantwortlich, sodass dem Arbeitnehmer der Vergütungsanspruch nach § 326 Abs 2 S 1 BGB erhalten bleibt (vgl BAG 10. 2. 2004 – 9 AZR 401/02, BAGE 109, 294, das auf Ansprüche aus Annahmeverzug verweist; zu weiteren Fallgruppen s § 311a Rn 21). 191

Ebenfalls mit dem Anspruch auf Naturalrestitution nach § 249 Abs 1 BGB nicht vereinbar ist die Rechtsprechung des 6. Senats des BAG, wonach bei der Verletzung von Aufklärungspflichten vor Abschluss eines arbeitsrechtlichen Aufhebungsvertrages nur finanzielle Schadensersatzansprüche entstehen können (BAG 24. 2. 2011 – 6 AZR 626/09, NZA-RR 2012, 148; vgl auch BAG 7. 2. 2019 – 6 AZR 75/18, BAGE 165, 315). Nach § 249 Abs 1 BGB hat der Schädiger den Zustand herzustellen, der bestehen würde, wenn der zum Ersatz verpflichtende Umstand nicht eingetreten wäre. War die mangelnde Aufklärung kausal für den Abschluss des Aufhebungsvertrages, so ist deshalb der Schadensersatzanspruch darauf gerichtet, den Arbeitnehmer so zu stellen, als bestünde das Arbeitsverhältnis zu den alten Bedingungen fort (BAG 10. 2. 2004 – 9 AZR 401/02, BAGE 109, 294). Unbilligen Ergebnissen angesichts der weitrei- 192 chenden Rechtsfolgen dieses Schadensersatzanspruchs, der auf eine dauerhafte Fortsetzung des Arbeitsverhältnisses gerichtet ist, kann durch einen strengen Maßstab bei dem Nachweis der Kausalität zwischen Verletzung der Aufklärungspflicht und Abschluss des Aufhebungsvertrages Rechnung getragen werden.

193 Keine Voraussetzung für den Anspruch auf Vertragsaufhebung ist, dass der Vertrag für den Betroffenen wirtschaftlich nachteilig und ihm so ein **Vermögensschaden** entstanden ist. Die gegenteilige Auffassung (BGH 26. 9. 1997 – V ZR 29/96, NJW 1998, 302 ff; ebenso JACOBSEN, Vorvertragliche Aufklärungspflichten, ZAP Fach 2, 539, 543) leuchtet nicht ein. Der Schaden, der im Wege der Naturalrestitution nach § 249 Abs 1 BGB zu beseitigen ist, besteht in der eingetretenen Vertragsbindung des Betroffenen. Dass diese möglicherweise nur die immaterielle Folge der Beeinträchtigung der Dispositionsfreiheit des Betroffenen hat, steht diesem Anspruch trotz § 253 Abs 1 BGB nicht entgegen, denn diese Vorschrift verbietet nur den Ersatz des immateriellen Schadens in Geld, nicht aber in Naturalrestitution (FLEISCHER AcP 200 [2000] 91, 111 f; GRIGOLEIT NJW 1999, 901 f; GRUNSKY EWiR 1998, 727 f; ST LORENZ ZIP 1998, 1055; WIEDEMANN JZ 1998, 1176; SCHWARZE, Das Recht der Leistungsstörungen § 33 Rn 50; STAUDINGER/SINGER/vFINCKENSTEIN [2021] § 123 Rn 104; STAUDINGER/SCHWARZE [2019] § 280 Rn C 61; ERMAN/DIECKMANN § 311 Rn 82; dem BGH folgend LIEB, in: FS Medicus [1999] 373 ff; vermittelnd STOLL, in: FS Deutsch [1999] 361 ff, der zwar eine Vermögensschädigung verlangt, diese aber schon in der Enttäuschung der berechtigten Erwartungen des Betroffenen über den Vertrag erblickt). Der vom BGH und insbesondere auch von LIEB (in: FS Medicus [1999] 373 f) befürchteten Aufweichung des Grundsatzes „pacta sunt servanda“ muss durch genügend strenge Anforderungen an die Annahme einer Pflichtverletzung begegnet werden.

194 Häufig wird der geschädigte Vertragspartner den Vertrag allerdings nicht auflösen, sondern an diesem gerade festhalten wollen und einen **Ausgleich für seine enttäuschte Leistungserwartung** verlangen. Auch dies ist möglich. Zwar steht dem Geschädigten kein Anspruch auf Anpassung des Vertrages zu (BGH 19. 5. 2006 – V ZR 264/05, BGHZ 168, 35; ihm folgend OLG Nürnberg 24. 11. 2006 – 2 U 1723/06, BauR 2007, 882). Der betroffenen Vertragspartei muss jedoch zugebilligt werden, den Vertrag als zur Erfüllung teilweise geeignet zu akzeptieren und dementsprechend die *eigenen Aufwendungen,* soweit sie *vergeblich* waren, als *Vertrauensschaden* zu liquidieren (H STOLL, in: FS Riesenfeld [1983] 285; ders, in: FS Deutsch [1999] 371 f; MünchKommBGB/EMMERICH § 311 Rn 234 f; **abl** ST LORENZ NJW 1999, 1002 sowie GRIGOLEIT 182 ff). So muss etwa beim Kauf der Kaufpreis herabgesetzt werden, wenn der Gebrauchswert der gekauften Sache niedriger ist als angegeben (BGH 12. 10. 2017 – V ZR 17/17, NZM 2018, 294; BGH 19. 5. 2006 – V ZR 264/05, BGHZ 168, 35; BGH 12. 12. 1980 – V ZR 168/78, NJW 1981, 1035; BGH 8. 12. 1988 – VII ZR 83/88, NJW 1989, 1793, 1794 f) oder wenn sich bei einem Unternehmenskauf die angegebenen Umsatzzahlen als zu hoch erweisen (BGH 25. 5. 1977 – VIII ZR 186/75, BGHZ 69, 53, 56). Dies gilt gleichermaßen bei der Leistung eines überhöhten Einlagebeitrags für die Beteiligung als Kommanditist an einer Kommanditgesellschaft; hier ist der Einlagebetrag in dem Verhältnis herabzusetzen, wie der geleistete Betrag den tatsächlichen Wert seiner Beteiligung im Zeitpunkt des Vertragsschlusses überstieg (BGH 6. 2. 2018 – II ZR 17/17, ZIP 2018, 826). Entstehen dem Werkunternehmer höhere Aufwendungen, als sie aufgrund der mangelhaften Aufklärung durch den Vertragspartner zu erwarten waren, muss der Werklohn heraufgesetzt werden (vgl BGH 11. 11. 1993 – VII ZR 47/93, BGHZ 124, 64 zu einer unvollständigen Leistungsbeschreibung des öffentlichen Auftraggebers in dessen Ausschreibung, wobei ein solcher

Anspruch im konkreten Fall abgelehnt wird, weil der Auftragnehmer die Unvollständigkeit hätte bemerken müssen; zutr H Stoll, in: FS vCaemmerer [1978] 433, 466). Wird der Partner eines Übergabevertrages nicht darüber aufgeklärt, dass sich ein Wohnungstausch nicht realisieren lässt, kann er den Betrag liquidieren, den er für die anderweitige Anmietung einer Wohnung aufbringen muss (BGH 11. 6. 2010 – V ZR 144/09, WuM 2011, 524). Der Arbeitnehmer hat Anspruch auf die Differenz zwischen der tatsächlichen und der in der Stellenanzeige als Mindesteinkommen bezeichneten Summe, wenn ihn der Arbeitgeber im Vorstellungsgespräch nicht darauf hingewiesen hat, dass das durch Provisionen zu erzielende Einkommen tatsächlich nur von wenigen Mitarbeitern erreicht wird, und der Bewerber im Vertrauen auf das Mindesteinkommen die Arbeit aufgenommen hat (LAG Hessen 13. 1. 1993 – 2 Sa 522/92, NZA 1994, 884, 886; s auch Rn 174). Berechnet der Verkäufer den Kaufpreis auf andere Weise als von den Vertragsparteien in den Vertragsverhandlungen übereinstimmend angenommen, und unterlässt er es, den Käufer darauf hinzuweisen, ist die Differenz zwischen dem tatsächlich vereinbarten und dem der ursprünglichen Annahme entsprechenden Kaufpreis als Schaden zu ersetzen (BGH 1. 4. 1981 – VIII ZR 51/80, NJW 1981, 2050, 2051). Behauptet ein GmbH-Gesellschafter bei Veräußerung seines Gesellschaftsanteils wahrheitswidrig, die Bilanz der Gesellschaft sei ausgeglichen, so hat der Käufer Anspruch auf Ersatz des Betrages, den der Gesellschaftsanteil wegen der tatsächlichen Gesellschaftsschulden weniger wert ist (BGH 2. 6. 1980 – VIII ZR 64/79, NJW 1980, 2408, 2410). Klärt eine Wohnungsbaugesellschaft den Kunden nicht darüber auf, dass sie mit dem in Aussicht genommenen Baubetreuer eine Provisionsabsprache getroffen hat, kann der Kunde als Schaden den Betrag fordern, um den er die Bauleistung zu teuer erworben hat (BGH 14. 3. 1991 – VII ZR 342/89, BGHZ 114, 87, 94 f).

Hat der Vertragspartner wegen des schuldhaft herbeigeführten Vertragsschlusses **195**
auf ein anderes Geschäft verzichtet, kann er als Vertrauensschaden den Ersatz des daraus **entgangenen Gewinns** verlangen, soweit dieser den aus dem abgeschlossenen Geschäft erwachsenen Gewinn übersteigt (Erman/Dieckmann § 311 Rn 29). Hätte etwa der Verkäufer, dem gegen den Käufer ein Schadensersatzanspruch aus Verhandlungsverschulden wegen Verletzung einer Aufklärungspflicht zusteht, bei ordnungsgemäßer Aufklärung statt mit dem Käufer mit einem Dritten ein anderes Geschäft abgeschlossen, so kann er das ersetzt verlangen, was ihm aus diesem Geschäft zugeflossen wäre. Auch wenn die Vertragspartner selbst ohne Verletzung der Aufklärungspflicht ein für den Betroffenen günstigeres Geschäft abgeschlossen hätten, hat dieser Anspruch auf die fiktive Differenz (BGH 24. 6. 1998 – XII ZR 126/96, NJW 1998, 2900; zust Lorenz NJW 1999, 1001; Lorenz JuS 2015, 398, 359). Der Käufer eines Grundstücks, dem das Bestehen eines Mietvertrages verschwiegen worden ist, kann verlangen, so gestellt zu werden, als wäre es ihm bei Kenntnis der wahren Sachlage gelungen, den Kaufvertrag zu einem günstigeren Preis abzuschließen; die Beweislast dafür, dass der Käufer auch bei erfolgter Aufklärung zum höheren Preis abgeschlossen hätte, liegt beim Verkäufer (BGH 6. 4. 2001 – V ZR 394/99, NJW 2001, 2875, 2876 f; zur Beweislast s auch unter Rn 185 und Staudinger/Schwarze [2019] § 280 F 44).

Bei der Höhe des zu ersetzenden Schadens ist ein **Mitverschulden des Geschädigten** **196**
zu berücksichtigen (s BGH 14. 1. 2002 – II ZR 184/99, NJW 2002, 1335; OLG Düsseldorf 20. 3. 1967 – 1 U 209/66, DAR 1967, 323; Schwarze, Das Recht der Leistungsstörungen § 33 Rn 54). Sind etwa die vom Verhandlungspartner gemachten Aufwendungen so hoch, dass er sich sagen musste, insoweit handele er angesichts des noch nicht vollkommen perfekten

Vertrages auf eigenes Risiko, so können ihm die überhöhten Aufwendungen wegen seines Mitverschuldens nicht ersetzt werden (BGH 17. 5. 1974 – V ZR 158/72, MDR 1974, 918; krit hierzu Nirk, in: 2. FS Möhring [1975] 94 f). Möglich ist auch, dass sich der zu ersetzende Vertrauensschaden auf bestimmte Aufwendungen **beschränkt**, weil sich das enttäuschte Vertrauen nur darauf bezog, dass jedenfalls ein Vertrag über den Ersatz *dieser* Aufwendungen zustande kommen werde (BGH 27. 2. 1976 – I ZR 122/73, WM 1976, 923, 924; H Stoll, in: FS vCaemmerer [1978] 433, 445 Fn 42).

d) Verjährung

197 Für die **Verjährung** des Schadensersatzanspruchs wegen Verschuldens bei Vertragsschluss gilt die regelmäßige Verjährungsfrist von drei Jahren, §§ 195, 199 BGB (vgl zum früheren Recht BGH 16. 11. 1967 – III ZR 12/67, BGHZ 49, 77, 80 f; BGH 5. 10. 1973 – I ZR 43/72, WM 1974, 51; BGH 30. 3. 1990 – V ZR 13/89, NJW 1990, 1658, 1659). Nur soweit dem Schuldverhältnis, über dessen Abschluss verhandelt wurde, entnommen werden kann, dass eine kurze Verjährungsfrist auf bestimmte Pflichtverletzungen erstreckt werden soll, muss dies auch für den Anspruch aus Verschulden bei Vertragsschluss gelten (für die ursprünglich zweijährige Verjährungsfrist nach § 12 Abs 1 VVG aF: BGH 21. 1. 2004 – IV ZR 44/03, NJW 2004, 1161). Für die Verjährungsfrist der § 438 und § 634a BGB stellt sich die Frage nicht mehr, weil die Vorschriften über die Mängelansprüche in ihrem Anwendungsbereich § 311 Abs 2 BGB vollständig verdrängen (s Rn 157 f). Zur Verjährung bei der Prospekthaftung Staudinger/Peters/Jacoby (2019) § 195 Rn 54 ff.

III. Haftung Dritter (Abs 3)

1. Allgemeines

198 § 311 Abs 3 S 1 BGB regelt die sog Eigenhaftung Dritter. Nach der Vorschrift kann ein Schuldverhältnis mit den in § 241 Abs 2 BGB geregelten Nebenpflichten auch zu Personen entstehen, die nicht selbst Vertragspartner werden sollen. Mit dieser Regelung schließt das Gesetz an eine Entwicklung von Rechtsprechung und Literatur an, die auch schon vor Inkrafttreten der Norm mit der Schuldrechtsreform eine Eigenhaftung solcher Personen kannte, die als Vertreter oder qualifizierte Verhandlungsgehilfen („Sachwalter") zusätzliche Gewähr für das Geschäft bieten oder die mit den Verhandlungen ein für den Vertragspartner erkennbares starkes wirtschaftliches Eigeninteresse verbinden (s dazu die Nachweise bei Staudinger/Löwisch [2001] Vorbem 98 ff zu §§ 275–283). Ausdrücklich als einen Fall der Eigenhaftung von Dritten spricht § 311 Abs 3 S 2 BGB die Figur des Verhandlungsgehilfen an, wenn dort zu § 311 Abs 3 S 1 BGB ergänzend hinzugefügt wird, dass ein Schuldverhältnis mit Pflichten nach § 241 Abs 2 BGB insbesondere dann entstehen könne, wenn der Dritte in besonderem Maße Vertrauen für sich in Anspruch nimmt und dadurch die Vertragshandlungen und den Vertragsschluss erheblich beeinflusst. § 311 Abs 3 S 2 BGB ist jedoch keine abschließende Regelung. Die Figur der mit starkem Eigeninteresse handelnden Personen lässt sich deshalb ohne Weiteres der allgemein formulierten Vorschrift des § 311 Abs 3 S 1 BGB unterordnen (Grüneberg/Grüneberg § 311 Rn 60). Indem das Gesetz die Inanspruchnahme eines Vertrauens in besonderem Maße nur als Regelbeispiel nennt, hat es zudem auch Raum für Weiterentwicklungen geschaffen. Diese sind vor allem der Prospekthaftung und verwandten Erscheinungen zugutegekommen. Voraussetzung für eine Haftung nach § 311

Abs 3 BGB bleibt freilich stets, dass der Dritte einem „Lager" der potenziellen Vertragspartner angehört (dazu Rn 234). § 311 Abs 3 S 1 BGB verlangt damit eine vertragliche oder vertragsähnliche Beziehung zwischen zwei Personen, an dem ein Dritter – zumindest mittelbar – beteiligt ist (vgl hierzu EICHLER 269).

Die Haftung Dritter nach Vertragsgrundsätzen ist auf § 311 Abs 3 BGB beschränkt. **199**
Insbesondere § 311a BGB ist auf sie nicht anwendbar. S dazu § 311a Rn 3.

Die Eigenhaftung des Dritten geht nur **soweit** wie die Haftung **des Geschäftsherrn** **200**
(BGH 12. 1. 2011 – VIII ZR 346/09, MDR 2011, 222). Deshalb kommen ihm Haftungsausschlüsse zugute (BGH 28. 1. 1981 – VIII ZR 88/80, BGHZ 79, 281, 287; BGH 21. 1. 1975 – VIII ZR 101/73, BGHZ 63, 382; LANDSCHEIDT BRJ 2013, 118, 123; differenzierend SCHWARZE, Das Recht der Leistungsstörungen § 33 Rn 64).

Auch die Schadensersatzhaftung des Dritten setzt gem § 280 Abs 1 S 2 BGB ein **201**
Vertretenmüssen voraus. Es gelten insoweit die gleichen Grundsätze wie für die Haftung des potenziellen Vertragspartners. Dies gilt auch für die Haftung des Dritten für seinen Erfüllungsgehilfen (BGH 29. 1. 1997 – VIII ZR 356/95, NJW 1997, 1233, 1234 f).

Für den **Umfang** des durch den Dritten zu ersetzenden Schadens gelten ebenfalls die **202**
gleichen Grundsätze wie für die Haftung des potenziellen Vertragspartners. Insbesondere haftet er in der gleichen Weise wie dieser, wenn infolge fehlerhafter Aufklärung ein Vertrag geschlossen wird, der bei pflichtgemäßer Aufklärung überhaupt nicht oder mit einem anderen Inhalt geschlossen worden wäre (s Rn 186 ff).

Soweit das Recht der öffentlichen-rechtlichen Verträge ergänzend auf das BGB **203**
verweist (Vorbem 3 f zu §§ 311, 311a), ist auch § 311 Abs 3 BGB anwendbar (OLG Brandenburg 10. 2. 2010 – 1 U 36/08, NJ 2011, 394). Werden Bürger zum Abschluss städtebaulicher Verträge mit einer Gemeinde dadurch bewogen, dass das betreffende Bundesland der Gemeinde Zuschüsse zu den Erschließungskosten schriftlich (§ 38 Abs 1 S 1 VwVfG) zugesagt hat, können sie, wenn die Zusage nicht erfüllt wird und die Bebauung sich deshalb zerschlägt, den Vertrauensschaden gegenüber dem Land geltend machen.

2. Inanspruchnahme besonderen Vertrauens

Besonderes Vertrauen nimmt derjenige in Anspruch, der als **Sachwalter** der Inte- **204**
ressen eines potenziellen Vertragspartners auftritt. Ein besonderes persönliches Vertrauen im Sinne eines Sachwalters setzt dabei zunächst voraus, dass der Dritte an den Vertragsverhandlungen oder dem Vertragsschluss überhaupt – und sei es auch nur über einen Erfüllungsgehilfen iSv § 278 BGB – beteiligt ist (vgl BGH 29. 1. 1997 – VIII ZR 356/95, NJW 1997, 1233, 1234; KAPOOR, BB-Kommentar zu LG Berlin 5. 5. 2020 – 11 O 5/19, BB 2020, 2132 für Ratingagenturen). Denn der Sachwalter muss durch sein Verhalten über das allgemeine Verhandlungsvertrauen Einfluss auf die Entscheidung des Anderen nehmen (BGH 29. 1. 1997 – VIII ZR 356/95, NJW 1997, 1233; OLG Stuttgart 4. 8. 2020 – 16a U 197/19, AG 2021, 119). Allein das Vertrauen einer Person in die Qualität der Produkte eines bestimmten Herstellers oder die Richtigkeit der Herstellerangaben vermag deshalb eine Sachwalterhaftung des Herstellers für sich genommen nicht zu

begründen (OLG Karlsruhe 26. 1. 2022 – 6 U 128/20; OLG Stuttgart 4. 8. 2020 – 16a U 197/19, AG 2021, 119). Daran ändert auch die Tatsache nichts, dass dem Hersteller wegen konzernmäßiger Verflechtungen rechtliche Einflussmöglichkeiten auf den Vertragspartner des potenziellen Gläubigers eröffnet sind (offengelassen von Temming/Weber JURA 2019, 923, 933 ff). Auch eine Haftung des bloßen Werbeträgers, der nicht in die eigentliche Vertragsverhandlung oder -anbahnung eingebunden ist, scheidet deshalb aus. Dass sich jemand durch die Anpreisung des Projekts zum Vertragsschluss entscheidet, genügt zur Annahme einer Sachwalterstellung des Anpreisenden auch bei Ausnutzen psychologischer Mechanismen nicht (unzutreffend ist deshalb die Annahme von Herberger, Zur persönlichen Inanspruchnahme von Influencern bei Werbung für Fake-Shops, K&R 2021, 564, 565, Influencer beeinflussten den Vertragsschluss erheblich iSv § 311 Abs 3 S 2 2. Alt BGB). Aus demselben Grunde kann auch der ehemalige Arbeitgeber, der dem ausscheidenden Arbeitnehmer ein fehlerhaftes Arbeitszeugnis erteilt, nicht als Sachwalter gegenüber dem (etwaigen) künftigen Arbeitgeber angesehen werden (Hofer/Hengstberger NZA-RR 2020, 118, 120; ErfK/Müller-Glöge § 109 GewO Rn 72; **aA** BGH 15. 5. 1979 – VI ZR 230/76, BGHZ 74, 281; Staudinger/Temming [2022] § 630 Rn 82).

205 Grundsätzlich reicht zudem allein das Vertrauen in eine bestimmte Person bzw in deren Fähigkeiten oder Expertise für eine Haftung nach § 311 Abs 3 BGB nicht aus (Wendestein JURA 2018, 144, 151). Der Dritte muss vielmehr durch sein Handeln oder Auftreten entweder im Hinblick auf seine besondere Sachkunde oder Zuverlässigkeit gegenüber dem anderen Teil den Eindruck vermitteln, er wolle eine persönliche Gewähr für das Gelingen des Geschäfts, dh die Seriosität und ordnungsgemäße Erfüllung des Vertrags, übernehmen (BGH 22. 10. 2015 – III ZR 264/14, NJW-RR 2016, 169; OLG Düsseldorf 6. 10. 2015 – I-21 U 70/15, BauR 2016, 2090; Temming/Weber JURA 2019, 923, 929; Leyens, Expertenhaftung: Ersatz von Vermögensschäden im Dreipersonenverhältnis nach Bürgerlichem Recht, Jus 2018, 217, 219; Schneider MDR 2016, 496, 498). Dies ist von vornherein nur möglich, wenn die Äußerung zukunftsbezogen ist (so zu Recht Fleischer/Hahn, Zur unbeschränkten Haftung des herrschenden Kommanditisten, NZW 2018, 1281, 1288 f, wonach die Aussage des Gesellschafters, er habe schon viel Geld in die Firma gesteckt, deshalb nicht ausreicht).

206 In erster Linie ist hierbei an die Fälle zu denken, in denen die Sachwalterstellung auf der besonderen, nur dem Gehilfen zukommenden Sachkunde beruht. Eine solche Sachkunde hat etwa der gewerbliche **Gebrauchtwagenhändler**, der ein Fahrzeug nicht im eigenen Namen, sondern für eine Privatperson verkauft (OLG Karlsruhe 20. 5. 2020 – 9 W 10/20, MDR 2020, 1245; Temming/Weber JURA 2019, 923, 991 f; **aA** OLG Brandenburg 9. 7. 2019 – 6 U 11/19). Gleiches gilt für den **GmbH-Geschäftsführer**, der mit Dritten für die Gesellschaft über die Verwertung eines von ihm entwickelten neuen Herstellungsverfahrens verhandelt (BGH 19. 2. 1990 – II ZR 41/89, NJW-RR 1990, 614, 615). Das bloße Tätigwerden als GmbH-Geschäftsführer genügt aber nicht (OLG Stuttgart 23. 2. 2016 – 1 U 97/15, ZIP 2016, 2066; BAG 12. 4. 2011 – 9 AZR 229/10, DB 2011, 2538 für das Verhältnis des GmbH-Geschäftsführers zu den Arbeitnehmern; Temming/Weber JURA 2019, 923, 932). Auch ein **Unternehmensberater**, der die Geschäftsführung eines sanierungsbedürftigen Unternehmens übernommen hat, hat eine solche besondere Sachkunde, wenn er bei Vertragsverhandlungen auf seine früheren Sanierungserfolge hinweist (BGH 3. 4. 1990 – XI ZR 206/88, NJW 1990, 1907, 1908; s auch BGH 1. 7. 1991 – II ZR 180/90, NJW-RR 1991, 1312; Schmittmann, Überlegungen zur Haftung des Sanierungsberaters, ZInsO 2011, 545, 551). Ein „Franchisedirektor“, der dem Franchisenehmer zu Beginn der Vertragsverhandlungen für die Führung eines Restaurants in einem persönlichen Gespräch zusichert, im Fall eines Scheiterns des Projekts werde der Franchisegeber das Restaurant selbst übernehmen, „wie sich das für eine große Franchisefamilie gehöre“, nimmt besonderes Vertrauen in Anspruch (BGH 13. 12. 2005 – KZR 12/04, NJW-RR 2006, 993).

Verharmlost der Geschäftsführer einer Vermögensberatungsgesellschaft im Bera- 207
tungsgespräch das Verlustrisiko einer fondsgebundenen Kapitallebensversicherung, bei der Lebensversicherung und Investmentsparen kombiniert werden, haftet er aus Verschulden bei Vertragsschluss (OLG Stuttgart 31. 3. 2011 – 3 U 148/10). Voraussetzung einer solchen Haftung ist aber die besondere Stellung als Geschäftsführer. Beim bloßen Angestellten kann von der Inanspruchnahme besonderen Vertrauens regelmäßig nicht ausgegangen werden. Etwas anders gilt dann, wenn der Dienstnehmer willentlich und bewusst gegenüber dem potenziellen Vertragspartner als alleiniger Entscheidungsträger seines Dienstgebers auftritt und persönliche Zusagen trifft (LG Bonn 3. 3. 2023 – 1 O 31/21).

Eine Haftung aus einer Sachwalterstellung heraus kommt auch in den Fällen in 208
Betracht, in denen ein Gründungsgesellschafter oder organschaftliche Vertreter einer kapitalsuchenden Gesellschaft dem Anlageinteressenten persönlich mit dem Anspruch gegenübertreten, ihn über die für eine Anlageentscheidung wesentlichen Umstände zu informieren und hierbei – ganz losgelöst von bestehenden Prospektangaben (s zum Ausschluss von § 311 Abs 2 und 3 BGB in diesen Fällen unter Rn 222 ff) – unzutreffende Angaben oder falsche Zusicherungen machen. Sie haften dann für die Unrichtigkeit oder Unvollständigkeit ihrer Angaben (vgl BGH 27. 4. 2021 – XI ZB 35/18, BKR 2021, 774). Die bloße Stellung als Alleinaktionär genügt allerdings nicht (OLG Düsseldorf 17. 7. 2009 – I-16 U 163/08).

Schließlich kommt auch in Betracht, dass dem Gehilfen das Vertrauen nicht auf- 209
grund besonderer Sachkunde, sondern aufgrund *besonderer persönlicher Beziehungen* zwischen Enttäuschtem und Gehilfen entgegengebracht wird (vgl BGH 23. 2. 1983 – VIII ZR 325/81: Brüder; BGH 18. 9. 1990 – XI ZR 77/89, NJW-RR 1991, 289, 290: intime Beziehung zwischen Enttäuschtem und Gehilfen; Schwarze, Das Recht der Leistungsstörungen § 33 Rn 60). Eine bloße persönliche Bekanntschaft (BGH 11. 10. 1988 – X ZR 57/87, ZIP 1988, 1576; LG Offenburg 15. 5. 2013 – 5 O 61/11 KfH), freundschaftliche Beziehungen (OLG Hamm 24. 6. 2005 – 9 U 201/04, VersR 2006, 415; LG Paderborn 10. 3. 2011 – 4 O 294/10) oder die Empfehlung des Fachmannes durch Freunde des Geschädigten (OLG München 16. 2. 2009 – 19 U 2608/08) reichen hierfür aber nicht aus. Anders ist dies zu beurteilen, wenn zu einer „engsten Freundschaft“ die besondere Sachkunde eines Teils hinzutritt (OLG Düsseldorf 28. 6. 2018 – 5 U 92/17, NJW-RR 2019, 140 für eine engste Männerfreundschaft zwischen einem Erblasser und einem anerkannten Kunstkenner).

Voraussetzung ist immer, dass der Gehilfe *über das allgemeine Vertrauen hinaus* 210
zusätzliche Gewähr für die Erfüllung oder Seriosität des Geschäfts bietet. Ein Vertreter nimmt nicht dann bereits besonderes persönliches Vertrauen in Anspruch, wenn er bei Vertragsverhandlungen als Wortführer auftritt (BGH 7. 12. 1992 – II ZR 179/91, NJW-RR 1993, 342, 344). Auch ein Immobilienverwalter nimmt gegenüber Mietinteressenten der Wohnung regelmäßig kein besonderes persönliches Vertrauen in Anspruch (AG Bremen 21. 8. 2013 – 23 C 0473/12 ua). Gleiches gilt für den Immobilienmakler, der auf Grundlage eines Vermarktungsauftrages des Eigentümers Wohnun-

gen vermittelt, auch wenn er eigens zur Vermarktung ein Exposé erstellt (OLG Düsseldorf 6. 10. 2015 – I-21 U 70/15, BauR 2016, 2090). Auch dass ein **Versicherungsagent** in der Vergangenheit mehrere Versicherungsverträge vermittelt hat, gibt ihm nicht die Position des Sachwalters bei weiteren Vertragsverhandlungen (OLG Celle 5. 2. 2009 – 8 U 186/08, VersR 2009, 1205). Die *berufliche Stellung* des Gehilfen reicht grundsätzlich nicht, sondern nur in solchen besonderen Fallkonstellationen, bei denen der beruflichen Qualifikation in typisierender Betrachtungsweise eine maßgebliche und ausschlaggebende Bedeutung für die Willensentschließung des anderen Teils zukommt (BGH 8. 12. 1994 – III ZR 175/93, NJW 1995, 1213, 1214; s aber auch Canaris, Schutzwirkungen zugunsten Dritter bei „Gegenläufigkeit" der Interessen, JZ 1995, 441, 445). Dass der Gehilfe die normale von ihm zu erwartende Sachkunde in die Verhandlungen einbringt, genügt nicht (BGH 17. 10. 1989 – XI ZR 173/88, NJW 1990, 506; BGH 17. 6. 1991 – II ZR 171/90, NJW-RR 1991, 1241, 1242 gegen die Eigenhaftung eines Versicherungsvertreters, der sich auf die Übermittlung eines Änderungsantrages zum bestehenden Versicherungsvertrag beschränkt). Deshalb folgt allein aus der Tätigkeit als **Gutachter** für sich genommen noch keine Haftung nach § 311 Abs 3 BGB und scheidet auch eine Haftung eines von einer Sachversicherung eingeschalteten sog Regulierungsbeauftragten gegenüber dem Versicherungsnehmer nach dieser Norm aus (OLG Hamm 21. 11. 2018 – 20 U 88/18, VersR 2019, 545). Wird aber für den vom Verkäufer beauftragten Tierarzt der Kauf eines Tieres vom Interessenten erkennbar von dem Ergebnis der Ankaufsuntersuchung abhängig gemacht, so nimmt der Tierarzt gegenüber diesem ein besonderes Vertrauen in Anspruch und haftet nach § 311 Abs 3 BGB gegenüber dem Käufer bei einem fahrlässig fehlerhaft erstellten Gutachten (Adolphsen, in: FS Gottwald [2014] S 1, 2 ff; **aA** OLG Hamm 29. 5. 2013 – I-12 U 178/12 ua, NJW-RR 2013, 1522, das die Haftung zu Unrecht auf einen Vertrag mit Schutzwirkung zu Gunsten Dritter stützt). Dass ein **Tierarzt** vom Pferdekäufer mit der Ankaufsuntersuchung beauftragt wird, macht ihn hingegen nicht zum Sachwalter gegenüber dem Pferdeverkäufer (OLG Düsseldorf 28. 5. 2009 – 8 U 84/08, RdL 2010, 117).

211 Ein **Insolvenzverwalter**, der für die Masse Geschäfte mit einem Gläubiger abschließt, nimmt diesem gegenüber besonderes Vertrauen in Anspruch, das ihn verpflichtet, den Gläubiger darüber aufzuklären, dass der Geschäftsbetrieb des Schuldners auf einen Dritten übertragen worden ist (OLG Frankfurt 8. 3. 2007 – 26 U 43/06, ZInsO 2007, 548). Versichert der Insolvenzverwalter Arbeitnehmern, die Auszahlung künftiger Lohnansprüche sei sicher, haftet er bei späterer Masseunzulässigkeit wegen vorvertraglicher Pflichtverletzung aus Vertrauensstellung auf das negative Interesse (LAG Mecklenburg-Vorpommern 10. 1. 2008 – 1 Sa 134/07). Allein aus der Funktion als Insolvenzverwalter folgt aber noch nicht die Inanspruchnahme eines besonderen persönlichen Vertrauens gegenüber den Gläubigern und Geschäftspartner der insolventen Gesellschaft. Ein **Patron** einer internen Patronatserklärung, der dem patronierten Unternehmen gestattet, die Gläubiger bei Vertragsanbahnung auf die interne Abrede hinzuweisen, nimmt diesen gegenüber hingegen besonderes Vertrauen in Anspruch (Harnos, Harte externe Patronatserklärung in der Insolvenz, ZIP 2017, 1149, 1150). Fehlt es an einer solchen Gestattung, fehlt es an einem zurechenbaren Verhalten des Patrons bei den Vertragsverhandlungen, das Anknüpfungspunkt für eine Haftung nach § 311 Abs 3 BGB sein könnte (vgl Rn 204).

212 Die besondere Funktion als öffentlich bestellter Vormund, Pfleger oder **Betreuer** reicht für die Annahme besonderen Vertrauens nicht aus (BGH 8. 12. 1994 – III ZR 175/

93, NJW 1995, 1213, 1214). Dass ein Betreuer für einen Betreuten eine Wohnung gemietet hat, die von diesem dann beschädigt wird, begründet deshalb keine Ersatzpflicht des Betreuers (OLG Düsseldorf 26. 8. 2009 – 15 U 26/09, FamRZ 2010, 1282). Auch hat er nicht für den von dem Betreuten geschuldeten Mietzins einzustehen (LG Duisburg 16. 12. 2011 – 7 S 117/11, NJW-RR 2012, 455). Ein **Partnervermittler**, der erklärt, er verbürge sich für die Vermittlung bindungsfähiger Partner durch eine in den gleichen Geschäftsräumen ansässige Partnervermittlungsfirma „persönlich", haftet hingegen (OLG Düsseldorf 17. 5. 2010 – 24 U 188/09, FamRZ 2010, 2028).

Der administrative Ansprechpartner **(Admin-C)** einer Webseite nimmt besonderes Vertrauen der Nutzer der Webseite in Anspruch und haftet diesen deshalb nach § 311 Abs 3 BGB, wenn er nicht überprüft, ob die automatisiert registrierten Domain-Namen Rechte Dritter verletzen (BGH 9. 11. 2011 – I ZR 150/09; **aA** OLG München 30. 7. 2009 – 6 U 3008/08). **213**

Klassifikationsgesellschaften nehmen durch die Ausstellung ihrer Zertifikate besonderes Vertrauen gegenüber Vertragspartnern desjenigen in Anspruch, der das Zertifikat für ein zu verkaufendes Schiff ausstellen lässt und haftet deshalb nach § 311 Abs 3 BGB, wenn das Zertifikat fehlerhaft ist (Kraft/Schlingmann, Die Dritthaftung von Klassifikationsgesellschaften, VersR 2004, 1095; kritisch hingegen Jessen, Neues zur Dritthaftung privater Klassifikationsgesellschaften nach „Erika" und „Prestige"?, RdTW 2013, 387, 391 f mit dem Hinweis, dass privatrechtliche Klassifizierungen in erster Linie versicherungsmathematischen Zwecken und gesetzlich vorgeschriebene Klassifizierungen vorrangig der Einhaltung der internationalen Schiffsicherheitskonventionen dienen). **214**

3. Haftung bei wirtschaftlichem Eigeninteresse

Auch wenn der Dritte kein besonderes Vertrauen in Anspruch nimmt, aber an den Vertragshandlungen oder der Vertragsanbahnung mitwirkt und mit dem anzubahnenden Vertrag ein starkes wirtschaftliches Eigeninteresse verbindet, ist § 311 Abs 3 BGB anwendbar. Es handelt sich um einen der Inanspruchnahme besonderen Vertrauens gleichwertigen Tatbestand, der von der Rechtsprechung seit jeher anerkannt ist (zur Entwicklung Kersting 35 ff). Ein starkes wirtschaftliches Eigeninteresse in diesem Sinne setzt voraus, dass der Dritte seine eigene wirtschaftliche Existenz so eng mit dem Erfolg des Geschäfts verknüpft, dass er gleichsam in eigener Sache tätig wird (BGH 2. 3. 1988 – VIII ZR 380/86, NJW 1988, 2234; OLG Düsseldorf 27. 4. 2006 – I-6 U 162/03; LG Hamburg 28. 10. 2009 – 316 O 167/09). Der Dritte muss wie der eigentliche Vertragspartner als wirtschaftlicher Herr des Geschäfts oder eigentlicher wirtschaftlicher Interessenträger anzusehen sein. Dafür genügt ein bloß mittelbares wirtschaftliches Interesse an dem Geschäft, etwa wegen der Aussicht auf Erhalt einer *Vermittlungsprovision,* nicht (BGH 13. 1. 2022 – III ZR 210/20, ZIP 2022, 481; BGH 27. 9. 1965 – VII ZR 210/63, WM 1965, 1288; BGH 4. 7. 1983 – II ZR 220/82, BGHZ 88, 67, 70; BGH 23. 10. 1985 – VIII ZR 210/84, NJW 1986, 586, 587; BGH 11. 10. 1988 – X ZR 57/87, ZIP 1988, 1576; BGH 3. 10. 1989 – XI ZR 157/88, NJW 1990, 389, 390; BGH 29. 1. 1992 – VIII ZR 80/91, NJW-RR 1992, 605; OLG München 16. 2. 2009 – 19 U 2608/08; LG Hamburg 28. 10. 2009 – 316 O 167/09; Temming/Weber JURA 2019, 923, 933). Das wirtschaftliche Eigeninteresse muss vielmehr über das Interesse am Entgelt für die Gehilfentätigkeit hinausgehen (OLG Hamm 8. 2. 2006 – 13 U 165/05; OLG Düsseldorf 27. 4. 2006 – I-6 U 162/03; OLG München 30. 7. 2009 – 6 U 3008/08, CR 2010, 121; OLG Brandenburg 13. 11. **215**

2019 – 4 U 38/19, NZI 2020, 71; Madaus JURA 2006, 884). Auch eine zusätzlich zum Gehalt eines GmbH-Geschäftsführers gezahlte Erfolgsbeteiligung in begrenztem Umfang begründet keine Eigenhaftung des Geschäftsführers wegen starken wirtschaftlichen Eigeninteresses (BGH 16. 3. 1992 – II ZR 152/91, DB 1992, 982), ebensowenig, dass der Geschäftsführer für Begründung, Inhalt, Beendigung der GmbH Sicherheiten aus eigenem Vermögen zur Verfügung gestellt hat (BGH 6. 6. 1994 – II ZR 292/91, BGHZ 126, 181, 182 ff). Es recht gilt dies für das allgemeine Interesse als Vertretungsorgan einer Gesellschaft am Erfolg des Unternehmens (BAG 20. 3. 2014 – 8 AZR 45/13, NJW 2014, 2669; OLG Stuttgart 23. 2. 2016 – 1 U 97/15, ZIP 2016, 2066).

216 Auch die Stellung als *Allein- oder Mehrheitsgesellschafter* ist für die Annahme, der Geschäftsführer werde „gleichsam in eigener Sache“ tätig, wegen der grundsätzlich bestehenden Beschränkung der Haftung aus das Gesellschaftsvermögen allein nicht ausreichend (BGH 17. 7. 2018 – II ZR 13/17, BB 2018, 2002; BGH 7. 11. 1994 – II ZR 108/93, NJW 1995, 398; Freitag/Korch GmbHR 2013, 1184, 1187; MünchKommBGB/Emmerich § 311 Rn 209; **aA** noch BGH 27. 10. 1982 – VIII ZR 187/81, NJW 1983, 676, 677). Mit seinem Privatvermögen haftet der Gesellschafter gerade nicht unbeschränkt, sondern lediglich, soweit er dies in die Gesellschaft eingebracht hat. Er kann deshalb nicht als Quasi-Vertragspartner angesehen werden. Anders ist dies jedoch zu bewerten, wenn der Gesellschafter wegen der Übernahme einer unbeschränkten selbstschuldnerischen Bürgschaft für sämtliche Kreditschulden gegenüber der Vertragsbank der Gesellschaft das gesamte unternehmerische Risiko trägt (BGH 25. 1. 1984 – VIII ZR 227/82, NJW 1984, 2284, 2286 für einen Kommanditisten; nicht ausreichend ist hingegen, dass der Gesellschafter irgendeine Bürgschaft zugunsten der Gesellschaft übernommen hat: BGH 6. 6. 1994 – II ZR 292/91, BGHZ 126, 181). In diesem Fall liegt ein besonderes wirtschaftliches Eigeninteresse vor. Allein das besondere wirtschaftliche Eigeninteresse ist aber für sich allein kein Haftungsgrund. Vielmehr muss der bürgende Gesellschafter an den Vertragsverhandlungen oder der Vertragsanbahnung selbst mitgewirkt und dabei direkten geschäftlichen Kontakt zum Gläubiger gehabt haben, um nach § 311 Abs 3 BGB in Anspruch genommen werden zu können (MünchKommBGB/Emmerich § 311 Rn 209). Verfehlt ist auch der von Freitag/Korch verfolgte Ansatz, aus den aus §§ 5a, 35a GmbHG und § 15a InsO abgeleiteten Aufklärungspflichten auf eine Haftung des Geschäftsführers aus § 311 Abs 3 S 1 BGB zu schließen (Freitag/Korch GmbHR 2013, 1184, 1188 f). Die Verletzung von Aufklärungspflichten kann eine Pflichtverletzung iSv § 280 Abs 1 BGB sein. § 280 Abs 1 BGB ist aber nur anwendbar, wenn eine vorvertragliche Sonderbeziehung iSv § 311 Abs 3 BGB besteht. Aus den in §§ 5a, 35a GmbHG und § 15a InsO verankerten gesetzlichen Geboten folgen zwar Pflichten der Gesellschaft, die durch den Geschäftsführer vertreten wird. Diese Pflichten treffen aber formal die Gesellschaft; sie begründen für sich keine vorvertragliche Sonderbeziehung zwischen dem Geschäftsführer und den Vertragspartnern der Gesellschaft. Andernfalls werden Anspruchsvoraussetzung (vorvertragliches Schuldverhältnis) und Rechtsfolge (Aufklärungspflichten) ins Gegenteil verkehrt. Nicht aus Aufklärungspflichten resultiert ein vorvertragliches Schuldverhältnis, sondern umgekehrt: Liegt ein vorvertragliches Schuldverhältnis vor, so ergeben sich hieraus Nebenpflichten aus § 241 Abs 2 BGB. Allein gesetzliche Gebote bewirken mithin keine Eigenhaftung des Dritten nach § 311 Abs 3 BGB; sie können lediglich, stellen sie Schutzgesetze iSv § 823 Abs 2 BGB dar, eine Haftung aus Delikt begründen.

217 Ein die Eigenhaftung des Dritten rechtfertigendes, starkes wirtschaftliches Eigeninteresse an dem Geschäft kann aber etwa aufgrund der wirtschaftlichen Verbindung zwischen Ehegatten in den Fällen anzunehmen sein, in denen der Vertreter für seinen Ehegatten handelt (BGH 17. 9. 1954 – V ZR 32/53, BGHZ 14, 313, 318). Bejaht wird das starke wirtschaftliche Eigeninteresse ferner regelmäßig für den als Vermittlungs- und Abschlussvertreter auftretenden *Gebrauchtwagenhändler* (BGH 28. 1. 1981 – VIII ZR 88/80, BGHZ 79, 281, 283, 286; BGH 25. 5. 1983 – VIII ZR 55/82, 87, 302, 304; zu diesen Fällen Kersting 39 f). Hingegen fehlt es bei einem Kraftfahrzeughändler, der durch seinen Angestellten nach dem Verkauf maßgebenden Einfluss auf den Weiterverkauf nimmt, an diesem wirtschaftlichen Eigeninteresse. In Betracht kommt in diesen Fällen nur eine Haftung wegen der Inanspruchnahme besonderen Vertrauens (BGH 29. 1. 1997 – VIII ZR 356/95, NJW 1997, 1233).

218 Von einem starken wirtschaftlichen Eigeninteresse ist zudem immer dann auszugehen, wenn für den, für den Verhandlungen geführt werden, gar kein Vertrag oder nur ein Scheinvertrag geschlossen werden soll (BGH 13. 6. 2002 – VII ZR 30/01, ZIP 2002, 1771). Will der Verhandlungsführer hingegen einen Vertrag für den Vertretenen herbeiführen, fehlt ihm aber die Vertretungsmacht, so richtet sich die Haftung nach § 179 BGB. Eine Haftung nach § 311 Abs 3 BGB kommt in diesen Fällen nur bei Inanspruchnahme eines zusätzlichen Vertrauenstatbestandes in Betracht (s zu diesem Problem Staudinger/Schilken [2019] § 179 Rn 20; Erman/Finkenauer § 179 Rn 25; weitergehend jedoch Forster, Zur Haftung aus c.i.c. bei Anfechtung der betätigten Innenvollmacht, AcP 222 [2022] 428, 442 ff).

4. Prospekthaftung

219 Bei der Prospekthaftung ist zwischen der sog Prospekthaftung im engeren Sinne (teils auch „eigentliche Prospekthaftung" genannt) und der sog Prospekthaftung im weiteren Sinne (teils auch als „uneigentliche Prospekthaftung" bezeichnet) zu unterscheiden. Von der Prospekthaftung im engeren Sinne wird gesprochen, wenn unrichtige oder unvollständige Prospektangaben einen Dritten zum Erwerb von Wertpapieren oder einer Kapitalanlage veranlassen. Es handelt sich bei ihr um einen Sonderfall des pflichtwidrigen Herbeiführens des Vertragsschlusses. Die Haftung gründet aufgrund einem typisierten Vertrauen in die Richtigkeit und Vollständigkeit des Prospekts (Klöhn NZG 2021, 1063 und 1066; Buck-Heeb/Dieckmann ZHR 2020, 646, 661). Die Prospekthaftung im engeren Sinne (dazu unter Rn 221 ff, 225 f) beschränkt sich auf die sog Prospektveranlasser (dazu unter Rn 226) und wurde von der Rechtsprechung als Unterfall der Haftung aus culpa in contrahendo verstanden und in Anlehnung zur ehemaligen börsenrechtlichen Regelung des § 45 BörsG (bzw später § 44 BörsG) entwickelt, um Haftungslücken außerhalb des Anwendungsbereiches des Börsengesetzes, va im sog grauen Markt, zu schließen (s insbes BGH 14. 12. 1972 – II ZR 82/70, NJW 1973, 1604 und BGH 24. 4. 1978 – II ZR 172/76, BGHZ 71, 284; Buck-Heeb/Dieckmann ZHR 2020, 646, 649). Heute ist die Prospekthaftung im engeren Sinne weitestgehend gesetzlich geregelt. Für die bislang daneben aus § 311 Abs 2 BGB abgeleitete bürgerlich-rechtliche Prospekthaftung im engeren Sinne verbleibt neben diesen spezialgesetzlichen Regelungen kein weiterer Anwendungsbereich (dazu unter Rn 222). Auch bei der Prospekthaftung im weiteren Sinne (dazu unter Rn 228 ff) geht es um Haftung wegen des pflichtwidrigen Veranlassens zum Erwerb von Wertpapieren oder einer Kapitalanlage. Anders als bei der Prospekthaftung im engeren Sinne

gründet die Pflichtwidrigkeit hier jedoch nicht auf Fehlern oder Lücken in Prospekten, sondern in der Verletzung von Aufklärungspflichten bei den Verhandlungen mit Anlegern und beruht damit auf den konkreten Umständen des Vertragsschlusses (vgl Klöhn NZG 2021, 1063; Buck-Heeb/Dieckmann ZHR 2020, 646, 661). Anders als die Prospekthaftung im engeren Sinne hat sie keine spezialgesetzliche Ausformung erhalten. Die Haftung richtet sich deshalb bei ihr ausschließlich nach § 311 Abs 2 BGB.

220 Für Klagen, in denen ein Schadensersatzanspruch wegen falscher, irreführender oder unterlassener öffentlicher Kapitalmarktinformation geltend gemacht wird, sieht § 32b Abs 1 Nr 1 ZPO einen ausschließlichen Gerichtsstand vor. Danach ist ausschließlich das Gericht am Sitz des betroffenen Emittenten, des betroffenen Anbieters von sonstigen Vermögensanlagen oder der Zielgesellschaft zuständig, wenn sich dieser Sitz im Inland befindet. Die Norm regelt die örtliche Zuständigkeit für Klagen aus der Prospekthaftung im engeren Sinne (OLG Nürnberg 24. 11. 2020 – 15 U 3220/20 für die Haftung der sog Hintermänner). Für die gerichtliche Geltendmachung von Ansprüchen aus der Prospekthaftung im weiteren Sinne greift § 32b Abs 1 Nr 2 ZPO (BGH 1. 12. 2016 – X ARZ 180/16, ZIP 2017, 298). Danach ist für Klagen auf einen Schadensersatzanspruch wegen Verwendung einer falschen oder irreführenden öffentlichen Kapitalmarktinformation oder wegen Unterlassung der gebotenen Aufklärung darüber, dass eine öffentliche Kapitalmarktinformation falsch oder irreführend ist, ebenfalls ausschließlich das Gericht am Sitz des betroffenen Emittenten, des betroffenen Anbieters von sonstigen Vermögensanlagen oder der Zielgesellschaft zuständig. Vorausgesetzt ist jedoch, dass dieser sich im Inland befindet und mit der Klage zudem zumindest auch ein weiterer Beklagter gemäß § 32b Abs 1 Nr 1 ZPO in Anspruch genommen wird. Richtet sich die Klage allein gegen den Haftungsschuldner der Prospekthaftung im weiteren Sinne, verbleibt es bei den allgemeinen Zuständigkeitsbestimmungen (BGH 30. 7. 2013 – X ARZ 320/13, NJW-RR 2013, 1302; BGH 1. 12. 2016 – X ARZ 180/16).

a) Spezialgesetzlich geregelte Prospekthaftung

221 Ein Sonderfall pflichtwidriger Herbeiführung des Vertragsschlusses durch Dritte ist die Veranlassung zur Kapitalanlage durch unrichtige Prospektangaben (sog Prospekthaftung im engeren Sinne). Sie ist heute weitgehend gesetzlich geregelt. Für den Erwerb von Investmentvermögen in Form von Anteilen oder Aktien folgt sie aus § 306 KAGB und für den Erwerb zum Börsenhandel zugelassener Wertpapiere folgt sie aus Art 11 der Verordnung (EU) 2017/1129 des Europäischen Parlaments und des Rates vom 14. 6. 2017 über den Prospekt, der beim öffentlichen Angebot von Wertpapieren oder bei deren Zulassung zum Handel an einem geregelten Markt zu veröffentlichen ist und zur Aufhebung der Richtlinie 2003/71/EG – Prospekt-VO (ABl L 168 vom 30. 6. 2017, S 12) iVm §§ 9 ff WpPG. Für nicht in Wertpapieren im Sinne des WpPG verbriefte und nicht als Anteile an Investmentvermögen im Sinne des § 1 Abs 1 KAGB ausgestaltete Anteile, die eine Beteiligung am Ergebnis eines Unternehmens gewähren und für Anteile an einem Treuhandvermögen, für partiarische Darlehen, Nachrangdarlehen, Genussrechte, Namensschuldverschreibungen und sonstige Anlagen, die eine Verzinsung und Rückzahlung oder einen vermögenswerten Barausgleich im Austausch für die zeitweise Überlassung von Geld oder handelsüblichen Edelmetallen gewähren oder in Aussicht stellen, ist die Haftung für unrichtige oder fehlende Prospektangaben und Angaben in Informationsblättern in §§ 20 ff VermAnlG geregelt. Mit § 306 KAGB, § 20 ff VermAnlG und Art 11 Prospekt-VO iVm §§ 8 ff WpPG hat der Gesetz- und Verordnungsgeber die von der Rechtsprechung entwickelten Grundsätze zur Prospekthaftung aufgegriffen.

Soweit der Anwendungsbereich der spezialgesetzlichen Regelungen eröffnet ist, **222**
kommt eine Haftung nach den Grundsätzen der bürgerlich-rechtlichen Prospekthaftung im engeren Sinne, die analog zur ehemaligen börsenrechtlichen Regelung des § 45 BörsG (bzw später § 44 BörsG) entwickelt wurde (dazu Rn 219), nicht in Betracht (BGH 13. 12. 2022 – XI ZB 10/21, NJW 2023, 1130; BGH 25. 10. 2022 – II ZR 22/22; BGH 20. 9. 2022 – IX ZB 3/20, MDR 2023, 457; BGH 24. 6. 2022 – XI ZR 395/21, DB 2022, 2212; BGH 26. 7. 2022 – XI ZB 23/20, MDR 2022, 1496; BGH 15. 3. 2022 – XI ZB 31/20, ZIP 2022, 945; BGH 22. 2. 2022 – XI ZB 32/20, BGHZ 233, 47; BGH 19. 1. 2021 – XI ZB 35/18, BGHZ 228, 237; BGH 23. 10. 2018 – XI ZB 3/16, BGHZ 220, 100; Schnauder NJW 2013, 3207, 3211 f; Ziegler DStR 2005, 30, 34; Madaus JURA 2006, 881, 886 f; Hoffmeyer NZG 2016, 1133, 1135 ff; Grüneberg/Grüneberg § 311 Rn 68; Buck-Heeb/Dieckmann ZHR 2020, 646, 665 f). Für die bürgerlich-rechtliche Prospekthaftung im engeren Sinne verbleibt damit nur ein sehr eingeschränkter Anwendungsbereich. Sie kann einerseits eingreifen, wenn der Erwerb zu einem Zeitpunkt erfolgt, als die spezialgesetzlichen Regelungen (und ihre Vorgängernormen) noch nicht bestanden, sog Altfälle (Schnauder NJW 2013, 3207, 3211). Zum anderen findet sie weiterhin auf Fälle Anwendung, in denen von ihrem sachlichen Anwendungsbereich weder das KAGB, noch das WpPG noch das VermAnlG greifen (Hanke BKR 2014, 441, 448; Schultheiss JuS 2013, 48, 50; Hoffmeyer NZG 2016, 1133, der einen Rückgriff auf die Rechtsprechung zur bürgerlich-rechtlichen Prospekthaftung im engeren Sinne bei Dokumenten, die kein Prospekt im Sinne des VermAnlG und des KAGB sind, und bei sog Garanten bejaht). Zu denken ist einmal an Anlageformen, bei denen die genannten Gesetze von vornherein keine Anwendung finden, wie bspw Bauherrenmodelle. Zum anderen fallen hierunter auch die Fälle, in denen nach den Ausnahmeregelungen in §§ 1 Abs 2–6, 3 Abs 2 Prospekt-VO iVm WpPG oder §§ 2 ff VermAnlG keine Prospektpflicht besteht, aber dennoch ein Prospekt veröffentlicht wird (MünchKommBGB/Emmerich § 311 Rn 158; **aA** Erman/Dieckmann § 311 Rn 96; Buck-Heeb/Dieckmann ZHR 2020, 646, 669 ff; Grüneberg/Grüneberg § 311 Rn 68, die die Fälle über eine Gesamtanalogie der spezialgesetzlichen Vorschriften lösen wollen).

Ob die spezialgesetzliche Prospekthaftung in ihrem Anwendungsbereich neben der **223**
bürgerlich-rechtlichen Prospekthaftung im engeren Sinne auch einen Schadensersatzanspruch wegen Aufklärungspflichtverletzung durch Verwenden eines fehlerhaften Verkaufsprospekts bei Anbahnung des Vertragsverhältnisses gemäß § 280 Abs 1 BGB iVm § 311 Abs 2 BGB und damit die Prospekthaftung im weiteren Sinne – vor allem im Hinblick auf die prospektverantwortlichen Gründungsgesellschafter – ausschließt, ist hingegen umstritten. Während der 11. Senat einen solchen Ausschluss annimmt (BGH 23. 10. 2018 – XI ZB 3/16, BGHZ 220, 100; BGH 19. 1. 2021 – XI ZB 35/18, BGHZ 228, 237; BGH 27. 4. 2021 – XI ZB 35/18, BKR 2021, 774; so auch OLG Bremen 22. 6. 2022 – 1 Kap 1/17, WM 2022, 1646; Klöhn NZG 2021, 1063, 1066), hat der 2. Senat dem widersprochen (BGH 25. 10. 2022 – II ZR 22/22). Anlass für eine Vorlage an den Großen Senat für Zivilsachen sahen beide Gerichte nicht. Der 11. Senat begründet seine Auffassung insbesondere damit, dass man anderenfalls beim Gründungsgesellschafter, der stets auch die Voraussetzungen des Verschuldens bei Vertragsschluss mittels Verwendens eines fehlerhaften Verkaufsprospekts erfülle, die in den Spezialgesetzen niedergelegte gesetzgeberische Entscheidung umgehe, wozu insbesondere Entlastungsmöglichkeiten bei lediglich einfach fahrlässiger Unkenntnis der Unrichtigkeit

oder Unvollständigkeit des Verkaufsprospekts und kürzere Verjährungsvorschriften zählten (BGH 23. 10. 2018 – XI ZB 3/16, BGHZ 220, 100; BGH 19. 1. 2021 – XI ZB 35/18, BGHZ 228, 237). Eine Haftung des Gründungsgesellschafters nach § 280 Abs 1 BGB iVm § 311 Abs 2 BGB komme daher nur bei Sachverhaltskonstellationen in Betracht, die von den spezialgesetzlichen Regelungen nicht erfasst sind (BGH 19. 1. 2021 – XI ZB 35/18, BGHZ 228, 237). Der 2. Senat hält dem entgegen, dass Anknüpfungspunkt bei einer Haftung aus der sog Prospekthaftung im weiteren Sinne nicht das fehlerhafte Prospekt, sondern die unzureichende Aufklärung des Interessenten über die wesentlichen Verhältnisse der Anlage bzw Gesellschaft sei. Sie knüpfe an die Inanspruchnahme des Vertrauens des Anlegers an, habe damit einen anderen Haftungsgrund und werde deshalb von der spezialgesetzlichen Prospekthaftung nicht berührt und daher auch nicht verdrängt (BGH 25. 10. 2022 – II ZR 22/22; so wohl auch OLG Hamburg 24. 11. 2021 – 1 U 6/21, NZG 2022, 273).

224 Auch wenn die Erwägungen des 2. Senats zutreffen, so ist doch anzuerkennen, dass es in erster Linie dem Gesetzgeber obliegt, Voraussetzungen und Reichweite einer Haftung für fehlerhafte und unzureichende Prospektangaben zu bestimmen. Nimmt er diesen Gesetzesauftrag wahr, so ist der in den besonderen Haftungsregelungen zum Ausdruck kommende gesetzgeberische Wille zu achten. Dem würde eine zusätzliche Anwendung der bürgerlich-rechtlichen Prospekthaftung nach den aus § 311 Abs 2 BGB abgeleiteten Grundsätzen auch auf die Prospektveranlasser (vgl § 306 Abs 1 KAGB; § 8 WpPG, § 20 Abs 1 S 1 Alt 1 VermAnlG), die zwangsläufig an der Anbahnung des Geschäfts beteiligt sind, wie dies bei den Gründungsgesellschaftern der Fall ist, nicht gerecht (vgl Klöhn NZG 2021, 1063, 1066). Denn der Sinn und Zweck der spezialgesetzlichen – gerade auch haftungsbeschränkenden – Regelungen würde hierdurch umgangen. Die gesetzlichen Regelungen sind Spezialgesetze, die in ihrem Anwendungsbereich keinen Raum für die Anwendung des § 311 Abs 2, Abs 3 BGB lassen. Nicht nur die teleologische Auslegung, auch die Gesetzesbegründung sprechen hierfür. Dass der Gesetzgeber mit den besonderen Haftungsbestimmungen die Prospekthaftung abschließend regeln wollte, kommt in den Gesetzesmaterialien hinlänglich zum Ausdruck. Dort hält er fest, dass die Prospekthaftung im weiteren Sinne hinsichtlich der von den spezialgesetzlichen Bestimmungen nicht erfassten Bereichen unberührt bleibt (BT-Drucks 15/3174, 44 für die Einführung von § 13 VerkProspG). Hinsichtlich der von den Spezialregelungen erfassten Bereichen geht er im Umkehrschluss von einer Verdrängung der bürgerlich-rechtlichen Prospekthaftung aus. Letztlich kommt dies auch in § 306 Abs 6 S 2 KAGB zum Ausdruck. Denn dort ist festgehalten, dass weitergehende Ansprüche, die sich aus den Vorschriften des bürgerlichen Rechts aufgrund von Verträgen oder unerlaubter Handlung ergeben können, unberührt bleiben. Bei der Prospekthaftung handelt es sich aber gerade nicht um eine Haftung „aufgrund von Verträgen", sondern um eine vorvertragliche Haftung. Eine Haftung nach § 280 Abs 1 BGB iVm § 311 Abs 2 BGB nach den Grundsätzen der bürgerlich-rechtlichen Prospekthaftung im weiteren Sinne ist deshalb nur möglich, soweit der Anwendungsbereich der spezialgesetzlichen Haftungsregelungen nicht eröffnet ist, etwa weil potenzieller Schuldner kein Prospektveranlasser iSd Spezialgesetze ist (so zunächst auch Buck-Heeb/Dieckmann ZHR 2020, 646, 684 f; nunmehr **aA** Buck-Heeb/Dieckmann ZIP 2022, 145, 148 f und Klöhn NZG 2021, 1063, 1069, die einen vollständigen Ausschluss immer dann annehmen, wenn der Anwendungsbereich des Gesetzes, zu dem die spezialgesetzliche Prospekthaftung gehört, insgesamt eröffnet ist) oder dieser bei der Vertragsanbahnung auf andere Weise als durch das Bereitstellen eines fehlerhaften Prospekts gegen vorvertragliche Pflichten verstößt (BGH 23. 10. 2018 – XI ZB 3/16, BGHZ 220, 100; BGH 19. 1. 2021 – XI ZB 35/18, BGHZ 228, 237; BGH 27. 4. 2021 – XI ZB 35/18, BKR 2021, 774). Soweit die Ansicht vertreten wird, die Grundsätze der Prospekthaftung seien gänzlich ausgeschlossen, soweit nur überhaupt eine Prospektpflicht nach den og Gesetzen bestünde und der Ausschluss über diejenigen hinausgehe, die zum Kreis der Haftungsadressaten dieser Gesetze zähle (Dieckmann BKR 20222, 398, 399; Buck-Heeb/Dieckmann ZIP 2022, 145, 148 f), so kann dem nicht gefolgt werden. Zwar scheint das für die Ansicht in Anspruch genommene Argument, dass anderenfalls ein Wertungswiderspruch entstehe, weil die Haftung derjenigen, die den Prospekt nicht einmal veranlasst hätten, nicht weiterreichen könne, als derjenigen, die für das fehlerhafte Prospekt verantwortlich seien, durchaus plausibel; das sind nach § 306 Abs 1 KAGB, § 20 Abs 1 S 1 Alt 1 VermAnlG, § 8 WpPG nicht nur die Verwaltungsgesellschaft, sondern auch die sog Hintermänner – Initiatoren, Gründer und Gestalter (Klöhn NZG 2021, 1063, 1069; Buck-Heeb/Dieckmann ZIP 2022, 145, 148 f). Allerdings ist zu sehen, dass die Haftung der an sich nicht prospektverantwortlichen Personen nicht auf dem fehlerhaften Prospekt gründet, sondern auf einem zusätzlichen besonderen Vertrauenstatbestand, den diese Person selbst geschaffen hat (so iE auch Buck-Heeb/Dieckmann ZIP 2022, 145, 151; Dieckmann BKR 20222, 398, 399 f, der von einer Entweder-oder-Haftung spricht). Zudem kann der Wille einer abschließenden Regelung durch den Gesetzgeber nur insoweit angenommen werden, soweit das speziellere Gesetz überhaupt anwendbar ist. Dass mit den kapitalrechtlichen Vorschriften weitergehend, als der Anwendungsbereich eröffnet ist, den Anlegern zivilrechtliche Ansprüche genommen werden sollten, liegt fern. Es ist aber immer zu fragen, ob der vermeintliche Haftungsschuldner überhaupt eigene Aufklärungspflichten verletzt hat. Nur dann kann man von einer Haftung nach den Grundsätzen der Prospekthaftung im weiteren Sinne ausgehen (iE so auch Dieckmann BKR 20222, 398, 399 ff; Buck-Heeb/Dieckmann ZIP 2022, 145, 151 f, die zwischen der Pflicht zu standardisierten Informationen und individuellen Aufklärung unterscheiden). Dem von der Gegenansicht gesehenen Wertungswiderspruch kann man durch diese Prüfung und einem engen Verständnis dazu, wer Sachwalter ist (dazu Rn 204 ff), hinlänglich begegnen (vgl hierzu auch Buck-Heeb/Dieckmann ZIP 2022, 145, 152, die zurecht darauf hinweisen, dass die Haftung aus § 311 Abs 3 BGB darauf gründet, dass eine Person in besonderem Maße persönliches Vertrauen in Anspruch genommen hat).

b) Bürgerlich-rechtliche Prospekthaftung im engeren Sinne

Die bürgerlich-rechtliche Prospekthaftung im engeren Sinne knüpft an ein typisiertes **225**
Vertrauen des Anlegers auf die Richtigkeit und Vollständigkeit der im Prospekt gemachten Angaben an (vgl § 306 KAGB; §§ 9 ff WpPG; §§ 20 Abs 1, 22 Abs 1, 1a VermAnlG; BGH 15. 12. 2005 – III ZR 424/04, BB 2006, 770; Buck-Heeb/Dieckmann ZHR 2020, 646, 661; Schneider MDR 2016, 496; Hoffmeyer NZG 2016, 1133, 1133 f für die bürgerlich-rechtliche Prospekthaftung im engeren Sinne). Der Begriff des Prospekts ist nicht legaldefiniert. Aus den Bestimmungen des KAGB, VermAnlG und der Prospekt-VO iVm WpPG ergibt sich jedoch, dass es sich hierbei um eine marktbezogene schriftliche Erklärung handelt, welche nach dem Willen des Verantwortlichen die rechtlich gebotenen und für die Beurteilung der Anlage erheblichen Angaben enthalten soll (vgl §§ 166, 270 KAGB, § 7 VermAnlG, Art 6 ff, 13 Prospekt-VO). Sie muss den Anspruch erheben, eine das Publikum umfassend informierende Anlage zu sein (BGH 19. 7. 2004 – II ZR 218/03, BGHZ 160, 134, 138; Schultheiss JuS 2013, 48, 50). Keine Voraussetzung für die Annahme eines Prospekts ist, dass eine für die Veröffentli-

chung der Unterlage erforderliche Zustimmung der zuständigen Behörde nach Art 10, 20 Prospekt-VO iVm WpPG, § 8 Abs 1 S 1 VermAnlG vorliegt (sog formaler Prospektbegriff). Auch vom eigentlichen Prospekt getrennte Schriftstücke, die zusammen mit diesem vertrieben werden, können bei der gebotenen Gesamtbetrachtung Bestandteil eines Anlageprospekts im Rechtssinne sein (BGH 17. 11. 2011 – III ZR 103/10, BGHZ 191, 310 für dem Emissionsprospekt beigefügte Produktinformationen und Sonderdrucke aus Zeitschriften, die sich mit dem Anlageprospekt befassen). Entscheidend sind die Umstände des jeweiligen Einzelfalls, wobei ausgehend vom Sinn und Zweck der Haftung jeweils zu prüfen ist, ob die Unterlagen „ein Informationsbedürfnis an dem betreffenden Markt befriedigen und deshalb potenziell zur Marktmanipulation" beitragen können (so treffend Hellgeardt ZBB 2012, 73, 81 f). Zu den zwingenden und zutreffend zu machenden Angaben in einem Prospekt zählt auch die Darstellung der „wesentlichen kapitalmäßigen und personellen Verflechtungen" zwischen einerseits der Gesellschaft, ihren Geschäftsführern und beherrschenden Gesellschaftern und andererseits den Unternehmen sowie deren Geschäftsführern und beherrschenden Gesellschaftern, die die Anlagegesellschaft mit der Durchführung ihrer nach dem Emissionsprospekt durchzuführenden Vorhaben ganz oder teilweise betraut hat (BGH 24. 2. 2015 – II ZR 104/13; BGH 15. 1. 2013 – II ZR 45/12). Auch über Sonderzuwendungen, die den Gründungsgesellschaftern außerhalb des Gesellschaftsvertrages gewährt werden, muss das Prospekt informieren (BGH 15. 1. 2013 – II ZR 45/12).

226 Die Haftung für unrichtige und unvollständige Angaben, die für die Beurteilung der Wertpapiere bzw der Vermögensanlage wesentlich sind, trifft zuallererst die Verwaltungsgesellschaft (vgl § 306 Abs 1 KAGB). Zusätzlich haftet dem Käufer auch derjenige, der ihm die Anteile oder Aktien im eigenen Namen gewerbsmäßig verkauft hat. Daneben sind Adressat der Prospekthaftung im engeren Sinne aber auch die Initiatoren, Gründer und Gestalter der Gesellschaft, soweit sie das Management bilden oder beherrschen, und die Personen, die hinter der Anlagegesellschaft stehen und neben der Geschäftsleitung in einer Schlüsselposition besonderen Einfluss ausüben und deshalb Mitverantwortung tragen (Madaus JURA 2006, 881, 887; für die Zeit vor Inkrafttreten des § 20 VermAnlG bzw § 13 VerkaufsprospektG: BGH 6. 10. 1980 – II ZR 60/80, BGHZ 79, 337, 340; BGH 26. 9. 2000 – X ZR 94/98, BGHZ 145, 187; BGH 7. 7. 2003 – II ZR 18/01, NJW-RR 2003, 1351; BGH 14. 6. 2007 – III ZR 185/05, NJW-RR 2007, 1479; BGH 6. 3. 2008 – III ZR 298/05, NJW-RR 2008, 1365; BGH 9. 7. 2013 – II ZR 9/12, ZIP 2013, 1616). Auch die Gründungsgesellschafter haben, soweit es sich nicht ebenfalls lediglich um kapitalistisch beteiligten Altgesellschafter handelt, deren Vertrauen ebenso enttäuscht wurde, für die Richtigkeit und Vollständigkeit des Prospekts einzustehen. Die Haftung knüpft an standardisiertes, bestimmten Personen typischerweise entgegengebrachtes Vertrauen an (BGH 26. 9. 2000 – X ZR 94/98, BGHZ 145, 187). Sie besteht dabei unabhängig davon, ob die jeweiligen Personen und ihr Einfluss im Prospekt offenbart werden oder den Anlegern sonst bekannt geworden sind (BGH 26. 9. 2000 – X ZR 94/98, BGHZ 145, 187). Der Prospekthaftung im engeren Sinne unterliegen deshalb auch diejenigen, die mit Rücksicht auf ihre allgemein anerkannte und hervorgehobene berufliche Stellung oder ihrer Eigenschaft als berufsmäßiger Sachkenner eine **Garantenstellung** einnehmen, sofern sie durch ihr im Prospekt im Rechtssinne (Rn 225) selbst in Erscheinung tretendes Mitwirken einen besonderen zusätzlichen Vertrauenstatbestand schaffen (BGH 6. 3. 2008 – III ZR 298/05, NJW-RR 2008, 1365; BGH 26. 9. 2000 – X ZR 94/98, BGHZ 145, 187; BGH 29. 7. 2014 – II ZB 1/12, NZG 2014, 1261; MünchKommBGB/Emmerich § 311 Rn 171). Ein solcher Vertrauenstatbestand kann vor allem in gutachtlichen Stellungnahmen von Rechtsanwälten, Wirtschaftsprüfern und Steuerberatern liegen (BGH 22. 5. 1980 – II ZR 209/79, BGHZ 77, 172; BGH 31. 5. 1990 – VII ZR 340/88, BGHZ 111, 314, 320). Aber auch ein früherer Spitzenpolitiker und Inhaber eines Lehrstuhls für Finanzrecht, der sich in einem dem Prospekt beigefügten Zeitschrifteninterview entsprechend äußert, kann eine solche Garantenstellung einnehmen (BGH 17. 11. 2011 – III ZR 103/10, BGHZ 191, 31). Keine Garantenstellung kommt aber Personen zu, die mit dem Emittenten oder Anbieter zwar institutionell, etwa als Aufsichts- oder Beiratsmitglieder verbunden sind, aber keinen besonderen Einfluss auf Gestaltung und Herausgabe des Prospekts haben (BGH 17. 11. 2011 – III ZR 103/10, BGHZ 191, 31; Schultheiss JuS 2013, 48, 49 f). Auch das bloße wirtschaftliche Interesse der in die Abwicklung eingebundenen Bank – sei es auch noch so erheblich – genügt nicht, um eine originäre Prospektverantwortung der Bank anzunehmen (BGH 9. 7. 2013 – II ZR 9/12, ZIP 2013, 1616). Sie kann aber bei Fehlberatung wegen Schlechtleistung aus einem Beratervertrag oder bei Inanspruchnahme eines besonderen Vertrauens nach § 311 Abs 3 BGB haften (s zur Beweislast bei Fehlern in der Anlageberatung Freitag, Die Verteilung der Beweislast für Fehler in der Anlageberatung de lege lata und de lege ferenda – Gedanken zur privatrechtlichen Bedeutung von Beratungsprotokoll und Geeignetheitserklärung, ZBB 2016, 1 ff).

Die Haftung setzt Kausalität voraus. Die Anlageentscheidung muss auf den dem **227**
betreffenden Verantwortlichen zuzurechnenden fehlerhaften oder unvollständigen Prospektaussagen beruhen (BGH 14. 6. 2007 – III ZR 185/05, NJW-RR 2007, 1479). In den spezialgesetzlichen Vorschriften wird die entsprechende Kausalität wird vermutet, § 306 Abs 3 S 2 KAGB, § 12 Abs 2 Nr 1, Nr 3, § 13 Abs 2 Nr 1, Nr 3 WpPG, § 20 Abs 4 Nr 1 und 2, § 22 Abs 4 Nr 1 VermAnlG. Dies gilt gleichermaßen für die aus § 311 Abs 2 abgeleitete Prospekthaftung im engeren Sinne (BGH 22. 3. 2010 – II ZR 203/08, juris; OLG Hamm 4. 8. 2015 – 34 U 170/14; MünchKommBGB/Emmerich § 311 Rn 189a). Mehrere Prospektverantwortliche haften als **Gesamtschuldner**. Die Prospekthaftung ist auf Rückabwicklung des Vertrages gerichtet (Grüneberg/Grüneberg § 311 Rn 68; MünchKommBGB/Emmerich § 311 Rn 188). Dieser Anspruch auf Rückabwicklung besteht nach der bürgerlich-rechtlichen Prospekthaftung auch dann, wenn der Sachverhalt, über den unrichtige oder unvollständige Angaben im Prospekt enthalten sind, nicht zu einer Minderung des Marktpreises der Anlage beigetragen hat, der Erwerber also keinen Vermögensnachteil erlitten hat, auch wenn dies in den spezialgesetzlichen Haftungsbestimmungen teilweise anders geregelt ist (§ 12 Abs 2 Nr 2, § 13 Abs 2 Nr 2 WpPG, §§ 20 Abs 4 Nr 2, 22 Abs 4 Nr 2 VermAnlG). Ist der Anleger zum Zeitpunkt, in dem er von der Unrichtigkeit oder Unvollständigkeit des Prospekts Kenntnis erlangt hat, nicht mehr Inhaber der Anlage, so kann er Schadensersatz geltend machen (vgl auch § 306 Abs 1 S 2, Abs 5 S 2 KAGB; § 9 Abs 2, 11 Abs 2 WpPG; §§ 20 Abs 2, 21 Abs 2, 22 Abs 2 VermAnlG).

c) Prospekthaftung im weiteren Sinne

Neben und unabhängig von der Prospekthaftung im engeren Sinne ist die Haftung **228**
derjenigen Personen zu beurteilen, die nicht selbst am Prospekt mitgewirkt oder für dieses die Verantwortung übernommen haben, aber auf andere Weise besonderes Vertrauen des Anlegers im Zuge der Anlageentscheidung in Anspruch nehmen. Vorrangig geht es hierbei um Personen, die aufgrund ihrer besonderen beruflichen und wirtschaftlichen Stellung oder aufgrund ihrer Fachkunde eine Garantenstellung einnehmen und durch ihr Mitwirken an dem Zustandekommen des Rechtsverhält-

nisses einen Vertrauenstatbestand schaffen. Verletzen diese Personen selbstständige Aufklärungspflichten als Vertragspartner oder Sachwalter aufgrund eines persönlich in Anspruch genommenen besonderen Vertrauens, zu deren Erfüllung sich eines Prospekts bedient wurde, spricht man von der sog Prospekthaftung im weiteren Sinne (BGH 22. 10. 2015 – III ZR 264/14, NJW-RR 2016, 169; BGH 1. 12. 2016 – X ARZ 180/16, ZIP 2017, 298).

229 Wie unter Rn 224 dargelegt, trifft die **Gründungsgesellschafter** eine Prospekthaftung im weiteren Sinne nur in sog Altfällen oder wenn sie auf andere Weise, als durch die Verletzung von Aufklärungspflichten durch Verwenden eines fehlerhaften Verkaufsprospekts bei Anbahnung des Vertragsverhältnisses vorvertragliche Nebenpflichten gegenüber dem als Gesellschafter beitretenden Anleger verletzen (für Altfälle s hingegen: BGH 4. 7. 2017 – II ZR 358/16, ZIP 2017, 1664; BGH 15. 1. 2013 – II ZR 45/12; BGH 14. 5. 2012 – II ZR 69/12, ZIP 2012, 1289; BGH 1. 3. 2011 – II ZR 16/10, NJW 2011, 1666; BGH 14. 7. 2003 – II ZR 202/02, DB 2003, 2118; OLG Celle 28. 9. 2016 – 9 U 151/15), nicht aber ohne weiteres der organschaftliche Vertreter der Gründungskommanditistin (OLG Frankfurt 3. 5. 2019 – 4 U 236/17). Dies gilt aus denselben Erwägungen auch für einen **Treuhandkommanditisten**, der in ein Kapitalanlageprojekt eingebunden ist (für Altfälle s hingegen: BGH 24. 7. 2018 – II 305/16, ZInsO 2018, 2822; BGH 26. 11. 2015 – III ZR 78/15; BGH 9. 7. 2013 – II ZR 9/12, ZIP 2013, 1616; BGH 15. 7. 2010 – III ZR 322/08). Der bürgerlich-rechtliche Prospekthaftung bleibt wegen der weitreichenden Geltung der spezialgesetzlichen Regelungen insbesondere im Hinblick auf die für das Prospekt Verantwortlichen nur noch ein eingeschränkter Anwendungsbereich (Henning jurisPR-BKR 5/2021 Anm 2, der von „weitgehend obsolet, weil nicht mehr anwendbar" spricht; Dieckmann BKR 2022, 398, 399 f, die allein die Fälle erfasst sehen, in denen das Prospekt als Mittel zur Erfüllung einer individuellen Aufklärungspflicht genutzt wird).

230 Die Prospekthaftung im weiteren Sinne gründet in § 311 Abs 3 BGB iVm § 280 BGB (BGH 17. 4. 2018 – II ZR 265/16, ZIP 2018, 1130; BGH 4. 7. 2017 – II ZR 358/16, ZIP 2017, 1664; BGH 21. 6. 2016 – II ZR 331/14, ZIP 2016, 1478; BGH 9. 7. 2013 – II ZR 9/12, ZIP 2013, 1616; BGH 23. 4, 2012 – II ZR 75/10, ZIP 2012, 1342). Dementsprechend hat derjenige, der ein solches besonderes Vertrauen in Anspruch nimmt, gem § 276 BGB jede Fahrlässigkeit zu vertreten und haftet nach § 278 BGB auch für seine Erfüllungsgehilfen. Es greift die normale Schadensersatzhaftung. Die Haftung setzt insbesondere auch Kausalität voraus. Ein Anspruch auf Rückabwicklung des Vertrages kommt deshalb grundsätzlich nur in Betracht, wenn der Gläubiger nachweisen kann, dass er den Vertrag gar nicht erst geschlossen hätte (Staudinger/Schwarze [2019] § 280 Rn E 30). Besteht die Pflichtverletzung – wie meist – allerdings in der Verletzung von Aufklärungspflichten oder einer fehlerhaften Beratung, so spricht eine durch die Lebenserfahrung begründete tatsächliche Vermutung dafür, dass diese für die Anlageentscheidung ursächlich war (s Nachweise unter Rn 185). Will der Beratende diese Vermutung widerlegen, muss er darlegen, dass der Anleger sich auch bei richtiger und vollständiger Aufklärung für die Anlage entschieden hätte (BGH 9. 2. 2006 – III ZR 20/05, NJW-RR 2006, 685; Staudinger/Schwarze [2019] § 280 Rn F 44). War Grundlage für die persönliche Beratung ein fehlerhaftes Prospekt, vermag dies kaum gelingen (OLG Bremen 17. 7. 2020 – 1 U 62/19). Denkbar ist dies aber, wenn nach der allgemeinen Lebenserfahrung nicht davon ausgegangen werden kann, dass die fehlerhaften Erklärungen eines Sachwalters (dazu unter Rn 198 ff) in dem Prospekt überhaupt in das Beratungsgespräch eingeflossen sind (BGH 17. 7. 2018 – II ZR 13/17, BB 2018, 2002). In

Betracht kommt das ferner, wenn die dem Anleger übergebenen Prospektanlagen zutreffende und vollständige Angaben über sämtliche relevanten Faktoren enthalten und diese vor der Anlagenentscheidung vom Anleger studiert worden sind (OLG Hamburg 27. 1. 2017 – 3 U 140/15).

Die Grundsätze der Prospekthaftung im weiteren Sinne sind von der Rechtsprechung mit Blick auf die Besonderheiten beim Abschluss von Kapitalanlagen entwickelt worden. Auf andere Rechtsgeschäfte lassen sie sich mangels vergleichbarer Interessenlage nicht übertragen (OLG Stuttgart 4. 8. 2020 – 16a U 197/19, AG 2021, 119 für den Fahrzeugkauf; HOLTZ ZVertriebsR 2014, 23 für das Franchiserecht). Hier können freilich unzutreffende oder lückenhafte Angaben in Prospekten und Bildschirmpräsentationen bei Inanspruchnahme eines besonderen Vertrauens oder bei einem starken wirtschaftlichen Eigeninteresse des Handelnden nach § 311 Abs 3 BGB dessen Haftung begründen. Zu den Voraussetzungen Rn 204 ff. **231**

Zur Verjährung der Ansprüche aus Prospekthaftung STAUDINGER/PETERS/JACOBY (2019) § 195 Rn 54 ff. Zur Anwendbarkeit des § 826 BGB in Fällen der Prospekthaftung STAUDINGER/OECHSLER (2021) § 826 Rn 516 ff. **232**

5. Kein weiterer Anwendungsbereich

In der Literatur wird teilweise die Auffassung vertreten, § 311 Abs 3 S 1 BGB erfasse die Konstellation des **Vertrages mit Schutzwirkung für Dritte**, die Pflichten nach § 241 Abs 2 BGB trage in diesem Fall die Vertragspartei gegenüber dem Dritten, der seinerseits nicht selbst Vertragspartei werden solle. Insbesondere die sog Expertenhaftung lasse sich so begründen (etwa CANARIS JZ 2001, 520 sowie ZHR 163, 220 ff; FINN NJW 2004, 3752; ECKEBRECHT MDR 2002, 427; SACK, Produkthaftung für reine Vermögensschäden von Endabnehmern, VersR 2006, 582, 588; in diese Richtung auch MÄSCH JuS 2013, 935, 937). Dem ist nicht zu folgen. § 311 Abs 2 und 3 BGB sind, wie die amtliche Überschrift zeigt, auf „rechtsgeschäftsähnliche Schuldverhältnisse" bezogen, wie sie **vor** einem Vertragsschluss bestehen. Sie meinen damit nicht den Fall, dass sich aus einem geschlossenen Vertrag Ansprüche Dritter, und seien es auch Sekundäransprüche auf Schutz, ergeben. Der Vertrag mit Schutzwirkung für Dritte hat seine Rechtsgrundlage vielmehr nach wie vor in einer ergänzenden Auslegung (§ 157 BGB) des betreffenden Vertrages (str; wie hier LG Duisburg 10. 11. 2016 – 8 O 492/11; BRORS ZGS 2005, 142; GRÜNEBERG/GRÜNEBERG § 311 Rn 60; PINGER, Der Vertrag mit Schutzwirkung für Dritte als Rechtsgrundlage der Gutachterhaftung gegenüber Dritten, JuS 2008, 675; THOLE, Die Vertragshaftung des Steuerberaters gegenüber der Gesellschaft und ihrem Geschäftsführer für Insolvenzschäden – ein Prüfstein für die Grundsätze der Expertenhaftung, ZfPW 2015, 31, 48 f; **aA** KOCH AcP 204 [2004] 59, 70 ff für die Auskunftshaftung). Das gilt auch für die Haftung des sog Mittelverwendungskontrolleurs (BGH 19. 11. 2009 – III ZR 109/08, ZIP 2009, 2449; BGH 11. 2. 2010 – III ZR 11/09 ua; OLG München 7. 5. 2012 – 17 U 2787/11; **aA** KOCH, Die Haftung des Mittelverwendungskontrolleurs, WM 2010, 1057). S dazu ausführlich STAUDINGER/KLUMPP (2020) § 328 Rn 101 ff. **233**

In der Literatur wird auch erwogen, dem § 311 Abs 3 S 1 BGB eine Haftung zwischen den Parteien stehender Dritter, etwa der Veranstalter von Versteigerungen und Internetmärkten, zu entnehmen (RIEBLE, in: DAUNER-LIEB/KONZEN/SCHMIDT [Hrsg], Das neue Schuldrecht in der Praxis, 144 f). Dieser Auffassung, die konsequenter- **234** weise auch zur Haftung gesetzlicher Schlichter, etwa von Einigungsstellenvorsitzenden nach § 76 BetrVG, führen müsste, ist ebenfalls nicht zu folgen. § 311 Abs 3 BGB zielt nur auf eine die Haftung des potenziellen Vertragspartners ergänzende Haftung (Rn 198). Wo der Dritte nicht auf der Seite eines potenziellen Vertragspartners auftritt, sondern eine neutrale Zwischenstellung einnimmt, bedarf es für seine Haftung einer vertraglichen oder vorvertraglichen Rechtsbeziehung mit ihm selbst. Ist eine solche nicht gegeben, bleibt allein die deliktische Haftung. Entsprechendes gilt auch für die Haftung von Rating-Agenturen für Fehlbewertungen der Kreditwürdigkeit von Banken und Staaten. Auch hier kommt eine Haftung aus § 311 Abs 3 BGB nicht in Betracht, weil keine vertragliche oder vorvertragliche Rechtsbeziehung zwischen der Ratingagentur und dem Anleger und Emittenten besteht (diesbzgl zu recht ebenfalls kritisch Kapoor, BB-Kommentar zu LG Berlin 5. 5. 2020 – 11 O 5/19, BB 2020, 2132).

235 § 311 Abs 3 S 1 BGB ist an sich so weit formuliert, dass ihm sogar ein Rücksichtnahmeschuldverhältnis zu Lasten jedes Dritten entnommen werden könnte, der im Umfeld eines angeknüpften geschäftlichen Kontakts auf der Seite einer der potenziellen Vertragsparteien tätig wird. Auf diese Weise Schutzpflichten von Gehilfen der potenziellen Vertragspartner entstehen zu lassen, überdehnt indessen den Sinn von § 311 Abs 3 BGB. Er zielt lediglich auf eine Komplettierung der Haftung für die Verletzung von Aufklärungs- und Informationspflichten. Eine Erweiterung der Deliktshaftung des Dritten ist mit ihm nicht beabsichtigt (vgl hierzu Eichler 270).

§ 311a
Leistungshindernis bei Vertragsschluss

(1) Der Wirksamkeit eines Vertrags steht es nicht entgegen, dass der Schuldner nach § 275 Abs. 1 bis 3 nicht zu leisten braucht und das Leistungshindernis schon bei Vertragsschluss vorliegt.

(2) Der Gläubiger kann nach seiner Wahl Schadensersatz statt der Leistung oder Ersatz seiner Aufwendungen in dem in § 284 bestimmten Umfang verlangen. Dies gilt nicht, wenn der Schuldner das Leistungshindernis bei Vertragsschluss nicht kannte und seine Unkenntnis auch nicht zu vertreten hat. § 281 Abs. 1 Satz 2 und 3 und Abs. 5 findet entsprechende Anwendung.

Materialien: E I § 344; II § 259 Abs 1; III § 300; Jakobs/Schubert 370–373; BGB-KE S 145 f; DE S 338 f; KF S 24; RegE BT-Drucks 14/6040, 164 ff; Beschlussempfehlung und Bericht des Rechtsausschusses, BT-Drucks 14/7052, 37.

Schrifttum

Althaus, Funktion und Unmöglichkeit im Bauvertragsrecht, BauR 2014, 1369
Altmeppen, Nochmals: Schadensersatz wegen Pflichtverletzung, Anfängliche Unmöglichkeit und Aufwendungsersatz im Entwurf des Schuldrechtsmodernisierungsgesetzes, DB 2001, 1821

BARTELS, Über die magische Macht der Karten und gegen die vom BGH aus dem Hut gezauberte Rechtsfigur der „bewusst sinnlosen, aber zu entgeltenden Leistung", ZGS 2011, 355
BECKER, Die Erfolgsgeeignetheit in der vertraglichen Arzthaftung, MedR 2014, 475
BITTNER, Die Auswirkungen des Irak-Embargos für Warenlieferungsverträge: Zivilrechtliche Folgen von Handelsbeschränkungen, ZVglRWiss 93 (1994) 268
CANARIS, Das allgemeine Leistungsstörungsrecht im Schuldrechtsmodernisierungsgesetz, ZRP 2001, 329
ders, Grundlagen und Rechtsfolgen der Haftung für anfängliche Unmöglichkeit nach § 311a Abs 2 BGB, in: FS Heldrich (2005) 11
ders, Zur Bedeutung der Kategorie der „Unmöglichkeit" für das Recht der Leistungsstörungen, in: SCHULZE/SCHULTE-NÖLKE, Die Schuldrechtsreform vor dem Hintergrund des Gemeinschaftsrechts (2001) 43
ders, Die Reform des Rechts der Leistungsstörungen, JZ 2001, 499
ders, Schadensersatz wegen Pflichtverletzung, anfängliche Unmöglichkeit und Aufwendungsersatz im Entwurf des Schuldrechtsmodernisierungsgesetzes, DB 2001, 1815
CEKOVIC-VULETIC, Haftung wegen Unmöglichkeit nach dem Schuldrechtsmodernisierungsgesetz – Haftungsregime, Haftungsfolgen, Grenzen der Haftung (2003)
DÖTSCH, Neues Leistungsstörungsrecht – Noch einmal: Burra, ZGS 2002, 160
EHMANN/SUTSCHET, Schadensersatz wegen kaufrechtlicher Schlechtleistungen – Verschuldens- und/oder Garantiehaftung?, JZ 2004, 62
FEST, Anfängliches Leistungshindernis und Unmöglichkeit, WM 2005, 2168
GRIGOLEIT, Positives und negatives Interesse bei anfänglicher Unmöglichkeit, in: FS Köhler (2014) 183
GRUNEWALD, Vorschläge für eine Neuregelung der anfänglichen Unmöglichkeit und des anfänglichen Unvermögens, JZ 2001, 433
HAMMEN, Stellvertretendes commodum bei anfänglicher Unmöglichkeit für jedermann?, in: FS Hadding (2004) 41
HEYERS/HEUSER, Qualitative Unmöglichkeit – eine verkannte Rechtsfigur, NJW 2010, 3057
HOFFMANN, Unmöglichkeit während der Laufzeit einer Internetauktion, ZIP 2017, 449
HUBER, Schadensersatz statt der Leistung, AcP 210 (2010) 319
JÄPEL, Rechtliche Unmöglichkeit und gesetzliches Verbot (2013)
JOUSSEN, Der anfängliche Mangel im Mietrecht – das Verhältnis von § 536a zu § 311a BGB, ZMR 2004, 553
KATZENSTEIN, Die Nichterfüllungshaftung nach § 311a Abs 2 BGB, JR 2003, 447
ders, Die Bedeutung der vertraglichen Bindung für die culpa-Haftung des Vertragsschuldners auf Schadensersatz, JURA 2004, 800, JURA 2005, 73
KÄUNICKE, Die Schadensersatzpflicht des Rückgewährschuldners wegen anfänglicher Unmöglichkeit (2011)
KOHLER, Bestrittene Leistungsunmöglichkeit und ihr Zuvertretenhaben bei § 275 – Prozesslage und materielles Recht, AcP 205 (2005) 93
ders, Probleme der verschuldensunabhängigen Schadensersatzhaftung gemäß § 311a Abs 2 BGB, JURA 2006, 241
KOPP/RAMSAUER, Verwaltungsverfahrensgesetz (24. Aufl 2023)
LOBINGER, Die Grenzen rechtsgeschäftlicher Leistungspflichten (2004)
LÖWISCH, Auswirkungen der Schuldrechtsreform auf das Recht des Arbeitsverhältnisses, in: FS Wiedemann (2002) 311
MARTINEK, Was draufsteht, muss drin sein? – Beschaffenheitsvereinbarungen bei Internet-Auktionen, jM 2014, 51
MATTHEUS, Schuldrechtsmodernisierung 2001/2002 – Die Neuordnung des allgemeinen Leistungsstörungsrechts, JuS 2002, 209
MEIER, Neues Leistungsstörungsrecht: Anfängliche Leistungshindernisse, Gattungsschuld und Nichtleistung trotz Möglichkeit, JURA 2002, 187
MEIER, Der Provisionsanspruch des Maklers bei anfänglichem Leistungshindernis des Hauptvertrags, ZMR 2015, 100
vOLSHAUSEN, Die Haftung des Insolvenzverwalters von Masseverbindlichkeiten und das Gesetz zur Modernisierung des Schuldrechts (§ 311a Abs 2 BGB nF), ZIP 2002, 237
SCHEUREN-BRANDES, Fehlendes Eigentum des

Verkäufers – Rechtsmangel oder Unmöglichkeit?, ZGS 2005, 295
SCHMIDT, Die Unmöglichkeit der Erfüllung in Ansehung der Zeit: Systematische Ableitung einer Kongruenz der Voraussetzungen von Schuld und Haftung aus dem Leistungsbegriff und dessen Bezogenheit auf das versprechensgemäße Handeln des Schuldners (2007)
SCHULTE-NÖLKE/BEHREN, Der unglückliche Autokauf, ZGS 2002, 256
SCHWARZE, Unmöglichkeit, Unvermögen und ähnliche Leistungshindernisse im neuen Leistungsstörungsrecht, JURA 2002, 73
TETTINGER, Anfänglich oder Nachträglich? Das zwischen Angebot und Vertragsschluss eintretende Leistungshindernis, ZGS 2006, 452
TIMME, Anspruch auf Vergütung für übersinnliche Leistungen – Magisches beim BGH, MDR 2011, 397
WINDEL, Was nie sich fügt, was nie gelingt – Systematisierungsversuche zu § 311a BGB, JR 2004, 265
ders, „Unsinnige", rechtlich unmögliche und verbotswidrige Leistungsversprechen, ZGS 2003, 466
ders, Okkultistische Tribunale?, ZGS 2011, 218
WITTMANN, Vertrauen und Vertrag (2022)
WÜRDINGER, Maklerprovision bei anfänglicher Unmöglichkeit der Leistung des Hauptvertrages, ZMR 2005, 324.

Systematische Übersicht

Alphabetische Übersicht

I. Allgemeines

1 § 311a BGB stellt in Abkehr zum früheren, bis zur Schuldrechtsreform geltenden § 306 aF klar: Ein auf eine unmögliche Leistung gerichteter Vertrag ist nicht mehr nichtig, sondern **bleibt wirksam**; lediglich der Anspruch auf die Leistung nach dem nunmehr auch auf die anfängliche Unmöglichkeit anwendbaren § 275 Abs 1 BGB ist ausgeschlossen. Zugleich ist damit der Fall des anfänglichen Unvermögens geregelt worden: Er untersteht, wie die Bezugnahme auf § 275 BGB ergibt, ebenfalls den Bestimmungen des § 311a BGB. Die Gleichschaltung von anfänglichen und nachträglichen Leistungshindernissen erstreckt sich schließlich auch auf die Fälle der Unzumutbarkeit, wie sie in § 275 Abs 2 und 3 BGB geregelt sind.

2 Dass nach dem Verweis auf § 275 Abs 1 BGB der Schuldner von der Verpflichtung zur Leistung frei wird, gilt auch, wenn er sein Unvermögen zur Leistung zu vertreten

hat. Die gegenteilige Auffassung von Kohler (AcP 205 [2005] 118 ff) hat zwar die Erwägung für sich, dass so die Leistung einklagbar bleibt. Aber der Wortlaut von § 275 Abs 1 BGB lässt diese Wiederherstellung der bisherigen Rechtslage nicht zu, mag man diese auch als erwünscht ansehen.

3 § 311a Abs 2 BGB stellt eine Sondervorschrift zu § 311 Abs 2 BGB dar: Ist dem Schuldner vorzuwerfen, dass er eine vertragliche Verpflichtung übernommen hat, obwohl er wusste oder wissen musste, dass der Leistung schon bei Vertragsschluss ein Hindernis iS des § 275 Abs 1–3 BGB entgegenstand, haftet er dem Gläubiger nicht – wie das § 311 Abs 2 BGB entspräche – auf das negative, sondern auf das positive Interesse (vgl hierzu Wittmann, Vertrauen und Vertrag 17 f, 50 ff, 59 f, der im Falle der anfänglichen Unmöglichkeit als Haftungsgrund für die weitergehende Haftung des Schuldners „die durch das Leistungshindernis verursachte Enttäuschung der auf dem Vertragsschuss fußenden Erfüllungswartung" ansieht). Alternativ kann der Gläubiger Ersatz seiner Aufwendungen nach § 284 BGB verlangen (Grüneberg/Grüneberg § 311a Rn 8; Erman/Dieckmann § 311a Rn 1; MünchKommBGB/Ernst § 311a Rn 22). Im Übrigen bleibt § 311 Abs 2 BGB aber anwendbar: Hat der Schuldner den Vertragsschluss abgesehen von seiner Kenntnis oder fahrlässigen Unkenntnis arglistig oder unter Verletzung einer besonderen Aufklärungspflicht herbeigeführt, haftet er dem Gläubiger nach § 311 Abs 2 BGB auf das negative Interesse (vgl näher § 311 Rn 98 ff). Stellt der Schuldner nach Zustandekommen des Vertrages das Leistungshindernis fest, muss er dies dem Gläubiger mitteilen. Dies ergibt sich freilich nicht aus § 311 Abs 2 BGB, sondern, da der Vertrag wirksam ist, direkt aus §§ 280, 241 Abs 2 BGB (vgl Grüneberg/Grüneberg § 311a Rn 14; MünchKommBGB/Ernst § 311a Rn 22). Unterlässt er die Mitteilung schuldhaft, so haftet er gegenüber dem Gläubiger für die daraus entstehenden weitergehenden Schäden (Soergel/Gsell § 311a Rn 65; MünchKommBGB/Ernst § 311a Rn 22; s dazu auch unter Rn 22).

4 § 311a Abs 2 BGB begründet **keine Haftung Dritter**. Dass Verhandlungsgehilfen oder Dritte, die mit dem Vertragsschluss ein starkes wirtschaftliches Eigeninteresse verbinden, ein der Leistung entgegenstehendes Hindernis kennen oder kennen können, kann nicht zu deren Haftung auf das positive Interesse führen. Vielmehr ist diese auf den Schuldner beschränkt, der Partner des nach § 311a Abs 1 BGB wirksamen Vertrages ist. Die Haftung Dritter richtet sich allein nach § 311 Abs 3 BGB und den dazu entwickelten Grundsätzen (vgl § 311 Rn 198 ff).

5 § 311a BGB gilt auch, wenn das anfängliche Leistungshindernis in einem unbehebbaren **Sach- oder Rechtsmangel** im Sinne des Kaufrechts besteht. Für die Zeit vor Übergabe der verkauften Sache ergibt sich das direkt aus § 311a BGB, nach erfolgter Übergabe aus § 437 Nr 3 BGB iVm § 311a BGB und dann mit der Maßgabe, dass die besonderen Verjährungsvorschriften des § 438 BGB gelten (Staudinger/Schwarze [2019] Vorbem D 8 zu §§ 280–285; Martinek jM 2014, 51, 57. Verfehlt ist daher die Entscheidung des OLG Karlsruhe 14. 9. 2004 – 8 U 97/04, ZGS 2004, 477, 480, das unmittelbar § 311a BGB auch nach Übergabe anwendet. S zu berechtigten Kritik an dieser Entscheidung Scheuren-Brandes ZGS 2005, 295 ff). Gleiches gilt für den Werkvertrag nach § 634 Nr 4 BGB (s dazu Staudinger/Peters [2019] § 634 Rn 157). Beim Mietvertrag verdrängt die in § 536a Abs 1 BGB angeordnete Garantiehaftung für bei Vertragsschluss vorhandene Mängel die Haftung nach § 311a BGB (s dazu Staudinger/Emmerich [2021] § 536a Rn 2 ff, dort auch zu der umstrittenen Frage, ob diese Garantiehaftung erst nach Überlassung der Mietsache an den

Mieter eintritt und damit vor Überlassung § 311a BGB gilt, zu dieser Frage auch JOUSSEN ZMR 2004, 557, der für eine unterschiedslose Anwendung von § 536a BGB eintritt).

§ 309 aF in der bis zur Schuldrechtsreform geltenden Fassung hatte den gegen ein **gesetzliches Verbot** verstoßenden Vertrag der entsprechenden Anwendung der bisherigen §§ 307 aF und 308 aF unterstellt. § 311a BGB äußert sich demgegenüber zum gesetzeswidrigen Vertrag nicht. Die Begründung zum Regierungsentwurf meint nur, dass sich durch die Vorschrift nichts daran ändere, dass ein Vertrag, der gegen ein gesetzliches Verbot iS von § 134 BGB verstößt, nichtig sei und so zugleich mit dem bisherigen § 306 aF „zwangsläufig" die Anspruchsgrundlage des bisherigen § 309 aF entfalle (RegE S 379, so auch MünchKommBGB/ERNST § 311a Rn 27; SOERGEL/GSELL § 311a Rn 20). Das harmoniert nicht damit, dass die Begründung „die rechtliche Unmöglichkeit, etwa bei einem Arbeitsverbot", ausdrücklich der Vorschrift des § 275 Abs 1 BGB über die nachträgliche Unmöglichkeit zuordnet (RegE S 293). Braucht der Schuldner in einem solchen Falle nach § 275 Abs 1 BGB nicht zu leisten, ist § 311a BGB an sich einschlägig, wenn das Leistungshindernis schon bei Vertragsschluss vorliegt. Auf der anderen Seite würde die Anwendung von § 311a Abs 2 BGB auf den gesetzeswidrigen Vertrag aber insofern in die Irre führen, als vermöge des dort gewährten Anspruchs auf Schadensersatz statt der Leistung der wirtschaftliche Erfolg des gesetzeswidrigen Vertrages doch erreicht würde (vgl LÖWISCH, in: FS Wiedemann [2002] 325 f). Deshalb muss die Lösung dieser Fälle außerhalb von § 311a BGB, nämlich bei § 311 Abs 2 BGB gesucht werden (so auch CANARIS JZ 2001, 506; MünchKommBGB/ERNST § 311a Rn 27; **aA** JÄPEL S 81). S dazu im Einzelnen Rn 72 ff. 6

Trotz Wortlaut und systematischer Stellung muss § 311a BGB analog auf Schuldverhältnisse angewandt werden, die durch die Auslobung (§ 657 BGB) durch **einseitiges Versprechen** begründet werden (ERMAN/DIECKMANN § 311a Rn 2; JAUERNIG/STADLER § 311a Rn 2). 7

Für das Vermächtnis gelten die Sondervorschriften der §§ 2171, 2170 Abs 2 BGB. Nach § 2171 BGB ist ein auf eine **zur Zeit des Erbfalls** jedermann unmöglichen Leistung gerichtetes oder gegen ein zu dieser Zeit bestehendes gesetzliches Verbot verstoßendes Vermächtnis unwirksam. Gültig ist freilich das Vermächtnis, wenn die Unmöglichkeit behoben werden kann und das Vermächtnis für den Fall zugewendet ist, dass die Leistung möglich wird. Nach § 2170 Abs 2 BGB führt das anfängliche Unvermögen des Beschwerten zur Beschaffung des Vermächtnisses zu einem Wertersatzanspruch. Für § 311a Abs 1 BGB ist neben diesen Vorschriften kein Raum (s näher STAUDINGER/OTTE [2019] § 2174 Rn 31). 8

Auf **gesetzliche Schuldverhältnisse** ist § 311a BGB **nicht** anzuwenden. Dass ein Gesetz niemanden zu einer unmöglichen Leistung verpflichten kann, folgt schon aus dem Rechtsstaatsprinzip. 9

Auf **öffentlich-rechtliche Verträge** (dazu §§ 54 ff VwVfG) ist § 311a BGB gem § 62 VwVfG entsprechend anwendbar (die Entscheidung RG 13. 3. 1925 – III 61/24, RGZ 110, 293 ist insoweit überholt; KOPP/RAMSAUER/TEGETHOFF [23. Aufl 2022] § 59 VwVfG Rn 16, § 62 VwVfG Rn 21; und einschränkend für § 306 aF BULLINGER, Leistungsstörungen beim öffentlich-rechtlichen Vertrag, DÖV 1977, 815 ff). 10

11 Nach § 61 InsO kann der **Insolvenzverwalter** einem Massegläubiger zum Schadensersatz verpflichtet sein, wenn eine durch eine Rechtshandlung des Insolvenzverwalters begründete Massenverbindlichkeit aus der Insolvenzmasse nicht erfüllt werden kann. Diese auf das negative Interesse beschränkte Haftung des Insolvenzverwalters kann nicht durch die auf das positive Interesse gerichtete Haftung des § 311a Abs 2 überspielt werden. § 61 InsO geht als eine für den speziellen Fall der Insolvenz getroffene Sondervorschrift der allgemeinen Vorschrift des § 311a BGB vor (vOLSHAUSEN ZIP 2002, 239).

12 Für **grenzüberschreitende Kaufverträge** stellen die Art 25, 45 ff und 74 ff CISG das anfängliche Leistungshindernis dem nachträglichen ohne Weiteres gleich (s dazu SCHLECHTRIEM/SCHWENZER/SCHWENZER, Kommentar zum einheitlichen UN-Kaufrecht, Art 79 Rn 12; STAUDINGER/MAGNUS [2018] Art 79 CISG Rn 17, 33). Die UNIDROIT Principles of International Commercial Contracts von 1994 (Rom 1994) und die Principles of European Contract Law (The Hague/London/Boston 2000; deutsche Übersetzung von DROBNIG/ZIMMERMANN/WICK ZEuP 2000, 675 ff) gehen demgegenüber zwar vordergründig von der Unterscheidung zwischen anfänglicher und nachträglicher Unmöglichkeit aus, indem sie erstere ausdrücklich ansprechen und – wie § 311a Abs 1 BGB – die Nichtigkeitsfolge ausschließen (s Art 3. 3 PICC und Art 4:102 PECL). Im Übrigen jedoch differenzieren sie weder bei den Grenzen der Durchsetzung der Erfüllung in Natur (s Art 7. 2. 2 PICC und Art 9:102 PECL) noch bei der Frage der Haftungsentlastung wegen höherer Gewalt (s Art 7. 1. 7 PICC und Art 8:108 PECL) nach dem Zeitpunkt, in welchem das Hindernis eintritt. Auch der Vorschlag der Europäischen Kommission für eine Verordnung des Europäisches Parlaments und des Rates über ein Gemeinsames Europäisches Kaufrecht (COM [2011] 635 final) enthielt keine Unterscheidung zwischen anfänglicher und nachträglicher Unmöglichkeit. Der Entwurf will in Art 159 Nr 1 den Gläubiger nur allgemein zum Schadensersatz für den ihm durch eine nicht entschuldigte Nichterfüllung einer Verpflichtung des Schuldners entstandenen Verlust berechtigen. In seiner legislativen Entschließung vom 26. 2. 2014 hatte das Europäische Parlament in erster Lesung den Vorschlag befürwortet, allerdings eine Einschränkung des Anwendungsbereichs vorgeschlagen. In seiner Erklärung vom 16. 12. 2014 erklärte die sich neu konstituierte Europäische Kommission jedoch in einer Mitteilung an das Europäische Parlament, den Europäischen Wirtschafts- und Sozialausschuss und den Ausschuss der Regionen (COM [2014] 910 final), den Vorschlag zurückzuziehen und ihn im Rahmen der Digitalen Agenda durch einen neuen ersetzen zu wollen. Am 6. 5. 2015 hat die Europäische Kommission ihre Strategie für den europäischen digitalen Binnenmarkt vorgestellt (COM [2015] 192 final). Seitdem gab es zahlreiche Legislativvorschläge und politische Initiativen bezogen auf den Digitalen Binnenmarkt. Ein einheitliches europäisches Vertragsrecht oder jedenfalls Kaufrecht scheint hingegen in weite Ferne gerückt zu sein.

II. Wirksamkeit trotz Leistungshindernis

1. Erfasste Leistungshindernisse

13 Aus dem Verweis auf § 275 Abs 1 BGB folgt, dass die Vorschrift für alle Fälle der **anfänglichen objektiven Unmöglichkeit und des anfänglichen Unvermögens** des Schuldners gilt. Erfasst werden damit alle Fälle der tatsächlichen anfänglichen Un-

möglichkeit (Staudinger/Caspers [2019] § 275 Rn 12 ff) und die Fälle, in denen das Leistungssubstrat schon bei Abschluss des Vertrages nicht vorhanden ist oder bei denen der Zweck, zu dem die Leistung des Gläubigers dienen sollte, von vornherein nicht erreicht werden kann (Staudinger/Caspers [2019] § 275 Rn 28 ff, 32 ff). Ebenso erstreckt sich die Vorschrift auf alle Fälle des schon bei Vertragsschluss bestehenden Unvermögens des Schuldners zur Leistungserbringung, wie sie insbesondere bei persönlichen Leistungsverpflichtungen, vor allem wie bei Dienst- und Werkverträgen, gegeben sein kann (Staudinger/Caspers [2019] § 275 Rn 64 ff).

Beruhen anfängliche Unmöglichkeit oder anfängliches Unvermögen allerdings **auf rechtlichen Gründen**, ist zu differenzieren. Ist der Vertrag wegen eines gesetzlichen oder behördlichen Verbots gem § 134 BGB nichtig (dazu Rn 60 ff sowie Staudinger/Fischinger/Hengstberger [2021] § 134 Rn 48 ff), kann auch § 311a Abs 1 BGB an der Nichtigkeit nichts ändern. Etwaige Schadensersatzansprüche richten sich nicht nach § 311a Abs 2 BGB, sondern nach den Grundsätzen des Verschuldens bei Vertragsschluss (s Rn 6 und unten Rn 73 ff). Soweit lediglich der Erbringung der Leistung ein rechtliches Hindernis entgegensteht, insbesondere die fehlende Verfügungsmacht des Schuldners über den Leistungsgegenstand (Staudinger/Caspers [2019] § 275 Rn 45 f, 71 ff), bleibt der Vertrag nach § 311a Abs 1 BGB wirksam und gilt § 311a Abs 2 BGB. 14

Aus dem Verweis auf § 275 Abs 2 und 3 BGB ergibt sich, dass auch eine **Unzumutbarkeit** der Leistung iS dieser Vorschriften der Wirksamkeit des Vertrages nicht entgegensteht. Dabei spielt es für die Anwendbarkeit der Vorschrift keine Rolle, ob der Schuldner von seinem Leistungsverweigerungsrecht Gebrauch gemacht hat oder nicht. An der Wirksamkeit des Vertrages ändert sich im einen wie im anderen Fall nichts. 15

§ 311a BGB zu unterstellen sind auch die Fälle von Leistungsversprechen, die mittels **übernatürlicher Kräfte** erbracht werden sollen (vgl BGH 13. 1. 2011 – III ZR 87/10, BGHZ 188, 71; LG Kassel 14. 3. 1985 – 1 S 491/84, NJW 1985, 1642 und 26. 5. 1988 – 1 S 483/87, NJW-RR 1988, 1517; AG Bühl 25. 8. 1998 – 3 C 151/98; AG Grevenbroich 3. 11. 1997 – 11 C 232/97, NJW-RR 1999, 133; **aA** AG Segeberg 5. 3. 2015 – 17a C 87/14 für die Harmonisierung der körpereigenen Energiefelder unter Zuhilfenahme von Energetik und Chakren). Denn eine Leistung ist objektiv unmöglich, wenn sie nach den Naturgesetzen oder nach dem Stand der Erkenntnis von Wissenschaft und Technik schlechthin nicht erbracht werden kann (BGH 13. 1. 2011 – III ZR 87/10, BGHZ 188, 71). Zu unterscheiden sind diese Fälle aber von den Fällen, in denen zwar magische Rituale angewendet werden, bei denen aber nicht der Einsatz magischer Kräfte und Fähigkeiten, sondern nur eine jahrmarktähnliche Unterhaltung erwartet und geschuldet wird (BGH 13. 1. 2011 – III ZR 87/10, BGHZ 188, 71; MünchKommBGB/Ernst § 311a Rn 33). Maßgeblich für diese Abgrenzung ist der jeweilige Vertragswille, der unter Berücksichtigung aller Umstände des Einzelfalls zu ermitteln ist. Beruht eine vertraglich vereinbarte Behandlung auf einer erwiesenermaßen unwirksamen Therapie, so ist die Leistung objektiv unmöglich (Becker MedR 2014, 475). Überlässt aber der Patient dem Arzt oder Therapeuten die Auswahl der Behandlungsmethode, so liegt ein Fall der Unmöglichkeit nur vor, wenn die von ihm gewählte keine Therapie überhaupt keine Chancen auf Heilung oder Linderung verspricht. 16

17 Dass die Parteien die Leistung für erbringbar erachten oder jedenfalls unterstellen, dass sie die erhoffte Wirkung entfalten könnte, ändert nichts an deren tatsächlicher objektiver Unmöglichkeit, wenn dieser Hoffnung die Naturgesetze entgegenstehen (fehlerhaft insofern AG Segeberg 5. 3. 2015 – 17a C 87/14, das meint, der Parteiwille könne objektive Leistungshindernisse überwinden, indem die potenzielle Unmöglichkeit der Leistung zum Vertragsinhalt gemacht werde; wie das AG Segeberg MünchKommBGB/Ernst § 311a Rn 33; wie hier für die bekanntermaßen unwirksame Behandlungstherapie eines Patienten Becker MedR 2014, 475, 480 f). Vereinfacht gesagt: Objektiv Unmögliches kann auch von den Parteien nicht möglich gemacht werden. Sofern nicht im Einzelfall Sittenwidrigkeit im Sinne des § 138 BGB gegeben ist, besteht allerdings kein Grund, die Parteien nicht gleichwohl an dem von ihnen geschlossenen Vertrag festzuhalten (vgl BGH 13. 1. 2011 – III ZR 87/10, BGHZ 188, 71). Mit dem BGH muss man dann im Regelfall aber auch § 326 Abs 1 BGB als abbedungen ansehen, sodass die versprochene Gegenleistung zu erbringen ist (BGH 13. 1. 2011 – III ZR 87/10, BGHZ 188, 71; Wittmann, Vertrauen und Vertrag 156; kritisch Schermaier JZ 2011, 633 ff; AG Segeberg 5. 3. 2015 – 17a C 87/14). Auch das Rücktrittsrecht des § 326 Abs 5 BGB muss in diesem Fall konsequenterweise als abbedungen betrachtet werden. Eine Schadensersatzverpflichtung nach § 311a Abs 2 BGB scheidet richtigerweise aus, weil es in solchen Fällen am Schaden fehlt (zutreffend Timme MDR 2011, 397, 398; vgl auch Becker MedR 2014, 475, 481, der auf die fehlende Rechtswidrigkeit verweist, die aber überhaupt nicht Tatbestandsmerkmal des Schadensersatzanspruchs nach § 311a Abs 2 S 1 BGB ist; **aA** Windel ZGS 2011, 218, 221 f und Bartels ZGS 2011, 355, 360 f, die den Anspruch aber regelmäßig an § 254 BGB scheitern lassen). Soll die okkulte Leistung nach bestimmten Lehren erbracht werden, erwartet der Gläubiger freilich, dass diese eingehalten werden. Die Einhaltung dieser Regeln ist möglich. Unterbleibt sie, liegt eine nichtvertragsmäßig erbrachte Leistung vor, die ein Rücktrittsrecht nach Maßgabe von § 323 BGB begründet.

2. Wirksamkeit des Vertrages und anwendbare Bestimmungen

18 Aus § 311a Abs 1 BGB folgt, dass das Vorliegen eines Leistungshindernisses schon bei Vertragsschluss nichts an der Wirksamkeit des Vertrages selbst ändert. Das „vertragliche Pflichtenprogramm" bleibt bestehen (treffend Huber AcP 210 [2010] 319, 334, vgl auch Wittmann, Vertrauen und Vertrag 41). Ausgeschlossen ist lediglich der Anspruch auf die Leistung, und zwar im Falle der Unmöglichkeit und des Unvermögens automatisch (§ 275 Abs 1 BGB) und im Falle der Unzumutbarkeit, wenn der Schuldner die Leistung verweigert hat (§ 275 Abs 2 und 3 BGB).

19 Allerdings kann es Fälle geben, in denen die anfängliche Unmöglichkeit nicht von Dauer ist. Wird die geschuldete Leistung zum Fälligkeitszeitpunkt noch möglich, etwa weil ein behördliches Ausfuhrverbot in der Zeit zwischen Vertragsschluss und Fälligkeit aufgehoben wird, so ist die Leistung zu erbringen. Denn der Anspruch auf Leistung lebt mit Beendigung der Unmöglichkeit wieder auf (s zur vorübergehenden Unmöglichkeit auch Rn 37).

20 Indem § 311a Abs 1 BGB den Zeitpunkt des Vertragsschlusses maßgebend sein lässt, stellt er auch klar, dass *Leistungshindernisse, die zwischen der Abgabe eines bindenden Angebots und dessen Annahme eintreten,* nichts an der Wirksamkeit des Vertrages ändern. Eine Möglichkeit des Anbietenden, sich in einem solchen Fall durch Widerruf vom Vertrag wieder zu lösen, besteht nicht (**aA** Soergel/Gsell § 311a

Rn 26; Tettinger ZGS 2006, 452 ff, außerdem auch Staudinger/Bork [2020] § 145 Rn 22). Für ein solches Widerrufsrecht fehlt die gesetzliche Grundlage, wie auch der Gegenschluss aus § 130 Abs 1 S 2 BGB ergibt. Die Lösung der Problematik liegt in § 311a Abs 2 S 2 BGB: Dieser muss erweiternd dahin interpretiert werden, dass der Schuldner auch dann nicht haftet, wenn er das nach Wirksamwerden (§ 130 BGB) seines Angebots eintretende Leistungshindernis zu diesem Zeitpunkt nicht kannte und auch nicht damit rechnen musste, dass es eintreten werde (**aA** MünchKommBGB/Ernst § 311a Rn 38, der für die Frage, ob anfängliche Unmöglichkeit vorliegt, auf das Wirksamwerden des Angebots abstellen will). Die sachliche Rechtfertigung für diese erweiternde Auslegung des § 311a Abs 2 S 2 BGB besteht aber nur, soweit die Bindungswirkung des Angebots reicht. Kann diese rechtswirksam vor Vertragsschluss, etwa wegen einer vorbehaltenen Widerrufsmöglichkeit, beseitigt werden (s etwa zur Möglichkeit der Angebotsrücknahme bei Internetauktion bei unverschuldetem Verlust des Kaufgegenstandes BGH 8. 6. 2011 – VIII ZR 305/10, NJW 2011, 2643; BGH 23. 9. 2015 – VIII ZR 284/14, MDR 2015, 1282), so scheidet eine Haftung des Schuldners nur aus, wenn der Widerruf des Angebots ohne sein Verschulden ausblieb (iE jedoch mit anderer Begründung ebenso Hoffmann ZIP 2017, 449, 453 für den Abbruch einer Internetauktion).

Die Tatsache, dass nach § 894 ZPO die Abgabe einer Willenserklärung erst mit 21
Rechtskraft des Urteils als abgegeben gilt, schließt es aus, einen Vertragsschluss selbst zu einem früheren Zeitpunkt herbeizuführen (BAG 15. 9. 2009 – 9 AZR 608/08, BAGE 132, 119). Aus § 311a Abs 1 BGB folgt aber, dass Verträge **mit Rückwirkung** auch dann abgeschlossen werden können, wenn die Leistung ganz oder teilweise in der Vergangenheit nicht erbracht werden kann. Dementsprechend ist die Verurteilung zur Abgabe eines Angebots auf die rückwirkende Begründung eines Vertragsverhältnisses in diesen Fällen nicht ausgeschlossen (BAG 9. 2. 2011 – 7 AZR 91/10, NZA-RR 2012, 232; BAG 19. 10. 2011 – 7 AZR 672/10, BB 2012, 1088; BAG 15. 10. 2013 – 9 AZR 572/12, ZTR 2014, 352; BAG 13. 6. 2012 – 7 AZR 647/10; BAG 16. 12. 2014 – 9 AZR 915/13, NZA 2015, 825; Sächsisches LAG 22. 5. 2015 – 5 Sa 98/14; LAG Rheinland-Pfalz 2. 9. 2013 – 5 Sa 231/13). Die Fiktion nach § 894 S 1 ZPO führt hier zum Abschluss eines Vertrages, der zwar erst mit Rechtskraft des Urteils, jedoch mit rückwirkenden Rechten und Pflichten begründet wird (BAG 16. 12. 2014 – 9 AZR 915/13, NZA 2015, 825). Soweit die Erfüllung der Leistung für die Vergangenheit unmöglich ist, entfällt sie (BAG 27. 4. 2004 – 9 AZR 522/03, BAGE 110, 232; BAG 9. 2. 2011 – 7 AZR 91/10, NZA-RR 2012, 232; BAG 27. 1. 2016 – 5 AZR 9/15, BAGE 154, 100; Canaris JZ 2001, 506). Deshalb besteht für die zurückliegende Zeit kein Anspruch des Arbeitgebers auf Arbeitsleistung. Da diese nicht nachholbar und deshalb für die zurückliegenden Zeiträume unmöglich ist, entfällt gem § 326 Abs 1 BGB auch der Anspruch des Arbeitnehmers auf Arbeitsentgelt für diesen Zeitraum. Etwas anderes gilt nach § 326 Abs 2 S 1 BGB allerdings dann, wenn der Arbeitgeber für die Unmöglichkeit allein oder weit überwiegend verantwortlich ist. Insoweit ist zu differenzieren: Gibt der Arbeitnehmer selbst ein Vertragsangebot ab und verlangt – ggf in Form der Leistungsklage – die Abgabe der Annahmeerklärung vom Arbeitgeber, so ist letzterer für die Unmöglichkeit der Leistungserfüllung zwischen Vertragsangebot und -annahme weit überwiegend verantwortlich, wenn der Arbeitgeber in Verkennung der Rechtslage meint, er sei nicht zum (rückwirkenden) Abschluss eines Arbeitsverhältnisses verpflichtet. Lediglich wenn diese Annahme auf einem unvermeidbaren Rechtsirrtum beruht, fehlt es an der Verantwortlichkeit des Arbeitgebers für die Unmöglichkeit (BAG 19. 8. 2015 – 5 AZR 975/13, BAGE 152, 213 mit kritischer Anm Bauer/Heimann ArbRAktuell 2014, 423).

Verlangt der Arbeitnehmer hingegen vom Arbeitgeber lediglich die Abgabe eines Vertragsangebots, so ist dieser für die Unmöglichkeit nicht allein oder weit überwiegend verantwortlich, weil es zusätzlich noch der Annahmeerklärung des Arbeitnehmers bedarf (BAG 27. 1. 2016 – 5 AZR 9/15, BAGE 154, 100). Greift die Erhaltungsnorm des § 326 Abs 2 BGB nicht, so besteht bei rückwirkender Begründung des Arbeitsverhältnisses – wie dargelegt – kein Vergütungsanspruch des Arbeitnehmers für die zurückliegenden Zeiträume. Insbesondere scheidet ein Anspruch auf Annahmeverzug aus § 611 Abs 1 BGB iVm § 615 S 1 BGB aus, weil ein Annahmeverzug nur entstehen kann, wenn im Zeitpunkt des Angebots der Arbeitsleistung ein erfüllbares Arbeitsverhältnis bestand (BAG 19. 8. 2015 – 5 AZR 975/13, BAGE 152, 213; vgl auch Staudinger/Fischinger [2022] § 615 Rn 46; **aA** LAG Rheinland-Pfalz 2. 9. 2013 – 5 Sa 231/13 allein mit dem Hinweis, dass anderenfalls die Verpflichtung zu einem rückwirkenden Vertragsangebot sinnentleert wäre).

22 Dass der Vertrag wirksam bleibt, hat zur Folge, dass den Schuldner wie den Gläubiger die mit dem Vertrag verbundenen **Nebenpflichten** treffen, insbesondere gilt § 241 Abs 2 BGB und in Verbindung damit § 280 Abs 1 BGB. Hat sich der Schuldner zum Transport einer Ladung auf einem bestimmten Schiff verpflichtet, das für die Ladung zu schmal ist (vgl den Fall OLG Hamm 16. 2. 1995 – 18 U 50/94, TranspR 1996, 245), ist zwar der Leistungsanspruch ausgeschlossen, der Schuldner aber gleichwohl zur Fürsorge für die ihm überlassene Ladung verpflichtet. Lässt er schuldhaft die hinreichende Fürsorge missen, so haftet er dem Gläubiger für die hieraus resultierenden Schäden aus § 280 Abs 1 iVm § 214 Abs 2 BGB (s zur Haftung bei der Verletzung von Aufklärungspflichten Rn 3). Scheitert die Erfüllung der Verpflichtung, ein Bett zu liefern und in einer Wohnung aufzustellen, weil die Zugänge so beschaffen sind, dass das Bett erst mit erheblichen Mehrkosten in seine Einzelteile zerlegt und wieder zusammengesetzt werden muss (vgl den Fall LG Nürnberg/Fürth 18. 1. 1994 – 13 S 8764/93, NJW-RR 1995, 180), ist der Gläubiger verpflichtet, das angelieferte Bett bis zur Abholung durch den Verkäufer zu sichern.

23 Weiterhin kann der Gläubiger statt der unmöglichen oder unzumutbaren Leistung **Herausgabe des Ersatzes nach § 285** BGB verlangen (Staudinger/Caspers [2019] § 285 Rn 27; so auch BeckOK-BGB/Lorenz [1. 5. 2023] § 285 Rn 8; Canaris, in: FS Heldrich [2005] 38 gegen Hammen, in: FS Hadding [2004] 41 ff). Ist die zu liefernde Sache, ohne dass der Schuldner das wusste, schon zum Zeitpunkt des Vertragsschlusses von einem Dritten zerstört worden, hat der Gläubiger Anspruch auf Abtretung eines Schadensersatzanspruches gegen den Dritten und eines etwaigen Versicherungsanspruches.

24 Für den **gegenseitigen Vertrag** hat § 311a Abs 1 BGB zur Konsequenz, dass sich die Abwicklung nach den Vorschriften der §§ 320 ff BGB richtet. Soweit der Anspruch des Gläubigers nach § 275 BGB ausgeschlossen ist, entfällt nach § 326 Abs 1 S 1 BGB auch der Anspruch des Schuldners auf die Gegenleistung. Dies gilt auch dann, wenn der Gläubiger die Unmöglichkeit oder Unzumutbarkeit bei Vertragsschluss kannte oder hätte kennen müssen, denn darin liegt noch keine Verantwortlichkeit des Gläubigers für die Unmöglichkeit oder Unzumutbarkeit iS des § 326 Abs 2 S 1 BGB (s näher Staudinger/Schwarze [2020] § 326 Rn C 32 ff). Voraussetzung dafür ist, dass der Gläubiger die Unmöglichkeit oder Unzumutbarkeit positiv herbeiführt. Was die Einrede des nicht erfüllten Vertrages nach § 320 BGB angeht, so ist sie zwar ausgeschlossen, wenn feststeht, dass die Leistung nicht zu erbringen ist, weil sie entweder unmöglich ist oder weil der Schuldner die Erbringung wegen Unzumutbarkeit wirksam verweigert hat. Solange der Ausschluss der Leistungspflicht streitig ist, kann der Gläubiger die Einrede des nichterfüllten Vertrages erheben (so schon für das frühere Recht BGH 20. 12. 1996 – V ZR 277/95, NJW 1997, 938; **aA** Staudinger/Schwarze [2020] § 320 Rn 30, der § 320 BGB nur für anwendbar hält, wenn der Anspruch zum Zeitpunkt der Einredeerhebung bestand). S zur Abbedingung von § 326 Abs 1 S 2 BGB bei okkulten Leistungen unter Rn 17.

3. Beseitigung der Unmöglichkeit als vertraglich vereinbarte aufschiebende Bedingung

Die Parteien können einer bestehenden anfänglichen Unmöglichkeit oder Unzumutbarkeit dadurch Rechnung tragen, dass sie den Vertrag nur für den Fall schließen, dass die Leistung später möglich oder zumutbar wird. Die Wirksamkeit des Vertrages steht dann unter der aufschiebenden Bedingung der Beseitigung der Unmöglichkeit. Es liegt nicht anders als in den sonstigen Fällen, in denen die Parteien die Wirksamkeit des Vertrages von dem Eintritt einer Bedingung abhängig machen, etwa davon, dass sich der Zweck, zu dem die Leistung dem Gläubiger dienen soll, tatsächlich verwirklichen lässt. 25

Die Beseitigung der Unmöglichkeit ist keine bloße Rechtsbedingung, sondern ist als eigentliche aufschiebende Bedingung iSd § 158 Abs 1 BGB aufzufassen (für den früheren § 308 BGB: BGH 15. 1. 1992 – IV ZR 317/90, NJW-RR 1992, 558, 559). Dies folgt schon daraus, dass die Parteien die Gültigkeit des Vertrages durch ihre Vereinbarung unter den ungewissen Eintritt der späteren Möglichkeit der Leistung gestellt haben: Das ist die Situation, auf die die §§ 158 ff BGB gemünzt sind. Die Parteien sind also bereits mit Abschluss des Vertrages schuldrechtlich gebunden, wenngleich die Verpflichtung zur Leistung erst mit dem Eintritt der Bedingung, dh mit Möglichkeit der Leistung, entsteht (§ 158 Abs 1 BGB). 26

Die Parteien können die Bedingung auch so ausgestalten, dass sie den Vertrag für den Fall schließen, dass die Leistung **innerhalb eines bestimmten Zeitraumes** möglich wird. Wird die Leistung in einem solchen Fall nicht innerhalb der gesetzten Frist möglich, ist der Vertrag wegen Nichteintritts der Bedingung unwirksam; es gelten die §§ 158 ff BGB. 27

Aus der Anwendbarkeit der §§ 158 ff BGB folgt weiter: Die Vertragspartner können vereinbaren, dass der Eintritt der Bedingung (im Wege der Fiktion) zurückdatiert wird, dass also der Verpflichtete dem Berechtigten im Falle des Möglichwerdens der Leistung das gewähren soll, was dieser hätte, wenn die Leistung bereits bei Abschluss des Vertrages möglich gewesen wäre, § 159 BGB. Der Gläubiger kann *Schadensersatz* verlangen, wenn der Schuldner das Möglichwerden der Leistung durch sein Verschulden vereitelt oder beeinträchtigt, § 160 BGB. Hat der Schuldner unter der Bedingung des späteren Möglichwerdens über einen Gegenstand verfügt (zB eine noch nicht existierende Sache veräußert, verpfändet, ein Recht daran bestellt), so ist jede weitere Verfügung, die er vor dem Eintritt der Möglichkeit über denselben trifft, insoweit unwirksam, als sie das Recht des Gläubigers beeinträchtigen würde. Seiner eigenen Verfügung steht eine Verfügung gleich, die bis zum 28

Eintritt der Möglichkeit im Wege der Zwangsvollstreckung oder der Arrestvollziehung oder durch den Insolvenzverwalter erfolgt, § 161 Abs 1 BGB. Doch bleiben die Vorschriften, die zugunsten der Sicherheit des Verkehrs den Rechtserwerb durch Nichtberechtigte gestatten (originärer Rechtserwerb im derivativen Gewande, §§ 405, 892, 893, 932–936, 1032, 1138, 1155, 1207, 1208, 1244 BGB), unberührt, § 161 Abs 3 BGB. Der Schuldner darf das Möglichwerden der Leistung nicht wider Treu und Glauben vereiteln; tut der das, so gilt die Bedingung als eingetreten, dh die Leistung als möglich, § 162 Abs 2 BGB. Der Gläubiger hat deshalb in diesem Falle einen Anspruch auf das Erfüllungsinteresse und nicht bloß auf das negative Vertragsinteresse (so auch Soergel/Gsell § 311a Rn 74).

29 Die Absicht der Vertragspartner, den Vertrag durch die Beseitigung der Unmöglichkeit aufschiebend zu bedingen, bedarf **keiner ausdrücklichen Erklärung**. Es genügt, dass diese Absicht vorhanden war und den Umständen nach festgestellt werden kann (RG 7. 6. 1921 – II 584/20, RGZ 102, 254; RG 13. 10. 1932 – VIII 292/32, RGZ 138, 52, 55; BGH 15. 1. 1992 – IV ZR 317/90, NJW-RR 1992, 558). Dabei wird regelmäßig davon ausgegangen werden können, dass die Parteien einen Vertrag schließen wollten, der einen praktischen Wert hat. War den Parteien die im Zeitpunkt des Vertragsschlusses bestehende Unmöglichkeit der Leistung bekannt, so wird man daraus – trotz Fehlens einer gesetzlichen Vermutung – im Zweifel ableiten müssen, dass die Parteien den Vertrag gerade für den Fall des Möglichwerdens der Leistung geschlossen haben. So wird in der Regel anzunehmen sein, dass die Lieferung eines zum Zeitpunkt des Vertragsschlusses nur als Idee vorhandenen Pkw-Modells für den Fall versprochen wird, dass das Modell später tatsächlich hergestellt wird. Dies gilt jedenfalls dann, wenn der Vertrag die Klausel „nach Liefermöglichkeit" enthält (BGH 1. 12. 1993 – VIII ZR 259/92, NJW 1994, 515). Auch die Lieferung einer beschlagnahmten Ware wird regelmäßig für den Fall zugesagt sein, dass die beschlagnahmende Stelle die Lieferung genehmigt oder die Ware freigibt (RG 7. 6. 1921 – II 584/20, RGZ 102, 254; RG 13. 10. 1932 – VIII 292/32, RGZ 138, 52, 55). Ein Grundstückskaufvertrag wird regelmäßig für den Fall geschlossen, dass die erforderlichen Genehmigungen erteilt werden (BGH 1. 12. 1993 – VIII ZR 259/92, NJW 1994, 515). Ein nicht übertragbares Recht wird in der Regel für den Fall abgetreten, dass die Übertragung gesetzlich gestattet wird (vgl RG 16, 1. 1939 – V 75/38, RGZ 159, 193, 203; s auch BGH 30. 5. 1951 – II ZR 10/51, LM § 134 BGB Nr 3). Bei wesentlichen Bestandteilen, die gem § 93 BGB nicht sonderrechtsfähig, aber trotzdem Gegenstand eines besonderen Kaufvertrages sind, wird in der Regel anzunehmen sein, dass der Kaufvertrag unter der aufschiebenden Bedingung abgeschlossen worden ist, dass die Bestandteile von der eigentlichen Sache getrennt werden (vgl Zitelmann, Übereignungsgeschäft und Eigentumserwerb an Bestandteilen, JherJb 70, 56; Filios, Die Gefahrtragung beim Kauf [§ 446 BGB] im Rahmen des Synallagmas [1964] 48).

30 Haben sich die Parteien hinsichtlich des Zeitraums **geirrt**, in dem die Unmöglichkeit oder Unzumutbarkeit behoben werden könnte, kann darin – wie auch bei der fehlerhaften Annahme, die Erbringung der Leistung sei möglich – ein beiderseitiger Irrtum über die Geschäftsgrundlage iS des § 313 Abs 2 BGB liegen. Haben die Parteien einen Vertrag über die Schaffung eines Kunstwerks geschlossen und bestimmt, dass dieser in Kraft treten solle, wenn der Künstler eine bestehende Erkrankung überwunden hat, und sind sie dabei davon ausgegangen, dass die Wiederherstellung der Gesundheit nach einigen Monaten erfolgen wird, sich diese aber auf unabsehbare Zeit verzögert, kann das für den Besteller das Festhalten am Vertrag unzumutbar machen.

Zu Verträgen, die für den Fall der Aufhebung eines gesetzlichen oder behördlichen Verbots geschlossen werden, s Rn 69. 31

III. Schadensersatzverpflichtung

1. Schadensersatz statt der Leistung

Aus dem Wirksambleiben des Vertrages trotz Bestehens eines Leistungshindernisses bei Vertragsschluss zieht § 311a Abs 2 BGB die Konsequenz: Der Schuldner der anfänglichen unmöglichen oder unzumutbaren Leistung haftet nicht auf das negative, sondern auf das positive Interesse. Er ist dem Gläubiger zum **Schadensersatz statt der Leistung** verpflichtet. S auch STAUDINGER/SCHWARZE (2019) Vorbem C 7 f zu §§ 280–285. 32

In seiner Untersuchung der Grenzen rechtsgeschäftlicher Leistungspflichten plädiert LOBINGER für eine teleologische Reduktion von § 311a Abs 2 BGB. Die dort vorgesehene Erfüllungshaftung sei lediglich bei überwindbaren und dem Schuldner bekannten Leistungshindernissen angemessen. Nur dann nämlich werde die Verpflichtung zur Erbringung der unmöglichen Leistung von einem entsprechenden Willen des Schuldners getragen. Sei hingegen die Unmöglichkeit nicht überwindbar und/oder kenne der Schuldner die Unmöglichkeit nicht, könne ihm nur ein Fehlverhalten bei Vertragsschluss zur Last gelegt werden, welches lediglich die Haftung auf das negative Interesse (das nur ausnahmsweise zum Ersatz des positiven Interesses führe) rechtfertigen könne (LOBINGER 273 ff, insb 286 ff; ihm folgend KATZENSTEIN JURA 2005, 75, 77 f). 33

Der Auffassung von LOBINGER kann nicht gefolgt werden. Zwar lässt sich die Auffassung, in den meisten Fällen der Unmöglichkeit sei nach wie vor eine Haftung auf das negative Interesse angemessen, rechtspolitisch durchaus vertreten. Der Gesetzgeber hat aber anders entschieden. Willkürlich ist diese Entscheidung nicht. Vielmehr findet sie ihre Basis in einer Risikozuordnung. Der Gesetzgeber bürdet mit § 311a Abs 2 BGB dem Schuldner vorbehaltlich des Vertretenmüssens das Risiko der Vertragserfüllung auf, das sonst der Gläubiger tragen müsste. Auf diese Weise den Grundsatz „pacta sunt servanda" trotz gegebener anfänglicher Unmöglichkeit wirtschaftlich durchschlagen zu lassen, ist jedenfalls vertretbar (vgl JÄPEL S 78 f, der in diesem Zusammenhang zurecht auf die weitreichende Kompetenz des Gesetzgebers verweist). Es handelt sich um einen Fall der – wenn auch beschränkten – Garantiehaftung (HARKE Rn 226 ff). 34

Die Ausführungen von LOBINGER lenken allerdings die Aufmerksamkeit auf die **Dispositivität** des § 311a Abs 2 BGB. Im Einzelfall kann ein Vertrag dahingehend auszulegen sein, dass für den Fall, dass sich die Erbringung der Leistung als von Anfang an unmöglich erweist, nur eine Haftung auf das negative Interesse eintreten soll. So wird man bei einer Schenkung oder einem anderen unentgeltlichen Vertrag häufig annehmen müssen, dass eine Haftung auf das Erfüllungsinteresse für das anfängliche Unvermögen des Schuldners dem Parteiwillen nicht entspricht (vgl für das 35 frühere Recht BGH 23. 3. 2000 – X ZR 177/97, BGHZ 144, 118 m Anm Löwisch; Huber ZIP 2000, 1372, 1375).

36 Die Entstehung des Anspruchs auf Schadensersatz statt der Leistung ist abgesehen vom Vertretenmüssen (dazu Rn 44 ff) von keinen weiteren Voraussetzungen abhängig. Insbesondere ist anders als in § 281 Abs 1 BGB eine **Fristsetzung nicht erforderlich**. Allerdings ist dem Gläubiger, der von der anfänglichen Unmöglichkeit oder Unzumutbarkeit nichts weiß oder über diese im Zweifel ist, unbenommen, den Weg des § 281 Abs 1 S 1 BGB zu gehen. Eine von ihm erhobene Klage ist dann in jedem Fall entweder nach § 281 Abs 1 S 1 BGB oder § 311a Abs 2 BGB begründet, sodass es einer Beweiserhebung über das Vorliegen der anfänglichen Unmöglichkeit oder Unzumutbarkeit nicht bedarf, soweit es nicht für die Höhe des Schadens auf den Zeitpunkt der Entstehung des Schadensersatzanspruches ankommt (dazu unten Rn 37). Zur Verfolgung des Erfüllungsanspruchs muss der Gläubiger die Leistung aufgeben (Kohler AcP 205 [2005] 106 f). Zu dessen Auffassung auch Rn 2.

37 Ist dem Schuldner die Leistung zwar von Anfang an, aber **nur vorübergehend** unmöglich oder unzumutbar, greift der Schadensersatzanspruch des § 311a Abs 2 BGB nur für den Zeitraum der vorübergehenden Unmöglichkeit oder Unzumutbarkeit. Für die Zeit nach Ende der vorübergehenden Unmöglichkeit oder Unzumutbarkeit kommt ein Schadensersatzanspruch statt der Leistung nur nach Maßgabe des § 281 Abs 1 S 1 BGB in Betracht. Stellt allerdings die vorübergehende Unmöglichkeit die Erreichung des Geschäftszwecks in Frage und ist dem anderen Teil deshalb das Festhalten am Vertrag bis zum Wegfall des Leistungshindernisses nicht zuzumuten, ist die vorübergehende der dauernden Unmöglichkeit gleichzustellen (OLG Karlsruhe 14. 9. 2004 – 8 U 97/04, ZGS 2004, 477, 478; Staudinger/Caspers [2019] § 275 Rn 53 ff).

38 Der Begriff des Schadensersatzes statt der Leistung ist derselbe wie in §§ 280 Abs 3 und §§ 281–283 BGB. Der Gläubiger ist so zu stellen, wie er bei ordnungsgemäßer und rechtzeitiger Erfüllung stünde (Staudinger/Schwarze [2019] § 280 Rn E 35 ff; Erman/Dieckmann § 311a Rn 12). Erfasst von der Schadensersatzpflicht sind deshalb auch Folgeschäden (BGH 8. 5. 2014 – VII ZR 203/11, BGHZ 201, 148; Entscheidung umfassend besprochen von Kniffka, Die riskante Bauausführung – Haftung und Zurechnung, BauR 2017, 159). Zum Umfang des Schadensersatzes statt der Leistung s Staudinger/Schwarze (2019) § 280 Rn E 3, 35 ff und § 281 Rn B 127 ff.

39 Maßgeblicher zeitlicher Ausgangspunkt für die Schadensberechnung ist der, zu dem die Leistung nach dem Vertrag hätte erbracht werden müssen, also der **Fälligkeitszeitpunkt**. Zu vergleichen ist die tatsächlich eingetretene Vermögenslage mit der, die bestünde, wenn zu diesem Zeitpunkt erfüllt worden wäre. Anders als im Falle des § 281 Abs 1 S 1 BGB kommt die Wahl eines anderen Ausgangszeitpunkts als des Zeitpunkts der Fälligkeit nicht in Betracht. Auch wenn der Gläubiger dem Schuldner eine Frist zur Leistung gesetzt hat, kann er nicht auf den Zeitpunkt des Fristablaufs abstellen, wenn sich herausstellt, dass die Leistung von Anfang an unmöglich oder unzumutbar war.

2. Aufwendungsersatz

Anstelle des Schadensersatzes statt der Leistung kann der Gläubiger **Ersatz vergeblicher Aufwendungen** nach § 284 BGB verlangen (Soergel/Gsell § 311a Rn 59; Erman/Dieckmann § 311a Rn 12). Voraussetzung dafür ist zunächst, dass der Gläubiger die Aufwendungen im Vertrauen auf den Erhalt der Leistung gemacht hat, die infolge der anfänglichen Unmöglichkeit oder Unzumutbarkeit ausbleibt. In Betracht kommen insbesondere die Anschaffung von Betriebsmitteln, die nicht verwendet oder die Einstellung von Hilfskräften, die nicht beschäftigt werden können. Aber auch Aufwendungen für geplante private Nutzungen der ausgebliebenen Leistung gehören hierher. 40

Weiter mussten die Aufwendungen vom Gläubiger „billigerweise" gemacht werden dürfen. Unbillig in diesem Sinne handelt der Gläubiger insbesondere, wenn er die Aufwendungen voreilig tätigt oder noch tätigt, obwohl ihm bereits Anzeichen für ein Scheitern des Vertrages bekannt sind oder bekannt sein müssten (Canaris JZ 2001, 517; Löwisch, Ersatz vergeblicher Aufwendungen bei Verletzung arbeitsvertraglicher Pflichten, in: FS Wissmann [2005] S 37, 40 f). 41

Ausgeschlossen ist der Aufwendungsersatzanspruch, wenn der Zweck der Aufwendungen auch ohne Ausbleiben der Leistung des Schuldners **nicht erreicht worden wäre**. Verfehlte Aufwendungen kann der Gläubiger nicht ersetzt verlangen. Hätte beispielsweise die vom Gläubiger mit Aufwendungen vorbereitete Produktion auch dann nicht durchgeführt werden können, wenn der Schuldner geleistet hätte, scheidet ein Aufwendungsersatzanspruch aus (Löwisch, in: FS Wissmann [2005] S 37, 40 f). 42

Der Anspruch auf Ersatz vergeblicher Aufwendungen nach § 284 BGB besteht nur **alternativ** zum Schadensersatzanspruch statt der Leistung (Schwarze, Das Recht der Leistungsstörungen § 25 Rn 28, 42; § 311a Erman/Dieckmann § 311a Rn 12). § 284 BGB hindert aber nicht die Anwendung der sog Rentabilitätsvermutung bei der Ermittlung des Schadensersatzes statt der Leistung (OLG Karlsruhe 14. 9. 2004 – 8 U 97/04, ZGS 2004, 477; Staudinger/Schwarze [2019] § 284 Rn 16; Schwarze, Das Recht der Leistungsstörungen § 25 Rn 29). 43

3. Vertretenmüssen

Der Anspruch auf Schadensersatz statt der Leistung oder auf Ersatz der vergeblichen Aufwendungen ist nach § 311a Abs 2 S 2 BGB ausgeschlossen, wenn der Schuldner bei Vertragsschluss das Leistungshindernis **nicht kannte und seine Unkenntnis auch nicht zu vertreten hat**. Dass der Schuldner ohne Fahrlässigkeit auf die Behebbarkeit des Leistungshindernisses vertraut, kann ihn – entgegen Fest (WM 2005, 2168, 2170) – nicht entlasten. § 311a Abs 2 S 2 BGB stellt ausdrücklich auf mangelnde Kenntnis und nicht zu vertretende Unkenntnis des Leistungshindernisses selbst ab und verweist die mögliche Behebung des Hindernisses damit in den Risikobereich des Schuldners. 44

Kenntnis in diesem Sinne bedeutet das Wissen um die anfängliche Unmöglichkeit oder Unzumutbarkeit, Kennenmüssen die auf Fahrlässigkeit zurückführende Unkenntnis (§ 122 Abs 2 BGB). Der Maßstab für die Fahrlässigkeit ergibt sich dabei, wie aus § 276 Abs 1 S 1 BGB folgt, aus dem abgeschlossenen Vertrag. Dementspre- 45 chend haftet der an der Gründung einer Gesellschaft Beteiligte für das Ausbleiben eines Beitrags, dessen Erbringung von Anfang an unmöglich oder unzumutbar ist, nur nach Maßgabe des § 708 BGB.

46 In der Rechtsprechung ist fahrlässige Unkenntnis in einem Fall angenommen worden, in dem ein vermietetes Grundstück wegen eines Bebauungsplanes, den der Vermieter hätte kennen müssen, für den vorgesehenen Zweck auf unabsehbare Zeit nicht genutzt werden konnte (OLG Celle 13. 7. 1973 – 2 U 187/72, NJW 1973, 2289). Ebenso entschieden wurde in einem Fall, in dem bei dem Verkauf einer Erfindung das mitgeteilte Verfahren nicht geeignet war, den zugesicherten Erfolg zu erreichen, wovon sich der Verkäufer aufgrund eigener Versuche hätte überzeugen können (BGH 22. 5. 1959 – I ZR 51/58, GRUR 1960, 44) und schließlich in einem Fall, in dem sich der Verkäufer eines Kraftfahrzeuges verpflichtete, dem Käufer Fahrunterricht zu geben, obwohl er dazu nicht befugt war (OLG München LZ 1928, 138). Hingegen kann einem GmbH-Gesellschafter nicht ohne Weiteres zur Last gelegt werden, dass er nicht weiß, dass die Gesellschafter keine selbstständigen Nutzungsrechte an einem der GmbH zustehenden Patent haben können (OLG Saarbrücken 11. 8. 1999 – 1 U 867/98, ZIP 1999, 2054, 2056). Auch darf der Patentinhaber auf die Richtigkeit der Entscheidung der Erteilungsbehörde vertrauen, sodass er gegenüber dem Lizenznehmer keinem Schadenersatzanspruch nach § 311a Abs 2 BGB unterliegt, wenn das Patent später mit ex-tunc-Wirkung gerichtlich vernichtet wird (LG Düsseldorf 12. 8. 2008 – IV b O 17/08, InstGE 10, 6). Von einem Hundezüchter kann nicht verlangt werden, dass er ohne nähere Anhaltspunkte im konkreten Fall genetischen Defekten des Hundes, etwa einer anlagebedingten Fehlentwicklung des Knochenwachstums, nachgeht (BGH 22. 6. 2005 – VIII ZR 281/04, BGHZ 163, 234; LG Mosbach 1. 10. 2007 – 1 T 45/07, RdL 2007, 313).

47 Dem **gewerblichen Kraftfahrzeughändler** fällt fahrlässige Unkenntnis zur Last, wenn er ein Kraftfahrzeug aufgrund eines Angebots im Internet erwirbt und dann weiterverkauft, ohne Erkundigungen über die Herkunft des Fahrzeugs einzuholen und die in der Zulassungsbescheinigung vermerkte Fahrzeugidentifikationsnummer mit der im Fahrzeug eingeschlagenen Nummer zu vergleichen (OLG Karlsruhe 14. 9. 2004 – 8 U 97/04, NJW 2005, 989). Der Gebrauchtwagenhändler muss einem Hinweis auf einen Vorschaden durch Nachfrage bei der die Reparatur durchführenden Werkstatt nachgehen, um das wahre Ausmaß des Schadens festzustellen (LG Kaiserslautern 29. 10. 2004 – 4 O 410/04). Wo keinerlei Hinweise auf Vorschäden bestehen, braucht aber auch der gewerbliche Gebrauchtwagenverkäufer nach solchen nicht zu fahnden (LG Saarbrücken 29. 7. 2004 – 2 S 21/04, ZfSch 2004, 562).

48 Ein **Arbeitnehmer**, dem die Arbeitsleistung wegen einer schon zum Zeitpunkt des Vertragsschlusses bestehenden Erkrankung unmöglich oder unzumutbar ist (Staudinger/Caspers [2019] § 275 Rn 66), haftet bei fahrlässiger Unkenntnis nach § 311 Abs 2 BGB, ohne dass ihm die Grundsätze zur Arbeitnehmerhaftung zugute kämen (zu ihnen Staudinger/Caspers [2019] § 276 Rn 135). Denn diese gelten nur für durch den Betrieb veranlasste Tätigkeiten, weil sich nur in diesen die Organisationsmacht des Arbeitgebers verwirklicht, welche die Beschränkung der Haftung rechtfertigt (vgl BAG 27. 9. 1994 – GS 1/89, BAGE 78, 56; BGH 11. 3. 1996 – II ZR 230/94, NJW 1996, 1532).

49 Ist der auf eine unmögliche oder unzumutbare Leistung gerichtete Vertrag durch einen *Stellvertreter* abgeschlossen worden, kommt es gem § 166 Abs 1 BGB auf dessen Kenntnis oder Kennenmüssen an (**anders** BeckOK-BGB/Gehrlein [1. 5. 2023] § 311a Rn 8 für die Anwendung des § 278 BGB; sowohl § 176 Abs 1 als auch § 278 BGB anwenden wollen MünchKommBGB/Ernst § 311a Rn 63 f, Soergel/Gsell § 311a Rn 51 ff). Unter den Voraussetzungen des § 166 Abs 2 BGB muss sich auch der Vertretene seine Kenntnis und sein Kennenmüssen zurechnen lassen. Dasselbe gilt, wenn kein Stellvertreter, sondern ein sog *Wissensvertreter* tätig geworden ist. Wissensvertreter ist jeder, der nach der Arbeitsorganisation des Geschäftsherrn dazu berufen ist, im Rechtsverkehr als dessen Repräsentant bestimmte Aufgaben in eigener Verantwortung zu erledigen und die dabei angefallenen Informationen zur Kenntnis zu nehmen sowie gegebenenfalls weiterzuleiten (BGH 24. 1. 1992 – V ZR 262/90, BGHZ 117, 104, 106 f; s im Einzelnen Staudinger/Schilken [2019] Vorbem 86 f zu §§ 164 ff und § 166 Rn 4 ff).

50 § 311a Abs 2 S 2 BGB schließt nicht aus, dass im Einzelfall eine Haftung des Schuldners auf Schadensersatz statt der Leistung oder Ersatz der vergeblichen Aufwendungen des Gläubigers auch ohne Kenntnis oder fahrlässige Unkenntnis von der Unmöglichkeit oder Unzumutbarkeit eintritt. Entsprechend § 276 Abs 1 S 1 BGB kann sich eine solche strikte Haftung entweder aus einer entsprechenden Vereinbarung oder aus dem sonstigen Inhalt des Vertrages ergeben. Ersteres ist der Fall, wenn der Schuldner vertraglich das Beschaffungsrisiko übernimmt, etwa als Unternehmer die Herstellung des Werkes aus erst noch zu beschaffenden Gegenständen verspricht. Letzteres kommt nur ausnahmsweise in Betracht. Eine allgemeine Garantie für das Leistungsvermögen – wie sie früher bei persönlich zu erbringenden Leistungen gesehen worden ist – (vgl Staudinger/Löwisch [2001] § 306 Rn 21), kann heute nicht mehr angenommen werden (BGH 19. 10. 2007 – V ZR 211/06, BGHZ 174, 61; Jäpel S 78 f; s hierzu ausführlich Wittmann, Vertrauen und Vertrag 20 ff). Dies würde der mit § 311a Abs 2 S 2 BGB getroffenen Entscheidung des Gesetzgebers widersprechen, die Haftung auf das Erfüllungsinteresse von dem Vertretenmüssen auf Seiten des Schuldners abhängig zu machen (zutreffend OLG Karlsruhe 14. 9. 2004 – 8 U 97/04, ZGS 2004, 477, 479; Käunicke S 67; Wittmann, Vertrauen und Vertrag 28 f).

51 Dass § 311a Abs 2 S 2 BGB die Haftung des Schuldners **von einem Vertretenmüssen abhängig** macht, führt dazu, dass der Schuldner, wenn es an einem solchen Vertretenmüssen fehlt, dem Gläubiger überhaupt nicht, auch nicht auf das negative Interesse haftet. Canaris will dem im Wege einer „Rechtsfortbildung praeter legem" durch eine Analogie zu § 122 BGB abhelfen. Er sieht einen untragbaren Wertungswiderspruch darin, dass sich der Schuldner im Falle eines Eigenschaftsirrtums im Sinne von § 119 Abs 2 BGB nur um den Preis einer verschuldensunabhängigen Haftung auf das negative Interesse vom Vertrag lösen kann, in dem ganz ähnlichen Fall des Irrtums über die Möglichkeit oder Zumutbarkeit der Leistung aber nur bei Vorliegen von Verschulden haftet (Canaris JZ 2001, 507 f und Hk-BGB/Schulze § 311a Rn 9). Dem ist nicht zu folgen. Die Schadensersatzpflicht nach § 122 Abs 2 BGB soll die Interessen desjenigen wahren, der sich infolge einer wirksamen Irrtumsanfechtung einem nichtigen Rechtsgeschäft gegenübersieht. Demgegenüber lässt es § 311a BGB gerade bei der Wirksamkeit des Vertrages. Zu bewältigen ist nur die infolge der anfänglichen Unmöglichkeit oder Unzumutbarkeit eintretende Leistungsstörung. Dass für den zur Bewältigung erforderlichen Schadensausgleich

wie sonst auch das Verschuldensprinzip gilt, ist nur folgerichtig. Dementsprechend wird die Auffassung von Canaris überwiegend abgelehnt (Schulte-Nölke/Behren ZGS 2002, 256, 258 f; MünchKommBGB/Ernst § 311a Rn 43; Grüneberg/Grüneberg § 311a Rn 15; Soergel/Gsell § 311a Rn 63; Huber/Faust, Schuldrechtsmodernisierung Kap 7 Rn 38; Erman/Dieckmann § 311a Rn 8; Dötsch ZGS 2002, 160, 164; Lobinger S 297 ff; Kohler JURA 2006, 241, 248; Jäpel S 92 f).

4. Mitverschulden des Gläubigers

52 Nach dem früheren § 307 Abs 2 S 2 aF war die Ersatzpflicht ausgeschlossen, wenn auch der andere Teil die Unmöglichkeit kannte oder kennen musste. Eine entsprechende Vorschrift enthält § 311a Abs 2 BGB nicht. Indessen ist ein solches Kennen oder Kennenmüssen des Gläubigers auch heute zu berücksichtigen. Für den Anspruch des Ersatzes der vergeblichen Aufwendungen ergibt sich dies schon daraus, dass nach § 284 BGB nur diejenigen Aufwendungen zu ersetzen sind, die der Gläubiger billigerweise machen durfte: Weiß der Gläubiger, dass die Leistung dem Schuldner unmöglich oder unzumutbar ist oder musste er dies wissen, kann er Aufwendungen billigerweise nur geltend machen, wenn er sich mit dem Schuldner abgestimmt hat; sonst handelt er auf eigenes Risiko.

53 Soweit es um den Schadensersatz statt der Leistung geht, ist § 254 Abs 1 BGB anwendbar (BGH 8. 5. 2014 – VII ZR 203/11, BGHZ 201, 148). Dem Gläubiger, der die anfängliche Unmöglichkeit oder Unzumutbarkeit kennt oder kennen muss, trifft ein Mitverschulden an der Entstehung des Schadens, wenn er nicht vorsorgt, sei es, dass er sicherstellt, dass ihm durch das Ausbleiben der Leistung kein Schaden entsteht, sei es, dass er den Schuldner veranlasst, das wirtschaftliche Risiko des Ausfalls zu übernehmen (iE ebenso Soergel/Gsell § 311a Rn 57 f; MünchKommBGB/Ernst § 311a Rn 70, 72; Erman/Dieckmann § 311a Rn 14).

54 Besonders geregelt ist der Ausschluss der Schadensersatzansprüche wegen Mängeln im Kaufvertragsrecht. Nach § 442 Abs 1 BGB sind die Rechte des Käufers wegen eines Mangels ausgeschlossen, wenn er den Mangel bei Vertragsschluss kennt. Ist ihm ein Mangel infolge grober Fahrlässigkeit unbekannt geblieben, kann er Rechte wegen dieses Mangels nur im Falle der Arglist oder Garantie geltend machen (hierzu Staudinger/Matusche-Beckmann [2023] § 442 Rn 44 ff). Für die Anwendung des § 254 BGB ist hier kein Raum mehr (Staudinger/Matusche-Beckmann [2023] § 442 Rn 50; Soergel/Gsell § 311a Rn 57). Etwas anderes gilt nur, wenn die §§ 434 ff BGB und damit auch § 442 BGB mangels Gefahrübergang noch keine Anwendung finden (Martinek jM 2014, 51, 57). Hingegen enthält das Werkvertragsrecht keine Sonderregelung. § 640 Abs 2 BGB bestimmt nur, dass die in § 634 Nr 1–3 BGB bezeichneten Rechte dem Besteller, welcher den Mangel kennt, lediglich dann zustehen, wenn er sie sich bei der Abnahme vorbehält. Die in § 634 Nr 4 BGB genannten Schadensersatzansprüche, darunter auch der nach § 311a Abs 2 BGB, sind in § 640 Abs 2 BGB nicht in Bezug genommen, sodass es bei der Anwendbarkeit von § 254 BGB bleibt (Erman/Dieckmann § 311a Rn 14).

5. Schadensersatz bei Teilunmöglichkeit

§ 311a Abs 2 S 2 BGB erklärt die Vorschriften des § 281 Abs 1 S 2 und 3 und Abs 5 BGB für entsprechend anwendbar. Gezielt ist damit auf den Fall, dass dem Schuldner nur die Erbringung eines Teils der Leistung von Anfang an unmöglich oder unzumutbar ist. Mit der in einem solchen Fall möglich bleibenden Teilleistung soll sich der Gläubiger nicht unter allen Umständen abfinden müssen. 55

Aus dem Verweis auf § 281 Abs 1 S 2 BGB ergibt sich, dass der Gläubiger in einem solchen Fall dann Schadensersatz statt der ganzen Leistung verlangen kann, wenn er **an der Teilleistung kein Interesse** hat, insbesondere wenn er die Zwecke, die er mit der Leistung verbunden hat, im Falle einer Teilleistung auch nicht teilweise verwirklichen kann (s zum Interessenfortfall in diesem Sinne im Einzelnen Staudinger/Schwarze [2019] § 281 B 165 ff). Für den Anspruch auf Schadensersatz statt der Leistung gilt auch im Falle der Teilunmöglichkeit oder -unzumutbarkeit § 311a Abs 2 S 2 BGB. Er entfällt, wenn der Schuldner die Teilunmöglichkeit oder -unzumutbarkeit nicht kannte und seine Unkenntnis auch nicht zu vertreten hat. 56

Betrifft die anfängliche Unmöglichkeit oder Unzumutbarkeit die **Qualität** der als solche möglich und zumutbar bleibenden Leistung, ist § 281 Abs 1 S 3 BGB einschlägig. Schadensersatz statt der ganzen Leistung kann der Gläubiger, auch wenn er an der Leistung wegen ihres Qualitätsmangels kein Interesse hat, dann nicht verlangen, wenn der Qualitätsmangel gemessen am Vertragsinhalt als unerheblich einzustufen ist (s hierzu Staudinger/Schwarze [2019] § 281 Rn C 25 ff). 57

Erhält der Gläubiger in den Fällen der Rn 55 f keinen Schadensersatz statt der ganzen Leistung, bleibt ihm doch der kleine Schadensersatz wegen ausgebliebener vollständiger oder mangelfreier Leistung. In diesem Fall steht ihm auch der alternative Anspruch auf Ersatz seiner Aufwendungen nur insoweit zu (MünchKommBGB/Ernst § 311a Rn 78; Soergel/Gsell § 311a Rn 55 f). 58

Kann der Gläubiger in diesen Fällen Schadensersatz statt der ganzen Leistung verlangen und verlangt er diesen, hat der Schuldner, wenn er die Leistung teilweise oder im Falle des Qualitätsmangels ganz aber mangelhaft erbracht hat, Anspruch auf Rückgewähr des Geleisteten nach Maßgabe der §§ 346–348 BGB (Abs 5). 59

IV. Gesetzeswidriger Vertrag

1. Nichtigkeitsfolge

§ 311a BGB erfasst den gegen ein gesetzliches Verbot verstoßenden Vertrag nicht (Rn 6, 14). Ein solcher Vertrag ist nach § 134 BGB nichtig, sofern sich nicht aus dem Verbotsgesetz etwas anderes ergibt. § 134 BGB gilt sowohl in den Fällen, in denen der **Abschluss eines Vertrages** gesetzlich verboten ist, als auch in denjenigen, in denen die **Erbringung der Leistung** gesetzlich verboten ist. 60

In beiden Fällen (Verbot des Vertragsabschlusses oder Verbot der Vertragserfüllung) muss aber jeweils genau geprüft werden, ob das gesetzliche Verbot tatsächlich die **Nichtigkeit des Vertrags** nach sich zieht, und welche Folgen an die Nichtigkeit 61 auch unter Berücksichtigung von Treu und Glauben zu knüpfen sind. So ist zB ein Kaufvertrag nicht schon deswegen nichtig, weil er außerhalb der nach dem Ladenschlussgesetz zulässigen Ladenöffnungszeiten abgeschlossen worden ist (RG 17. 3. 1905 – V 2013/03, RGZ 60, 273, 276; vgl auch RG 9. 12. 1921 – VII 208/21, RGZ 103, 263, 264). Ein mit einem Luftfahrtunternehmen geschlossener Beförderungsvertrag ist nicht deshalb nichtig, weil dem Unternehmen die erforderliche Betriebserlaubnis fehlt. Ein Spekulationsgeschäft ist nicht deshalb nichtig, weil dem Effektenhändler die Erlaubnis nach § 32 Abs 1 KWG fehlt (LG Essen 7. 5. 1991 – 12 O 126/90, NJW-RR 1992, 303). Ebenso wenig ist die Erfüllung eines Vertrages deswegen verboten, weil mit dem Vertrag eine Steuerhinterziehung verbunden ist. Anders ist dies freilich, wenn die Steuerhinterziehung der alleinige Geschäftszweck ist (BGH 9. 6. 1954 – II ZR 70/53, BGHZ 14, 25, 30 f unter Aufrechterhaltung der Rspr des RG). Dass ein Vertrag durch Betrug herbeigeführt wird, ändert nichts an seiner Wirksamkeit (Windel ZGS 2003, 472). Schwarzarbeitsverträge sind gem § 134 BGB nur nichtig, wenn beide Vertragspartner den Verstoß kennen (BGH 23. 9. 1982 – VII ZR 183/80, BGHZ 85, 39, 43 ff; BGH 19. 1. 1984 – VII ZR 121/83, BGHZ 89, 369, 373 ff). Auch bei einem beiderseitigen Verstoß gegen das Schwarzarbeitsgesetz kann es aber gegen Treu und Glauben verstoßen, wenn sich ein Vertragspartner auf die Nichtigkeit des Vertrages oder für etwaige Bereicherungsansprüche auf § 817 S 2 BGB beruft (BGH 23. 9. 1982 – VII ZR 183/80, BGHZ 85, 39, 47 ff; BGH 31. 5. 1990 – VII ZR 336/89, BGHZ 111, 308, 311 ff). Vgl noch Staudinger/Fischinger/Hengstberger (2021) § 134 Rn 94 ff.

62 Fälle, in denen das Gesetz ausdrücklich schon das **Verpflichtungsgeschäft verbietet**, sind selten. Hierher gehören etwa das Verbot der Vereinbarung von Zinseszinsen nach § 248 Abs 1 BGB; das an Notare gerichtete Verbot des § 14 Abs 4 BNotO, Grundstücksgeschäfte zu vermitteln (BGH 22. 2. 2001 – IX ZR 357/99, BGHZ 147, 39, 44); das Verbot des Rechtsanwalts nach § 43a Abs 4 BRAO, tätig zu werden, wenn er einen anderen Mandanten in derselben Rechtssache bereits im widerstreitenden Interesse beraten oder vertreten hat (BGH 12. 5. 2016 – IX ZR 241/14, MDR 2016, 855; OLG Düsseldorf 27. 9. 2018 – 16 U 131/17). Zudem ist zu denken an die Nichtigkeit von Vereinbarungen über Wettbewerbsverbote nach § 74a Abs 2 HGB, § 110 GewO, § 12 Abs 1 BBiG; das Verbot, Auszubildende vertraglich zur Zahlung von Lehrgeld zu verpflichten, § 12 Abs 2 Nr 1 BBiG. Ferner zu nennen ist das Verbot der Arbeitnehmerüberlassung im Rahmen einer wirtschaftlichen Tätigkeit ohne die erforderliche Erlaubnis in § 1 Abs 1 S 1 AÜG, die nach § 9 Nr 1 AÜG zur Unwirksamkeit des Arbeitsvertrages zwischen Verleiher und Leiharbeitnehmer führt. An die Stelle dieses Arbeitsvertrages tritt aber nicht nur der Anspruch des Arbeitnehmers auf Vertrauensschadensersatz nach § 10 Abs 2 AÜG, sondern gem § 10 Abs 1 AÜG gilt auch ein Arbeitsverhältnis zwischen Entleiher und Leiharbeitnehmer als zustande gekommen (s dazu BAG 21. 7. 1993 – 5 AZR 554/92, BAGE 73, 372; AR-Kommentar/Buder/Bertram § 10 AÜG Rn 2 ff; Schüren/Hamann AÜG § 10 Rn 23 ff).

63 Ein Fall, in dem das (Grund-)Gesetz bereits das Verpflichtungsgeschäft verbietet, resultiert im Beamtenrecht aus dem als Grundsatz des Berufsbeamtentums aus Art 33 Abs 5 GG abzuleitenden **Gesetzesvorbehalt der Besoldung** (BVerwG 25. 6. 1964 – VIII C 23. 63, BVerwGE 19, 48; BVerwG 6. 7. 1967 – VI C 43. 67; BVerwG 25. 1. 1984 – 2 B 169/82). Aufgrund des Gesetzesvorbehalts der Besoldung darf Beamten keine (finanzielle) Leistung gewährt werden, die das einschlägige Besoldungs- und Versorgungsrecht nicht kennt (VGH Kassel 25. 3. 1968 – VI OE 12/68, LS; OVG Münster 28. 1. 2011 – 1 A 1987/09).

Eine vertragliche Vereinbarung, in der dem Beamten eine zusätzliche, gesetzlich nicht vorgesehene Leistung gewährt wird, verstößt gegen den Vorbehalt des Gesetzes und ist daher unwirksam (§ 59 Abs 1 VwVfG iVm § 134 BGB). Dies ist einfachgesetzlich in § 2 Abs 2 BBesG, § 3 Abs 2 BeamtVG und den entsprechenden Normen in den Landesbeamtenbesoldungs- und Landesbeamtenversorgungsgesetzen nochmals ausdrücklich klargestellt. Für die Unwirksamkeit kommt es wegen des objektiven Verbots nicht darauf an, ob die Parteien bewusst eine höhere als die gesetzlich vorgesehene Besoldung gewähren wollten (aA Wertheimer, Nichtigkeit privatrechtlicher Zusatzverträge verbeamteter Hochschullehrer in der baden-württembergischen Universitätsmedizin, OdW 2022, 267, 269 f).

64 Fälle, in denen das **Verbot der Leistungserbringung** zur Nichtigkeit auch des Verpflichtungsgeschäfts führt, sind zunächst strafrechtliche Verbotsgesetze. Etwa führt § 203 Abs 1 Nr 1 StGB nicht nur zu dem Verbot, eine Patientenkartei oder Mandantenakten weiterzugeben, sondern auch zur Nichtigkeit eines entsprechenden Verpflichtungsgeschäfts (BGH 11. 12. 1991 – VIII ZR 4/91, BGHZ 116, 268, 276; BGH 17. 5. 1995 – VIII ZR 94/94, NJW 1995, 2026). Weiter gehört hierher der Fall, dass dem Käufer eines Handelsgeschäfts die unveränderte Fortführung einer Firma gestattet wird, obwohl diese wegen ihrer Eignung, den Rechtsverkehr zu täuschen, unzulässig ist (RG 2. 12. 1939 – II 60/39, RGZ 162, 121, 123; zu der Frage, ob und unter welchen Voraussetzungen der dortige Fall – Fortführung einer Firma mit Doktortitel ohne Nachfolgezusatz – auch heute noch unzulässig und der Kaufvertrag damit nichtig wäre, s Hopt/Merkt § 22 HGB Rn 15).

65 Nichtig sind auch Verträge, die nur unter Verstoß gegen **öffentlich-rechtliche Tätigkeits- und Beschäftigungsverbote** erfüllt werden können. Zu nennen sind etwa Verstöße gegen § 42 Abs 1 Infektionsschutzgesetz vom 20. 7. 2000 (BGBl I 1045), zuletzt geändert durch Gesetz v 20. 12. 2022 (BGBl I 2793), und gegen § 2 Abs 1 Bundesärzteordnung vom 16. 4. 1987 (BGBl I 1218), zuletzt geändert durch Gesetz v 15. 8. 2019 (BGBl I 1307). Nichtig ist daher ein Arbeitsvertrag mit einem Arzt, dem die erforderliche Approbation fehlt (BAG 3. 11. 2004 – 5 AZR 592/03, BAGE 112, 299). Hierher gehören ferner – zumeist – Verstöße gegen Arbeitnehmerschutzvorschriften, etwa gegen § 5 Abs 1 JArbSchG und § 7 JArbSchG (Verbot der Kinderarbeit und der Arbeit von Jugendlichen, die der Vollzeitschulpflicht unterliegen) und § 28 BBiG (Verbot der Einstellung Auszubildender durch persönlich und fachlich Ungeeignete). Hingegen führt ein Verstoß gegen die Schutzvorschriften des MuSchG, insbesondere §§ 9 ff MuSchG und § 3 Abs 2 MuSchG nach der Rechtsprechung des EuGH nicht zur Nichtigkeit des Arbeitsvertrages, weil darin ein Verstoß gegen die Gleichbehandlungsrichtlinie (2006/54/EG) läge (EuGH 5. 5. 1994 – C-421/92 [*Habermann*], AP Nr 3 zu Art 2 EWG/Richtlinie 76/207). Allerdings hat der Arbeitgeber in einem solchen Fall nach Treu und Glauben das Recht, die Arbeitnehmerin auf einen zumutbaren Arbeitsplatz umzusetzen, der einem Beschäftigungsverbot nicht unterfällt (vgl BAG 15. 11. 2000 – 5 AZR 365/99, BAGE 96, 228).

66 Zur Nichtigkeit der Arbeitsverträge führt nicht der Verstoß gegen § 2 Abs 1 S 1 HS 2 ArbZG. Nach dieser Vorschrift sind die Arbeitszeiten bei mehreren Arbeitgebern zusammenzurechnen, dh dürfen, wenn ein Arbeitnehmer bei mehreren Arbeitgebern beschäftigt ist, die einzelnen Beschäftigungen insgesamt die gesetzliche Höchstgrenze des § 3 ArbZG nicht überschreiten. Damit ist aber keine Priorität des zuerst

abgeschlossenen Arbeitsvertrages festgelegt. Deshalb ist es möglich, auch das später abgeschlossene Arbeitsverhältnis ohne Verstoß gegen § 2 Abs 1 S 1 HS 2 ArbZG zu erfüllen, wenn im Gegenzug das erste nicht erfüllt wird, soweit die Höchstgrenze überschritten würde. Erst wenn der Arbeitnehmer in einem Arbeitsverhältnis bis zur Höchstgrenze des § 3 ArbZG arbeitet, kann er das andere nicht mehr erfüllen. Ihm ist dann die Erfüllung dieses Arbeitsvertrages nachträglich rechtlich unmöglich geworden, sodass § 275 Abs 1 BGB und § 326 BGB gelten (so iE schon BAG 14. 12. 1967 – 5 AZR 74/67, AP Nr 2 zu § 1 AZO).

67 Gemäß § 134 BGB nichtig ist ein Vertrag, wenn der vertraglich versprochene Leistungsgegenstand bereits bei Vertragsschluss wirksam **beschlagnahmt** worden war und damit einem **absoluten Verfügungsverbot** unterliegt (vgl RG 16. 5. 1919 – II 20/19, RGZ 95, 348; RG 8. 6. 1920 – II 340/19, RGZ 99, 149; RG 22. 10. 1920 – II 143/20, RGZ 100, 159, 161; RG 24. 6. 1921 – II 80/21, RGZ 102, 292, 294; RG 1. 7. 1922 – I 432/21, RGZ 105, 137, 138; Erman/Arnold § 136 Rn 2). Hierher gehören auch Beschlagnahmen nach der StPO, da der Leistungsgegenstand nach den Vorschriften der StPO einem absoluten Verfügungsverbot unterliegt. Allerdings steht der Zweck solcher absoluten Verfügungsverbote einer Haftung des Verpflichteten auf das Erfüllungsinteresse nicht entgegen. Deshalb ist die Übernahme einer Garantie für die Beschlagnahmefreiheit möglich. Eine Rechtsmängelhaftung nach § 437 Nr 3 BGB iVm § 435 BGB scheidet aber aus, weil es am wirksamen Kaufvertrag fehlt (zum Vertragsschluss unter der Bedingung der Aufhebung eines absoluten Verfügungsverbotes s Rn 69).

68 Bezweckt ein Veräußerungsverbot allein den Schutz bestimmter Personen, so ist eine dennoch erfolgende Veräußerung nur diesen Personen gegenüber unwirksam (sogenanntes **relatives Veräußerungsverbot**, vgl dazu ausf Staudinger/Kohler [2021] § 135 Rn 109 ff). Das Versprechen einer Leistung die gegen ein relatives Veräußerungsverbot verstößt, ist wirksam; § 311a BGB ist anwendbar.

69 Gesetzlich verboten ist die Erbringung der Leistung in den Fällen, in denen ein Vertrag nur mit **behördlicher Genehmigung** erfüllt werden darf, wenn mit der Erteilung der Genehmigung von vornherein nicht gerechnet werden kann (BGH 7. 10. 1977 – V ZR 131/75, WM 1978, 18, 19; ausf Bittner ZVglRWiss 93, 269 ff). Ist die Erteilung einer entsprechenden Genehmigung möglich, so ist der Vertrag gültig. Die Leistung ist dann nur solange zeitweise unmöglich (zur zeitweisen Unmöglichkeit Staudinger/Caspers [2019] § 275 Rn 48 ff), wie die Genehmigung nicht vorliegt. Wird die Genehmigung endgültig versagt, wird die Leistung nachträglich unmöglich (Staudinger/Caspers [2019] § 275 Rn 42). Nicht zu verwechseln mit dem Fall, dass die Leistungserbringung einer behördlichen Genehmigung bedarf, ist der Fall, dass schon die *Wirksamkeit des Verpflichtungsgeschäfts* von einer Genehmigung abhängig ist. Hier ist der Vertrag bis zur Entscheidung über die Genehmigung schwebend und nach deren endgültiger Versagung endgültig unwirksam (vgl hierzu Staudinger/Caspers [2019] § 275 Rn 44). S zur Haftung aus § 311 Abs 2 BGB bei Verhinderung der Genehmigung durch eine Partei § 311 Rn 177.

70 Die Parteien können auch einem bestehenden gesetzlichen Verbot dadurch Rechnung tragen, dass sie den Vertrag nur für den Fall schließen, dass das gesetzliche Verbot, etwa eine strafprozessrechtliche Beschlagnahme oder ein Embargo, später wegfällt. Die Wirksamkeit des Vertrages steht dann unter der aufschiebenden Bedingung der Beseitigung des gesetzlichen Verbots. Die Grundsätze, die für den Fall des Vertragsschlusses unter der aufschiebenden Bedingung der Beseitigung einer anfänglichen Unmöglichkeit oder Unzumutbarkeit gelten (Rn 25 ff), sind auch hier anwendbar.

Es kann sein, dass eine gegen ein gesetzliches Verbot verstoßende Leistung unter 71 einer anderen aufschiebenden Bedingung oder unter Bestimmung eines Anfangstermins versprochen worden ist und das gesetzliche Verbot vor dem Eintritt der Bedingung oder des Termins entfällt. Trotz Fehlens einer dem früheren § 308 Abs 2 aF entsprechenden Bestimmung, muss man in einem solchen Fall die Gültigkeit des Vertrages annehmen: Unter regelmäßigen Umständen ist davon auszugehen, dass die Parteien, wenn sie um die Nichtigkeit des Vertrages gewusst hätten, diesen jedenfalls für den Fall schließen wollten, dass das zur Nichtigkeit führende Verbot wegfällt; es gilt § 140 BGB (iE ähnlich Dedek, in: Henssler/vWestphalen, Schuldrechtsreform [2. Aufl 2003] § 311a Rn 11). Ist die Lieferung einer einem Embargo unterliegenden Sache für kommendes Jahr zugesagt und wird das Embargo im laufenden Jahr aufgehoben, muss sich der die Lieferung Versprechende deshalb an dem Vertrag festhalten lassen.

Die Abwicklung des nichtigen Vertrages richtet sich nach Bereicherungsrecht, ins- 72 besondere nach §§ 812, 817 S 2 BGB (BAG 3. 11. 2004 – 5 AZR 592/03, BAGE 112, 299).

2. Schadensersatz aus Verschulden bei Vertragsschluss

Beim gesetzeswidrigen Vertrag kann die Haftung der Vertragspartner nicht auf 73 § 311a Abs 2 BGB gestützt werden. Es fehlt einmal an der beim lediglich anfänglich unmöglich oder unzumutbaren Vertrag nach § 311a Abs 1 BGB gegebenen Wirksamkeit, auf der § 311a Abs 2 BGB aufbaut. Vor allem aber lässt sich die in § 311a Abs 2 BGB angeordnete Haftung auf den Schadensersatz statt der Leistung regelmäßig nicht mit dem Zweck des gesetzlichen Verbots vereinbaren (s Rn 6). Dies gilt entgegen Dedek (in: Henssler/vWestphalen, Schuldrechtsreform [2. Aufl 2003] § 311a Rn 11) auch, wenn sich die Gesetzeswidrigkeit nicht auf den Vertragsschluss, sondern auf den Leistungsinhalt bezieht, also im Sinne des in Rn 63 Gesagten nur die Leistungserbringung verboten ist. Denn auch dann verstieße ein Ersatz des positiven Interesses, weil er den Gläubiger wirtschaftlich gleichstellt, wie wenn der Vertrag wirksam wäre, gegen den Zweck des gesetzlichen Verbots.

Anspruchsgrundlage für die Schadenshaftung ist § 311 Abs 2 BGB: Die Vertrags- 74 partner trifft die Pflicht, einander über Umstände zu informieren, aus denen sich die Gesetzeswidrigkeit des Vertrages selbst oder der nach dem Vertrag zu erbringenden Leistung ergibt. Diese **Informationspflicht** trifft jeden Partner im Hinblick auf die von ihm zu erbringende Leistung. Wer eine vertragliche Verpflichtung übernimmt, erweckt in seinem Vertragspartner das Vertrauen in seine Leistungsfähigkeit. Über mögliche Zweifel an der Wirksamkeit seiner Verpflichtung muss er deshalb aufklären (OLG Düsseldorf 27. 9. 2018 – 16 U 131/17 für das aus § 43a BRAO folgende Verbot der Vertretung widerstreitender Interessen). Nur wenn dem Vertragspartner die Zweifel bekannt sind, entfällt diese Pflicht. Die Frage ist dann, ob die Parteien bewusst einen gesetzeswidrigen und damit nichtigen Vertrag geschlossen haben oder ein Fall vorliegt, in dem die Wirksamkeit entsprechend dem in Rn 69 Gesagten unter der aufschiebenden Bedingung des Verbotswegfalls steht.

75 Eine Schadenshaftung wegen Verletzung der Informationspflicht setzt **Vertretenmüssen** voraus: Nach § 280 Abs 1 S 2 BGB ist der Anspruch auf Schadensersatz ausgeschlossen, wenn der in Anspruch genommene Vertragspartner die Verletzung der Informationspflicht nicht zu vertreten hat. Zu vertreten sind nach § 276 Abs 1 BGB regelmäßig Vorsatz und Fahrlässigkeit. Allerdings sind gesetzliche oder vertragliche Beschränkungen des normalen Verschuldensmaßstabs auf grobe Fahrlässigkeit oder die eigenübliche Sorgfalt zu beachten, weil sich die Informationspflicht auf den angestrebten Vertrag bezieht (vgl § 311 Rn 179).

76 Ausschlaggebend ist regelmäßig, ob der in Anspruch genommene Vertragspartner die Gesetzeswidrigkeit des Vertrages oder der von ihm zu erbringenden Leistung **kannte oder kennen musste**: Denn wenn er die Gesetzeswidrigkeit nicht kennt und auch nicht kennen muss, kann ihm nicht vorgeworfen werden, dass er seinen Vertragspartner nicht informiert hat.

77 Allerdings kann es ausnahmsweise auch bei Kenntnis am Vertretenmüssen fehlen, nämlich wenn der Verpflichtete den Vertragspartner zwar informieren wollte, die Information aber ohne sein Verschulden nicht zum Vertragspartner gelangt ist. Insoweit besteht ein Unterschied zu § 311a Abs 2 S 2 BGB, der für die dortige Haftung allein die Kenntnis oder fahrlässige Unkenntnis genügen lässt.

78 Soweit sich der Schuldner bei den Vertragsverhandlungen eines **Verhandlungsgehilfen** bedient, haftet er nach § 278 BGB auch für diesen. Auch für Verschulden seines gesetzlichen Vertreters hat der Schuldner nach dieser Vorschrift einzustehen (§ 311 Rn 181 ff). In Betracht kommt gemäß § 311 Abs 3 BGB auch eine Eigenhaftung von Verhandlungsgehilfen und von Personen, die mit den Vertragsverhandlungen ein starkes wirtschaftliches Eigeninteresse verbinden (dazu § 311 Rn 198 ff).

79 Zu ersetzen ist nach § 280 Abs 1 S 1 BGB der **Schaden**, der durch die Verletzung der Pflicht zur Information über die Möglichkeit eines Verstoßes gegen ein gesetzliches Verbot eingetreten ist. Dieser Schaden kann insbesondere in vergeblichen Aufwendungen für die Vorbereitung der Vertragsdurchführung oder in dem Entgehen eines gewinnbringenden Geschäftes bestehen, welches der Geschädigte ansonsten abgeschlossen hätte. Dabei bildet das Erfüllungsinteresse keine Obergrenze für die Haftung. Die Fälle liegen anders als diejenigen, in denen der eine potenzielle Vertragspartner das Vertrauen des anderen auf das Zustandekommen des Vertrages pflichtwidrig und schuldhaft enttäuscht. Dort hätte das Unterbleiben der Pflichtverletzung nur zum Abschluss und Erfüllung des in Aussicht genommenen Vertrages führen können (s zu diesen Fällen § 311 Rn 187 ff). Hier hätte die Erfüllung der Informationspflicht gerade dazu geführt, dass der potenzielle Vertragspartner den Vertragsschluss unterlassen hätte; deshalb müssen ihm der Ersatz vergeblicher Aufwendungen und der aus einem anderen Geschäft entgangene Gewinn ungeschmälert erhalten bleiben (iE Huber/Faust Kap 3 Rn 222).

80 Der Schadensersatzanspruch unterliegt gemäß § 254 BGB der Begrenzung durch ein **Mitverschulden** des potenziellen Vertragspartners. Weiß dieser oder müsste dieser bei Anwendung der verkehrserforderlichen Sorgfalt wissen, dass der beabsichtigte Vertrag gegen ein gesetzliches Verbot verstößt, hängt sein Ersatzanspruch und dessen Umfang von den Umständen insbesondere davon ab, inwieweit der Schaden vorwiegend von ihm oder vom Schuldner verursacht worden ist. Trifft den Schuldner lediglich Fahrlässigkeit, weiß aber der potenzielle Gläubiger von der Gesetzeswidrigkeit, scheidet ein Ersatzanspruch regelmäßig ganz aus. Umgekehrt bleibt der Anspruch in vollem Umfang bestehen, wenn der Schuldner Kenntnis hat und den Gläubiger lediglich ein Fahrlässigkeitsvorwurf trifft. Auch wenn den Gläubiger nicht der Vorwurf der Kenntnis oder fahrlässigen Unkenntnis der Gesetzeswidrigkeit trifft, kann ein Mitverschulden nach § 254 Abs 2 S 1 BGB gegeben sein, insbesondere wenn er es unterlässt, nach Kenntnisnahme Schadensminderungsmaßnahmen zu ergreifen.

§ 311b Abs 1
[Verträge über Grundstücke]

(1) Ein Vertrag, durch den sich der eine Teil verpflichtet, das Eigentum an einem Grundstück zu übertragen oder zu erwerben, bedarf der notariellen Beurkundung. Ein ohne Beachtung dieser Form geschlossener Vertrag wird seinem ganzen Inhalt nach gültig, wenn die Auflassung und die Eintragung in das Grundbuch erfolgen.

Materialien: E I § 351; II § 265; Mot II 189; Prot II 458; BT-Drucks 7/63.
Zur Beachtung: Mit Inkrafttreten des Gesetzes zur Modernisierung des Schuldrechts vom 26. 11. 2001 (BGBl I 3138) am 1. 1. 2002 wurde der bisherige § 313 aF wortgleich durch § 311b Abs 1 BGB ersetzt.

Schrifttum

Aderhold/Fähndrich, Aktuelle Fragen des § 313 BGB, BB 1979, 1743
Althammer, Die Bedeutung von Maklerklauseln in notariellen Grundstückskaufverträgen, ZfIR 2012, 765
ders, Maklerklauseln im Anwendungsbereich der Zwei-Wochen-Frist des § 17 Abs 2a Satz 2 Nr 2 BeurkG nF – Zur Reichweite des notariellen Verbraucherschutzes, MittBayNot 2014, 297
Armbrüster, Wirksamwerden beurkundungsbedürftiger Willenserklärungen gegenüber Abwesenden, NJW 1996, 438
ders, Treuwidrigkeit der Berufung auf Formmängel, NJW 2007, 3317
Attenberger, Anm zu OLG Nürnberg v 4. 11. 2020 – 4 U 601/20, MittBayNot 2021, 236
Augustin, Aus der Rechtsprechung des V. Zivilsenats zum Grundstücksrecht, in: FS 25 Jahre Bundesgerichtshof (1975) 79
Aumann, Formfragen im neuen Stiftungsrecht – Ein Überblick zur Rolle der Notarinnen und Notare nach der Stiftungsrechtsreform, DNotZ 2022, 894
Backhaus, Schwierige Grenzziehung beim Formgebot des § 313 S 1 BGB, JuS 1985, 512
Basty, Beurkundungspflichten bei Ankaufsrechten, DNotZ 1996, 630
ders, Der Bauträgervertrag (11. Aufl 2023)
Battes, Erfüllungsansprüche trotz beiderseits bewußten Formmangels?, JZ 1969, 683
ders, Anm zu BGH v 26. 11. 1999 – V ZR 251/98, LM BGB § 311b Abs 1 Nr 151
Baur/Stürner, Sachenrecht (18. Aufl 2009)
Bayer, Zur Dogmatik der unwiderruflichen Vollmacht, DNotZ 2020, 373
Berchtold, Die Heilung gem § 311b Abs 1 S 2

BGB bei mehreren formbedürftigen Vereinbarungen, BWNotZ 2019, 4
Berg, Zum Einfluß des öffentlichen Rechts auf das Privatrecht. Möglichkeiten und Grenzen staatlicher Einwirkungen auf den Grundstücksverkehr unter besonderer Berücksichtigung des Rechts der Flurbereinigung, MittBayNot 1988, 197
Bergermann, Auswirkungen unbewusster Falschbezeichnungen auf Grundstücksverträge und deren Vollzug – falsa demonstratio non nocet?, RNotZ 2002, 557
Bernard, Formbedürftige Rechtsgeschäfte (1979)
Bett, Formfragen bei Grundstücksveräußerungen (1911)
Bialluch-vAllwörden, Verpflichtungen zur Ausübung von Benennungsrechten – Beurkundungsbedürftigkeit nach § 311b Abs 1 Satz 1 BGB?, ZfIR 2022, 398
Binz/Mayer, Beurkundungspflichten bei der GmbH & Co. KG, NJW 2002, 3054
Bluka, Über die Vollmacht zum obligatorischen Grundstücksveräußerungsvertrag (BGB § 313) mit besonderer Berücksichtigung der Blankovollmacht usw (1914)
Bockemühl, Formbedürftige Willenserklärungen und Bezugnahmemöglichkeiten (1969)
Boehmer, Grundlagen der bürgerlichen Rechtsordnung II 2, 72
Böhringer, Zehn Jahre liegenschaftsrechtliches Sonderrecht in den neuen Bundesländern, VIZ 2000, 569
Bork, Allgemeiner Teil des Bürgerlichen Gesetzbuchs (4. Aufl 2016)
Bourier, Umgehung der notariellen Form usw, DNotV 1912, 649
Brambring, Anm zu BGH v 23. 9. 1977 – V ZR 90/75, DNotZ 1978, 149
ders, Das Gesetz zur Änderung und Ergänzung beurkundungsrechtlicher Vorschriften in der notariellen Praxis, DNotZ 1980, 281
ders, Anm zu OLG Hamm v 3. 5. 1990 – 22 U 147/89, DNotZ 1991, 150
Brandt, Die Bedeutung der Rechtsformen, Kieler Blätter 1942, 13
Bredemeyer, Die nicht notarielle Kaufoption in der kommunalen Praxis, NVwZ 2016, 1379
Bremkamp, Löst die Aufnahme einer Maklerklausel in einen Grundstückskaufvertrag zwischen Verbrauchern die Zweiwochenfrist gem § 17 Abs 2a S 2 Nr 2 HS 2 BeurkG aus?, RNotZ 2014, 461
Brettner, Streifzüge durch das BGB zu §§ 313, 398, Recht 1900, 319
ders, Teilauflassung und § 313 BGB, Recht 1901, 488
Brych, Verträge mit Bauträgern, NJW 1974, 1973
ders, Zivilrechtliche Aspekte des Bauherrenmodells, DB 1979, 1589
ders, Die Bevollmächtigung des Treuhänders im Bauherrenmodell, in: FS Korbion (1986) 1
vCampe, Zum Bestimmtheitserfordernis bei der Bezeichnung von Grundstücksteilflächen – Vereinbarung eines Leistungsbestimmungsrechts als Problemlösung?, DNotZ 2000, 109
ders, Teilflächenverkauf, Bestimmtheitsgrundsatz und Leistungsbestimmungsrecht in der neueren Rechtsprechung, NotBZ 2003, 41
Canaris, Der Vorrang außerbereicherungsrechtlicher, insbesondere dinglicher Wertungen gegenüber der Saldotheorie und dem Subsidiaritätsdogma, JZ 1992, 1114
Coing, Form und Billigkeit im modernen Privatrecht, DNotZ Beiheft Dt Notartag 1965, 29
Consbruch, Die Einreichung privatschriftlicher Grundveräußerungsverträge bei dem Grundbuchamte, DJZ 1901, 431
Crusius, Die Bezugnahme auf außerhalb der Niederschrift liegende Schriftstücke und Umstände, DNotZ 1966, 657
Cziupka/Hübner, Beschaffenheitsinformationen und Beschaffenheitsvereinbarungen beim Grundstückskaufvertrag – Zugleich Anmerkungen zum Urt des BGH v 6. 11. 2015 – V ZR 78/14, DNotZ 2016, 323
Damrau, Die Abschichtung, ZEV 1996, 361
Danz, Rechtsprechung nach der Volksanschauung und nach dem Gesetz, JherJb 54, 54
vDickhuth-Harrach, Vereinbarungen über Erschließungsbeiträge und sonstige Anliegerkosten in Grundstückskaufverträgen, MittRhNotK 1986, 241
Dietsch, Freiwillige Grundstücksversteigerungen – materiellrechtliche und beurkundungsverfahrensrechtliche Aspekte, NotBZ 2000, 322

Donau, Formlose Abtretung des Auflassungsanspruchs?, MDR 1956, 532
Dötterl, „Falsa demonstratio non nocet" – auch bei nach § 311b I S 1 formbedürftigen Rechtsgeschäften?, NotBZ 2006, 190
Drescher/Pichler, Die notarielle Beurkundungspflicht von Bauverträgen bei einheitlicher Vermarktung von Grundstückskauf und Hausbau durch den Bauunternehmer, NZBau 2015, 752
Droste, Die Ausbietungsgarantie in der notariellen Praxis, MittRhNotK 1995, 37
Duhnkrack/Hellmann, Der Side Letter, ZIP 2003, 1425
Ebbecke, Formvorschriften, Recht 1911, 635
Eckardt, Die Aufhebung des Grundstückskaufvertrages, JZ 1996, 934
Eicher, Das Barzahlungsverbot in der notariellen Praxis, DNotZ 2023, 165
vEinem, Die Rechtsnatur der Option (1974)
Einsele, Formerfordernis bei mehraktigen Rechtsgeschäften, DNotZ 1996, 835
Ertl, Sind die Abtretung und Verpfändung des Auflassungsanspruchs und die Verpflichtungsgeschäfte dazu noch formfrei?, DNotZ 1976, 68
ders, Probleme und Gefahren bei der Abtretung des Auflassungsanspruchs, DNotZ 1977, 81
Fembacher/Klinger, Löschung der Auflassungsvormerkung bei gescheitertem Kauf – Beurkundungspflicht und kostenrechtliche Konsequenzen, MittBayNot 2005, 105
L Fischer, Die Zulässigkeit der Verweisung auf eine eine Willenserklärung nicht enthaltende Mutterurkunde, DNotZ 1982, 153
O Fischer, Auflassungsvollmacht im Scheinkaufvertrag, JW 1922, 191
P Fischer, Die grunderwerbsteuerrechtliche Einheit von Kauf- und Werkvertrag – Nachruf auf ein Jahrhundertproblem, MittBayNot 2000, 381
Flechtheim, Die Sukzessivbeurkundung des § 128 BGB, RheinNotZ 1951, 49
Förster, Zwei Fragen aus dem Vertragsrecht, Recht 1901, 579
Frank, Die Beurkundung des zusammengesetzten Grundstücksgeschäfts, NotBZ 2003, 211
Franzmann, Sicherer Immobilienerwerb durch Notar und Grundbuch, MittBayNot 2009, 346
Gernhuber, Formnichtigkeit und Treu und Glauben, in: FS Schmidt-Rimpler (1957) 151
Gohrke/Gocht, Grundstückskaufvertrag – Keine Formbedürftigkeit einer nachträglichen Vereinbarung über die Nutzungsbeschränkung eines Grundstücks nach bindend erklärter Auflassung, ZfIR 2020, 421
Goltermann, Rechtsgültigkeit von Auflassungsvollmachten, ZBlFG 22, 272
Gordon, Die Auflassung als Grenze der notariellen Beratung, BWNotZ 2018, 120
Grafe, Heilt Auflassung und Eintragung alle Formmängel?, Gruchot 57, 101
Greuner/Wagner, Beurkundungsfragen im Bauherrenmodell, NJW 1983, 193
Grigoleit/Herresthal, Die Beschaffenheitsvereinbarung und ihre Typisierungen in § 434 I BGB, JZ 2003, 233
Gröschler, Zur Frage der einvernehmlichen Fortsetzung erloschener Verbindlichkeiten: Wiederherstellung oder Neubegründung?, NJW 2000, 247
Grunewald, Das Beurkundungserfordernis nach § 313 BGB bei der Gründung und Beitritt zu einer Personengesellschaft, in: FS Hagen (1999) 277
Grussendorf, Anm zu BGH v 11. 7. 1952 – V ZR 80/52, NJW 1952, 1210
ders, Anm zu BGH v 27. 4. 1965 – V ZR 245/62, WM 1965, 1006
Grziwotz, Baulanderschließung (1993)
ders, Anm zu BVerwG v 22. 3. 1996 – 8 C 17/94, MittBayNot 1996, 391
ders, Anm zu OLG Hamm v 5. 3. 1996 – 15 W 480/95, MittBayNot 1996, 454
ders, Treuhänderischer Immobilienerwerb und Beurkundungspflicht, ZNotP 2022, 52
Gut, Auftrag zur „Verschaffung" von Grundstücken und § 313 BGB, JW 1929, 710
Gutbrod, Der obligatorische Grundstücksveräußerungsvertrag (BGB § 313) (1904)
Haberstumpe, § 313 BGB und Art 11 EGBGB, BayNotZ 1913, 217
Haegele, Zur Formbedürftigkeit der Änderung eines Grundstückskaufvertrages, DNotZ 1958, 17
ders, Zur Form der Bestellung eines dinglichen Vorkaufsrechts, BWNotZ 1971, 49
Hagen, Zur Formwirksamkeit beurkundeter

Verträge bei Verweisung auf Baubeschreibungen, Baupläne und Teilungserklärungen, NJW 1979, 2135
ders, Die neuere Rechtsprechung des Bundesgerichtshofs zum Grundstückskauf, WM 1981, 422
ders, Entwicklungstendenzen zur Beurkundungspflicht bei Grundstückskaufverträgen, DNotZ 1984, 267
ders, Die neuere Rechtsprechung des Bundesgerichtshofs bei Grundstückskaufverträgen, WM 1986, Sonderbeilage Nr 6
ders, Die Form als „Schwester der Freiheit", DNotZ 2010, 644
Hager/Müller-Teckhoff, Anm zu BGH v 29. 1. 2021 – V ZR 139/19, MittBayNot 2021, 633
Hallbauer, Ein juristischer Trick – oder wie umgeht man den § 313 BGB?, BayZ 1909, 165
Hamm, Bericht über den 28. Deutschen Juristentag, ZBlFG 7, 296
ders, Über die Rechtsprechung des Reichsgerichts zu § 313 BGB, DNotV 1910, 106
Hammen, Ist die Ausübung des Vorkaufsrechts aus § 570b BGB formbedürftig?, DNotZ 1997, 543
Harke, Formzweck und Heilungsziel – Funktion und Voraussetzungen der Konvaleszenz formnichtiger Verpflichtungsgeschäfte im Grundstücks- und Geschäftsanteilsverkehr, WM 2004, 357
Hartmann, Die Aufspaltung des Bauträgervertrages in Kauf- und Werkvertrag, MittRhNotK 2000, 11
ders, Die Bedeutung der Form im Privatrecht, JuS 1980, 1
Häsemeyer, Die gesetzliche Form der Rechtsgeschäfte. Objektive Ordnung und privatautonome Selbstbestimmung im formgebundenen Rechtsgeschäft (1971)
Heckschen, Formbedürftigkeit mittelbarer Grundstücksgeschäfte (1987)
ders, Anm zu BGH v 17. 3. 1989 – V ZR 233/87, DNotZ 1990, 361
ders, Anm zu BGH v 19. 9. 1989 – XI ZR 10/89, DNotZ 1990, 654
Heckschen/Herzog, Obergrenze für Reservierungsgebühren bei Immobilienkaufverträgen, NotBZ 2019, 14
Hedemann, Beiträge zum Kampf gegen die Güterschlächter, Recht und Wirtschaft 1912, 165
Hegmanns, Probleme mit Kaufverträgen über im Ausland gelegene Grundstücke, MittRhNotK 1987, 1
Heinze, § 311b Abs 1 S 1 BGB bei der Änderung von Personengesellschaftsverträgen, ZNotP 2013, 42
Heldrich, Die Form des Vertrages, AcP 147 (1941) 89
Hennemann/Nemeczek, Die Formbedürftigkeit von Vertragsänderungen gemäß § 311b Abs 1 BGB, ZGS 2011, 157
Henrich, Vorvertrag, Optionsvertrag, Vorrechtsvertrag (1965)
Hepp, Zur Formbedürftigkeit einseitiger Erwerbsverpflichtungen, NJW 1972, 1695
Hermanns, Beurkundungspflichten, Beurkundungsverfahren und Beurkundungsmängel unter besonderer Berücksichtigung des Unternehmenskaufvertrages, DNotZ 2013, 9
Herrler, Dingliches Vorkaufsrecht, Form und Heilung – zugleich Besprechung von BGH Urt v 8. 4. 2016 – V ZR 73/15, in: FS Krüger (2017) 165
ders, Gefahr unbemerkter Beschaffenheitsvereinbarungen im Immobilienkaufvertrag, NJW 2016, 1767
Heskamp, Schiedsvereinbarungen in Gesellschaftsverträgen, RNotZ 2012, 415
Heyers, Put-Optionen auf Immobilien, DNotZ 2011, 6
Hildenbrand, Time-Sharing-Verträge in der Rechtspraxis (II) – 1994 bis 1996, NJW 1996, 3249
Hilderscheid, Die unwiderrufliche Vollmacht und ihre Bedeutung für die Amtstätigkeit des Notars, DNotZ 1938, 558
Hoche, Nachträgliche Abänderung von Grundstücksveräußerungsverträgen, DNotZ 1958, 346
Hoeniger, Vertragsbeurkundung bei nicht gleichzeitiger Anwesenheit der Parteien, DNotZ 1909, 177
Hofer/Jäger, Formlose Änderung eines Grundstückskaufvertrags nach Auflassung?, JURA 2020, 103
vHoffmann, Das Recht des Grundstückskaufs (1982)

HUHN, Zur Abtretung und Verpfändung des Auflassungsanspruches, Rpfleger 1974, 2
HÜLSDUNK/LANDBRECHT, LoI, MoU, Bieterverfahren und dann? – Vorvertragliche Handlungsformen und Haftung bei formbedürftigen Verträgen, ZfIR 2009, 456
HÜREN, Gesamtvermögensgeschäfte im Gesellschaftsrecht, RNotZ 2014, 77
JACOBI, Der Formzwang des § 313 vor dem 28. Deutschen Juristentag, BayZ 1906, 389
JAGENBURG, Die Entwicklung des Baubetreuungs-, Bauträger- und Wohnungseigentumsrechts seit 1989/90, NJW 1992, 282
JAYME, Anm zu BGH v 3. 12. 1971 – V ZR 126/69, NJW 1972, 1618
JOSWIG, Grundstücksverwechslung im notariellen Kaufvertrag, ZfIR 2002, 101
JÜRGENS, Kauf- und Rückvermietungskonstellationen in der notariellen Gestaltungspraxis, RNotZ 2021, 173
JUST, Der Kaufanwärtervertrag über Eigentumswohnungen und Eigenheime, in: FS Paulick (1973) 149
KAMLAH, Neue Rechtsprechung des Bundesgerichtshofes zur Bezugnahme auf andere Urkunden in Grundstückskaufverträgen, MDR 1980, 532
KANZLEITER, Das Gesetz zur Änderung des § 313 BGB, DNotZ 1973, 519
ders, Zur Beurkundungsbedürftigkeit von Rechtsgeschäften, die mit einem Grundstückskauf in Zusammenhang stehen, DNotZ 1984, 421
ders, Anm zu BGH v 28. 9. 1984 – V ZR 43/83, DNotZ 1985, 285
ders, Der Ausschluss der Rückforderung von Leistungen auf formnichtige Grundstücksgeschäfte, DNotZ 1986, 258
ders, Der Zugang beurkundeter Willenserklärungen, DNotZ 1996, 931
ders, Anm zu OLG Düsseldorf v 6. 10. 1997 – 9 U 24/97, DNotZ 1998, 954
ders, Bedarf die Verpflichtung zur Genehmigung eines beurkundungsbedürftigen Rechtsgeschäfts der Beurkundung?, in: FS Hagen (1999) 309
ders, Ausreichende Bezeichnung der noch nicht vermessenen Teilfläche im Grundstückskaufvertrag, NJW 2000, 1919
ders, Anm zu BGH v 17. 3. 2000 – VI ZR 362/98, DNotZ 2000, 933
ders, Die ungenaue Bezeichnung des veräußerten Grundstücks im Veräußerungsvertrag – zugleich Anmerkungen zum Urteil des OLG Düsseldorf vom 17. 4. 2000 – 9 U 86/99 –, MittBayNot 2002, 13
ders, Die Beurkundungsbedürftigkeit des Verknüpfungswillen bei zusammenhängenden Rechtsgeschäften – ein Scheinproblem!, DNotZ 2004, 178
ders, Erwiderung zu der Stellungnahme von Weigl, DNotZ 2004, 341
ders, Fragen der Form bei der Bestellung von Vorkaufsrechten an Immobilien; keine Heilung des Beurkundungsmangels durch Eintragung des dinglichen Vorkaufsrechts, DNotZ 2017, 503
KAUFMANN, Eigentum am Gesellschaftsvermögen (1912)
KEIM, Keine Anwendung des § 139 BGB bei Kenntnis der Parteien von der Teilnichtigkeit, NJW 1999, 2866
ders, Keine Bindungswirkung des nicht vollzogenen Schwarzkaufes – BGH, NJW 1999, 2892, JuS 2001, 636
ders, § 313 BGB und die Beurkundung zusammengesetzter Verträge, DNotZ 2001, 827
ders, Zur Beurkundungsbedürftigkeit des Bauvertrages bei Verknüpfung mit einem Grundstückskauf, RNotZ 2003, 44
ders, Pflicht zur Mitbeurkundung von Mietverträgen bei Immobilienkäufen?, RNotZ 2005, 102
ders, Probleme bei Abänderung und Widerruf von Grundstückskaufangeboten, MittBayNot 2005, 10
ders, Die Heilung formnichtiger Vorverträge über Grundstücksveräußerungen analog § 311b Abs 1 BGB?, DNotZ 2005, 324
ders, „Schlüsselfertig, Grunderwerbsteuer und Notarkosten nur auf den Grundstücksteil" (?) – zu Beurkundungspflicht und Grunderwerbsteuer beim mit einem Grundstückskauf verbundenen Bauvertrag, DNotZ 2011, 513
ders, Falsch beurkundete Vorauszahlungs- und Verrechnungsabreden in Grundstückskaufverträgen, NJW 2012, 119
KEIM/SCHOLZ, Reichweite der notariellen Beurkundungspflicht bei zusammengesetzten Verträgen, NJW 2022, 1486

KELLER, Die Formproblematik der Erbteilsveräußerung (1995)
ders, Die Heilung eines formnichtigen Erbteilskaufvertrages oder ähnliche Verträge iSv § 2385 Abs 1 BGB, ZEV 1995, 427
ders, Ausscheiden eines Miterben aus der Erbengemeinschaft durch „Abschichtung"?, ZEV 1998, 281
KESSELER, Die GbR und das Grundbuch, NJW 2011, 1909
KIEHL, Formerfordernis betr der mit einem Grundstücksveräußerungsvertrag verbundenen Nebenverträge, Recht 1923, 90
ders, Inwieweit sind die Vollmacht zum Abschluss eines Grundstücksveräußerungsvertrages und die Auflassungsvollmacht formbedürftig?, Recht 1923, 21
ders, Formbedürftigkeit im Falle der Teilung eines Grundstücksveräußerungsvertrages, LZ 1925, 393
KLAAS, Beurkundungspflicht von „Bauherren"-Verträgen, BauR 1981, 35
KLINGSPORN, Der Abschluss formnichtiger Grundstücksveräußerungsverträge durch Wohnungsunternehmen. Die neue Rechtsprechung des Bundesgerichtshofes, Betrieb 1967, 367
ders, Zur Formbedürftigkeit einseitiger Grunderwerbsverpflichtungen, Betrieb 1971, 369
KÖBL, Die Bedeutung der Form im heutigen Recht, DNotZ 1983, 207
ders, Falsa demonstratio non nocet? Verstoß gegen den Formzwang, DNotZ 1983, 598
KOEBLE, Die Rechtsnatur der Verträge mit Bauträgern (Baubetreuern), NJW 1974, 721
ders, Probleme des Generalübernehmermodells, NJW 1992, 1142
KORTE, Zum Beurkundungsumfang des Grundstücksvertrags und damit im Zusammenhang stehender Rechtsgeschäfte, DNotZ 1984, 1
ders, Zum Beurkundungsumfang des Grundstückskaufvertrages und damit im Zusammenhang stehender Rechtsgeschäfte, DNotZ 1984, 82
ders, Handbuch der Beurkundung von Grundstücksgeschäften (2. Aufl 2008)
KRACHT, Tragweite des § 313 BGB (1902)
KRAFFT, Notarielle Beurkundung und Stellvertretung, LZ 1914, 463
KROESCHELL, Rechtsprobleme der bäuerlichen Hofübergabe, in: Göttinger FS OLG Celle (1961) 99
KRÜGER, Vorvertrag und Hauptvertrag, ZNotP 2006, 447
ders, Falsa demonstratio bei der Veräußerung von Grundstücken, ZNotP 2009, 2
ders, Die Gesellschaft bürgerlichen Rechts und das Grundbuch – causa infinita, NZG 2010, 801
ders, Die Aufhebung des Grundstückskaufvertrages – ein Fall für den Notar?, in: FS Brambring (2011) 235
KÜPPERS, Grunderwerb im Ausland. Ein Vortrag, DNotZ 1973, 645
KURTH, Der geschlossene Immobilienfonds. Handbuch für Anleger und Berater (1990)
LANDSBERG, Bedarf die Abtretung der Rechte aus einem gerichtlichen oder notariellen Vertrage über die Übertragung des Eigentums an einem Grundstücke gerichtlicher oder notarieller Form?, DJZ 1901, 350
LANGE, Die Eindämmung von Nichtigkeit und Anfechtbarkeit, AcP 144 (1938) 149
LANGHEIN, Reform des Mietrechts – Ausübung des Mietervorkaufsrechts durch schriftliche Erklärung, ZRP 2000, 473
LAUTNER, Alles wieder beim Alten? – Die gesetzliche Neuregelung zur Teilnahme der Gesellschaft bürgerlichen Rechts am Grundstücksverkehr, DNotZ 2009, 650
LEHMANN, Zur Aufhebung des Anwartschaftsrechts an einem Grundstück, DNotZ 1987, 142
LEITZEN, Änderungsverträge aus notarieller Perspektive, BWNotZ 2012, 86
LEUTNER/STENZEL, Beurkundungsbedürftigkeit der Verknüpfungsabrede beim Geschäftsanteilskaufvertrag?, NZG 2012, 1406
LICHTENBERGER, Das Gesetz zur Änderung und Ergänzung beurkundungsrechtlicher Vorschriften, NJW 1980, 864
ders, Muß die VOB/B öffentlich beurkundet werden?, NJW 1984, 159
ders, Zum Umfang des Formzwangs und zur Belehrungspflicht, DNotZ 1988, 531
LICKLEDER, Die Verpflichtung, das Eigentum an einem Grundstück zu erwerben, AcP 199 (1999) 629
LIMMER, Die freiwillige Grundstücksversteigerung durch den Notar, in: FS Bezzenberger (2000) 509

LINDEN, Beurkundung im Fernschreibeverkehr, JW 1934, 879
H LINDEN, Die neue Rechtsprechung des V. Zivilsenats des Bundesgerichtshofs zum Immobiliarrecht, MittBayNot 1981, 169
LÖBER, Übertragung spanischen Immobilieneigentums vor ausländischen Notaren? Zwar gültiges Rechtsgeschäft, doch nicht im Grundbuchamt eintragbar, DNotZ 1993, 789
LORENZ, Das Problem der Aufrechterhaltung formnichtiger Schuldverträge, AcP 156 (1957) 381
LUDWIG, Entwicklungstendenzen des Rechts der notariellen Beurkundung, AcP 180 (1980) 373
ders, Formgebote als Inhaltsverbote?, DNotZ 1982, 356
ders, Anm zu BGH v 30. 4. 1982 – V ZR 104/81, DNotZ 1982, 622
ders, Anm zu OLG Karlsruhe v 25. 3. 1988 – 10 U 198/87, DNotZ 1988, 697
ders, Notarielle Urkunden für die, die es angeht?, DNotZ 1982, 724
LÜKE, Auflassungsvormerkung und Heilung des formnichtigen Kaufvertrags, JuS 1971, 341
MAIER-REIMER, Die Form verbundener Verträge, NJW 2004, 3741
ders, Vorwirkung von Formvorschriften – Formzwang aus nicht abgeschlossenen Verträgen?, NJW 2015, 273
MATTERN, Der Eigenheimbewerbervertrag in der Rechtsprechung des Bundesgerichtshofs, DNotZ 1967, 661
MEDICUS, Das Anwartschaftsrecht des Auflassungsempfängers, DNotZ 1990, 275
MEIER, Beurkundungsbedürftigkeit eines als Bedingung für den Grundstückskauf geschlossenen Durchführungsvertrags, notar 2022, 266
MERTENS, Die Reichweite gesetzlicher Formvorschriften im BGB, JZ 2004, 431
G MÜLLER, Beurkundungsbedürftigkeit der Änderung und Aufhebung von Kaufverträgen über Grundstücke und grundstücksgleiche Rechte, MittRhNotK 1988, 243
K J MÜLLER, Elektronische Datenträger als Anlagen notarieller Urkunden?, NJW 2015, 3271
ders, Beurkundungsbedürftigkeit verbundener Verträge bei Grundstücksgeschäften, NJW 2021, 2477
NEUBECKER, Verpflichtung zum Grundeigentumserwerbe, BayZ 1906, 431
NIPPERDEY, Kontrahierungszwang und diktierter Vertrag (1920)
NOACK, Die Veräußerung von Pkw-Abstellplätzen, Rpfleger 1976, 193
OERTMANN, Heilung der Formungültigkeit nach § 313 Satz 2, ZBlFG 16, 589 (dazu HEINE DNotV 1916, 700)
ders, Falschbeurkundung des Kaufpreises, LZ 1925, 1233
OPGENHOFF, Gestaltungsfragen bei der Beurkundung zusammengesetzter Verträge, RNotZ 2006, 257
PAUL, Die Rechtslage nach der Auflassung aufgrund formnichtigen Kaufvertrages (1925)
PAUSE, Das Gesetz zur Heilung des Erwerbs von Wohnungseigentum, NJW 1994, 501
PERREY, Die Rechtsstellung des Käufers zwischen Auflassung und Eintragung (1951)
PETZOLD, Beurkundungszwang im Gesellschaftsrecht wegen § 313: Berücksichtigung der Ausdehnung des § 313 BGB auf Erwerbsverpflichtungen, BB 1975, 905
PFEIFFER, Vertretungsprobleme bei Verträgen mit Bauträgern, NJW 1974, 1449
PIKART, Die Rechtsprechung des Bundesgerichtshofes zum notariellen Grundbuchrecht, WM 1970, 266
POHLMANN, Die Heilung formnichtiger Verpflichtungsgeschäfte durch Erfüllung (1992)
dies, Formbedürftigkeit und Heilung der Aufhebung eines Grundstückskaufvertrages, DNotZ 1993, 355
dies, Anm zu BGH v 26. 11. 1999 – V ZR 251/98, EWiR 2000, 323
PRUNS, Notarielle Form des Stiftungsgeschäfts bei Zusicherung von Immobilienvermögen?, ErbR 2020, 163
REICHEL, Die Behandlung formnichtiger Verpflichtungsgeschäfte (§ 125), AcP 104 (1909) 1
REIDT, Chancen und Risiken des Vorhaben- und Erschließungsplans, NVwZ 1996, 1
REIMANN, Erbauseinandersetzung durch Abschichtung, ZEV 1998, 213
REINELT, Rechtseinheit von Bauvertrag und Grundstückskauf, BB 1981, 706

ders, Zur Formbedürftigkeit des Gesellschafterbeitritts bei geschlossenen Immobilien-Fonds, NJW 1992, 2052
REINHART, Das Verhältnis von Formnichtigkeit und Heilung des Formmangels im bürgerlichen Recht (1970)
REINICKE, Rechtsfolgen formnichtig abgeschlossener Verträge (1969)
REINICKE/TIEDTKE, Heilung eines formnichtigen Vorvertrages und ihre Auswirkung auf die Vertragsstrafe, NJW 1982, 1430
dies, Das Anwartschaftsrecht des Auflassungsempfängers und die Formbedürftigkeit der Aufhebung eines Grundstücksvertrages, NJW 1982, 2281
REITHMANN, Zur Beurkundung der Treuhandvollmacht im Rahmen eines Bauherrenmodells, MittBayNot 1986, 229
ders, Anm zu BGH v 1. 2. 1985 – V ZR 180/83, DNotZ 1986, 80
ders, Die Entwicklung des Bauträgerrechts, WM 1986, 377
ders, Neue Vertragstypen des Immobilienerwerbs, NJW 1992, 649
ders, Anm zu BGH v 14. 6. 1996 – V ZR 85/95, LM BGB § 313 Nr 143
ders, Anm zu BGH v 12. 7. 1996 – V ZR 202/95, LM BGB § 313 Nr 144
REYMANN, Falsa demonstratio und Erwerberverhältnis bei der Auflassung, NJW 2008, 1773
RHEINSTEIN, Die Rechtsprechung zum § 313, JW 1905, 65
RIEGER, Anm zu BGH v 21. 1. 1998 – VI ZR 346/96, DNotZ 1999, 64
ders, Anm zu BGH v 7. 6. 2000 – VIII ZR 268/99, DNotZ 2000, 768
RINGHOF, Aufhebung eines Grundstückskaufvertrages, MittBayNot 1983, 57
RITZINGER, Der Vorvertrag in der notariellen Praxis, NJW 1990, 1201
ROEMER, Die Formbedürftigkeit der Aufhebung und Änderung von Verträgen im Sinne des § 311b Abs 1 BGB (§ 313 BGB aF) (2004)
ders, Die Formbedürftigkeit von Änderungen eines Grundstückskaufvertrages nach Auflassung – Zugleich eine Besprechung von BGH, Urteil vom 14. 9. 2018 – V ZR 213/17, RNotZ 2019, 192
ROHDE, Grundstückseigentums- und Bodennutzungsverhältnisse in den neuen Bundesländern nach dem Einigungsvertrag, DNotZ 1991, 186
RÖLL, Die Bezugnahme auf Baubeschreibungen, Teilungserklärungen und Gemeinschaftsordnungen in Grundstückskaufverträgen, NJW 1976, 167
RUHWINKEL, Anm zu BGH v 8. 10. 2004 – V ZR 178/03, MittBayNot 2005, 224
SAMTLEBEN, Anm zu BGH v 4. 7. 1969 – V ZR 69/66, NJW 1970, 378
SARINGHAUSEN, Formfreie Ausübung des Vorkaufrechts nach § 505 I BGB im Hinblick auf Grundstückskaufverträge, NJW 1998, 37
SCHÄFER-GÖLZ/LANGE, Sind Kaufverträge, die vor dem 3. 10. 1990 von bundesdeutschen und Westberliner Notaren über in der ehemaligen DDR belegenes Grundvermögen beurkundet wurden, formunwirksam?, DtZ 1991, 292
SCHÄUBLE, Ist § 311b I 1 BGB international zwingend und setzt die Beurkundung durch einen deutschen Notar voraus?, BWNotZ 2018, 60
SCHMEINCK, Beurkundungsrechtliche Fragen bei Beteiligung von Personengesellschaften am Grundstücksverkehr, MittRhNotK 1982, 97
D SCHMIDT, Folgen fehlender Beurkundung bei der Baubeschreibung, ZfIR 2005, 306
F SCHMIDT, Gegenstand und Inhalt des Sondereigentums, MittBayNot 1985, 237
ders, Das neue Vorkaufsrecht bei der Umwandlung, WE 1993, 328
K SCHMIDT, Ehegatten-Miteigentum oder „Eigenheim-Gesellschaft"?, AcP 182 (1982) 481
ders, Mobilisierung des Bodens: Grundbuch und Gesellschaftsrecht, NJW 1996, 3325
B M SCHMITZ, Die beurkundungsrechtlichen Folgen der Verknüpfung von Grundstücks- und Bauverträgen in der notariellen Praxis, RNotZ 2022, 125
P SCHMITZ, Schiedsvereinbarungen in der notariellen Praxis, RNotZ 2003, 591
SCHMUCKER, Das verbundene Geschäft und seine Auswirkungen auf den Umfang der Beurkundungspflicht, DNotZ 2002, 900
SCHNOOR, Die Vorverlegung des dinglichen Erwerberschutzes beim Grundstückskauf (1968)
SCHOTTEN, Zur Formwirksamkeit von Verträgen über Grundbesitz in der ehemaligen DDR,

die vor der Vereinigung in den alten Bundesländern beurkundet worden sind, DNotZ 1991, 771
Schotten/Schmellenkamp, Zur materiellrechtlichen Wirksamkeit von Verträgen über Grundbesitz in der ehemaligen DDR, die vor der Vereinigung in den alten Bundesländern beurkundet worden sind, DNotZ 1992, 203
Schorling, Zur Bezeichnung von Grundstücken und Grundstücksteilflächen im Spaltungs- und Übernahmevertrag, AG 2008, 653
Schreindorfer, Anm zu BGH v 29. 1. 2021 – V ZR 139/19, DNotZ 2021, 772
Schulte-Thoma, Zubehörveräußerung bei Grundstückskaufverträgen, RNotZ 2004, 61
Schwalm/Thiele, Die Form des Stiftungsgeschäfts unter Lebenden: Ausnahmsloser „Vorrang" des § 81 Abs 1 S 1 BGB, ZEV 2020, 523
Schwanecke, Formzwang des § 313 S 1 BGB bei Durchgangserwerb von Grundeigentum, NJW 1984, 1585
Schwarz, Anm zu OLG Düsseldorf v 6. 10. 1997 – 9 U 24/97, MittBayNot 1999, 55
Seeger, Die „einseitige Abhängigkeit" – zum Umfang der Beurkundungsbedürftigkeit zusammengesetzter Grundstücksgeschäfte, MittBayNot 2003, 11
Seibert, Erfüllung und Konvaleszens, JZ 1981, 380
Sigle/Maurer, Umfang des Formzwangs beim Unternehmenskauf, NJW 1984, 2657
Singer, Formnichtigkeit und Treu und Glauben, WM 1983, 254
Specks, Heilung von Formmängeln gemäß § 311b Abs 1 Satz 2 BGB (§ 313 Satz 2 BGB aF) und § 15 Abs 4 Satz 2 GmbHG, RNotZ 2002, 193
Staub, Das Problem des § 311b Abs 1 Satz 2 (1913)
Stauf, Umfang und Grenzen der Verweisungsmöglichkeiten nach § 13a BeurkG und der eingeschränkten Vorlesungspflicht nach § 14 BeurkG, RNotZ 2001, 129
Steinbrecher, Beurkundungspflicht von Änderungen eines Grundstückskaufvertrags mit Vorlagesperre der Auflassung, NJW 2018, 1214
Steindorff, Allgemeine Formvorschriften in Gesellschafts- und Auftragsverhältnissen, ZHW 1966, 21
Steiner, Kaufverträge über Grundvermögen in der ehemaligen DDR – ein Fall für den Gesetzgeber?, DtZ 1991, 372
Strobel, Bedarf das Stiftungsgeschäft unter Lebenden bei Grundstücken der notariellen Beurkundung?, ZErb 2020, 397
Strober, Probleme der unrichtigen Bezeichnung eines Grundstücks in der notariellen Praxis, MittBayNot 1973, 3
Strunz, Das verdeckte Bauherren-Modell, BauR 1990, 560
Stürner, Das deutsche Immobiliarsachenrecht und die Funktion des deutschen Notariats im Spiegel der Rechtsvergleichung, DNotZ 2017, 904
Tersteegen, Vorkaufs-, Ankaufs-, und Andienungsrechte in Nutzungsüberlassungsverträgen über Grundbesitz, ZNotP 2021, 251
Tiedtke, Zur Rechtsprechung des Bundesgerichtshofs auf dem Gebiete des Kaufrechts seit dem 1. 1. 1987, JZ 1990, 75
ders, Formbedürftigkeit der Aufhebung eines Grundstückskaufvertrages und Heilung des Formmangels, DB 1991, 2273
ders, Die Form des Verlängerungsvertrages, DNotZ 1991, 348
Tochtermann, Beiträge zur Erläuterung der §§ 313, 129 (1902)
Tönnies, Grundstücksverkehr während der Flurbereinigung, MittRhNotK 1987, 117
Trasse, Ein Beitrag zum Immobiliarveräußerungsvertrag und zur Auflassung, BayNotZ nF 5, 183
von der Trenck, Nichtigkeit und Heilung bei sogenannten Nebenabreden usw, JW 1912, 186
Tröder, Die Einbeziehung von Schiedsabreden in notariellen Urkunden, MittRhNotK 2000, 379
Ulmer/Löbbe, Zur Anwendbarkeit des § 313 BGB im Personengesellschaftsrecht, DNotZ 1998, 711
Verhandlungen des 28. Deutschen Juristentages I 18; II 105 ff; III 431
Volhard, Bezugnahme auf nicht beurkundete Baubeschreibung im Grundstückskaufvertrag, NJW 1975, 1682
ders, Nochmals: Zur Zulässigkeit der Bezugnahme auf öffentliche Urkunden in beurkundeten Verträgen, NJW 1980, 103

Volmer, Die Neuordnung des verbundenen Immobiliengeschäfts, MittBayNot 2002, 336
Wacke, Der Schutzzweck des Beurkundungszwangs bei Grundstückskaufverträgen, JZ 1971, 684
ders, Vorgemerkter Schwarzkauf und Bestätigung oder Novation, DNotZ 1995, 507
H Wagner, Zum Schutzzweck des Beurkundungszwanges gem § 313 BGB, AcP 172 (1972) 452
M Wagner, Gestaltungen im Vorfeld des endgültigen Vertragsabschlusses, NotBZ 2000, 69
Wais, Anm zu BGH v 8. 4. 2016 – V ZR 73/15, NJW 2016, 2037
ders, Form und Vorkaufsrecht, NJW 2017, 1569
ders, Zentrale Form- und Heilungsvorschriften des BGB im Überblick, JuS 2020, 7
J Weber, Beurkundungspflichten nach § 311b Abs 1 BGB bei zusammengesetzten Verträgen – Versuch einer Systematisierung und Typisierung, RNotZ 2016, 377
ders, Zwischen Form und Haftung: Beschaffenheitsangaben des Verkäufers im Vorfeld von Grundstückskaufverträgen, – zugleich Besprechung von BGH, Urteil v 6. 11. 2015 – V ZR 78/14 und BGH, Urteil v 22. 4. 2016 – V ZR 23/15, RNotZ 2016, 650
S Weber, Materiell- und beurkundungsrechtliche Probleme bei sukzessiver Beurkundung von Angebot und Annahme, MittRhNotK 1987, 37
Wedemann, Die Beurkundungsbedürftigkeit verbundener Verträge bei Grundstücksgeschäften, WM 2010, 395
Weigl, Sonderwunschvereinbarungen im Bauträgervertrag, MittBayNot 1996, 10
ders, Nochmals: Zur Beurkundungsbedürftigkeit des „Verknüpfungswillens“ – Gleichzeitig Anmerkung zu Kanzleiter, DNotZ 2004, 178, DNotZ 2004, 339
Weimar/Alfes, Die Abtretung von Rückübertragungsansprüchen nach dem Vermögensgesetz, DNotZ 1992, 619
Weitnauer, Die Übertragung des Gebrauchsrechts an Kraftfahrzeug-Abstellplätzen, Rpfleger 1976, 341
Wengler, Anm zu BGH v 4. 7. 1969 – V ZR 69/66, NJW 1969, 2237
Werner, Formbedürftigkeit der Übertragung von Immobilien und GmbH-Geschäftsanteilen im Rahmen der Stiftungserrichtung?, ZErb 2021, 131
Wertenbruch, Formfreie Veräußerung von GbR-Anteilen bei Halten von GmbH-Anteilen oder Grundstücken, NZG 2008, 454
Weser, Die Erklärung der Auflassung unter Aussetzung der Bewilligung der Eigentumsumschreibung, MittBayNot 1993, 253
Westerhoff, Wie begründen wir Formnichtigkeit?, AcP 184 (1984) 341
vWestphalen, Immobilien-Leasing-Verträge – einige Aspekte zur notariellen Praxis, MittBayNot 2004, 13
Wieling, Die Bedeutung der Regel „falsa demonstratio non nocet“ im Vertragsrecht, AcP 172 (1972) 307
Wiesner, Beurkundungspflicht und Heilungswirkung bei Gründung von Personengesellschaften und Unternehmensveräußerungen, NJW 1984, 95
Winkler, Die Formbedürftigkeit von Kaufanwärterverträgen über Grundstücke und Eigentumswohnungen, NJW 1971, 401 (hierzu Löwe NJW 1971, 729)
ders, Beurkundungen im Ausland bei Geltung deutschen Rechts, NJW 1972, 981
ders, Beurkundung gesellschaftlicher Akte im Ausland, NJW 1974, 1032
ders, Änderung und Ergänzung beurkundungsrechtlicher Vorschriften, Rpfleger 1980, 169
Wolf, Käuferzwang durch notarielle Beurkundung von Grundstückskaufanwärterverträgen, JZ 1971, 80
ders, BGH-Rechtsprechung aktuell: Kaufvertrag, Mietvertrag, Mietverwaltungstreuhand und Leasing, Entscheidungen und LM-Anmerkungen 1992–1993, NJW 1994, 298
ders, Rechtsgeschäfte im Vorfeld von Grundstücksübertragungen und ihre eingeschränkte Beurkundungsbedürftigkeit, DNotZ 1995, 179
ders, Anm zu BGH v 13. 2. 1996 – XI ZR 239/94, LM BGB § 311b Abs 1 Nr 139
ders, Vorhand: Verhandlungsvorhand, Angebotsvorhand; Beurkundungsbedürftigkeit, DNotI-Report 1999, 25
Wolfsteiner, Nochmals: Zur Abtretung und Verpfändung des sog Auflassungsanspruchs, Rpfleger 1976, 120

ders, Bauherrenmodelle in der notariellen Praxis, DNotZ 1979, 579

ders, Zur Frage, ob der Kreditnehmer Einwendungen aus seinem Vertrag mit dem Bauträger der kreditgebenden Bank entgegensetzen kann, DNotZ 1980, 349

ders, Anm zu BGH v 18. 12. 1981 – V ZR 233/80, DNotZ 1982, 433

ders, Wird ein formnichtiger Gesellschaftsvertrag durch Auflassung und Eintragung geheilt?, DNotZ 2003, 626

Wufka, Notwendigkeit und Umfang der notariellen Beurkundung bei Bauträgerverträgen sowie Grundstücksverträgen in Verbindung mit Generalübernehmerverträgen, Generalunternehmerverträgen oder Baubetreuungsverträgen, DWW 1980, 239

ders, Rechtseinheit zwischen Kausalgeschäft und Einigung bei Erbbaurechtsbestellungen, DNotZ 1985, 651

ders, Anm zu BGH v 18. 10. 1985 – V ZR 144/84, DNotZ 1986, 473

ders, Einzelne Problembereiche des Erbbaurechts, MittBayNot 1987, 13

ders, Formfreiheit und Formbedürftigkeit der Genehmigung von Grundstücksverträgen, der Ausübung von Wiederkaufs-, Vorkaufs- und Optionsrechten sowie der Anfechtung, des Rücktritts und der Wandelung, DNotZ 1990, 339

ders, Anm zu BayObLG v 14. 3. 1996 – 2 Z BR 227/95, DNotZ 1997, 315

ders, Anm zu BGH v 13. 6. 2002 – VII ZR 321/00, MittBayNot 2003, 48

Wünschmann, Kann man sich zum Erwerb eines Grundstücks formlos verpflichten?, ZBlFG 10, 15

Zeiler, Die falsa demonstratio bei formbedürftigen Rechtsgeschäften, Gruchot 52, 224

Zeiss, Zusammenhang zwischen Grundstückskaufvertrag und Bauvertrag, BWNotZ 1984, 129

Zeller, Die Formbedürftigkeit nachträglicher Änderungen von Grundstücksverträgen (1986)

Zenger, Nichtige Kaufverträge und ihre Heilung, BayNotZ 1922, 97

Ziegler, Die Anwendung des § 313 BGB auf den Erschließungsvertrag nach § 123 II BBauG als öff. rechtl. Vertrag, DVBl 1970, 825

ders, Zur Anwendung des § 313 BGB auf den Erschließungsvertrag und auf die Einigung im Rahmen des Übernahmeverlangens des § 40 BBauG und der entsprechenden Regelungen im StBauFG, DVBl 1972, 215

Ziese, Zur Umgehung des § 313 BGB durch Vollmacht, DNotV 1912, 683.

Systematische Übersicht

Alphabetische Übersicht

I. Normzweck

1. Rechtsvergleichendes

1 Das deutsche Recht erweist sich bei einer **rechtsvergleichenden Betrachtung** im Bereich der Übertragung von Grundstücken als eher streng. Zwar kennen zahlreiche, insbesondere europäische Rechtsordnungen ebenfalls die Notwendigkeit der notariellen Beurkundung für derartige Geschäfte (s zur Übersicht BeckOGK/Schreindorfer [1. 4. 2023] § 311b Rn 3. 2), allerdings existiert auch eine Vielzahl von Rechtsordnungen, die eine formfreie Übertragung von Grundstücken gestatten (zur näheren Ausführung: Frank/Wachter, Handbuch Immobilienrecht in Europa [2. Aufl 2015]; Reithmann/Martiny/Limmer, Internationales Vertragsrecht [9. Aufl 2022] Rn 21. 100 ff). Gleichwohl ergibt sich auch in diesen oftmals eine faktische Beurkundungspflicht, weil nur so eine Registereintragung möglich ist (dazu: BeckOGK/Schreindorfer [1. 4. 2023] § 311b Rn 3. 2). Das deutsche Recht weist insoweit im Vergleich zu einigen anderen Rechtsordnungen eine erhebliche Sicherheit auf, da durch die Mitwirkung der Notare das Grundbuch als öffentliches Register eine weit überdurchschnittliche Verlässlichkeit erhält (s dazu Franzmann MittBayNot 2009, 346, 348 ff; Stürner DNotZ 2017, 904, 907 f). Darüber hinaus ist das deutsche System auch geeignet, die **Transaktionskosten** insgesamt zu senken und damit für die Bevölkerung tragbar zu halten, weil durch die Sicherheit und Verlässlichkeit der Register kosten- und zeitaufwändige Recherchemaßnahmen und Aufwendungen für eine entsprechende Rechtsberatung eingespart werden können (dazu näher unter Auswertung zahlreicher

Studien: Franzmann MittBayNot 2009, 346 ff). Die vermeintlich hohen Kosten durch die notarielle Beurkundung werden dadurch gemindert und somit insgesamt ein ökonomischer Vorteil für die Gesamtbevölkerung erzielt. Darüber hinaus wird das Risiko eines unwirksamen Erwerbs und damit die Gefahr des wirtschaftlichen Totalverlusts erheblich gesenkt, was ebenfalls Vorteile gegenüber einem formfreien System bietet.

Auf **europäischer Ebene** sind bislang keine Regelungsabsichten erkennbar, die einen Einfluss auf die Formbedürftigkeit des Grundstückskaufvertrages haben können. Insbesondere sind die bisher ergangenen Richtlinien im Bereich des Kaufrechts (aus jüngerer Zeit: Richtlinie (EU) 2019/771 des Europäischen Parlaments und des Rates vom 20. 5. 2019 über bestimmte vertragsrechtliche Aspekte des Warenkaufs, zur Änderung der Verordnung (EU) 2017/2394 und der Richtlinie 2009/22/EG [sog Warenkaufrichtlinie] sowie zur Aufhebung der Richtlinie 1999/44/EG, Abl 2019 L 136, 28) auf Verträge über Immobilien nicht anwendbar. Allerdings setzt sich § 311b Abs 1 S 1 BGB bei Geschäften im Ausland nicht notwendigerweise für sämtliche in Deutschland belegenen Grundstücke durch, da es sich nicht um eine **Norm im Sinne des Art 11 Abs 5 Rom I-VO** handelt (BeckOGK/Gebauer [1. 3. 2023] Art 11 Rom I-VO Rn 149; MünchKommBGB/Spellenberg Art 11 Rom I-VO Rn 74; anders aber Schäuble BWNotZ 2018, 60, 64). Es verbleibt daher bei der Regelung des Art 11 Abs 1, Abs 2 Rom I-VO, sodass bei Anwendbarkeit ausländischen Rechts auch ein Vertrag über ein deutsches Grundstück ohne notarielle Beurkundung wirksam sein kann (MünchKommBGB/Spellenberg Art 11 Rom I-VO Rn 74). 2

2. Historisches

Das Formgebot für Grundstückskaufverträge kann auf eine **lange Tradition** zurückblicken. Bereits das **römische Recht** kannte mit der *mancipatio* eine besondere Übertragungsform für Grundstücke infolge ihrer hohen sozialen und wirtschaftlichen Bedeutung (s dazu auch HKK/Harke § 311b Rn 2). In der nachkonstantinschen Zeit wurde dann auch im römischen Recht die Beurkundung verpflichtend (HKK/Harke § 311b Rn 2). Während in den Zeiten vor dem BGB zunächst das französische und das preußische Recht einen Formzwang für Geschäfte mit einer hohen wirtschaftlichen Bedeutung enthielten, ging die herrschende Meinung zum preußischen Recht ganz allgemein von einer Formbedürftigkeit des Grundstücksgeschäfts in jeder Ausprägung aus (Johow, in: Koch, Allgemeines Landrecht, Kommentar [8. Aufl 1884] Bd I, 216 Nr 47). Im Folgenden verlangten zudem die **Partikularrechte** von Bayern, Hessen, Sachsen und Württemberg vor der Einführung des BGB für Grundstücksgeschäfte die Beurkundung (vKübel, in: Schubert, Die Vorlagen der Redaktoren für die erste Kommission des Entwurfs eines BGB [1980] 305 f). Das BGB hatte sodann in § 313 BGB die Verpflichtung zur notariellen Beurkundung des Grundstückskaufvertrags integriert. Ursprünglich wurde allerdings lediglich die Verpflichtung zur Veräußerung dem Formgebot unterworfen, sodass etwaige Gefahren für den Erwerber durch den Gesetzgeber keine Beachtung fanden (BeckOGK/Schreindorfer [1. 7. 2023] § 311b Rn 7). Dies wurde erst im Jahr 1973 geändert, als zur Verhinderung einer formlosen Bindung eines Erwerbers durch entsprechende Vorverträge, die mit Vertragsstrafen oder Schadensersatzansprüchen sanktioniert waren (BT-Drucks 7/63, 3 f), auch die Verpflichtung zum Erwerb in § 313 BGB nachgetragen und somit formbedürftig ausgestaltet wurde (s dazu auch HKK/Harke § 311b Rn 2). Die Schuldrechtsreform führte im Nachgang lediglich zu 3 einer neuen Nummerierung, bewirkte allerdings keine inhaltliche Änderung (BeckOGK/Schreindorfer [1. 7. 2023] § 311b Rn 2).

3. Ursprüngliche Zielsetzung und heutige Wirklichkeit

4 Bei der Einführung des einstigen § 313 Abs 1 BGB stand der **Schutz des Grundstückseigentümers und des Grundbesitzes** selbst vor leichtfertigem Zuordnungswechsel (Wagner AcP 172 [1972] 452, 457) im Vordergrund (Mot II 189: *Seßhaftigkeit der Bevölkerung*). Entscheidend für den Formschutz waren somit die soziale, nicht die wirtschaftliche Bedeutung des Grundbesitzes und die damit etwa verbundenen Vermögensrisiken. Folgerichtig war nach dem ursprünglichen § 313 aF auch nur die Verpflichtung zur Veräußerung, nicht zum Erwerb formbedürftig (s hierzu Rn 3). Der **Erwerber** war nur im Rahmen des Synallagma mitgeschützt, seine Interessen fanden allerdings durch den Gesetzgeber ursprünglich keine eigenständige Ausgestaltung (BeckOGK/Schreindorfer [1. 7. 2023] § 311b Rn 7). Die Zielrichtung des ursprünglichen § 313 BGB war damit vergleichbar mit der des § 15 GmbHG, der noch heute nach herrschender Meinung primär darauf gerichtet ist, den Handel mit GmbH-Anteilen einzuschränken und so spekulative Geschäfte zu unterbinden (st Rspr BGHZ 13, 49, 51 f; BGHZ 75, 352, 353 ff; BGH NJW 1996, 3338, 3339; NJW 1999, 2594, 2595; DStR 2006, 1378, 1379; NZG 2008, 377, 378; DNotZ 2017, 295, 296). Dieser Zweck ist bei Grundstücken allerdings **heute** nicht mehr gleichermaßen von Bedeutung, da der Handel mit Immobilien eine hohe praktische und ökonomische Relevanz aufweist und auch durch das Erfordernis notarieller Beurkundung nicht ernstlich eingeschränkt werden kann (so letztlich auch BeckOGK/Schreindorfer [1. 7. 2023] § 311b Rn 7 f).

5 Auch die ursprüngliche Beschränkung des Schutzzwecks ausschließlich auf den Veräußerer wurde unter der **reformierten Fassung** der Norm nicht aufrechterhalten. Dass die Beschränkung des Normzwecks allein auf den Veräußerer sachlich nicht gerechtfertigt ist, wurde schon früh erkannt (vgl Verhandlungen des 26. Deutschen Juristentages I 18 ff). Durch die zunehmende Streuung von Grundbesitz auf weite Teile der Bevölkerung wurde zunehmend der Erwerber als notwendiges Subjekt des Schutzes erkannt. Dies galt insbesondere für die damals so bezeichneten *Anwärter- bzw Bewerberverträge* im Bauträgerbereich (zum damaligen Lit- und Rspr-Streit s Staudinger/Wufka[12] § 313 aF Rn 2 mwNw). Der BGH hielt unter der ursprünglichen Fassung der Norm jedoch trotz eines in der Sache verstärkten Schutzes des Erwerbers (Prüfung, ob im Einzelfall neben der Erwerbsverpflichtung auch eine Veräußerungspflicht vorlag: BGHZ 57, 394 = NJW 1972, 715; BGH DNotZ 1972, 17 ff; WM 1973, 1356) daran fest, dass eine *reine Erwerbsverpflichtung* nicht der notariellen Beurkundung bedürfe (BGHZ 57, 394 = BGH NJW 1972, 715). Der ursprüngliche § 313 BGB wurde in der Konsequenz mit Wirkung zum 1. 7. 1973 durch Gesetz vom 30. 5. 1973 (BGBl I 501) **neu gefasst**. War das ursprüngliche Ziel des Gesetzgebers der Schutz des *Veräußerers* vor übereilter Veräußerung, trat neben dieses nunmehr zusätzliche Ziel des Schutzes des *Erwerbers*. Dabei ging es weniger um den Erwerb des Eigentums an Grundbesitz als solchem, der für sich genommen sozialpolitisch erwünscht ist, sondern der Zweck richtete sich auf den Schutz vor *„benachteiligenden, bedenklichen und gar unredlichen Vertragsklauseln"* (BT-Drucks 7/63 I). Der Gesetzgeber hat hierzu die Verpflichtung zum Erwerb eines Grundstücks gleichrangig neben die zur Veräußerung gestellt und damit beide Situationen dem Formgebot unterworfen.

Unter der aktuellen Fassung der Norm **rechtfertigt sich das von § 311b Abs 1 S 1 BGB aufgestellte Formgebot** aus zwei grundsätzlichen Überlegungen, die Kaufverträge über Grundstücke von denen über andere Gegenstände unterscheiden. Zum einen ist die wirtschaftliche Bedeutung derartiger Abreden in aller Regel ausgesprochen hoch (Soergel/J Mayer § 311b Rn 3; MünchKommBGB/Ruhwinkel § 311b Rn 41; BeckOGK/Schreindorfer [1. 7. 2023] § 311b Rn 8). Grundstücke erweisen sich – verglichen mit alltäglichen beweglichen Sachen – typischerweise als hochpreisig und damit nur in eingeschränktem Maße für einzelne Personen als erreichbar. Infolgedessen verfügen viele Menschen lediglich über wenige oder bloß ein einziges Grundstück, soweit sie überhaupt Grundbesitz halten. Schuldrechtliche Vereinbarungen, die zum Erwerb oder zur Veräußerung eines Grundstücks zwingen, sind für einen Großteil der Bevölkerung daher in aller Regel außergewöhnliche Geschäfte, die neben der ökonomischen Bedeutung für die Beteiligten auch mit erheblichen Gefahren einhergehen, weil ihnen die Spezifika der Regelungen unbekannt sind (vgl auch MünchKommBGB/Ruhwinkel § 311b Rn 41; BeckOGK/Schreindorfer [1. 7. 2023] § 311b Rn 8). Diese Überlegung rechtfertigt indes für sich genommen nicht das generelle Gebot des § 311b Abs 1 S 1 BGB. Zwar ließe sich dieses noch mit einer zulässigen Typisierung erklären und begründen (BeckOGK/Schreindorfer [1. 7. 2023] § 311b Rn 8), allerdings würde dies eine **teleologische Reduktion** der Norm für Grundstücke mit objektiv unbedeutendem wirtschaftlichem Wert ermöglichen. Eine solche ist allerdings ausgeschlossen (so iE auch BeckOGK/Schreindorfer [1. 7. 2023] § 311b Rn 8), weil sich Sonderregelungen für Grundstücke daraus erklären, dass diese im Gegensatz zu sonstigen Wirtschaftsgütern nicht beliebig vermehrbar sind. Grund und Boden existiert nur in von vornherein begrenztem Umfang und kann nicht neu geschaffen werden. Das denkbare Angebot ist mithin stets limitiert, sodass eine erhöhte Nachfrage anders als bei anderen Wirtschaftsgütern nicht durch eine Ausweitung von Produktion oder eine umfangreiche Fertigung befriedigt werden kann. Die natürliche Knappheit des Gutes begründet ein Bedürfnis für eine eigenständige Behandlung und somit für spezifische Sonderregelungen, die für Grundstücke gelten und die sich speziell in der Einführung des Grundbuchs als öffentliches Register zeigen. Da dieser Aspekt unabhängig vom ökonomischen Wert des Grundstücks besteht, scheidet eine teleologische Reduktion des § 311b Abs 1 S 1 BGB auch dann aus, wenn es sich um wirtschaftlich unbedeutende Geschäfte handelt (so auch BeckOGK/Schreindorfer [1. 7. 2023] § 311b Rn 8). 6

4. Grundsätze des Normzwecks

a) Die einzelnen Funktionen

Die in Lit und Rspr für die Veräußerungsverpflichtung entwickelten Grundsätze gelten in *gleichem* Umfang für die Erwerbsverpflichtung (BT-Drucks 7/63, 6). Obwohl die Gründe für die Anordnung notarieller Form unterschiedlich sein können und daher für jede einzelne Norm gesondert zu bestimmen sind (Soergel/Szalai/Uhl § 128 Rn 6), greifen für § 311b Abs 1 S 1 BGB sämtliche klassischen Formzwecke (s zu möglichen Zwecken von Formvorschriften bereits Heldrich AcP 147 [1941] 89, 91 ff) ein: So sollen sowohl Veräußerer als auch Erwerber vor **übereilten Verträgen bewahrt** (vgl schon RGZ 50, 163; s auch das obiter dictum in BGHZ 141, 208, 211) und ihnen eine ausreichende Überlegungsfrist gegeben werden. Angesichts der hohen Bedeutung und der typischerweise wirtschaftlich ausgesprochen relevanten Inhalte des Vertrags soll auch eine rechtskundige und unparteiische **Beratung** durch den Notar gewährleistet werden (vgl § 17 BeurkG; § 14 BNotO; vgl auch BeckOK-BGB/Gehrlein [1. 8. 2023] § 311b Rn 1: 7

Betreuungsfunktion; EINSELE DNotZ 1996, 835: Beratungs- und Belehrungsfunktion). Dabei schützt das Formgebot den Veräußerer sowohl vor einem unüberlegten Verlust als auch vor der Vereinbarung unangemessener Bedingungen. Beim Erwerber spielt hingegen der Schutz vor dem Erwerb des Grundeigentums nur eine untergeordnete Rolle (so auch BeckOGK/SCHREINDORFER [1. 7. 2023] § 311b Rn 10; WACKE JZ 1971, 684 betont hingegen auch insofern den Schutz auch des Erwerbers). Zwar kann auch dies mit gewissen Gefahren einhergehen, da sowohl das Grundstück als auch die aufstehende Bebauung Risiken bergen können, allerdings stellt die Ermöglichung des Erwerbs von Grundstücken durch breite Schichten der Bevölkerung ein anerkanntes Ziel der staatlichen Ordnung dar (vgl SOERGEL/J MAYER § 311b Rn 3). Beim Erwerber steht daher der Schutz vor einer unausgewogenen Vertragsgestaltung im Vordergrund (ebenso BeckOGK/SCHREINDORFER [1. 7. 2023] § 311b Rn 10; vgl NK-BGB/RING § 311b Rn 3). Insoweit dient die Norm vor allem einer **Warn- und Schutzfunktion**. Außerdem soll im Dienste der Rechtssicherheit (vgl OGHZ 1, 219; BGHZ 29, 10; s auch ERMAN/GRZIWOTZ § 311b Rn 2; vgl zudem HAGEN DNotZ 2010, 644, 647 f) der Beweis über die Art und den Inhalt der Vereinbarungen **(Beweisfunktion)** gesichert (vgl RG JW 1931, 3269; jurisPK-BGB/LUDWIG § 311b Rn 3) und eine Gewähr dafür geboten werden, dass der Wille der Vertragsschließenden rechtswirksam, richtig und vollständig **(Gewährsfunktion)** ausgedrückt wird (vgl zu allem: Mot II 189, 190; BT-Drucks 7/63; RGZ 135, 71 mNw; BGHZ 29, 9; BGH NJW 2004, 3626; GRÜNEBERG/GRÜNEBERG § 311b Rn 2; vgl auch jurisPK-BGB/LUDWIG § 311b Rn 3; NK-BGB/RING § 311b Rn 3). Nicht zuletzt wird durch die Beteiligung des Notars sichergestellt, dass Unklarheiten im Vertrag und somit spätere Zweifel über den Inhalt der Vereinbarung weitgehend ausgeschlossen werden **(Klarstellungsfunktion)** (s dazu auch BeckOGK/SCHREINDORFER [1. 7. 2023] § 311b Rn 9). Gerade die Warn- und Schutzfunktion, aber auch die Gewährsfunktion gewinnen zunehmend an Bedeutung (zB im Bereich der MaBV und der §§ 305 ff BGB). Daneben dient die Beurkundungspflicht gem § 311b Abs 1 BGB mittelbar auch bodenverkehrspolitischen (§ 195 BauGB) und fiskalischen (Anzeigepflichten des Notars) Gesichtspunkten. Ebenso hat die Beurkundungspflicht Relevanz für die **Zuverlässigkeit der Register**, da der beteiligte Notar in der Lage ist, unwirksame Verträge weitgehend dadurch zu verhindern, dass er sowohl die Identität als auch die Geschäftsfähigkeit und die Vertretungssituation prüft und damit sicherstellt, dass die durch ihn beurkundeten Vereinbarungen wirksam sind. Hierdurch werden fehlerhafte Eintragungen in das Grundbuch in weitem Umfang ausgeschlossen, sodass die Beteiligung des Notars auch der Sicherheit und der Verlässlichkeit des Registers dient (vgl auch SOERGEL/J MAYER § 311b Rn 4).

b) Tatbestandsvoraussetzungen und Schutzzweck

8 Die genannten Funktionen sind – auch wenn sie gesetzgeberisches Motiv waren – **nicht tatbestandsmäßige** Voraussetzung der Formbedürftigkeit im Einzelfall (BGHZ 127, 173 = BGH NJW 1994, 3346; jurisPK-BGB/LUDWIG § 311b Rn 2). Veräußerungs- und Erwerbsverpflichtung sind deshalb auch dann beurkundungspflichtig, wenn der Schutz der Beteiligten auf andere Weise gewährleistet sein sollte (BGHZ 16, 335; BGHZ 53, 189), dies gilt selbst dann, wenn ein Beteiligter wegen besonderer Umstände nicht schutzbedürftig ist. Daher können auch ökonomisch bedeutungslose Geschäfte vom Anwendungsbereich des § 311b Abs 1 S 1 BGB nicht ausgeschlossen werden (BeckOGK/SCHREINDORFER [1. 7. 2023] § 311b Rn 8). Es handelt sich vielmehr um eine abstrakte Schutzvorschrift (BeckOK-BGB/GEHRLEIN [1. 8. 2023] § 311b Rn 1; BeckOGK/SCHREINDORFER [1. 7. 2023] § 311b Rn 11).

Umgekehrt begründet auch der Schutz eines uU besonders schützenswerten Beteiligten (zB der Verbraucherschutz als solcher) keine Formpflicht gem § 311b Abs 1 BGB (so aber wohl iE ERMAN/GRZIWOTZ § 311b Rn 2, 14, 53; wie hier jurisPK-BGB/LUDWIG § 311b Rn 3). Die Vorschrift des § 311b Abs 1 BGB ist **keine Norm des Verbraucherschutzes**, sie dient vielmehr gleichermaßen dem Schutz des Veräußerers und des Erwerbers (so deutlich BGH NJW-RR 2003, 1136, 1137; OLG Saarbrücken 28. 7. 2016 – 4 U 14/15, juris Rn 36), ist also losgelöst von bestimmten Eigenschaften und in den Personen begründeten Umständen. Tatbestandsmäßige Voraussetzung und Anknüpfungspunkt für die Formbedürftigkeit ist die Verpflichtung zur *Änderung der Eigentumszuordnung* (s Rn 52 ff) an Grundbesitz und nicht der Schutz des Erwerbers vor Vermögensverlusten als solchen. Dieser Wille des Gesetzgebers ergibt sich über die rechtliche Gleichstellung von Veräußerungs- und Erwerbspflicht hinaus auch daraus, dass trotz Änderung des § 313 S 1 aF die Heilung gem S 2 (nunmehr § 311b Abs 1 S 2 BGB) nach wie vor an die Änderung der Eigentumszuordnung und nicht an die Erbringung der Leistungen des Käufers anknüpft, und zudem daraus, dass der Gesetzgeber versucht, den Erwerber auf andere Weise vor Vermögensverlusten zu bewahren; vgl die Zielsetzung der §§ 307 ff BGB (insbesondere des § 310 Abs 3 BGB), des § 17 BeurkG (insbesondere des § 17 Abs 2a; dazu insb BREMKAMP RNotZ 2014, 461) oder der MaBV. Dessen ungeachtet können die Motive des Gesetzgebers (Schutz des Erwerbers vor unangemessenen Bedingungen) dennoch bei der *dogmatischen* Prüfung einzelner Fragen zu § 311b Abs 1 BGB *nicht* außer Acht gelassen werden. Die Bestimmung ist entsprechend ihrem Normzweck **weit auszulegen** (BT-Drucks 7/63 II; MünchKommBGB/RUHWINKEL § 311b Rn 4; zum Verhältnis des Grundsatzes der Formfreiheit zum Formzwang s näher SOERGEL/J MAYER § 311b Rn 7), insbes bei *Umgehungsversuchen.* Andererseits muss aber selbst bei weiter Auslegung berücksichtigt werden, dass § 311b Abs 1 S 1 BGB de lege lata keine alle anderen gesetzlichen Bestimmungen überlagernde Regelung darstellt, sondern an konkrete Tatbestandsmerkmale anknüpft (WUFKA DNotZ 1990, 339, 343). Sie ist folglich nur eine „unvollkommene Schutznorm“ (BGH DNotZ 1972, 338; NJW 1994, 1344, 1345), die nicht in der Lage ist, sämtliche Gefahren für die Beteiligten zu beseitigen. 9

c) Rechtssicherheit und Schutzzweck

Das Prinzip der weiten Auslegung unter Berücksichtigung des Schutzzweckes des § 311b Abs 1 BGB (s Rn 9) kann mit dem Bedürfnis nach **Rechtssicherheit** kollidieren. Ein stärkeres Vertrauen auf die Rechtssicherheit lässt sich aber nicht dadurch erreichen, dass der Beurkundungs*umfang* eingeschränkt wird (so WESTERHOFF AcP 184 [1984] 341, 347 ff) oder eine unvollständige Beurkundung als das kleinere Übel hingenommen wird, sondern nur durch klare und *beständige* Abgrenzungskriterien (vgl MünchKommBGB/RUHWINKEL § 311b Rn 4). Gerade eine fortlaufende und konsequent entwickelte Rspr dient der Rechtssicherheit (dieser Gesichtspunkt wird zu Recht auch von der Rspr selbst betont; s hierzu instruktiv BGH NJW 1994, 1344, 1345 zur Formfreiheit der Genehmigung; zu Unrecht BGH NJW 1985, 266 zur Formfreiheit von Änderungen nach erklärter Auflassung). Angesichts der wirtschaftlichen Bedeutung von Grundstücksgeschäften, deren steuerlichen Auswirkungen und der seit Bestehen dieser Formvorschrift anzutreffenden Versuche zur Umgehung der Formvorschrift (s schon HALLBAUER BayZ 1909, 165; ZIESE DNotV 1912, 683) durch immer neue „Modelle“ wird sich die Rspr auch in Zukunft immer wieder mit dem Verhältnis von Schutzzweck und Rechtssicherheit auseinandersetzen müssen. Dabei lassen sich gewisse Abgrenzungsschwierigkeiten 10 nicht von vornherein ausschließen, was sich insbesondere im Rahmen denkbarer Gestaltungen zur Vermeidung einer Beurkundungspflicht zeigt.

II. Anwendungsbereich

1. Gegenständlicher Anwendungsbereich

a) Grundstücke/Bestandteile/Gebäudeeigentum nach DDR-ZGB

11 § 311b Abs 1 BGB bezieht sich seinem Wortlaut nach nur auf **Grundstücke** (vgl auch Erman/Grziwotz § 311b Rn 14; auch jurisPK-BGB/Ludwig § 311b Rn 4; Soergel/J Mayer § 311b Rn 12). Unter Grundstück ist hierbei nicht nur der unter einer eigenen Flurnummer im Grundbuch eingetragene, abgegrenzte Teil der Erdoberfläche zu verstehen (Erman/Grziwotz § 311b Rn 16; s hierzu näher juris-PK-BGB/Ludwig § 311b Rn 4 ff), sondern es werden auch noch nicht vermessene *Teilflächen* (reale Grundstücksteile) und *Miteigentum* nach Bruchteilen (RG WarnR 1925 Nr 19; BGHZ 127, 170 = BGH NJW 1994, 3346; Erman/Grziwotz § 311b Rn 16; s ausf auch jurisPK-BGB/Ludwig § 311b Rn 4 ff) erfasst. Dasselbe gilt für Flurnummern, die zwar bereits vermessen, allerdings noch mit einer oder mehreren anderen unter einer laufenden Nummer im Grundbuch gebucht sind und damit ein einziges Grundstück im Rechtssinne darstellen. Schon in den Motiven ist allgemein von Grundbesitz die Rede (Mot II 190). Die Formbedürftigkeit greift jedenfalls ein, wenn es sich um ein konkretes oder zumindest konkretisierbares Grundstück handelt (s Rn 12; BeckOK-BGB/Gehrlein [1. 8. 2023] § 311b Rn 2; vgl auch jurisPK-BGB/Ludwig § 311b Rn 32; Soergel/J Mayer § 311b Rn 13; MünchKomm-BGB/Ruhwinkel § 311b Rn 9; BeckOGK/Schreindorfer [1. 7. 2023] § 311b Rn 14). Gleichgültig ist, ob die Konkretisierung durch objektiv nachvollziehbare Umstände erfolgt oder der Bestimmung einem Vertragsteil oder einem Dritten (§§ 315 ff BGB) obliegt (vgl Erman/Grziwotz § 311b Rn 45). Infolgedessen ist auch eine Vereinbarung über eine Wahlschuld, unabhängig davon, ob Schuldner oder Gläubiger zur Wahl berechtigt sind, nach § 311b Abs 1 S 1 BGB beurkundungsbedürftig.

12 Ob von § 311b Abs 1 S 1 BGB lediglich Verpflichtungen über den Erwerb **bestimmter Grundstücke** erfasst sein sollen (BeckOK-BGB/Gehrlein [1. 8. 2023] § 311b Rn 2; MünchKommBGB/Ruhwinkel § 311b Rn 9), oder ob sich der Normzweck auch auf Gestaltungen erstreckt, bei denen lediglich abstrakt eine Verpflichtung zur Erwerb eines beliebigen Grundstücks begründet wird (so Heckschen 75; BeckOGK/Schreindorfer [1. 7. 2023] § 311b Rn 14), ist umstritten. Dass es sich um einen konkretisierbaren Grundbesitz handeln muss, lässt sich weder dem Wortlaut noch dem Sinn der Norm entnehmen. Der Verweis auf den Wortlaut, der von „einem Grundstück" spricht, ist unergiebig (anders aber noch Staudinger/Schumacher [2018] § 311b Abs 1 Rn 6). Es handelt sich dabei lediglich um eine sprachliche Gestaltung, da unstreitig ist, dass auch der Erwerb von mehreren Grundstücken von § 311b Abs 1 S 1 BGB erfasst wird und daher dem Wortlaut insoweit keine Bedeutung zukommt. Die praktischen Anwendungsfälle dieser Frage sind gleichwohl gering. Es dürften nur selten Fallgestaltungen gegeben sein, bei denen sich die Verpflichtung nicht auf ein zumindest konkretisierbares Grundstück bezieht (s auch BeckOGK/Schreindorfer [1. 7. 2023] § 311b Rn 14. 1). Sollte es dazu allerdings kommen, so muss das Formerfordernis auch hierauf angewandt werden (iE ebenso Heckschen 75; BeckOGK/Schreindorfer [1. 7. 2023] § 311b Rn 14). Denkbar ist dies beispielsweise dann, wenn ein Andienungsrecht für den Veräußerer geschaffen wird, das es ihm gestattet, dem Erwerber beliebige

Grundstücke anzubieten, und insoweit für den Erwerber eine Abnahmeverpflichtung enthält. In diesem Fall ist die Entschließungsfreiheit des Erwerbers maßgeblich eingeschränkt, sodass nicht behauptet werden kann, der Schutzzweck der Norm greife nicht ein. Daher ist auch eine solche Vereinbarung nur dann wirksam, wenn sie beurkundet ist. Gerade in einer solchen Konstellation sind die notariellen Belehrungspflichten besonders relevant, weil der Notar verpflichtet ist, die Beteiligten über die nicht festgelegten Aspekte des Vertrags, die sich aus der bestehenden Freiheit ergeben, zu belehren und ihnen etwaige Risiken vor Augen zu führen (insoweit allerdings einschränkend BeckOGK/Schreindorfer [1. 7. 2023] § 311b Rn 14.2).

Gleichgültig ist, ob es sich um ein **eigenes** oder **fremdes** Grundstück handelt (RGZ 68, 262; 77, 131; OLG München NJW 1984, 243). Die Norm nimmt lediglich Bezug auf die Verpflichtung zur Übereignung *eines* Grundstücks, die auch dann besteht, wenn sich das Grundstück bisher nicht im Eigentum des Vertragspartners befindet. Für diesen wird eine wirtschaftliche Erwerbspflicht begründet, da er nur so leistungsfähig ist (darauf weist auch BeckOGK/Schreindorfer [1. 7. 2023] § 311b Rn 16). Deshalb ist ein **Lotterievertrag**, in dem ein fremdes Grundstück als Gewinn ausgesetzt ist, beurkundungspflichtig (BeckOK-BGB/Gehrlein [1. 8. 2023] § 311b Rn 2; Grüneberg/Grüneberg § 311b Rn 4; s Rn 99; **aA** OLG Nürnberg OLGZ 1966, 278 = DNotZ 1966, 402; zur Genehmigungspflichtigkeit DNotI-Report 2009, 33). Es kommt weiterhin nicht darauf an, ob sich die Verpflichtung auf die Übertragung an bzw den Erwerb vom *Vertragspartner* oder von bzw an einen *Dritten* bezieht (RGZ 50, 163 und 68, 261; RG JW 1931, 3269: Parzellierungsverträge; RGZ 162, 84; OLG München OLGZ 1972, 271: Verwertungsvertrag; s auch RGZ 81, 50; RGZ 76, 183; RG Recht 1913 Nr 2255; LZ 1916, 1308). 13

Auf die Verpflichtung zur Veräußerung oder zum Erwerb von (noch oder künftig) **wesentlichen Bestandteilen** (§ 94 BGB) eines Grundstücks (zB Gebäude oder Gebäudebestandteile) für den Fall der Trennung (RG WarnR 1925 Nr 56; vgl auch RG HRR 1928 Nr 1182) oder für den Fall bspw der Bebauung mit einem Fertighaus (BGHZ 78, 43 = BGH NJW 1980, 829) ist § 311b Abs 1 BGB nicht anwendbar, soweit kein rechtlicher Zusammenhang (s Rn 239 ff) mit einer Veräußerungs- oder Erwerbsverpflichtung (unmittelbare oder mittelbare Bindung, Rn 152 ff) eines Grundstücks besteht (zum Fertighaus s auch Rn 276). Entsprechendes gilt für **Scheinbestandteile** (§ 95 BGB) und **Zubehör** (§§ 97, 98 BGB; zum Umfang einer Beurkundung bei Mitveräußerung von Zubehör insbes Schulte-Thoma RNotZ 2004, 61). Maßgeblich ist, dass es sich hierbei um bewegliche Sachen handelt, die für sich genommen § 311b Abs 1 S 1 BGB nicht unterfallen (wie hier auch BeckOGK/Schreindorfer [1. 7. 2023] § 311b Rn 21). 14

Auf **Gebäude** und andere Gegenstände in den **neuen Bundesländern**, die zum Zeitpunkt (3. 10. 1990) des Beitritts vom Grundstück unabhängig waren oder aufgrund eines zu diesem Zeitpunkt bestehenden Nutzungsrechts nach §§ 312 bis 315 **DDR-ZGB** danach errichtet oder angebracht werden, ist § 311b Abs 1 BGB anwendbar (Art 233 § 4 Abs 1 EGBGB; Staudinger/Rauscher [2016] Art 231 EGBGB § 5 Rn 49 mwNw). Es handelt sich hierbei um selbständiges **Gebäudeeigentum** (zur Entstehung von Gebäudeeigentum s BVerwG VIZ 2000, 663; s hierzu auch Böhringer VIZ 2000, 569, 572), nicht also um wesentliche Bestandteile des Grundstücks iS des § 94 BGB, wobei das betreffende Nutzungsrecht als Bestandteil des Gebäudeeigentums gilt (Art 231 § 5 Abs 2 EGBGB). Auch Gebäudeeigentum ohne dingliches Nutzungsrecht ist rechtlich Grundstücken gleichgestellt (Art 233 §§ 2b Abs 4 EGBGB; OLG Naumburg VIZ 2000, 15

557). Die Eintragung des Nutzungsrechts im Grundstücksgrundbuch bzw die Anlegung eines Gebäudegrundbuchs war zwar vorgesehen, ist aber häufig praktisch nicht erfolgt, da dies nur deklaratorische Bedeutung hatte. Allerdings erlischt Gebäudeeigentum gem dem im Interesse der Rechtssicherheit um die Absätze 3 bis 5 ergänzten Art 231 § 5 EGBGB, wenn nach dem 31. 12. 2000 das Eigentum am betreffenden Grundstück übertragen wird, es sei denn, die Eintragung im Grundbuch des veräußerten Grundstücks ist erfolgt oder das nicht eingetragene Recht ist dem Erwerber bekannt.

b) Erbbaurecht

16 § 311b Abs 1 BGB findet gem § 11 Abs 2 ErbbauRG auf den schuldrechtlichen Vertrag über die **Bestellung und den Erwerb** eines Erbbaurechts entsprechende Anwendung. Dabei geht eine Ansicht davon aus, dass § 11 Abs 2 ErbbauRG nur auf den Erwerb eines noch nicht bestehenden Erbbaurechts anwendbar sein soll (so wohl BeckOGK/Toussaint [1. 6. 2023] § 11 ErbbauRG Rn 5, 26 f). Dagegen werde eine Übertragung eines schon eingetragenen Erbbaurechts von § 11 Abs 1 S 1 ErbbauRG eingeschlossen und könne daher nicht unter § 11 Abs 2 ErbbauRG gefasst werden (BeckOGK/Toussaint [1. 6. 2023] § 11 ErbbauRG Rn 5, 26 f). Dies überzeugt allerdings aus methodischen Gründen nicht (wie hier iE Staudinger/Rapp [2021] § 11 ErbbauRG Rn 22). § 11 Abs 2 ErbbauRG ist insoweit lex specialis und verdrängt die allgemeine Regelung des § 11 Abs 1 S 1 ErbbauRG, selbst wenn diese sich faktisch nur als deklaratorisch darstellt. Die Beurkundungsbedürftigkeit eines schuldrechtlichen Vertrags über die Bestellung oder den Erwerb eines Erbbaurechts folgt daher stets aus § 11 Abs 2 ErbbauRG iVm § 311b BGB. Zu beachten ist, dass sich die dingliche Übertragung des Erbbaurechts gem § 11 Abs 1 S 2 ErbbauRG nicht nach der Vorschrift des § 925 BGB richtet.

17 Für die Bestellung eines **Untererbbaurechts** (vgl § 6a GBO) gilt die Beurkundungspflicht entsprechend, da es sich um ein vollwertiges Erbbaurecht handelt, auf das ebenfalls § 11 ErbbauRG Anwendung findet (so wohl auch BeckOK-BGB/Maass [1. 8. 2023] § 11 ErbbauRG Rn 10).

18 Der Formpflicht unterliegt gem Abs 2 der *Vertrag,* also der *gesamte* Vertrag mit allen Vereinbarungen über den **Inhalt des Erbbaurechts** und sämtlichen Nebenabreden (zB Vereinbarungen bezüglich des Erbbauzinses, gleichgültig, ob es sich um den Erbbauzins gem § 9a ErbbRG oder ein schuldrechtliches Nutzungsentgelt handelt, Wertsicherungsklauseln, Beschaffenheitsvereinbarungen usw; vgl hierzu Wufka DNotZ 1985, 651, 654; zur Zulässigkeit und Sittenwidrigkeit formularmäßiger Kaufzwangklausel s BGH NJW 1991, 2698).

19 Beurkundungspflichtig ist auch die an sich formlos wirksame **(dingliche) Einigung** über die Bestellung des Erbbaurechtes (§ 925 BGB iVm § 11 Abs 2 ErbbauRG) *dann,* wenn Kausalgeschäft und Einigung dem (objektiven) Parteiwillen entsprechend eine Geschäftseinheit iS des § 139 BGB darstellen. Einer Geschäftseinheit steht beim Erbbaurecht anders als bei der Auflassung (s Rn 63) das Abstraktionsprinzip nicht entgegen. Die Einigung über die Bestellung des Erbbaurechts bezieht sich nicht wie bei der Auflassung lediglich auf die Zuordnung eines Rechts, sondern auf dessen gesetzlichen und vertraglichen Inhalt, wobei die diesbezüglichen Vereinbarungen trotz ihrer dinglichen Wirkung schuldrechtlichen Charakter haben; das entsprechende Erfüllungsgeschäft ist also nicht unabhängig vom Kausalgeschäft (s hierzu näher Wufka DNotZ 1985, 651, 658 ff; s auch Winkler/Schlögel, Erbbaurecht § 5

Rn 22 ff, 30, die jedoch hierfür eine – dem deutschen Recht allerdings fremde, vgl hierzu WUFKA MittBayNot 1987, 13, 15 – „dritte Ebene" zwischen dem schuldrechtlichen Rechtsgeschäft und dem Erfüllungsgeschäft konstruieren, nämlich den grundsätzlich beurkundungspflichtigen – dinglichen – Rechtsinhalt; **aA**, also für generelle Formlosigkeit, OLG Oldenburg DNotZ 1985, 712).

Ob und inwieweit Verpflichtungen zur **Änderung des Inhalts** des Erbbaurechts beurkundungspflichtig sind, ist str (für Beurkundungspflicht dann, wenn die Inhaltsänderung einer Erbbaurechtsbestellung gleichkommt: MünchKommBGB/WEISS § 11 ErbbauRG Rn 28; wie hier STAUDINGER/RAPP [2021] § 11 ErbbauRG Rn 23). In § 11 Abs 2 ErbbRG wird nicht lediglich die Beurkundungspflicht vorgeschrieben, sondern deswegen auf § 311b Abs 1 BGB verwiesen. Es handelt sich hierbei also nicht nur um eine Formverweisung, sondern um eine *Normzweckverweisung* (WINKLER/SCHLÖGEL, Erbbaurecht § 5 Rn 153). Vom Normzweck aus betrachtet (s Rn 7 ff) ist die Verpflichtung zur Änderung eines Erbbaurechts nicht weniger formbedürftig als dessen Bestellung. Da die Verpflichtung zur *Aufhebung* (s Rn 22) und die *Neubestellung* (s Rn 16) beurkundungsbedürftig sind, ist eine Verpflichtung zur Inhaltsänderung dann beurkundungspflichtig, wenn es sich um eine **Teil-Aufhebung** und/oder **Teil-Neubestellung** des Erbbaurechts als solchem handelt und dadurch die *Rechtsidentität* des Erbbaurechts berührt wird (WUFKA DNotZ 1986, 473; im Anschluss hieran auch WINKLER/SCHLÖGEL, Erbbaurecht § 5 Rn 154; s auch STAUDINGER/RAPP [2021] § 11 ErbbauRG Rn 23). Dies ist bei Änderungen des *gesetzlichen* Inhalts immer dann der Fall, wenn es sich um den gem § 1 Abs 1 ErbbRG *notwendigen* gesetzlichen Inhalt des Erbbaurechts handelt (s hierzu WUFKA MittBayNot 1989, 13, 16), da es sich hierbei um Änderungen von Vereinbarungen mit ausschließlich „dinglichem" Charakter handelt; ändert sich das zulässige Bauwerk (zB Mehrfamilienhaus statt des bisherigen Einfamilienhauses), ist die Rechtsidentität des Erbbaurechts ebenfalls nicht mehr gewahrt (einschränkend WINKLER/SCHLÖGEL, Erbbaurecht § 5 Rn 154: nicht, wenn die Bebauungsbefugnis nur konkretisiert oder nur unwesentlich geändert wird; dem kann aus dogmatischen wie praktischen Gründen nicht gefolgt werden, da die Abgrenzungskriterien nicht fassbar sind). Bei Änderungen des *vertraglichen* Inhalts, der trotz seiner dinglichen Wirkung „schuldrechtlichen" Charakter hat, bleibt dagegen die Rechtsidentität des Erbbaurechts gewahrt; eine Beurkundungspflicht ergibt sich hier nur dann, wenn eine Übertragungs- oder Erwerbsverpflichtung begründet oder aufgehoben wird, wie zB bei Änderungen bezüglich des Heimfallanspruchs nach § 2 Nr 4 ErbbRG (über § 11 Abs 2 ErbbauRG) oder bezüglich der Verkaufsverpflichtung des Eigentümers gem § 2 Nr 7 ErbbauRG (unmittelbar über § 311b Abs 1 S 1 BGB). Entsprechendes gilt bei einer vertraglichen Verlängerung des Erbbaurechts (s hierzu eingehend KÖNIG MittRhNotK 1989, 261), sodass auch diese nach § 311b Abs 1 S 1 BGB formbedürftig ist, weil sie eine teilweise Neubestellung darstellt (OLG Rostock FGPrax 2022, 153, 154; SCHÖNER/STÖBER Rn 1857; WEBER ZWE 2019, 251; WINKLER/SCHLÖGEL, Erbbaurecht § 5 Rn 153). 20

Der **Zeitpunkt** der Verpflichtung zur Änderung des *Inhalts* des Erbbaurechts ist für die Frage der Formbedürftigkeit gleichgültig. Erfolgt die Verpflichtung *nach* Eintragung des Erbbaurechts, so ist der ursprüngliche Verpflichtungsvertrag bereits erfüllt und die Änderungsverpflichtung stellt eine selbständige causa dar (WINKLER/SCHLÖGEL, Erbbaurecht § 5 Rn 152), erfolgt die Verpflichtung *vor* Eintragung, so stellt die Änderung eine Neufestlegung des Erbbaurechtsinhalts (Teilaufhebung und Teil-Neubestellung) dar und ist *deshalb* beurkundungspflichtig, auch wenn eine Einigung über den *alten* Rechtsinhalt bereits erklärt worden war (insoweit widersprüchlich WINK- 21

LER/SCHLÖGEL, Erbbaurecht § 5 Rn 152 [neue causa] einerseits und § 5 Rn 31 andererseits). Auf die Frage, ob Änderungen des ursprünglichen Verpflichtungsvertrages mit all seinen sonstigen schuldrechtlichen und sonstigen Vereinbarungen **nach erfolgter Einigung** beurkundungspflichtig sind, kommt es also nur an, wenn und soweit es sich **nicht** um Änderungen des Inhalts des Erbbaurechts handelt (s Rn 20), sondern um Änderungen von sonstigen **schuldrechtlichen** Vereinbarungen (zB Nutzungsentgelte, Wertsicherungsklauseln, Beschaffenheitsvereinbarungen, Besitzübergang usw) oder um **Änderungen des Erbbauzinses** (der Erbbauzins gehört nicht zum Inhalt des Erbbaurechts: KG DNotZ 1984, 384; BGH DNotZ 1986, 472 m Anm WUFKA; NJW 2001, 1928). Dabei gelten auch insoweit die allgemeinen Regeln über die Beurkundungsbedürftigkeit von Vertragsänderungen, sodass nach der Rspr des BGH bei Grundstückskaufverträgen nach erklärter Auflassung eine formfreie Änderung möglich ist (s Rn 289). Dies ist auf den Erbbaurechtsvertrag dahingehend zu modifizieren, dass nach erklärter Einigung schuldrechtliche Änderungen jederzeit ohne Beachtung der von § 11 Abs 2 ErbbauRG iVm § 311b BGB vorgegebenen notariellen Beurkundung möglich sind. Daher kann insbesondere der Erbbauzins formfrei angepasst werden (BGH NJW 1986, 932). Die Grenze einer Modifikation ohne Beachtung des § 311b BGB ist aber erreicht, wenn das Erbbaurecht selbst inhaltlich derart verändert wird, dass es einer teilweisen Aufhebung oder Neubestellung gleichkommt (s Rn 20).

22 Beurkundungspflichtig ist weiterhin die **Verpflichtung zur Aufhebung** des Erbbaurechts nach seiner Eintragung, gleichgültig, ob diese von den Beteiligten als Verpflichtung zur Aufhebung oder zum Verzicht bezeichnet wird (nunmehr allgM: STAUDINGER/RAPP [2021] § 11 ErbbauRG Rn 23; s auch MünchKommBGB/WEISS § 11 ErbbauRG Rn 35; darüber, dass sachenrechtlich ein Verzicht nicht möglich ist, s § 11 Abs 1, § 26 ErbbauRG). Das Erbbaurecht stellt eine Sonderregelung zu §§ 93, 94 BGB dar. Steht das Bauwerk bereits, geht das Eigentum am Bauwerk – obwohl es wesentlicher Bestandteil ist – auf den Erbbauberechtigten über. Dies gilt in umgekehrter Richtung auch bei der Aufhebung. Auf die Verpflichtung zur Aufhebung (obwohl in § 11 Abs 2 ErbbauRG nicht ausdrücklich erwähnt) trifft daher die ratio legis der Verweisung des § 11 Abs 2 ErbbauRG auf § 311b Abs 1 BGB gleichfalls zu. Die Aufhebung selbst (§ 26 ErbbauRG) ist formfrei. Für den Fall, dass das Erbbaurecht bei Aufhebung noch nicht eingetragen ist, gelten dieselben Regeln wie für die **Aufhebung** eines Grundstückskaufvertrages, sodass danach zu differenzieren ist, ob bereits ein Anwartschaftsrecht entstanden ist (s Rn 295 ff). Wird ein Erbbaurecht vor Ausübung eines gem § 2 Nr 7 ErbbRG vereinbarten Ankaufsrechts unter Bestehenlassen dieses Ankaufsrechts aufgehoben, so ist dies beurkundungspflichtig (WUFKA MittBayNot 1989, 13, 15; s auch WINKLER/SCHLÖGEL, Erbbaurecht § 4 Rn 159; **aA** BGB-RGRK/RÄFLE ErbbauRG § 2 Rn 47 unter Berufung auf BGH WM 1973, 15). In diesem Falle handelt es sich nämlich nicht mehr um ein Ankaufsrecht gem § 2 Nr 7 ErbbauRG, sondern um eine von der ErbbauRG losgelöste Umgestaltung der Ankaufsvereinbarung, für die nunmehr § 311b Abs 1 S 1 BGB unmittelbar gilt.

c) Wohnungseigentum/Wohnungserbbaurecht

23 Die Verpflichtung zur **Veräußerung oder zum Erwerb von Wohnungs- und Teileigentum** ist unmittelbar gem § 311b Abs 1 BGB beurkundungspflichtig, da hierdurch auch das Miteigentum am Grundstück betroffen ist (§ 1 Abs 2 und 3 WEG; s Rn 11; vgl auch BGH MittBayNot 1974, 200; NJW 1975, 43, 56). Nicht formbedürftig ist dagegen die Verpflichtung zur Veräußerung bzw zum Erwerb lediglich eines Sondernutzungs-

rechtes, da hiervon weder das Miteigentum noch das Sondereigentum als solches betroffen wird.

24 Daneben ist kraft der Sondernorm des § 4 Abs 3 WEG auch eine Verpflichtung zur *Einräumung,* zum *Erwerb* und zur *Aufhebung* von Sondereigentum gem § 311b Abs 1 BGB formbedürftig. Dies gilt selbst dann, wenn lediglich einzelne Räume getauscht oder übertragen werden sollen und sich hierbei der Umfang des Miteigentums am Grundstück selbst nicht verändert (BeckOGK/Schreindorfer [1. 7. 2023] § 311b Rn 19). Formbedürftig sind auch – soweit mit einem beurkundungsbedürftigen Geschäft in rechtlichem Zusammenhang stehend – die erstmalige Schaffung oder die Abänderung der Gemeinschaftsordnung (§ 5 Abs 4 WEG) oder sonstige Nebenabreden. Eine Änderung des diesbezüglichen Verpflichtungsvertrages (zB auch sonstiger, nicht mehr das Sondereigentum betreffender Vereinbarungen, vgl BGHZ 59, 271 für das Erbbaurecht) ist gleichfalls beurkundungspflichtig.

25 Bei der Frage der Formbedürftigkeit der **Verpflichtung zur Abänderung des Gegenstandes und/oder Inhalts des Sondereigentums** ist dagegen auf den **Zeitpunkt** der Vereinbarung abzustellen. Wird die Verpflichtung **vor** Eintragung des Wohnungs-/Teileigentums im Grundbuch eingegangen, bedarf die entsprechende Abrede der Beurkundung, weil es sich immer noch (da nicht vollzogen) um eine Verpflichtung zur Einräumung handelt, gleichgültig, ob diese Verpflichtung zur Änderung den Gegenstand (§ 5 Abs 1, 2 und 3 WEG) oder den sonstigen Inhalt des Sondereigentums (§ 5 Abs 4 WEG) betrifft. Eine Verpflichtung zur Inhaltsänderung bedarf daher bis zum dinglichen Vollzug des ursprünglichen Vertrages der notariellen Beurkundung (BGH NJW 1984, 612). **Nach** Eintragung ist nur eine Verpflichtung zur Abänderung des **Inhalts** des Sondereigentums (zB Änderung der Abgrenzung von Sonder- und Gemeinschaftseigentum, zB durch Überführung von Gemeinschaftseigentum in Sondereigentum und umgekehrt) *beurkundungspflichtig.* Auch insoweit trifft der Normzweck der § 4 Abs 3 WEG, § 311b Abs 1 zu. Eine derartige Änderung stellt stets eine Teilaufhebung und Teilneueinräumung von Sondereigentum dar (s die ähnliche Problematik beim Erbbaurecht Rn 20). Dem Formzwang unterliegt somit die spätere Verpflichtung zur Überführung der im Gemeinschaftseigentum stehenden Hausmeisterwohnung oder Garage in Sondereigentum (BayObLG DNotZ 1976, 743; vgl auch BGH DNotZ 1987, 208), zur Änderung des Verlaufs des Sondereigentums, was insbesondere bei einer abweichenden Bauausführung nötig ist (OLG Hamm DNotZ 1977, 308), zur Übertragung von Sondereigentum ohne Änderung der Miteigentumsanteile zwischen zwei oder mehr Sondereigentümern (BayObLG DNotZ 1984, 381 mwNw; Schmidt MittBayNot 1985, 237, 244), auch wenn zu dieser Änderung nur die Mitwirkung der unmittelbar betroffenen Sondereigentümer erforderlich ist (wenn gleichzeitig ein Miteigentumsanteil übertragen werden soll, ist dies ohnehin unmittelbar gem § 311b Abs 1 S 1 BGB beurkundungspflichtig).

26 Eine Änderung der *sonstigen Vereinbarungen* gem § 5 Abs 4, § 10 Abs 3 WEG (zB Neuzuweisung oder Änderung von Sondernutzungsrechten, Änderung des Stimmrechts, Kostentragung) stellt dagegen keine Änderung des Sondereigentums selbst dar, da diese Vereinbarungen schuldrechtlicher Natur, wenn auch mit teilweise dinglichen Wirkungen, sind (OLG Hamburg Rpfleger 1976, 215; LG Mannheim Rpfleger 1976, 317; zust Weitnauer Rpfleger 1976, 341; **aA** BayObLG DNotZ 1977, 667; Noack Rpfleger 1976, 193; vgl zum Problemkreis auch BGH NJW 1976, 1976; BayObLG DNotZ 1975, 31; OLG Celle

DNotZ 1975, 42). Infolgedessen können auch keine Regelungen zum sachenrechtlichen Grundverhältnis in diesen Vereinbarungen getroffen werden (BGH DNotZ 2003, 536, 538; BayObLG DNotZ 1998, 379, 382 f; DNotZ 2000, 466, 467 f; DNotZ 2002, 149, 151). Änderungen dieser Regelungen berühren nicht die Rechtsidentität des Sondereigentums (s hierzu die ähnliche Problematik bei Erbbaurecht Rn 20). Damit ist aber auch eine Verpflichtung zur Änderung *solcher* Vereinbarungen nach Eintragung *nicht beurkundungspflichtig.*

27 Anders als beim Erbbaurecht (s Rn 19) ist die Einigung über die Einräumung von Sondereigentum oder zur Aufhebung von Sondereigentum einer Geschäftseinheit mit dem Kausalgeschäft nicht zugänglich, da die Einigung (wegen der Formverweisung s § 4 Abs 2 S 1 WEG) – wie die Auflassung – bedingungs- und befristungsfeindlich ist. Die Nichtigkeit des nicht formgerechten schuldrechtlichen Vertrages über die Einräumung und Aufhebung von Sondereigentum oder Änderung des Gegenstandes des Sondereigentums (s Rn 23) berührt daher nicht die Wirksamkeit einer formgerechten Einigung hierüber. Denkbar sind insoweit lediglich bereicherungsrechtliche Ansprüche, die sich auf die Aufhebung oder Rückübertragung richten.

28 Entsprechendes gilt für **Wohnungserbbaurecht** (§ 30 WEG), während eine solche Formpflicht beim Dauerwohnrecht (§ 31 WEG) nicht vorgesehen ist.

d) Wohnbesitz

29 Zum (inzwischen gegenstandslosen) Wohnbesitz gem Gesetz zur Förderung von Wohnungseigentum und Wohnbesitz im sozialen Wohnungsbau vom 1. 4. 1976 (BGBl I 373) vgl Staudinger/Wufka (2006) § 311b Abs 1 Rn 22.

e) Bergwerkseigentum

30 Der Form des § 311b Abs 1 BGB bedarf auch die Verpflichtung, **Bergwerkseigentum** (s hierzu auch BGH MDR 2000, 634 und zu diesem Begriff zB Baur/Stürner, Sachenrecht § 30) zu übertragen oder zu erwerben. § 311b Abs 1 BGB ist zwar nicht unmittelbar, jedoch kraft Verweisung über § 9 Abs 1 HS 2 BBergG (s hierzu auch Ring NotBZ 2006, 37, 39 f) anwendbar.

f) Dingliches Vorkaufsrecht

31 Beim **dinglichen Vorkaufsrecht** handelt es sich um eine Belastung des Grundstücks zugunsten einer Person oder des jeweiligen Eigentümers eines Grundstücks (§ 1094 BGB). Demgemäß ist der Vertrag nur auf die Verpflichtung auf Einräumung dieses Rechts am Grundstück gerichtet. Wegen der „schuldrechtlichen Klammer" des § 1098 Abs 1 BGB iVm den §§ 463 ff BGB begründet aber auch das dingliche Vorkaufsrecht eine doppelt bedingte Verpflichtung des Verkäufers zur Übertragung des Eigentums. Entscheidend ist daher nicht dessen Eigenschaft als Recht am Grundstück, sondern dessen Charakter als dingliche Verstärkung des schuldrechtlichen Vorkaufsrechts, obgleich es auch ohne diesen Bezug, also selbständig begründet werden kann. Die Verpflichtung zur Einräumung eines dinglichen Vorkaufsrechts ist daher formbedürftig (hM: RGZ 110, 333; RGZ 125, 261; BGH WM 1967, 935; DNotZ 1968, 93; DNotZ 2016, 915; Grüneberg/Grüneberg § 311b Rn 11; Erman/Grziwotz § 311b Rn 42; Heckschen 54; Kanzleiter DNotZ 2017, 503; Wais NJW 2017, 1569, 1571; **aA** noch RGZ 60, 225, wenn auch ausdrücklich nur für das persönliche Vorkaufsrecht; wohl auch

Häsemeyer 235 f; offen RGZ 72, 385, 391; so zur Thematik auch Haegele BWNotZ 1971, 49). Ist das Verpflichtungsgeschäft beurkundet, ist die spätere Einigung als Erfüllungsgeschäft (§ 873 BGB) grundsätzlich nicht beurkundungspflichtig (BGH DNotZ 2016, 915, Rn 14; Kanzleiter DNotZ 2017, 503; Wais NJW 2017, 1569, 1571; **aA** noch BGH NJW-RR 1991, 204, 205; zur Beurkundungspflicht bei ausnahmsweise vorliegender Geschäftseinheit von Einigung über das Vorkaufsrecht und Verpflichtungsgeschäft s Wufka DNotZ 1985, 651, 660 ff). Dieselben Grundsätze gelten für eine mögliche Inhaltsänderung des dinglichen Vorkaufsrechts, sodass eine entsprechende Verpflichtung diesbezüglich beurkundungsbedürftig ist, nicht aber die sachenrechtlich wirksame Änderung selbst (unklar dagegen OLG Hamm FGPrax 2017, 156). Zur *Ausübung* des Vorkaufsrechts s Rn 110.

g) Anwartschaftsrecht

Die **Rechtsnatur** des **Anwartschaftsrechtes** auf das Eigentum an einem Grundstück ist **32**
– wie die Natur des Anwartschaftsrechts insgesamt – immer noch umstritten, insbesondere auch der Zeitpunkt des Entstehens. Nach Ansicht des BGH (BGHZ 83, 399 = BGH DNotZ 1982, 619; BGHZ 89, 41, 44 f = BGH DNotZ 1984, 319; BGH WM 1966, 341; DNotZ 1976, 96 f; MittRhNotK 1989, 112) liegt ein solches Anwartschaftsrecht erst dann vor, wenn die Auflassung erklärt und entweder der Antrag auf Eigentumsumschreibung vom Erwerber beim Grundbuchamt gestellt ist oder eine Auflassungsvormerkung im Grundbuch eingetragen oder vom Erwerber beim Grundbuchamt beantragt ist (wie der BGH: Grüneberg/Herrler § 925 Rn 24, 25; **aA** BayObLG DNotZ 1984, 379; Baur/Stürner, Sachenrecht § 19 Rn 15; Reinicke/Tiedtke NJW 1982, 2281, 2282; kritisch auch Medicus DNotZ 1990, 275; s auch OLG Saarbrücken NJW-RR 1995, 1105). Der BGH bejaht die Entstehung eines solchen Anwartschaftsrechts mithin unter etwas leichteren Anforderungen, als dies im Bereich des Mobiliarsachenrechts der Fall ist. Dort verlangt die überwiegende Auffassung, dass bereits so viele Tatbestandsmerkmale erfüllt sind, dass der Erwerb des Vollrechts einseitig nicht mehr verhindert werden kann (BGHZ 49, 197, 201; 83, 395, 399; BGH NJW 1994, 3099, 3100; NJW 1996 1740, 1741; s auch MünchKommBGB/Oechsler § 929 Rn 18). Zwar betont der BGH, dass dies auch dann der Fall sei, wenn die Vormerkung im Grundbuch eingetragen ist (BGHZ 83, 395, 399), allerdings ist zu beachten, dass in diesem Fall der aktuelle Eigentümer mitunter seine Mitwirkung beim Vollzug der Auflassung verweigern und somit das Verfahren zumindest erheblich verzögern kann. Er muss dann auf Abgabe der entsprechenden Erklärungen für den Vollzug verklagt werden. Die Ansicht des BGH ist aber jedenfalls insoweit richtig, als der Veräußerer den Eigentumserwerb nicht mehr dauerhaft verhindern kann. Unbeschadet dieser zwischen den Ansichten divergierenden Voraussetzungen ist das Anwartschaftsrecht als selbständig verkehrsfähige Vorstufe des Grundstückseigentums anerkannt (BGHZ 28, 16, 21; s auch BeckOK-BGB/Grün [1. 11. 2022] § 925 Rn 41; Staudinger/C Heinze [2020] § 929 Rn 7). Es hat dinglichen Charakter, ist jedoch kein dingliches, eintragungsfähiges Recht. Die Übertragung erfolgt in der Form der *Auflassung* (§ 925 Abs 1 BGB; BGHZ 49, 197; BayObLGZ 1967, 295 = NJW 1968, 705). Damit ist es – im Gegensatz zum Anspruch auf Auflassung – dem Volleigentum so stark angenähert, dass es vom *Normzweck* des § 311b Abs 1 BGB erfasst wird. Dies gilt umso mehr, als anerkannt ist, dass die Vorschriften über das Vollrecht entsprechende Anwendung auf Anwartschaftsrechte finden (BeckOK-BGB/Grün [1. 11. 2022] § 925 Rn 45; Staudinger/C Heinze [2020] § 929 Rn 7; MünchKommBGB/Oechsler § 929 Rn 17). Dies muss dann auch für die Formvorschrift des Verpflichtungsvertrags gelten (BGHZ 83, 395, 400; MünchKommBGB/Ruhwinkel § 311b Rn 14; BeckOGK/Schreindorfer [1. 7. 2023] § 311b Rn 27). Die Verpflichtung zur Veräußerung oder zum Erwerb eines Anwart-

schaftsrechts, aber auch die Verpflichtung zur Aufhebung eines Anwartschaftsrechtes (s Rn 300 ff), ist daher – in analoger Anwendung des § 311b Abs 1 S 1 BGB (Köbl DNotZ 1983, 207, 213) – beurkundungspflichtig (BGHZ 83, 395, 400; Ertl DNotZ 1976, 68, 73; 1977, 81, 84; Grüneberg/Grüneberg § 311b Rn 6; Soergel/J Mayer § 311b Rn 15).

33 **Praktisch** spielt die Diskussion um die Entstehung des Anwartschaftsrechts heute allerdings **kaum noch eine Rolle**. Die Erklärung der Auflassung im notariellen Kauf ist die Standardvorgehensweise (s zu den unterschiedlichen Möglichkeiten der Sicherung des Verkäufers und ihrer Häufigkeit: Krauss, Immobilienkaufverträge in der Praxis, Rn 1638 ff), sodass die Auflassung in nahezu allen Fällen bereits abgegeben wird, ehe die Vormerkung eingetragen ist. Durch die Anweisungen an den Notar wird zudem sichergestellt, dass der Käufer bei Erbringung der ihm obliegenden Leistungen einen Anspruch auf Vollzug der Auflassung erhält, sodass in derartigen Konstellationen spätestens mit der Eintragung der Vormerkung ein Anwartschaftsrecht entsteht. Dies gilt auch dann, wenn man die reine Eintragung der Vormerkung nicht genügen lassen will, da durch die Weisung an den Notar und dessen Verpflichtung zur Vollzugsdurchführung eine einseitige Verhinderung durch den Veräußerer nicht mehr möglich ist.

h) Abtretungen

34 Die **Abtretung** des **Auflassungs- oder Eigentumsverschaffungsanspruchs** gem § 398 BGB stellt eine *Verfügung* über eine Forderung dar, nicht eine Verpflichtung. Sie ist deshalb formlos wirksam, da sich § 311b Abs 1 S 1 BGB nur auf Verpflichtungen bezieht (BayObLG NJW 1976, 1895; Ertl DNotZ 1977, 81; Grüneberg/Grüneberg § 311b Rn 6; Soergel/J Mayer § 311b Rn 18; Wolfsteiner Rpfleger 1976, 120; vgl auch jurisPK-BGB/Ludwig § 311b Rn 41; NK-BGB/Ring § 311b Rn 16; **aA** Donau MDR 1956, 532; Huhn Rpfleger 1974, 2; ebenfalls noch Ertl DNotZ 1976, 68). Sie ist jedoch dann beurkundungspflichtig, wenn sie zB als Sicherungsabtretung mit einer Verpflichtung zur/zum Übertragung/Erwerb eines (noch fremden) Grundstücks eine Einheit bildet (s Rn 239 ff; vgl zu den einschlägigen Entscheidungen des RG: RGZ 53, 270; RGZ 108, 62; RGZ 111, 298; RGZ 150, 404; RGZ 155, 176; BGHZ 89, 41; s auch NK-BGB/Ring § 311b Rn 17). Dieselben Grundsätze gelten ebenso, wenn es sich nicht um einen Anspruch selbst, sondern lediglich um ein bestehendes Optionsrecht handelt (OLG Saarbrücken NJOZ 2016, 1650, 1652). Auch dieses kann mithin formfrei übertragen werden.

35 Auch die *Verpflichtung* zur Abtretung bedarf de lege lata nicht der Form, da sie sich nur auf einen Anspruch, nicht aber auf die Übertragung oder den Erwerb eines Grundstücks (s Rn 11) bezieht und der *(schuldrechtliche)* Eigentumsverschaffungsanspruch noch kein dem Grundstückseigentum wesensähnliches Anwartschaftsrecht (s Rn 32) begründet (BGHZ 89, 41 = BGH NJW 1984, 973; Grüneberg/Grüneberg § 311b Rn 6; **aA** Donau MDR 1056, 532; Ertl DNotZ 1977, 81, 84; offen BayObLG NJW 1976, 1985; Köbl DNotZ 1983, 207, 213; Wolfsteiner Rpfleger 1976, 120). Die Forderung verliert durch die Abtretung nicht ihre Identität. Auch die Rechtsfolgen (nicht Sach-, sondern Rechtskauf; nach erfolgter Abtretung die Anwendung der §§ 404 ff BGB; kein Gutglaubensschutz wie in § 892 BGB) sind verschieden. Eine solche „reine" Verpflichtung ist – wenn auch in der Praxis sehr selten (s den vom BGH in BGHZ 89, 41 entschiedenen Fall) – denkbar.

36 Eine **Verpflichtung** zur **Abtretung** oder zum **Erwerb** eines **Anspruchs auf Auflassung** ist jedoch – wegen rechtlichen Zusammenhangs (s Rn 239 ff) – *beurkundungspflichtig,*

wenn damit eine *unmittelbare Verpflichtung* entweder des Zedenten zur Übertragung oder des Zessionars zum Erwerb des Eigentums an dem betreffenden (noch fremden) Grundstück einhergeht und die Abtretung oder der Erwerb zur Sicherung dieser unmittelbaren Verpflichtung erfolgt (Sicherungsabtretung). Die – unmittelbare – Erwerbsverpflichtung kann auch in der Verpflichtung zur Übernahme der Abnahmepflicht (§ 433 Abs 2 BGB) hinsichtlich des Grundstücks im Rahmen der Abtretung bestehen. Damit ist aber idR Formbedürftigkeit auch des schuldrechtlichen Vertrages über die Abtretung des Eigentumsverschaffungsanspruchs und daher – soweit rechtlich zusammenhängend – der sonstigen Ansprüche aus dem ursprünglichen Grundstücksvertrag, deren Abtretung an sich formfrei ist, gegeben (BeckOK-BGB/Gehrlein [1. 8. 2023] § 311b Rn 4; ebenso MünchKommBGB/Ruhwinkel § 311b Rn 13).

Entsprechendes gilt auch für die Abtretung der Rechte aus dem *Meistgebot* (§ 81 Abs 2 ZVG) sowie aus einem *ausgeübten* Vorkaufs- (vgl RGZ 150, 404; RGZ 155, 172), Wiederkaufs- und Optionsrecht. 37

Zweifelhaft ist allerdings, ob die Vereinbarung einer Verpflichtung zu einer **Gegenleistung** für die Abtretung des Anspruchs oder der Option eine **mittelbare Erwerbsverpflichtung** begründen und damit die Beurkundungsbedürftigkeit hervorrufen kann. Das OLG Saarbrücken (NJOZ 2016, 1650, 1652) hat dies mit der Begründung verneint, dass der Erwerber bereits durch die Übertragung eine adäquate Gegenleistung erhalte, sodass ein möglicher Druck, in der Folge das Grundstück auch tatsächlich aus wirtschaftlichen Gründen zu erwerben, um die Investitionen nicht verfallen zu lassen, ohne Beachtung bleiben müsse. Dies kann allerdings in der dargestellten Weise nicht überzeugen. Auf die Frage der Angemessenheit oder Unangemessenheit kann es richtigerweise nicht ankommen (s Rn 157). Von Relevanz ist vielmehr, dass durch das vereinbarte Entgelt für die Abtretung kein Bezug zum Nichterwerb hergestellt wird, was allerdings für die Schaffung einer mittelbaren Erwerbsverpflichtung erforderlich ist (s Rn 156). Bei der Übertragung des Anspruchs oder des Optionsrechts handelt es sich vielmehr nur um eine Vorbereitungshandlung zum späteren Erwerb, für die eine Gegenleistung unabhängig davon anfällt, ob es zu diesem kommt. Eine mittelbare Erwerbsverpflichtung, die eine Beurkundungsbedürftigkeit auslöst, setzt demgegenüber voraus, dass das Entstehen des Anspruchs vom Nichterwerb abhängt, was in dieser Konstellation weder direkt noch indirekt gegeben ist; infolgedessen ist wie auch die entgeltliche Verpflichtung zur Übertragung ebenso die nachfolgende Übertragung selbst formfrei möglich (so iE auch OLG Saarbrücken NJOZ 2016, 1650, 1652). 38

Etwas grundsätzlich anderes gilt aber dann, wenn neben dem reinen Anspruch auch über ein bereits **entstandenes Anwartschaftsrecht** des Ersterwerbers verfügt werden soll. In diesem Fall unterliegt die Verpflichtung zur Übertragung des Anwartschaftsrechts der Formvorgabe des § 311b Abs 1 S 1 BGB, sodass die notarielle Beurkundung vorgeschrieben ist (s Rn 32). Soweit die Verpflichtung zur Abtretung des Eigentumsverschaffungsanspruchs mit der Verpflichtung zur Übertragung des Anwartschaftsrechts in Zusammenhang steht, handelt es sich um ein verbundenes Geschäft, sodass dieses insgesamt beurkundungsbedürftig ist. Dies wird regelmäßig zu bejahen sein, wenn ein Anwartschaftsrecht für den Ersterwerber bereits existiert, da es dem Willen der Beteiligten typischerweise entspricht, dass der veräußernde Ersterwerber seine Position vollständig verliert. Infolgedessen dürfte es regelmäßig zumindest 39 konkludent Vertragsbestandteil sein, dass auch das Anwartschaftsrecht übertragen wird, sodass eine Beurkundungsbedürftigkeit deshalb gegeben ist.

j) Restitutionsanspruch

40 Der **Restitutionsanspruch** nach § 3 VermG ist zwar nach nahezu einhelliger Ansicht dem öffentlichen Recht zuzuordnen, auf dessen Abtretung finden aber die Bestimmungen der §§ 398 ff BGB entsprechende Anwendung (Weimar/Alfes DNotZ 1992, 619, 621 mwNw). Vor der Novellierung durch das 2. VermRÄndG war daher die Formbedürftigkeit der Verpflichtungen zur Abtretung von Restitutionsansprüchen zweifelhaft. Da gem § 3 Abs 1 S 2 VermG die Abtretung nicht unter einer Bedingung oder Zeitbestimmung stehen darf und sie insoweit der Auflassung (§ 925 BGB) angenähert ist, war es folgerichtig, dass die Verpflichtung zur Abtretung des Restitutionsanspruchs (der auch nur zu einem Bruchteil abgetreten werden kann, BVerwG Ovspezial 1997, 219) nunmehr kraft der Sondernorm des § 3 Abs 1 S 2 VermG (in der nicht auf § 311b Abs 1 BGB verwiesen wird), die auch für die *Abtretung* selbst gilt, der notariellen Beurkundung bedarf, wenn der Anspruch auf Rückübertragung eines Grundstücks, Gebäudes (s Rn 11) oder Unternehmens gerichtet ist. Vor Inkrafttreten des 2. VermRÄndG erfolgte Abtretungen sind unwirksam, wenn sie nicht der hierfür zuständigen Stelle innerhalb von drei Monaten seit Inkrafttreten angezeigt worden sind; da dies jedoch lediglich verhindern soll, dass der für Neu-Abtretungen geschaffene Formzwang durch Vordatierungen umgangen wird (BR-Drucks 227/92, 292), kann dies nicht für Alt-Abtretungen gelten, die bereits notariell beurkundet wurden.

k) Gesellschaften, Verschmelzungen und Spaltungen, Erbengemeinschaft

41 Grundsätzlich nicht von § 311b Abs 1 S 1 BGB umfasst werden **Verfügungen über Gesellschaftsanteile**. Diese können auch dann an sich formfrei übertragen werden, wenn die Gesellschaft Grundstücke hält (BGHZ 24, 352, 368; BGHZ 86, 367, 370; Erman/Grziwotz § 311b Rn 14; MünchKommBGB/Ruhwinkel § 311b Rn 15; BeckOGK/Schreindorfer [1. 7. 2023] § 311b Rn 49). Durch die Übertragung von Gesellschaftsanteilen ändert sich die Zuordnung des Eigentums an einem Grundstück zur Gesellschaft nicht. Dies gilt sogar dann, wenn das Grundstück den **einzigen relevanten Vermögenswert** der Gesellschaft bildet, weil es allein darauf ankommt, dass die Verfügung nicht über das Grundstück, sondern über den Anteil an der Gesellschaft erfolgt (RG JW 1925, 1109; BGHZ 86, 367, 370). Formfrei ist die Vereinbarung über die Veräußerung des Geschäftsanteils sogar dann, wenn sich in der Konsequenz **alle Anteile einer Personengesellschaft in einer Hand** vereinigen und diese daher liquidationslos vollbeendigt wird (BGHZ 86, 367, 370; MünchKommBGB/Schäfer § 719 Rn 33; BeckOGK/Schreindorfer [1. 7. 2023] § 311b Rn 49. 1; **aA** MünchKommBGB/Ruhwinkel § 311b Rn 16). Zwar wird hierdurch im Ergebnis das Grundstück durch den zukünftigen Alleingesellschafter in sein Vermögen erworben, Gegenstand des schuldrechtlichen Vertrags ist aber dennoch der Anteil an der Gesellschaft, der keinem Formgebot unterliegt. Das Gegenteil kann auch nicht mit Erwägungen zur Schutzbedürftigkeit begründet werden, da der Gesetzgeber eine Formvorgabe für Gesellschaftsanteile gerade bewusst nicht getroffen hat, sodass er insoweit formfreie Geschäfte zulassen wollte. Diese Grundsätze gelten in gleicher Weise, wenn keine Übertragung des Gesellschaftsanteils gewollt ist, sondern lediglich eine **Austrittsvereinbarung** geschlossen wird, die die Anwachsung der bisherigen Anteile an den oder die sonstigen Gesellschafter zur Folge hat. Auch insoweit erfolgt keine Verfügung über das Grundstück, sodass § 311b Abs 1 S 1 BGB im Grundsatz

keine Anwendung findet (so iE auch BeckOK-BGB/Gehrlein [1. 8. 2023] § 311b Rn 7; Grüneberg/Grüneberg § 311b Rn 9). Ein Formerfordernis besteht in der Konsequenz nur dann, wenn die Abtretung der Geschäftsanteile selbst formbedürftig ist, wie dies insbesondere im Rahmen des § 15 GmbHG der Fall ist. Des Weiteren können die Anforderungen des § 311b Abs 1 S 1 BGB auf den Vertrag über den Erwerb des Gesellschaftsanteils ausstrahlen, wenn dieser mit einem Erwerbsvertrag über ein Grundstück in der Weise verbunden ist, dass eine Geschäftseinheit gegeben ist (BeckOGK/Schreindorfer [1. 7. 2023] § 311b Rn 49. 2; siehe zur Geschäftseinheit auch hierzu). Besteht ein ausreichender Zusammenhang zwischen beiden Vereinbarungen, ist der Vertrag über den Erwerb des Gesellschaftsanteils ebenfalls nur bei notarieller Beurkundung wirksam. Eine solche Verbindung kann sich auch daraus ergeben, dass im Zuge des Anteilserwerbs eine entsprechende Verpflichtung zur Übertragung oder zum Erwerb des Eigentums an einem Grundstück eingegangen wird.

Die dargestellten Grundsätze gelten auch dann, wenn der **Gesellschaftsvertrag der** 42
Gesellschaft seinerseits nach § 311b Abs 1 S 1 BGB **beurkundungsbedürftig** ist, weil er eine Verpflichtung zur Übertragung oder zum Erwerb von Grundeigentum enthält (BeckOGK/Schreindorfer [1. 7. 2023] § 311b Rn 50). Zwar mag in dem Fall, dass die Gesellschaft das Grundstück noch nicht erworben hat, der Schutzzweck der Norm grundsätzlich tangiert sein, weil insoweit auch beteiligte Gesellschafter mittelbar zur Übertragung oder zum Erwerb gezwungen sind (so auch BeckOGK/Schreindorfer [1. 7. 2023] § 311b Rn 50), maßgeblich ist aber, dass Erwerbsgegenstand nicht das Grundstück selbst, sondern der Anteil an der Gesellschaft ist. Erkennt man an, dass sogar bei einer nachfolgenden Vollbeendigung der Gesellschaft und damit beim Erwerb des Eigentums durch den Alleingesellschafter keine Beurkundungspflicht besteht (s Rn 42), kann nichts anderes gelten, wenn sich die Person an einer Gesellschaft beteiligt, die eine entsprechende Verpflichtung eingegangen ist. Zudem kann es nicht darauf ankommen, ob die Gesellschaft durch den Gesellschaftsvertrag zur Übertragung oder zum Erwerb des Grundstücks verpflichtet ist oder ob sich dies aus anderen Gründen ergibt. In letzterem Fall dürfte es allgemeiner Ansicht entsprechen, dass keine Beurkundungspflicht besteht, sodass keine abweichende Beurteilung eingreifen kann, wenn der Gesellschaftsvertrag seinerseits der Beurkundung unterliegt.

Ebenfalls nicht von § 311b Abs 1 S 1 BGB umfasst werden **Verschmelzungen und** 43
Spaltungen nach dem UmwG (BeckOGK/Schreindorfer [1. 7. 2023] § 311b Rn 44. 1, 67; MünchKommBGB/Ruhwinkel § 311b Rn 18). Soweit der Rechtsträger identisch bleibt, fehlt es bereits an einer Veränderung der Eigentumszuordnung (s Rn 60 ff). Im Übrigen handelt es sich auch dann nicht um eine Verpflichtung zur Übertragung eines Grundstücks, wenn die Gesellschaft eines oder mehrere hält. Maßgeblich ist dabei, dass Gegenstand des Vertrags nicht das Grundstück, sondern die Gesellschaft und der Plan ihrer Umwandlung ist. Ein etwaiger Wechsel der eigentumsrechtlichen Zuordnung ist bloße gesetzliche Folge der Verschmelzung, nicht aber auch Inhalt des Verpflichtungsvertrages (BeckOGK/Schreindorfer [1. 7. 2023] § 311b Rn 44 f; MünchKommBGB/Ruhwinkel § 311b Rn 18). Daher sind zwar die Formvorgaben des Umwandlungsrechts, nicht aber auch § 311b Abs 1 S 1 BGB zu beachten.

Auch Verfügungen über Anteile an **sonstigen Gesamthandsgemeinschaften**, insbe- 44
sondere über Erbanteile, unterfallen § 311b Abs 1 S 1 BGB selbst dann nicht, wenn in der Gemeinschaft Grundbesitz gehalten wird. Wie bei Gesellschaften kommt es

nicht darauf an, ob das Grundstück der wesentliche Vermögenswert ist, sodass selbst dann, wenn sich die Erbengemeinschaft nur noch auf das Grundstück erstreckt, die Übertragung ohne Beachtung der Form des § 311b Abs 1 S 1 BGB möglich ist (so wohl auch BeckOGK/Schreindorfer [1. 7. 2023] § 311b Rn 20). Zu beachten sind allerdings die erbrechtlichen Vorschriften, vor allem § 2033 Abs 1 S 2 BGB. Vor diesem Hintergrund ist es nicht zu beanstanden, dass der BGH eine sog Abschichtungsvereinbarung ohne Einhaltung der Vorgaben des § 311b Abs 1 S 1 BGB zulässt (BGHZ 138, 8), obgleich die Verneinung der Formbedürftigkeit nach § 2033 Abs 1 S 1 BGB nicht überzeugen kann (so auch BeckOGK/Schreindorfer [1. 7. 2023] § 311b Rn 68. 1; s auch Keller ZEV 1998, 281, 282 ff; Rieger DNotZ 1999, 64, 70 ff; zur Abschichtungsproblematik auch Reimann ZEV 1998, 213).

2. Örtlicher Anwendungsbereich

a) Veräußerung/Erwerb ausländischer Grundstücke im Inland

45 § 311b Abs 1 BGB enthält keine näheren Angaben über seinen **örtlichen Anwendungsbereich**. Die Vorschrift wurde früher fast einhellig (**aA** vgl KG DJZ 1905, 864) als eine auf **deutsche Grundstücke** eingeschränkte Sachnorm angesehen (RGZ 63, 18). Eine solche Einschränkung iS einer einseitigen Kollisionsnorm kann § 311b Abs 1 BGB jedoch **nicht entnommen werden** (BGHZ 52, 239; 53, 194; 57, 339; Samtleben NJW 1970, 378; ausführlich jurisPK-BGB/Ludwig § 311b Rn 363 mwNw; **aA** Wengler NJW 1969, 2237), obgleich § 311b Abs 1 S 2 BGB eine enge Beziehung zum deutschen Grundstücksrecht aufweist (Jayme NJW 1972, 1618). § 311b Abs 1 BGB bezieht sich nur auf schuldrechtliche Verträge. Damit bestimmt sich der örtliche Anwendungsbereich bei Verträgen mit Auslandsberührung nach Art 11 Abs 1 Rom I-VO (RGZ 121, 157; jurisPK-BGB/Ludwig § 311b Rn 356 ff). Über Art 11 Abs 1 Alt 1 Rom I-VO iVm Art 3 Abs 1 S 1 Rom I-VO ist § 311b Abs 1 BGB deshalb dann auf einen schuldrechtlichen Veräußerungsvertrag über ein ausländisches Grundstück anwendbar, wenn die Beteiligten die Anwendung deutschen Rechts als Geschäftsstatut und damit *Formstatut* vereinbaren (grundlegend BGHZ 52, 239 = BGH NJW 1969, 1760 mit **abl** Anm von Wengler NJW 1969, 2237 und zust Anm von Samtleben NJW 1970, 378; BGHZ 57, 337; BGHZ 73, 391; OLG München NJW-RR 1989, 665; vorher schon OLG Braunschweig OLGE 16, 363; Erman/Grziwotz § 311b Rn 17). Da es sich um das schuldrechtliche Geschäft handelt, ist eine solche Vereinbarung zulässig (Grüneberg/Grüneberg § 311b Rn 4; jurisPK-BGB/Ludwig § 311b Rn 356 ff). Dies kann auch stillschweigend geschehen, selbst wenn eine solche Vereinbarung zur Nichtigkeit des Rechtsgeschäfts führt (s OLG Braunschweig OLGE 16, 363; BGHZ 53, 189).

b) Veräußerung/Erwerb inländischer Grundstücke im Ausland

46 Gem Art 11 Abs 1 Alt 1 Rom I-VO ist grundsätzlich die Beachtung der Form des § 311b Abs 1 BGB erforderlich, es genügt jedoch nach Art 11 Abs 1 Alt 2 Rom I-VO auch die Einhaltung der **Ortsform** (st Rspr schon zum früheren Recht; RGZ 79, 78; RGZ 121, 157; BGHZ 57, 339; Soergel/J Mayer § 311b Rn 10; Erman/Grziwotz § 311b Rn 17; anders zB die Schweiz: s Küppers DNotZ 1973, 645, 674; s auch Hegmanns MittRhNotK 1987, 1, 2; Löber DNotZ 1993, 789). Eine im Ausland *formlos* eingegangene Veräußerungs- bzw Erwerbsverpflichtung kann also *wirksam* sein, wenn die Übertragung nach dem anzuwendenden ausländischen Recht auf diese Weise möglich ist (RGZ 121, 157; OLG Düsseldorf DWW 2015, 148). Die Ortsform kann jedoch im Wege der auch im internationalen Schuldrecht geltenden Privatautonomie *ausgeschlossen* und die Geltung eines anderen *Geschäftsstatutes* vereinbart werden (jurisPK-BGB/Ludwig § 311b

Rn 358 ff; MünchKommBGB/Spellenberg Art 11 Rom I-VO Rn 77 f). Das Geschäftsstatut bedingt dann idR auch das *Formstatut* (BGHZ 57, 339 = BGH NJW 1972, 385 mit **abl** Anm Jayme NJW 1972, 1618; s auch OLG Frankfurt OLG Report 2000, 112 für einen Vorvertrag). In einem solchen Fall der Rechtswahl des deutschen Formstatuts kann somit auch die Veräußerung eines ausländischen oder inländischen Grundstücks im Ausland beurkundungspflichtig sein (BGHZ 57, 339; BGH 8. 12. 2005 – IX ZR 296/01; schon OLG Braunschweig OLGE 16, 363); dann ergibt sich allerdings das Problem der **Gleichwertigkeit des ausländischen Beurkundungsakts** (s hierzu Grüneberg/Thorn Art 11 EGBGB Rn 9; vgl auch MünchKommBGB/Spellenberg Art 11 EGBGB Rn 95 ff mwNw). Dabei ist angesichts der aktuellen Entwicklungen davon auszugehen, dass es bereits an der Substituierbarkeit insgesamt fehlt (s auch BeckOGK/Schreindorfer [1. 7. 2023] § 311b Rn 41). Den Notar treffen im Rahmen der Beurkundung eines Grundstücksvertrages in Deutschland zahlreiche öffentlich-rechtliche Pflichten, denen der Gesetzgeber hohe Bedeutung beimisst. Diese liegen vor allem auf dem Gebiet des Steuer- und Geldwäschebekämpfungsrechts, umfassen allerdings auch spezifische verbraucherschützende Normen wie § 17 Abs 2a BeurkG. Diese Regelungen würden für ausländische Notare nicht gelten, sodass deren Einhaltung nicht sichergestellt ist. Gerade die hohe politische Bedeutung der Geldwäschebekämpfung zwingt zu der Annahme, dass der Gesetzgeber diese Verpflichtungen nicht als dispensierbar angesehen hat. Vor diesem Hintergrund kann eine Beurkundung im Ausland einer solchen im Inland von vornherein nicht gleichwertig sein, sodass schon abstrakt der ausländische Beurkundungsakt nicht geeignet ist, den deutschen zu ersetzen. Etwas anderes würde nur dann gelten, wenn sämtliche für den Notar geltenden Regeln ebenso im Ausland Beachtung erfordern würden, insbesondere auf vollharmonisierendem europäischen Recht beruhen würden. Da dies allerdings nicht der Fall ist, scheidet bis auf weiteres eine Substitution aus. Geht man hiervon aus, kommt es auf die im zweiten Schritt zu prüfende Gleichwertigkeit der ausländischen Beurkundungshandlung nicht mehr an (s hierzu aber BeckOGK/Schreindorfer [1. 7. 2023] § 311b Rn 41 ff).

Denkbar ist gleichermaßen, dass die Parteien lediglich das deutsche **Geschäftsstatut – ohne Formstatut** – vereinbaren. Maßgeblich sind insoweit die Umstände des Einzelfalles und der Parteiwille (MünchKommBGB/Spellenberg Art 11 Rom I-VO Rn 77 ff). 47

Eine Beurkundungspflicht kann auch dann gegeben sein, wenn der Vertragsabschluss gerade zur **Umgehung** des § 311b Abs 1 BGB ins Ausland verlegt wird. Dies gilt insbesondere dann, wenn ein Vertragsteil den Vertragsabschluss nur deshalb im Ausland vornimmt, um zum Nachteil des anderen Vertragsteils den Normzweck des § 311b Abs 1 S 1 BGB zu unterlaufen. In einem solchen Fall fehlt jeglicher Anknüpfungspunkt für eine Anwendung des Art 11 Abs 1 Alt 2 Rom I-VO (s hierzu auch Geimer DNotZ 1981, 406, 410; Winkler NJW 1972, 981, 983 und 1974, 1032, 1034 mwNw; Wolfsteiner DNotZ 1978, 532, 536; vgl auch Erman/Grziwotz § 311b Rn 17). Auch wenn § 311b Abs 1 BGB keine inländische Norm ist, die grundsätzlich unter den Vorbehalt des **Art 9 Rom I-VO** fällt, soll die Norm in solchen Fällen nach teilweise vertretener Ansicht Anwendung finden (so BeckOK-BGB/Gehrlein [1. 8. 2023] § 311b Rn 1; Soergel/J Mayer § 311b Rn 10; MünchKommBGB/Ruhwinkel § 311b Rn 11 f; **aA** BeckOGK/Maultzsch [1. 9. 2023] Art 9 Rom I-VO Rn 259; MünchKommBGB/Spellenberg Art 11 EGBGB Rn 120 ff mwNw; Beck'sches Notarhandbuch/Zimmermann § 28 Rn 100; ohne eigene Begründung OLG Köln MDR 1993, 315). Dies überzeugt allerdings nicht (wie hier auch OLG Köln MDR 1993, 315; BeckOGK/Maultzsch [1. 9. 2023] Art 9 Rom I-VO Rn 259; MünchKommBGB/Spellenberg 48

Art 11 EGBGB Rn 120 ff mwNw; Beck'sches Notarhandbuch/ZIMMERMANN § 28 Rn 100). Soweit § 311b Abs 1 S 1 BGB nicht als Eingriffsnorm begriffen wird, kann nichts anderes gelten, wenn die Parteien in Umgehungsabsicht handeln. Der Begriff der Eingriffsnorm ist dadurch geprägt, dass es sich um eine Regelung handelt, die nach ihrer Natur und ihrem Zweck eine unumgängliche und zwingende Regelung enthält, die sich mithin auch gegenüber dem ausländischen Recht durchsetzen muss (s auch MünchKommBGB/MARTINY Art 9 Rom I-VO Rn 8; ausführlich BeckOGK/MAULTZSCH [1. 9. 2023] Art 9 Rom I-VO Rn 16 ff). Dies kann allerdings nur für die Norm insgesamt bejaht oder verneint werden. Einer situationsabhängigen Prüfung ist diese Qualifikation nicht zugänglich. Um dennoch über § 311b Abs 1 S 1 BGB in Umgehungskonstellationen das Formgebot eingreifen zu lassen, verbleibt daher nur der Weg über den ordre public-Vorbehalt des Art 21 Rom I-VO. Zwar gehört § 311b Abs 1 S 1 BGB nicht grundsätzlich zum zwingenden deutschen Recht, das sich im Wege des ordre public gegen die ausländische Rechtsordnung durchsetzt (OLG Köln IPRspr 1974 Nr 15; OLG Stuttgart IPRspr 1981 Nr 12), allerdings ist anerkannt, dass der Schutz gegen Rechtsmissbrauch über Art 21 Rom I-VO gewährleistet werden kann (s dazu BeckOGK/HEMLER [1. 6. 2023] Art 21 Rom I-VO Rn 22 f; MünchKommBGB/MARTINY Art 21 Rom I-VO Rn 1, 6). Umgehen die Beteiligten die deutschen Formvorschriften durch ein bewusstes Ausweichen ins Ausland, stellt sich dies zugleich als Rechtsmissbrauch dar. Dem kann deshalb unter Anwendung von Art 21 Rom I-VO begegnet werden.

49 Die Beurkundung der Veräußerung **ausländischer Grundstücke im Inland** durch deutsche Notare enthält für diese und die Beteiligten außerordentliche Risiken, auch und gerade wenn deutsches Recht vereinbart ist, insbesondere für den Vollzug (s hierzu HEGMANNS MittRhNotK 1987, 1; OLG Frankfurt NJW 2011, 392 zu den Belehrungspflichten des Notars bei Vertrag über eine ausländische Immobilie). Bei der Veräußerung inländischer Grundstücke im Ausland wird dagegen insbesondere die Schutzfunktion des § 311b Abs 1 BGB vereitelt. Angesichts der großen Bedeutung, die auch der Gesetzgeber insbesondere dem Käuferschutz beimisst, sollten **de lege ferenda** Grundstücksveräußerungs- und -erwerbsverpflichtungen bezüglich der Form generell der lex rei sitae unterstellt werden.

c) Vollmacht/Genehmigung

50 Die Erteilung einer **Vollmacht** im **Ausland** zur Veräußerung oder zum Erwerb eines Grundstücks im Inland fällt unter Art 11 Abs 1 EGBGB, ist somit ebenfalls von der Geschäfts- oder Ortsform erfasst (s hierzu MünchKommBGB/SPELLENBERG Art 11 EGBGB Rn 168 ff). Der Aussage, dass eine solche Vollmacht niemals beurkundungspflichtig ist (OLG Stuttgart DNotZ 1981, 746), kann jedoch dann nicht gefolgt werden, wenn hierfür – insbesondere auch für das zugrundeliegende Rechtsgeschäft (vgl dazu Rn 198 ff) – deutsches Geschäfts- und Formstatut (vgl Rn 46 ff) vereinbart ist, aus dem zugrundeliegenden Rechtsgeschäft sich eine Bindung des Auftraggebers ergibt (s Rn 187 ff) oder ein Fall der Umgehung (s Rn 48) vorliegt. Dagegen bedarf die im Ausland erteilte nachträgliche Zustimmung *(Genehmigung),* die bereits nach deutschem Recht formfrei ist (BGH NJW 1994, 1344; s dazu auch Rn 184 f), tatsächlich nie der Form des § 311b Abs 1 BGB. Zu beachten ist allerdings, dass auch bei einer nach ausländischem Recht wirksamen Vollmacht zu einem etwaigen Grundbuchvollzug diese in der Form des § 29 GBO dem Grundbuchamt nachgewiesen werden muss.

3. Zeitlicher Anwendungsbereich

Das Änderungsgesetz vom 30. 5. 1973 (BGBl I 501) enthält keine Übergangsvorschrift. Die Formbedürftigkeit einer Verpflichtung – insbesondere der Erwerbsverpflichtung – ist deshalb jeweils an dem im *Zeitpunkt* des **Abschlusses des Vertrages** geltenden Recht zu messen. Eine rückwirkende Kraft kommt dem Gesetz nicht zu (BGH WM 1973, 1356; BB 1974, 106; NJW 1978, 2505; Petzold BB 1975, 907). Auf vor dem Zeitpunkt des Beitritts der DDR in der DDR beurkundete Grundstücksgeschäfte ist § 311b Abs 1 BGB nicht anwendbar (BGHZ 124, 323). 51

Zur Übergangsproblematik bei der Beurteilung *altrechtlicher* Verhältnisse nach Inkrafttreten des BGB s eingehend Staudinger/Kaduk[11] § 313 Rn 154.

III. Änderung in der rechtlichen Zuordnung des Eigentums

1. Wechsel der Rechtszuständigkeit

Schon nach seinem **Wortlaut** fordert § 311b Abs 1 BGB für seine Anwendung, dass sich die Verpflichtung auf die **Übertragung** oder den Erwerb eines Grundstücks richtet. Während der Begriff der Übertragung das Rechtsgeschäft aus Sicht des Veräußerers betrachtet und dabei eine Situation meint, in der der bisherige Eigentümer seine Rechtsposition ganz oder teilweise verliert und diese durch ein anderes Rechtssubjekt erworben wird (BeckOGK/Schreindorfer [1. 7. 2023] § 311b Rn 45; s auch Erman/Grziwotz § 311b Rn 5; Soergel/J Mayer § 311b Rn 27; NK-BGB/Ring § 311b Rn 2, 42; vgl auch jurisPK-BGB/Ludwig § 311b Rn 83), zielt das Gesetz mit der Formulierung der Verpflichtung zum **Erwerb** ausschließlich auf den Erwerber. Für ihn kommt es darauf an, ob das Grundstück ganz oder teilweise in sein Eigentum gelangt (BeckOGK/Schreindorfer [1. 7. 2023] § 311b Rn 45; s auch Erman/Grziwotz § 311b Rn 5; Soergel/J Mayer § 311b Rn 32; **aA** wohl Lickleder AcP 199 [1999] 629, 657, der in der Erwerbspflicht die Verpflichtung zum Kauf sieht, nicht die Pflicht, Eigentum zu erwerben). Die eingegangene Verpflichtung muss mithin jeweils auf eine Änderung bestehender Eigentumsverhältnisse gerichtet sein. Die Erfüllung der Verbindlichkeit muss in der Konsequenz dazu führen, dass die rechtliche Zuordnung des Grundstückseigentums wechselt (Grüneberg/Grüneberg § 311b Rn 7; Erman/Grziwotz § 311b Rn 5; MünchKommBGB/Ruhwinkel § 311b Rn 17; BeckOGK/Schreindorfer [1. 7. 2023] § 311b Rn 43). Insoweit kommt es nicht auf eine wirtschaftliche, sondern ausschließlich auf eine juristische Veränderung des Eigentümers an. Dabei kann die Änderung der Zuordnung auch im Verhältnis zwischen einem Vertragsteil und einem Dritten erfolgen (zB bei der Erfüllung eines echten Vertrages zugunsten Dritter). 52

Ein Rechtsvorgang ist folglich immer dann formbedürftig, wenn ein **Wechsel der Rechtszuständigkeit** staffinden soll. In aller Regel wird die Erfüllung der Verpflichtung durch *Auflassung* (Einigung) und *Eintragung* der Rechtsänderung im Grundbuch zu erbringen sein. Dies ist allerdings für die Anwendbarkeit des § 311b Abs 1 BGB nicht erforderlich, sodass die Formbedürftigkeit auch entstehen kann, wenn im Nachgang keine Auflassung geschuldet ist (BeckOGK/Schreindorfer [1. 7. 2023] § 311b Rn 43; vgl auch BeckOK-BGB/Gehrlein [1. 8. 2023] § 311b Rn 5). Ein solcher Sachverhalt ist beispielsweise dann gegeben, wenn sich ein Vertragsbeteiligter verpflichtet, im Rahmen einer öffentlichen Versteigerung ein bestimmtes Gebot abzugeben (BGHZ 85, 53

245, 250; BeckOK-BGB/Gehrlein [1. 8. 2023] § 311b Rn 5; Soergel/J Mayer § 311b Rn 27; MünchKommBGB/Ruhwinkel § 311b Rn 17, 52), da sich der Erwerb dann durch Zuschlag, nicht durch Auflassung vollzieht (vgl BGH NJW 1992, 905; NJW 1998, 2350, wo der Senat zudem klarstellt, dass der Zuschlag bei formbedürftigen Geschäften nicht nur die Bereitschaftserklärung, alsbald einen formbedürftigen Vertrag zu schließen, enthält; s auch MünchKommBGB/Ruhwinkel § 311b Rn 52). Verpflichtet sich allerdings eine Seite zu einer Auflassung, ist stets eine Verpflichtung zur Übertragung des Grundstücks gegeben, sodass in einer solchen Konstellation die Beurkundungspflicht des § 311b Abs 1 BGB jedenfalls eingreift (Soergel/J Mayer § 311b Rn 27).

54 Weil es nur auf die rechtliche, nicht auf die wirtschaftliche Veränderung der Eigentümerstellung ankommt, ist die Vorschrift auch dann anwendbar, wenn weiterhin **dieselben Personen** am Grundstück beteiligt sind, die bereits zuvor Eigentümer waren, falls sich die rechtliche Konstruktion der Eigentümerstellung durch die Erfüllung ändert. Dies ist insbesondere dann gegeben, wenn bei personenidentischer Beteiligung das Grundstück von einer Form des Gesamthandseigentums in Bruchteilseigentum überführt werden soll. Daher ist insbesondere die Auseinandersetzung einer **Erbengemeinschaft** formbedürftig, soweit sie über ein Grundstück erfolgt (vgl RGZ 57, 43; RGZ 129, 123; OLG München DNotZ 1971, 544; Erman/Grziwotz § 311b Rn 23; NK-BGB/Ring § 311b Rn 31). § 311b Abs 1 BGB ist zudem anwendbar, wenn ein Grundstück in eine Gesellschaft eingebracht (RGZ 56, 96) oder eine Auseinandersetzung der Gesellschaft durchgeführt und dabei das Grundeigentum auf einzelne oder alle Gesellschafter übertragen werden soll (vgl RGZ 65, 233; RGZ 108, 61). Dies ergibt sich bereits daraus, dass die Gesellschaften selbst rechts- oder zumindest teilrechtsfähig sind und daher ein eigenständiges Rechtssubjekt bilden, sodass sich durch die Übertragung die Rechtszuständigkeit ändert. Auch der Wechsel von einer Form der gesamthänderischen Bindung in eine andere, insbesondere die Überführung aus einer Erbengemeinschaft in eine Gesellschaft unterfällt § 311b Abs 1 BGB (KG DR 1940, 977), selbst wenn die Beteiligung an der Gesellschaft identisch mit der an der Erbengemeinschaft ist. Auch insoweit kommt es maßgeblich darauf an, dass die Gesellschaft ein eigenständiger Rechtsträger ist, auf den Grundbesitz übertragen wird. Nichts anderes gilt, wenn die Übertragung von einer Gesellschaft auf eine andere stattfinden soll, an der dieselben Personen beteiligt sind (RGZ 136, 402; s auch BayObLG DNotZ 1981, 576; OLG Hamm DNotZ 1983, 750; KG NJW 1987, 1321).

55 Vom Wortlaut der Vorschrift nicht umfasst ist dagegen eine **Verpflichtung zum** bloßen **Eigentumsverlust**, weil hierin keine Übertragung liegt (s auch BeckOGK/Schreindorfer [1. 7. 2023] § 311b Rn 46). Obgleich praktisch kaum relevant, könnte sich ein Eigentümer demnach formfrei zu Dereliktion eines Grundstücks verpflichten. Betrachtet man allerdings den Schutzzweck des § 311b Abs 1 BGB, der den aktuellen Eigentümer vor einem unüberlegten Verlust des Grundeigentums schützen und die hohe soziale Relevanz von Grundstücken anerkennen will, erscheint dies nicht zu rechtfertigen. Es dürfte sich vielmehr um ein unbewusstes Versehen des Gesetzgebers handeln, der diesen nur selten auftretenden Fall nicht beachtet hat. Dies gebietet es, die Vorschrift analog auch auf einer Verpflichtung zur Eigentumsaufgabe anzuwenden und diese daher ebenfalls der notwendigen notariellen Beurkundung zu unterwerfen (BeckOGK/Schreindorfer [1. 7. 2023] § 311b Rn 46).

Kein Wechsel der Rechtszuständigkeit ist aber dann gegeben, wenn die Vereinbarung der Beteiligten **ausschließlich schuldrechtlich wirken** und ohne dinglichen Vollzug bleiben soll (so iE auch BeckOGK/Schreindorfer [1. 7. 2023] § 311b Rn 43). Infolgedessen ist weder die Gründung einer **Innengesellschaft** (RGZ 166, 160, 163; BGH NJW 1974, 2278, 2279; jurisPK-BGB/Ludwig § 311b Rn 154; MünchKommBGB/Ruhwinkel § 311b Rn 17; NK-BGB/Ring § 311b Rn 29; BeckOGK/Schreindorfer [1. 7. 2023] § 311b Rn 52) noch eine so genannte **Überlassung dem Werte nach** (RGZ 109, 380; RG JW 1927, 1687; BGH WM 1955, 298; WM 1965, 744; MünchKommBGB/Ruhwinkel § 311b Rn 40; BeckOGK/Schreindorfer [1. 7. 2023] § 311b Rn 52, 140) beurkundungsbedürftig. In gleicher Weise zu behandeln sind Vereinbarungen über das **Verbot, ein Grundstück zu veräußern oder zu erwerben** (BGHZ 31, 19; BGH DNotZ 1964, 232, WM 1974, 19; Grüneberg/Grüneberg § 311b Rn 10; Erman/Grziwotz § 311b Rn 8; Soergel/J Mayer § 311b Rn 33), da es auch hierbei darum geht, eine Eigentumsveränderung nicht eintreten zu lassen, sodass der Zweck des § 311b Abs 1 BGB gerade nicht berührt ist. Wird das Verbot allerdings durch eine Übertragungsverpflichtung flankiert, wie dies insbesondere bei einem hieran anknüpfenden Rückauflassungsanspruch der Fall ist (s auch BGH WM 1965, 1113, 1115; Soergel/J Mayer § 311b Rn 33; BeckOGK/Schreindorfer [1. 7. 2023] § 311b Rn 54. 2), folgt die Beurkundungspflicht aus diesem bedingten Übertragungsanspruch. Nicht von der Vorschrift umfasst ist zudem eine Vereinbarung darüber, ein Vertragsangebot **nicht anzunehmen** oder von einem bestehenden Übertragungs-, Wiederkaufs-, Ankaufs- oder Optionsrecht **keinen Gebrauch** zu machen (BeckOGK/Schreindorfer [1. 7. 2023] § 311b Rn 54. 3; s auch BGHZ 103, 175). Zum einen ist Gegenstand dieser Vereinbarung lediglich ein schuldrechtlicher Anspruch (BeckOGK/Schreindorfer [1. 7. 2023] § 311b Rn 54. 3), zum anderen ist die Zielrichtung der Verpflichtung nicht auf eine Veränderung der Rechtszuständigkeit, sondern auf den Erhalt der aktuellen gerichtet. 56

Will sich der materiell-rechtliche Eigentümer gegenüber dem unrichtig eingetragenen Bucheigentümer dazu verpflichten, seinen **Anspruch aus § 894 BGB** nicht auszuüben, kann dies formfrei geschehen (BeckOGK/Schreindorfer [1. 7. 2023] § 311b Rn 54. 4; **aA** RK Koblenz RzW 52, 252; Grüneberg/Grüneberg § 311b Rn 7). Zwar kommt die dauernde Undurchsetzbarkeit des Berichtigungsanspruchs einem faktischen Verlust des Eigentums gleich, allerdings ist Gegenstand der Vereinbarung nicht die Übertragung des Eigentums am Grundstück, sondern lediglich der bestehende Anspruch auf Grundbuchberichtigung. Dieser ist von § 311b Abs 1 BGB allerdings von vornherein nicht umfasst. Kann sogar der Verzicht auf den Verschaffungsanspruch formfrei erklärt werden (s Rn 131), kann für eine Vereinbarung über die Durchsetzbarkeit des grundbuchlichen Berichtigungsanspruchs nichts anderes gelten (so auch BeckOGK/Schreindorfer [1. 7. 2023] § 311b Rn 54. 4). 57

Gedenkt der **Nacherbe**, einer Verfügung des Vorerben zuzustimmen, liegt hierin zwar keine Übertragung des Eigentums am Grundstück, da dieses noch nicht in das Vermögen des Nacherben gelangt ist, allerdings steht dem Nacherben nach herrschender Ansicht bereits ein Anwartschaftsrecht zu (BGH NJW 1962, 1910, 1912; NJW 1983, 2244, 2245 f; BeckOK-BGB/Litzenburger [1. 8. 2023] § 2100 Rn 49; BeckOGK/Schreindorfer [1. 7. 2023] § 311b Rn 54. 5). Über dieses verfügt der Nacherbe durch seine Zustimmung, sodass auf eine solche Konstellation § 311b Abs 1 BGB analog angewendet werden muss (BGH BeckRS 1972, 31125854; BeckOGK/Schreindorfer [1. 7. 2023] § 311b Rn 54. 5). Insoweit ist keine andere Beurteilung als bei der Beseitigung eines Anwartschaftsrechts ansonsten (s Rn 300 ff) geboten. 58

59 Die überwiegende Ansicht geht zudem davon aus, dass Verträge über die **Grenzfeststellung** dann formfrei möglich sind, wenn die Grenze tatsächlich objektiv unklar ist (RG JW 1906, 302, 303; OLG Nürnberg DNotZ 1966, 33, 34; OLG Brandenburg NJW-RR 2009, 1097, 1099; BeckOGK/Schreindorfer [1. 7. 2023] § 311b Rn 54.1), wohingegen § 311b Abs 1 BGB eingreifen soll, wenn den Beteiligten die Grenze tatsächlich klar ist und damit teilweise Grundabtretungen gewollt sind (RG JW 1906, 302, 303; BeckOGK/Schreindorfer [1. 7. 2023] § 311b Rn 54.1). Unabhängig davon, dass eine solche Differenzierung zu Umgehungsgestaltungen geradezu herausfordert, ist sie auch in der Sache nicht überzeugend. Dass den Beteiligten die Grenze unklar ist und sie möglicherweise objektiv nicht mehr festgestellt werden kann, bedeutet materiell-rechtlich nicht, dass sie nicht existiert. Daher ist ein derartiger Grenzfeststellungsvertrag auf eine verbindliche Neufestlegung der Grenzen und damit auch auf eine konstitutive Zuordnung zum Eigentum des einen oder anderen Rechtssubjekts gerichtet. Da die Beteiligten nicht annehmen können, den materiell-rechtlichen Grenzverlauf exakt festzustellen, gehen sie notwendigerweise davon aus, dass in der Sache eine Übertragung von Grundeigentum auf einen von ihnen erfolgt, sodass der Vertrag nach seiner Zielrichtung auf eine Übertragung gerichtet ist. In der Konsequenz muss § 311b Abs 1 BGB auch auf eine solche Vereinbarung Anwendung finden (**aA** RG JW 1906, 302, 303; OLG Brandenburg NJW-RR 2009, 1097, 1099; OLG Nürnberg DNotZ 1966, 33, 34; BeckOGK/Schreindorfer [1. 7. 2023] § 311b Rn 54.1).

2. Identität des Rechtsträgers

60 Ein Rechtsvorgang ist nicht formbedürftig, wenn auch bei dessen Vollzug die *Identität* des Rechtsträgers bestehen bleibt und sich lediglich dessen *Rechtsform,* **ohne** dass es einer Auflassung oder einer anderweitigen Übertragung des Grundeigentums bedarf, ändert.

Nicht formbedürftig sind demgemäß: „Umwandlung" einer OHG oder KG in eine Gesellschaft des bürgerlichen Rechts – und umgekehrt –, weil das Gesamthandseigentum als solches fortbesteht (RGZ 155, 86); Übertragung eines Grundstücks von einer Vermögensmasse in eine andere desselben Rechtsträgers, zB von der Vermögensmasse einer Firma in die einer anderen Firma, die demselben Einzelkaufmann zusteht, oder von einer Verwaltungsabteilung des Staates in eine andere (vgl RGZ 59, 404; RG HRR 1940 Nr 15; JW 1912, 640; 1914, 921; KG JW 1935, 3558: „Übertragung" von der Reichsbahn auf das Deutsche Reich; JW 1937, 2516; JW 1938, 1680). Dasselbe gilt beim Übergang vom Verein in Gründung auf den dann eingetragenen Verein (str; wie hier BGHZ 17, 387 = BGH NJW 1955, 1229). Es liegt jeweils keine Eigentumsänderung vor. Ebenfalls keine Übertragung des Eigentums ist gegeben, wenn sich lediglich die Bezeichnung des Rechtsträgers verändert, insbesondere die Firma modifiziert wird (MünchKommBGB/Ruhwinkel § 311b Rn 18; BeckOGK/Schreindorfer [1. 7. 2023] § 311b Rn 44).

61 Da für § 311b Abs 1 BGB entscheidend die Änderung in der rechtlichen Eigentumszuordnung ist, sind Verpflichtungen, durch die *lediglich* die *wirtschaftliche* Verfügungsgewalt geändert werden soll, nicht formbedürftig (RG JW 1925, 1109). Dies gilt grundsätzlich auch für Verträge, durch die eine Verpflichtung zur Begründung, Übertragung und Belastung eines *anderen* Rechts an einem Grundstück als des Eigentums begründet wird, zB für Hypothek (RGZ 120, 255), Grund- oder Renten-

schuld, Reallast, Nießbrauch. Anders sind allerdings das Erbbaurecht (s Rn 16) und das dingliche Vorkaufsrecht zu behandeln (s Rn 135). Bei Letzterem folgt dies daraus, dass hierdurch bereits eine bedingte Übertragungsverpflichtung geschaffen wird, sodass dies die Beurkundungsbedürftigkeit auslöst.

Für die Verschmelzung und Vermögensübertragung von Kapitalgesellschaften oder von sonstigen Gesellschaften sowie für die Umwandlungen bestehen Sondervorschriften. Auf sie ist § 311b Abs 1 BGB nicht anwendbar, auch wenn zum betroffenen Vermögen Grundstücke gehören (s Rn 43). Ebenso grundsätzlich nicht beurkundungsbedürftig sind Gesellschafterwechsel (s Rn 172 ff), soweit sie nicht, wie im Rahmen des § 15 Abs 1 GmbHG, ihrerseits einem eigenständigen Formerfordernis unterliegen. Etwas anderes gilt nur dann, wenn die Übertragung des Gesellschaftsanteils mit einem nach § 311b Abs 1 BGB beurkundungsbedürftigen Geschäft rechtlich zusammenhängt. 62

IV. Veräußerungs- oder Erwerbsverpflichtung

1. Begründung der Veräußerungs- oder Erwerbsverpflichtung durch rechtsgeschäftliche Erklärung, Unmittelbarkeitskriterium

Unter § 311b Abs 1 BGB fällt lediglich der **schuldrechtliche Veräußerungs- oder Erwerbsvertrag**. Das dingliche Übertragungsgeschäft ist nicht in § 311b Abs 1 BGB, sondern in den §§ 873, 925 BGB geregelt. Dies entspricht dem im deutschen Recht geltenden Abstraktionsprinzip. Nicht anwendbar ist § 311b Abs 1 BGB auch auf Veräußerungsverpflichtungen aufgrund **Verfügungen von Todes wegen**, zB durch Vermächtnisse oder Auflagen (OGHZ 1, 166; MünchKommBGB/Ruhwinkel § 311b Rn 47; zur Erfüllung der sich aus dem Vermächtnis ergebenden Grundstücksübereignungsverpflichtung bedarf es nur noch der Auflassung). Die erforderliche Form der Verfügungen von Todes wegen ist im Erbrecht abschließend geregelt. Die Bindung des Erblassers in bestimmten Fällen (§§ 2271 Abs 2, 2278 BGB) sowie die Veräußerungsverpflichtung des Erben zB im Fall des Vermächtnisses ergeben sich gleichfalls unmittelbar aus den erbrechtlichen Vorschriften. Insbesondere kann sich der Erbe durch Ausschlagung von dieser Verpflichtung befreien. 63

Die schuldrechtliche Erklärung muss für den Veräußerer oder Erwerber **rechtsgeschäftlich** verpflichtend sein, also eine *Bindung* enthalten, gleichgültig, ob sich die Bindung auf die Änderung der Eigentumszuordnung im Verhältnis zum anderen Vertragsteil oder zu einem Dritten (Vertrag zugunsten Dritter; Benennungsrecht zugunsten eines – uU noch nicht feststehenden – Dritten) bezieht. Dabei genügt es, wenn sich die Bindung lediglich für einen der Beteiligten ergibt. Nicht ausreichend sind aber **unverbindliche Erklärungen**, die nicht zur Übertragung oder zum Erwerb zwingen. Infolgedessen sind bloße *Absichtserklärungen* (s auch Grüneberg/Grüneberg § 311b Rn 11; Erman/Grziwotz § 311b Rn 7 f; MünchKommBGB/Ruhwinkel § 311b Rn 31; BeckOGK/Schreindorfer [1. 7. 2023] § 311b Rn 73) grundsätzlich ebenso formfrei wie ein sog *Letter of Intent,* der gleichermaßen nur eine Absicht zum Ausdruck bringt (OLG München NJW-RR 2013, 284; Soergel/J Mayer § 311b Rn 51; MünchKommBGB/Ruhwinkel § 311b Rn 31; vgl auch BeckOGK/Schreindorfer [1. 7. 2023] § 311b Rn 47 f, 73. 1). Da es sich hierbei regelmäßig nur um Verpflichtungen zur Aufnahme von Verhandlungen und zur wechselseitigen Information handelt, scheidet auch eine mittelbare Ver- 64 pflichtung, die eine Beurkundungsbedürftigkeit auslösen kann (s Rn 154 ff), aus. Wird eine sog *Verhandlungsvorhand* vereinbart, wonach der Veräußerer verpflichtet sein soll, den Berechtigten über seine Veräußerungsabsicht zu informieren und mit diesem vorrangig Verhandlungen zu führen, ist hierdurch ebenfalls keine Verpflichtung zur Übertragung oder zum Erwerb begründet, sodass § 311b Abs 1 S 1 BGB nicht eingreift (BeckOGK/Schreindorfer [1. 7. 2023] § 311b Rn 47. 1, 73. 1; Wolf DNotZ 1995, 179, 192 f; ders DNotI-Report 1999, 25, 26; s auch OLG Hamburg NJW-RR 1992, 21). Anders ist dagegen ein **Vorvertrag** zu bewerten (BGHZ 82, 398, 403; BGHZ 142, 84, 87; BGH NJW 1970, 1915, 1916; NJW 2006, 2843, 2844; Grüneberg/Grüneberg § 311b Rn 11; MünchKommBGB/Ruhwinkel § 311b Rn 44; BeckOGK/Schreindorfer [1. 7. 2023] § 311b Rn 74). Dieser ist beurkundungsbedürftig, wenn er auch eine Verpflichtung zum Abschluss des späteren Hauptvertrages enthält, was auch dann der Fall ist, wenn diese noch von Bedingungen abhängt (iE auch BeckOGK/Schreindorfer [1. 7. 2023] § 311b Rn 74). Dasselbe gilt für die Angebotsvorhand (BeckOGK/Schreindorfer [1. 7. 2023] § 311b Rn 74. 1; Wolf DNotZ 1995, 179, 192), bei der sich der Veräußerer dazu verpflichtet, das Grundstück zunächst dem Berechtigten anzubieten, da hierdurch bereits eine rechtsgeschäftliche Bindung im Hinblick auf die Übertragung geschaffen wird.

65 Die Verpflichtung muss sich **unmittelbar** aus einer **rechtsgeschäftlichen** Erklärung ergeben (zur Verpflichtung kraft Gesetzes s Rn 69 ff). Nicht ausreichend ist es daher, wenn nur eine bereits *kraft Gesetzes* bestehende Verpflichtung wiederholt oder sogar nur eine Vertragsgrundlage geschaffen wird, die eine gesetzliche Verpflichtung zur Übertragung eines Grundstücks nach sich zieht (s Rn 80 ff). Nicht erforderlich ist jedoch nach dem Normzweck, dass die unmittelbar wirkende vertragliche Verpflichtung ihrerseits unmittelbar auf die Übertragung oder den Erwerb eines Grundstücks gerichtet ist. Es genügt, wenn die Verpflichtung lediglich *mittelbar* dazu führt, dass ein Grundstück zu übertragen oder zu erwerben ist (s Rn 152 ff). Dabei ist es allerdings erforderlich, dass ein nicht unerheblicher faktischer wirtschaftlicher Druck besteht, das Grundstück zu erwerben oder zu veräußern. Rein moralische Verpflichtungen, die keine direkten, spürbaren Nachteile bewirken, genügen demzufolge nicht.

66 Ausreichend für eine Beurkundungsbedürftigkeit nach § 311b Abs 1 S 1 BGB ist auch die Vereinbarung einer **befristeten** oder **bedingten Verpflichtung** zur Übertragung oder zum Erwerb eines Grundstücks (RGZ 72, 385, 389 f; RGZ 162, 78, 84; RGZ 169, 65, 70; BGHZ 57, 394, 396; BGH NJW-RR 2008, 824; MünchKommBGB/Ruhwinkel § 311b Rn 44; BeckOGK/Schreindorfer [1. 7. 2023] § 311b Rn 75). Dabei kommt es nicht darauf an, ob die Bedingung vom Willen eines der Beteiligten oder von externen Ereignissen abhängig ist. Daher fallen auch Verpflichtungen, die von einer Potestativbedingung abhängen, unter das Formerfordernis des § 311b Abs 1 S 1 BGB (BGH NJW-RR 1996, 1167; BeckOGK/Schreindorfer [1. 7. 2023] § 311b Rn 75. 1; vgl auch MünchKommBGB/Ruhwinkel § 311b Rn 44). Dies gilt selbst dann, wenn es sich um eine solche handelt, die allein im Willen des Verpflichteten steht. Zwar könnte insoweit gegen die Beurkundungsbedürftigkeit angeführt werden, dass der Veräußerer in einer solchen Konstellation noch nicht wirklich gebunden ist, da er den Bedingungseintritt selbst in der Hand hat, allerdings wird sich in einer solchen Situation jedenfalls eine bedingte Erwerbspflicht für den Vertragspartner ergeben, der im Fall des Bedingungseintritts das Grundstück abnehmen muss (BeckOGK/Schreindorfer [1. 7. 2023] § 311b Rn 75. 1). Darüber hinaus ist zu beachten, dass der Bedingungseintritt selbst der Form des § 311b

Abs 1 S 1 BGB nicht mehr unterliegt und in diesem Fall dann eine formfreie Verpflichtung zulässig wäre, wenn man auch das bedingte Geschäft nicht dem Beurkundungserfordernis unterwerfen würde (vgl auch BeckOGK/Schreindorfer [1. 7. 2023] § 311b Rn 75.1). Infolgedessen unterfallen sowohl das schuldrechtliche als auch das dingliche **Vorkaufsrecht** (Erman/Grziwotz § 311b Rn 42; BeckOGK/Schreindorfer [1. 7. 2023] § 311b Rn 77 f; zum schuldrechtlichen Vorkaufsrecht s RGZ 72, 385, 389 f; RGZ 79, 434, 435 f; RGZ 122, 138, 140; RGZ 137, 29, 30 f; RGZ 148, 105, 108; BGH NJW-RR 1991, 205, 206; MünchKommBGB/Ruhwinkel § 311b Rn 45; Tersteegen ZNotP 2021, 251, 252; zum dinglichen Vorkaufsrecht s BGH DNotZ 1968, 93; NJW-RR 1991, 205, 206; NJW 2000, 951, 952; s auch die Anm dazu bei Battes LM BGB § 311b Abs 1 Nr 151; MünchKommBGB/Ruhwinkel § 311b Rn 45) ebenso § 311b Abs 1 S 1 BGB wie An- (MünchKommBGB/Ruhwinkel § 311b Rn 44; BeckOGK/Schreindorfer [1. 7. 2023] § 311b Rn 80) und **Wiederkaufsrechte** (RGZ 126, 308, 312; BGH NJW 1973, 37; MünchKommBGB/Ruhwinkel § 311b Rn 44; BeckOGK/Schreindorfer [1. 7. 2023] § 311b Rn 79) und **Optionsverträge** (MünchKommBGB/Ruhwinkel § 311b Rn 44; BeckOGK/Schreindorfer [1. 7. 2023] § 311b Rn 80; s zudem Bredemeyer NVwZ 2016, 1379; ausf auch Heyers DNotZ 2011, 6). Gleichermaßen beurkundungsbedürftig sind auch Vereinbarungen über eine **Wahlschuld**, wenn die Wahl zumindest auch auf ein Grundstück fallen kann (Grüneberg/Grüneberg § 311b Rn 12; Soergel/J Mayer § 311b Rn 91; MünchKommBGB/Ruhwinkel § 311b Rn 22; BeckOGK/Schreindorfer [1. 7. 2023] § 311b Rn 85; s auch OLG Hamburg MittBayNot 2003, 293). In diesem Fall ist eine bedingte Übertragungsverpflichtung vereinbart, die für das Formerfordernis ausreichend ist. Nicht anders kann eine Vereinbarung über eine Ersetzungsbefugnis beurteilt werden, wenn dies dazu führt, dass ein Grundstück übertragen werden kann (Soergel/J Mayer § 311b Rn 91; MünchKommBGB/Ruhwinkel § 311b Rn 22; BeckOGK/Schreindorfer [1. 7. 2023] § 311b Rn 86). Steht die Ersetzungsbefugnis dem Schuldner zu, begründet sie regelmäßig eine bedingte Erwerbsverpflichtung für den Gläubiger (iE auch Soergel/J Mayer § 311b Rn 91; MünchKommBGB/Ruhwinkel § 311b Rn 22; BeckOGK/Schreindorfer [1. 7. 2023] § 311b Rn 86). Besteht für ihn keine Verpflichtung zur Abnahme, ergibt sich die Beurkundungsbedürftigkeit dennoch aus einer mittelbaren Erwerbsverpflichtung (s Rn 152 ff), da die wirtschaftlichen Nachteile für den Gläubiger regelmäßig so hoch sind, dass ihm praktisch kaum eine andere Wahl verbleibt, als das Grundstück zu akzeptieren. Steht die Ersetzungsbefugnis dem Gläubiger zu, wird hierdurch eine bedingte Übertragungsverpflichtung für den Schuldner erreicht (iE auch Soergel/J Mayer § 311b Rn 91; MünchKommBGB/Ruhwinkel § 311b Rn 22; BeckOGK/Schreindorfer [1. 7. 2023] § 311b Rn 86).

Die **Bedingung selbst** unterliegt nicht mehr der Form des § 311b Abs 1 S 1 BGB. **67**
Soweit es sich um ein externes Ereignis handelt, ergibt sich dies schon daraus, dass beurkundungsbedürftig von vornherein nur Willenserklärungen sein können. Doch selbst dann, wenn eine rechtsgeschäftliche Erklärung, insbesondere die Ausübungserklärung, erforderlich ist, ist diese nicht formgebunden (BeckOK-BGB/Gehrlein [1. 8. 2023] § 311b Rn 12; MünchKommBGB/Ruhwinkel § 311b Rn 46; BeckOGK/Schreindorfer [1. 7. 2023] § 311b Rn 81; s zum Ankaufsrecht BGHZ 144, 357; BGH NJW-RR 1996, 1167). Für die Vorkaufsrechte ergibt sich dies bereits aus § 464 Abs 1 S 2 BGB, während eine Parallelregelung in § 456 Abs 1 S 2 BGB für das Wiederkaufsrecht enthalten ist. Für sonstige Ausübungserklärungen, insbesondere im Rahmen eines **Optionsrechts**, fehlt es zwar an einer gesetzlichen Regelung, allerdings ist eine Beurkundungsbedürftigkeit dennoch abzulehnen (so iE auch BeckOK-BGB/Gehrlein [1. 8. 2023] § 311b Rn 12; BeckOGK/Schreindorfer [1. 7. 2023] § 311b Rn 81 f; grundlegend auch MünchKomm-

BGB/RUHWINKEL § 311b Rn 46). Insoweit ist der Rechtsgedanke der gesetzlich normierten Regelungen zu übertragen, da nicht nachzuvollziehen wäre, weshalb Vor- und Wiederkaufsrecht formfrei ausgeübt werden können, wenn dies nicht auch für sonstige Verträge gelten würde (vgl dazu auch BeckOGK/SCHREINDORFER [1. 7. 2023] § 311b Rn 82). Darüber hinaus ist das die Bedingung erfüllende Ereignis grundsätzlich nicht formgebunden, wenn es sich nicht um eine Willenserklärung handelt, sodass der Gesetzgeber anerkennt, dass Verpflichtungen auch ohne vollständige Beurkundung entstehen können. In der Sache erweist sich allerdings die Formfreiheit insoweit als problematisch, als das Risiko besteht, dass der Vorkaufsberechtigte an den Vertrag gebunden wird, obwohl er über die rechtlichen Voraussetzungen und Risiken nicht ausreichend belehrt wurde (s Rn 111).

68 Wollen die Beteiligten jedoch den durch Ausübungserklärung zustandegekommenen Vertrag modifizieren oder von vornherein eine andere Regelung treffen, die das bestehende Rechtsverhältnis ersetzt, so unterliegen die Modifikationen ihrerseits dem Beurkundungsbedürfnis, da es sich um Vertragsänderungen handelt, die nicht formfrei vorgenommen werden können (BeckOGK/SCHREINDORFER [1. 7. 2023] § 311b Rn 83). Ebenso ist eine Verpflichtung dahingehend, ein bestehendes Erwerbsrecht auszuüben, von § 311b Abs 1 S 1 BGB umfasst, da hierdurch eine Erwerbsverpflichtung begründet wird (BeckOGK/SCHREINDORFER [1. 7. 2023] § 311b Rn 84; s auch OLG Saarbrücken BeckRS 2016, 16096 Rn 30; **aA** WOLF DNotZ 1995, 179, 188).

2. Begründung der Veräußerungs-/Erwerbsverpflichtung durch Gesetz

69 § 311b Abs 1 S 1 BGB ist nur auf Verpflichtungen anwendbar, die **rechtsgeschäftlicher Natur** sind. Die Verpflichtung muss sich deshalb *unmittelbar* aus einer rechtsgeschäftlichen Erklärung ergeben (s Rn 80 ff). Wird die Verpflichtung zur Übertragung oder zum Erwerb des Eigentums an einem Grundstück **kraft Gesetzes** begründet, ist § 311b Abs 1 BGB **nicht betroffen** (allgM; bestätigt durch BGHZ 127, 173 = BGH NJW 1994, 3346). Nur bei einer rechtsgeschäftlichen Verpflichtung hat der Verpflichtete die Freiheit, zu entscheiden, ob und inwieweit er sich binden will, sodass die Zwecke der Formvorgabe gewahrt sein können. Des Weiteren verlangt auch der Wortlaut einen Vertrag und schließt somit gesetzliche Bestimmungen von vornherein aus. Gleichgültig ist, ob die gesetzliche Vorschrift, die die Verpflichtung begründet, **originär** wirkt (auch wenn uU als Tatbestandsmerkmal rechtsgeschäftliche Erklärungen *hinzukommen* müssen [zB bei den gesetzlichen Vorkaufsrechten, s Rn 78]) oder ob die gesetzliche Vorschrift ihrerseits ein Rechtsgeschäft (also ein rechtsgeschäftliches Wollen der Beteiligten) *voraussetzt* (zB Auftrag, Anfechtung, Rücktritt, usw) und die Übertragungs- oder Erwerbsverpflichtung lediglich aus dem geschlossenen Rechtsgeschäft kraft Gesetzes **abgeleitet** ist (zweifelnd im Hinblick auf den Schutzzweck LINDEN MittBayNot 1981, 169, 171). Entscheidend ist also, ob der Vertrag selbst eine entsprechende Verpflichtung enthält oder ob sich diese als Rechtsfolge aus einer gesetzlichen Bestimmung ergibt. Insoweit ist allerdings jeweils zu prüfen, ob die Beteiligten bei Abschluss des vorgelagerten Geschäfts zugleich auch eine eigenständige, vom Gesetz losgelöste Übertragungs- oder Erwerbsverpflichtung schaffen wollen.

a) Originäre gesetzliche Veräußerungs- oder Erwerbsverpflichtungen

70 Originäre gesetzliche Verpflichtungen, die auf eine Änderung der rechtlichen Zuordnung des Eigentums (s Rn 52 ff) gerichtet sind, existieren praktisch nur in der

Ausprägung einer Veräußerungsverpflichtung; gesetzliche Verpflichtungen, ein Grundstück zu erwerben sind demgegenüber zwar denkbar, allerdings praktisch bislang nicht umgesetzt.

aa) Besatzungsrecht

Eine Übereignungsverpflichtung konnte aufgrund Art 2 des Überleitungsvertrages vom 30. 3. 1955 (BGBl II 405) durch „Maßnahmen" einer Besatzungsbehörde begründet werden (vgl BGH WM 1964, 23; in dem entschiedenen Fall ging es allerdings in erster Linie um die Frage, ob die Form der §§ 311b Abs 1, 925 BGB *ersetzt* werden konnte). Insoweit war auf Grund der gesetzlich eingeräumten Befugnis keine Form einzuhalten. 71

bb) Gleichbehandlungsgrundsatz

Rechtsgeschäftlicher Erklärungen (Vertrag) (und damit der Form des § 311b Abs 1 S 1 BGB) bedarf es ebenfalls nicht zur Entstehung eines Anspruchs auf Übertragung des Eigentums an einem Grundstück aufgrund des verfassungsmäßigen **Gleichheitsgrundsatzes** des Art 3 GG (vgl zB die Siedlerfälle; so schon OLG Düsseldorf NJW 1950, 913; s auch den Fall in BGHZ 29, 81, wo dem Kläger allerdings ein vertraglicher, wenn auch nicht formbedürftiger Anspruch zugestanden wurde, und in BGHZ 31, 37, der eigentlich eher in die Rspr des BGH zur Satzung einer Genossenschaft [Rn 181] einzuordnen ist; s aber auch BGHZ 45, 184, der keinen Fall des Art 3 GG enthält). Ein solcher verfassungsunmittelbarer Anspruch kann jedoch nur in Ausnahmefällen in Betracht kommen, wenn die öffentliche Hand beteiligt ist *und* die Personengruppe (zB Siedler) durch Gesetz oder Verwaltungshandeln so eingegrenzt ist, dass der Ausschluss gerade des konkret Betroffenen Willkür wäre. Andernfalls mag zwar eine Ungleichbehandlung vorliegen, allerdings steht der öffentlichen Hand ein **Ermessen** dabei zu, wie sie den Verstoß gegen Art 3 Abs 1 GG beseitigen will (vgl BVerfGE 85, 191, 211 f; BVerfGE 133, 377, 422 f; s auch BVerfGE 28, 227, 242 f; BVerfGE 61, 43, 68; BVerfGE 99, 280, 298; BVerfGE 126, 268, 284). Infolgedessen entsteht dann kein Anspruch des Einzelnen auf Übertragung des Eigentums an einem Grundstück. Zu beachten ist zudem, dass dann, wenn der öffentlichen Stelle ein Auswahlermessen darüber zusteht, welches Grundstück dem konkreten Erwerber zugewiesen wird, ebenfalls kein Anspruch auf ein bestimmtes Grundstück kraft Gesetzes entsteht, sodass für die Begründung eines solchen Forderungsrechts eine vertragliche Vereinbarung nötig ist, die den Erfordernissen des § 311b Abs 1 S 1 BGB zu genügen hat. 72

cc) Sozialer Wohnungsbau

Im Bereich des **öffentlich geförderten sozialen Wohnungsbaus** konnte sich aus §§ 56, 58 Abs 2–5, § 64 Abs 4 II. WobauG ein gesetzlicher Anspruch eines *„geeigneten Erwerbers"* gegen den Bauträger auf Eigentumsverschaffung zu angemessenen Bedingungen ergeben (ausführlich dazu noch Staudinger/Wufka [2006] § 311b Abs 1 Rn 48). Der Anspruch des Bewerbers ging *nicht unmittelbar* auf Auflassung, sondern – anders als beim Gleichbehandlungsgrundsatz, s Rn 72 – nur auf *Abschluss* eines (formpflichtigen; vgl BGH WM 1970, 70) *Kaufvertrages*. Dieser unterlag in der Konsequenz den Vorgaben des § 311b Abs 1 BGB. Durch die Aufhebung des II. WobauG hat sich die Fragestellung zudem erledigt. 73

dd) Einheimischenmodelle

Entsprechendes gilt beim Verkauf von Grundstücken durch eine Gemeinde im Rahmen eines sog **Einheimischenmodells**. Gem § 4 WoFG (nach **aA** unmittelbar gem 74

Art 28 GG: BVerwG NJW 1993, 2695) hat die Gemeinde die Aufgabe, Bauland Bauwilligen zu Eigentum oder im Wege eines Erbbaurechts zu überlassen. Rechtsansprüche auf Bereitstellung von Bauland bestehen zwar nicht (§ 4 Abs 4 WoFG; vgl insoweit auch BGH NJW 1989, 1778, allerdings zu § 59 StBauFG), vergibt die Gemeinde jedoch Bauland, so ist sie bei der Konkretisierung des *Kreises* der möglichen Käufer und dann des konkreten Erwerbers aus diesem Kreis im Rahmen der (nicht beurkundungsbedürftigen, da nur eine Selbstbindung der Gemeinde bewirkenden) Vergabeentscheidung als Vorstufe für den Abschluss eines rechtsgeschäftlichen Grundstücksvertrages an den Gleichbehandlungsgrundsatz gebunden (s hierzu Grziwotz, Baulanderschließung [1993] B II 6 c dd; zur Bindung der öffentlichen Hand an den Gleichbehandlungsgrundsatz auch dort, wo sie sich der Erfüllung ihr obliegender Aufgaben privatrechtlicher Formen bedient, s auch BGHZ 9, 76; BGHZ 52, 325; BGHZ 91, 84 = BGH NJW 1985, 197; BGH NJW 1988, 1386). Ist durch die Vergaberichtlinien der Gemeinde eine **Selbstbindung** erfolgt, wird die Vergabe durchgeführt und erfüllt der betreffende Bewerber die Vergaberichtlinien, so kann für die Gemeinde unter den in Rn 72 angeführten Voraussetzungen (Willkür) eine Verpflichtung in Form eines *Abschlusszwanges* erwachsen. Da der Anspruch auf Übereignung allerdings nicht unmittelbar durch das Gesetz entsteht, ist der den Übertragungsanspruch begründende Vertrag nach § 311b Abs 1 BGB zu beurkunden.

ee) Enteignungsverfahren und andere öffentlich-rechtliche Vorschriften

75 § 311b Abs 1 S 1 BGB ist nach der Rspr nicht heranzuziehen bei Enteignungsverträgen *innerhalb* des **förmlichen Enteignungsverfahrens** (BGH NJW 1973, 657 zu § 110 BBauG aF; MDR 1983, 913 und OLG Schleswig DNotZ 1981, 56 jeweils zum PrEnteigG). Die Änderung der Eigentumszuordnung als solche und das betreffende Verfahren ergeben sich hier unmittelbar aus dem Gesetz (vgl zB auch §§ 85, 110 BauGB). Teileinigungen *außerhalb* des Enteignungsverfahrens, zB über den Besitzübergang, die Bauerlaubnis und die Höhe der Entschädigung, sind formfrei, wenn die Übereignungspflicht als solche später *innerhalb* des Enteignungsverfahrens festgelegt wird; auch eine Beurkundungsbedürftigkeit wegen einer mittelbaren Bindung (s Rn 80 ff) scheidet aus diesem Grund aus (BayObLG MDR 1981, 405). Ein schuldrechtlicher Vertrag über eine freiwillige Veräußerung an den Enteignungsberechtigten *außerhalb* des Enteignungsverfahrens (selbst wenn dies zur Abwehr der Enteignung erfolgt) ist dagegen beurkundungspflichtig (RGZ 70, 45; BGHZ 88, 165 = BGH NJW 1984, 1151).

Praktisch kann sich allerdings die Einhaltung der Form des § 311b Abs 1 BGB empfehlen, weil häufig **nicht feststehen wird**, ob sich die Verpflichtung aus dem Enteignungsverfahren unmittelbar ergibt, sodass bei einer Einhaltung der Formvorgaben Streitigkeiten von vornherein verhindert werden können. Führt das Enteignungsverfahren nämlich nicht zu einem in diesem Rahmen bestehenden Übereignungsanspruch, verstoßen auch etwaig im Vertrag enthaltene deklaratorische Bestätigungen und diesbezügliche Regelungen gegen § 311b Abs 1 BGB und sind daher nach § 125 S 1 BGB nichtig. Will sich die öffentliche Stelle auf dieses Risiko nicht einlassen, so ist die Beurkundung der entsprechenden Vereinbarung unumgänglich.

76 Dasselbe gilt, wenn die Änderung der Eigentumszuordnung aufgrund **anderer gesetzlicher Vorschriften** innerhalb des darin geregelten gesetzlichen Verfahrens erfolgt (zB §§ 80 ff BauGB zum Grenzregelungsverfahren; §§ 61, 79 FlurbG). Diese Grundsätze wirken auch für die in den neuen Bundesländern geltenden **Sondergesetze zur Bereinigung der Eigentumsverhältnisse** (s zB Art 233 § 11 Abs 2 EGBGB; § 11 Abs 2 TreuhG). Das Umlegungsverfahren ist gleichermaßen auf die hoheitliche Änderung der Eigentumsverhältnisse angelegt, § 45 Abs 1 BauGB. Sollen jedoch Grundstücke aus der Verfügungsmasse auf „Weisung" des einwerfenden Eigentümers an am Umlegungsverfahren nicht beteiligte Personen (zB an Abkömmlinge im Wege der „vorweggenommenen Erbfolge") zugewiesen werden, bedarf diese Zuweisung *zuvor* einer *rechtsgeschäftlich* begründeten Vereinbarung zwischen dem einwerfenden Eigentümer und dem nichtbeteiligten Dritten, die gem § 311b Abs 1 S 1 BGB beurkundungsbedürftig ist (s GRZIWOTZ MittBayNot 1996, 454; **aA** OLG Hamm MittBayNot 1996, 452, das jedoch auf diesen Aspekt in seiner öffentlich-rechtlich begründeten Argumentation überhaupt nicht eingeht). Entsprechendes gilt für den Landverzicht, wenn eine Geldabfindung iS des § 52 FlurbG von einem Dritten geleistet wird, zu dessen Gunsten die Abfindungserklärung abgegeben wird (vgl TÖNNIES MittRhNotK 1987, 117, 118 f; s auch BERG MittBayNot 1988, 197, 201 f). Ein freiwilliger Landtausch nach §§ 103a ff FlurbG ist formpflichtig; dies gilt auch, wenn statt eines amtlichen Umlegungsverfahrens eine freiwillige Umlegung stattfindet (BGH NJW 1985, 989). Nicht dem § 311b Abs 1 S 1 BGB unterfallen würde jedoch eine Vergesellschaftung durch Gesetz auf der Grundlage von Art 15 GG (s zur Zulässigkeit in Bezug auf Wohnungsbauunternehmen: KLOEPFER NJW 2019, 1656; KLUTH DVBl 2022, 879; KÜHLING/LITTERST DVBl 2022, 871; MANSSEN ZfIR 2020, 733; PETERSEN/MAIER ZfIR 2019, 737; SCHMIDT DÖV 2019, 508; SODAN/FERLEMANN LKV 2019, 193; THIEL ZfBR 2021, 523).

Eine öffentlich-rechtliche Übertragungs- oder Erwerbsverpflichtung kann sich nicht 77
nur aus formellen Gesetzen, sondern auch aus **untergesetzlichem Recht** ergeben. So ist es beispielsweise denkbar, dass eine Rechtsverordnung oder eine Satzung eine entsprechende Regelung enthält. Insoweit ist allerdings zu beachten, dass das materielle Gesetz formell und materiell ordnungsgemäß erlassen und wirksam sein muss, um eine derartige Verpflichtung zu begründen. Ein Fall einer formfreien Übertragungs- oder Erwerbsverpflichtung besteht auch dann, wenn sich die Verpflichtung nicht unmittelbar aus der Rechtsnorm ergibt, sondern diese lediglich zum Erlass eines entsprechenden Verwaltungsakts ermächtigt. Auch dieser, die Verpflichtung letztlich unmittelbar anordnende Bescheid muss in der Konsequenz nicht die Form des § 311b Abs 1 BGB einhalten (MünchKommBGB/RUHWINKEL § 311b Rn 25; s auch NK-BGB/RING § 311b Rn 7).

ff) Gesetzliche Vorkaufsrechte

Die immer zahlreicher werdenden **gesetzlichen Vorkaufsrechte** werden, gleichgültig, 78
ob sie im öffentlichen Recht (zB § 24 BauGB, § 66 BNatSchG und die Vorkaufsrechte in den Landesnaturschutzgesetzen, § 99a WHG und die Vorkaufsrechte nach den Landesgesetzen, denkmalschutzrechtliche Vorkaufsechte nach den Landesgesetzen) oder im Zivilrecht (zB § 2034 BGB, § 577 Abs 3 BGB) enthalten sind, gleichfalls unmittelbar durch *Gesetz* begründet, auch wenn sie zur Aktualisierung der Übereignungsverpflichtung noch eines Verwaltungsaktes (s zur Möglichkeit der Rücknahme und des Widerrufs MEIER/LEIDNER MittBayNot 2023, 120; sich mit der Rücknahme befassend insbes BGHZ 233, 239) oder einer rechtsgeschäftlichen Erklärung (= Ausübung) bedürfen. Insoweit kommt es entscheidend darauf an, dass die bedingte Verpflichtung unmittelbar durch das Gesetz zum Entstehen kommt, während

die nachfolgende Ausübung nur noch den Eintritt der Bedingung markiert. Nach dem Willen des Gesetzgebers im Rahmen der Schuldrechtsmodernisierung (s Rn 110) ist nicht nur die Ausübung rechtsgeschäftlicher Vorkaufsrechte, sondern auch die gesetzlicher Vorkaufsrechte formfrei, soweit nicht ausdrücklich eine Form bestimmt ist (§ 577 Abs 3 BGB: schriftliche Erklärung bei der Ausübung des Mietervorkaufsrechts; s zur Ausübung des Vorkaufsrechts des Mieters auch HAMMEN DNotZ 1997, 543; LANGHEIN ZRP 2000, 473).

79 Die vom Gesetzgeber beabsichtigte **Formfreiheit** dient allerdings nicht dem **Schutz des Ausübenden** (zum Schutzzweck s Rn 7 ff). Für ihn wird damit formfrei eine Erwerbsverpflichtung begründet, die entsteht, ohne dass eine ausreichende Belehrung über die Folgen seiner Erklärung sichergestellt ist. *De lege ferenda* sollte bei der Frage der Formbedürftigkeit der **Ausübung** (s Rn 111) gesetzlich begründeter Vorkaufsrechte unterschieden werden: Findet die Ausübung (vgl die entsprechende Problematik bei der Enteignung s Rn 75) *innerhalb* des hierfür vorgesehenen *öffentlich-rechtlichen* Verfahrens durch privatrechtsgestaltenden *Verwaltungsakt* statt (zB bei § 28 Abs 2 BauGB, s hierzu BATTIS/KRAUTZBERGER/LÖHR/REIDT § 28 BauGB Rn 2; bei Art 34 Abs 3 BayNatG: VGH München MittBayNot 1996, 324; BayObLG BayVBl 1999, 28; zu § 4 RSG, §§ 2, 9, 12 GrstVG s OLG Schleswig RdL 2000, 95), kann es aus der Sicht des § 311b Abs 1 S 1 BGB bei der Formfreiheit verbleiben, selbst wenn in der betreffenden gesetzlichen Vorschrift im Übrigen auf die §§ 463 ff BGB verwiesen wird. Die Behörde als Berechtigte bedarf keiner spezifischen Belehrung, sondern es ist anzunehmen, dass diese ausreichend sachkompetent ist, um sich der Auswirkungen ihres Handelns bewusst zu sein (vgl auch BeckOGK/SCHREINDORFER [1. 7. 2023] § 311b Rn 62). Ist dagegen das gesetzliche Vorkaufsrecht im *Zivilrecht* enthalten und bedarf es daher zur Ausübung des Vorkaufsrechtes einer *rechtsgeschäftlichen* Erklärung wie bei den rechtsgeschäftlichen Vorkaufsrechten, sollte die Ausübung des Vorkaufsrechts der **Formpflicht** des § 311b Abs 1 S 1 BGB **unterstellt** werden. Bei der rechtsgeschäftlichen Ausübung eines gesetzlichen Vorkaufsrechts ist der Schutz des Vorkaufsberechtigten durch die Belehrungen des Notars und die Beweis- sowie Gewährsfunktion der notariellen Urkunde und der dadurch herbeigeführte Schutz vor Übereilung umso dringlicher (**aA** BGH NJW 2000, 2665; s dazu die Anm bei RIEGER DNotZ 2000, 768), da (anders als bei rechtsgeschäftlichen Vorkaufsrechten) der Vorkaufsberechtigte bei einem derartigen gesetzlichen Vorkaufsrecht nicht einmal den Schutz des § 311b Abs 1 S 1 BGB wenigstens bei der Begründung des Vorkaufsrechts erhält. *De lege lata* wird hier der Notar erst bei der Auflassung benötigt, was allerdings für den Berechtigten zu spät kommt, da er zu diesem Zeitpunkt bereits gebunden ist (s im Übrigen hierzu näher Rn 11).

b) Abgeleitete gesetzliche Veräußerungs- oder Erwerbsverpflichtungen

aa) Auftrag

80 Aus dem **Auftrag** als einem unvollkommen zweiseitigen Vertrag (MünchKommBGB/SCHÄFER § 662 Rn 18) ergibt sich *unmittelbar* nur die **Pflicht zur Besorgung** des dem Auftragnehmer übertragenen Geschäftes (RGZ 130, 23, 30; BeckOK-BGB/FISCHER [1. 8. 2023] § 662 Rn 11; STAUDINGER/MARTINEK/OMLOR [2017] § 662 Rn 3). Die Verpflichtung zur Übereignung eines im Zuge des Auftrages erworbenen Grundstücks an den Auftraggeber ist eine **Rechtsfolge**, die aus der **gesetzlichen** Bestimmung des § 667 BGB resultiert (RGZ 54, 78; RGZ 62, 336; RGZ 91, 70: Auftrag zur Erstehung in der Zwangsversteigerung; BGHZ 127, 169 in Fortführung zu BGHZ 85, 245; BGH BB 1956, 1124; DNotZ 1961, 583; FamRZ 1967, 451; DNotZ 1970, 289; 1971, 89; OLG München 26. 3. 2015 – 23 U 3103/14 Rn 26, juris; MünchKommBGB/Ruhwinkel § 311b Rn 25; vgl auch Erman/Grziwotz § 311b Rn 26). Aufträge zum Erwerb eines Grundstücks sind demnach nicht von § 311b Abs 1 BGB erfasst und damit **formfrei**, wenn die Entschließungsfreiheit von Auftraggeber und Auftragnehmer im Übrigen uneingeschränkt bleibt, insbesondere der Gegenstand des Auftrags kein konkretes oder konkretisierbares Grundstück ist und keine Erwerbs*verpflichtung* (s Rn 81) durch Auftragnehmer oder Auftraggeber eingegangen wird (Grüneberg/Grüneberg § 311b Rn 18; Soergel/J Mayer § 311b Rn 13, 43; grundsätzlich ebenso, aber teilweise einschränkend Erman/Grziwotz § 311b Rn 26; **aA** Heckschen 62, der § 667 BGB als dispositive Vorschrift mit vertraglichem Regelungsinhalt ansieht). Dies ist vor dem Schutzzweck des § 311b Abs 1 BGB gerechtfertigt, da der Auftragnehmer wirtschaftlich (wenn auch nicht rechtlich) nur Durchgangsstelle des Grundeigentums ist (BGHZ 85, 245; BGH DNotZ 1969, 745; NJW 1978, 2505; NJW 1987, 2071; MünchKommBGB/Ruhwinkel § 311b Rn 25). § 667 BGB enthält zudem für den Auftraggeber lediglich ein gesetzliches Erwerbs*recht* und *im Falle* eines Erwerbs eine gesetzliche Pflicht des Auftragnehmers zur Übereignung an den Auftraggeber, jedoch keine Abnahme- und damit auch keine gesetzliche Erwerbspflicht des Auftraggebers (BGH NJW 1981, 1267; NJW 1987, 2071; wie hier Soergel/J Mayer § 311b Rn 43; **aA** Schwanecke NJW 1984, 1585, 1586 und ihm folgend Erman/Grziwotz § 311b Rn 29). Dies deckt sich inhaltlich auch mit der Rechtsprechung zur Formbedürftigkeit der Aufhebung eines Grundstücksvertrags nach der Entstehung des Anwartschaftsrechts (krit aber Heckschen 63 f; Lehmann DNotZ 1987, 142; Ludwig DNotZ 1982, 622). Die Aufhebung ist insoweit ebenfalls richtigerweise formfrei möglich, wenn die Beteiligten keine Änderung der gesetzlichen Regelungen des Bereicherungsrechts vereinbaren (s Rn 303). Dies ist allerdings praktisch kaum denkbar, da den Parteien nicht daran gelegen ist, die eher unspezifischen Vorgaben der §§ 812 ff BGB beizubehalten, sondern sie typischerweise eine konkretere Regelung wünschen, sodass dies die Beurkundungsbedürftigkeit auslöst.

Jedoch kann die *Ausgestaltung* des Auftrags, insbesondere bei wirtschaftlich und **81** rechtlich voneinander unabhängigen Geschäftspartnern (so noch MünchKommBGB/Kanzleiter [7. Aufl 2016] § 311b Rn 22) und bei entgeltlichen „Aufträgen" (Geschäftsbesorgungsverträgen, § 675 BGB), eine auf ein konkretes Grundstück bezogene rechtsgeschäftliche **Erwerbspflicht** des **Auftragnehmers** und/oder des **Auftraggebers** enthalten. Diese sind dann beurkundungsbedürftig (BGHZ 127, 171; BGH NJW 1996, 1960: Auftrag zur Ersteigerung eines Grundstücks als Erwerbspflicht; NJW 1981, 1287, auch wenn es dort wegen § 311b Abs 1 S 2 BGB iE darauf nicht ankam; s auch BGHZ 85, 245 = BGH NJW 1983, 566; 1985, 730; BGH MDR 1990, 515; OLG Dresden 27. 1. 2017 – 5 U 645/16, juris Rn 37; zur ähnlichen Problematik bei Treuhandaufträgen hinsichtlich GmbH-Geschäftsanteilen s BGH DNotZ 1999, 758 m Anm Armbrüster). Insoweit kommt es, soweit der Auftrag keine explizite Bestimmung enthält, auf die Auslegung des Vertrags an, um zu ermitteln, ob insbesondere der Auftragnehmer verpflichtet sein soll, das Grundstück vom Dritten zu erwerben. Nur wenn ihm die Entschließungsfreiheit verbleibt, den Erwerb durchzuführen oder hiervon Abstand zu nehmen, ist § 311b Abs 1 S 1 BGB nicht betroffen (BGHZ 85, 245, 250; BGH NJW 1987, 2071; NJW 1996, 1960; Erman/Grziwotz § 311b Rn 28; Soergel/J Mayer § 311b Rn 42; BeckOGK/Schreindorfer [1. 7. 2023] § 311b Rn 58; vgl NK-BGB/Ring § 311b Rn 32). Schließen die Beteiligten den Auftrag über den Erwerb eines **konkreten Grundstücks**, wird regelmäßig viel dafürsprechen, dass der Auftragnehmer auch verpflichtet sein soll, das Grundstück zu erwerben, und es ihm damit nicht freisteht, seine Bemühungen ohne zureichenden Grund einzustellen. In diesem Fall liegt für den Auftragnehmer eine Erwerbsverpflichtung vor, die die Beurkundungsbedürftigkeit auslöst (vgl Soergel/J Mayer § 311b Rn 45). Dasselbe gilt, wenn die Beteiligten die gesetzliche Regelung dahingehend modifizieren, dass der Auftraggeber nicht nur nach § 667 BGB berechtigt ist, das Grundstück zu übernehmen, sondern er hierzu auch gegenüber dem Auftragnehmer verpflichtet sein soll. In einer solchen Konstellation existiert gleichermaßen eine Erwerbsverpflichtung, die den Tatbestand des § 311b Abs 1 BGB erfüllt (BGHZ 85, 245, 251; Erman/Grziwotz § 311b Rn 29; BeckOGK/Schreindorfer [1. 7. 2023] § 311b Rn 59; Schwanecke NJW 1984, 1585, 1588).

82 Die genannten Anforderungen sind regelmäßig beim **Treuhandvertrag** zu bejahen (s dazu BGH DNotZ 2018, 828, 830; DNotZ 2022, 42, 44; DNotZ 2022, 49, 52; OLG Dresden NotBZ 2017, 391). Bei diesem besteht ein Interesse insbesondere des Treugebers daran, dass die Übertragung auf den Treunehmer erfolgt (s die Konstellation bei BGH DNotZ 2018, 828, 830; DNotZ 2022, 49, 52; OLG Dresden NotBZ 2017, 391), da typischerweise das Interesse an der Verlagerung der rechtlichen Vermögenszuordnung beim Treugeber liegen wird. Insoweit folgt hieraus eine Erwerbsverpflichtung für den Treunehmer, die nach § 311b Abs 1 S 1 BGB das Formerfordernis auslöst (OLG Dresden NotBZ 2017, 391). Hinzu werden typischerweise spezifisch ausgestaltete Veräußerungsverpflichtungen treten, nach denen der Treunehmer das Grundstück auf den Treugeber zurückzuübertragen hat. Auch diese unterliegen den Vorgaben des § 311b Abs 1 S 1 BGB, ebenso wie eine mögliche Erwerbsverpflichtung des Treugebers, wenn die Voraussetzungen vorliegen (OLG Dresden NotBZ 2017, 391; s aber auch BGH DNotZ 2018, 828, 830; DNotZ 2022, 42, 45 ff; DNotZ 2022, 49, 52, wo der Senat die Veräußerungsverpflichtung jeweils allein aus dem Gesetz ableitet; abl dazu aber Grziwotz DNotZ 2022, 56, 59 f). Dabei führen nach Überzeugung des BGH (DNotZ 2022, 42, 48) jedoch nur solche Abweichungen von den gesetzlichen Bestimmungen, insbesondere von § 667 BGB, zur Beurkundungsbedürftigkeit, die die gesetzliche Übereignungsverpflichtung ausweiten. Bestehen Einschränkungen, können diese formfrei vereinbart werden (BGH DNotZ 2022, 42, 48). Hat der Treugeber jedoch bereits das Eigentum oder ein Anwartschaftsrecht im Moment des Abschlusses des Treuhandvertrags erworben, kann § 667 BGB keine Rolle mehr spielen, sodass die Übereignungsverpflichtung nur auf vertraglicher Grundlage bestehen kann und deshalb stets eine Beurkundungspflicht gegeben ist, wenn insoweit eine Veräußerungsverpflichtung geschaffen wird (BGH DNotZ 2022, 49, 55).

83 Die Übereignungsverpflichtung des Auftragnehmers *kann* zwar (obwohl sie gem § 667 BGB bereits gesetzliche Rechtsfolge eines Auftrags ist) auch *vertraglich* geregelt werden (s hierzu bereits unter der Geltung des § 313 S 1 aF RG JW 1911, 580; JW 1931, 3269), *notwendig* ist dies im Hinblick auf § 667 BGB jedoch nicht (s Rn 53). Wiederholen die Parteien dabei lediglich die gesetzliche Bestimmung, führt dies nicht zur Formbedürftigkeit (s Rn 150 f). Maßgeblich ist mithin, ob sie eine neue Veräußerungs- oder Erwerbsverpflichtung schaffen wollen. Ist das der Fall, so ist diese nur bei Beachtung der Vorgaben des § 311b Abs 1 S 1 BGB möglich. Daran fehlt es aber, wenn die Beteiligten nur Aspekte einer abweichenden Reglung zuführen, die in keinem Zusammenhang mit der Veräußerungs- oder Erwerbsverpflichtung stehen, wie insbesondere die Zahlungsmodalitäten (s Rn 151). Wird aber durch die Vereinbarung eine Erwerbspflicht für den Auftraggeber geschaffen, löst dies die Beurkundungsbedürftigkeit aus, da eine solche nach dem Gesetz nicht besteht (s Rn 81).

84 Ebenfalls grundsätzlich **formfrei** ist die gesetzlich begründete (§ 713 BGB, § 667 BGB) Herausgabepflicht des *geschäftsführenden Gesellschafters* (RGZ 68, 262; vgl JW 1909, 722;

BGH WM 1956, 1520; DNotZ 1961, 584; WM 1966, 398), des *Treuhänders* (RG JW 1926, 2571; JW 1928, 1813; BGH WM 1965, 1215) und bei den – meist unentgeltlichen – Ehegatten- und Verwandtenaufträgen, bei denen sich auch der Auftraggeber die Entscheidungsfreiheit bis zum Schluss selbst vorbehält (Soergel/J Mayer § 311b Rn 47). Etwas anderes gilt allerdings auch an dieser Stelle, wenn durch die Vereinbarung für eine der beiden Seiten eine Erwerbsverpflichtung geschaffen wird, insbesondere der Herausgabeberechtigte verpflichtet sein soll, von seiner Befugnis Gebrauch zu machen.

bb) Anfechtung, Rücktritt, Widerruf

Die *Anfechtung* bewirkt gem § 142 BGB die **Nichtigkeit** der abgegebenen Willenserklärung und damit **des Vertrages**; die etwaige Rückübereignungspflicht ergibt sich dann unmittelbar aus der gesetzlichen Rechtsfolge des § 812 Abs 1 BGB. Der *Rücktritt* hat gem § 346 BGB ein gesetzliches Rückabwicklungsverhältnis zur Folge (zur Wandelung nach altem Recht s RGZ 137, 294, wo die Formfreiheit des Wandelungsverlangens als selbstverständlich vorausgesetzt wird), ebenso der *Widerruf* gem §§ 355, 358 Abs 3, § 358 Abs 4, § 357 BGB bei Verbraucherverträgen (zB wenn der Widerruf erst zu einem Zeitpunkt erfolgt, zu dem der Kaufpreis bereits bezahlt und das Eigentum bereits umgeschrieben ist; Fallbeispiel: Bauträgervertrag, der gem § 495 BGB mit einem widerruflichen Verbraucherdarlehen verbunden ist; s Basty Kap 4 Rn 6: die Widerrufsfolgen erstrecken sich auf den Bauträgervertrag). Sämtliche Rückübereignungsverpflichtungen setzen zwar die Abgabe einer rechtsgeschäftlichen Erklärung voraus (Anfechtung gem §§ 119 ff BGB; Rücktrittserklärung gem § 349 BGB; Widerruf gem § 355 BGB). Sie beruhen jedoch auf einer bereits wirksamen *und* beurkundeten Erwerbs- und/oder Veräußerungsverpflichtung und stellen die *gesetzlich* vorgesehene Instrumentarien für die (Rück-)Abwicklung eben dieser Verträge dar (Wufka DNotZ 1990, 339, 355; dies übersieht Heckschen 65, wenn er den früheren Wandelungsvertrag § 313 S 1 aF unterwerfen will). Tatbestandsmerkmal für die Anwendbarkeit des § 311b Abs 1 S 1 BGB ist nur eine rechtsgeschäftliche Verpflichtung, die entweder neu (erstmals) begründet oder wieder geändert werden soll (s hierzu BGH DNotZ 1989, 233, bei dem nach Auflassung eine Rückkaufverpflichtung *neu vereinbart* worden war und somit gerade keine Rückabwicklung aufgrund Ausübung eines Gestaltungsrechtes stattfand; ebenso BGH ZNotP 2012, 389). Die Erklärung einer Anfechtung, eines Rücktritts oder eines Widerrufs ist daher **nicht formbedürftig** (hM; Grüneberg/Grüneberg § 311b Rn 17; Soergel/J Mayer § 311b Rn 48 NK-BGB/Ring § 311b Rn 39; Roemer 113, 111; MünchKommBGB/Ruhwinkel § 311b Rn 26; **aA** Heckschen 65; wohl auch Ludwig DNotZ 1982, 622). 85

Beurkundungsbedürftig ist dagegen eine **Vertragsänderung**, durch die ein vertragliches Rücktrittsrecht erst eingeräumt wird. Dasselbe gilt für eine „Vereinbarung“, in der sich der andere Vertragsteil mit Rücktritt oder Anfechtung – vergleichsweise – einverstanden erklärt, wenn dies einen von der gesetzlichen Rückabwicklung abweichenden Regelungsinhalt hat (so auch Eckardt JZ 1996, 934, 939; s zur insoweit ähnlichen Problematik bei Aufhebungsverträgen Rn 300 ff; anders wohl: MünchKommBGB/Ruhwinkel § 311b Rn 26: beurkundungspflichtig nur, wenn tatsächlich kein Rücktritts- oder Anfechtungsrecht bestanden hat). Insoweit kommt es nicht darauf an, ob die Abweichungen von den gesetzlichen Bestimmungen auf einer Veränderung auf Tatbestandsseite oder einer solchen auf Rechtsfolgenseite beruhen. In beiden Fällen ist das Formerfordernis des § 311b Abs 1 S 1 BGB zu beachten (BeckOGK/Schreindorfer [1. 7. 2023] § 311b Rn 64). Beurkundungsbedürftig ist eine derartige Vereinbarung auch dann, wenn materiellrechtlich ein Rücktrittsrecht nicht existiert, da dann die Erklärung ins Leere geht 86 und somit aufgrund Gesetzes keine Verpflichtung zur Rückübertragung besteht. Praktisch empfiehlt es sich deshalb, wenn zwischen den Beteiligten eine vergleichsweise Regelung gewollt ist, diese stets in der Form des § 311b Abs 1 S 1 BGB vorzunehmen, um zukünftigen Streitigkeiten von vornherein den Boden zu entziehen (so iE auch BeckOGK/Schreindorfer [1. 7. 2023] § 311b Rn 64. 1).

V. Verpflichtung durch „Vertrag"

1. Vertrag/einseitiges Rechtsgeschäft

87 *Jeder* **Vertrag**, der eine *Verpflichtung* zur Übertragung oder zum Erwerb eines Grundstückes enthält, ist ein Vertrag iS des § 311b Abs 1 S 1 BGB (s auch Erman/Grziwotz § 311b Rn 18; jurisPK-BGB/Ludwig § 311b Rn 40). Hierrunter fallen also sowohl *gegenseitig* als auch unvollkommen *zweiseitig* und *einseitig* verpflichtende Verträge. Unerheblich ist es, ob die maßgebliche Verpflichtung Hauptgegenstand des Vertrages ist oder nur eine Nebenverpflichtung darstellt. Auch auf den *Vertragstyp* (Kauf-, Tausch-, Dienst-, Werkvertrag; Gesellschaftsvertrag; Auseinandersetzungsvertrag gem § 2042 BGB, soweit zum Nachlass Grundstücke gehören) kommt es nicht an (vgl Erman/Grziwotz § 311b Rn 18; auch ein „Verzicht" auf einen Berichtigungsanspruch nach § 894 BGB – unabhängig davon, dass dieser nicht verzichtbar ist [Grüneberg/Herrler § 894 Rn 5] – wird daher, soweit er als Verpflichtung zur Übertragung des Grundstücks umgedeutet werden muss [s zur Vereinbarung eines Durchsetzungsverzichts Rn 57], von § 311b Abs 1 S 1 BGB erfasst [s OLG Schleswig DNotZ 2000, 775]). Es spielt auch keine Rolle, ob der Verpflichtung zur Übertragung oder zum Erwerb eines Grundstücks eine Gegenleistung gegenübersteht oder welcher Art diese ist.

88 **Einseitige Rechtsgeschäfte** sind in § 311b Abs 1 BGB nicht genannt. Es kommen auch nur wenige in Betracht, die eine Verpflichtung zur Veräußerung oder zum Erwerb von Grundstücken enthalten können, wie zB das *Stiftungsgeschäft* (§§ 80, 82 BGB) (s dazu Pruns ErbR 2020, 163; Schwalm/Thiele ZEV 2020, 523; Strobel ZErb 2020, 397; Werner ZErb 2021, 131) und die *Auslobung* (§ 657 BGB). Auch auf diese Geschäfte trifft der Normzweck des § 311b Abs 1 BGB jedoch uneingeschränkt zu. § 311b Abs 1 BGB ist deshalb auch auf einseitige Rechtsgeschäfte entsprechend anwendbar (nunmehr hM: BGHZ 15, 182; BGH MDR 1973, 751; OLG Köln RNotZ 2019, 539, 541 f; Erman/Grziwotz § 311b Rn 3; Grüneberg/Grüneberg § 311b Rn 16; jurisPK-BGB/Ludwig § 311b Rn 55; Soergel/J Mayer § 311b Rn 51; MünchKommBGB/Ruhwinkel § 311b Rn 25 f; so schon Planck/Siber Anm 1a; vgl NK-BGB/Ring § 311b Rn 4; s auch Hepp NJW 1972, 1695; **aA** Gutbrod 39; OLG Schleswig DNotZ 1996, 770 m abl Anm Wochner). Dass ein Rechtsgeschäft für sich betrachtet nicht beurkundungsbedürftig ist, besagt nämlich nichts darüber, ob nicht eine Beurkundungsbedürftigkeit gem der Spezialvorschrift des § 311b Abs 1 S 1 BGB gegeben ist (vgl hierzu zB die ähnliche Problematik bei Schiedsgerichtsvereinbarungen: Rn 277, bei der Vollmacht: Rn 186 ff).

89 § 81 Abs 3 BGB bestimmt seit 1. 7. 2023, dass **Stiftungsgeschäfte**, auch wenn sie zu einer Verfügung über Grundstücke verpflichten, nicht der Form des § 311b Abs 1 S 1 BGB unterliegen (BT-Drucks 19/28173, 50; BT-Drucks 19/31118, 9). Insoweit hat das Ziel des Gesetzgebers im Wortlaut durch das Erfordernis einer ausdrücklichen Bestimmung einer strengeren Form zwar nur unvollkommen Ausdruck gefunden (krit auch der Rechtsausschuss in BT-Drucks 19/31118, 9), allerdings kommt der Wille des Gesetz-

gebers unzweifelhaft in den Materialien zur Sprache (siehe zur gebotenen sog subjektiv-teleologischen Auslegung Jocham, Die Grenzen der richterlichen Rechtsfortbildung im Privatrecht [2021] 187 ff), sodass eine dahingehende Auslegung des Gesetzes zwingend ist (Aumann DNotZ 2022, 894, 899; Lange ZStV 2022, 167, 168; zweifelnd aber Gollan npoR 2021, 277) Angesichts der besonderen Gefahren, die mit einer derartigen einseitigen Verpflichtung einhergehen, ist der Verzicht auf das Formerfordernis **rechtspolitisch kritikwürdig** (s dazu auch Aumann DNotZ 2022, 894, 898 f). Es ist auch sachlich nicht zu erkennen, weshalb eine vertragliche Verpflichtung, bei der gegebenenfalls eine Gegenleistung erzielt wird, nur unter Mitwirkung des Notars wirksam geschaffen werden kann, während eine einseitige Verpflichtung formfrei erfolgen darf. Dies ist gerade auch vor der Wertung des § 518 BGB nicht schlüssig. Jedenfalls lässt sich aber aus der Entschließung des Gesetzgebers im Stiftungsrecht nichts für andere einseitige Rechtsgeschäfte ableiten. Durch § 81 Abs 3 BGB wird eine isolierte Sonderregelung für das Stiftungsrecht eingeführt, die aber keine allgemeine Stellungnahme des Gesetzgebers zum Problem insgesamt enthält. Daher ist für sonstige einseitige Rechtsgeschäfte weiterhin daran festzuhalten, dass diese, wenn sie eine Verpflichtung zur Übertragung oder zum Erwerb eines Grundstücks begründen, der Form des § 311b Abs 1 S 1 BGB in analoger Anwendung unterliegen.

2. Vertragsbeteiligte/Drittbeteiligung

90 Es kommt nicht darauf an, ob der Vertrag nur Verpflichtungen zwischen seinen **Parteien** begründen soll oder ob Ansprüche eines **Dritten** zur Entstehung gelangen sollen. Die Verpflichtung zugunsten eines Dritten (zB im Rahmen eines Vorvertrages auf Abschluss eines Hauptvertrages mit dem Dritten, BGH NJW 1986, 1984) – sei es als echter oder unechter Vertrag zugunsten des Dritten (BGH NJW 1970, 1915; NJW 1983, 1543; DNotZ 1990, 656) oder lediglich im Rahmen eines Angebotes (s Rn 99) – ist daher formbedürftig (Soergel/J Mayer § 311b Rn 52; vgl auch jurisPK-BGB/Ludwig § 311b Rn 43).

91 Der Dritte kann *bereits feststehen* oder durch den Vertragspartner oder einen Dritten (§§ 315 ff BGB; s Rn 221) *bestimmt* werden dürfen (BGH NJW 1983, 1543). Im *Verhältnis der Vertragsteile* (Versprechender/Versprechensempfänger) ist die **Benennung** des Dritten durch den Versprechensempfänger (Bestimmungsrecht gem § 315 BGB) formfrei. Insoweit handelt es sich nämlich nur um die Ausübung eines bereits durch den Vertrag begründeten Rechts, das den entstandenen Anspruch näher konkretisiert, aber nicht erst zum Entstehen bringt. Da insoweit Gläubiger und Schuldner des Anspruchs bereits feststehen, ist der Vertrag vollständig beurkundet, sodass die Benennung den Vertrag selbst und die in ihm enthaltenen rechtsgeschäftlichen Erklärungen nicht mehr verändert und daher keine Beurkundungsbedürftigkeit gegeben ist. Infolgedessen muss auch der Dritte zur wirksamen Entstehung des Anspruchs des ursprünglichen Vertragspartners das Angebot nicht mehr annehmen (**aA** aber OLG Nürnberg MittBayNot 2021, 234, 235). Vielmehr besteht durch den beurkundeten Vertrag jedenfalls ein Anspruch des Vertragspartners auf Erfüllung der Verpflichtung zugunsten Dritter (so zu Recht Attenberger MittBayNot 2021, 236 f).

92 Im Verhältnis **zu dem benannten Dritten** ist dagegen zu differenzieren. Soll es sich nach dem Willen der ursprünglichen Vertragsbeteiligten allein um einen Vertrag zu Gunsten Dritter handeln, der für diesen einen Anspruch auf Abschluss des Ver-

trages mit dem Versprechenden begründet, muss dieser Vertrag im Nachgang noch durch Versprechenden und Dritten in der Form des § 311b Abs 1 S 1 BGB geschlossen werden (so iE auch Soergel/J Mayer § 311b Rn 52). Der Dritte muss daher den Versprechenden ggf auf Abgabe der notwendigen Willenserklärungen verklagen.

93 Insoweit wird es naheliegen, dass mit dem Vertrag zwischen Versprechendem und Versprechensempfänger auch zugleich ein **Angebot an den Dritten** abgegeben werden soll (vgl auch Soergel/J Mayer § 311b Rn 52). Ist dies der Fall, muss erneut unterschieden werden. Wollte sich der Versprechende bereits gegenüber **sämtlichen Personen** binden, die später benannt werden, ist das Angebot auch schon vor der Benennung wirksam (s auch Erman/Grziwotz § 311b Rn 46; MünchKommBGB/Ruhwinkel § 311b Rn 57; **aA** OLG Karlsruhe DNotZ 1988, 694), da es sich um ein sog Angebot *ad incertas personas* handelt, das nach allg Meinung zulässig ist (s dazu nur Bork, Allgemeiner Teil des Bürgerlichen Gesetzbuchs Rn 716; Neuner, Allgemeiner Teil des Bürgerlichen Rechts § 37 Rn 10; s auch jurisPK-BGB/Ludwig § 311b Rn 73). Daher kann die Benennung formfrei erfolgen (Erman/Grziwotz § 311b Rn 46; Soergel/J Mayer § 311b Rn 52; MünchKommBGB/Ruhwinkel § 311b Rn 57; **aA** Ludwig DNotZ 1982, 724, 728 f; BeckOGK/Schreindorfer [1. 7. 2023] § 311b Rn 117). Dies wird aber regelmäßig nicht vom Willen der Beteiligten, insbesondere nicht dem erkennbaren Willen des Versprechenden gedeckt sein (krit insoweit auch BeckOGK/Schreindorfer [1. 7. 2023] § 311b Rn 117). Er wird kein Interesse daran haben, (bedingte) Verpflichtungen gegenüber allen Menschen einzugehen, die sich dann durch die Benennung konkretisieren. Vielmehr wird geplant sein, dass die Verpflichtung nur zu demjenigen erstmalig entsteht, der benannt wird. Etwas anderes scheint nur dann denkbar, wenn eine Auswahl lediglich unter einzelnen, konkret bestimmten Personen erfolgen soll. In diesem Fall kommt eine aufschiebend bedingte Verpflichtung gegenüber sämtlichen Personen zumindest in Betracht. Jeweils ist dies aber eine Frage des **Einzelfalls**, da es auf den konkreten Willen der Beteiligten ankommt, sodass Abweichungen möglich sind, auch wenn eine sachgerechte Auslegung kaum zu einer Annahme eines Angebots *ad incertas personas* gelangen wird.

94 Soll erst mit der **Benennung des Dritten** ein annahmefähiges Angebot entstehen (Korte 2. 115, 2. 165 ff; Ludwig DNotZ 1982, 724, 728; ders DNotZ 1988, 697), so ist die Benennung selbst formbedürftig (so auch Korte 2. 115, 2. 165 ff; Ludwig DNotZ 1988, 697; **aA** MünchKommBGB/Ruhwinkel § 311b Rn 57, der zum Ausdruck bringt, eine Ergänzung sei formbedürftig; s auch jurisPK-BGB/Ludwig § 311b Rn 75, der ein derartiges Angebot als Angebot an incertas personas betrachtet mit der Annahmebedingung, die darin besteht, dass das Angebot nur von demjenigen angenommen werden kann, den der Benennungsberechtigte bestimmt). Dabei ist es gleichgültig, ob die Auswahl durch den Anbietenden oder durch den Versprechensempfänger erfolgt. Vor der Benennung fehlt es in dieser Konstellation an der erforderlichen Bestimmtheit des Angebotsempfängers und damit des Angebots insgesamt, da die Bezeichnung des Empfängers notwendiger Inhalt des Angebots ist (so auch BGH NJW 1979, 2032; OLG Frankfurt NJW 1984, 2896; OLG Karlsruhe NJW-RR 1989, 19), sodass die *essentialia negotii* noch nicht feststehen und deshalb eine annahmefähige Willenserklärung nicht gegeben ist (so auch BeckOGK/Schreindorfer [1. 7. 2023] § 311b Rn 117). Das Angebot wird deshalb erst durch die Benennung perfekt, was dazu führt, dass auch diese als maßgeblicher Bestandteil der rechtsgeschäftlichen Erklärung § 311b Abs 1 S 1 BGB unterfällt. Da die Benennung Inhalt des Angebots ist, handelt es sich nicht nur um den formfreien Eintritt einer Bedingung (s Rn 250 ff). Insoweit unterscheidet sich die Konstellation von einem Angebot ad incertas personas (s Rn 93), bei dem das Angebot an jedermann sofort begründet ist und lediglich vom Eintritt der Bedingung in seiner Wirksamkeit abhängt.

Soll der Benennungsberechtigte auch befugt sein, sich **selbst zu bezeichnen** und damit das Angebot selbst anzunehmen, liegt ihm gegenüber stets ein vollständiges Vertragsangebot vor, das lediglich der (formbedürftigen) Annahme bedarf. Insoweit werden die Beteiligten bereits eine unbedingte Bindung gegenüber dem Versprechensempfänger wollen, da im Verhältnis zu ihm bereits durch den Ausgangsvertrag eine Bindung beabsichtigt ist. Unabhängig von der Ausgestaltung im Verhältnis zu den Dritten ist daher immer ein aufschiebend bedingtes Angebot an den Versprechensempfänger auf Abschluss des Kaufvertrages gegeben. **95**

Ist ein solches wirksames Angebot für den Versprechensempfänger und Benennungsberechtigten begründet worden, sind die Erklärungen der Beteiligten exakt darauf zu prüfen, ob tatsächlich ein **Benennungsrecht** durch den Versprechensempfänger gewollt ist. Insoweit ist ebenfalls denkbar, die vertragliche Regelung so zu verstehen, dass lediglich ein Angebot an den Vertragspartner vereinbart ist, wobei ihm gestattet wird, die Rechte aus diesem Angebot nach eigener Wahl auf beliebige oder bestimmte Dritte zu übertragen. Dies kann formfrei geschehen (s Rn 34 ff), sodass eine Beurkundungsbedürftigkeit der entsprechenden Übertragungsvereinbarung nicht gegeben ist. Eine derartige Deutung dürfte regelmäßig angesichts des zu unterstellenden Plans der Beteiligten, das erneute Eingreifen des Formerfordernisses zu verhindern, naheliegen. Die Beurteilung hängt aber stets vom konkreten Willen der Beteiligten und damit von den individuellen **Umständen des Einzelfalls** ab und entzieht sich deshalb einer generellen Beurteilung. Praktisch wird sich daher eine vorsorgliche Beurkundung zur Vermeidung von Unklarheiten und Zweifeln regelmäßig empfehlen, soweit diese Frage nicht explizit im ursprünglichen Vertrag geregelt ist. **96**

3. Unmittelbare Verpflichtungen/Einzelne Rechtsgeschäftstypen

Formbedürftig ist jede Art von Veräußerungs- bzw Erwerbsverpflichtung, die *unmittelbar* eine Änderung in der rechtlichen Zuordnung des Eigentums (s Rn 63 ff) zum Ziele hat (allgM; s statt vieler Korte 2. 32), gleichgültig, ob sie **bedingt** oder **befristet** ist (s auch Rn 66). Neben vertraglichen Vereinbarungen werden richtigerweise (Rn 88) auch einseitige Rechtsgeschäfte erfasst. Bei vertraglichen Vereinbarungen ist es zudem bedeutungslos, ob sie einseitig oder beiderseitig verpflichtend sind (Rn 87). Maßgeblich ist allerdings, dass es sich um eine schuldrechtliche Verpflichtung handelt, sodass insbesondere die dinglichen Rechtsgeschäfte, die zum Vollzug erforderlich sind, vom Formerfordernis des § 311b Abs 1 S 1 BGB nicht erfasst werden. Dasselbe gilt auch für erbrechtlich begründete Verpflichtungen, da insoweit die erbrechtlichen Formvorgaben abschließend sind, sodass für § 311b Abs 1 S 1 BGB kein Raum ist (BeckOGK/Schreindorfer [1. 7. 2023] § 311b Rn 70. 1). **97**

Ob demgegenüber auch **Rechtsgrundabreden** formbedürftig sind, bei denen im Nachgang zu einem bereits erfolgten Leistungsaustausch eine Vereinbarung über den **98**

Behaltensgrund geschaffen wird, ist umstritten (dafür BeckOGK/Schreindorfer [1. 7. 2023] § 311b Rn 72). Der BGH (NJW-RR 2007, 1412, 1413) hat dies generell verneint. Dem ist ausgehend von der Rspr des BGH zur Formfreiheit von Vertragsänderungen nach Erklärung der Auflassung (s Rn 289 ff) zu folgen (MünchKommBGB/Ruhwinkel § 311b Rn 17; **aA** Eckardt JZ 1996, 934, 942; BeckOGK/Schreindorfer [1. 7. 2023] § 311b Rn 72). Nimmt man mit dem BGH an, dass nach Erklärung der Auflassung der Normzweck des § 311b Abs 1 S 1 BGB nicht mehr eingreift und demnach auch formfrei Modifikationen möglich sind, kann nichts anderes für die erstmalige Begründung eines Behaltensgrundes gelten. Auch in diesem Fall sind die Beteiligten durch den Verlust des Eigentums bereits ausreichend gewarnt, sodass eine Rechtfertigung für die Formbedürftigkeit nicht mehr existiert (so iE auch MünchKommBGB/Ruhwinkel § 311b Rn 17; **aA** BeckOGK/Schreindorfer [1. 7. 2023] § 311b Rn 72 f). Insoweit kommt es nach dem Ziel der Norm nicht darauf an, aus welchem Grund der Verlust des Eigentums droht, sondern diese richtet sich allein darauf, vor dem Verlust selbst zu warnen. Ist dieser bereits eingetreten, geht die Warnung als solche ins Leere. Infolgedessen kann eine Abrede über den Behaltensgrund nach der Auflassung formfrei erfolgen, wobei allerdings zu bedenken ist, dass es dem Notar nach § 925a BGB verwehrt ist, an einer Auflassung mitzuwirken, wenn ihm die schuldrechtliche Grundlage hierfür nicht vorgelegt werden kann.

99 Einzelne Rechtsgeschäftstypen werden nachfolgend (zur Erleichterung der Auffindbarkeit in alphabetischer Reihenfolge) aufgeführt und auf ihre Formbedürftigkeit hin untersucht.

a) Angebot (Antrag)

Der **Vertragsantrag** enthält eine einseitige, nicht in Vertragsform eingegangene Verpflichtung zur Übertragung oder zum Erwerb eines Grundstücks. Sowohl der Antrag (RGZ 81, 134; RG WarnR 1913 Nr 184; Gruchot 59, 349; JW 1915, 22; BGH LM § 433 Nr 16; § 883 Nr 13; jurisPK-BGB/Ludwig § 311b Rn 64) als auch dessen Annahme (RGZ 91, 226; RGZ 95, 7; RGZ 169, 70; BGH MDR 1961, 400 = LM § 311b Abs 1 Nr 19; jurisPK-BGB/Ludwig § 311b Rn 64) sind daher **beurkundungspflichtig**. Eine Verpflichtung zur **Ausspielung (Lotterie)** eines Grundstücks stellt ebenfalls einen beurkundungspflichtigen Vertragsantrag dar (zur Konstruktion s jurisPK-BGB/Ludwig § 311b Rn 93 ff; zur Genehmigungspflichtigkeit vgl DNotI-Report 2009, 22). Unterfällt das Angebot der AGB-Kontrolle (zB bei einem Verbrauchervertrag), ist zusätzlich § 308 Nr 1 BGB zu beachten (insbes droht die Unwirksamkeit von Klauseln, nach denen der den Abschluss des Vertrages Antragende länger als vier Wochen gebunden ist, und zwar auch dann, wenn dem Antragenden ein Lösungsrecht eingeräumt wird, BGH MittBayNot 2016, 394, 395; BGH DNotZ 2016, 530 Rn 20; s aber zur Möglichkeit solcher Bindungen im Falle des Verkaufs durch den Partner des Verwenders: Meier DNotZ 2022, 83). Ein auf den Abschluss eines Grundstückskaufvertrages gerichtetes Angebot, das mangels Beurkundung nichtig ist, kann zusätzlich gem § 308 Nr 1 BGB als unwirksam anzusehen sein. In diesem Fall führen Annahme, Auflassung und Eintragung in das Grundbuch nicht dazu, dass der Vertrag zustandekommt (BGH MittBayNot 2016, 394, 396).

100 Mit dem Angebot können „flankierende“ *Vereinbarungen* zwischen Angebotsgeber und Angebotsempfänger **(Nebenabreden)** oder auch einseitige Erklärungen verbunden sein, die für sich genommen keine – auch nicht bedingte – Grundstücksveräußerungs- oder -erwerbsverpflichtung enthalten und nicht Teil des angebotenen

Grundstücksvertrages sind, jedoch mit dem Angebot eine Geschäftseinheit iS des § 139 BGB bilden. Solche Nebenabreden oder Erklärungen bedürfen in diesem Fall der Mitbeurkundung (s hierzu auch Weber MittRhNotK 1987, 37; s auch jurisPK-BGB/Ludwig § 311b Rn 66). Hierunter fallen zB die Verpflichtung des Angebotsempfängers zur Zahlung eines **Strafgeldes** oder der **Kosten** im Fall der Nichtannahme (zum letzteren in diesem Sinn OLG München MittBayNot 1991, 19) oder ein **Darlehensversprechen**, sofern es eine „Gegenleistung" für die Einräumung des Angebotes darstellt (BGH DNotZ 1985, 279) oder mit diesem verknüpft (s Rn 239 ff) ist (BGH WM 1994, 598). (Mit)Beurkundungspflichtig ist die **Verpflichtung** des Angebotsempfängers zur **Löschung** der für ihn einzutragenden Auflassungsvormerkung (zB unter Treuhandauflagen an den Notar; Fembacher/Klinger MittBayNot 2005, 105). Formbedürftig ist auch die Sicherungsabrede, wenn das Angebot zur Sicherung eines Darlehens abgegeben wird (BGH NJW 1983, 565), die Verpflichtung zur **Zahlung eines Entgelts** des Angebotsempfängers für die mit der Abgabe des Angebots verbundene Bindung des Angebotsgebers einschließlich der Zahlungsmodalitäten für das Bindungsentgelt (dazu Meier DNotZ 2022, 83, 98 ff); die Beurkundung des Bindungsentgelts/der Entschädigungszahlung als **Teil** der (einseitigen) **Angebotserklärung** allein genügt nicht (BGH NJW 1983, 565), weil es insoweit an der notwendigen Vereinbarung in der gebotenen Form fehlt. Wird das Angebot im **Zusammenhang** mit einem anderen – an sich nicht beurkundungspflichtigen – Vertrag, zB Miet- oder Pachtvertrag oder Mietpoolvertrag oder Leasingvertrag (s hierzu ausf Keim RNotZ 2005, 102) abgegeben, sind auch letztere (mit)beurkundungspflichtig, wenn eine inhaltliche Abhängigkeit (s Rn 239 ff) vorliegt (vgl RGZ 53, 236; RGZ 169, 189; RG HRR 1930 Nr 1099; BGH DNotZ 1961, 316; DNotZ 1971, 297; NJW 1988, 2880; OLG München DNotZ 1988, 563 = NJW-RR 1987, 1042; vgl auch OLG Koblenz ZfIR 2003, 285; vgl Lichtenberger DNotZ 1988, 531). Eine **Honorarvereinbarung**, die der Adressat eines Angebot, das von ihm selbst oder einem von ihm zu benennenden Dritten angenommen werden kann, mit einem Dritten für dessen Benennung schließt, begründet dagegen als solche keine Pflicht zum Erwerb oder zur Veräußerung eines Grundstücks und bedarf nicht der notariellen Beurkundung (OLG Saarbrücken 28. 7. 2016 – 4 U 14/15, juris Rn 39). Insoweit ist keine andere Beurteilung geboten als bei der Abtretung eines Übertragungsanspruchs (s Rn 34 ff). Wäre es formfrei möglich, sich selbst als Erwerber zu benennen und in der Folge ohne Beachtung des § 311b Abs 1 S 1 BGB die entstehende Forderung abzutreten, kann hinsichtlich einer Verpflichtung, von vornherein das Benennungsrecht entsprechend auszuüben, nichts anderes gelten.

Änderungen des Angebots **vor dessen Annahme**, zB die Verlängerung der Annahmefrist (OLG Brandenburg 20. 12. 2012 – 5 U 53/12, juris Rn 51), die „Ausübung" des im Angebot bereits enthaltenen Rechts, die Verlängerung des Angebots gegen Zahlung eines Entgelts *verlangen* zu können (OLG Hamm DNotZ 2000, 772), die Vereinbarung einer (uU später zu verrechnende) Zahlungsverpflichtung, die zur Verlängerung des Angebots führt (BGH NJW 2004, 3626 = DNotZ 2005, 385 = MittBayNot 2005, 222), oder die Umwandlung eines bedingten in ein unbedingtes Angebot sind gleichfalls *beurkundungspflichtig* (RGZ 65, 394; RGZ 101, 332; BGH WM 1963, 407; DNotZ 1971, 721; NJW 1982, 881; BeckOGK/Schreindorfer [1. 7. 2023] § 311b Rn 111; **aA** OGHBrZ DNotZ 1952, 124 mit krit Anm Hense). Dasselbe gilt für den Fall, dass die Inhalte des Angebots verändert werden sollen, insbesondere der Kaufpreis modifiziert wird. Eine Unterscheidung zwischen beurkundungspflichtigen Änderungen und nichtbeurkundungspflichtigen Vereinbarungen über Abwicklungsschwierigkeiten (wie von der hM *nach* Abschluss **101**

des Kaufvertrages für zulässig gehalten, s Rn 287 f) ist für ein Angebot im Zeitraum bis zur Annahme nicht zulässig (BGH DNotZ 1966, 665 mit zutr Begründung), vielmehr sind die Grundsätze des Formumfangs bei Vertrags*abschluss* (s Rn 210 ff) zu beachten (diese Formstrenge gilt auch für Änderungen bei Optionsverträgen [s hierzu Keim RNotZ 2005, 102, 106], und bei Vor- und Wiederkaufsrechten [zB bei Fristverlängerung] (BGH NJW 1996, 453)). Das Angebot insgesamt (mit allen etwaigen Änderungen) muss daher wirksam beurkundet sein. Die Annahme eines durch formunwirksame Nachträge geänderten (damit formunwirksamen) Angebots führt zu einem formnichtigen Vertrag (Keim DNotZ 2005, 324, 332; ders MittBayNot 2005, 10, 13). Insoweit fehlt es im Hinblick auf das formgerecht abgegebene Angebot an der notwendigen Erklärung, sodass der Vertrag in seiner ursprünglichen Art und Weise nicht zustandekommt, während das geänderte Angebot nicht formgerecht errichtet ist, sodass es ebenfalls nicht wirksam angenommen werden kann.

102 Der Anbietende kann sich nach Auffassung des BGH bereits im Angebot – mitbeurkundungspflichtig – vorbehalten, das Angebot mit der Folge zu **widerrufen**, dass es befristet ist, und einen derart erklärten Widerruf zurückzunehmen, solange das Angebot nicht erloschen ist; die Erklärung, den Widerruf zurückzunehmen, soll in diesem Fall nicht der Beurkundung bedürfen (BGH NJW-RR 2004, 952 = DNotZ 2004, 846; kritisch zur Begründung des BGH Keim MittBayNot 2005, 10, 12). Dies erweist sich auch bei einer dogmatischen Betrachtung als überzeugend (**aA** Keim MittBayNot 2005, 10, 12). Bei den entsprechenden Vereinbarungen handelt es sich um **Optionen** in Form von Potestativbedingungen, deren Ausübung grundsätzlich formfrei ist (s Rn 110 f). Dies gilt auch für den Bereich von Angeboten. Sie können ebenfalls einseitig geändert werden, wenn eine entsprechende Optionsmöglichkeit bereits im beurkundeten Angebot angelegt ist (so iE auch Keim MittBayNot 2005, 10, 11). Dabei kommt es nicht darauf an, ob die Optionserklärung durch den Anbietenden oder seinen potenziellen Vertragspartner erfolgt (anders aber Keim MittBayNot 2005, 10, 11). Denn in beiden Fällen handelt es sich um eine aufschiebend bedingte Änderung des Angebots, die bereits in der Form des § 311b Abs 1 S 1 BGB vorgesehen ist, sodass es nicht darauf ankommt, ob der Bedingungseintritt vom Anbietenden oder vom späteren Vertragspartner ausgeht.

103 Ist ein formbedürftiges Angebot mit einem anderen Vertrag **verknüpft** (s Rn 239 ff), so sind Veränderungen in der Laufzeit dieser Verträge, wenn damit eine Änderung des Zeitpunkts für die Annahme des Angebots verbunden ist, formbedürftig (Keim RNotZ 2005, 102, 106). Dies kommt insbesondere dann in Betracht, wenn die Annahmefrist erst mit Beendigung des anderen Vertrages beginnt, da dann hierdurch auch der Inhalt des beurkundungsbedürftigen Angebots modifiziert wird. Soll dagegen nur ein Teil des Vertrags verändert werden, der keine Auswirkungen auf das § 311b Abs 1 S 1 BGB unterliegende Angebot hat, ist diese Anpassung auch dann formfrei möglich, wenn der Vertrag ursprünglich aufgrund seiner inhaltlichen Abhängigkeit zum Angebot dem Beurkundungszwang unterlag.

104 Das Verhältnis der Formvorschrift des § 311b Abs 1 S 1 BGB zum **Zugangserfordernis** des Angebots (als *Voraussetzung* für eine wirksame Annahme) dagegen ist noch nicht abschließend geklärt. Nach ganz hM muss eine Willenserklärung in der Form zugehen, die für die Abgabe der Willenserklärung gesetzlich vorgeschrieben ist (hier also grundsätzlich in notarieller Form, für die eine Ausfertigung erforderlich ist), damit eine wirksame Annahme erfolgen kann (vgl BGHZ 130, 71 = BGH

DNotZ 1996, 967; Grüneberg/Ellenberger § 130 Rn 10; kritisch Kanzleiter DNotZ 1996, 931). Die Form des *Zugangs* einer empfangsbedürftigen Willenserklärung ist jedoch, anders als die gesetzliche Formvorschrift selbst, **dispositiv** und damit einer Vereinbarung zugänglich (BGHZ 130, 71). Diese vom BGH (BGHZ 130, 71) geteilte Ansicht bezieht sich zwar in seiner Entscheidung nur auf § 15 Abs 4 GmbHG, kann jedoch auch auf das Beurkundungserfordernis des § 311b Abs 1 S 1 BGB übertragen werden, da der – teilweise unterschiedliche, teilweise weiterreichende – Schutzzweck des § 311b Abs 1 S 1 BGB dem nicht entgegensteht; genügen kann deshalb im Einzelfall auch der Zugang lediglich einer beglaubigten Abschrift, wenn die Beteiligten einen entsprechenden Willen gebildet haben, was jedoch Tatfrage ist (OLG Dresden ZNotP 1999, 394 m zust Anm Wudy: Verzicht auf Zugang in der für die materiellrechtliche Erklärung erforderlichen gesetzlichen Form in der [beurkundungsbedüftigen] Annahmeerklärung; OLG Koblenz NotBZ 2005, 369: Vereinbarung einer Zugangserleichterung; s insoweit und zu den konstruktiven Gestaltungslösungen auch Armbrüster NJW 1996, 438; Kanzleiter DNotZ 1996, 931). Von der Frage der Form des Zugangs der Angebotsurkunde zu unterscheiden ist die Frage, ob und wann eine Ausfertigung zur Beurkundung der Annahme beim Notar vorliegen muss (s dazu BGH MittBayNot 2013, 168 sowie BeckOGK/Regler [1. 7. 2023] § 13 BeurkG).

b) Annahme

105 Die Erklärung, mit der der Antragsempfänger einen *Vertragsantrag* **annimmt** (§ 152 BGB), ist gem § 311b Abs 1, § 128 BGB beurkundungsbedürftig (RGZ 91, 226; RGZ 95, 7; RGZ 169, 70; BGH MDR 1961, 400; dies gilt auch für die Annahme einer Ausbietungsgarantie bezüglich der Zwangsversteigerung eines Grundstücks [OLG Hamburg WM 2003, 376]; ausf zum Erfordernis auch jurisPK-BGB/Ludwig § 311b Rn 64 ff). Beurkundungsbedürftig sind neben dem bloßen „ja", der eigentlichen Annahmeerklärung, auch Erklärungen, die – etwa bei einem insoweit bedingten Angebot – zusätzlich abgegeben werden müssen, zB eine geforderte Zwangsvollstreckungsunterwerfung des annehmenden Käufers (OLG Köln NJW-RR 1997, 336; s auch OLG Dresden ZNotP 1999, 123; aber auch BayObLG MittBayNot 1992, 190), Anweisung auch des Annehmenden an den Notar bezüglich des Vollzugs der Auflassung, notwendige „Wiederholungen" oder die originäre Ersterteilung von Vollmachten durch den Annehmenden.

106 Anders als beim Angebot (s Rn 104) kommt es für das **Wirksamwerden** der Annahme gem § 152 S 1 BGB nicht auf den **Zugang** beim anderen Vertragsteil an. Da aber die Rspr im Setzen einer Annahmefrist eine stillschweigende Abbedingung des § 152 S 1 BGB sieht (RGZ 49, 127, 132; RGZ 96, 273, 275; BGH NJW-RR 1989, 198, 199), empfiehlt sich bei entsprechendem Willen der Beteiligten die Aufnahme eines ausdrücklichen Verzichts auf den Zugang der Annahmeerklärung in der Angebotsurkunde. Andernfalls ist der Zugang, der dann grundsätzlich in der Form des § 311b Abs 1 S 1 BGB zu erfolgen hat (nach hM muss eine Erklärung in der Form zugehen, welche für die Abgabe vorgeschrieben ist: BGHZ 31, 5, 7; BGHZ 36, 201, 205; BGHZ 48, 374, 377 f; BGHZ 130, 71; BGH DNotZ 1983, 117, 118 f; NJW 2006, 681, 682; Armbrüster NJW 1996, 438; MünchKomm-BGB/Einsele § 130 Rn 33; für § 311b s auch BeckOGK/Schreindorfer [1. 7. 2023] § 311b Rn 114.2), erst durch die Zusendung einer Ausfertigung bewirkt.

107 Die *Verpflichtung* gegenüber einem Dritten (zB einem Kreditinstitut) zur Annahme eines Vertragsangebots ist gleichermaßen formbedürftig (Wolf DNotZ 1995, 179, 188; vgl auch die ähnliche Problematik bei der Verpflichtung zur Genehmigung eines Vertrages [Rn 185]).

c) Aufgabeverpflichtung gem § 928 BGB

108 Nach dem Wortlaut des § 311b Abs 1 S 1 BGB nicht formbedürftig ist die Verpflichtung, das **Eigentum gem § 928 Abs 1 BGB aufzugeben**, da es sich nicht um eine Verpflichtung zur „Übertragung" eines Grundstücks handelt. Allerdings ist richtigerweise die Norm analog auf diese Verpflichtung anzuwenden (BeckOGK/Schreindorfer [1. 7. 2023] § 311b Rn 46; iE ebenso BeckOK-BGB/Grün [1. 11. 2022] § 928 Rn 6; MünchKomm-BGB/Ruhwinkel § 928 Rn 9), weil ein vergleichbares Schutzbedürfnis auf Seiten des Verpflichteten gegeben ist und anzunehmen ist, dass der Gesetzgeber lediglich diese Konstellation irrtümlich übersehen hat, sodass eine planwidrige Regelungslücke gegeben ist (s zu den Voraussetzungen Meier/Jocham JuS 2016, 392, 395 ff).

d) Ausbietungsgarantie

109 Die sog **Ausbietungsgarantie** (OLG Köln NJW 1978, 47; zu den Grundformen und Abgrenzungskriterien s Droste MittRhNotK 1995, 37; jurisPK-BGB/Ludwig § 311b Rn 99 ff) ist in entsprechender Anwendung des § 311b Abs 1 S 1 BGB **beurkundungspflichtig**, wenn der Garant sich zur Abgabe eines bestimmten Gebotes verpflichtet. Hierbei handelt es sich um eine formbedürftige, bedingte Erwerbsverpflichtung (st Rspr: BGHZ 85, 245; BGHZ 110, 319; BGH NJW-RR 1993, 14; demgemäß bedarf auch die Annahme des Angebots einer Ausbietungsgarantie bezüglich der Zwangsversteigerung eines Grundstücks der notariellen Beurkundung [OLG Celle NJW-RR 1991, 867 = DNotZ 1992, 302; OLG Hamburg WM 2003, 376; OLG Koblenz WM 2003, 378; BFH BeckRS 2017, 142675]). Auch wenn die Änderung der Eigentumszuordnung nicht durch Auflassung und Eintragung erfolgt, handelt es sich doch um die Verpflichtung zur Herbeiführung einer Änderung der Eigentumszuordnung, die auf einer vertraglichen Verpflichtung beruht. Formbedürftig ist der *gesamte* Vertrag (OLG Celle DNotZ 1992, 302). Ist mit der beurkundungspflichtigen Ausbietungsgarantie *alternativ* eine **Verpflichtung zur Schadloshaltung** nach Eintritt der Rechtskraft des Zuschlages verbunden, so ist auch diese Vereinbarung (wegen das inhaltlichen Zusammenhangs) gleichermaßen beurkundungspflichtig (**aA** BGH NJW-RR 1993, 14; BeckOK-BGB/Gehrlein [1. 8. 2023] § 311b Rn 13). Beide Aspekte des Vertrages sind Teil einer einheitlichen Vereinbarung, sodass sich das Formgebot auf die gesamte Abrede erstreckt (**aA** aber BGH NJW-RR 1993, 14). Auch eine **Nichtbietungsvereinbarung** kann formbedürftig sein, wenn sie im konkreten Fall einer Veräußerungsverpflichtung gleichzustellen ist (OLG Hamm DNotZ 1974, 507). Dies kommt allerdings nur bei einer Verpflichtung eines **Eigentümers oder Miteigentümers** in Betracht, da nur dieser sich auf diese Weise mittelbar zur Veräußerung verpflichten kann. Verpflichtet sich dagegen ein **Dritter**, nicht mit Geboten an der Versteigerung teilzunehmen, ist dies grundsätzlich nicht beurkundungsbedürftig, weil eine solche Vereinbarung § 311b Abs 1 S 1 BGB nicht unterfällt; Verpflichtungsinhalt ist dann das Unterlassen von Mitgeboten, nicht die Übertragung oder der Erwerb selbst, sodass sich die Verpflichtung auf einen anderen Gegenstand richtet. Zudem ist die Verpflichtung, ein Grundstück nicht zu erwerben, ebenfalls formfrei (s Rn 130), sodass für die Verpflichtung, nicht zu bieten, nichts anderes gelten kann. Nicht beurkundungspflichtig ist auch eine reine **Ausfallgarantie,** da sie keine Verpflichtung zur Abgabe eines Gebots im Versteigerungstermin enthält (s jurisPK-BGB/Ludwig § 311b Rn 101, auch zur Ausfallgarantie und reiner Ausbietungsgarantie als Wahlschuld; AG Hannover WM 1979, 1197).

e) Ausübung von Options-, Vorkaufs- und Wiederkaufsrechten

110 Die Erklärung, mit der der Berechtigte das **Vorkaufs-, Wiederkaufs- oder Optionsrecht ausübt**, ist *de lege lata* nicht beurkundungspflichtig (zum *Vorkaufsrecht:* RGZ 77,

417; RGZ 169, 70; jeweils zu § 570b aF: BGHZ 144, 357; OLG Düsseldorf DNotZ 1999, 491 m zust Anm Wirth; generell: OLG Frankfurt NJW-RR 1999, 16; zum *Wiederkaufsrecht:* RGZ 126, 312; RGZ 149, 70; BGHZ 140, 219; BGH WM 1970, 493; OLG München ZNotP 2001, 367; zum *Optionsvertrag:* RGZ 77, 416; BGH DNotZ 1963, 232; LM § 833 Nr 13; § 433 Nr 16; WM 1996, 1734; NJW 1999, 941; NJW 2006, 2843 ff; OLG Brandenburg BeckRS 2009, 26183; s auch Korte 2. 135, 2. 143, 2. 151; MünchKommBGB/Ruhwinkel § 311b Rn 46; Wolf DNotZ 1995, 179, 185; s auch Soergel/J Mayer § 311b Rn 60; s zu den grundlegenden Gestaltungsmöglichkeiten auch Basty DNotZ 1996, 630). Dies folgt für das Vorkaufsrecht (§ 464 Abs 1 S 2, § 1098 Abs 1 S 1 BGB) und das Wiederkaufsrecht (§ 456 Abs 1 S 2 BGB) unmittelbar aus dem Gesetz, das eine entsprechende Anordnung trifft. Auch für das Optionsrecht ist aber nicht anders zu entscheiden, da insoweit die Wertung für die vergleichbare Ausübung eines Vorkaufs- oder Wiederkaufsrechts zu übertragen ist (s auch BeckOGK/Schreindorfer [1. 7. 2023] § 311b Rn 82; iE auch Soergel/J Mayer § 311b Rn 60). Dies gilt umso mehr, als der Gesetzgeber im Rahmen der Schuldrechtsmodernisierung diese Auffassung an mehreren Stellen explizit bestätigt hat. So positionierte er sich gegen den Vorschlag, § 464 Abs 1 S 2 BGB zu einer Formbedürftigkeit der Ausübungserklärung zu ändern (BT-Drucks 14/6857, 62). Auch in § 577 Abs 3 BGB hat der Gesetzgeber entgegen zahlreicher Stimmen in der Lit eine Beurkundungsbedürftigkeit bei einem Mietervorkaufsrecht explizit verneint und lediglich die Schriftform bestimmt.

Die Entscheidung für die Formfreiheit steht rechtspolitisch jedoch **de lege ferenda** in der Kritik (abl auch MünchKommBGB/Einsele § 125 Rn 28; teilw ebenfalls abl Staudinger/Schermaier [2013] § 456 Rn 18 und § 464 Rn 6). Der Gesetzgeber begründet seine Auffassung für das Vorkaufsrecht damit, dass ein Schutz bei der Ausübung des Rechts nicht erforderlich sei, weil durch die notarielle Beurkundung des Vorkaufsrechts selbst bereits eine ausreichende Belehrung sichergestellt sei (BT-Drucks 14/6857, 62). Dies ist allerdings bereits für das Vorkaufsrechts selbst zweifelhaft (s auch BeckOGK/Schreindorfer [1. 7. 2023] § 311b Rn 81. 1; ebenso MünchKommBGB/Einsele § 125 Rn 28 und Staudinger/Schermaier [2013] § 464 Rn 6). Handelt es sich um ein dingliches Vorkaufsrecht, besteht keine Gewähr dafür, dass dieses auch durch den jetzigen Berechtigten bestellt wurde. Da es am Grundstück existiert, kann es durch einen Sonder- oder Gesamtrechtsnachfolger ausgeübt werden, sodass dessen sachgerechte Aufklärung nicht sichergestellt ist. Dabei ist auch der Erbe besonders schutzwürdig, da er zwar in die Stellung des Erblassers eintritt, allerdings über die Ausübung des Vorkaufsrechts eine eigene Entscheidung treffen muss, für die eine sachgerechte Belehrung sichergestellt sein sollte. Darüber hinaus kann bei der Bestellung lediglich über den allgemeinen Charakter des Vorkaufsrechts aufgeklärt werden, eine Betrachtung des konkreten Vertrags, für den später das Vorkaufsrecht ausgeübt wird, muss aber unterbleiben (s auch BeckOGK/Schreindorfer [1. 7. 2023] § 311b Rn 81. 1). Dies könnte nur dann sichergestellt sein, wenn auch die konkrete Ausübung der notariellen Form unterworfen würde. Jeder sachlichen Überzeugungskraft entbehrt das Argument zudem im Bereich der **gesetzlichen Vorkaufsrechte** (vgl BeckOGK/Schreindorfer [1. 7. 2023] § 311b Rn 81. 11; anders aber BeckOGK/Daum [1. 7. 2023] § 464 Rn 9.1 f; MünchKommBGB/Westermann § 464 Rn 2). Bei deren Entstehung ist eine Mitwirkung einer rechtskundigen Person gerade nicht erforderlich, sodass die Beteiligten bei einer formfreien Ausübung sich den Risiken des Grundstückskaufvertrages aussetzen, ohne dass irgendeine Form der Beratung sichergestellt ist. 111

112 Die **Verpflichtung** gegenüber einem *Dritten* (zB einem Kreditinstitut), ein **Optionsrecht oder ein Vorkaufsrecht auszuüben**, bedarf stets der Beurkundung (OLG Saarbrücken NJOZ 2016, 1650, 1652; **aA** Wolf DNotZ 1995, 179, 188, 192). Dies gilt unabhängig davon, dass die Ausübungserklärung selbst nicht formbedürftig ist (s Rn 110). Solange die Ausübungserklärung nicht abgegeben wurde, hat es der Berechtigte in der Hand, die Verpflichtung zum Erwerb oder zur Übertragung zum Entstehen zu bringen oder hiervon Abstand zu nehmen. Verpflichtet er sich aber gegenüber einem Dritten dazu, dass existierende Ausübungsrecht wahrzunehmen, wird in diesem Moment eine Übertragung- oder Erwerbspflicht im Verhältnis zum Dritten begründet, die das Beurkundungsbedürfnis des § 311b Abs 1 S 1 BGB auslöst.

f) Bemühen/Vorbereitende Tätigkeiten

113 Verpflichtet sich ein Vertragsteil lediglich, sich um die Veräußerung oder den Erwerb eines Grundstücks **bemühen zu wollen**, bedarf dies nicht der Form des § 311b Abs 1 BGB. Die Bemühung enthält keine bindende Verpflichtung (RG JW 1928, 2516; s auch Erman/Grziwotz § 311b Rn 26; NK-BGB/Ring § 311b Rn 32) (s Rn 64). Auch Vereinbarungen, die lediglich der **Vertragsvorbereitung** dienen, sind formfrei, selbst wenn damit wirtschaftliche Belastungen (zB Reisekosten, Verdienstausfall, Kosten der rechtsanwaltlichen Beratung) verbunden sind, die nutzlos werden, wenn es nicht zum beabsichtigten Vertrag kommt (BGH WM 1989, 1692; vgl auch Erman/Grziwotz § 311b Rn 8; s zudem BGH DNotZ 1990, 651 m Anm Heckschen). Ebenso sind die sog **„Verhandlungsvorhand"** und der **„Letter of Intent"** zu bewerten (s Rn 64). Nur dann, wenn durch den Vertrag derart negative Konsequenzen für einen oder beide Vertragsbeteiligte vorgesehen werden, dass sich eine **mittelbare** Übertragung- oder Erwerbsverpflichtung ergibt (s Rn 152 ff), ist unter diesem Gesichtspunkt gleichwohl eine Beurkundungspflicht begründet. Eine etwaige **„Angebotsvorhand"** ist aber ebenso wie der Vorvertrag stets beurkundungsbedürftig (s Rn 64).

g) Bürgschaft/Garantieversprechen

114 Anders als bei der Schuldübernahme (s Rn 125 ff) verpflichtet sich der **Bürge** nicht selbst – auch nicht bedingt – zur Übertragung bzw zum Erwerb eines Grundstücks. Er haftet nur für eine fremde Schuld (RGZ 65, 139; RGZ 149, 66; BGH JZ 1956, 99; jurisPK-BGB/Ludwig § 311b Rn 96). Bei einer Bürgschaft zur Sicherung einer Übertragungsverpflichtung an einem Grundstück wird sich regelmäßig schon keine Verpflichtung des Bürgen zur Übertragung des Grundstücks ergeben, da es sich beim Hauptschuldner um eine unvertretbare Leistung handelt, die folglich vom Bürgen nicht erbracht werden kann. Dieser haftet in der Konsequenz nur auf das Erfüllungsinteresse des Gläubigers, das er allerdings nicht in Natur erfüllen kann (s auch BeckOGK/Madaus [1. 8. 2023] § 765 Rn 113; MünchKommBGB/Ruhwinkel § 311b Rn 20). Sollte dennoch ausnahmsweise eine unmittelbare Übereignungsverpflichtung des Bürgen bestehen, beruht diese auf dem *Gesetz* (RGZ 140, 219 = JW 1933, 2388, 2642 mit Nachwort Reichel; s Rn 69 ff). Die Übernahme einer Bürgschaft für die Übereignungs- oder Erwerbsverpflichtung ist daher grundsätzlich **nicht beurkundungspflichtig** (RGZ 134, 245; RGZ 140, 340; BGH DNotZ 1954, 119; NJW-RR 1988, 1197). Etwas anderes kommt nur in Betracht, wenn durch den Bürgschaftsvertrag selbst eine eigenständige Übertragungs- oder Erwerbspflicht begründet wird; dies kann insbesondere dann denkbar sein, wenn der Bürge sich für eine **Erwerbsverpflichtung** verbürgt, weil dann zu klären ist, ob er selbst diese Erwerbsverpflichtung durch Übernahme des Grundstücks erfüllen muss (MünchKommBGB/Ruhwinkel § 311b Rn 20).

Das **Garantieversprechen** kommt der Bürgschaft nahe und ist von ihr oft nur schwer *abzugrenzen* (MünchKommBGB/Habersack Vor §§ 765 ff Rn 18 ff). Der Garant ist nicht selbst zur Herbeiführung des Erfolges (Übereignung/Erwerb) verpflichtet, er haftet nur für den wirtschaftlichen Ausfall, idR auf Schadensersatz (MünchKommBGB/Habersack Vor §§ 765 ff Rn 18 f). Das Garantieversprechen ist daher grundsätzlich nicht formbedürftig (RGZ 140, 219). Beurkundungspflicht tritt jedoch wiederum ein, wenn sich der **Garant des Erwerbspflichtigen** bedingt zum Erwerb des Grundstücks oder zur Übertragung dieses oder eines anderen Grundstücks verpflichtet (MünchKommBGB/Ruhwinkel § 311b Rn 20). 115

Daneben sind eine Bürgschaft und ein Garantieversprechen dann von der Form des § 311b Abs 1 S 1 BGB umfasst, wenn sie **im Zusammenhang** mit einem beurkundungsbedürftigen Geschäft stehen und Teil dieses sind (BGH NJW 1962, 586; BeckOK-BGB/Gehrlein [1. 8. 2023] § 311b Rn 14; MünchKommBGB/Ruhwinkel § 311b Rn 20). Insoweit ist aber zu beachten, dass nach neuerer Rspr des BGH ein reiner Bedingungszusammenhang nicht für die Beurkundungsbedürftigkeit ausreicht (s Rn 247 ff). Es muss vielmehr eine inhaltliche Abhängigkeit zwischen der Personalsicherheit und dem Erwerbs- oder Veräußerungsvertrag bestehen. 116

h) Erbengemeinschaftliche Vereinbarungen

Vereinbart eine **Erbengemeinschaft** die **Auseinandersetzung**, so unterliegt diese den Anforderungen des § 311b Abs 1 S 1 BGB, wenn zu den betroffenen Gegenständen auch ein Grundstück gehört, da die Gemeinschaft dann zu Übertragung, der erwerbende Miterbe zum Erwerb verpflichtet ist (MünchKommBGB/Fest § 2042 Rn 38). Etwas anderes gilt nur, wenn insoweit die ohnehin bestehende Rechtslage wiederholt wird und somit eine deklaratorische Erklärung erfolgt (BeckOGK/Schreindorfer [1. 7. 2023] § 311b Rn 102 f). Dies ist allerdings praktisch kaum denkbar (ebenso BeckOGK/Schreindorfer [1. 7. 2023] § 311b Rn 102) und kommt faktisch nur bei einer testamentarisch angeordneten Teilungsbestimmung in Betracht. In gleicher Weise besteht eine Beurkundungspflicht, wenn als Gegenleistung für die Beteiligung an der Auseinandersetzung einem oder mehreren Miterben die Übertragung eines (nicht erbengemeinschaftlichen) Grundstücks versprochen wird. Dieselben Grundsätze gelten für eine so genannte **schuldrechtliche Abschichtung**. Dabei bleibt die Erbengemeinschaft im Außenverhältnis zunächst bestehen, allerdings existiert im Innenverhältnis eine Vereinbarung darüber, dass einer oder mehrere Miterben dadurch ausscheiden, dass sie im Rahmen einer Auseinandersetzung sämtliche Gegenstände, die in der Erbengemeinschaft gehalten werden, auf den oder die verbleibenden Miterben übertragen (dazu Rieger DNotZ 1999, 64, 76 f; Damrau ZEV 1996, 361, 367 ff, 368). Eine derartige Abrede bedarf bei Beteiligung von Grundbesitz stets der Beurkundung, da eine diesbezügliche Übertragungsverpflichtung begründet wird. 117

Dagegen ist § 311b Abs 1 S 1 BGB auf die **dingliche Abschichtung,** bei der – ohne Übertragung eines Erbteils iS des § 2033 Abs 1 S 1 BGB – ein Miterbe die Erbengemeinschaft gegen Abfindung verlässt und seine Mitgliedschaftsrechte aufgibt, grundsätzlich nicht anzuwenden, weil der Gegenstand des Vertrags kein Grundstück, sondern der Erbanteil ist (s zur Parallelproblematik bei der Veräußerung von Beteiligungen an Gesellschaften auch Rn 172 ff). Die Anwendbarkeit des § 311b Abs 1 S 1 BGB ist nur gegeben, wenn als *Abfindung* für die Erklärung der Abschichtung ein Grundstück 118 vereinbart wird. Dass der BGH auch die Form des § 2033 BGB auf solche Verträge nicht zur Anwendung bringen will (s BGHZ 138, 8), kann demgegenüber nicht überzeugen (krit auch BeckOGK/Schreindorfer [1. 7. 2023] § 311b Rn 68. 1).

j) Grenzfeststellung

119 Verträge zur Feststellung von **unbekannten oder ungewissen Grenzverläufen** sind richtigerweise insgesamt beurkundungsbedürftig (s Rn 59). Dabei wird dieses Ergebnis auch von der herrschenden Meinung geteilt, wenn der Grenzverlauf den Beteiligten bekannt ist und er durch die Abtretung von Grundstücksteilen verändert werden soll (RG JW 1906, 302, 303; BeckOGK/Schreindorfer [1. 7. 2023] § 311b Rn 54. 1). Die Konsequenz gilt aber richtigerweise auch dann, wenn eine den Beteiligten bislang unbekannte Grenze erstmalig durch die vertragliche Vereinbarung festgelegt werden soll, weil auch dies materiell-rechtlich notwendigerweise eine Übertragung von Grundstücksteilen nach sich zieht (s Rn 59).

k) Nacherbenzustimmung

120 Die (rechtsgeschäftliche) **Verpflichtung des Nacherben**, der Veräußerung eines zum Nachlass gehörenden Grundstücks zuzustimmen, hat für diesen dieselben Auswirkungen wie die Veräußerungsverpflichtung für den Eigentümer. Der Normzweck des § 311b Abs 1 BGB gebietet deshalb eine Gleichbehandlung. Die Verpflichtung des Nacherben ist daher in entsprechender Anwendung des § 311b Abs 1 BGB formbedürftig (insoweit richtig BGH MDR 1972, 496; so auch jurisPK-BGB/Ludwig § 311b Rn 40). Ergibt sich die Verpflichtung jedoch aus **§ 2120 BGB** (vgl BGH MDR 1972, 496), dann handelt es sich um eine *gesetzlich* begründete Verpflichtung, die auch dann nicht der Form des § 311b Abs 1 BGB bedarf, wenn sie deklaratorisch noch einmal in vertraglicher Form bestätigt wird (s Rn 150; **aA** BGH MDR 1972, 496). Etwas anderes gilt allerdings dann, wenn die gesetzliche Verpflichtung modifiziert wird oder Teil eines anderen, aus sich heraus formbedürftigen Vertrages ist. Die Zustimmung selbst ist formlos wirksam (BeckOGK/Schreindorfer [1. 7. 2023] § 311b Rn 54. 5), jedoch gem § 2120 S 2 BGB auf Verlangen in öffentlich beglaubigter Form zu erklären.

l) Optionsvertrag

121 Die **Rechtsnatur des Optionsvertrages** ist umstritten (Henrich 244 ff; grundlegend BGH DNotZ 1963, 230 m Anm Hense; eingehend Korte 2. 149 ff; auch Wolf DNotZ 1995, 179, 184). Er stellt im Gegensatz zum Antrag bereits ein Vertragsverhältnis dar, das unter der aufschiebenden Bedingung steht, dass der Berechtigte später durch einseitige Erklärung von seinem durch die Vereinbarung begründeten Recht Gebrauch macht (= Ausübung der Option) und damit das Vertragsverhältnis vervollständigt oder ein bereits bestehendes Vertragsverhältnis verlängert (BGHZ 47, 391; BGH DNotZ 1963, 230; NJW 1967, 53; WM 1970, 493; Einsele DNotZ 1996, 835, 861; Soergel/J Mayer § 311b Rn 59). Ist der Inhalt noch nicht hinreichend bestimmt, kann es sich um einen Vorvertrag (s Rn 145) handeln (vgl jurisPK-BGB/Ludwig § 311b Rn 133). Ein solcher aufschiebend bedingter Vorvertrag ist auch in der Einräumung der „Vorhand“ zu sehen. Sämtliche Optionsverträge über Grundstücke enthalten stets eine Verpflichtung zur Veräußerung oder zum Erwerb und sind daher **beurkundungspflichtig** (BGH DNotZ 1963, 230), da bereits vor Ausübung der Option eine aufschiebend begründete Pflicht geschaffen wurde. Die Ausübung der Option ist demgegenüber dann grundsätzlich formfrei möglich (s Rn 110); soll allerdings eine Verpflichtung zur Ausübung geschaffen werden, muss auch dies nach § 311b Abs 1 S 1 BGB

beurkundet werden (OLG Saarbrücken NJOZ 2016, 1650, 1652; s auch jurisPK-BGB/Ludwig § 311b Rn 133).

Bei einem derartigen Optionsvertrag wird es typischerweise an der Erklärung der Auflassung fehlen, sodass eine Ausnahme vom Beurkundungsbedürfnis von Vertragsänderungen (s Rn 289 ff) nicht gegeben ist. In der Konsequenz sind deshalb alle Modifikationen der Optionsvereinbarung stets beurkundungsbedürftig, was auch dann gilt, wenn sie sich nicht auf die Verpflichtung zur Übertragung oder zum Erwerb eines Grundstücks beziehen.

m) Öffentlich-rechtlicher Vertrag

Eine Verpflichtung zur Grundstücksübertragung (Erwerb) wird im **öffentlich-rechtlichen Vertrag** wie im privatrechtlichen Vertrag erst durch die rechtsgeschäftliche Erklärung begründet (zur Einordnung eines Vertrages als öffentlich-rechtlich oder privatrechtlich s Grziwotz, Baulanderschließung [1993] B II 2). Ein öffentlich-rechtlicher Vertrag ist daher unter **denselben Voraussetzungen** formbedürftig, wie dies bei einer **privatrechtlichen Verpflichtung** der Fall wäre (BGHZ 58, 394; vgl auch jurisPK-BGB/Ludwig § 311b Rn 49). Auch wenn § 311b Abs 1 BGB eine Formvorschrift des Privatrechts ist (OLG Köln DNotZ 1970, 599 = DVBl 1971, 423 m **abl** Anm Ziegler), ist sie auch auf öffentlich-rechtliche Verträge anzuwenden, wie § 57 VwVfG klarstellt (st Rspr: BGHZ 58, 394; BGHZ 61, 359 = BGH NJW 1974, 96; OLG Köln DNotZ 1970, 599; implizit auch BVerwG NVwZ 1996, 794, 796; VerwG Düsseldorf DNotZ 1971, 546; s auch § 62 VwVfG; BeckOK-BGB/Gehrlein [1. 8. 2023] § 311b Rn 10; jurisPK-BGB/Ludwig § 311b Rn 49; **aA** noch Ziegler DVBl 1970, 825; DVBl 1972, 215), *soweit* sich aus dieser Vereinbarung eine *rechtsgeschäftliche* Grundstücksveräußerungs- oder -erwerbspflicht ergibt und die Änderung der Eigentumszuordnung *nicht* kraft Gesetzes gem einer Sondervorschrift des öffentlichen Rechts erfolgt (s Rn 69 ff; OLG Schleswig DNotZ 1981, 562 mit überzeugender Begründung und wNw). Die Einordnung als privat- oder öffentlich-rechtlich spielt daher zwar insoweit eine Rolle als die Wirksamkeitskontrolle betroffen ist, hat aber für die Frage der Anwendbarkeit des § 311b Abs 1 S 1 BGB keine Bedeutung. 122

Einzelfälle: Gem § 311b Abs 1 S 1 BGB formbedürftig ist demnach eine Veräußerungsverpflichtung außerhalb des **förmlichen Enteignungsverfahrens** (BGHZ 88, 171 zum PrEnteigG), nicht jedoch eine diesbezügliche Vereinbarung innerhalb des förmlichen Enteignungsverfahrens, soweit sie keine abweichende, insbesondere weitergehende Veräußerungsverpflichtung als die gesetzliche Bestimmung enthält (BGH MDR 1983, 913; OLG Schleswig DNotZ 1981, 562, jeweils zu § 26 PrEnteigG) (s Rn 75 ff). Teileinigungen *außerhalb* des förmlichen Enteignungsverfahrens über Besitzüberlassung, Bauerlaubnis und Höhe der Entschädigung sind in der Konsequenz formfrei, da die Übertragungspflicht als solche *innerhalb* des Enteignungsverfahrens festgelegt wird; auch eine „mittelbare“ Bindung (s Rn 152 ff) scheidet aus *diesem* Grunde aus (BayObLG MDR 1981, 405). Formbedürftig sind der eine Veräußerungsverpflichtung enthaltende **Erschließungsvertrag** gem § 124 BauGB (BGHZ 58, 390 ff; BGHZ 61, 365 f; BGHZ 65, 368; BVerwG MittBayNot 1985, 144; OVG Schleswig NJW 2008, 601 ff; VG Göttingen NJW-Spezial 2008, 718), der Vertrag zum Zwecke der **Freilegung** iS des § 15 PreußFluchtlG (VerwG Düsseldorf DNotZ 1971, 546) sowie ein Vertrag, in dem sich ein Bauherr im Vorgriff auf eine spätere **Umlegung** zu einer Flächenabtretung an die Gemeinde verpflichtet (VGH Mannheim NJW-RR 1995, 721). 123

124 **Städtebauliche Verträge** (§ 11 BauGB), **Durchführungsverträge zum Vorhaben- und Erschließungsplan** (§ 12 BauGB), **Erschließungsverträge** (§ 124 BauGB) und **Ablösungsverträge** für Erschließungsbeiträge (§ 133 Abs 3 S 5 BauGB) bedürfen an sich nur der Schriftform (s § 57 VwVfG und § 11 Abs 3, § 124 Abs 4 BauGB, in denen jedoch jeweils bereits eine strengere Form offengehalten ist; BT-Drucks 13/6392, 50, wo ausdrücklich auf die notarielle Form hingewiesen wird). Sie werden jedoch gem § 311b Abs 1 S 1 BGB formpflichtig, wenn sie eine Grundstücksveräußerungs- oder -erwerbsverpflichtung enthalten oder mit dieser im Rahmen eines zusammengesetzten Vertrages verknüpft sind (s insoweit Rn 239 ff; OVG Schleswig MittBayNot 2008, 488; s auch jurisPK-BGB/Ludwig § 311b Rn 49). Ist eine derartige Abhängigkeit gegeben, ist eine Aufspaltung in beurkundeten Grundstücksübertragungsvertrag und (nur schriftlichen) Erschließungsvertrag, Ablösungsvertrag usw grundsätzlich unzulässig (so auch Grziwotz MittBayNot 1996, 391, s aber auch Rn 250 ff). Hängt ein Grundstücksvertrag im Rahmen eines sog **Einheimischenmodells** (nunmehr ausdrücklich in § 11 Abs 1 S 2 Nr 2 BauGB anerkannt) vom Abschluss eines Ablösungsvertrags inhaltlich ab (dazu Rn 247 ff), ist auch der Ablösungsvertrag beurkundungspflichtig; die Einhaltung der Form des § 311b Abs 1 S 1 BGB ist dagegen nicht geboten, wenn die Gemeinde lediglich deklaratorisch auf die gesetzliche Form der Beitragserhebung verweist, weil insoweit keine Abweichung vom Gesetz besteht, sodass der Erklärung kein rechtsgeschäftlicher Inhalt zukommt. Demgegenüber sind aber Vereinbarungen über **Ablösung** von Beiträgen beurkundungspflichtig, wenn von ihnen der Grundstückskaufvertrag inhaltlich abhängig ist. Entsprechendes gilt, wenn der Abschluss eines Grundstücksvertrages vom Abschluss eines Durchführungsvertrages inhaltlich abhängt.

n) Schuldübernahme/Vertragsübernahme

125 Bei der sich auf eine *Veräußerungs- oder Erwerbsverpflichtung* beziehenden **Schuldübernahme oder Schuldmitübernahme** wird entweder die Verpflichtung des *Veräußerers* zur *Übertragung* oder des *Erwerbers* zur *Abnahme* des Eigentums (mit)übernommen. Hierbei wird zwar die Verpflichtung zur Eigentumsübertragung oder zum -erwerb nicht als solche neu, aber *erstmals* bei einem *neuen* Schuldner begründet. Beide Arten von Schuldübernahmen (Übernahme der Veräußerungs- oder Erwerbsverpflichtung) sind deshalb **formbedürftig** (RGZ 103, 156; RGZ 140, 218 BGHZ 125, 235; BGH NJW 1996, 2503; Grüneberg/Grüneberg § 311b Rn 14; Erman/Grziwotz § 311b Rn 41; zur Möglichkeit und zum Umfang der beurkundungsrechtlichen Verweisung bzw Bezugnahme s Rn 126). Dass die Schuldübernahme selbst eine Verfügung darstellt, schadet nicht, da sie zugleich eine Verpflichtung des Übernehmers bewirkt (Staudinger/Rieble [2022] § 414 Rn 73 führt aus, dass es keinen Unterschied mache, ob den Schuldner diese Schuld infolge eines Verpflichtungsgeschäftes oder infolge eines Verfügungsgeschäfts trifft). § 311b Abs 1 S 1 BGB ist daher entsprechend anwendbar. Hierbei ist es gleichgültig, ob die Schuldübernahme im Wege des **§ 415 BGB** (Vertrag zwischen Schuldner und Übernehmer) oder im Wege des **§ 414 BGB** (Vertrag zwischen Gläubiger und Übernehmer) erfolgt (Staudinger/Rieble [2022] § 415 Rn 21). Regelungsinhalt ist nur die Schuldübernahme als solche, der Übergang der bereits bestehenden Schuld ist gesetzliche Rechtsfolge (Sukzession; s hierzu Staudinger/Rieble [2022] § 414 Rn 1 ff). Beurkundet werden müssen deshalb jeweils lediglich die Erklärungen bezüglich der *Übernahme* der Schuld als solche, nicht jedoch nochmals der (bereits beurkundete) Vertrag, aus dem sich die Übereignungs- bzw Erwerbspflicht ergibt (jurisPK-BGB/Ludwig § 311b Rn 96). Ist die Veräußerungsverpflichtung privatschriftlich vereinbart

und damit nicht formwirksam, **heilt** eine den Vorschriften des BeurkG nicht entsprechende Bezugnahme in der notariellen Urkunde über die Schuldübernahme die Formunwirksamkeit der Verpflichtung **nicht** (OLG München 15. 5. 2013 – 20 U 5004/12, juris Rn 40). Ob im konkreten Fall eine Schuldübernahme gem § 415 BGB und ein Vertrag zugunsten Dritter gem § 328 Abs 1 BGB vereinbart ist, ist durch Auslegung zu ermitteln (OLG München 15. 5. 2013 – 20 U 5004/12, juris Rn 32).

Wird der Übernahmevertrag gem § 415 BGB geschlossen, ist zwar der Vertrag zwischen Alt- und Neuschuldner, nicht aber die **Genehmigung** des nicht am Vertrag beteiligten Gläubigers formbedürftig (vgl auch OLG München 15. 5. 2013 – 20 U 5004/12, juris Rn 37; BeckOGK/Schreindorfer [1. 7. 2023] § 311b Rn 91.1). Dies gilt auch, wenn der Dritte ebenfalls einer formbedürftigen Verpflichtung unterliegt, da insoweit keine anderen Grundsätze als bei der Abtretung gelten können, die ihrerseits formfrei möglich ist (hierzu). Auch aus sich heraus ist die Zustimmung des Vertragspartners nicht formbedürftig, da auf sie § 182 Abs 2 BGB Anwendung findet (vgl MünchKommBGB/Ruhwinkel § 311b Rn 21; BeckOGK/Schreindorfer [1. 7. 2023] § 311b Rn 91.1). Erfolgt die Schuldübernahme durch Vertrag gemäß § 414 BGB zwischen dem Gläubiger und dem Übernehmer, wird jedoch jeweils zu prüfen sein, ob es tatsächlich nur um den Fortbestand der alten Schuld geht oder nicht eigentlich um die *Neubegründung* einer Übereignungs- oder/und Erwerbsverpflichtung. In diesem Fall muss der Vertrag vollkommen neue beurkundet werden, wobei allerdings eine Bezugnahme gem § 13a BeurkG auf die bereits errichtete Urkunde in Betracht kommt. **126**

Der Formpflicht nach den vorstehenden Grundsätzen und im dargestellten Umfang unterliegt auch das der Schuldübernahme (als abstraktem Verfügungsgeschäft) zugrundeliegende **Verpflichtungsgeschäft**. Dies gilt insbesondere bei den sog **„Vertragsübernahmen"**, auf die die Regelungen über Abtretung und Schuldübernahme (und die diesen Verfügungsgeschäften zugrundeliegenden schuldrechtlichen Rechtsgeschäfte) entsprechend Anwendung finden (vgl BGHZ 96, 302; BGH DtZ 1996, 57); wird die Vertragsübernahme als dreiseitiger Vertrag ausgestaltet, ist der gesamte Vertrag formbedürftig. **127**

Eine Beurkundungspflicht kann sich zusätzlich auch daraus ergeben, dass die Schuld- oder Vertragsübernahme sich zwar auf einen originär nicht beurkundungsbedürftigen Vertrag bezieht, die Vereinbarung über die Schuld- oder Vertragsübernahme aber in einem **inhaltlichen Zusammenhang** mit einer Übertragungs- oder Erwerbsverpflichtung an einem Grundstück steht, sodass es sich um einen zusammengesetzten Vertrag handelt (Soergel/J Mayer § 311b Rn 19). In diesem Fall ergibt sich aufgrund des Vollständigkeitsgrundsatzes die Anwendung des § 311b Abs 1 S 1 BGB auch auf die Schuld- oder Vertragsübernahme (Soergel/J Mayer § 311b Rn 19). Auch insoweit ist es aber nur erforderlich, dass die auf die Übernahme gerichteten Willenserklärungen beurkundet werden, der ursprüngliche, übernommene Vertrag selbst muss nicht Teil der Beurkundung werden, da der Übergang kraft Gesetzes erfolgt und deshalb sein Inhalt nicht Gegenstand der rechtsgeschäftlichen Erklärungen ist. Dabei muss lediglich ausreichend bestimmt sein, welcher Vertrag oder welche Schuld übernommen wird, sie muss aber nicht ihrem Inhalt näher bestimmt werden (vgl Soergel/J Mayer § 311b Rn 19; s auch BGHZ 125, 235, 238). Formfrei ist dagegen eine Übernahme einer Schuld oder eines Vertrags, der nur deshalb ur- **128** sprünglich beurkundungsbedürftig war, weil er in einem inhaltlichen Zusammenhang mit einer Übertragungs- oder Erwerbsverpflichtung stand. Wird diese Schuld oder der Vertrag später durch einen Dritten isoliert übernommen, kann dies für sich genommen formfrei erfolgen (Soergel/J Mayer § 311b Rn 19; s auch RG JW 1936, 1953).

129 Auch die Übernahme der **Kaufpreiszahlungsverpflichtung** begründet keine Erwerbsverpflichtung. Sie enthält ebenfalls keine mittelbare Bindung, da die Erwerbsverpflichtung weiterhin beim ursprünglich Berechtigten liegt. Es handelt sich daher allein um die Begründung einer Zahlungsverpflichtung, die § 311b Abs 1 S 1 BGB nicht unterfällt und daher formfrei möglich ist (vgl RG JW 1936, 1953).

o) Veräußerungsverbot/Negative Verpflichtungen

130 Grundsätzlich nicht formbedürftig ist die Verpflichtung, ein Grundstück **nicht zu veräußern oder nicht zu erwerben** (RG JW 1905, 73 Nr 7; Gruchot 49, 625; BGHZ 31, 13; BGH NJW 1963, 1602; WM 1965, 1113; WM 1967, 644; OLG Hamm OLGZ 74, 123; jurisPK-BGB/Ludwig § 311b Rn 89; vgl NK-BGB/Ring § 311b Rn 15). Derartige Verpflichtungen sind jedoch dann beurkundungspflichtig, wenn sie als „Gegenleistung" des Erwerbers Bestandteil eines *Grundstücksveräußerungsvertrages* sind (BGH WM 1965, 1115; jurisPK-BGB/Ludwig § 311b Rn 90) oder aber wenn an die Verletzung der Nichtveräußerungsverpflichtung eine (aufschiebend bedingte) *Rückübereignungsverpflichtung* geknüpft ist (zu weitgehend Pikalo DNotZ 1972, 644, 656 f). Nicht formbedürftig ist gleichermaßen eine Nichtveräußerungsverpflichtung iS einer sog **Reservierungsvereinbarung**, solange durch sie nicht eine mittelbare Übertragungs- oder Erwerbsverpflichtung geschaffen wird (BGHZ 103, 235; s auch inzidenter BGHZ 125, 218, 226; Hildenbrand NJW 1996, 3249 zu „Time-Sharing-Verträgen"). Auch die Sicherung der Nichtveräußerungsverpflichtung durch eine **Vertragsstrafe** für den Fall der Veräußerung führt nicht zu einer (mittelbaren) Veräußerungsverpflichtung und ist daher nicht formbedürftig (**aA** OLG Köln NJW 1971, 1942). Eine rein wirtschaftliche Belastung im Falle des Verstoßes gegen das Veräußerungsverbot genügt für die Anwendung des § 311b Abs 1 BGB nicht (BGH WM 1974, 19).

131 Formfrei ist ferner eine Verpflichtung, ein an sich mögliches Verlangen auf Rückauflassung **nicht geltend zu machen** (zB bei Verstoß gegen ein Veräußerungsverbot, das häufig in Überlassungsverträgen vereinbart wird) oder ein Vorkaufs-, Wiederkaufs- oder Optionsrecht **nicht auszuüben** oder ein Vertragsangebot **nicht anzunehmen** (Verzicht auf Ausübung eines Wiederkaufsrechts: BGH NJW 1988, 1386). Ist der Anspruch geltend gemacht oder das Recht ausgeübt, so ist ein Verzicht auf die nunmehr bestehenden Rechte (Erlassvertrag) gleichfalls formfrei (RGZ 127, 298), solange noch kein Anwartschaftsrecht entstanden ist (s Rn 32 f). Auch die Verpflichtung, einen **Berichtigungsanspruch** auf Wiedereintragung als Eigentümer nicht geltend zu machen, ist grundsätzlich formfrei (s Rn 57). Etwas anderes gilt nur, wenn derartige Abreden in einem inhaltlichen Zusammenhang mit einem nach § 311b Abs 1 S 1 BGB beurkundungsbedürftigen Vertrag stehen oder als Gegenleistung die Übertragung eines Grundstücks geschuldet sind.

p) Vergleich

132 Der *außergerichtliche* **Vergleich** ist dann formbedürftig, wenn in ihm eine Verpflichtung zur Übertragung oder zum Erwerb eines Grundstücks *erstmalig* begründet oder

erneut übernommen wird (RGZ 94, 152; 109, 23; RG HRR 1927 Nr 1639; 1930 Nr 500; BGH LM § 313 Nr 5; GRÜNEBERG/GRÜNEBERG § 311b Rn 24; ERMAN/GRZIWOTZ § 311b Rn 24; MünchKommBGB/RUHWINKEL § 311b Rn 26). Da durch den Vergleich die Frage, ob vorher schon eine Verpflichtung bestand, gerade ausgeräumt werden soll, ist es zu empfehlen, in der Praxis immer die Form des § 311b Abs 1 BGB zu wahren. Auch die Änderung einer Verpflichtung durch Vergleich ist beurkundungspflichtig, soweit nicht eine der anerkannten Ausnahmen gegeben ist (s Rn 286 ff).

q) Vorkaufsrecht

aa) Schuldrechtliches Vorkaufsrecht

133 Die Einräumung eines **schuldrechtlichen** (zum dinglichen s Rn 135) **Vorkaufsrechts** an einem Grundstück bedarf der Form des § 311b Abs 1 BGB (RGZ 72, 388; RGZ 79, 435; RGZ 122, 140; RGZ 137, 31; RGZ 148, 108; BGH DNotZ 1968, 93; WAIS NJW 2017, 1569, 1570; **aA** HÄSEMEYER 236). Bei der Vereinbarung handelt es sich – jedenfalls auf Seiten des Einräumenden – um eine *doppelt bedingte Verpflichtung* zur Übertragung des Eigentums an den Vorkaufsberechtigten (die hM spricht insoweit von einem doppelt bedingten Kaufvertrag, wobei es aber für die Beurkundungsbedürftigkeit auf die schuldrechtliche Qualifikation des Vertrags nicht ankommt; RGZ 72, 386; zur rechtlichen Begründung s auch KANZLEITER DNotZ 2017, 503, 504; WAIS NJW 2017, 1569; MünchKommBGB/WESTERMANN § 463 Rn 7 mwNw; kritisch MünchKommBGB/EINSELE § 125 Rn 28, wonach nur die Ausübung des Vorkaufsrechts, nicht aber die Einräumung [Verpflichtung] zu beurkunden sei; s auch HECKSCHEN 52 ff, der die Beurkundungsbedürftigkeit nur deshalb „verfrüht" an den Vorkaufsrechtsvertrag anknüpfen will, weil ansonsten wegen der Formfreiheit der Ausübungserklärung jede Formbedürftigkeit entfiele; s zur Ausübungserklärung Rn 110). Da die bedingte Verpflichtung bereits durch den Vertrag über das Vorkaufsrecht geschaffen wird, kommt es nicht darauf an, ob es sich bei den Bedingungen (teilweise) um Potestativbedingungen handelt. Es genügt, dass eine aufschiebend bedingte Verpflichtung entstanden ist, um das Erfordernis des § 311b Abs 1 S 1 BGB auszulösen. Wird durch eine spätere Änderung der Inhalt des Vorkaufsrechts erweitert oder geändert, bedarf dies wiederum der notariellen Beurkundung gem § 311b Abs 1 S 1 BGB (BGHZ 14, 6). Etwas anderes gilt aber, wenn auf die Rechte aus dem Vorkaufsrecht durch den Berechtigten lediglich verzichtet werden soll, da der *Verzicht* nicht formbedürftig ist (s Rn 131).

134 Wird ein Vorkaufsrecht mit einem **Miet- oder Pachtvertrag** verbunden (zusammengesetzter Vertrag s Rn 239 ff), so kann auch dieser nach den allgemeinen Kriterien über zusammengesetzte Verträge beurkundungspflichtig sein (vgl BGH DNotZ 1968, 93; BGH LM § 581 Nr 2; BayObLG MittBayNot 1987, 53).

bb) Dingliches Vorkaufsrecht

135 Die Eintragung eines **dinglichen Vorkaufsrechts** im Grundbuch begründet für sich genommen zunächst lediglich eine dingliche Belastung des Grundstücks. Allerdings enthält die schuldrechtliche Abrede über die Verpflichtung zur Bestellung zugleich auch ein schuldrechtliches Vorkaufsrecht, das wiederum eine aufschiebend bedingte Übertragungsverpflichtung begründet (s dazu Rn 133). Daher ist auch die Verpflichtung zur Bestellung des dinglichen Vorkaufsrechts nach § 311b Abs 1 S 1 BGB beurkundungsbedürftig (s Rn 66). Nicht beurkundungsbedürftig ist dagegen die Bestellung selbst (RGZ 110, 327, 335; RGZ 125, 261, 262 f; BGH NJW 2016, 2035 Rn 16 ff; jurisPK-BGB/LUDWIG § 311b Rn 135; **aA** BGH NJW-RR 1991, 205, 206; ERMAN/GRZIWOTZ § 311b Rn 42; MünchKommBGB/RUHWINKEL § 311b Rn 45; BeckOGK/SCHREINDORFER [1. 7. 2023] § 311b

Rn 78), da es sich insoweit nur um eine nach § 873 BGB formfreie Begründung eines dinglichen Rechts am Grundstück handelt.

r) Wiederkaufsrecht

136 Unabhängig von der konkreten dogmatischen Qualifikation des Wiederkaufsrechts (s RGZ 121, 369; BGHZ 29, 110; BGHZ 38, 371; BGH WM 1965, 357, die eine aufschiebend bedingte Verpflichtung zur Rückübertragung annehmen; zweifelnd hieran aber BGHZ 58, 81; zum Stand der Meinungen Staudinger/Schermaier [2013] Vorbem 4 ff zu § 456), ist die Einräumung des Wiederkaufsrechts (§ 456 BGB) an einem Grundstück jedenfalls formbedürftig (st Rspr; RGZ 126, 312, BGH NJW 1973, 37 mNw; jurisPK-BGB/Ludwig § 311b Rn 135). Insoweit enthält die Vereinbarung zumindest eine bedingte Übertragungsverpflichtung für den Erstkäufer, sodass der Tatbestand des § 311b Abs 1 S 1 BGB erfüllt ist.

137 Auch die Einräumung eines **vertraglichen Wiederverkaufsrechts** (s dazu auch Staudinger/Schermaier [2013] Vorbem 12 ff zu § 456) ist gem § 311b Abs 1 BGB formbedürftig (zum alten Recht RGZ 126, 312). Es besteht zwar keine Bindung des Wiederverkäufers, da die „Bedingung" seine eigene spätere Erklärung darstellt. Wohl aber ist mit dem Wiederverkaufsrecht eine bedingte Erwerbsverpflichtung des anderen Vertragsteils verbunden (zur Abgrenzung Wiederkaufs-/Rückkaufsrecht s Grüneberg/Weidenkaff § 456 Rn 5 ff mNw; zum Fall, dass das Wiederverkaufsrecht des Käufers als Wiederkaufsverpflichtung des Verkäufers ausgestaltet ist: BGHZ 140, 219 = BGH ZIP 1999, 143). Das Wiederkaufsrecht beim sog Sale-and-lease-back-Verfahren enthält eine durch Ausübung des Wiedererwerbsrechts bedingte Veräußerungsverpflichtung; die vertragliche Begründung ist daher beurkundungsbedürftig (LG Düsseldorf WM 1989, 1127).

138 Eine nachträgliche Vereinbarung über den **Wegfall** der ursprünglich für die Ausübung des Wiederkaufsrechts ausbedungenen *Ausschlussfrist* ist formbedürftig (RG SeuffA 79 Nr 167 = Recht 1925 Nr 943). Dasselbe gilt auch für die **Verlängerung** einer vorgesehenen Ausübungsfrist (soauch BGH NJW 1996, 452 in Klarstellung zu BGH NJW 1973, 37; letztere Entscheidung ist abzulehnen, s zur Behebung von Abwicklungsschwierigkeiten grundsätzlich Rn 287 f). Darüber hinaus sind **andere Modifikationen** des bestehenden Rechts typischerweise ebenso beurkundungsbedürftig, weil hinsichtlich der Rückübertragung des Gegenstandes eine Auflassung regelmäßig nicht erklärt sein wird, sodass die einzig relevante Ausnahme vom Beurkundungserfordernis (s Rn 289 ff) nicht eingreifen kann. Infolgedessen müssen auch Veränderungen des Wiederkaufspreises oder anderer begleitender Regelungen der Form des § 311b Abs 1 S 1 BGB genügen (BGH NJW 1996, 453; BeckOGK/Schreindorfer [1. 7. 2023] § 311b Rn 79).

s) (Freiwillige) Versteigerung

139 Verpflichtet sich eine Person zur **Ersteigerung** eines Grundstücks, ist dies unter dem Gesichtspunkt einer hierdurch eingegangenen Erwerbspflicht nach § 311b Abs 1 S 1 BGB formbedürftig (BGH NJW 1996, 1960). Auch der im Wege der **Versteigerung** („Grundstücksauktion") selbst geschlossene Vertrag unterliegt jedoch dem Formzwang des § 311b Abs 1 S 1 BGB (BGH NJW 1998, 2350; KG NJW-RR 2002, 883; s hierzu generell Dietsch NotBZ 2000, 322 und jurisPK-BGB/Ludwig § 311b Rn 45 ff). Die Versteigerung selbst ist dabei nur eine besondere Form des Verkaufes, der in einem speziellen Verfahren zur Erzielung des höchstmöglichen Preises durchgeführt wird (vgl

BGHZ 138, 339, 342; ausführlich LIMMER, in: FS Bezzenberger [2000] 509 ff); **Gebot** (= Angebot) und **Zuschlag** (= Annahme) sind Willenserklärungen, die sich nach den allgemeinen Regeln richten (BGHZ 138, 339 mwNw). Soweit § 156 BGB, der grundsätzlich dispositiv ist (STAUDINGER/BORK [2020] § 156 Rn 9; vgl BeckOK-BNotO/SANDER [1. 8. 2023] § 20 Rn 147), im konkreten Fall nicht abbedungen wurde, bedarf in der Konsequenz die Versteigerung selbst gem § 311b Abs 1 S 1 BGB der notariellen Beurkundung (BGH NJW 1992, 905; unklar STAUDINGER/BORK [2020] § 156 Rn 7). **Beurkundungsbedürftig** sind danach sowohl die **Erklärungen des Auktionators** (Zuschlag) als auch die des **Meistbietenden** in Form des jeweiligen **Gebots** (BGHZ 138, 342 ff; KG NJW-RR 2002, 883 f; LIMMER, in: FS Bezzenberger [2000] 511; zur Form einer Vollmacht des Bieters an den Auktionator vgl OLG Frankfurt RNotZ 2013, 297, 299). Dies führt dazu, dass jedes abgegebene Gebot zunächst beurkundet werden muss, damit es durch einen Zuschlag angenommen werden kann. Wird der Formpflicht nicht genügt, ist der Vertrag wegen Verstoßes gegen § 311b Abs 1 BGB nichtig (§ 125 S 1 BGB); eine später etwa außerhalb der Versteigerung formgerecht vorgenommene Bestätigung (s Rn 141) führt nicht zu einer etwaigen Heilung, sondern begründet die vertraglichen Verpflichtungen (ex nunc) erstmalig neu. Für die Versteigerung gelten die Vorschriften der §§ 13, 15 BeurkG. Ist der Notar selbst Auktionator (§ 20 Abs 3 BNotO), kann er nach herrschender Ansicht in Ausnahme von § 6 BeurkG auch seine eigene Willenserklärung in Form des Zuschlags beurkunden (vgl Beck'sches Notarhandbuch/KINDLER § 31 Rn 355).

Im Hinblick auf den Grundsatz der Vollständigkeit (s Rn 210 ff) unterliegen auch die **140**
sog allgemeinen **Versteigerungsbedingungen** (soweit sie Bestimmungen über den Inhalt des abzuschließenden Vertrages enthalten) § 311b Abs 1 S 1 BGB. Werden deshalb Bestimmungen über den Inhalt des Vertrages (Sicherungsmechanismen, Vormerkung, Lastenfreistellung, Beschaffenheitsvereinbarung uÄ) nicht in die Urkunde selbst aufgenommen, können sie in diese allgemeinen Versteigerungsbedingungen integriert werden, auf die, soweit sie beurkundet wurden, dann gem § 13a BeurkG verwiesen werden kann (ausf zu den Verweisungsmöglichkeiten: STAUF RNotZ 2001, 129). Unter Berücksichtigung der Besonderheiten der vom Gesetzgeber in § 156 BGB und § 15 BeurkG anerkannten Versteigerung mit einem speziellen Beurkundungsverfahren erscheint eine Voraus-Auslagerung auch wesentlicher Bestimmungen in eine Bezugsurkunde auch unter dem Gesichtspunkt des § 17 Abs 2a BeurkG zulässig, da nur so im Vorfeld sicher die Durchführung der Versteigerung geprüft werden kann und darüber hinaus die Abgabe von Geboten nicht in unzumutbarer Weise verzögert wird. Bei Versteigerungen gem § 156 BGB kommt, auch wenn es sich um einen Verbrauchervertrag handelt, eine Ausnahme von der 14-Tages-Regelfrist des § 17 Abs 2a S 2 Nr 2 BeurkG in Betracht (BGH 24. 11. 2014 – NotSt [Brfg] 3/14 Rn 24, BGHZ 203, 273).

Aufgrund der komplizierten Regelungen und der Notwendigkeit einer Beurkundung **141**
jedes Gebots wird der Weg der formellen Grundstücksversteigerung **in der Praxis** nicht durchgehend beschritten (ARMBRÜSTER/PREUSS/RENNER/PIEGSA § 15 BeurkG Rn 54). Es ist vielmehr häufig, dass zuvor eine **informelle Versteigerung** ohne Beachtung der gesetzlichen Formvorschriften durchgeführt wird, um die Person und den Preis zu bestimmen, um im Nachgang dann den Kaufvertrag regulär durch Austausch von Willenserklärungen vor dem Notar zu schließen (s zur sog „unechten" Versteigerung: ARMBRÜSTER/PREUSS/RENNER/PIEGSA § 15 BeurkG Rn 54; RACHLITZ MittBayNot 2015, 457, 458 f;

BeckOK-BNotO/Sander [1. 8. 2023] § 20 Rn 147). Durch die Versteigerung kommt mithin kein wirksamer Vertrag zustande, sondern es wird lediglich hierdurch festgelegt, mit wem im Nachgang der Vertrag geschlossen werden soll. Dieses Vorgehen spart erhebliche Kosten, hat aber das Risiko, dass sowohl Verkäufer als auch potenzieller Käufer bis zur Beurkundung des Kaufvertrages noch frei darin sind, vom Kauf Abstand zu nehmen, sodass die Versteigerung insgesamt rechtlich unverbindlich ist. Bei Verbraucher-Kaufverträgen im Anschluss an eine solche „unechte" Versteigerung besteht regelmäßig kein Anlass, von der Frist des § 17 Abs 2a S 2 Nr 2 BeurkG abzuweichen, da eine höhere Dringlichkeit als bei jedem anderen Grundstückskaufvertrag auch an dieser Stelle nicht besteht. Das Risiko, dass sich der Verbraucher noch einmal anders entscheidet, ist der Regelung des § 17 Abs 2a S 2 Nr 2 BeurkG nicht nur immanent, sondern die Möglichkeit ist Ziel der Regelung (vgl auch BeckOGK/Regler [1. 7. 2023] § 17 BeurkG Rn 191 f; Solveen RNotZ 2002, 318, 322).

t) Vertragswiederherstellung/Bestätigung

142 Ist der **Rücktritt vom Vertrag** wirksam erklärt worden, bedarf eine vermeintliche „Fortsetzung" des Vertrages der Form des § 311b Abs 1 BGB (RGZ 66, 432; RGZ 109, 27; BGHZ 20, 338 für den Fall des fruchtlosen Ablaufs einer *Nachfrist* gem § 326 aF; ebenso RGZ 107, 346; s weiterhin BGH WM 1966, 657; Gröschler NJW 2000, 247, 250). Dies ergibt sich daraus, dass der Vertrag durch das Gestaltungsrecht beendet und somit in ein Rückgewährschuldverhältnis umgewandelt wurde. Sollen nunmehr die **vertraglichen Verpflichtungen wiederhergestellt** werden, kann dies nur durch eine neue Begründung geschehen, sodass hierfür die Form für die Schaffung einer Übertragungs- oder Erwerbsverpflichtung einzuhalten ist. Dasselbe gilt für eine „Fristverlängerung" eines Angebots nach Ablauf der Angebotsfrist (BGH WM 1963, 408; NJW 1985, 2579; s Rn 101). Auch diese stellt ein neues Angebot dar, worauf es aber letztlich nicht ankommt, da auch die Verlängerung einer Angebotsfrist als Änderung des formbedürftigen Geschäfts dem Beurkundungserfordernis unterliegt, wenn dies noch während der laufenden Annahmefrist geschieht. Die **Bestätigung** (§ 141 BGB) eines formnichtigen (RGZ 94, 152; Flume, AT § 30 6) oder aus anderen Gründen nichtigen Vertrages (Grüneberg/Ellenberger § 141 Rn 4) ist ebenfalls formbedürftig, weil hierdurch ebenfalls eine rechtlich verbindliche Verpflichtung erstmalig begründet wird.

143 In allen Fällen der Vertragswiederherstellung/Bestätigung kann auf die frühere – formgerecht beurkundete – Vereinbarung gem §§ 9, 13a BeurkG insgesamt **verwiesen** werden, auch soweit es die *essentialia* betrifft (abweichend hiervon will Tiedtke DNotZ 1991, 348 und im Anschluss an diesen auch BGH NJW 2000, 109 in diesen Fällen die bloße Bezugnahme genügen lassen; wohl wie nach den bei der Schuldübernahme geltenden Grundsätzen [BGHZ 125, 235] soll beurkundungspflichtig nur die Bestätigung als solche sein; hierbei wird außer Acht gelassen, dass – anders als bei der Schuldübernahme [s Rn 125] – durch die Bestätigung der Inhalt des bestätigten Vertrages als solcher Regelungswirkungen zwischen den Vertragsteilen neu entfalten soll; wie hier MünchKommBGB/Ruhwinkel § 311b Rn 25, 65). Für die Möglichkeit der Verweisung nach § 13a Abs 1 S 1 BeurkG kommt es nicht darauf an, ob das Rechtsgeschäft, das in der Urkunde niedergelegt ist, rechtswirksam errichtet wurde, maßgeblich ist allein, dass die jeweiligen Willenserklärungen nach dem BeurkG formwirksam beurkundet worden sind (OLG Braunschweig BeckRS 2019, 16774 Rn 14; BeckOGK/Seebach/Rachlitz [1. 5. 2022] § 13a BeurkG Rn 30, 30.2). Soweit mit der Bestätigung Änderungen des ursprünglichen Vertrages verbunden sind, sind diese ohnehin formbedürftig.

Ist der Eigentumsverschaffungsanspruch *verjährt,* bedarf das Festhalten am Vertrag keiner Form, da die Verpflichtung zur Übertragung oder zum Erwerb durch den Eintritt der **Verjährung** in ihrer Wirksamkeit nicht betroffen ist. Insoweit ist insbesondere keine neue Begründung der Ansprüche erforderlich. Daher ist der Verzicht auf die Einrede der Verjährung formfrei (Peters NJW 2001, 2289, 2290), weil hierdurch allein die Durchsetzbarkeit des Anspruchs, nicht aber auch der Anspruch selbst wiederhergestellt wird. **144**

u) Vorvertrag

Grundsätzlich formfrei möglich sind reine Vorbereitungen und unverbindliche Erklärungen im Vorfeld eines Vertragsschlusses (s Rn 113). Sie sind allerdings von einem sog **Vorvertrag** abzugrenzen; durch diesen wird bereits die **Verpflichtung zum Abschluss eines Hauptvertrages** geschaffen (s auch Krüger, Vorvertrag und Hauptvertrag, ZNotP 2006, 447). Einen Grundsatz, dass alle Vorverträge derselben Form bedürfen wie der Hauptvertrag, gibt es in dieser Allgemeinheit zwar nicht. Abzustellen ist vielmehr auf den *Normzweck* (s auch jurisPK-BGB/Ludwig § 311b Rn 125). Ist der Schutz der Erklärenden durch ihn mitbezweckt, so bedarf der Vorvertrag der **Form des Hauptvertrages**; gilt die Form dagegen lediglich der Beweissicherung, kann der Vorvertrag auch ohne Einhaltung der Form des Hauptvertrages wirksam sein (BGH LM § 154 Nr 4; § 566 Nr 1; § 242 [Ca] Nr 1; § 256 ZPO Nr 40; WM 1961, 1053 f; **aA** noch RGZ 106, 176; RGZ 169, 189; Häsemeyer 116). Auch wenn die Verpflichtung aus dem Vorvertrag idR nur auf Abschluss eines Hauptvertrages gerichtet ist (BGH NJW 1986, 2820), bindet sich der Verpflichtete gleichwohl bereits in erheblichem Umfang und unterliegt damit bereits einer zumindest mittelbaren Erwerbs- oder Veräußerungsverpflichtung (RG WarnR 1913 Nr 184; Henrich 147 ff, 155, 168 ff; Korte 2. 35, 3. 145). Wären Vorverträge über die Veräußerung oder den Erwerb von *Grundstücken* formlos gültig, wäre § 311b Abs 1 BGB in seiner Wirkung erheblich eingeschränkt. Insbesondere könnten formfrei bereits faktische Verpflichtungen zur Übertragung oder zum Erwerb geschaffen werden. § 311b Abs 1 BGB dient neben der Beweissicherung vor allem dem Schutz der Beteiligten (s Rn 7 ff) besonders auch vor Übereilung (BGHZ 61, 48 für den Vorvertrag zum Jagdpachtvertrag; s auch BGH NJW 2004, 3626). Der Vorvertrag, der sich auf die Veräußerung oder den Erwerb iS des § 311b Abs 1 BGB bezieht, ist daher **beurkundungspflichtig** (Erman/Grziwotz § 311b Rn 30). Die aus dem anglo-amerikanischen Bereich stammende sog „Instruction of Proceed“ ist demnach beurkundungsbedürftig, wenn sie (iS eines Vorvertrages) bereits eine Verpflichtung zum Abschluss eines Hauptvertrages enthält (Wolf DNotZ 1995, 179, 196). **Praktisch** sollte durch die Beteiligten allerdings jeweils geprüft werden, ob überhaupt ein Vorvertrag notwendig ist und nicht der Abschluss des Hauptvertrags sinnvoller ist, in dem vorhandene Unwägbarkeiten durch Rücktrittsrechte oder Bestimmungsrechte der Beteiligten oder Dritter geregelt werden (vgl hierzu Korte 3. 152); besonders dann, wenn Bestimmungsrechte eingeräumt sind, kann auch ein so bezeichneter Vorvertrag in Wirklichkeit bereits als Hauptvertrag anzusehen sein (Wolf DNotZ 1995, 179, 183). **145**

Auch beim Vorvertrag sind **sämtliche Vereinbarungen**, aus denen sich nach dem Willen der Vertragsteile der Vertrag zusammensetzt, beurkundungspflichtig (BGH **146**

LM § 313 Nr 50; s Rn 239 ff). Soweit also der Inhalt des Hauptvertrages im Vorvertrag bereits bestimmt werden kann und – nach dem Parteiwillen – bestimmt werden soll, gelten für den Beurkundungsumfang dieselben Maßstäbe wie für den Hauptvertrag (BGHZ 97, 147; BGHZ 98, 130; BGH NJW 1989, 166; NJW 2004, 3626; OLG Brandenburg NJW-RR 2008, 254, 255). Dennoch sind an die *Bestimmtheit* häufig praktisch geringere Anforderungen zu stellen (bereits BGH WM 1962, 115; DNotZ 1963, 35; **aA** Flume, AT § 33 7), weil die Beteiligten die zukünftigen Verpflichtungen nicht in gleicher Weise detailliert festgelegt haben, wie dies in einem Hauptvertrag der Fall wäre. Ziel des Vorvertrags ist es häufig, nur einzelne **Eckdaten** zu fixieren, im Übrigen aber eine gewisse Flexibilität zu erhalten. Die Vereinbarungen müssen jedoch so bestimmt sein, dass der Inhalt des Hauptvertrages gem § 157 BGB in rechtlich nachprüfbarer Weise (ergänzend durch gesetzliche Bestimmungen, zB §§ 315 ff BGB, oder durch richterliche Auslegung) erkannt werden kann (vgl RGZ 106, 177; BGH LM § 154 Nr 4; s hierzu auch Ritzinger NJW 1990, 1201, 1207 f und zu den Mindestanforderungen der Bestimmtheit BGH NJW 1990, 1234). Andernfalls fehlt es an der verbindlichen Wirkung des Vorvertrags, da dieser dann nicht zum Abschluss eines konkreten Hauptvertrags zwingt. Ist mithin keine Verpflichtung gegeben, entfällt auch die Beurkundungspflicht. Denkbar ist es aber insbesondere, die Gegenleistung bewusst offen und diese durch eine der beiden Seiten oder durch Dritte sowie anhand objektiver Kriterien bestimmen zu lassen (BGH WM 1986, 1155 im Anschluss an BGH DNotZ 1968, 546).

147 Selbst wenn ein Vorvertrag beurkundet ist, ist die **Beurkundung des Hauptvertrages** nicht entbehrlich (BGH LM § 883 Nr 13; BeckOK-BGB/Gehrlein [1. 2. 2023] § 311b Rn 13; zur Ausübung des sich aus dem Vorvertrag ergebenden Bestimmungsrechts gem § 315 BGB im Hauptvertrag bzw zur Erhebung der Klage auf Abschluss des Hauptvertrages s BGH NJW-RR 2002, 415). Die Verpflichtung aus dem Vorvertrag richtet sich unmittelbar nur auf Abschluss des Hauptvertrages, nur ausnahmsweise bereits selbst auf Erfüllung (BGH NJW 1972, 1190 f). Ein etwaiger **Klageantrag** auf Abschluss des geschuldeten Hauptvertrages muss den gesamten Vertragsinhalt umfassen (BGH NJW-RR 1994, 317). Ist der Vorvertrag bereits vollständig ausformuliert, kann mit der Klage die Annahme eines bereits vor der Klage beurkundeten Angebots begehrt werden (BGH NJW 1986, 1983). Hat für den Beklagten bei Abschluss des Hauptvertrages ein vollmachtloser Vertreter gehandelt, gilt Entsprechendes für die noch erforderliche **Genehmigung** (BGH ZIP 1990, 518). Wird das Urteil rechtskräftig, wird die Erklärung der anderen Partei zum Abschluss des Hauptvertrages im Rahmen des **§ 894 ZPO** fingiert. Ist der Vorvertrag noch nicht ausformuliert, kann die Klage – aus Gründen der Prozessökonomie – entweder auf Annahme eines vom Kläger erst nach Maßgabe des Urteils formgerecht abzugebenden Angebotes gerichtet sein (BGH NJW 1986, 1983; WM 1986, 1155) oder auf die Abgabe eines – wiederum notfalls vom Gericht – zu präzisierenden Angebots durch den Beklagten (BGH NJW 1986, 2820). Die Klage auf Abschluss des Hauptvertrages und auf dessen Erfüllung (Auflassung und Eintragungsbewilligung) können miteinander verbunden werden (BGH WM 1986, 1155).

148 Ein Vorvertrag bedarf zu seiner Wirksamkeit (= Verpflichtung zum Abschluss eines Hauptvertrages) nicht der für den Hauptvertrag erforderlichen **behördlichen Genehmigungen** (vgl Henrich 155 Fn 34 a). In diesem Umstand liegt oftmals ein Anreiz für den Abschluss nur eines Vorvertrages (Ritzinger NJW 1990, 1201, 1202). Unabhängig davon ist jedoch ein Vorvertrag, ebenso wie ein Vertragsentwurf genehmigungsfähig (vgl hierzu Kobler DNotZ 1957, 171 ff).

v) Wahlschuldverhältnis, Ersetzungsbefugnis

Ein Wahlschuldverhältnis mit der **wahlweisen Möglichkeit des Veräußerers** oder **Erwerbers**, anstelle einer anderen Verpflichtung bzw eines anderen Anspruchs ein Grundstück zu übertragen bzw zu erwerben, ist beurkundungspflichtig. Gleichgültig ist hierbei, ob die Wahl ins Belieben des Veräußerers (BayObLGZ 2000, 60; vgl jurisPK-BGB/Ludwig § 311b Rn 87) oder Erwerbers gestellt ist. Es wird dadurch immer eine aufschiebend bedingte Verpflichtung begründet, bei einem *einseitigen* Wahlschuldverhältnis desjenigen, der die Wahl trifft (zB bei einer alternativen Ausbietungsgarantie, s Rn 109), bei einem *gegenseitigen* Wahlschuldverhältnis durch die *ausgeübte* Wahl auch des anderen Vertragsteils (wie hier Soergel/J Mayer § 311b Rn 91; MünchKommBGB/Ruhwinkel § 311b Rn 22). Es genügt für eine Beurkundungsbedürftigkeit, wenn wahlweise die Veräußerung oder der Erwerb eines Grundstücks geschuldet wird (OLG Köln VersR 1993, 321). 149

Dasselbe gilt auch für eine **Ersetzungsbefugnis**, bei der zwar im Grundsatz nur eine andere Leistung geschuldet ist, allerdings dem Schuldner die Möglichkeit eröffnet wird, statt der eigentlich geschuldeten Leistung ein Grundstück zu übertragen (so auch BeckOK-BGB/Gehrlein [1. 8. 2023] § 311b Rn 13; jurisPK-BGB/Ludwig § 311b Rn 88; MünchKommBGB/Ruhwinkel § 311b Rn 22). Hierin liegt zumindest eine mittelbare Erwerbsverpflichtung, da dem Gläubiger andernfalls die Erfüllung seiner Verbindlichkeit insgesamt verwehrt bleibt (s Rn 152 ff). Nach diesen Grundsätzen ist auch die Vereinbarung über eine **Leistung an Erfüllungs** statt nach § 311b Abs 1 S 1 BGB beurkundungsbedürftig, da auch dies eine Erwerbsverpflichtung für den Gläubiger schafft. Gleichermaßen beurkundungspflichtig ist die Verpflichtung, dem Gläubiger ein Grundstück **erfüllungshalber** zur übertragen (OLG Düsseldorf 1. 10. 2015 – I-3 U 32/15, juris Rn 63; jurisPK-BGB/Ludwig § 311b Rn 88).

w) Wiederholung gesetzlicher Verpflichtungen

Die **vertragliche Wiederholung** (Bestätigung) sich aus dem *Gesetz* ergebender Verpflichtungen bedarf **nicht der Form des § 311b Abs 1 BGB** (s auch Rn 69 ff); so muss beispielsweise die **Teilungsvereinbarung einer Bruchteilsgemeinschaft** gem § 752 BGB nicht in der Form des § 311b Abs 1 S 1 BGB erfolgen, wenn sie den Vorgaben des Gesetzes entspricht und diese damit nur deklaratorisch wiederholt (OGHBrZ NJW 1949, 64; BGH WM 1965, 1215; DNotZ 1973, 472). Entsprechendes gilt für die **Auseinandersetzungsvereinbarung nach beendigter Gütergemeinschaft** gem § 1477 Abs 1 BGB und der Erbengemeinschaft gem § 2047 Abs 1 BGB, jeweils iVm § 752 BGB (s zu letzterem BGH NJW 1973, 1611) und für die **Auflösung einer Gesellschaft** gem den gesetzlichen Bestimmungen. 150

Etwas anderes gilt allerdings dann, wenn die Beteiligten die gesetzlichen Regelungen **modifizieren** und somit eine andere Rechtsfolge bestimmen als die, die sich nach dem Gesetz ergeben würde. Dies ist jedenfalls dann der Fall, wenn hierdurch eine abweichende Übertragungs- oder Erwerbsverpflichtung geschaffen wird (BGH DNotZ 1973, 472; NJW 2002, 2560 = DNotZ 2002, 941 = ZIP 2002, 1355). Werden lediglich formfrei zu vereinbarende Abweichungen von den gesetzlichen Bestimmungen getroffen, beispielsweise eine Ausgleichszahlung für bereits erbrachte Leistungen oder für die 151

Zustimmung zur Teilung, ohne dass hierdurch die gesetzlichen Übertragungs- oder Erwerbsverpflichtungen modifiziert werden, kann dies ohne Beachtung der Vorgaben des § 311b Abs 1 S 1 BGB geschehen.

4. Mittelbare Verpflichtungen/Einzelne Rechtsgeschäftstypen

a) Begründung von mittelbaren Verpflichtungen durch rechtsgeschäftliche Erklärung

152 Über den Wortlaut des § 311b Abs 1 S 1 BGB hinaus bejaht die herrschende Meinung eine analoge Anwendung der Norm auch auf **mittelbare Verpflichtungen** (RGZ 169, 189; Erman/Grziwotz § 311b Rn 13; jurisPK-BGB/Ludwig § 311b Rn 111; Soergel/J Mayer § 311b Rn 54; MünchKommBGB/Ruhwinkel § 311b Rn 34; BeckOGK/Schreindorfer [1. 7. 2023] § 311b Rn 93; so wohl auch NK-BGB/Ring § 311b Rn 20). Dies überzeugt wertungsmäßig insoweit, als es für den Zweck der Norm keine Rolle spielen kann, ob sich die Verpflichtung zur Übertragung oder zum Erwerb eines Grundstücks aus rechtlichen oder wirtschaftlich-tatsächlichen Zwängen ergibt (s Rn 154 ff). Telos der Vorschrift ist es, zu verhindern, dass übereilt Verträge über Grundstücke geschlossen werden und durch die Mitwirkung des Notars sicherzustellen, dass eine ausreichende Belehrung und Beratung erfolgt (Erman/Grziwotz § 311b Rn 2; Soergel/J Mayer § 311b Rn 4; BeckOGK/Schreindorfer [1. 7. 2023] § 311b Rn 9; s auch Häsemeyer JuS 1980, 1). Angesichts der vergleichbaren Wertungslage ist daher eine Rechtsfortbildung in Form der Analogie geboten (ausf BeckOGK/Schreindorfer [1. 7. 2023] § 311b Rn 93 ff). Auch für eine analoge Anwendung ist allerdings stets entscheidend, dass es sich um eine **rechtsgeschäftliche Verpflichtung** handelt, sodass allein das Entstehen möglicher gesetzlicher Folgen, die einen mittelbaren Zwang zur Übertragung oder zum Erwerb bewirken, nicht ausreichen kann. Da sogar unmittelbare **gesetzliche Verpflichtungen** eine Beurkundungspflicht nicht auslösen, kann für mittelbare nichts anderes gelten (BeckOGK/Schreindorfer [1. 7. 2023] § 311b Rn 93. 1). Infolgedessen sind wirtschaftliche Drucksituationen, die aus Forderungen resultieren, die sich aus gesetzlichen Rechten ergeben, grundsätzlich nicht geeignet, eine Beurkundungsbedürftigkeit auszulösen. Deshalb bleiben insbesondere gesetzliche Ansprüche auf Schadensersatz und sonstige legislativ angeordnete Nachteile außer Betracht. Dasselbe gilt auch für gesetzliche Aufwendungsersatzansprüche, insbesondere im Rahmen von Auftragsverhältnissen (§ 670 BGB).

153 **Ansprüche aus den §§ 311 Abs 2, 280 Abs 1 BGB** bei Abbruch von Vertragsverhandlungen bestehen bei beurkundungsbedürftigen Rechtsgeschäften regelmäßig nicht (MünchKommBGB/Emmerich § 311 § 311b Rn 196; Staudinger/Feldmann § 311 Rn 122 ff; BeckOGK/Herresthal [1. 9. 2023] § 311 Rn 371; BeckOK-BGB/Sutschet [1. 8. 2023] § 311 Rn 64). Durch die Rspr ist insoweit anerkannt, dass der Schadensersatz aus cic nur bestehen kann, wenn eine besonders schwere Treuepflichtverletzung gegeben ist, da es bei formgebundenen Verträgen grundsätzlich jeder Seite bis zum Abschluss in der erforderlichen Form freisteht, sich vom Vertrag zu lösen (BGHZ 116, 251, 257; BGH NJW 1996, 1884, 1885; NJW 2001, 2713, 2714; NJW 2013, 928, 929 f; DNotZ 2018, 279, 280 f). Daher können Ansprüche gegen den prognostizierten Vertragspartner nur geltend gemacht werden, wenn dieser **arglistig über seine Vertragsbereitschaft getäuscht** hat (BGH NJW 1997, 1884, 1885; NJW 2013, 928, 929; DNotZ 2018, 279, 280 f; MünchKommBGB/Emmerich § 311 Rn 196; BeckOGK/Herresthal [1. 9. 2023] § 311 Rn 371) oder einen Verlust der Vertragsbereitschaft nicht unverzüglich angezeigt (BGH NJW 1997, 1884, 1885; NJW

2013, 928, 929; DNotZ 2018, 279, 280 f; MünchKommBGB/EMMERICH § 311 Rn 196; STAUDINGER/FELDMANN § 311 Rn 125 f; BeckOGK/HERRESTHAL [1. 9. 2023] § 311 Rn 371). Dagegen ist der zulässige Verlust der Vertragsbereitschaft nicht von einem **nachvollziehbaren oder triftigen Grund** abhängig, sodass ein solches Verhalten Schadensersatzansprüchen nicht auszulösen vermag (vgl BGH NJW 1997, 1884, 1885; NJW 2013, 928, 929; DNotZ 2018, 279, 280 f; STAUDINGER/FELDMANN § 311 Rn 126; BeckOGK/HERRESTHAL [1. 9. 2023] § 311 Rn 371). Die Beteiligten sind daher auch nicht gehindert, in den laufenden Verhandlungen ihre Preisvorstellungen noch zu ändern, selbst wenn dies zum Scheitern führt (BGH NZM 2018, 295, 296). Hieran ändert auch eine bereits bestehende Finanzierungszusage für den Käufer nichts (BGH NZM 2018, 295, 296). Ebenso können keine Ansprüche aus §§ 311 Abs 2, 280 Abs 1 BGB geltend gemacht werden, wenn ein **formloses Bieterverfahren** durchgeführt wurde, das erst in einen formgerechten Abschluss münden soll. Entschließt sich eine der beiden Seiten nach dem Bieterverfahren, den Vertragsschluss vor dem Notar nicht durchzuführen, so liegt dies im allgemeinen Risiko eines solchen Vorgehens (s dazu auch RACHLITZ MittBayNot 2015, 457, 458; BeckOGK/SEEBACH/RACHLITZ [1. 5. 2022] § 15 BeurkG Rn 66). Da eine Grundstücksversteigerung auch in unmittelbar bindender Form möglich gewesen wäre (s Rn 139), steht es jeder Seite frei, sich bis zur Beurkundung von ihrem Vertragsentschluss wieder zu lösen und somit das Bieterverfahren faktisch zu entwerten (s dazu und zu den Belehrungspflichten OLG Celle BeckRS 2010, 22387). Ist zwischen den Beteiligten lediglich eine nicht beurkundungsbedürftige (s Rn 64) **Verhandlungsvorhand** vereinbart oder liegen formfreie Absichtserklärungen (**„Letter of Intent"**) vor, führt die Missachtung regelmäßig ebenfalls nicht zu einem durchgreifenden Schadensersatzanspruch. Selbst wenn der Verkäufer den Verpflichtungen dieser Abreden nicht nachkommt, wird sich ein Schaden auf Seiten des Vertragspartners kaum nachweisen lassen, da keine Verpflichtung zur Veräußerung, sondern lediglich eine solche zur Aufnahme von Verhandlungen bestand. Dies zwingt weder zum Abschluss noch gibt dies ein bestimmtes Ergebnis vor, sodass ein materieller Schaden kaum denkbar ist.

b) Maßstab der mittelbaren Verpflichtung

154 In der Sache erweisen sich allerdings die Maßstäbe, die die Rspr für die Bestimmung einer mittelbaren Verpflichtung zur Anwendung bringt, als überwiegend **wertungsoffen** und damit im Vorfeld **kaum rechtssicher** zu beurteilen (krit auch BeckOGK/SCHREINDORFER [1. 7. 2023] § 311b Rn 93). Hierdurch wird die Verlässlichkeit stark eingeschränkt, weil die Beteiligten in Randbereichen stets damit rechnen müssen, dass eine nicht beurkundete Vereinbarung nachträglich als mittelbare Verpflichtung bewertet wird und sie daher nach § 125 S 1 BGB formnichtig ist. Da die Rspr nicht jeden potenziellen Nachteil oder jede mögliche schädliche Rechtsfolge als ausreichend für die Beurkundungsbedürftigkeit anerkennt, sondern eine Erheblichkeitsschwelle verlangt (vgl BGH NJW 1970, 1915, 1916; NJW 1990, 390, 391), sind die Kriterien nicht feststehend, sodass erhebliche Rechtsunsicherheit besteht (s auch BeckOGK/SCHREINDORFER [1. 7. 2023] § 311b Rn 95 f). Um etwaige Risiken auszuschließen und die Wirksamkeit eines Vertrages nicht zu gefährden, empfiehlt es sich daher regelmäßig, in etwaigen Rand- und Grenzbereichen die Vorgaben des § 311b Abs 1 S 1 BGB einzuhalten (BeckOGK/SCHREINDORFER [1. 7. 2023] § 311b Rn 95. 1).

155 Da es ausschließlich auf die Bindungswirkung gegenüber dem Verpflichteten ankommt, ist es ohne Bedeutung, ob die vertragliche Bindung gegenüber dem Grundstücksverkäufer oder -erwerber oder im Verhältnis zu einem Dritten begründet wird.

Daher können auch Vereinbarungen mit einem **Makler** (Grüneberg/Grüneberg § 311b Rn 13; Erman/Grziwotz § 311b Rn 13; Soergel/J Mayer § 311b Rn 73; MünchKommBGB/Ruhwinkel § 311b Rn 34; BeckOGK/Schreindorfer [1. 7. 2023] § 311b Rn 99), einem Berater oder Betreuer (vgl Erman/Grziwotz § 311b Rn 13; MünchKommBGB/Ruhwinkel § 311b Rn 34; BeckOGK/Schreindorfer [1. 7. 2023] § 311b Rn 101) oder im Rahmen von Treuhandverträgen (vgl BGH NJW 1992, 3237, 3238; Grüneberg/Grüneberg § 311b Rn 13; BeckOGK/Schreindorfer [1. 7. 2023] § 311b Rn 211; s ausf jurisPK-BGB/Ludwig § 311b Rn 140 ff; s zudem Grziwotz ZNotP 2022, 52) eine mittelbare Veräußerungs- oder Erwerbsverpflichtung enthalten, die zu einer Beurkundungsbedürftigkeit führt. Dabei kommt es wie stets auf die von den Beteiligten gewählte Terminologie nicht an (s zB OLG Hamburg WM 1991, 1178: iE eine Verfallklausel; BGH NJW 1990, 390: „Beratungs- und Bearbeitungsgebühr"; OLG Düsseldorf NJW-RR 1993, 667: „Planungshonorar"), sondern maßgeblich ist allein der materielle Gehalt der Vereinbarung. Führt diese wirtschaftlich zu einer derartigen Zwangslage, dass die Veräußerung oder der Erwerb des Grundstücks praktisch unerlässlich ist, führt dies zur Notwendigkeit der Beurkundung unabhängig davon, mit welchen Begriffen die Bindungen bezeichnet werden. Enthält ein Vertrag auch unmittelbare Verpflichtungen im Sinne des § 311b Abs 1 S 1 BGB, bedarf die Frage nach einer mittelbaren Bindung regelmäßig keiner Entscheidung, da die entsprechende Abrede schon dann beurkundungsbedürftig ist, wenn sie mit dem Vertrag über das Grundstück einen zusammengesetzten Vertrag bildet (BGH NJW 1970, 1916; s auch BGH NJW-RR 1990, 57; 1990, 340).

156 Um eine mittelbare Verpflichtung, die die Beurkundungsbedürftigkeit nach § 311b Abs 1 S 1 BGB in analoger Anwendung auslöst, kann es sich nur bei Vereinbarungen handeln, die unmittelbar an den **Nicht-Erwerb** oder die **Nicht-Veräußerung** des Grundstücks anknüpfen (vgl Soergel/J Mayer § 311b Rn 54; MünchKommBGB/Ruhwinkel § 311b Rn 34). Andernfalls fehlt die erforderliche sachliche Nähe zur Veräußerungs- oder Erwerbsverpflichtung. Um jedoch nicht jeden Nachteil sofort in eine Beurkundungspflicht münden zu lassen, ist anerkannt, dass der drohende Nachteil von einiger **Erheblichkeit** sein muss (vgl BGH NJW 1970, 1915, 1916; NJW 1990, 390, 391; Soergel/J Mayer § 311b Rn 54; BeckOGK/Schreindorfer [1. 7. 2023] § 311b Rn 94). Die Bestimmung im Einzelfall ist jedoch regelmäßig zweifelhaft und daher nach der Rspr auch durch **tatrichterliche Würdigungen** vorzunehmen. Sie lässt sich folglich nur eingeschränkt durch abstrakte Kriterien konkretisieren, sodass ein nicht unerheblicher Spielraum für das beurteilende Gericht verbleibt (BGH NJW 1987, 54), der Rechtsunsicherheit fördert (s Rn 154). Maßgeblicher Zeitpunkt für die Beurteilung ist der Moment des Vertragsabschlusses, da dann die Beurkundungsbedürftigkeit abschließend festgestellt werden muss, um zu klären, ob der Vertrag wirksam oder formnichtig ist (vgl Soergel/J Mayer § 311b Rn 54).

157 Verbreitet wird davon ausgegangen, ein **Indiz** für eine mittelbare Verpflichtung könne darin gesehen werden, dass die vereinbarte Zahlungspflicht in keinem **angemessenen Verhältnis** zur erbrachten Leistung des Berechtigten stehe (so BGH NJW 1971, 557, 558; NJW 1987, 54). In diesem Fall sei der Druck auf den Vertragspartner besonders erhöht, sodass eine mittelbare Verpflichtung umso näher liege (s dazu BGH NJW 1980, 1622, 1623, der davon ausgeht, dass eine höhere formlose Pauschale nur bei besonderen Gründen gerechtfertigt sei). Betrachtet man allerdings den Ausgangspunkt der Analogie, kann dies nicht überzeugen (abl auch BeckOGK/Schreindorfer [1. 7. 2023] § 311b Rn 99.1). Hintergrund für die entsprechende Anwendung der Vorschrift ist, dass durch die

Vereinbarung eine wirtschaftliche Situation geschaffen wird, die zu einer faktischen Verpflichtung führt, da andernfalls die wirtschaftlichen Konsequenzen derart negativ wären, dass dem Vertragspartner realistisch keine andere Wahl bleibt, als das Grundstück zu veräußern oder zu erwerben (s Rn 152). Hierfür kann es allerdings keine Rolle spielen, ob die wirtschaftlichen Nachteile in einem angemessenen Verhältnis zur erbrachten Leistung des Anspruchsinhabers stehen, sondern die Beurteilung kann ausschließlich aus der Sicht des Verpflichteten erfolgen (vgl auch Erman/Grziwotz § 311b Rn 13). Ergibt sich für ihn keine ökonomisch unzumutbare Situation, ist es für die Frage, ob eine faktische Verpflichtung entstanden ist, gleichermaßen bedeutungslos, ob der Berechtigte eine angemessene oder eine unangemessene Gegenleistung erhält. Umgekehrt kann auch eine angemessene Gegenleistung zu einer praktisch ausweglosen Situation des Verpflichteten führen, sodass von einer mittelbaren Verpflichtung auszugehen ist. Etwas anderes kann nur dann gelten, wenn dem Verpflichteten ein dauerhafter wirtschaftlicher Vorteil durch die Leistung verbleibt, weil dies seinen wirtschaftlichen Verlust reduziert und damit eine etwaige Zahlungspflicht leichter tragbar macht.

Vor dem Hintergrund des Normzwecks des § 311b Abs 1 S 1 BGB scheint es demgegenüber nicht von vornherein ausgeschlossen, die **individuelle Leistungsfähigkeit** des jeweiligen Verpflichteten einzubeziehen, um so zu bestimmen, ob sich für ihn ein faktischer wirtschaftlicher Zwang ergibt, das Grundstück zu veräußern oder zu erwerben (krit Erman/Grziwotz § 311b Rn 13, der eine Berücksichtigung ausschließt; nach BeckOGK/Schreindorfer [1. 7. 2023] § 311b Rn 95 kann die Leistungsfähigkeit lediglich als Nebenaspekt iRd Gesamtabwägung berücksichtigt werden). Je weniger ausgeprägt die wirtschaftliche Leistungsfähigkeit einer bestimmten Person ist, desto geringer müssen potenzielle Belastungen ausfallen, um für sie einen praktischen Zwang zu begründen. Eine solche Betrachtung würde aber dem anderen von § 311b Abs 1 S 1 BGB verfolgten Ziel zuwiderlaufen, da die Norm auch Rechtssicherheit schaffen will (gegen die grundlegende Berücksichtigung Erman/Grziwotz § 311b Rn 13; einschränkend BeckOGK/Schreindorfer [1. 7. 2023] § 311b Rn 95; vgl auch MünchKommBGB/Ruhwinkel § 311b Rn 35). Dies zeigt sich schon daran, dass § 311b Abs 1 S 1 BGB schon für sich genommen nicht zwischen wirtschaftlich bedeutsamen und unbedeutsamen Geschäften unterscheidet, sondern eine klare und eindeutige Grenzziehung beabsichtigt (s Rn 10). Diese Erwägungen müssen auch bei der analogen Anwendung der Vorschrift Beachtung finden (vgl BeckOGK/Schreindorfer [1. 7. 2023] § 311b Rn 95), sodass diese dem Normzweck nicht zuwiderlaufen darf. Dies würde aber gerade dann erreicht, wenn auch individuelle Umstände des einzelnen Verpflichteten Berücksichtigung fänden, weil dann kaum noch zuverlässig im Vorfeld bestimmbar wäre, ab welchem Belastungsgrad die Beurkundungsbedürftigkeit ausgelöst würde (BeckOGK/Schreindorfer [1. 7. 2023] § 311b Rn 95 weist auf die Erforderlichkeit des Bezugs zum Grundstückseigentum hin). Daher muss die mittelbare Verpflichtung allein nach **objektiven Kriterien** bestimmt werden, die unabhängig von der ökonomischen Situation des Verpflichteten gelten. 158

Die Rspr des BGH zu diesem Bereich erweist sich vor diesem Hintergrund als nicht schlüssig. Der BGH ging zunächst davon aus, dass bspw bei **Maklerverträgen** eine unbedingte Zahlungspflicht, die eine Obergrenze von 10–15% der vereinbarten Maklercourtage übersteigt, bereits zu einer mittelbaren Verpflichtung führe und daher die entsprechende Vereinbarung beurkundungsbedürftig mache (BGH NJW 159

1980, 1622; NJW 1987, 54). An dieser Auffassung hat der BGH in der Folge festgehalten (BGHZ 103, 235, 239; BGH NJW 1987, 54), **erweitert** diese allerdings noch darum, dass er betont, es handele sich dabei um eine **Obergrenze**, sodass auch erheblich darunterliegende Summen unter Berücksichtigung aller Umstände des Einzelfalls eine Formbedürftigkeit auslösen könnten (BGH NJW 1987, 54). Das OLG Dresden (RNotZ 2017, 31) geht in der Folge davon aus, dass eine Reservierungsgebühr, die **3% des Kaufpreises** ausmacht, bereits eine mittelbare Erwerbsverpflichtung begründen soll, selbst wenn es sich um einen gewerblichen Kaufinteressenten handelt, da auch auf diesen ein unzulässiger Druck ausgeübt werde. Ebenso geht die Rspr teilweise davon aus, dass ein Vergleich mit der ortsüblichen Maklerprovision anzustellen sei und daher eine Reservierungsvereinbarung, die **10% der üblichen Maklercourtage** erreiche, die Beurkundungsbedürftigkeit auslöse (LG Frankfurt MittBayNot 2018, 547, 548; s dazu auch die Besprechung bei Heckschen/Herzog NotBZ 2019, 14). Dem kann allerdings aus mehreren Gründen **nicht gefolgt werden** (abl auch Bache DB 1971, 997, 999 ff; BeckOGK/Schreindorfer [1. 7. 2023] § 311b Rn 99. 1; Schwerdtner JR 1971, 199 ff; Westerhoff AcP 184 [1984] 341, 364; Wolf DNotZ 1995, 179, 200 ff). Zum einen trifft es nicht zu, dass es auf eine Relation zu der vereinbarten Maklercourtage ankomme, da beachtlich nur eine wirtschaftliche Verpflichtung zum Erwerb oder zur Übertragung eines Grundstücks ist. Infolgedessen muss der Bezug zum Wert des Grundstücks hergestellt werden, weil nur dies zeigen kann, ob der Verpflichtete wirtschaftlich zum Erwerb oder zur Übertragung gezwungen ist. Die Bezugnahme auf die vereinbarte Maklercourtage führt nur dazu, dass über die vermeintliche Formbedürftigkeit eine inhaltliche Kontrolle der Vereinbarung erfolgt (BeckOGK/Schreindorfer [1. 7. 2023] § 311b Rn 99. 1; Wolf DNotZ 1995, 179, 200 ff). Dies ist aber weder Zweck noch Aufgabe des § 311b Abs 1 S 1 BGB (abl auch Bache DB 1971, 997, 999 ff; BeckOGK/Schreindorfer [1. 7. 2023] § 311b Rn 99. 1; Schwerdtner JR 1971, 199 ff; Westerhoff AcP 184 [1984] 341, 364; Wolf DNotZ 1995, 179, 200 ff). Darüber hinaus ist die Auffassung des BGH, es könne auf die Umstände des Einzelfalls ankommen, nicht zutreffend, weil dies die beabsichtigte Rechtssicherheit der Vorschrift in Zweifel zieht, weshalb sich eine derartige Betrachtung verbietet (s Rn 158).

160 Zu folgen ist demnach der Grundauffassung des BGH, wonach eine Grenze **von 10–15%** zu ziehen ist, ab der von einer mittelbaren Übertragungs- oder Erwerbspflicht auszugehen ist. Dabei kommt es als **Bezugspunkt** aber nicht auf die jeweils bei Vertragsschluss geschuldete Zahlung an den Dritten, sondern ausschließlich auf den **Wert des Grundstücks** an. Nur soweit ein erheblicher Anteil des Grundstückswerts betroffen ist, kann davon ausgegangen werden, dass hierdurch eine Verpflichtung zur Übertragung oder zum Erwerb faktisch begründet wird. Die Relation zur ansonsten geschuldeten Maklerleistung oder zu einer sonstigen zu erbringenden Zahlung vermag nichts darüber auszusagen, ob dies eine derartige Druckwirkung entfaltet, dass praktisch vom Erwerb oder der Übertragung des Grundstücks nicht abgesehen werden kann. Andernfalls drohten auch schon sehr geringe Belastungen, zu einer analogen Anwendung des § 311b Abs 1 S 1 BGB zu führen, wenn auch die Bezugsgröße entsprechend klein ist. Dies ist allerdings vom Telos der Norm nicht gedeckt. Angesichts der typischerweise erheblichen Referenzgröße des Grundstückswerts dürfte bereits eine Belastung mit 10% eine wirtschaftliche Verpflichtung begründen, die geeignet ist, eine mittelbare Übertragungs- oder Erwerbsverpflichtung nach sich zu ziehen (deutlich geringere Sätze annehmend: Schmitz RNotZ 2022, 125, 128, der bereits 0,3% als ausreichend ansieht). Dies führt dazu, dass in diesem Fall die entsprechende Abrede beurkundungsbedürftig ist.

Nicht zu überzeugen vermag auch die Differenzierung des BGH nach dem **Vertragstyp**, von dem die mittelbare Verpflichtung ausgeht. Während er in großem Umfang bei Maklerverträgen eine mittelbare Verpflichtung bejaht (BGH NJW 1970, 1915; NJW 1980, 1622; DNotZ 1981, 23; NJW 1987, 54) und auf diese Weise zur Formbedürftigkeit gelangt, soll in Bezug auf Bauverträge, insbesondere solche über die Errichtung von **Fertighäusern**, eine mittelbare Verpflichtung ausscheiden (BGH NJW 1980, 829), weil der Bauvertrag eine eigenständige Bedeutung habe, die über den bloßen Grundstückserwerb hinausgeht (BGH NJW 1980, 829). Dies erweist sich allerdings schon deshalb als nicht zutreffend, weil es nicht darauf ankommt, ob der jeweilige Vertrag für sich genommen sinnvoll ist, sondern darauf, ob durch die Gestaltung für den Vertragspartner eine mittelbare, wirtschaftliche Verpflichtung entsteht, das Grundstück tatsächlich zu erwerben. Nur dies kann im Rahmen des § 311b Abs 1 S 1 BGB von Belang sein, da Bezugspunkt für die Beurkundungsbedürftigkeit stets die Übertragungs- bzw Erwerbspflicht sein muss. Für diese ist es aber ohne Belang, ob der sonstige Inhalt des Vertrages einen spezifischen Bezug zum Grundstücksgeschäft aufweist oder ob eine davon losgelöste eigenständige Regelung geschaffen wird (wohl grundlegend der Rspr folgend aber BeckOK-BGB/Gehrlein [1. 8. 2023] § 311b Rn 14; BeckOGK/Schreindorfer [1. 7. 2023] § 311b Rn 97). 161

c) Einzelfälle

In der Rechtsprechungspraxis hat sich vor allem der **Maklervertrag** als besonders bedeutsamer Anwendungsfall der vom BGH entwickelten Grundsätze herausgebildet (s etwa BGHZ 103, 235; BGH NJW 1970, 1915; NJW 1980, 1622; DNotZ 1981, 23; NJW 1987, 54). Dabei ist eine unmittelbare Verpflichtung zur Veräußerung an einen vom Makler zugeführten Interessenten unabhängig von den möglichen Sanktionen stets beurkundungsbedürftig, weil hierdurch eine direkte Übertragungsverpflichtung im Sinne des § 311b Abs 1 S 1 BGB geschaffen wird (vgl BGH NJW 1970, 1915; Erman/Grziwotz § 311b Rn 13). Da eine unmittelbare Verpflichtung besteht, kommt es nicht auf eine mittelbare Druckwirkung an. Nach der Rspr soll sich aber eine Beurkundungsbedürftigkeit auch dann ergeben können, wenn erfolgsunabhängig eine Kompensation an den Makler gezahlt werden soll, falls es trotz seiner Bemühungen nicht zum Vertragsschluss kommt (BGH NJW 1970, 1915; NJW 1980, 1622 f; s zur dogmatischen Diskussion der Qualifikation dieser Abrede BeckOGK/Meier [1. 2. 2023] § 652 Rn 144). Dabei ist die Auffassung des BGH, auch dies könne zu einer mittelbaren Verpflichtung führen, für sich genommen nicht zu beanstanden (s auch BeckOGK/Schreindorfer [1. 7. 2023] § 311b Rn 96. 1). Nicht gefolgt werden kann dem Senat allerdings, wenn er die mittelbare Druckwirkung aus einem Vergleich zwischen der geschuldeten Maklercourtage und der zu entrichtenden Kompensationen ermitteln will (krit auch BeckOGK/Schreindorfer [1. 7. 2023] § 311b Rn 99. 1). Da es um den mittelbaren Druck zum Erwerb oder zur Veräußerung des Grundstücks selbst geht, muss der Bezug auch zu diesem hergestellt werden, sodass der Vergleich nur zwischen der geschuldeten Zahlung und dem Wert des Grundstücks bestimmt werden kann (vgl BeckOGK/Schreindorfer [1. 7. 2023] § 311b Rn 99. 1). Es kommt folglich darauf an, ob die zu zahlende Entschädigung im Verhältnis zum Wert des Grundstücks von Relevanz ist (s Rn 160). Dabei ist es im Ergebnis nicht von Bedeutung, wie die jeweilige Zahlungspflicht bezeichnet wird. Infolgedessen können auch **pauschalierte Aufwendungsersatzansprüche**, die die 162 relevante Grenze überschreiten, ebenso wie Reservierungsvereinbarungen, wenn das Entgelt hierfür entsprechend hoch gewählt ist, zu einem mittelbaren Abschlusszwang führen und somit die Beurkundungspflicht auslösen (s dazu OLG Dresden RNotZ 2017, 31, 33). Auch vereinbarte Vertragsstrafen oder selbständige Strafversprechen (s zur Abgrenzung BeckOGK/Meier [1. 2. 2023] § 652 Rn 144) können eine solche mittelbare Zwangswirkung entfalten und daher beurkundungsbedürftig sein (vgl Soergel/J Mayer § 311b Rn 55; BeckOGK/Schreindorfer [1. 7. 2023] § 311b Rn 96. 1, 99. 1).

163 Außerhalb von Maklerverträgen sind zahlreiche weitere Abreden denkbar, bei denen eine mittelbare Erwerbsverpflichtung besteht. Dies ist vor allem bei **Vertragsstrafen** oder **selbständigen Strafversprechen** im Allgemeinen der Fall, sodass es nicht entscheidend darauf ankommt, ob diese gegenüber dem beteiligten Makler übernommen werden (vgl Soergel/J Mayer § 311b Rn 55; MünchKommBGB/Ruhwinkel § 311b Rn 35; BeckOGK/Schreindorfer [1. 7. 2023] § 311b Rn 100). Dasselbe gilt für **Reservierungsgebühren**, auch wenn diese nicht im Verhältnis zum Makler, sondern dem Verkäufer gegenüber versprochen werden (OLG Dresden RNotZ 2017, 31, 33). Nicht anders können zudem Vereinbarungen über den **Verfall von Anzahlungen** oder sonstigen bereits erbrachten Leistungen qualifiziert werden, da auch sie, ab einer gewissen Höhe, geeignet sind, mittelbar eine Verpflichtung zum Erwerb oder zur Übertragung zu begründen (BGH NJW 1979, 307, 308; Soergel/J Mayer § 311b Rn 55; MünchKommBGB/Ruhwinkel § 311b Rn 35). Zwar sind rein gesetzliche Verpflichtungen, insbesondere auch solche zum Schadensersatz, nicht in der Lage, die Beurkundungspflicht auszulösen (s Rn 152), weil es sich insoweit um vertragliche Obligationen handeln muss, allerdings ist die Vereinbarung von vertraglichen Schadensersatzansprüchen, die über die gesetzlichen Anspruchsgrundlagen hinausgehen, grundsätzlich ein potenzieller Anwendungsbereich des § 311b Abs 1 S 1 BGB (BGH NJW 1979, 307; OLG Dresden NJOZ 2018, 241, 242; Soergel/J Mayer § 311b Rn 55; BeckOGK/Schreindorfer [1. 7. 2023] § 311b Rn 101). Dabei kommt es nicht darauf an, ob die Leistung gegenüber dem Verkäufer, einem Makler oder einem Dritten geschuldet ist, da die Betrachtung aus Sicht des Verpflichteten erfolgen muss, um zu ermessen, ob für ihn eine mittelbare Verpflichtung entsteht (OLG Dresden NJOZ 2018, 241, 242; vgl auch Erman/Grziwotz § 311b Rn 13). Ebenfalls zu einer mittelbaren Verpflichtung zum Erwerb kommt es bei der Vereinbarung einer **Ersetzungsbefugnis**, wenn diese ein Grundstück umfasst (jedenfalls eine Beurkundungspflicht bejahend MünchKommBGB/Ruhwinkel § 311b Rn 22; BeckOGK/Schreindorfer [1. 7. 2023] § 311b Rn 86). Zwar besteht in diesem Fall keine Verpflichtung des Berechtigten, das Grundstück auch anzunehmen, allerdings verliert er praktisch seinen Anspruch, da er, wenn ihm das Grundstück angeboten wurde, die ursprüngliche Leistung nicht mehr verlangen kann (s auch Rn 149). Es entsteht daher für ihn ein erheblicher Druck, das Grundstück tatsächlich zu akzeptieren, sodass eine mittelbare Erwerbsverpflichtung gegeben ist.

VI. Gesellschaftsrechtliche Vorgänge/Satzungen

1. Gesellschaftsvertrag/Änderungen

164 Der **Gesellschaftsvertrag** einer Gesellschaft (gleich welcher Rechtsform) ist im Grundsatz ein obligatorischer Vertrag, auf den das allgemeine Schuldrecht (zB §§ 105 ff, 116 ff, 145 ff BGB) Anwendung findet (s zum Streit zwischen Vertrags- und Normentheorie: Meier, Dopingsanktion durch Zahlungsversprechen [2015] 97 ff). Infolgedessen kann er seinerseits auch Formerfordernissen, insbesondere einer Beurkundungsbedürftigkeit nach § 311b Abs 1 S 1 BGB unterliegen. Dies ist dann der Fall, wenn der Gesellschaftsvertrag selbst unmittelbare (s Rn 63 ff) oder mittelbare (s Rn 152 ff) Veräußerungs- und/oder Erwerbsverpflichtungen enthält, die sich auf Grundstücke beziehen (s zB BGH NJW-RR 2001, 1450; für die GbR s MünchKommBGB/Schäfer § 705 Rn 36 ff; jurisPK-BGB/Ludwig § 311b Rn 144; vgl auch Erman/Grziwotz § 311b Rn 19). Die Veräußerungs- bzw Erwerbspflicht muss zum Inhalt des Gesellschaftsvertrages gehören oder mit ihm im Rahmen einer Geschäftseinheit verbunden sein (s Rn 239 ff). **Explizite Verpflichtungen** bestehen insbesondere bei einer geforderten Einbringung eines Grundstücks als Beitragspflicht eines Gesellschafters oder bei einer vereinbarten Abfindung eines Gesellschafters mit einem Grundstück im Falle seines Ausscheidens. Implizite Verpflichtungen ergeben sich dagegen häufig aus dem Satzungszweck der Gesellschaft, wenn sich diese auf ein bestimmtes Grundstück bezieht. Besteht eine Beurkundungspflicht, so bezieht sie sich, wie stets, jeweils auf den **gesamten** Gesellschaftsvertrag (s Rn 210 ff) und nicht nur die einzelne, die Formpflicht auslösende Einbringungsverpflichtung (Binz/Mayer NJW 2002, 3054, 3058).

Formbedürftig sind in der Konsequenz auch **Änderungen** eines Gesellschaftsvertrages, die erstmals eine derartige unmittelbare oder mittelbare Veräußerungs- bzw Erwerbsverpflichtung enthalten, zB nachträgliche Vereinbarung über die Aufteilung zwischenzeitlich erworbener Grundstücke (vgl OGHZ 1, 206; VGH Mannheim BeckRS 2012, 60395). Werden dagegen nur gesetzliche Bestimmungen **deklaratorisch** wiederholt, begründet dies, wie die Wiederholung gesetzlicher Pflichten im Allgemeinen (s Rn 150), keine Beurkundungsbedürftigkeit (RGZ 54, 78; RGZ 77, 132; RG JW 1937, 1306; OGZ 1, 206). Formbedürftig ist weiterhin eine Änderung, durch die das ursprünglich lediglich zur Nutzung eingebrachte Grundstück nunmehr auch rechtlich in das Eigentum der Gesellschaft überführt werden soll. Im Übrigen gelten für die Änderung von Gesellschaftsverträgen, die ursprünglich aufgrund einer entsprechenden Verpflichtung der Form des § 311b Abs 1 S 1 BGB unterlagen, die allgemeinen Grundlagen über die Änderung formbedürftiger Verträge (s Rn 283 ff). 165

Nach diesen Grundsätzen ist ein Gesellschaftsvertrag insbesondere dann formbedürftig, wenn sich ein Gesellschafter oder ein am Vertrag beteiligter Dritter dazu verpflichtet, ein Grundstück oder ein Anwartschaftsrecht an einem Grundstück in die Gesellschaft zum Gesamthandseigentum **einzubringen** (vgl RGZ 56, 96; RGZ 68, 262; RGZ 79, 304; RG JW 1907, 830; JW 1925, 1750 m zust Anm Bondi; Gruchot 49, 627; BGH WM 1955, 298; WM 1967, 610; NJW 1972, 480; OLG Koblenz NJW-RR 1992, 614; s auch Wiesner NJW 1984, 95; Erman/Grziwotz § 311b Rn 19). Dasselbe gilt für eine Vereinbarung, wonach die Gesellschaft statt der Bareinlage auch eine Grundstückseinlage entgegennehmen muss, weil dann eine bedingte Erwerbsverpflichtung für die Gesellschaft geschaffen wird (s Rn 163). Dagegen ist eine Vereinbarung, wonach das Grundstück lediglich auf Dauer der Gesellschaft **zur Nutzung** überlassen wird oder eine so genannte Einbringung dem Werte nach, die zu keiner rechtlichen Veränderung führt, obwohl das Grundstück damit steuerlich der Gesellschaft zugerechnet wird, kein Anwendungsfall des § 311b Abs 1 S 1 BGB und kann daher formfrei geschehen (RGZ 109, 380; RG JW 1927, 1687; BGH NJW 1974, 2279; OLG Hamburg NJW-RR 1994, 803). Dasselbe gilt, wenn lediglich eine **Innengesellschaft** gegründet wird, bei der die weiteren Gesellschafter *wirtschaftlich* am Grundstück beteiligt werden sollen, obwohl dieses rechtlich im Alleineigentum des bisherigen Eigentümers verbleibt (vgl RGZ 166, 163; Erman/Grzi- 166 wotz § 311b Rn 19; vgl jurisPK-BGB/Ludwig § 311b Rn 154; vgl NK-BGB/Ring § 311b Rn 29). Verpflichtet sich ein Gesellschafter zur Übereignung eines Grundstücks im Interesse der Gesellschaft an einen Dritten (RG JW 1905, 73; s hierzu auch RGZ 50, 163; BGH BB 1965, 744), muss die Form des § 311b Abs 1 S 1 BGB beachtet werden, auch wenn der Eigentümer alleiniger Geschäftsführer der Gesellschaft ist (RGZ 162, 78). Bindet sich ein Gesellschafter im Rahmen des Gesellschaftsvertrags, ein bestimmtes Angebot für den Erwerb eines Grundstücks anzunehmen oder ein Grundstück von einem Dritten im Namen der Gesellschaft zu erwerben, ist der Gesellschaftsvertrag beurkundungsbedürftig. Nicht anders ist zu entscheiden, wenn sich einer oder mehrere Gesellschafter dazu verpflichten, in einer Zwangsversteigerung das Meistgebot abzugeben (zum vormaligen § 313 aF vgl auch RGZ 97, 329). Ebenso ist die Form des § 311b Abs 1 S 1 BGB einzuhalten, wenn die Gesellschaft als Vereinigung von Bietern zur Abgabe eines gemeinschaftlichen Gebotes in der Zwangsversteigerung gegründet wird (zum vormaligen § 313 aF: RG ZBlFG 7, 202).

167 Werden im Gesellschaftsvertrag für den Fall der Auflösung der Gesellschaft bereits Bestimmungen getroffen, sodass nach **Realteilung** eines Grundstücks ein Gesellschafter eine bestimmte Eigentumswohnung erhält (BGH NJW 1978, 2505: sog Hamburger Modell), unterliegt dies den Anforderungen des § 311b Abs 1 S 1 BGB. Ebenso ist zu entscheiden, wenn durch den Gesellschaftsvertrag Vorgaben getroffen werden, in welcher Weise mehrere **Grundstücke**, die durch die Gesellschaft gehalten werden, zwischen den Gesellschaftern **aufgeteilt** werden. Wird dagegen allein die Möglichkeit einer entsprechenden Realteilung vorgesehen, ohne dass für die Gesellschafter eine Übertragungs- oder Erwerbsverpflichtung geschaffen wird, begründet dies keine Beurkundungsbedürftigkeit (s hierzu den Fall OLG München NJW-RR 1994, 37). Verpflichtet sich aber ein Gesellschafter, bei Auflösung der Gesellschaft ein bislang in seinem Eigentum stehendes Grundstück der Verwertung durch die Gesellschaft zuzuführen und diese zu ermöglichen, um eine wirtschaftliche Aufteilung zu gestatten, begründet dies eine Übertragungsverpflichtung, sodass die Vereinbarung formbedürftig ist (RGZ 166, 165; BGH NJW 1974, 2279). Auch andere Regelungen über die **Verwertung eines Grundstücks**, das im Eigentum der Gesellschaft steht und die vom gesetzlichen Regelfall abweichen, bedürfen der Beurkundung, weil insoweit eine Übertragungsverpflichtung für die Gesellschaft geschaffen wird, die nicht ohne die Beachtung der Form des § 311b Abs 1 S 1 BGB geschehen kann (Schmeinck MittRhNotK 1982, 97).

168 Ebenfalls beurkundungsbedürftig ist ein Gesellschaftsvertrag dann, wenn der **Zweck der Gesellschaft** darauf gerichtet ist, **ein bestimmtes** oder **mehrere bestimmte Grundstücke** zu erwerben, zu halten und/oder als Eigentümer zu verwalten. Dasselbe gilt, wenn die Gesellschaft den Zweck haben soll, ein Grundstück zu erwerben, um dieses im Anschluss zu teilen und wieder zu veräußern. In diesen Fällen besteht eine zumindest implizite Verpflichtung der Gesellschaft zum Erwerb der genannten Grundstücke, sodass sich eine Beurkundungspflicht hieraus ergibt (zum vormaligen § 313 S 1 aF BGH NJW 1978, 2505; nunmehr – auch wenn im konkreten Fall verneinend – BGH NJW 1996, 1279; VGH Mannheim BeckRS 2012, 60395; Erman/Grziwotz § 311b Rn 20; jurisPK-BGB/Ludwig § 311b Rn 148; MünchKommBGB/Schäfer § 705 Rn 36 ff; Ulmer/Löbbe DNotZ 1998, 711, 733 ff; Wenz MittRhNotK 1996, 377, 379; **aA** Heckschen 142 f; Schwanecke NJW 1984, 1585, 1588 ff). Darüber hinaus wird nicht selten eine Beurkundungsbedürftigkeit auch aus § 4 Abs 3 WEG folgen, da eine Verpflichtung zur Aufteilung nach dem

WEG ebenfalls der Form des § 311b Abs 1 S 1 BGB unterliegt (s Fall BayObLG DNotZ 1982, 770; s auch Heckschen 158 mwNw in Fn 505).

Dagegen geht die noch überwiegende Ansicht davon aus, dass keine Beurkundungsbedürftigkeit besteht, wenn der **Zweck der Gesellschaft abstrakt** darauf gerichtet ist, Grundstücke zu halten oder zu verwalten (BGH NJW 1978, 2505 f; NJW 1996, 1279; NJW 1998, 376; MünchKommBGB/Fleischer § 105 HGB Rn 135; BeckOK-HGB/Klimke [15. 1. 2023] § 105 Rn 26; vgl jurisPK-BGB/Ludwig § 311b Rn 149; Soergel/J Mayer § 311b Abs 1 Rn 66; NK-BGB/Ring § 311b Abs 1 Rn 25; MünchKommBGB/Schäfer § 705 Rn 39; **aA** MünchKommBGB/Ruhwinkel § 311b Rn 42; BeckOGK/Schreindorfer [1. 7. 2023] § 311b Rn 142; s zur Problematik insgesamt Ulmer/Löbbe DNotZ 1998, 711, 735 f). In diesem Fall soll der Zwang zur Einhaltung der Form des § 311b Abs 1 S 1 BGB ausscheiden, weil keine Verpflichtung zum Erwerb eines konkretisierten Grundstücks konstatiert und daher der Schutzzweck der Norm nicht betroffen ist (BGH NJW 1996, 1279; NJW 1998, 376; MünchKommBGB/Schäfer § 705 Rn 39). Dies kann allerdings weder in der Grunderwägung, noch in den Rechtsfolgen überzeugen (s auch MünchKommBGB/Ruhwinkel § 311b Rn 16, 42). Wie bereits dargelegt (s Rn 12), ist die von der herrschenden Meinung vorgenommene Einschränkung, wonach nur eine Verpflichtung zum Erwerb bestimmter Grundstücke § 311b Abs 1 S 1 BGB unterfallen soll, nicht geboten (MünchKommBGB/Ruhwinkel § 311b Rn 16, 42; BeckOGK/Schreindorfer [1. 7. 2023] § 311b Rn 142; s auch Erman/Grziwotz § 311b Rn 14; **aA** Soergel/J Mayer § 311b Rn 66, der die Gefahr anführt, jeder Gesellschaftsvertrag könnte der Vorschrift unterworfen werden). Vielmehr muss auch eine abstrakte Verpflichtung, Grundstücke zu erwerben oder zu übertragen, aufgrund des Schutzzwecks der Norm der Form in gleicher Weise unterworfen werden (s Rn 12). Infolgedessen kann nichts anderes gelten für eine Verpflichtung in einem Gesellschaftsvertrag, die sich darauf richtet, zukünftig Grundstücke zu erwerben, ohne dass diese bereits bezeichnet werden. In diesem Fall ist die potenzielle Gefahr umso größer, als noch nicht einmal abstrakt bestimmt ist, welche Grundstücke von dieser Verpflichtung betroffen sind, sodass die Verpflichtung umso umfassender ausgestaltet ist (so iE auch MünchKommBGB/Ruhwinkel § 311b Rn 16, 42; BeckOGK/Schreindorfer [1. 7. 2023] § 311b Rn 142 f). Darüber hinaus ist zu beachten, dass regelmäßig die Beteiligten eine Gesellschaft, die sich allgemein auf das Halten und Verwalten von Grundstücken richtet, nicht gründen wollen. Vielmehr beabsichtigen sie typischerweise bei Gründung der Gesellschaft, diese zumindest aktuell ausschließlich auf ein bestimmtes Projekt auszurichten, da derartige Gesellschaften klassischerweise anlassbezogen gegründet werden (vgl BeckOGK/Schreindorfer [1. 7. 2023] § 311b Rn 142). In diesem Fall ergibt sich die Beurkundungsbedürftigkeit jedenfalls daraus, dass ein vom Text des Gesellschaftsvertrags abweichender Plan besteht und somit eine implizite Erwerbsverpflichtung begründet werden soll (s auch BeckOGK/Schreindorfer [1. 7. 2023] § 311b Rn 142 f). Schließen die Beteiligten einen inhaltlich anderen Vertrag, um dies zu verdecken, insbesondere die Beurkundungsbedürftigkeit zu vermeiden, so ist dieser nach § 117 BGB nichtig. Das tatsächlich gewollte Geschäft ist, da es eine entsprechende Verpflichtung enthält und nicht beurkundet wurde, zudem nach § 125 S 1 BGB formnichtig (vgl BeckOGK/Schreindorfer [1. 7. 2023] § 311b Rn 142). 169

Mit der hier vertretenen Ansicht kann die im Rahmen der herrschenden Auffassung streitig behandelte Frage, ob sich ein Beurkundungserfordernis bei einer allgemeinen grundstückshaltenden Gesellschaft daraus ergeben kann, dass **einzelne Gesellschafter von der Geschäftsführung ausgeschlossen sind** oder eine **Mehrheitsentschei-** 170

dung ermöglicht wird (s zur Problematik etwa BGH NJW 1996, 1279, 1280; jurisPK-BGB/Ludwig § 311b Rn 150; Soergel/J Mayer § 311b Rn 66; Petzold BB 1975, 907; MünchKommBGB/Schäfer § 705 Rn 39; Schmeinck MittRhNotK 1982, 97, 102 ff; Ulmer/Löbbe DNotZ 1998, 711, 738 f), offen bleiben (BeckOGK/Schreindorfer [1. 7. 2023] § 311b Rn 142. 2). Soweit allerdings eine Entscheidung nötig ist, kann allein aus der Verschiebung der Mehrheitsverhältnisse eine Beurkundungsbedürftigkeit nicht abgeleitet werden (Soergel/J Mayer § 311b Rn 66; MünchKommBGB/Schäfer § 705 Rn 39; Ulmer/Löbbe DNotZ 1998, 711, 739). Dass die Gesellschaft Grundbesitz erwerben kann, ohne dass sämtliche Mitgesellschafter dem zustimmen, führt nicht zur Beurkundungsbedürftigkeit des Vertrages, da insoweit keine spezifische Gefahr für die Gesellschafter besteht, die über die Beteiligung an der Gesellschaft als solche hinausgeht (vgl Soergel/J Mayer § 311b Rn 66; MünchKommBGB/Schäfer § 705 Rn 39; Ulmer/Löbbe DNotZ 1998, 711, 738). Eigentümer des so erworbenen Grundstücks würde die Gesellschaft, sodass keine Erwerbsverpflichtung für die Gesellschafter existiert. Etwas anderes würde nur unter der früher vertretenen Ansicht, wonach das Gesellschaftsvermögen von den Gesellschaftern gehalten wird, gelten (ausf dazu Ulmer/Löbbe DNotZ 1998, 711, 739 f mwNw), das aber jedenfalls nach der Reform des Personengesellschaftsrechts zum 1. 1. 2024 nicht mehr der gesetzlichen Lage entspricht und zudem auch heute praktisch überwunden ist (ausf dazu Timm NJW 1995, 3209). Darüber hinaus wäre es willkürlich, eine Beurkundungspflicht bei einer allgemein auf das Halten und Verwalten von Grundstücken ausgerichteten Gesellschaft zu behaupten, da grundsätzlich bei jeder Gesellschaft die Möglichkeit besteht, dass diese Grundbesitz erwerben kann. Dies müsste konsequenterweise dazu führen, dass bei Gesellschaften, die Mehrheitsbeschlüsse gestatten, stets eine Beurkundungspflicht ausgelöst würde.

171 Nicht zu beurkunden sind Verträge, die einen Erwerb eines Grundstücks **lediglich zulassen**, ohne ihn zumindest implizit zu fordern (vgl dazu OLG Köln MittRhNotK 2000, 439; Soergel/J Mayer § 311b Rn 66; BeckOGK/Schreindorfer [1. 7. 2023] § 311b Abs 1 Rn 143 f). Dies ist insbesondere dann der Fall, wenn es sich beim Zweck lediglich um die Verwaltung von Grundstücken handelt, ohne dass vorgesehen ist, dass die Gesellschaft diese auch erwerben und damit halten soll (vgl OLG Köln MittRhNotK 2000, 439; Soergel/J Mayer § 311b Rn 66; BeckOGK/Schreindorfer [1. 7. 2023] § 311b Rn 143. 1). Ebenso sind sämtliche anderen Zwecke, bei denen zwar der Erwerb eines Grundstücks nicht ausgeschlossen ist, allerdings nicht zum Bestandteil des Zwecks der Gesellschaft erklärt wird, nicht geeignet, eine Anwendbarkeit des § 311b Abs 1 S 1 BGB zu begründen (vgl Soergel/J Mayer § 311b Rn 66).

2. Gesellschafterwechsel durch Anteilsübertragung/Aus- und Beitritt

a) Grundsätzliche Formfreiheit

172 Die **Übertragung des Anteils** an einer Gesellschaft (jurisPK-BGB/Ludwig § 311b Rn 160; Soergel/J Mayer § 311b Rn 68; NK-BGB/Ring § 311b Rn 24; MünchKommBGB/Schäfer § 719 Rn 25 ff; bezüglich Personenhandelsgesellschaften s Korte 6. 60 mNw; s zudem Wertenbruch NZG 2008, 454) ist ebenso formfrei möglich, wie der **Beitritt** zu einer Gesellschaft oder der **Austritt** aus ihr (Soergel/J Mayer § 311b Rn 68; zu den Unterschieden im Einzelnen bei Personenhandelsgesellschaften Schulte/Hushahn, in: Münchner Handbuch des Gesellschaftsrechts Bd 1 §§ 72, 73, 74). Dabei bedarf weder das Verfügungsgeschäft noch das *zugrundeliegende schuldrechtliche Geschäft* einer besonderen Form, soweit nicht andere gesetzliche Vorschriften etwas Abweichendes bestimmen (vgl § 15 GmbHG).

Eine Beurkundungsbedürftigkeit eines Abtretungsvertrags kann sich zudem aus einem sachlichen Zusammenhang mit einem Grundstücksgeschäft ergeben. Bilden die Geschäftsanteilsabtretung und das Grundstücksgeschäft eine rechtliche Einheit, so erstreckt sich die Beurkundungsbedürftigkeit des § 311b Abs 1 S 1 BGB auch auf den Vertrag über die Übertragung des Gesellschaftsanteils.

Dies gilt *auch,* wenn das Vermögen der Gesellschaft *im Wesentlichen* aus **Grundbesitz** besteht und sämtliche Anteile übertragen werden oder sich in einer Hand vereinigen (s schon RG JW 1925, 1109; ferner BGHZ 86, 367 ff; OLG Düsseldorf ZMR 2007, 271; BeckOK-BGB/Gehrlein [1. 8. 2023] § 311b Rn 3; s auch MünchKommBGB/Schäfer § 719 Rn 33) oder durch Ausscheiden aller weiteren Gesellschafter aus einer grundbesitzenden Gesellschaft das Gesellschaftsvermögen auf den verbleibenden Gesellschafter übergeht (OLG Köln MittRhNotK 1996, 187; zur teilweisen Übertragung s OLG Frankfurt NJW-RR 1996, 1123). Gegenstand des der Anteilsübertragung zugrundeliegenden schuldrechtlichen Vertrages ist nämlich *nicht* das Grundstück als Einzelgegenstand (und damit auch nicht eine *darauf* bezogene bindende Verpflichtung auf Änderung der Eigentumszuordnung), sondern die **Anteilsübertragung** (= Verfügung) als solche (Entsprechendes gilt für den auf den Austritt bzw Beitritt gerichteten schuldrechtlichen Vertrag); der schuldrechtliche Vertrag ist iE also auf die **Mitgliedschaft** in der Gesellschaft gerichtet (s hierzu Habersack, Die Mitgliedschaft – subjektives und „sonstiges" Recht [1996] 106). Bei der Anteilsübertragung erfolgt der Erwerb oder der Verlust der gesamthänderischen Mitberechtigung an einem Gesellschaftsgrundstück als *gesetzliche Folge* des Erwerbs oder des Verlusts der Mitgliedschaft, beim Aus- und Beitritt im Wege der Anwachsung (MünchKommBGB/Schäfer § 719 Rn 25). Auch beim Gesellschafterwechsel bleibt das Gesellschaftsvermögen stets der jeweiligen Gesellschaft zugeordnet (s § 738 Abs 1 BGB; BGHZ 86, 367; OLG Frankfurt NJW-RR 1996, 1123, 1124; Ulmer/Löbbe DNotZ 1998, 711, 712 f; Wenz MittRhNotK 1996, 377, 384). Zudem wäre die Abgrenzung, wann der Grundbesitz so wesentlich ist, dass eine Formbedürftigkeit bejaht werden müsste, im Einzelfall kaum durchführbar. Eine Anwendung des § 311b Abs 1 S 1 BGB in solchen Konstellationen würde deshalb auch einer der Funktionen dieser Bestimmung, nämlich der **Rechtssicherheit** (s Rn 10), zuwiderlaufen (BGHZ 86, 367 bezüglich der Anteilsübertragung bei einer KG). 173

b) Ausnahmsweise Formbedürftigkeit

Besteht grundsätzlich Formfreiheit bei Verpflichtungen zur/zum Anteilsveräußerung/Beitritt zu einer Personengesellschaft, die bereits Grundeigentum hält (s Rn 172), stellt sich die Frage nach der Anwendung des § 311b Abs 1 S 1 BGB auf die Verpflichtung zur Anteilsübertragung oder zum Beitritt also nur bei Gesellschaften (zur analogen Anwendung s Rn 177 ff), bei denen nach dem Gesellschaftszweck (s Rn 168 f) *auch* der *Abschluss* des Gesellschaftsvertrages *selbst* formbedürftig ist (idS auch BGH NJW 1996, 1279, 1280), da er eine Verpflichtung zur Übertragung oder zum Erwerb enthält und deshalb seinerseits § 311b Abs 1 S 1 BGB unterfällt. Eine Beurkundungsbedürftigkeit des Beitritts kommt aber nur dann in Betracht, wenn der neue Gesellschafter **selbst eine entsprechende Verpflichtung** eingeht, was lediglich dann der Fall ist, wenn die im ursprünglichen Gesellschaftsvertrag statuierte Verpflichtung noch nicht erfüllt ist, insbesondere die Gesellschaft bei einem konkret bezeichneten Grundstück dieses noch nicht erworben hat. Formbedürftig ist daher insbesondere ein Beitritt zur Gesellschaft oder eine Übertragung des Gesellschaftsanteils bei Gesellschaften, deren **Gesellschaftszweck** der Erwerb bestimmter 174

Grundstücke (s Rn 168) ist. Der Normzweck des § 311b Abs 1 S 1 BGB ist hier ebenso betroffen wie bei der Gesellschaftsgründung selbst (GRUNEWALD, in: FS Hagen [1999] 277, 286).

175 Keiner Beurkundung bedarf der Beitritt allerdings dann, wenn die ursprünglich begründete Verpflichtung zum Erwerb oder zur Übertragung durch die Gesellschaft **erfüllt** ist. Dies ist jedenfalls dann der Fall, wenn das Grundstück bereits an die Gesellschaft übereignet wurde und diese mithin als Eigentümer im Grundbuch vermerkt ist oder im Falle der Veräußerungspflicht das Grundstück auf den Erwerber übertragen wurde (REITHMANN NJW 1992, 649, 653). Richtigerweise genügt aber bereits der **Abschluss des schuldrechtlichen Vertrags** über den Erwerb oder die Veräußerung (so auch KORTE 6. 80; anders aber REINELT NJW 1992, 2052, 2053 Fn 12, der das Entstehen eines Anwartschaftsrechts verlangt). Aus Sicht des beitretenden oder erwerbenden Gesellschafters kommt es darauf an, ob er zur **Mitwirkung** an einer Veräußerung oder einem Erwerb **verpflichtet** ist. Dies ist allerdings nicht der Fall, wenn die Gesellschaft bereits sämtliche für den Erwerb notwendigen Handlungen vorgenommen hat, weil dann eine weitere Tätigkeit der Gesellschafter nicht mehr angezeigt ist, um den der Gesellschaft auferlegten Erwerb oder die Veräußerung durchzuführen (gegen eine Anwendung der Vorschrift auch BeckOGK/SCHREINDORFER [1. 7. 2023] § 311b Rn 50 f; für eine weite Anwendung des § 311 Abs 1 plädierend aber etwa MünchKommBGB/RUHWINKEL § 311b Rn 16). Daher wird auch in einem solchen Fall keine Verpflichtung für den beitretenden Gesellschafter begründet, sich am Erwerb oder der Veräußerung zu beteiligen. Diese Grundsätze gelten unabhängig davon, ob es sich um eine Handelsgesellschaft oder eine GbR handelt, da richtigerweise auch bei der GbR nicht die Gesellschafter, sondern die Gesellschaft Inhaberin des Gesellschaftsvermögens ist und deshalb keine unmittelbare Verpflichtung der Gesellschafter zum eigenen Erwerb oder zur Übertragung existiert (BeckOK-BGB/SCHÖNE [1. 8. 2023] § 718 Rn 2; grundlegend auch BGH NJW 2001, 1056).

176 Geht man mit der hier vertretenen Ansicht davon aus, dass auch Gesellschaftsverträge über solche Gesellschaften, bei denen der Gesellschaftszweck sich lediglich **allgemein auf das Halten und Verwalten von Grundstücken** richtet (s Rn 169), dem Formerfordernis des § 311b Abs 1 S 1 BGB unterliegen, so stellt sich auch an dieser Stelle die Frage nach der Beurkundungsbedürftigkeit des Beitritts oder der Anteilsübertragung. Diese Frage muss wiederum danach entschieden werden, ob für den Eintretenden durch den Gesellschaftsvertrag eine Verpflichtung zum Erwerb oder zur Übertragung von Grundeigentum geschaffen wird. Dies ist nach der Vorstellung der Beteiligten nicht mehr der Fall, wenn die Gesellschaft bereits sämtliche Immobilien erworben hat, die sie nach dem Plan der Gesellschafter hat erwerben sollen (s auch BeckOGK/SCHREINDORFER [1. 7. 2023] § 311b Rn 50). In diesem Fall besteht keine weitergehende Verpflichtung zur Durchführung von zusätzlichen Grundstücksgeschäften, sodass sich auch für den Eintretenden keine diesbezügliche Obligation ergibt. Handelt es sich dagegen um eine Gesellschaft, die nach dem Willen der Beteiligten stets Grundstücke erwerben oder veräußern soll, insbesondere also mit den Grundstücken Handel betreiben soll, so besteht eine fortlaufende Erwerbs- oder Veräußerungspflicht für die Gesellschaft (vgl MünchKommBGB/RUHWINKEL § 311b Rn 16, 42). Tritt ein anderer Gesellschafter dieser Gesellschaft bei, erstreckt sich mithin die diesbezügliche Verpflichtung auch auf ihn, sodass sich ein Beurkundungserfordernis ergibt. Es kommt folglich auf den Willen der Gesellschafter und damit

auf die **konkreten Umstände des Einzelfalls** an, ob auch für den Beitretenden eine diesbezügliche Verpflichtung geschaffen werden soll. Ist dies der Fall, da die Gesellschaft weiterhin Grundbesitz erwerben oder diesen veräußern soll, so bedarf der Beitritt auch zu einer derartigen Gesellschaft der Form des § 311b Abs 1 S 1 BGB (so iE auch MünchKommBGB/Ruhwinkel § 311b Rn 42).

c) Formbedürftigkeit in Analogie zu § 311b Abs 1 S 1 BGB?

Bereits seit langem wird in der Lit diskutiert, ob eine **analoge Anwendung** der Formvorgabe des § 311b Abs 1 S 1 BGB auf **Anteilsabtretungen** in Betracht kommt (zur Problematik auch jurisPK-BGB/Ludwig § 311b Rn 165 f). Dabei lässt sich nicht bestreiten, dass die **Formzwecke** durch die Möglichkeit der formlosen Anteilsübertragung gefährdet werden können. Dies gilt insbesondere, wenn die Gesellschaft ausschließlich oder überwiegend grundbesitzhaltend agiert und somit ein Erwerb der Gesellschaft oder von Anteilen an dieser sich wirtschaftlich wie ein Erwerb des Grundstücks darstellt. Daher droht eine solche Gestaltung zur Umgehung der gesetzlich angeordneten Formvorgabe durch die Beteiligten genutzt zu werden, was dem Zweck der Vorschrift zuwiderläuft. Eine formlose Anteilsübertragung widerspricht sowohl der Warnfunktion der Norm als auch ihrem Ziel, die Beteiligung an einem Grundstück rechtssicher nachvollziehbar feststellen zu können (s dazu schon Schmidt AcP 182 [1982] 481, 498 ff). Auch droht eine potenzielle Gläubigerbenachteiligung, indem kein effektiver Schutz vor Rückdatierungen besteht und somit einer potenziellen Vermögensverschiebung keine effektiven Hemmnisse entgegenstehen (s dazu Schmidt NJW 1996, 3325; krit aber Ulmer/Löbbe DNotZ 1998, 711, 713 ff). Darüber hinaus besteht die zumindest theoretische Gefahr, dass Grundstücke auf diese Weise unter erleichterten Bedingungen umlauffähig und daher in größerem Maße zum Spekulationsobjekt werden (in diese Richtung schon Schmidt AcP 182 [1982] 481, 498 ff). 177

Die **Vorschläge** für eine analoge Anwendung des § 311b Abs 1 S 1 BGB sind vor diesem Hintergrund zahlreich. Sie beziehen sich regelmäßig darauf, dass sich in Umgehungskonstellationen die Beurkundungsbedürftigkeit auch auf die Abtretung von Geschäftsanteilen beziehen soll, wenn die Gesellschaft Grundbesitz hält. Teilweise wird die Rechtsfortbildung generell auf Grundbesitz haltende Gesellschaften befürwortet (Schmidt NJW 1996, 3325, 3326 f), teilweise wird lediglich eine objektive Umgehung gefordert, die schon dann gegeben sein soll, wenn sich bei wirtschaftlicher Betrachtung die Übertragung des Anteils an der Gesellschaft wie die Übertragung des betroffenen Grundstücks darstellt (Ulmer/Löbbe DNotZ 1998, 711, 724 ff). In der **Rspr** haben sich derartige Erwägungen allerdings bislang nicht durchsetzen können. Zwar schließen die veröffentlichten Urteile eine entsprechende Anwendung nicht von vornherein aus, allerdings haben die Gerichte stets für den konkreten Einzelfall eine Beurkundungsbedürftigkeit verneint (BGHZ 86, 367, 371; BGH WM 1997, 2220, 2222; OLG Frankfurt NJW-RR 1996, 1123, 1124; s auch BGH GmbHR 2008, 589 zur Umgehung des § 15 Abs 4 GmbHG). 178

Im Ergebnis **scheidet** jedoch **eine analoge Anwendung** des § 311b Abs 1 S 1 BGB auf Übertragungen von Anteilen an Personengesellschaften grundsätzlich aus (BeckOGK/Schreindorfer [1. 7. 2023] § 311b Rn 50; ebenso Soergel/J Mayer § 311b Rn 68; krit auch jurisPK-BGB/Ludwig § 311b Rn 166). Zwar ist es in der Sache ohne Weiteres denkbar, dass eine gesellschaftsrechtliche Gestaltung durch die Beteiligten gewählt wird, um das Beurkundungserfordernis zu umgehen und formfreie Übertragungen zu ermög- 179 lichen, dies rechtfertigt allerdings eine entsprechende Anwendung der Norm nicht. Dabei kommt es nicht darauf an, ob es sich um eine GbR, einer OHG oder eine KG handelt. Letztere spielt bei Grundbesitz haltenden Gesellschaften insbesondere als **Publikumsgesellschaft** eine erhebliche Rolle (wobei der Begriff nicht eindeutig ist, s MünchKommHGB/Grunewald § 161 Rn 111), da Immobilienfonds als Investmentmöglichkeiten häufig in dieser Rechtsform aufgelegt werden, um eine wirtschaftliche Beteiligung einzelner Personen an den gehaltenen Immobilien ohne Formerfordernis zu ermöglichen. Diese naheliegende Möglichkeit der Umgehung muss allerdings dem Gesetzgeber bekannt sein, insbesondere, da er bereits 1998 mit der Einführung des § 105 Abs 2 HGB auf die zunehmende Bedeutung von Publikumsgesellschaften reagiert hat (BGBl 1998 I 1474). Obwohl ihm somit klar war, dass Anteilsübertragungen selbst dann formfrei möglich sind, wenn hierdurch faktisch und ökonomisch lediglich das Grundstück oder Teile von diesem übertragen werden sollen, hat die Legislative hierauf auch bei der zum 1. 1. 2024 in Kraft tretenden grundlegenden Reform des Personengesellschaftsrechts nicht reagiert. In diesem Zusammenhang hätte es nahegelegen, wenn der Gesetzgeber eine entsprechende Beurkundungsbedürftigkeit hätte schaffen wollen, eine Anpassung der einschlägigen Regeln vorzunehmen. Da der Gesetzgeber von dieser Möglichkeit allerdings keinen Gebrauch gemacht hat, zeigt dies, dass er bereit ist, die Gefahr der Umgehung des § 311b Abs 1 S 1 BGB hinzunehmen. Akzeptiert der Gesetzgeber, dass bestimmte Sachverhalte von der gesetzlichen Regelung nicht umfasst sind, fehlt es an der **planwidrigen Regelungslücke** und damit an den erforderlichen Voraussetzungen für eine Analogie (dazu Meier/Jocham JuS 2016, 392, 396). Infolgedessen ist eine rechtsfortbildende Anwendung des § 311b Abs 1 S 1 BGB auf Geschäftsanteilsabtretungen von Personengesellschaften die Grundlage entzogen, weil der Gesetzgeber durch seine Handlungen klarmacht, dass er diese formfrei zulassen will, unabhängig davon, ob hierdurch mittelbar die Eigentümerstellung an einem Grundstück verändert wird. Dies mag **rechtspolitisch** kritikwürdig sein (so schon Schmidt AcP 182 [1982] 481, 498 ff), ist allerdings *de lege lata* durch den Rechtsanwender hinzunehmen.

3. Satzungen juristischer Personen

180 Die **Satzungen juristischer Personen** bedürfen häufig bereits nach den für sie geltenden Sondergesetzen der notariellen Beurkundung (§ 2 Abs 1 S 1 GmbH; § 23 Abs 1 S 1 AktG); soweit durch sie allerdings auch eine Verpflichtung zur Übertragung oder zum Erwerb eines Grundstücks geschaffen werden soll, ergibt sich eine Formbedürftigkeit zugleich aus § 311b Abs 1 S 1 BGB (Erman/Grziwotz § 311b Rn 22; Soergel/J Mayer § 311b Rn 70; MünchKommBGB/Ruhwinkel § 311b Rn 41; BeckOGK/Schreindorfer [1. 7. 2023] § 311b Rn 145; **aA** RGZ 110, 241, 245 f; 126, 218, 221; BGHZ 15, 177, 182; BGH NJW 1978, 2505), wobei keine inhaltlichen Unterschiede zur Beurteilung bei Personengesellschaften bestehen (s Rn 164 ff). Bei **Genossenschaften und Vereinen** ist eine notarielle Beurkundung dagegen für sich genommen nicht vorgeschrieben. Auch in der Praxis dürfte sich die Frage der Beurkundungsbedürftigkeit der Satzung bei Vereinen kaum stellen, da eine entsprechende Verpflichtung bei der Gründung des Vereins nur selten vereinbart werden wird. Bei der Gründung einer Genossenschaft ist es dagegen praktisch häufiger anzutreffen, dass Satzungsregelungen vorgesehen sind, die eine Beurkundungsbedürftigkeit abstrakt auslösen können.

In der Rspr kann jedoch als herrschend gelten, dass **Satzungen von Genossenschaften** auch dann dem Beurkundungserfordernis des § 311b Abs 1 S 1 BGB nicht unterliegen sollen, wenn sie eine Verpflichtung zur Übertragung eines Grundstücks enthalten (st Rspr: RGZ 110, 241; RGZ 126, 221; RGZ 147, 207; 156, 216; BGHZ 15, 182; BGH WM 1961, 829; DNotZ 1973, 756; Rpfleger 1978, 726; Grüneberg/Grüneberg § 311b Rn 16). Die Entscheidungen werden durch die jeweiligen Senate nicht näher begründet, ihnen scheint aber die Erwägung zugrunde zu liegen, dass es sich bei der Satzung der Genossenschaft **nicht um ein Rechtsgeschäft** handelt, sodass die Formvorschrift des § 311b Abs 1 S 1 BGB nicht eingreifen könne (in diese Richtung BGH DNotZ 1973, 756). Damit nimmt die Rspr Rekurs auf ihre bereits in anderem Zusammenhang wiederholt vertretene Auffassung der **Normentheorie**, die unterstellt, dass sich bei juristischen Personen der Gesellschaftsvertrag zu einer Norm verwandelt (dazu Meier, Dopingsanktion durch Zahlungsversprechen [2015] 97 ff). Dies ist in diesem Bereich ebenso wenig überzeugend wie in Bezug auf andere Fragestellungen (dazu Meier, Dopingsanktion durch Zahlungsversprechen [2015] 97 ff), sodass die Ansicht **abzulehnen** ist (iE auch Erman/Grziwotz § 311b Rn 22; Soergel/J Mayer § 311b Rn 70; MünchKommBGB/Ruhwinkel § 311b Rn 41; BeckOGK/Schreindorfer [1. 7. 2023] § 311b Rn 145). Vielmehr handelt es sich bei der Satzung einer Genossenschaft ebenso wie bei anderen Gesellschaftsverträgen um vertragliche Bestimmungen, die dem Allgemeinen Schuldrecht unterworfen sind (näher Meier, Dopingsanktion durch Zahlungsversprechen [2015] 97 ff). Infolgedessen haben auch hier dieselben Grundsätze zu gelten, denen auch Gesellschaftsverträge anderer juristischer Personen oder von Personenvereinigungen unterliegen (s Rn 164 ff), sodass für die Beurkundungsbedürftigkeit nach § 311b Abs 1 S 1 BGB ausschließlich entscheidend ist, ob eine Verpflichtung zur Übertragung oder zum Erwerb eines Grundstücks begründet wird (wie hier BeckOK-BGB/Gehrlein [1. 8. 2023] § 311b Rn 9; Erman/Grziwotz § 311b Rn 22; jurisPK-BGB/Ludwig § 311b Rn 152; Soergel/J Mayer § 311b Rn 70; MünchKommBGB/Ruhwinkel § 311b Rn 41). Insbesondere kann auch aus **§ 5 GenG** kein anderes Verständnis abgeleitet werden. Zwar ist dort bestimmt, dass die Satzung der Schriftform bedarf, hierdurch soll aber lediglich verhindert werden, dass die Genossenschaft formfrei gegründet wird, es soll jedoch keine erleichterte Bindung in Bezug auf Grundstücke ermöglicht werden. § 5 GenG wirkt daher nicht formerleichternd, wenn sich eine strengere Form aus anderen Vorschriften ergibt. Dass ein entsprechender Vorbehalt in § 5 GenG nicht explizit enthalten ist, ist unschädlich, weil es sich bei Formvorschriften um zwingendes Recht handelt, das für seine Anwendbarkeit mithin keinen Vorbehalt bedarf. Der Gesetzgeber hat auch an anderen Stellen Vorbehalte für strengere Formvorgaben nicht aufgenommen, ohne dass dies die Anwendbarkeit weitergehender Vorgaben in Zweifel ziehen würde. In der Konsequenz bedarf daher auch die Satzung einer Genossenschaft der notariellen Beurkundung, wenn durch sie eine unmittelbare Übertragung oder Erwerbsverpflichtung in Bezug auf ein Grundstück geschaffen wird (wie hier BeckOK-BGB/Gehrlein [1. 8. 2023] § 311b Rn 9; Erman/Grziwotz § 311b Rn 22; jurisPK-BGB/Ludwig § 311b Rn 152; Soergel/J Mayer § 311b Rn 70; MünchKommBGB/Ruhwinkel § 311b Rn 41). 181

Der **Zuteilungsbeschluss des satzungsmäßigen Organs über ein Grundstück** dagegen ist lediglich formfreie Bedingung; eine Verpflichtung wird durch ihn nicht neu begründet (wie hier Erman/Grziwotz § 311b Rn 22; MünchKommBGB/Ruhwinkel § 311b Rn 41), wenn bereits in der Satzung die grundlegenden Voraussetzungen für eine Zuteilung enthalten sind. Durch den Beschluss wird lediglich die allgemeine Bestimmung 182 konkretisiert und aktualisiert, was aber wie im Rahmen eines Optionsrechts (s Rn 110) ohne Beachtung der Form des § 311b Abs 1 S 1 BGB möglich ist. Der Beschluss begründet einen Anspruch des Genossen auf Eigentumsverschaffung, aber *nicht* auch dessen *Erwerbsverpflichtung* (**aA** RGZ 156, 216). Die insoweit notwendige Erklärung des Genossen, durch die eine Erwerbsverpflichtung für ihn hergestellt wird, ist demnach beurkundungspflichtig. Darüber hinaus wird regelmäßig durch einen späteren Übertragungsvertrag, der das Grundstück oder Wohnungseigentum auf den berechtigten Erwerber übergehen lässt, die Übertragung näher ausgestaltet, sodass neue und abweichende schuldrechtliche Verpflichtungen vorgesehen werden, die ihrerseits der Beurkundung bedürfen (insoweit wie hier OLG Karlsruhe OLGZ 80, 447; Erman/Grziwotz § 311b Rn 22). Jedenfalls dann, wenn nicht nur die Auflassung durch die Beteiligten erklärt wird, wird es sich empfehlen, zur Streitvermeidung den Erwerbsvertrag vollständig zu beurkunden, um damit etwaige Zweifel an der Gültigkeit zuverlässig ausschließen zu können.

VII. Genehmigung/Vollmacht

183 Sowohl bei der **Genehmigung** als auch bei der **Vollmacht** handelt es sich um einseitige *abstrakte* Rechtsgeschäfte (für die Genehmigung s zB MünchKommBGB/Bayreuther § 182 Rn 1; für die Vollmacht s zB Grüneberg/Ellenberger Einf vor § 164 Rn 2; Staudinger/Schilken [2019] § 167 Rn 10; MünchKommBGB/Schubert § 164 Rn 14 ff). Da § 311b Abs 1 S 1 BGB nur für rechtsgeschäftliche *Verpflichtungen* gilt (s Rn 63 ff), kommt eine Formpflicht nach dem Wortlaut nicht in Betracht. Infolgedessen ist sie methodisch nur dann denkbar, wenn entweder § 182 Abs 2 BGB und § 167 Abs 2 BGB *teleologisch reduziert* oder § 311b Abs 1 S 1 BGB auf diese Gestaltungen *analog* angewendet wird.

1. Genehmigung

184 Gem § 182 Abs 2 BGB bedarf die **Zustimmung** – und damit sowohl die **Einwilligung** gem § 183 BGB als auch die **Genehmigung** gem § 184 BGB – nicht der für das Rechtsgeschäft bestimmten Form (Grüneberg/Ellenberger § 177 Rn 7 und § 182 Rn 2; auch jurisPK-BGB/Ludwig § 311b Rn 63; NK-BGB/Ring § 311b Rn 39; MünchKommBGB/Ruhwinkel § 311b Rn 36; MünchKommBGB/Schubert § 177 Rn 45). Nur vereinzelt wird in der Lit trotz dieser eindeutigen Vorgabe dennoch eine Formpflicht der Genehmigung aus dem Normzweck des § 311b Abs 1 S 1 BGB heraus bejaht (Staudinger/Schilken [2019] § 177 Rn 10 mwNw; dann, wenn auch eine Vollmacht der Beurkundung bedurft hätte: OLG München DNotZ 1951, 31). Dies kann aber nicht überzeugen (s dazu auch schon Soergel/Meier/Wolz § 125 Rn 25). Der historische Gesetzgeber hatte die Problematik der Formbedürftigkeit oder Formfreiheit der Genehmigung ausführlich erörtert und in diesen Konstellationen den – auch im Übrigen nur unvollkommen ausgestalteten – Schutz des § 311b Abs 1 S 1 BGB für nicht erforderlich gehalten (s hierzu und zu den dogmatischen Grundlagen ausf Wufka DNotZ 1990, 339 ff). Die Reformen des heutigen § 311b Abs 1 S 1 BGB haben hieran keine Änderung in der Problemstellung gebracht. Aus Gründen der *Rechtssicherheit* und *Kontinuität* (s Rn 10) hat deshalb auch der BGH (noch offen in BGH NJW 1989, 164 f) zu Recht die Formfreiheit ausdrücklich bejaht (bezüglich der Genehmigung: BGHZ 125, 218 = BGH MittBayNot 1994, 414 m Anm Korte; für Formfreiheit vorher schon OLG Köln NJW-RR 1993, 1364; bezüglich der Einwilligung – wenn auch zur Auflassung: BGH NJW 1998, 1481). Etwas anderes gilt nur dann, wenn die

Beteiligten eine bestimmte Form für die Genehmigung **vereinbaren**, da dies vorrangig wirkt und damit eine Erklärung in anderer Form nicht geeignet ist, die Genehmigungswirkung eintreten zu lassen (BGH ZfIR 2023, 133, 134; ausführlich auch Soergel/Meier/Wolz § 125 Rn 25).

Formfrei ist im Grundsatz auch ein der Genehmigung etwa zugrundeliegendes **Kausalgeschäft** zwischen dem später Genehmigenden und dem Vertreter oder dem Dritten. Etwas anderes gilt jedoch, wenn sich aus dieser Vereinbarung unmittelbar (s Rn 63 ff) oder mittelbar (s Rn 152 ff) eine Verpflichtung zur Genehmigung des Vertretergeschäftes ergeben sollte, da dann eine Erwerbs- oder Veräußerungsverpflichtung durch das entsprechende Geschäft bereits bestimmt wird, die die Beurkundungsbedürftigkeit auslöst (Kanzleiter, in: FS Hagen [1999] 309 ff; MünchKommBGB/Ruhwinkel § 311b Rn 36; Wufka DNotZ 1990, 339, 345 f); in letzterem Fall kann auch die Genehmigung selbst ausnahmsweise formbedürftig sein, wenn sie mit diesem Kausalgeschäft eine Geschäftseinheit iS des § 139 BGB (Korte 4. 89; Wufka DNotZ 1990, 339, 345 f; s hierzu die ähnliche Problematik bei der Vollmacht Rn 201) bildet. Entsprechendes gilt für das einer Einwilligung zugrundeliegende Kausalgeschäft (BGH NJW 1998, 1482). **185**

2. Vollmacht

Die Vollmacht bedarf nach **§ 167 Abs 2 BGB** – anders als nach § 57 Abs 2 DDR-ZGB und nach manchen ausländischen Rechtsordnungen (s zu letzteren Flume, AT § 52 2 a) – nicht der Form des Rechtsgeschäfts, auf das sich die Vollmacht bezieht (vgl RGZ 62, 336; RGZ 76, 183). Die Vollmacht zur Veräußerung oder zum Erwerb eines Grundstücks ist daher grundsätzlich formfrei, gleichgültig, ob es sich um eine zum **Abschluss des schuldrechtlichen Vertrages** erteilte Vollmacht oder um eine **Auflassungsvollmacht** (vgl hierzu auch Staudinger/Diehn [2020] § 925) handelt (zur Anscheins- und Duldungsvollmacht s BGH WM 1973, 613; s allg auch Bluka, Über die Vollmacht zum obligatorischen Grundstücksveräußerungsvertrag [BGB § 313] mit besonderer Berücksichtigung der Blankovollmacht usw). Dies gilt insbesondere auch für **Generalvollmachten**, mit denen zwar auch Grundstücksgeschäfte erfolgen können, die aber gleichwohl nicht § 311b Abs 1 S 1 BGB unterfallen (OLG Celle DNotZ 2020, 672, 674). Insoweit ist es ebenfalls bedeutungslos, dass die Vollmacht möglicherweise durch eine Erkrankung des Vollmachtgebers nach Erteilung nicht mehr widerrufen werden kann oder dass sie über den Tod hinaus erteilt wird. Etwas anderes gilt nur dann, wenn die Erteilung der Generalvollmacht eine Geschäftseinheit mit einem beurkundungsbedürftigen Vertrag bildet (s Rn 196), wofür aber regelmäßig keine Anhaltspunkte gegeben sein werden (OLG Celle DNotZ 2020, 672, 674). Von diesem Grundsatz sind von der Rspr und Lit jedoch bereits früh Ausnahmen zugelassen worden: **186**

a) Abschlussvollmacht

aa) Allgemeines

§ 167 Abs 2 BGB und § 311b Abs 1 BGB stehen sich nicht im Verhältnis von allgemeiner Norm und lex specialis gegenüber (RGZ 76, 183), da § 311b Abs 1 S 1 BGB nach seinem Wortlaut auf die Vollmacht als **einseitiges Rechtsgeschäft** bereits keine Anwendung findet. Schon früh wurde jedoch durch die Rspr des RG anerkannt, dass die Formfreiheit der Vollmacht nach § 167 Abs 2 BGB aber nicht zur *Umgehung* des § 311b Abs 1 BGB führen darf. Der Normzweck des § 311b Abs 1 BGB würde nämlich **187** unterlaufen, könnte die formfreie Vollmacht dazu verwendet werden, eine formlose Verpflichtung zur Veräußerung oder zum Erwerb eines Grundstücks zu begründen.

188 Die Formbedürftigkeit der Vollmacht ist nach der Rspr vor allem dann gegeben, wenn die Vertragsteile mit der Erteilung der Vollmacht eine (mittelbare) Verpflichtung zur Veräußerung oder zum Erwerb eines Grundstücks **verdecken** wollen (RGZ 50, 163; RGZ 76, 182; RGZ 79, 212; RGZ 104, 236; RG JW 1928, 884 Nr 1; BGH NJW 1952, 1211 m Anm Grussendorf; vgl auch RG JW 1928, 2516 Nr 2; KG HRR 1940 Nr 1292; OLG Stuttgart DNotZ 1950, 167 m Anm Hornig). Dabei handelt es sich um eine Anwendung des § 117 Abs 2 BGB (so ausdrücklich zB OLG Stuttgart DNotZ 1950, 167; **abl** Korte DNotZ 1984, 82, 85 Fn 21), da eigentlich zwischen den Beteiligten ein Verpflichtungsvertrag gewollt ist (s hierzu auch Heckschen 93 f) und damit die Vollmacht in Wirklichkeit bereits den Vollzug des Verpflichtungsgeschäfts darstellt (BGH DNotZ 1972, 229).

189 In der Sache ähnlich stützt sich die Rspr und teilweise auch die Lit für die Begründung der Beurkundungspflicht einer Vollmacht auch auf die Unterstellung einer unzulässigen **Umgehung** der Formvorschrift des § 311b Abs 1 S 1 BGB durch die Vollmacht. Insoweit sei entscheidend, ob die Vollmacht *„nur das äußere Gewand ist, in das die Verpflichtung zur Übertragung des Grundstückseigentums gekleidet ist"* (so zB RGZ 104, 237; RGZ 108, 125; BGH WM 1966, 762; DNotZ 1966, 94; WM 1967, 1040; BWNotZ 1968, 120; DNotZ 1970, 743; WM 1974, 1231; OLG Karlsruhe DNotZ 1972, 346; deutlich zB RG JW 1930, 1301 mit krit Anm Gottschalk; BGH NJW 1952, 1211 m Anm Grussendorf WM 1965, 1006; Grüneberg/Ellenberger § 167 Rn 2; Hilderscheid DNotZ 1938, 558; Staudinger/Schilken [2019] § 167 Rn 20 ff). Eine Umgehung liegt danach dann vor, wenn mit der Vollmacht nicht lediglich das rechtliche Können, sondern zugleich auch ein rechtliches Müssen, mithin eine Verpflichtung zur Veräußerung oder zum Erwerb verbunden ist (so bereits Grussendorf WM 1965, 1006). Das ist der Fall, wenn der Vollmachtgeber durch die Vollmacht dieselbe *unmittelbare* oder *mittelbare rechtliche Bindung* (zB durch Erbringen einer Sicherheit, Abstandsgeld uÄ; vgl BGH DNotZ 1965, 551) zur Veräußerung oder zum Erwerb eingeht wie durch die Vornahme des darauf bezogenen formbedürftigen Rechtsgeschäfts (RG SeuffA 86 Nr 112; BGH DNotZ 1965, 551; BWNotZ 1968, 120; WM 1974, 1231; OLG Karlsruhe DNotZ 1972, 346; OLG München OLGZ 1972, 273; OLG Stuttgart BWNotZ 1976, 125; Grüneberg/Ellenberger § 167 Rn 2; MünchKommBGB/Schubert § 167 Rn 19 ff).

bb) Ausschluss des Widerrufs

190 Von der Rspr und der Lit als Anwendungsfall einer beurkundungsbedürftigen Vollmacht anerkannt ist insbesondere eine Gestaltung, bei der die **Widerruflichkeit der Vollmacht** aufgehoben wurde, sodass der Vollmachtgeber es nicht mehr in der Hand hat, die Rechtsmacht des Bevollmächtigten zu beseitigen. Nach ganz hM besteht die Möglichkeit zur Erteilung einer *abstrakten Vollmacht,* die mithin ohne ein zugrundeliegendes Rechtsgeschäft besteht (s RGZ 76, 183; BGH WM 1967, 1040; NJW 1990, 1722; KG DNotZ 1980, 166; OLG Zweibrücken OLGZ 85, 46; Staudinger/Schilken [2019] § 167 Rn 2 und 168 Rn 17 mNw zur Gegenansicht). Praktisch sind derartige Vollmachten allerdings selten, da es kaum denkbar ist, dass eine Vollmacht erteilt wird, ohne dass sie von einer schuldrechtlichen, flankierenden Abrede getragen wird. Faktisch treten solche Vollmachten nur dann auf, wenn das Kausalgeschäft unbeabsichtigt nichtig ist, die Wirksamkeit der Vollmacht als abstraktes Geschäft aber nicht hierdurch tangiert wird (s dazu BGH NJW 1990, 1722 und OLG Zweibrücken OLGZ 85, 46). Eine abstrakte

Vollmacht ist nach verbreiteter Ansicht stets widerruflich, auch wenn sie als unwiderruflich bezeichnet ist (RGZ 62, 337; RGZ 76, 183; RG JW 1932, 1548; BGH NJW 1990, 1722; OLG Zweibrücken OLGZ 85, 46; Korte 4. 62).

Das OLG Brandenburg (BeckRS 2017, 106054) hat demgegenüber aber angenommen, eine unwiderrufliche Vollmacht bedürfe nicht der Beurkundung, wenn sie unter einer **Bedingung** stehe, die der Eigentümer selbst eintreten lassen oder deren Eintritt er verhindern könne. Im streitgegenständlichen Sachverhalt ging es um eine Veräußerungsvollmacht, die zwar grundsätzlich widerruflich war, allerdings nach der Auslegung des OLG Brandenburg von der Nichtzahlung der geschuldeten Forderungen durch den Eigentümer abhängig sein sollte (OLG Brandenburg BeckRS 2017, 106054). Die Entscheidung vermag gleichwohl nicht zu überzeugen. Ist die Vollmacht unwiderruflich ausgestaltet, ist das entsprechende Verpflichtungsgeschäft hierüber beurkundungsbedürftig, weil die Rechtsmacht auch dann ohne Beseitigungsmöglichkeit eingeräumt ist, wenn die Wirksamkeit der Vollmacht noch vom Eintritt einer Bedingung abhängig ist (vgl auch Rn 66). Darüber hinaus handelt es sich insoweit auch nicht um reine Willensbedingung des Eigentümers, da die Entrichtung derartiger Zahlungen nicht zuletzt auch wesentlich von praktischen Aspekten, insbesondere der ausreichenden finanziellen Ausstattung abhängig ist. In der Konsequenz muss das schuldrechtliche Geschäft, das zur Erteilung der Vollmacht zwingt, und aufgrund der bestehenden Geschäftseinheit auch die Vollmacht in derartigen Konstellationen gleichermaßen beurkundet werden, um wirksam zu sein. 191

Die Widerruflichkeit einer Vollmacht bestimmt sich nach **§ 168 BGB** nach dem ihr **zugrundeliegenden Rechtsgeschäft**. Nach überwiegender Ansicht soll daher eine Unwiderruflichkeit der Vollmacht nicht in der Vollmacht selbst bestimmt werden können, sondern ausschließlich durch das Kausalgeschäft vermittelt werden (s dazu ausf Bayer DNotZ 2020, 373, 375 ff; s zudem RGZ 109, 331, 333; BGH NJW 1988, 2603 f; jurisPK-BGB/Ludwig § 311b Rn 59; Soergel/J Mayer § 311b Rn 77). Folgt man dem, führt dies dazu, dass der Vollmachtgeber nicht einseitig einen Verzicht auf die Widerrufsmöglichkeit in der Vollmacht erklären (vgl RGZ 109, 331, 333; BGH NJW 1988, 2603 f; BeckOGK/Huber [1. 11. 2021] § 168 Rn 48 f; Soergel/J Mayer § 311b Rn 77), sondern dass dies nur vertragsweise zwischen Vollmachtgeber und Bevollmächtigtem bestimmt werden kann (vgl RGZ 109, 331, 333; BGH NJW 1988, 2603 f; BeckOGK/Huber [1. 11. 2021] § 168 Rn 48 f; Soergel/J Mayer § 311b Rn 77). In der Konsequenz ist nach § 168 S 2 BGB der Inhalt des Kausalgeschäfts zu ermitteln und hiernach zu bestimmen, ob die Vollmacht widerruflich ist. Ist das Kausalgeschäft – sei es auch nur für eine befristete Zeit (RGZ 108, 125; OLG Karlsruhe NJW-RR 1986, 100) – unwiderruflich und damit bindend, gilt dies mangels anderer Anhaltspunkte auch für die Vollmacht, was zu ihrer Formbedürftigkeit führt. Ob durch das Grundgeschäft der Widerruf ausgeschlossen ist, hängt jedoch vom **Einzelfall** ab (BGH NJW 1952, 1210). Dies ist ggf durch Auslegung zu ermitteln (BGH WM 1965, 1006; BayObLG DNotZ 1981, 567). Abzustellen bei der Auslegung ist jeweils auf die *Interessenlage* der Beteiligten (RGZ 109, 333). Der Ausschluss der Widerruflichkeit ist anzunehmen, wenn die Bevollmächtigung im *ausschließlichen* (BGH DNotZ 1966, 95) oder wenigstens im *gleichwertigen* (RG JW 1927, 1139; KG HRR 1934 Nr 2; s ebenso BGH WM 1965, 1006) Interesse des Vollmachtnehmers steht, da dann zu unterstellen ist, dass die Parteien auch für den Vollmachtnehmer eine entsprechende Sicherheit schaffen wollen, indem sie ihn vor einem frühzeitigen Widerruf schützen. Wie stets im Rahmen der Auslegung existieren jedoch keine 192 festen Regeln, sodass auch solche Erwägungen lediglich indiziellen Charakter haben können und es immer auf die **konkreten Umstände des** Einzelfalls ankommt (BGH WM 1965, 1006). Einer möglichen Bindung steht nicht entgegen, dass sich der Vollmachtgeber selbst das Recht zum Grundstücksverkauf vorbehält (RGZ 108, 127; RG JW 1928, 2516). Ohne Bedeutung bleibt jedoch, ob der Vollmachtgeber **entschlossen ist**, die Vollmacht nicht zu widerrufen (BGH NJW 1979, 2306 = DNotZ 1979, 684 m Anm Kanzleiter). Um eine Beurkundungsbedürftigkeit auszulösen, muss die Unwiderruflichkeit ausdrücklich oder stillschweigend zum Inhalt des Kausalgeschäfts gemacht werden, der bloße Plan, von einer Widerrufsmöglichkeit keinen Gebrauch zu machen, ist demgegenüber irrelevant (RG JW 1932, 1548; BGH DNotZ 1965, 550; DNotZ 1966, 95; WM 1965, 1006; WM 1966, 762; BWNotZ 1968, 120; WM 1985, 640; OLG Brandenburg 22. 3. 2017 – 4 U 79/16, juris Rn 29; OLG Frankfurt RNotZ 2013, 297, 299).

193 Gelegentlich wird von der Rspr auch eine **faktische Unwiderruflichkeit** dann angenommen, wenn der Vollmachtnehmer zeitnah von der Vollmacht Gebrauch machen soll, weil in diesem Fall der Widerruf **praktisch ausgeschlossen** und damit nur theoretisch möglich sei (s zB OLG Schleswig DNotZ 2000, 775). Dies vermag allerdings nicht zu überzeugen. Das Risiko, dass die Vollmacht ausgeübt wird, ehe sie widerrufen wird oder widerrufen werden kann, besteht bei der Erteilung jeder Vollmacht. Es kann nicht darauf ankommen, ob geplant ist, die Vollmacht zeitnah auszuüben, da der Vollmachtgeber jederzeit damit rechnen muss, dass der Bevollmächtigte innerhalb kürzester Frist von der Vollmacht Gebrauch macht und somit eine nicht mehr beseitigbare Bindung herstellt. Der Gesetzgeber hat dieses Risiko in § 167 Abs 2 BGB hingenommen, sodass es ohne Bedeutung bleibt, ob der Vollmachtgeber seinerseits davon ausgeht, dass ihm viel oder wenig Zeit für einen möglichen Widerruf verbleibt. Praktisch kann zudem die Grenze des „Zeitnahen" kaum rechtssicher bestimmt werden. Der Begriff ist wertungsoffen und trägt somit erhebliche Unsicherheiten in die Beurteilung der Formbedürftigkeit, die aber dem Zweck der Formvorschrift (s Rn 10) entgegenlaufen.

cc) Andere Aspekte

194 Die **Befreiung** in der Vollmacht von **§ 181 BGB** allein genügt nach der Rspr dagegen nicht ohne Weiteres, vielmehr sind auch hier die weiteren Umstände des *Kausalgeschäftes* heranzuziehen (RG DNotZ 1933, 642; BGH NJW 1952, 1211 m Anm Grussendorf; BWNotZ 1968, 120; WM 1974, 1231; NJW 1979, 2306; OLG Brandenburg 14. 3. 2012 – 4 U 142/10, juris Rn 74; OLG Karlsruhe DNotZ 1972, 346; BayObLG DNotZ 1981, 567; OLG Frankfurt RNotZ 2013, 297, 299; **aA** RGZ 104, 237; 108, 126; abweichend, für Vermutung der Unwiderruflichkeit in diesem Falle: KG DNotZ 1937, 678). Die Rspr bezieht sich darauf, ob tatsächlich mit der Bevollmächtigung schon die gleiche Bindungswirkung eintreten sollte und nach den Vorstellungen des Vollmachtgebers auch eingetreten ist, wie durch den Abschluss des formbedürftigen Hauptvertrages (BGH NJW 1979, 2306; OLG Brandenburg 14. 3. 2012 – 4 U 142/10, juris Rn 74). Jedoch hält die Rspr die Befreiung von § 181 BGB für einen erheblichen Ansatzpunkt, um eine Formbedürftigkeit zu begründen (s zB OLG Schleswig DNotZ 2000, 775). Zu überzeugen vermag dies allerdings nicht. Kommt es maßgeblich darauf an, ob der Vollmachtgeber bereits in gleicher Weise gebunden ist, wie er dies auch beim Abschluss des Hauptgeschäfts ist, kann es keine maßgebliche Rolle spielen, ob der Bevollmächtigte den Vertrag auch mit sich selbst oder nur mit einem Dritten zustandebringen kann. Eine entsprechende Bindung des Vollmachtgebers ist auch dann eingetreten, wenn der Bevollmächtigte ausschließlich mit einem

Dritten einen Grundstückskaufvertrag eingehen kann, da die Frage des Vertragspartners für das Entstehen der Bindungswirkung bedeutungslos ist.

Besteht eine **Abhängigkeit** des Vollmachtgebers **vom Vollmachtnehmer** infolge körperlicher Gebrechen (BGH DNotZ 1966, 92) oder **des Vollmachtnehmers vom anderen Vertragspartner**, auf Grund dessen der Vollmachtgeber annehmen muss, dass der Vollmachtnehmer nach Anweisungen des anderen Vertragspartners handeln wird (vgl RGZ 76, 182; 104, 238; s jedoch auch RG JW 1930, 1300), so ist die Entstehung einer entsprechenden Bindung zumindest naheliegend. Insoweit besteht ein faktischer Druck, der die freie Entscheidung stark einschränken kann und damit eine ähnliche Bindung wie der Abschluss des Hauptvertrages zu bewirken in der Lage ist. Auch ansonsten wird man davon auszugehen haben, dass die Erteilung einer Vollmacht umso eher formbedürftig ist, je größer die Interessen des Vollmachtnehmers am Erhalt der Rechtsmacht sind. Hat der Vollmachtnehmer ein erhebliches eigenes Interesse daran, den Vertrag insbesondere auch mit sich selbst zustande zu bringen, so wirkt die Bindung, die durch die Erteilung der Vollmacht erreicht wird, umso stärker, sodass ein erhebliches **Indiz** für die Beurkundungsbedürftigkeit spricht. Es genügt hierbei jedoch nicht die Tatsache allein, dass der Bevollmächtigte zugleich Angestellter des anderen Vertragspartners ist (KG DNotZ 1940, 438; BGH NJW 1952, 1211; WM 1965, 108). Erfolgt die Befreiung von § 181 BGB lediglich aus *praktischen* Erwägungen, zB zur technischen Erleichterung, so lässt sich hieraus auch nach der Rspr kein Indiz für die Formbedürftigkeit der Vollmacht ableiten (vgl BGH WM 1965, 1007; DNotZ 1965, 550; OLG Stuttgart DNotZ 1950, 168), da damit der Vollmachtgeber noch keine Bindung eingeht (BeckOK-BGB/Gehrlein [1. 8. 2023] § 311b Rn 17). **195**

Stets beurkundungsbedürftig ist eine Vollmacht zudem dann, wenn ihre Erteilung **Bestandteil eines anderen Rechtsgeschäfts** ist, das seinerseits einem Formgebot unterliegt. Ausgehend von dem Grundsatz, dass sämtliche inhaltlichen Bestandteile des beurkundungsbedürftigen Rechtsgeschäfts selbst notariell zu beurkunden sind (s Rn 210 ff), kann auch eine Vollmacht nach diesen Grundsätzen beurkundungsbedürftig sein (s RGZ 50, 163, 168; RGZ 94, 147, 150; RGZ 103, 295, 300 ff; BGHZ 102, 60; BGH NJW 1980, 41, 43; NJW 1985, 730 f; Grüneberg/Grüneberg § 311b Rn 19; Erman/Grziwotz § 311b Rn 33; Soergel/J Mayer § 311b Rn 81; MünchKommBGB/Ruhwinkel § 311b Rn 37; BeckOGK/Schreindorfer [1. 7. 2023] § 311b Rn 133). Dabei kommt es nicht entscheidend darauf an, auf welches Geschäft sich die Vollmacht richtet und ob das durch die Vollmacht vorzunehmende Rechtsgeschäft seinerseits beurkundungsbedürftig ist. Maßgeblich ist insoweit allein, dass eine inhaltliche Verbindung zum beurkundungsbedürftigen Geschäft besteht, um die Formbedürftigkeit auch der Vollmacht auszulösen. Dass die Vollmacht selbst insoweit keine Verpflichtung enthält, ist bedeutungslos, weil es nach hM allein darauf ankommt, dass eine inhaltliche Verknüpfung mit dem eine Veräußerungs- oder Erwerbspflicht begründenden Rechtsgeschäft besteht (vgl BGH NJW 1997, 312, 313; Grüneberg/Grüneberg § 311b Rn 19; Soergel/J Mayer § 311b Rn 76; s auch BGHZ 132, 119, 125). Dies ist beispielsweise für eine **Belastungsvollmacht** im Rahmen eines Grundstückskaufvertrags zu bejahen, wenn diese inhaltlich mit dem Vertrag zusammenhängt und der Vertrag nur dann geschlossen wird, wenn auch eine entsprechende Vollmacht erteilt wird. **196**

Anerkannt als Aspekte, die eine Beurkundungsbedürftigkeit analog § 311b Abs 1 S 1 BGB auslösen können, sind zudem **weitergehende Nachteile**, die von einem **197**

Widerruf der Vollmacht ausgehen. Maßgeblich ist, ob diese so stark ausgeprägt sind, dass zwar der Widerruf der Vollmacht rechtlich weiterhin möglich ist, allerdings praktisch ausgeschlossen erscheint. Hierzu zählt insbesondere die Vereinbarung einer **Vertragsstrafe** für den Fall des Widerrufs der Vollmacht (RGZ 50, 163). Dasselbe gilt, wenn eine in der Sache ähnlich wirkende, dogmatisch allerdings abweichend strukturierte **Reueprovision** vereinbart ist (RGZ 108, 127). Nicht anders wird man auch zu entscheiden haben, wenn sonstige **erhebliche Rechtsnachteile** eintreten, insbesondere der Verlust von Ansprüchen oder bestimmter Vorteile. Dagegen sind rein **soziale Nachteile**, beispielsweise die Drohung, dass sich das persönliche Verhältnis zwischen Bevollmächtigtem und Vollmachtgeber verschlechtern würde, nicht geeignet, eine Beurkundungsbedürftigkeit zu begründen. Insoweit liegt keine rechtliche Bindung vor, sodass eine Vergleichbarkeit mit dem von § 311b Abs 1 S 1 BGB geregelten Fall nicht besteht.

dd) Dogmatische Betrachtung

198 Heute kann es allerdings **dogmatisch** als weitgehend anerkannt gelten, dass die Fokussierung auf die Vollmacht selbst nicht zutreffend ist (s auch Mertens JZ 2004, 431, 435; MünchKommBGB/Ruhwinkel § 311b Rn 38; BeckOGK/Schreindorfer [1. 7. 2023] § 311b Rn 129; Wufka DNotZ 1990, 339, 344). Die Vollmacht selbst gewährt ausschließlich eine spezifische Rechtsmacht, die es erlaubt, eine andere Person zu verpflichten. Dass die Einräumung einer solchen Rechtsmacht aus Sicht des Gesetzgebers nicht der Beurkundung unterliegen soll, beweist § 167 Abs 2 BGB, sodass diese legislative Grundeinschätzung nicht durch eine analoge Anwendung des § 311b Abs 1 S 1 BGB konterkariert werden darf (BeckOGK/Schreindorfer [1. 7. 2023] § 311b Rn 130). Darüber hinaus ergibt sich, wenn allein der Blick auf die Vollmacht gelenkt wird. ein nicht unerheblicher Widerspruch zur Genehmigung, bei der die herrschende Meinung zu Recht von einer generellen Formfreiheit ausgeht (s Rn 184).

199 Kommt es allerdings auf die **Bindung des Vollmachtgebers** durch eine Unwiderruflichkeit oder durch bestehende Nachteile im Fall des Widerrufs an, die einer Veräußerungs- oder Erwerbsverpflichtung gleichkommen, so spielen diese Fragen stets nur auf der Ebene des Kausalverhältnisses eine Rolle (s auch BeckOGK/Schreindorfer [1. 7. 2023] § 311b Rn 130). Wie § 168 BGB beweist, bestimmt das Kausalverhältnis über die Widerruflichkeit, sodass nicht die Vollmacht selbst die Bindung bewirkt, sondern das Grundverhältnis, das einen Vollmachtswiderruf ausschließt (Bayer DNotZ 2020, 373, 375 ff). Dasselbe gilt für andere nachteilige Vereinbarungen, die für den Fall des Widerrufs der Vollmacht getroffen sind, weil auch diese nicht durch die Vollmacht selbst bestimmt werden, sondern Teil des Grundverhältnisses sind. Betrachtet man den inhaltlichen Ansatz der Rspr, so zeigt auch dies, dass in Wahrheit nicht die Vollmacht selbst einer Beurteilung unterzogen wird, sondern dass die Regelungen des Grundverhältnisses untersucht werden, um ermitteln zu können, ob insoweit eine faktische Bindung des Vollmachtgebers existiert (s auch Mertens JZ 2004, 431, 435; MünchKommBGB/Ruhwinkel § 311b Rn 38; BeckOGK/Schreindorfer [1. 7. 2023] § 311b Rn 129; Wufka DNotZ 1990, 339, 344). Betrachtungsgegenstand muss in der Konsequenz stets **das der Vollmacht zugrundeliegende Verhältnis** sein, da nur auch das ihm ermittelt werden kann, ob eine § 311b Abs 1 S 1 BGB erfüllende Verpflichtung zur Veräußerung oder zum Erwerb besteht (so iE auch Brych, in: FS Korbion [1986] 1, 7; Korte DNotZ 1984, 82, 84 ff; ders, Handbuch Rn 4. 25; Mertens JZ 2004, 431, 435; MünchKommBGB/

Ruhwinkel § 311b Rn 38; BeckOGK/Schreindorfer [1. 7. 2023] § 311b Rn 129; Wufka DWW 1980, 239, 274 ff; ders DNotZ 1990, 339, 344).

200 Die Rspr hat ebenfalls bereits mehrfach ausgesprochen, dass eine Vollmacht auch deshalb nichtig sein kann, weil das **zugrundeliegende Geschäft** einen Formmangel aufweist und sich dieser auf die Vollmacht erstreckt (s bspw BGHZ 75, 143 = BGH DNotZ 1980, 344 m Anm Wolfsteiner; BGH NJW 1985, 730; DNotZ 1988, 551 m Anm Bohrer; ZfbR 1993, 13; OLG Zweibrücken DNotZ 1983, 104; OLG Hamm DNotZ 1994, 775 und insbes BayObLGZ 46 [1996] 62 = DNotZ 1997, 312 m Anm Wufka, wonach das Widerrufsrecht nur im – zu beurkundenden – Kausalgeschäft ausgeschlossen werden kann). Obwohl in den Urteilen nichts darüber gesagt ist, dass die Rspr davon ausgeht, dass stets ausschließlich das zugrundeliegende Geschäft betrachtet werden muss, erkennt sie doch zumindest an, dass die Regelungen des Grundgeschäfts ihrerseits beurkundungsbedürftig sein können. Wenngleich bisher eine klare Distanzierung von der früheren Linie, die von der Beurkundungsbedürftigkeit der Vollmacht selbst ausgeht (s etwa RGZ 50, 163, 167 f; RGZ 76, 182, 184; RGZ 79, 212, 215; RGZ 104, 236, 237 f; RGZ 108, 125, 126; BGH NJW 1952, 1210, 1211; WM 1966, 761, 762; WM 1967, 1039, 1040; WM 1974, 1229, 1231; DNotZ 1966, 92, 94; DNotZ 1970, 743 f), unterblieben ist, lassen sich dennoch erhebliche Tendenzen dafür erkennen, den Blick dogmatisch zutreffend auf das Grundverhältnis zu richten (vgl BGHZ 102, 60, 62; BGH NJW 1980, 41, 43; NJW 1985, 730; NJW 1992, 3237, 3238). Angesichts des Umstandes, dass im Regelfall nur eine zweiseitige Vereinbarung Verpflichtungen, wie sie von § 311b Abs 1 S 1 BGB gefordert werden, enthalten kann, ist allein der Inhalt des relevanten Kausalgeschäfts maßgeblich.

201 Hieraus folgt allerdings nicht, dass nicht dennoch die **Vollmacht in notarieller Form** vorliegen muss, um wirksam zu sein. Es kann heute als anerkannt gelten, dass eine **Geschäftseinheit zwischen Kausalgeschäft und Vollmacht** möglich ist (RGZ 81, 49, 51; BGHZ 102, 60, 62; BGH WM 1964, 182, 183; WM 1985, 596, 597; NJW 1992, 3237, 3238; OLG Karlsruhe MittBayNot 1986, 244; OLG Hamm DNotZ 1994, 775, 776 f; **aA** wohl MünchKommBGB/Schubert § 164 Rn 221 f). Hängt daher der Abschluss des nach diesen Grundsätzen formbedürftigen Grundgeschäfts davon ab, dass zugleich auch die Vollmacht erteilt wird, liegt eine inhaltliche Verbindung zwischen Kausalgeschäft und Vollmacht vor, die dazu führt, dass die Formbedürftigkeit des Grundgeschäfts sich auch auf die Vollmacht erstreckt (BGHZ 102, 60, 62; OLG Celle MittBayNot 2020, 137 Rn 12; BeckOGK/Schreindorfer [1. 7. 2023] § 311b Rn 132). Eine solche Geschäftseinheit wird regelmäßig zu bejahen sein, da es den Beteiligten typischerweise nicht nur darauf ankommt, eine Verpflichtung zur Erteilung der Vollmacht zu schaffen, sondern sie beabsichtigen, die Vollmacht auch unmittelbar selbst zu begründen (eine Beurkundung zur Sicherheit befürwortend BeckOGK/Schreindorfer [1. 7. 2023] § 311b Rn 132. 3). Liegt somit faktisch eine mittelbare oder unmittelbare Veräußerungs- oder Erwerbsverpflichtung im Grundverhältnis für die Vollmacht begründet, so ist in der Konsequenz das gesamte Grundverhältnis inklusive aller Nebenabreden beurkundungsbedürftig (s Rn 210 ff). Daher müssen sämtliche Abreden, die die Beteiligten insoweit getroffen haben, der Form des § 311b Abs 1 S 1 BGB genügen, was somit im Wege der Geschäftseinheit auch die Erteilung der Vollmacht selbst einschließt, wenn dies nach Auffassung der Parteien Bestandteil des Grundgeschäfts sein soll (so auch BeckOGK/Schreindorfer [1. 7. 2023] § 311b Rn 132; noch strenger MünchKommBGB/Ruhwinkel § 311b Rn 38). Infolgedessen kann eine Vollmacht auch deshalb nichtig sein, weil sie selbst zwar beurkundet wurde, dass ihr zugrundeliegende Kausalgeschäft aller-

dings formlos abgeschlossen wurde, obgleich eine entsprechende Verpflichtung im Sinne des § 311b Abs 1 S 1 BGB in ihm enthalten ist (s dazu auch BGH NJW 1985, 730; DNotZ 1988, 551 m Anm Bohrer; explizit auch BGH BeckRS 2006, 99; s auch schon RG JW 1930, 3476; 1932, 1043; HRR 1934 Nr 373, wo die gegenteilige Ansicht des RG in DJZ 1927, 884 aufgegeben wird).

202 Sieht man die Beurkundungsbedürftigkeit nicht in der Vollmacht selbst, sondern in dem die Vollmacht tragenden Grundgeschäft, löst sich auch der vermeintliche **Widerspruch zur Behandlung der Genehmigung** (s Rn 184) auf. Insoweit ist nämlich anerkannt, dass eine Verpflichtung zur Erteilung einer Genehmigung ebenfalls der Form des § 311b Abs 1 S 1 BGB unterliegt (Mertens JZ 2004, 431, 436; MünchKommBGB/Ruhwinkel § 311b Rn 36; BeckOGK/Schreindorfer [1. 7. 2023] § 311b Rn 121; Wufka DNotZ 1990, 339, 345 f; **aA** BGH NJW 1996, 3338), sodass gleichermaßen in diesem Fall die Genehmigung, wenn sie eine Geschäftseinheit mit der entsprechenden Verpflichtung bildet, beurkundungsbedürftig wäre. In der Konsequenz besteht keine Divergenz zwischen der Behandlung der Vollmacht und der Genehmigung, da beide formfrei möglich sind, wie es auch der gesetzlichen Anordnung in § 167 Abs 2 BGB bzw § 182 Abs 2 BGB entspricht, solange sie nicht eine Geschäftseinheit mit dem beurkundungsbedürftigen Grundgeschäft oder einem anderen beurkundungsbedürftigen Geschäft bilden. Infolgedessen ist es lediglich praktisch seltener, dass eine entsprechende Verpflichtung im Rahmen einer Genehmigung begründet wird, dogmatische Unterschiede zwischen beiden Konstellationen bestehen allerdings nicht.

b) Auflassungsvollmacht

203 Im dogmatischen Ausgangspunkt unterliegt auch die **Auflassungsvollmacht** keinen anderen Grundsätzen als die Abschlussvollmacht (so auch zB Grüneberg/Grüneberg § 311b Rn 22; anders aber wohl Korte DNotZ 1984, 82, 84; offen gelassen in BayObLG DNotZ 1981, 567; s auch Goltermann ZBlFG 22, 272). Dies ergibt sich schon daraus, dass nicht die Vollmacht selbst formbedürftig ist, sondern bei dogmatischer Betrachtung ausschließlich das der Vollmacht zugrundeliegende Kausalverhältnis die Anforderungen des § 311b Abs 1 S 1 BGB erfüllen kann (s Rn 198 ff). Es ist damit belanglos, ob sich die Vollmacht auf den Abschluss eines schuldrechtlichen Geschäfts richtet oder wie bei der Auflassungsvollmacht auf den eines dinglichen Rechtsgeschäfts. In beiden Fällen kommt es darauf an, ob zugleich mit der Erteilung der Vollmacht eine Verpflichtung zur Übertragung oder zum Erwerb eines Grundstücks geschaffen wird (s Rn 199). **Praktisch** ergeben sich allerdings häufig schon deshalb erhebliche Unterschiede, weil typischerweise die Auflassungsvollmacht erklärt wird, wenn bereits eine entsprechende Verpflichtung durch einen Vertrag begründet wurde. Wird die Vollmacht zur Auflassung im Zusammenhang mit dem schuldrechtlichen Verpflichtungsgeschäft über den Erwerb oder die Veräußerung eines Grundstücks abgegeben, besteht regelmäßig eine Geschäftseinheit, sodass die Vollmacht nach den Grundsätzen über zusammengesetzte Verträge (s Rn 239 ff) ebenfalls vom Formgebot umfasst und daher beurkundungsbedürftig ist (BGH DNotZ 1980, 344, 348 f m zust Anm Wolfsteiner; OLG Schleswig DNotZ 2000, 775 = NJW-RR 2001, 733, 734; Flume, AT § 32 2 jedenfalls für die Vollmacht zwischen den Beteiligten des Rechtsgeschäfts; Korte DNotZ 1984, 82, 84; jurisPK-BGB/Ludwig § 311b Rn 62; zum Verhältnis des dinglichen und des obligatorischen Geschäfts s eingehend Wufka DNotZ 1985, 651, speziell zur Vollmacht 661 Fn 42). Maßgeblich kommt es mithin darauf an, ob das schuldrechtliche Verpflichtungsgeschäft und die

Vollmacht ein **einheitliches Rechtsgeschäft** bilden (RGZ 50, 168; RGZ 94, 149; RGZ 104, 237; RG JW 1930, 3474; HRR 1934 Nr 373; BGH WM 1964, 183; NJW-RR 2020, 962, 963), was typischerweise der Fall sein wird, da es dem Erwerber darauf ankommen wird, zuverlässig die Auflassung an sich erklären zu können. Ein einheitliches Geschäft wird daher gewollt sein, wenn die Auflassungsvollmacht – auch wenn sie einem Dritten und nicht dem Vertragspartner erteilt wird – zur *Sicherung* der Vertragserfüllung und nicht lediglich aus *Zweckmäßigkeitsgründen* erteilt wird (vgl RGZ 104, 238). Formmängel des in der Urkunde enthaltenen schuldrechtlichen Rechtsgeschäfts haben dann im Zweifel auch die Nichtigkeit der in dieser Urkunde erteilten Auflassungsvollmacht – auch wenn diese als solche formgerecht beurkundet ist (RG JW 1930, 3474) – zur Folge (RGZ 81, 49; RGZ 94, 150; offen gelassen BGH NJW 1985, 438; BGHZ 102, 60 = ZIP 1987, 1454; BGH DNotZ 1985, 294; NJW 1985, 730; OLG Frankfurt Rpfleger 1979, 133; KG OLGZ 85, 185). In diesem Fall kann eine Heilung auch nicht nach § 311b Abs 1 S 2 BGB eintreten, wenn infolge der Vollmacht die Auflassung beurkundet und im Anschluss in das Grundbuch eingetragen wird, da die Auflassung weiterhin schwebend unwirksam ist, die Heilung aber eine wirksame Auflassung (s Rn 379 ff) voraussetzt. Insbesondere besteht keine Möglichkeit, durch Auflassung und Eintragung den Vertrag und die Vollmacht zeitgleich zu heilen (BGH NJW-RR 2020, 962, 963; abl aber Berchtold BWNotZ 2019, 4, 8).

Wird die Vollmacht dagegen **losgelöst vom schuldrechtlichen Geschäft** erteilt und 204
besteht bereits eine entsprechende Verpflichtung, kann nicht unterstellt werden, dass die Beteiligten eine erneute Verpflichtung schaffen wollten, sodass kein beurkundungsbedürftiges Grundgeschäft gegeben ist. Die Vollmacht kann demnach ebenfalls formfrei erteilt werden (s auch OLG Zweibrücken Rpfleger 1982, 216). Für sich genommen formbedürftig ist das der Auflassungsvollmacht zugrundeliegende Rechtsgeschäft nur dann, wenn es selbst eine Übereignungs- oder Erwerbsverpflichtung enthält, also die Erteilung der Vollmacht durch den Vollmachtgeber auf einem entsprechenden Zwang beruht. Dies kann insbesondere dann der Fall sein, wenn die Auflassungsvollmacht in Wahrheit zugleich eine Abschlussvollmacht enthält und diese im Kausalgeschäft wiederum von einer korrespondierenden Verpflichtung getragen ist (vgl zu diesem Problemkreis auch die Fälle in BGH DNotZ 1963, 672; WM 1974, 1231). In diesem Fall müssen sowohl das betreffende Kausalgeschäft nach § 311b Abs 1 S 1 BGB als auch die Vollmacht notariell beurkundet werden, wenn letztere mit dem Kausalgeschäft im Rahmen einer Geschäftseinheit verbunden ist.

Wussten die Vertragsteile, dass der schuldrechtliche Vertrag wegen der unvollstän- 205
digen oder unrichtigen Beurkundung (zB Schwarzkauf) **nichtig ist** und die Nichtigkeit des verdeckten Vertrages durch Auflassung und Eintragung geheilt werden kann und haben sie die Auflassungsvollmacht *gerade deshalb erteilt,* so ist die Auflassungsvollmacht nach § 139 HS 2 BGB *wirksam* (RGZ 103, 302; RG WarnR 1923/24 Nr 163; WarnR 1925 Nr 20; BGH NJW-RR 2020, 962, 963; s auch RGZ 114, 351; RGZ 104, 299; RGZ 137, 339; RG JW 1927, 1856; Flume, AT § 32 3; vgl ferner Fischer JW 1922, 199 ff; die zT abweichende Auffassung in RGZ 94, 147 – in RGZ 103, 303 insoweit offen gelassen – wurde in RGZ 104, 299 aufgegeben; BGHZ 102, 60; BGH MDR 1988, 303; NJW-RR 1989, 1099 = DNotZ 1990, 359 m zust, jedoch dogmatisch zu Recht krit Anm Heckschen, insbes zur Frage der doch aus dem nichtigen Grundgeschäft gefolgerten „Unwiderruflichkeit"). Insoweit kommt es darauf an, dass die Beteiligten gerade auch für den Fall der Nichtigkeit diesen Teil des Rechtsgeschäfts gewollt haben, weshalb nicht von einer Geschäftseinheit auszugehen ist.

Da somit kein nach dem Willen der Parteien einheitliches Geschäft vorliegt, erstreckt sich auch die Beurkundungspflicht nicht auf die Vollmacht selbst, sodass diese grundsätzlich formfrei wirksam ist. Auch § 139 BGB führt nicht zur Nichtigkeit, weil die Beteiligten etwas anderes gewollt haben.

c) Rechtsfolgen bei Formungültigkeit

206 Wird die notwendige Form für die Vollmacht nicht eingehalten, ist diese nach § 125 S 1 BGB **nichtig**. Der mit einem in der Konsequenz nichtbevollmächtigten Vertreter abgeschlossene, im Übrigen der Form des § 311b Abs 1 BGB entsprechende schuldrechtliche Vertrag sowie die etwa erklärte Auflassung sind *schwebend unwirksam*. Sie werden durch eine rechtswirksame **Genehmigung** des Vollmachtgebers gem § 177 Abs 1 BGB wirksam (vgl RGZ 108, 129; RGZ 110, 321; BGH WM 1964, 184; DNotZ 1966, 96; WM 1980, 1032; offen gelassen in BGH NJW 1989, 164), auch wenn der Vertretene im Zeitpunkt der Genehmigung nicht mehr als Eigentümer eingetragen ist (RG SeuffA 78 Nr 168). Die Genehmigung ist nach § 182 Abs 2 BGB nicht formbedürftig (s Rn 184) und auch durch schlüssige Handlung möglich. Zu Recht geht allerdings der BGH davon aus, dass eine Genehmigung erfordert, dass der Erklärende weiß oder zumindest davon ausgeht, dass das zuvor abgeschlossene Rechtsgeschäft unwirksam ist (BGHZ 2, 150; BGHZ 47, 341; BGH WM 1980, 1032; NJW 1997, 312; s auch schon RGZ 94, 147, 151; **aA** aber Wolfsteiner DNotZ 1980, 349, 352). Andernfalls kann die von ihm abgegebene Erklärung nicht als Genehmigung begriffen werden, da für den Erklärenden dann kein Anlass besteht, das Rechtsgeschäft zu genehmigen. Nach §§ 133, 157 BGB muss die Erklärung so verstanden werden, wie sie nach dem objektiven Empfängerhorizont aufzufassen ist. Auch für einen objektiven Empfänger kann eine Erklärung aber nur dann als Genehmigung angesehen werden, wenn ein Grund für deren Abgabe besteht, mithin also nur dann, wenn der Erklärende zumindest Zweifel an der Wirksamkeit des Rechtsgeschäfts hat oder haben muss. Fehlt es hieran, ist auch eine Erklärung, die davon ausgeht, das Rechtsgeschäft sei wirksam, nicht als Genehmigung zu begreifen, weil es insoweit erkennbar am rechtsgeschäftlichen Erklärungswillen erkennbar fehlt.

207 Die Möglichkeit der **Heilung** eines aufgrund nicht formgerechter Vollmacht unwirksamen, jedoch formgerecht beurkundeten schuldrechtlichen Vertrages durch nachfolgende (wirksame; s auch die Fallgestaltung Rn 379 ff) Auflassung und Eintragung nach § 311b Abs 1 S 2 BGB wird vom RG (RGZ 110, 321; vgl auch KG DNotZ 1933, 183; iE auch BGH DNotZ 1966, 96) mit der Begründung verneint, dass es sich in einem solchen Fall um die Unwirksamkeit des Kaufvertrages aufgrund fehlerhafter Vollmacht, nicht aber um dessen Nichtigkeit wegen Fehlens der Form des § 311b Abs 1 BGB handle. Richtig an dieser Erwägung ist, dass eine Heilung bei fehlender Vollmacht durch § 311b Abs 1 S 2 BGB nicht möglich ist. Allerdings bezieht das RG nicht ein, dass eine **Heilung des Formmangels der Vollmacht** selbst denkbar ist. Die Formbedürftigkeit der Vollmacht beruht auf einer Geschäftseinheit mit dem schuldrechtlichen Grundgeschäft, das seinerseits beurkundungsbedürftig ist (s Rn 201). Wird nunmehr der Formmangel des ursprünglichen Grundgeschäfts für die Vollmacht geheilt, erstreckt sich die Heilungswirkung auf das gesamte Rechtsgeschäft (s Rn 413 ff), sodass die Vollmacht ebenfalls erfasst ist. Infolgedessen steht dem Handelnden ab diesem Zeitpunkt auch eine wirksame Vertretungsmacht zu, sobald die Verpflichtung zur Übertragung oder zum Erwerb wirksam erfüllt wurde. Zwar wirkt die Heilung lediglich ex nunc, sodass sie im Grundsatz für das zuvor ohne Vertretungsmacht vorgenommene Rechtsgeschäft keine Gültigkeit entfalten kann, allerdings kann der Handelnde mit dieser Vollmacht die Genehmigung für das Rechtsgeschäft selbst erklären. Eine Heilung des auch ohne Vertretungsmacht vorgenommenen Geschäfts ohne eine entsprechende Genehmigung kommt dagegen richtigerweise nicht in Betracht (wie hier RGZ 110, 321; vgl auch KG DNotZ 1933, 183; iE auch BGH DNotZ 1966, 96), weil es insoweit an einem erforderlichen Heilungstatbestand fehlt, insbesondere die Heilung der Vollmacht nicht zurückwirkt (anders aber OLG Schleswig DNotZ 2000, 775, 777 = NJW-RR 2001, 733; Korte 11. 55; Reithmann MittBayNot 1986, 229, 230).

Auf den **guten Glauben** nach § 171 Abs 1, § 172 Abs 2 BGB kann sich ein Dritter **208** (auch der Vertragspartner des Vertretergeschäftes) jedenfalls dann nicht berufen, wenn die Nichtigkeit aus der Vollmachtsurkunde selbst ersichtlich ist oder der Dritte den Mangel der Vollmacht kennen muss (RGZ 108, 125; BGH NJW 1985, 730, wo der Dritte immerhin eine in rechtlichen Fragen nicht unerfahrene Bank war; s auch BGH NJW-RR 1988, 348, 351. Zur Problematik der Anwendung der Grundsätze von *Duldungs- und Anscheinsvollmachten* auf formunwirksame Vollmachten s auch BGH NJW 1994, 2095; NJW 1997, 312; Staudinger/Schilken [2019] § 170 Rn 2 und § 167 Rn 76; Wolfsteiner DNotZ 1979, 579, 584 Fn 10). Soweit allerdings aus der **Vollmachtsurkunde** selbst keine Anhaltspunkte für deren unwirksame Erteilung ersichtlich sind, kommt dem Geschäftsgegner die Wirkung der §§ 171, 172 BGB zugute, wenn ihm die Vollmacht in Ausfertigung oder Urschrift vorgelegt wird (BGH DNotZ 1988, 551, 552). Regelmäßig dürfte der Vertragspartner schutzwürdig sein, wenn die Vollmacht selbst beurkundet ist, da sich ihm Zweifel an der wirksamen Beurkundung des Grundverhältnisses nicht aufdrängen müssen, solange nicht für ihn spezifische Anhaltspunkte gegeben sind. Neben den Regelungen der §§ 171, 172 BGB kommen darüber hinaus allgemeine **Rechtsscheinsgesichtspunkte** in Betracht, die eine Vollmacht im Wege der Duldungs- oder Anscheinsvollmacht im Einzelfall begründen können (BGH DNotZ 1988, 551, 553).

d) Ermächtigung

Die **Ermächtigung** unterscheidet sich von der Vollmacht dadurch, dass sie ein Han- **209** deln im eigenen Namen mit Wirkung für ein fremdes Rechtsgut gestattet. Sie ist vorweggenommene Zustimmung zu einem Rechtsgeschäft (vgl MünchKommBGB/Bayreuther § 185 Rn 21; BeckOK-BGB/Bub [1. 5. 2023] § 185 Rn 7; BeckOGK/Regenfus [1. 8. 2023] § 185 Rn 43) und ist – wie die Vollmacht – grundsätzlich formfrei. Soweit auf die Ermächtigung die für die Vollmacht entwickelten Grundsätze (s Rn 198 ff) zutreffen, ist jedoch auch die Ermächtigung gem § 311b Abs 1 S 1 BGB **formbedürftig** (die Rspr unterscheidet idR auch nicht zwischen Ermächtigung und Vollmacht; vgl RGZ 54 79; 81, 51; MünchKommBGB/Ruhwinkel § 311b Rn 36; Flume, AT § 54 6 b). Insoweit kommt es allerdings wiederum maßgeblich auf das **zugrundeliegende Kausalverhältnis** an, innerhalb dessen zu prüfen ist, ob eine § 311b Abs 1 S 1 BGB auslösende Verpflichtung enthalten ist. Ist dies der Fall, bedarf das Kausalverhältnis der notariellen Beurkundung, liegt zur wirksamen Erteilung der Ermächtigung eine Geschäftseinheit vor, erstreckt sich das Formerfordernis auch auf diese (s Rn 201). Entsprechendes gilt – ausgehend vom Schutzzweck des § 311b Abs 1 S 1 BGB – auch für die Einwilligung zu einer noch ausstehenden Auflassung (BGH NJW 1998 741 = DNotZ 1998, 40 m **abl** Anm Einsele, die jedoch nicht bedenkt, dass jeder [hier der Ehemann] sich zur Veräußerung auch eines fremden Grundstücks [hier der Miteigentumsanteil der Ehefrau] im eigenen Namen *verpflichten* kann, die *Erfüllung* der *ihn* treffenden Verpflichtung aber nur möglich ist, wenn der Dritte [Ehefrau] die – soweit der Dritte sich seinerseits hierzu nicht verpflichtet – *formfreie* Einwilligung [lediglich] zum

Erfüllungsgeschäft [= Auflassung] erteilt; [s hierzu das ähnliche Problem bei der Verpflichtung zur Genehmigung Rn 185]).

VIII. Umfang des Formerfordernisses

1. Allgemeines

210 Formbedürftig ist – wie sich aus dem Wort „Vertrag" ergibt – der **ganze Vertrag** (vgl zB BGH LM § 311b Abs 1 Nr 3; NJW 1961, 1764; allg zur Thematik s Aderhold/Fähndrich BB 1979, 1743). Hierbei ist § 311b Abs 1 BGB als der materiell-rechtlichen Norm lediglich zu entnehmen, **was** zu beurkunden ist; **wie** zu beurkunden ist, ist dagegen im BeurkG (s Rn 305 ff) festgelegt.

211 Beurkundungspflichtig sind danach die **Erklärungen beider Vertragsteile**. Beim *Schenkungsversprechen* (Überlassungsvertrag) über ein Grundstück bedarf deshalb nicht nur das Schenkungsversprechen gem § 518 BGB, sondern auch die Erklärung des Annehmenden der Beurkundung (RGZ 82, 152; RGZ 110, 392).

212 Dem Beurkundungszwang unterliegen alle Teile der Erklärungen, die (aufgrund eines Rechtsfolgewillens; vgl BGH NJW 1993, 2100) eine **Regelung** enthalten, also **Rechtswirkungen**, mithin Konsequenzen mit rechtlicher Verbindlichkeit, erzeugen sollen (BGHZ 85, 315, 317 mwNw; BGH NJW 1979, 1495; NJW 1986, 248). Ausreichend ist ein tatsächlicher Bindungswille, gleichgültig, ob die Bindungswirkung durch die Einbeziehung abstrakter Rechtsnormen geschehen soll oder ob eine Änderung der Normen oder eine völlig freie Vereinbarung, die Inhalt und Umfang der Leistungen bestimmt, erfolgen soll. Der **Umfang des Formerfordernisses** wird mithin dadurch bestimmt, was die Parteien zum Gegenstand des Vertrags machen wollen (vgl jurisPK-BGB/Ludwig § 311b Rn 174 ff). Soweit es sich um ein gesetzlich ausgestaltetes Rechtsinstitut handelt (Kaufvertrag, Schenkung usw) genügt die Angabe des Rechtsinstituts. Es ist daher nicht nötig, die betreffenden Rechtsnormen ausdrücklich aufzuführen, um die Geltung des dispositiven oder zwingenden Gesetzesrechts zu erreichen. Insoweit kommt es allein darauf an, dass die Tatbestandsmerkmale der Normen erfüllt sind, um ihre Anwendbarkeit auch auf formbedürftige Verträge zu bewirken. Sollen jedoch von diesen, das Rechtsinstitut ausformenden Vorschriften abweichende Vereinbarungen getroffen werden, bedürfen diese der ausdrücklichen Beurkundung. Nicht in die Urkunde aufgenommen werden müssen also „Vereinbarungen", die lediglich die gesetzlichen Bestimmungen *wiedergeben* (OHGBrZ NJW 1949, 64; BGH DNotZ 1973, 472; s auch Rn 150), da diese mangels abweichender Parteiabrede ohnehin gelten (zB *gesetzliche* Gewährleistungsbestimmungen, gesetzliche Rücktrittsrechte, Aufrechnungsmöglichkeiten, Kostentragungen uÄ); nicht in den Bestand der verkauften Gegenstände aufgenommen werden müssen daher auch solche, die Zubehör sind (§ 311c BGB; nunmehr auch OLG Celle NJW-RR 1998, 1168), außer sie sollen gerade nicht mitveräußert werden (Kohler DNotZ 1991, 362, 364). Nicht detailliert „wiedergegeben" werden muss auch der „regelnde" Inhalt eines durch Rspr und Lit entwickelten Rechtsinstituts (zB bei der „ehebedingten Zuwendung"; BGHZ 82, 227; BGHZ 84, 361; BGH DNotZ 1983, 177; FamRZ 1987, 43; DNotZ 1991, 492); insoweit genügt die Bezeichnung des Rechtsinstituts als solches (ausreichend also zB: „Die Überlassung erfolgt als ehebedingte Zuwendung"), um diese Regeln zur Anwendung gelangen zu lassen. Ausreichend (für das schuldrechtliche Geschäft und im

Einzelnen ggf durch Auslegung [s Rn 312 ff] zu ermitteln) sind Sammelbezeichnungen wie zB „Bibliothek", „Hausrat" und „Inventar".

Bislang war es nicht erforderlich, eine gesonderte Regelung über die **Modalitäten der Zahlung** in die Urkunde aufzunehmen. Fehlte eine derartige Bestimmung, galt grundsätzlich die Barzahlung, da Münzen und Scheine über Euro das gesetzliche Zahlungsmittel darstellen (s Art 10 VO (EG) Nr 974/98 über die Einführung des Euro; vgl auch BGH NJW 1959, 947; NJW 1984, 1311; MünchKommBGB/Oechsler § 935 Rn 15). Durch die Neueinführung des § 16a GWG ist im Immobilienbereich jedoch das sog Barzahlungsverbot geschaffen worden, wonach eine Zahlung eines Kaufpreises für in Deutschland belegene Immobilien nicht mehr durch Bargeld erfolgen kann. Insoweit fehlt der Barzahlung die Erfüllungswirkung (Eicher DNotZ 2023, 165, 166). Da es somit nunmehr keine gesetzliche Bestimmung über die Bezahlungsform im Immobilienbereich mehr gibt, ist eine Regelung zwischen den Beteiligten im Vertrag erforderlich, die in der Konsequenz auch beurkundungsbedürftig ist. Fehlt es an einer solchen, wird man allerdings den Vertrag regelmäßig im Wege der Auslegung nach §§ 133, 157 BGB dahingehend zu verstehen haben, dass eine Überweisung auf ein Bankkonto geschuldet sein soll. 213

Sämtliche Vereinbarungen, aus denen sich der schuldrechtliche Vertrag nach dem Willen der Beteiligten zusammensetzen soll, unterliegen dem Formzwang (RGZ 51, 179; RGZ 107, 358; RGZ 145, 247; RG SeuffA 58 Nr 3, S 7; BGHZ 85, 315, 317; BGH DNotZ 1954, 188; DNotZ 1966, 666; DNotZ 1970, 744; NJW 1973, 37; NJW 1974, 271; NJW 1986, 248). Die Beurkundungspflichtigkeit aller Vertragsbestimmungen **(Vollständigkeitsgrundsatz)** entsprechend dem Vertragswillen **(Richtigkeitsgrundsatz)** ist ein Gebot des materiellen Rechts (Brambring DNotZ 1980, 281; Crusius DNotZ 1966, 657, 659). Die (prozessuale) Vermutung für die Vollständigkeit und die Richtigkeit entspricht in ihrer Reichweite dem sich aus § 311b Abs 1 S 1 BGB ergebenden (materiell-rechtlichen) Formgebot (vgl jurisPK-BGB/Ludwig § 311b Rn 275; vgl zur Entkräftung der Vermutung der Richtigkeit und Vollständigkeit BGH DNotZ 1989, 503 und BGH 19. 6. 1998 – V ZR 133/97, nv; OLG München BauR 2007, 1782). Die Vereinbarungen sind vollständig beurkundet, wenn sie alles verlautbaren, was die Parteien als regelungsbedürftig angesehen haben. Nicht entscheidend hierfür ist, was im Vertrag tatsächlich Ausdruck gefunden hat, sondern das tatsächlich von den Beteiligten *Gewollte;* zur Ermittlung des tatsächlich Gewollten können auch außerhalb der Urkunde liegende Anhaltspunkte (zB Schreiben der Beteiligten oder deren Anwälte) berücksichtigt werden (BGH DNotZ 1989, 501). Die Aufgabe des Notars liegt unter anderem darin, durch entsprechende Formulierung die Identität zwischen Parteiwillen und Verlautbarung herzustellen (vgl § 17 BeurkG); er muss insbesondere den wahren Willen der Beteiligten ermitteln. Beurkundungspflichtig sind alle Erklärungen als solche, **nicht aber auch**, *wie* sie zustandegekommen sind. Für den Vertragsinhalt maßgeblich (und damit formbedürftig) sind nicht sämtliche Äußerungen einer Partei während der Verhandlungen, sondern nur Erklärungen, die bei Beurkundung, also im Moment des Vertragsschlusses, nach dem übereinstimmenden Willen der Parteien Regelungswirkung entfalten sollen (vgl KG MDR 2003, 79, wenn auch für einen Mietvertrag). Beurkundungspflichtig sind folglich alle Vereinbarungen, soweit sie *Art, Weise, Umfang und Zeitpunkt* der (gegenseitigen) Leistungspflichten regeln (§ 154 BGB). Beurkundungspflichtig sind auch bei der Verwendung „überschießender" Begriffe (zB „Gewerbe"; vgl BGH NJW 1996, 2792) oder „überschießender" Rechte (zB eine „Sicherungsreallast") im Innenver- 214 hältnis der Beteiligten vereinbarte Einschränkungen (**aA** BGH NJW 1996, 2792), zumindest müssen diese Einschränkungen sich durch Auslegung (s Rn 312 ff) ermitteln lassen. Andernfalls ist der Inhalt des von den Parteien gewollten Vertrages nicht richtig protokolliert. Nicht beurkundungsbedürftig sind dagegen reine Wissens- oder tatsächliche Erklärungen (zB die Offenbarung von Mängeln; zu Beweiszwecken empfiehlt sich jedoch die Aufnahme; vgl auch BeckOGK/Schreindorfer [1. 7. 2023] § 311b Rn 151 f). Für die Formwirksamkeit unschädlich ist es daher, wenn derartige Erklärungen tatsächlich unrichtig sind (vgl BGH DNotZ 2012, 48, 49 m Anm Böttcher: Bestätigung der Kaufpreiszahlung im Kaufvertrag, obwohl der Kaufpreis erst später bezahlt wurde; vgl auch BeckOGK/Schreindorfer [1. 7. 2023] § 311b Rn 151.1; krit Keim NJW 2011, 119).

215 Formbedürftig sind nicht nur die rechtlich maßgeblichen Vertragsbestandteile (**essentialia negotii**) wie die Bestimmung von Leistung und Gegenleistung, sondern auch **alle sonstigen**, nicht unmittelbar wesentlichen Abreden, die die Vertragsteile *tatsächlich zum Vertragsinhalt* gemacht und daher für *regelungsbedürftig* erachtet haben *(accidentialia;* MünchKommBGB/Einsele § 125 Rn 33; s zB OLG Braunschweig OLGE 22, 205: Wettbewerbsverbot; BayObLG DNotZ 1979, 180: Zuschüsse der Stadt bei Erbbaurechtsbestellung; RGZ 97, 220; RGZ 112, 68; BGH WM 1970, 476; NJW-RR 1989, 198; NJW 1997, 250; Absprachen über die Bewertung von Grundstücken bei der Nachlassauseinandersetzung). Dabei spielt es grundsätzlich keine Rolle, ob die Beteiligten die Wirksamkeit des gesamten Vertrages von dieser Bestimmung abhängig machen wollen (wie hier Mertens JZ 2004, 431, 432 insbes Fn 4; MünchKommBGB/Ruhwinkel § 311b Rn 55; **aA** RGZ 65, 393; BGH WM 1966, 585; DNotZ 1967, 496). Maßgeblich ist allein, dass die Parteien die Regelung als Bestandteil des Vertrages betrachten und den Aspekt für regelungsbedürftig erachten. § 139 BGB – und auch dessen Rechtsgedanke – ist erst von Bedeutung bei der *späteren* Frage der Gesamt- oder Teilnichtigkeit des Vertrages, falls eine beurkundungsbedürftige Vereinbarung nicht beurkundet wurde, *nicht* jedoch bei der logisch vorgelagerten Frage des Beurkundungsumfangs (in diese Richtung auch Keim DNotZ 2001, 827, 830; s zusammengesetzten Verträgen, s Rn 239 ff). Daher sind gleichermaßen solche Abreden beurkundungspflichtig, die *keine* wirtschaftliche Belastung eines Vertragsteils darstellen (BGH LM § 311b Abs 1 Nr 20; DNotZ 1967, 495; DNotZ 1970, 744; anders zB bei § 55 Abs 1 GmbHG: vgl BGH NJW 1977, 1151) oder „unwichtig" erscheinen (wie hier MünchKommBGB/Ruhwinkel § 311b Rn 55). Dies gilt auch für sog **Side-Letter-Abreden**, bei denen es sich um typischerweise schuldrechtliche Zusatzvereinbarungen (also Nebenabreden) zum Hauptvertrag handelt (Duhnkrack/Hellmann ZIP 2003, 1425, 1429). Sollen sie nach der Vorstellung der Beteiligten Teil des Vertrags sein, müssen sie der Form des § 311b Abs 1 S 1 BGB genügen.

216 Dies gilt jedoch nicht für Abreden, die nur **aus Anlass** des Grundstückvertrages lediglich in *Erwartung* des Abschlusses neben diesem vereinbart wurden (RGZ 103, 297, 331). Dies gilt auch, wenn ein erheblicher wirtschaftlicher, aber nicht rechtlicher Zusammenhang zu dem weiteren Geschäft besteht (RGZ 145, 248; BGH NJW 1961, 1764). Insoweit ist jedoch maßgeblich, ob es sich um ein zusammengesetztes Rechtsgeschäft handelt oder die Verträge lediglich ökonomisch zusammenhängen, in ihrer rechtlichen Wirksamkeit aber nach dem Willen der Beteiligten voneinander unabhängig sein sollen (s zur Frage zusammengesetzter Verträge Rn 239 ff). Auch **Hinweise oder Auslegungshilfen, Erläuterungen** (BGH NJW 1979, 1498; Grüneberg/Grüneberg § 311b Rn 25) oder **Motive** des Verkäufers oder Käufers zB für die Kaufpreisbildung sind nicht formbedürftig, da es sich hierbei um keine Rechtswirkung erzeugende Vereinbarungen handelt (BGH DNotZ 1986, 79 m Anm REITHMANN). Zu beachten ist jedoch, dass dann, wenn die Parteien hierdurch eine Regelung **zumindest konkludent** treffen wollen, ein Beurkundungserfordernis besteht. Infolgedessen kann auch die Bestimmung, dass der Kaufpreis noch nicht gezahlt ist, der Form des § 311b Abs 1 S 1 BGB unterliegen, wenn hierdurch eine Regelung getroffen werden soll, weil zwischen den Beteiligten Streit besteht und somit eine Klärung erreicht werden soll. Reine **Wissenserklärungen** sind demgegenüber formfrei; sollen sie allerdings zugleich auch eine Beschaffenheitsvereinbarung enthalten, insbesondere im Bereich der negativen Beschaffenheitsvereinbarung (ERMAN/GRZIWOTZ § 311b Rn 50; BeckOGK/SCHREINDORFER [1. 7. 2023] § 311b Rn 151. 1; vgl auch BGH NJW 2016, 1815; DNotZ 1986, 78) bei bestehenden Mängeln, bedürfen sie der notariellen Beurkundung.

Unterfällt eine Abrede der Beteiligten dem Normzweck des § 311b Abs 1 BGB, so können sie diese dem Formzwang nicht dadurch willkürlich entziehen, dass sie **vereinbaren**, sie solle nicht mitbeurkundet werden (RGZ 97, 222; RGZ 103, 298; RG WarnR 1915 Nr 45; BGH DNotZ 1967, 496; NJW 1987, 1069) oder dass sie auf die Einhaltung der Formvorschriften **verzichten** (RGZ 61, 267). § 311b Abs 1 S 1 BGB ist **nicht dispositiv**. 217

Die Erklärungen der Parteien und die Parteien selbst müssen *bestimmt* oder doch zumindest durch Auslegung (s Rn 312 ff) *bestimmbar* sein (**Bestimmtheitsgrundsatz**; vgl BGH NJW 1969, 132; OLG Schleswig SchLHAnz 1964, 242; KG NJW-RR 2002, 883 = MDR 2002, 690 für den Fall einer freiwilligen Versteigerung: Beurkundung trotz fehlender namentlicher Bezeichnung des Verkäufers formwirksam). Der Beurkundungszwang schließt allerdings nicht aus, dass eine nicht eindeutig bestimmte Erklärung der **Auslegung** zugänglich ist. 218

2. Einzelfälle

a) Leistungsgegenstand

219 Das **Grundstück** (Miteigentumsanteil, Teilfläche, Wohnungseigentum, Erbbaurecht) muss hinreichend bestimmt oder bestimmbar sein (BGH NJW 1969, 132; BGHZ 74, 116, 121 = BGH NJW 1979, 1350; NJW-RR 1988, 265; OLG Schleswig SchlHAnz 1964, 242; vgl näher STROBER MittBayNot 1973, 3; jurisPK-BGB/LUDWIG § 311b Rn 177; s dazu auch ERMAN/GRZIWOTZ § 311b Rn 45); entscheidend hierfür ist die (subjektive) Einigung der *Vertragsteile* und deren ausreichende – ggf durch Auslegung (s Rn 312 ff) zu ermittelnde – Niederlegung im Grundstücksvertrag, nicht das Verständnis außenstehender Dritter (ERMAN/GRZIWOTZ § 311b Rn 45; KANZLEITER NJW 2000, 1919; SOERGEL/J MAYER § 311b Rn 101; **aA** offensichtlich BGH NJW RR 1999, 1030 = DNotZ 2000, 121; krit zu dieser Entscheidung auch vCAMPE DNotZ 2000, 109). Die genaue Grundstücks- oder Katasterbezeichnung ist nicht erforderlich. Bei einem ganzen Grundstück im Rechtssinne genügt die Angabe des Grundbuchblattes, wenn das Grundstück dort als einziges vorgetragen ist; andernfalls reicht die Angabe der laufenden Nummer. Entsprechendes gilt für Wohnungseigentum (BGHZ 125, 235). Bei einer noch *nicht vermessenen Teilfläche* muss diese darüber hinaus noch in geeigneter Weise näher bezeichnet werden (BGH NJW 1969, 131; NJW 1986, 2820; NJW 1989, 166). Diese Bezeichnung muss in der Urkunde – wenn auch einen *unvollkommenen* – Ausdruck erhalten (zur Auslegung s Rn 312 ff). Wird ein ganzes Grundstück veräußert, obwohl der übereinstimmende Wille der Beteiligten auf eine Teilfläche gerichtet ist, ist das Teilgrundstück nicht hinreichend bestimmt

(BGHZ 74, 116). Nicht hinreichend bestimmt sein soll ein Grundstück unter Hinweis auf einen Flächennutzungsplan aber, wenn dieser noch nicht in Kraft getreten ist (OLG Karlsruhe DNotZ 1990, 422). Dies folgt allerdings ausschließlich aus **beurkundungsrechtlichen Gründen**, da es sich bei einem noch nicht in Kraft getretenen Flächennutzungsplan nicht um eine verweisungsfähige Norm handelt (dazu auch OLG Karlsruhe DNotZ 1990, 422). Ohne Weiteres würde es aber genügen, wenn der entsprechende Plan der Urkunde nach § 13a BeurkG beigefügt ist, da die Beteiligten frei darin sind, die Abgrenzung zu bestimmen, solange sie dabei die Vorgaben des BeurkG einhalten.

220 Der Verweis der Urkunde auf außerhalb der Urkunde gelegene *tatsächliche* Umstände wie zB auf **örtliche Merkmale** (KG DNotZ 1985, 305; bereits vorhandenes Gebäude) oder **Orientierungspunkte** wie Bäume, Zäune, Gräben (BGH NJW 1969, 132; 1969, 502) oder Pflöcke (OLG München DNotZ 1971, 544) ist ausreichend, vorausgesetzt, sie sind im Zeitpunkt der *Beurkundung* wirklich vorhanden (bei Leitungsdienstbarkeiten, die im Kaufvertrag mitbestellt werden, genügt für die Bestimmtheit der Hinweis auf die „vorhandene Leitung"; so BGH NJW 1982, 1039). Nicht genügend ist der Verkauf „des in O. gelegenen Landbesitzes des Verkäufers, soweit derselbe nicht etwa bereits verkauft ist, zur Größe von 42 ha" (RG HRR 1935 Nr 656) oder einer Teilfläche zu Straßenzwecken ohne nähere Beschreibung der Teilfläche (BGH NJW 1969, 132). Dasselbe gilt für die Erklärung, den Beteiligten sei die Flächengröße in der Natur genau bekannt bzw sie seien über den Grenzverlauf einig (BGH NJW 1979, 1350). Denkbar ist aber eine förmliche Bezugnahme auf einen anderen Kaufvertrag, sodass die Restfläche zum Gegenstand eines weiteren Kaufs gemacht werden kann. Ergibt sich eine Teilfläche aus dem (nicht notwendigerweise amtlichen) Lageplan, muss dieser materiell-rechtlich mitbeurkundet sein; die darin enthaltenen Kennzeichnungen (Grenzziehung, Winkelangaben) sind ggf durch Auslegung zu ermitteln (BGHZ 150, 334 = BGH DNotZ 2002, 937 m Anm Kanzleiter; Kanzleiter MittBayNot 2002, 13, 14; vCampe NotBZ 2003, 41; strenger BGH NJW-RR 1999, 1030 mit Anforderungen, die einer „vorweggenommenen" Vermessung gleichkommen; krit Kanzleiter NJW 2000, 1919; zum Unterschied zwischen dem materiell-rechtlichen Bestimmtheitserfordernis [Frage der allgemeinen Vertragslehre, zB des Dissenses] und inhaltlicher Bestimmtheit [= Beurkundungsbestimmtheit] s ausf jurisPK-BGB/Ludwig § 311b Rn 12 ff; zum Beurkundungsverfahren [auch bezüglich Plänen] s Rn 305 ff).

221 Ebenso ist es zulässig, einer Partei ein **Leistungsbestimmungsrecht** einzuräumen, mit dem sie nach §§ 315 ff BGB den Vertragsgegenstand (endgültig) festlegen kann (MünchKommBGB/Ruhwinkel § 311b Rn 56; BeckOGK/Schreindorfer [1. 7. 2023] § 311b Rn 175 f; vgl BGHZ 63, 359, 364; BGHZ 71, 276, 280; BGH NJW-RR 1999, 1030, 1031; NJW-RR 2002, 415). Die Aufnahme eines solchen Leistungsbestimmungsrechts ist regelmäßig auch sachlich gewollt, weil hierdurch kleinere Abweichungen bei der Vermessung geklärt werden können. Darüber hinaus führt die Aufnahme eines solchen Leistungsbestimmungsrechts dazu, dass der Vertragsgegenstand stets ausreichend beschrieben ist, da bei etwaigen Zweifeln einer Seite die endgültige Entscheidungskompetenz zugewiesen wird, sodass der Vertragsgegenstand durch die Urkunde stets hinreichend konkretisiert wird. Ob die Ausübung des Bestimmungsrechts zulässig erfolgt, hat auf die Frage der ausreichenden Bestimmtheit keine Auswirkung, da es nur auf die Regelung im Vertrag ankommt, die nachfolgende Bestimmung den Vertrag allerdings nicht abändert. Insoweit ist es auch unschädlich, wenn das Bestimmungsrecht zunächst nicht ordnungsgemäß ausgeübt wird und daher das Gericht eine Bestimmung nach § 315 Abs 3 S 2 BGB trifft (s zu den Maßstäben STAUDINGER/RIEBLE [2020] § 315 Rn 389 ff). Beurkundungsrechtlich ist es ebenso denkbar, den Vertragsgegenstand vollständig in die Wahl einer Seite zu stellen, sodass diese den zukünftigen Grenzverlauf frei festlegen kann (s auch BGHZ 150, 334, 341; KANZLEITER NJW 2000, 1919, 1920; ders MittBayNot 2002, 13; BeckOGK/SCHREINDORFER [1. 7. 2023] § 311b Rn 161. 3; vCAMPE DNotZ 2000, 109, 111 ff). In diesem Fall wird es regelmäßig zweckmäßig sein, die Gegenleistung anhand der endgültig vermessenen Quadratmeter zu bestimmen, rechtlich zwingend ist dies allerdings nicht. Für die Bestimmbarkeit kommt es lediglich darauf an, dass durch die Urkunde hinreichend geklärt ist, welches Grundstück oder welcher Teil davon zu übereignen ist, was auch dann der Fall ist, wenn einer Seite ein Leistungsbestimmungsrecht zusteht.

Zum Leistungsgegenstand gehört auch ein vom Veräußerer etwa *noch zu errichtendes* **Bauwerk**. Auch dieses muss in der Urkunde hinreichend bestimmt sein (zB Ausgestaltung und Ausstattung des Gebäudes, Leistungszeit [BGH NJW 1974, 271], Beschaffenheitsvereinbarungen usw, soweit nicht gesetzliche Vorschriften gelten sollen). Beurkundungspflichtig ist hierbei, ob überhaupt eine Herstellungspflicht besteht und – wenn ja – der Umfang der geschuldeten Leistungen (s ausf BASTY Kap 1 Rn 11 ff). Es genügt somit nicht die Vereinbarung, dass nach gemeinschaftlich festgelegten Plänen und getroffenen Vereinbarungen ein Haus errichtet wird (BGH WM 1977, 1144; WM 1980, 1032). Ausreichend ist allerdings die Verweisung auf ein anderes, bereits errichtetes Objekt (**Referenzobjekt**) (s aber auch zur werkvertraglichen Zulässigkeit BASTY Kap 11 Rn 83). Formbedürftig sind folglich auch die sog *Baubeschreibung* (BGHZ 150, 138; BGH NJW 1978, 102; s dazu die Anm BRAMBRING DNotZ 1978, 149; NJW 1979, 1984; NJW-RR 2001, 953; NJW 2005, 1356; krit dazu SCHMIDT ZfIR 2005, 306, 307 ff) und die *Baupläne* oder eine *Teilungserklärung,* soweit sich aus diesen Art, Weise und Umfang der *Leistungspflicht* ergeben (allgM; s zB BGH JZ 1979, 605 für die Teilungserklärung; nochmals deutlich BGHZ 149, 326, 328; 150, 138, 139; GRÜNEBERG/GRÜNEBERG § 311b Rn 27). Ist dagegen auf dem Grundstück bereits ein Gebäude errichtet, sind spezifische Angaben über dieses nicht erforderlich, soweit es wesentlicher Bestandteile des Grundstücks ist (§§ 93, 94 BGB). Insoweit ist es ohnehin Bestandteil des Grundstückskaufvertrags, sodass eine nähere Bestimmung überflüssig ist (BeckOGK/SCHREINDORFER [1. 7. 2023] § 311b Rn 162). Handelt es sich dagegen um einen Scheinbestandteil, so liegt eine bewegliche Sache vor (BeckOGK/SCHREINDORFER [1. 7. 2023] § 311b Rn 162; vgl auch BGH NJW 1961, 1764), die nach allgemeinen Regeln gesondert aufgeführt sein muss, soweit nicht Zubehör nach § 311c BGB gegeben ist. 222

Eine **Beschreibung von Eigenschaften** eines Grundstücks oder Gebäudes vor Vertragsschluss durch den Verkäufer, die in der notariellen Urkunde keinen Niederschlag findet, führt nicht zu einer **Beschaffenheitsvereinbarung** nach § 434 Abs 1 S 1 BGB (BGHZ 207, 349, 354; zust WEBER RNotZ 2016, 650; CZIUPA/HÜBNER DNotZ 2016, 323; HERRLER NJW 2016, 1767). Dies gilt nach zutreffender Ansicht (WEBER RNotZ 2016, 650, 653) auch dann, wenn die Beschreibung in einer öffentlichen Äußerung des Verkäufers und nicht in einer unmittelbar an den Käufer gerichteten Erklärung enthalten ist (BGH DNotZ 2016, 921). Allerdings ist zu beachten, dass solche Aussagen im Rahmen des § 434 Abs 3 S 1 Nr 2 lit b BGB Beachtung finden und den Maßstab des objektiven Mangels prägen können (BGH DNotZ 2016, 921; anders aber WEBER RNotZ 2016, 650, 653 f). Eine **teleologische Reduktion** kommt insoweit nicht in Betracht, da 223 das Formgebot nicht dazu dient, gesetzliche Rechte und Ansprüche auszuschließen, sondern nur die Willenserklärungen der Beteiligten wiederzugeben. Gesetzliche Rechtsfolgen bedürfen keiner Beurkundung (s Rn 63 ff). Wird auf ein Bodengutachten Bezug genommen, bedarf es dessen Mitbeurkundung jedenfalls dann nicht, wenn das Gutachten nicht die vertragliche Beschaffenheit der Kaufsache bestimmt und damit keinen eigenen rechtsgeschäftlichen Regelungsinhalt aufweist (BGH DNotZ 2003, 698; OLG Hamm 10. 9. 2012 – I-22 U 67/11, juris Rn 62).

224 Weiterhin gehört zum Leistungsgegenstand je nach Lage des Falles das *Inventar* (vgl BGH NJW 1961, 1764 einerseits und OLG Hamm NJW 1976, 1212 andererseits). Die Bezeichnung von unter Sammelbezeichnungen ist zulässig, wenn klar erkennbar ist, welche Einzelgegenstände gemeint sind (BGH NJW 1968, 392; NJW 1992, 1161), zB das zu einem bestimmten Haus gehörende Inventar (BGH NJW 1989, 2542) oder der Mitverkauf aller in einem festgelegten Raum zu einem bestimmten Zeitpunkt befindlichen Sachen (BGH NJW 1996, 2654). Es ist vor diesem Hintergrund auch zulässig, einen zukünftigen Zeitpunkt zu wählen, sodass auch alle Sachen, die sich im Moment des Besitzübergangs auf dem Grundstück oder im Gebäude befinden, verkauft werden können.

225 Die Rspr des BGH, wonach bei einer Veräußerung eines Grundstücks mit einem bereits fertiggestellten Gebäude oder eines Miteigentumsanteils inklusive einer fertiggestellten Wohnung dann, wenn diese als neue zu gelten hat, **Werkrecht** Anwendung finden soll (BGHZ 60, 362, 364; BGHZ 61, 369, 371; BGHZ 164, 225; 210, 206), wirft auch beurkundungsrechtliche Fragen auf. Unabhängig davon, dass es zwar theoretisch möglich ist, dass sich die Beteiligten auf den Abschluss eines Werkvertrags einigen, obgleich das Werk bereits fertiggestellt ist, erscheint eine solche Auslegung regelmäßig als kaum nachvollziehbar und dem Willen der Parteien gerade nicht entsprechend (abl auch Brambring DNotZ 2001, 904, 906; MünchKommBGB/Busche § 650u Rn 14; Heinemann ZfIR 2002, 167, 168; Hertel DNotZ 2002, 6, 18; Hofmann/Joneleit NZBau 2003, 641, 644 f; Ott NZBau 2003, 233, 238 f; Teichmann ZfBR 2002, 11, 19; Werner, in: FS Jagenburg [2002] 1027, 1033). Inhaltlich geht es den Parteien nämlich nicht um die Erstellung, sondern um die Übertragung des bereits bestehenden Grundstücks mit Gebäude. Infolgedessen wollen die Parteien keine Verpflichtung zur Herstellung eines bereits hergestellten Objekts schaffen. Darüber hinaus negiert die starre Auffassung des Senats die Vertragsfreiheit der Beteiligten insoweit, als sie es unmöglich macht, dass sich die Parteien in einer solchen Konstellation auf einen Kaufvertrag, der den Vorgaben der §§ 433 ff BGB unterliegt, einigen können. Folgt man allerdings der Auffassung des BGH und bringt Werkrecht zur Anwendung, ist die Beurkundung einer **Baubeschreibung** auch dann unerlässlich, wenn das Gebäude bereits fertiggestellt ist (DNotI DNotI-Report 2017, 137, 138; DNotI-Report 2018, 91, 95; Basty, Der Bauträgervertrag, Kap 1 Rn 121; Pfennig RNotZ 2018, 585, 588; Weber notar 2017, 379, 381). Nach der Rspr übernimmt der Veräußerer in diesem Fall eine Herstellungspflicht, sodass es einen objektiven Anknüpfungspunkt geben muss, an dem sich diese orientiert. Dies kann ein Referenzobjekt ebenso sein (abl aber im Hinblick auf die werkvertraglichen Vorschriften: Basty Kap 11, Rn 83), wie eine Baubeschreibung. Nicht möglich ist dagegen nach der Rspr des BGH, dass die Beteiligten an den jetzigen Zustand anknüpfen, weil dann die Übernahme einer Herstellungspflicht und damit die Anwendung von Werkrecht sinnlos wäre.

b) Gegenleistung

226 **Formbedürftig sind** die *Art,* die *Höhe* und die *Modalitäten* der Gegenleistung wie zB Kaufpreis, Tauschgegenstand, Dienstleistungen (vgl RGZ 78, 119; 114, 230; jurisPK-BGB/Ludwig § 311b Rn 181; s auch Soergel/J Mayer § 311b Rn 101); die Aufschlüsselung des Kaufpreises zB durch Vereinbarung einer Schuldübernahme oder eines Verzichts auf Rückzahlung aus einem aufgehobenen früheren Vertrag (RG WarnR 1934 Nr 50); die Verpflichtung des Verkäufers, bei einem gewerblichen Grundstückskaufvertrag für die Mehrwertsteuer zu optieren und demgemäß zur Ausstellung einer die Mehrwertsteuer getrennt ausweisenden Rechnung (OLG Stuttgart NJW-RR 1993, 1365), darüber hinausgehend aber auch ganz allgemein Mehrwertsteuervereinbarungen, die Zusammensetzung des Kaufpreises (Boden-/Gebäude-/Inventarwert) jedoch nur, wenn diese (uU aus steuerlichen Gründen) Regelungscharakter zwischen den Beteiligten hat (ansonsten genügt die Angabe des Gesamtkaufpreises); hat jedoch eine solche Aufschlüsselung Regelungscharakter, muss sie richtig sein (Soergel/J Mayer § 311b Rn 114). Ebenso muss die Art und Weise der Tilgung in der Form des § 311b Abs 1 S 1 BGB geregelt werden. Hierzu zählt zB die Aufrechnung (OLG Düsseldorf DNotZ 1973, 602) oder Ratenzahlung. Da nunmehr eine Zahlung durch Bargeld wegen § 16a GWG nicht mehr in Betracht kommt, bedarf es folglich stets einer vertraglichen Abrede über die Erbringung. Daher müssen auch sonstige Vereinbarungen über den Zahlungsmodus, insbesondere die Regelung eines bestimmten Kontos oder die Leistung an Dritte beurkundet werden, wenn die Beteiligten hierdurch eine rechtlich bindende Regelung treffen wollen. Dies ist vor allem dann der Fall, wenn eine bestimmte Zahlstelle festgelegt werden soll, an die allein schuldbefreiend geleistet werden kann. Formbedürftig sind ebenfalls Angaben zu den zum Zeitpunkt des Vertragsschlusses bereits erfüllten Teilen der Gegenleistung, wenn hierdurch eine Regelung beabsichtigt ist, insbesondere die Beteiligten vereinbarungsweise klarstellen wollen, dass insoweit Erfüllung eingetreten ist.

227 Beurkundungsbedürftig ist gleichermaßen die **Wertangabe beim Tauschvertrag**, wenn sie zur Verrechnung einer Tauschaufgabe dient, da dann die Parteien verbindlich den Wert untereinander festlegen und damit eine entsprechende Regelung treffen wollen. Soll die Angebe dagegen nur für die Kostenbewertung oder aus steuerlichen Gründen erfolgen, wird es regelmäßig an der vertraglichen Regelung fehlen, sodass dies nicht der Form des § 311b Abs 1 S 1 BGB unterfällt (RG WarnR 1915 Nr 13; OLG Stuttgart Recht 1917 Nr 576). Ebenso ist die Angabe der Gegenleistungen bei **gemischten Schenkungen** (zB Wohnungsrecht, Rentenzahlungen uÄ) beurkundungsbedürftig. Hierzu zählt in gleicher Weise die Abrede der teilweisen Unentgeltlichkeit (zB durch die Formulierung „im Übrigen erfolgt die Veräußerung schenkungshalber"; allerdings wird man bei derartigen Urkunden idR über eine erläuternde Auslegung [Andeutungstheorie, s Rn 313 ff] zu einer wirksamen Beurkundung gelangen; wie hier jurisPK-BGB/Ludwig § 311b Rn 188) sowie die Vereinbarung von Pflichtteilsanrechnungen oder Anordnungen gem §§ 2050 ff BGB. Werden Regeln zur **Fälligkeit** getroffen, so müssen auch sie Teil der notariellen Urkunde sein, soweit es nicht bei der gesetzlichen Bestimmung (§ 271 BGB) verbleibt (RG SeuffA 79 Nr 143; Recht 1925 Nr 1972).

228 Die Vereinbarung einer **Sondervergütung** (zB höherer Kaufpreis) mit einem von mehreren Verkäufern, auch wenn diese allen Verkäufern zugute kommen soll, ist formbedürftig (RGZ 118, 244), gleichgültig, ob die Vereinbarung mit allen Käufern oder nur mit einem von ihnen getroffen wird (vgl RGZ 132, 131 unter Aufgabe von RG

SeuffA 78 Nr 176; 145, 249; RG JW 1925, 1751; Erman/Grziwotz § 311b Rn 48; Hagelberg Anm zu RG JW 1931, 1792). Dasselbe gilt für die Abrede über eine Sondervergütung für die möglichst baldige Räumung durch den Verkäufer (vgl RGZ 114, 234) oder die Vereinbarung eines verdeckten Preisnachlasses (**Rückflussabrede**; vgl Fall BGH NJW-RR 1992, 589). Auch die Bestimmung der Übernahme von sonstigen Kosten (zB Erschließung, Grünanlagen) durch den Käufer (BGH NJW 1973, 1689; DNotZ 1994, 52), soweit dies von der gesetzlichen Regelung abweicht, ist nur wirksam, wenn sie § 311b Abs 1 S 1 BGB beachtet (zur Frage der gesetzlichen Regelung und den einzelnen hiervon abweichenden Regelungsmöglichkeiten bei Erschließungskosten s vDickhuth-Harrach MittRhNotK 1986, 241). Ebenso ist für die Erbringung von Versorgungsleistungen (BGH WM 1980, 1257), auch wenn sie lediglich zur Abgeltung von gesetzlichen Unterhaltsansprüchen dienen (BGH LM § 311b Abs 1 Nr 20), zu entscheiden. Hinauszahlungsverpflichtungen an Geschwister bei Übergabeverträgen oder sonstige **Zahlungs-/oder Leistungsverpflichtungen an Dritte**, gleichgültig, ob im Wege des echten oder unechten Vertrages zugunsten Dritter oder als Erstattungspflicht an den Veräußerer (auch Erschließungskosten, sonstige Anliegerbeiträge, Hausgeld), unterfallen § 311b Abs 1 S 1 BGB ebenso wie die Übernahme der Kosten und Steuern, soweit es sich um eine Abweichung von der gesetzlichen Kosten- bzw Steuertragungspflicht handelt (**aA** RG DR 1941, 2189; vgl RGZ 112, 68 zur Wertzuwachssteuer; KG NJW-RR 2003, 589 zur Abrede darüber, wer von den Parteien die Grunderwerbsteuer zu tragen hat). Ist die Gegenleistung noch nicht hinreichend bestimmt, so kann wie auch bei der Leistung des Grundstücks, insbesondere beim Teilflächenverkauf ein Leistungsbestimmungsrecht für eine Partei vereinbart werden (vgl BGH DNotZ 1968, 546 m zust Anm Berg).

229 *Ausreichend* ist die Vereinbarung, die Höhe des Kaufpreises **später festzusetzen**, wenn diese Vereinbarung mitbeurkundet wird (wegen §§ 315 Abs 3 S 2, 316 BGB; OLG Nürnberg DNotZ 1965, 611; OLG Hamm NJW 1976, 212; vgl auch für den öffentlich geförderten Wohnungsbau BGH NJW 1965, 1269). *Nicht ausreichend* ist lediglich die allgemeine Angabe, über die näheren Bedingungen zB den Kaufpreis bestehe Einigkeit (BGH DNotZ 1968, 481), der Kaufpreis (ohne Angabe der Höhe) sei bezahlt (RG WarnR 1908 Nr 133) oder verrechnet (RGZ 93, 222).

c) Sonstige Vereinbarungen

230 **Formbedürftig** sind des Weiteren Vereinbarungen über die Tragung von **Finanzierungskosten** (OLG Düsseldorf BB 1971, 846) oder über die Mitwirkung des Verkäufers bei der **Bestellung von Grundpfandrechten** für die Fremdfinanzierung des Käufers. Dies schließt auch Vereinbarungen über die Zweckbestimmungsabrede, insbesondere Regelungen in Bezug auf die Auszahlung zur Tilgung des Kaufpreises an den Verkäufer oder Dritte zB zur Rückführung von Verbindlichkeiten des Verkäufers sowie eine Zahlungsanweisung und die Regelung zur Kostentragung ein. Ebenfalls regelmäßig zu beurkunden ist eine entsprechende Vollmacht, da diese eine Geschäftseinheit mit dem Kaufvertrag bildet. Vereinbarungen über den Übergang von **Besitz, Nutzen und Lasten** (BGH NJW 1974, 271), soweit diese von den gesetzlichen Regelungen abweichen, unterliegen ebenfalls der Form des § 311b Abs 1 S 1 BGB. Dies gilt gleichermaßen für die Abtretung von Ansprüchen wie bspw. solcher auf Mietzahlung vor Eigentumsumschreibung (OLG Düsseldorf DNotZ 1994, 105) oder gegen Dritte wegen fehlerhafter Ausführung von Baumaßnahmen oder auf Schadensersatz. Vereinbarungen, wonach der Verkäufer trotz Übergang von Besitz, Nutzen und Lasten das Anwesen noch länger bewohnen darf, und die Frage und Höhe des

Entgelts (unentgeltlich, Nutzungsentschädigung) sind jedenfalls dann beurkundungsbedürftig, wenn es sich um eine Geschäftseinheit mit dem Kaufvertrag handelt, was in aller Regel der Fall sein dürfte. **Zusicherungen** des Verkäufers (BGH WM 1973, 613; WM 1976, 1111, zB über die Bebaubarkeit) unterfallen gleichermaßen dem Formgebot. Dies gilt bspw. für die Zusicherung über einen bestehenden oder nichtbestehenden Mietertrag (BGH NJW-RR 1990, 1161) oder Vereinbarungen über die Beschaffenheit gem § 434 BGB, soweit sie von der gesetzlichen Regelung abweichen (vgl RG JW 1906, 548; vgl auch RGZ 93, 222; Grigoleit/Herresthal JZ 2003, 233, 239). Dasselbe gilt für derartige Abreden über das Inventar (inzidenter BGH NJW 1996, 395: Nichtbeurkundung des Entgelts für Einbauten; OLG Hamm NJW 1976, 1212). Formbedürftig sind zudem Regelungen über noch durchzuführende Renovierungsarbeiten (OLG Koblenz OLGR 2003, 65) oder sonstige **werkrechtliche Pflichten**, soweit es sich um eine Geschäftseinheit handelt. Dies wird insbesondere der Fall sein, wenn sich der Verkäufer verpflichtet, Schäden zu beseitigen oder einen bestimmten Zustand noch herzustellen. Auch die Übernahme einer **Garantie** ist von § 311b Abs 1 S 1 BGB umfasst. Die Vereinbarungen über die Lastenfreistellung ist formbedürftig, wenn sie von den gesetzlichen Regelungen abweicht. Regeln über die Art und Weise der Ablösung der durch Grundpfandrechte abgesicherten Verbindlichkeiten des Verkäufers durch den Käufer unterfallen dagegen immer dem Beurkundungszwang, da es hierüber keine Vorgaben im BGB gibt. Verpflichtung der Stadt zur Zahlung eines Zuschusses (zB in Höhe des Erbbauzinses und/oder der Betriebskosten) bei der Bestellung eines Erbbaurechts (BayObLG DNotZ 1979, 180) sind ebenso formbedürftig wie die Vereinbarung von Fälligkeitszinsen. Zusagen im Zusammenhang mit Verkäufen wie bspw. zum Ersatz von Ernteschäden bei Straßengrundabtretungen (BGH DNotZ 1989, 503) oder zum Ersatz von Schäden im Zuge der Straßenbaumaßnahmen (zB durch Neuerrichtung von Mauern und Zäunen, Anbringung von Neupflanzungen bzw durch Entschädigung in Geld) müssen die Form des § 311b Abs 1 S 1 BGB wahren. Dasselbe gilt für Vereinbarungen über die Möglichkeit und den Umfang des Anspruchs auf nachträgliche Sonderwünsche oder der Erbringung von Eigenleistungen in **Bauträgerverträgen** (soweit „Sonderwünsche" oder Regelungen über die Erbringung von Eigenleistungen bereits zum Zeitpunkt des Vertragsschlusses bestehen, sind diese von vornherein mitbeurkundungspflichtig, da sie Inhalt des ursprünglichen Vertrags sind; Basty Kap 11 Rn 177 f, 189; Weigl MittBayNot 1996, 10; s zudem Vogel ZfIR 2005, 139, 140, wonach eine nichtige Sonderwunschvereinbarung grundsätzlich dazu führen soll, dass ein Bauträgervertrag insgesamt nichtig ist). Nicht anders ist für Vereinbarung einer Zusatzausstattung beim Verkauf eines Wohnungseigentums (AG Dortmund NJW-RR 2002, 889) oder die Übertragung einer bereits vorhandenen Baugenehmigungsplanung (BGH NJW 1998, 319: die entsprechenden Unterlagen selbst müssen nicht mitbeurkundet werden) zu entscheiden.

Beurkundungsbedürftig sind nicht nur die zur **Sicherung** des **Käufers** getroffenen **231**
Vereinbarungen über die Kaufpreisfälligkeit (s hierzu auch Rn 226) und deren Voraussetzungen (zB Eintragung der Auflassungsvormerkung; Modalitäten der Lastenfreistellung uÄ), sondern die gleichfalls in der notariellen Vertragspraxis entwickelten **Sicherungsmöglichkeiten des Verkäufers** (zB Aussetzen der Auflassung bis zur Kaufpreiszahlung oder Anweisung an den Notar, die Auflassung erst nach Kaufpreiszahlung zum Vollzug vorzulegen). Da der Kaufpreis grundsätzlich Zug um Zug gegen Leistung des Verkäufers zu zahlen ist (§§ 320 Abs 1, 322 BGB), beschränkt sich die Rechtswirkung einer derartigen Abrede *nicht* allein auf das öffentlich-recht-

liche Verhältnis zum angewiesenen Notar, sondern eine derartige Regelung hat auch Bedeutung für die Bindung der Beteiligten untereinander, da die Abwicklungsregelungen von denen des § 320 Abs 1 BGB divergieren. Dies gilt auch für Vereinbarungen über die Hinterlegung des Kaufpreises. Zwar genügt verfahrensrechtlich gem § 54a Abs 4 BeurkG die Schriftform für die öffentlich-rechtliche Anweisung an den Notar, bei nach § 311b Abs 1 S 1 BGB formbedürftigen Rechtsgeschäften muss die der Anweisung zugrundeliegende schuldrechtliche Hinterlegungs- und Verwahrungsvereinbarung zwischen den *Beteiligten* jedoch das Beurkundungsgebot einhalten. Ist nur die Anweisung als solche beurkundet worden, kann die zugrundeliegende schuldrechtliche Vereinbarung im Wege der Auslegung (s Rn 312 ff) ermittelt werden. Zu den beurkundungsbedürftigen Sicherungsmitteln des Verkäufers zählt auch die sog „Schubladenlöschungsbewilligung" (Erteilung einer Löschungsbewilligung an den Notar, von der er nur unter bestimmten Voraussetzungen Gebrauch machen darf) ebenso wie eine Löschungsvollmacht oder eine Bedingung für das Erlöschen der Vormerkung (s dazu Weber RNotZ 2015, 195). Die Beurkundungspflicht folgt hier daraus, dass zugleich eine zwischen den Beteiligten wirkende Verpflichtung begründet wird, die regelt, unter welchen Voraussetzungen die Sicherheiten des Käufers erlöschen sollen (s dazu auch Fembacher/Klinger MittBayNot 2005, 105).

232 **Nicht formbedürftig sollen dagegen** nebensächliche Aspekte sein, die für die Entschließung der Parteien belanglos sind (zB Wegnahme einer alten Wendeltreppe: RG WarnR 1923/24 Nr 111; geringwertige Teile mitverkaufter Sachen: RG dRiZ 1925 Nr 176; s auch zu Inventar BGH NJW 1961, 1764). In dieser Generalität vermag dies allerdings **nicht zu überzeugen**. Maßgeblich ist, ob die Beteiligten den Punkt für regelungsbedürftig erachtet haben. Ist dies der Fall, unterliegt die Vereinbarung dem Beurkundungserfordernis auch dann, wenn es sich objektiv um wirtschaftlich bedeutungslose Gegenstände oder Erwägungen handelt. Es kommt mithin ausschließlich auf die **subjektive Zielsetzung** der Parteien an. Somit entfällt das Formerfordernis nur dann, wenn die Beteiligten in der Sache zu dieser Frage keine Regelung im Zusammenhang mit dem Grundstückserwerbsvertrag treffen wollten, insbesondere die Behandlung dieses Aspekts für den Abschluss des Vertrags über das Grundstück auch subjektiv ohne jede Relevanz ist.

d) Parteibezeichnung

233 Die **Individualisierung der Vertragsparteien** ist Teil des formbedürftigen Inhalts (vgl jurisPK-BGB/Ludwig § 311b Rn 176). Die Person, an die veräußert wird, ist also hinreichend zu bezeichnen (vgl § 10 BeurkG). Der Verkäufer ist schon dann hinreichend bestimmt, wenn seine Identität unter Heranziehung der Grundbucheintragung eindeutig feststellbar ist (KG NJW-RR 2002, 883 = MDR 2002, 690); zum Erklärungsinhalt gehört auch die Erklärung, als **Bevollmächtigter** für einen anderen zu handeln, ebenso wie die Person des Vertretenen (jurisPK-BGB/Ludwig § 311b Rn 176). Nach § 10 Abs 3 S 2 BeurkG ist der Notar zur Aufnahme der Urkunde auch dann verpflichtet, wenn er sich über die Identität der Beteiligten keine hinreichende Gewissheit verschaffen kann; in diesem Fall ist der Umstand in der Urkunde zu protokollieren. Materiell-rechtlich ist dennoch erforderlich, dass eindeutig wird, wer Partei des Vertrages ist, unabhängig davon, ob der Notar Gewissheit über die Erschienenen hat. Es genügt, dass die Übertragung an eine noch zu bezeichnende Person (Benennungsrecht) vereinbart wird (s auch Rn 234).

e) Bestimmung durch eine der Parteien oder Dritte

234 Die Parteien können die **Bestimmung der Leistung und Gegenleistung** sowie die Bezeichnung des **Erwerbers** (oder theoretisch, wenngleich regelmäßig in der Praxis nicht gewünscht, auch des Veräußerers) einem der Beteiligten (§§ 315, 316 BGB) oder einem Dritten (§ 317 BGB) übertragen (st Rspr: zB BGHZ 71, 280; BGH NJW 1986, 845; DNotZ 1987, 844), gleichgültig, ob das Bestimmungsrecht wesentliche oder nicht wesentliche Abreden betrifft (BGH NJW 1986, 845). Das Bestimmungsrecht als solches muss – soweit es sich nicht aus dem Gesetz ergibt – in der Urkunde selbst zum Ausdruck kommen (OLG Brandenburg NJW-RR 1999, 741; BGH NJW-RR 2002, 415 zur Bezeichnung eines noch nicht gebildeten Wohnungseigentums). Die Vereinbarung des Bestimmungsrechts und dessen Inhalt sind formbedürftig, so zB die Vereinbarung, einer der Vertragsschließenden oder ein Dritter solle das Grundstück bzw eine Teilfläche hieraus bestimmen (RGZ 165, 163; RG Recht 1913 Nr 1712; Recht 1914 Nr 1551; BGH BB 1967, 1394; DNotZ 1973, 609; s hierzu auch vCampe DNotZ 2000, 109; s auch jurisPK-BGB/Ludwig § 311b Rn 197), die Gegenleistung festlegen (vgl BGHZ 5, 180; BGH DNotZ 1968, 547; NJW 1970, 284; NJW 1976, 212; OLG Nürnberg DNotZ 1965, 612) oder die Person, an die das Grundstück übertragen werden soll, benennen (OHGBrZ NJW 1950, 463; vgl RG DR 1944, 117; BGH NJW-RR 1987, 114). Soll das Bestimmungsrecht nach Art und Umfang abgegrenzt sein, ist auch diese Abgrenzung (Einschränkung) formbedürftig; dass ein Bestimmungsrecht genügend abgegrenzt sein *muss,* ist für die Wirksamkeit des Bestimmungsrechts jedoch nicht Voraussetzung (**aA** BGH NJW 1986, 845; Grüneberg/Grüneberg § 311b Rn 29). Insbesondere ist daher ein freies Wahlrecht des Berechtigten möglich und zulässig. Ist eine Einschränkung bezüglich des Leistungsgegenstandes nicht vertraglich festgelegt, ergibt sich diese aber dennoch aus § 315 S 1 BGB bzw § 317 S 1 BGB (billiges Ermessen) und damit aus dem Gesetz. Den Parteien steht es allerdings auch frei, die gesetzlichen Bestimmungen zu erweitern oder gänzlich aufzuheben. Ist dies gewollt, bedarf es jedoch ebenfalls einer formbedürftigen Vereinbarung, da auch hierin eine Abweichung vom Gesetz liegt. Ist ein Bestimmungsrecht – ausdrücklich oder konkludent – nicht im Vertrag enthalten, gilt für den *Umfang* der versprochenen Gegenleistung § 316 BGB, und zwar *jeweils* als – nicht formbedürftige – *gesetzliche* Regelung (zum Leistungsbestimmungsrecht ausf jurisPK-BGB/Ludwig § 311b Rn 197 f). Siehe zur Möglichkeit der Wahlschuld Rn 149.

235 Die **Ausübung des Bestimmungsrechtes** selbst ist formfrei (RGZ 1965, 163 sowie die oben angeführte Rspr; weiterhin RGZ 140, 338; BGH Rpfleger 1973, 356; jurisPK-BGB/Ludwig § 311b Rn 198; s zur Verpflichtung zur Ausübung Bialluch-von Allwörden ZfIR 2022, 398). Durch die Ausübung wird im Verhältnis der Vertragsbeteiligten zueinander keine erstmalige Verpflichtung eines der Vertragsteile begründet oder eine bestehende abgeändert, die bereits existierende formgemäße Verpflichtung wird lediglich – nach billigem Ermessen – konkretisiert (s Rn 110).

f) Drittbeteiligung

236 Vereinbarungen mit dem **Vertragspartner** zur Leistung **an Dritte** sind jedenfalls dann formbedürftig, wenn ein eigener Anspruch des anderen Vertragsteils auf die Leistung erwachsen soll (RG LZ 1924, 231; HRR 1928 Nr 311b Abs 1; BGHZ 11, 101; BGH DNotZ 1965, 552; OLG Brandenburg NJW-RR 1996, 978; Erman/Grziwotz § 311b Rn 49), gleichgültig, ob es sich nur um einen Anspruch im Innenverhältnis oder einen unmittelbaren Anspruch des Dritten gem § 328 Abs 1 BGB handelt, zB die Verpflichtung zur unmittelbaren Wegfertigung der Forderungen von Grundpfandrechtsgläubigern

durch den Käufer aus dem Kaufpreis, Hinauszahlungen oder die Verpflichtung zur Erbringung sonstiger Leistungen an (nicht formell am Vertrag beteiligte) Geschwister oder Pflichtteilsberechtigte. Derartige Verpflichtungen im synallagmatischen Schuldverhältnis zwischen den Parteien begründet und deshalb beurkundungspflichtig. Dies gilt auch, wenn die Verpflichtung zur Leistung an den Dritten ausschließlich im Innenverhältnis zwischen den Vertragspartnern vereinbart wird, ohne dass dieser einen eigenen Anspruch erhält. In einer solchen Konstellation besteht in gleicher Weise eine Abrede zwischen den Beteiligten, die vertraglichen Charakter hat und damit § 311b Abs 1 S 1 BGB unterfällt. Selbst die Vereinbarung, dass an einen Dritten geleistet werden kann, ohne dass hierzu auch eine Pflicht besteht, ist formbedürftig, weil hierdurch eine alternative Empfangsstelle geschaffen wird, sodass eine Regelung in Abweichung vom Gesetz existiert, die nur unter Beachtung von § 311b Abs 1 S 1 BGB möglich ist.

237 Neben der so genannten konstitutiven Maklerklausel, bei der ein eigenständiger Anspruch des Maklers begründet wird (BGHZ 138, 170, 172; NJW 1977, 582, 583; WM 1978, 711, 712; NZM 2003, 284, 285; NJW 2005, 3778; NJW-RR 2007, 563, 564; NJW 2009, 1199; s auch BeckOGK/Meier [1. 2. 2023] § 656d Rn 7), ist auch die Verpflichtung einer Partei, die an sich die andere Partei treffende Maklerprovision zu übernehmen und unmittelbar an den Makler zu bezahlen („abwälzende Maklerklausel“), formbedürftig. Nicht beurkundungspflichtig sind dagegen Maklerklauseln, die eine bestehende Provisionsverpflichtung nur bestätigen („deklaratorische Maklerklausel“). Sie berühren das Schuldverhältnis zwischen den Beteiligten des Kaufvertrages nicht (s zu den möglichen unterschiedlichen Bedeutungen derartiger Maklerklauseln s BGH MittBayNot 1991, 210; NJW 1998, 842; Althammer MittBayNot 2014, 297; ders auch ZfIR 2012, 765), sondern bestätigen lediglich die bereits existierende Rechtslage und haben daher ausschließlich beweisrechtliche Wirkungen.

3. Gemischte Verträge/Zusammengesetzte Verträge

a) Gemischter Vertrag

238 Sind mehrere Vertragstypen *synallagmatisch* zu einer **Einheit** verbunden (zB Vereinbarung eines Nießbrauchs/Wohnrechts/Mietvertrages als Gegenleistung für eine Überlassung; Vereinbarung eines Bau-Werkvertrages als Gegenleistung für die Veräußerung einer Teilfläche), so ist der aus diesen Vertragstypen bestehende **gemischte Vertrag** seinem ganzen Inhalt nach entsprechend den zu dem reinen Typenvertrag entwickelten Grundsätzen (s Rn 210 ff) beurkundungspflichtig (Erman/Grziwotz § 311b Rn 52; NK-BGB/Ring § 311b Rn 45; so zur Überlassung mit Wohnrecht: BGH NJW 1982, 818). Die Vertragstypen sind kraft Sachzusammenhangs verbunden (Lichtenberger DNotZ 1988, 531, 533) zu einem *einheitlichen* Schuldverhältnis (Erman/Grziwotz § 311b Rn 52; Keim DNotZ 2001, 827, 831); auf den *subjektiven Parteiwillen* kommt es beim gemischten Vertrag wie auch beim reinen Typenvertrag *nicht* an. Einzelne Vertragsbestimmungen können also anders beim zusammengesetzten Vertrag (s Rn 239 ff) nicht durch den Parteiwillen „entknüpft“ werden. Die Abgrenzung zwischen gemischtem Vertrag und zusammengesetzten Vertrag kann jedoch im Einzelfall fließend sein (vgl Korte 3. 25).

b) Zusammengesetzter Vertrag

239 Neben dem (einheitlich formbedürftigen) gemischten Vertrag *kann* auch ein aus mehreren selbständigen Verträgen bestehende **zusammengesetzte Vertrag** (s hierzu Korte 3. 32 ff; Opgenhoff RNotZ 2006, 257) insgesamt beurkundungspflichtig sein (vgl BGH DNotZ 1975, 89; kritisch Wedemann WM 2010, 395 ff; s auch Erman/Grziwotz § 311b Rn 53; jurisPK-BGB/Ludwig § 311b Rn 223; zum Umfang s auch Hermanns DNotZ 2013, 9, 14 ff). In einem solchen Fall begründet der eine Veräußerungs- oder Erwerbspflicht enthaltende Vertrag die Formpflicht auch für die übrigen – an sich formfreien – Rechtsgeschäfte. Dies gilt auch, wenn es sich um Verträge öffentlich-rechtlicher Natur (zB städtebauliche Verträge, Erschließungsverträge, s Rn 122 ff) handelt (vgl BVerwG DNotZ 1991, 309). Der Beurkundungszwang entfällt gleichermaßen nicht, wenn an den (für sich jeweils) selbständigen Verträgen *unterschiedliche* Personen beteiligt sind (BGHZ 76, 43; BGHZ 78, 346, 349; BGHZ 186, 345, 348 f; BGH MDR 1966, 749; DNotZ 1976, 685; DNotZ 2003, 632; NJW-RR 2009, 953 = DNotZ 2009, 619; OLG Hamm BauR 1998, 545; OLG Karlsruhe BeckRS 2011, 15243; OLG Hamm RNotZ 2008, 432; OLG Oldenburg OLGR Oldenburg 2007, 753; **aA** Flume, AT § 32 2 a). Der Annahme eines zusammengesetzten Vertrages steht nicht entgegen, wenn es sich um mehrere – möglicherweise aus unterschiedlichen Formgebotsgründen (§ 311b Abs 1 BGB, § 15 GmbHG) – beurkundungspflichtige Verträge handelt (s BGH NJW 2001, 226; Wufka MittBayNot 2003, 48 ff) oder wenn bei mehreren Verträgen möglicherweise zwischen einzelnen Verträgen, von denen jeweils Grundstücksvertrag abhängt, keine „Quer-"abhängigkeit besteht (BGH DNotZ 2003, 632).

Im Unterschied zum typengemischten Vertrag handelt es sich beim zusammengesetzten Vertrag tatsächlich nicht um ein einziges, untrennbar miteinander verbundenes Vertragsverhältnis, sondern um eine Zusammensetzung mehrerer, grundsätzlich auch isoliert denkbarer Rechtsbeziehungen. Hierzu kann beispielsweise eine Kombination aus einem Grundstückskaufvertrag und einem nachgelagerten Mietvertrag zur (Rück-)Vermietung zählen. In diesem Fall ist es für sich genommen denkbar, dass Kaufvertrag und Mietvertrag jeweils isoliert abgeschlossen werden, sodass es sich nicht um einen einheitlichen typengemischten Vertrag handelt. Die Behandlung derartiger Fälle ist rechtsdogmatisch komplex und umstritten und stellt praktisch einen der Hauptfälle für Zweifel im Hinblick auf die Formbedürftigkeit dar. Als feststehender Grundsatz kann allerdings festgehalten werden, dass ein zusammengesetzter Vertrag dann **formbedürftig** ist, wenn der darin enthaltene Grundstücksvertrag mit den übrigen Verträgen in **rechtlichem Zusammenhang** steht. Wann dies allerdings der Fall ist, kann bisher auch rechtlich nicht als geklärt gelten (s hierzu ausführlich Korte 3. 17 ff; Weber RNotZ 2016, 377 ff; s zudem jurisPK-BGB/Ludwig § 311b Rn 225 ff). **240**

Maßgeblich für die Annahme eines zusammengesetzten einheitlichen Vertrags und damit für die übergreifende Beurkundungsbedürftigkeit ist der **Wille der Parteien** (BGHZ 63, 359, 361; BGHZ 74, 346, 348; BGHZ 76, 43, 48 f; BGHZ 85, 315, 317; BGHZ 186, 345; BGH DNotZ 1979, 332, 333; NJW 1980, 41, 42; NJW 1983, 565; Grüneberg/Grüneberg § 311b Rn 32; vgl jurisPK-BGB/Ludwig § 311b Rn 234; MünchKommBGB/Ruhwinkel § 311b Rn 58; BeckOGK/Schreindorfer [1. 7. 2023] § 311b Rn 184; Seeger MittBayNot 2003, 11, 12 ff). Es kommt darauf an, ob diese eine rechtliche Einheit zwischen den Verträgen beabsichtigen und somit die unterschiedlichen Verträge zu einem einheitlichen Vertragswerk zusammenfassen wollen (Grüneberg/Grüneberg § 311b Rn 32; Keim DNotZ 2011, 513, 514; Soergel/J Mayer § 311b Rn 127; MünchKommBGB/Ruhwinkel § 311b Rn 58; BeckOGK/Schreindorfer [1. 7. 2023] § 311b Rn 187; s auch die Rspr RGZ 103, 295, 297; BGH WM **241**

1967, 1131, 1132; NJW 1987, 1069; NJW-RR 1991, 1031; NJW 2000, 951, 952; NJW 2002, 2559;). Dabei genügt nach der Rspr das Bestehen eines **wirtschaftlichen Zusammenhangs** nicht, da maßgeblich sei, dass ein rechtlicher Zusammenhang nach dem Willen der Beteiligten existiert (RGZ 103, 295, 297; BGH WM 1967, 1131, 1132; NJW 1987, 1069; NJW-RR 1991, 1031; NJW 2000, 951, 952; NJW 2002, 2559; s auch jurisPK-BGB/Ludwig § 311b Rn 235). Diese Zielrichtung führt aber notwendigerweise dazu, dass die Beurteilung der Beurkundungsbedürftigkeit nicht maßgeblich von rechtlichen, sondern in der Hauptsache von tatsächlichen Fragen abhängt (krit auch MünchKommBGB/Ruhwinkel § 311b Rn 59; BeckOGK/Schreindorfer [1. 7. 2023] § 311b Rn 187; Seeger MittBayNot 2003, 11, 13; s auch jurisPK-BGB/Ludwig § 311b Rn 239). Ob die Beteiligten einen dementsprechenden Willen gebildet haben, entzieht sich einer rechtlichen Beurteilung, sondern ist allein eine tatsächliche Frage, über die mithin abschließend auch nicht die Revisionsinstanz, sondern nur die letzte Tatsacheninstanz entscheiden kann (vgl jurisPK-BGB/Ludwig § 311b Rn 239). Die Parteien haben es somit in der Hand, die Beurkundungsbedürftigkeit selbst zu beeinflussen, indem sie einen entsprechenden Verknüpfungswillen fassen oder dies unterlassen. Zu beachten ist jedoch, dass dann, wenn die Beteiligten einen solchen Willen nicht entwickeln, die Verträge rechtlich auch **in ihrem Bestand** grundsätzlich voneinander **unabhängig** sind, sodass das Scheitern des einen für sich genommen keine Auswirkungen auf den anderen Teil des Vertrags hat.

242 Der Verknüpfungswille muss grundsätzlich bei **allen Beteiligten** am Geschäft gegeben sein (die Rspr fordert den Willen lediglich bei einem Vertragsteil und lässt es genügen, wenn dieser für den anderen Vertragsteil erkennbar war und von diesem zumindest hingenommen wurde: RGZ 103, 299; BGH DNotZ 1971, 410; NJW 1995, 2547; NJW-RR 2009, 953; dem folgend etwa Grüneberg/Grüneberg § 311b Rn 32; Keim DNotZ 2011, 513, 514; Soergel/J Mayer § 311b Rn 127; MünchKommBGB/Ruhwinkel § 311b Rn 58). Hat lediglich eine Seite einen solchen Willen, so stellt er allein ein Motiv für diese dar und ist deshalb grundsätzlich unbeachtlich (ähnl BeckOGK/Schreindorfer [1. 7. 2023] § 311b Rn 188; krit zur Rspr Soergel/J Mayer § 311b Rn 129 ff, 134). Es ist vor diesem Hintergrund erforderlich, dass alle Vertragsbeteiligten übereinstimmend davon ausgehen, dass ein inhaltlicher Zusammenhang zwischen den einzelnen Vertragsteilen besteht, damit es sich um ein einheitliches, zusammengesetztes Rechtsgeschäft handelt, das insgesamt beurkundungsbedürftig ist. Ausreichend ist vor diesem Hintergrund aber auch, dass eine Seite die Verknüpfung will und dies der anderen ausreichend kommuniziert, wobei das Vertragsgegenüber sich hierauf einlässt (so iE auch die Rspr: RGZ 103, 299; BGH DNotZ 1971, 410; NJW 1995, 2547; NJW-RR 2009, 953; BeckOGK/Schreindorfer [1. 7. 2023] § 311b Rn 188 weist darauf hin, dass letztlich dennoch übereinstimmende Willenserklärungen vorliegen müssen). Auch in diesem Falle besteht eine Willensübereinstimmung, die einen gemeinsamen Verknüpfungswillen begründet, sodass ein zusammengesetztes Gesamtgeschäft abgeschlossen wird.

243 Die Bezugnahme auf den subjektiven Willen der Beteiligten birgt jedoch erhebliche **praktische Risiken und Unklarheiten** (vgl MünchKommBGB/Ruhwinkel § 311b Rn 59). Als innere Tatsache lässt sich diese regelmäßig nur schwer beweisen und ist daher nicht selten in der gerichtlichen Auseinandersetzung streitig. In verfahrensrechtlicher Hinsicht hat allerdings der Gesetzgeber mit § 17 Abs 1 BeurkG in erheblichem Umfang vorgebeugt. Die Norm verpflichtet den Notar darauf, im Vorfeld der Beurkundung den Willen der Beteiligten zu ermitteln und diesen exakt in der Urkunde

wiederzugeben. Insofern muss der Notar aufklären, ob aus Sicht der Beteiligten ein entsprechender Zusammenhang besteht, der auch das weitere Geschäft beurkundungsbedürftig werden lässt. In zweifelhaften Situationen empfiehlt es sich zudem, einen vorliegenden oder einen mangelnden Verknüpfungswillen der Parteien explizit in der Urkunde zu dokumentieren.

Ob ein ausreichender rechtlicher Zusammenhang existiert, ist in der Konsequenz im Prozess eine Frage der **tatrichterlichen Würdigung des Einzelfalls** (vgl BGHZ 78, 346; BGH NJW 1987, 1069; OLG Koblenz RNotZ 2014, 549, 552; OLG Karlsruhe 13. 11. 2015 – 8 U 123/13, juris Rn 21). Der Verknüpfungswille ist hierbei anhand der klassischen Merkmale zu bestimmen, wozu insbesondere auch die in der Urkunde abgegebenen Erklärungen und die Verkehrssitte (BGH NJW 1987, 1069; vgl auch BeckOK-BGB/Gehrlein [1. 8. 2023] § 311b Rn 25) herangezogen werden können. Dabei darf allerdings nicht stehen geblieben werden, weil andernfalls eine umfassende Ermittlung des Willens der Beteiligten nicht möglich wäre. Infolgedessen können und müssen **sämtliche Aspekte** herangezogen werden, die dem Gericht zur Verfügung stehen, sodass insbesondere auch der Notar oder andere beteiligte Personen als Zeugen gehört werden können. Um einen Verknüpfungswillen begründen zu können, genügt ein *wirtschaftlicher* oder *tatsächlicher* Zusammenhang zwischen Grundstücks- und weiterem Geschäft für sich genommen nicht (RGZ 103, 295; RGZ 145, 248; BGH WM 1967, 1132 mNw; NJW-RR 1991, 1031; OLG Hamm DNotZ 1996, 1048 m Anm Reithmann; OLG Saarbrücken OLGR 2007, 567 ff; OLG Celle RNotZ 2006, 190 ff). Da es sich allerdings um einen subjektiven Willen der Parteien handelt, muss der Verknüpfungswille anhand einer Parallelwertung in der Laiensphäre ermittelt werden. Vor diesem Hintergrund können wirtschaftliche und tatsächliche Zusammenhänge eine starke Indizwirkung haben, weil die Beteiligten regelmäßig keine Differenzierung zwischen rechtlicher und ökonomischer Verknüpfung vornehmen werden. In welcher Weise die Verknüpfung erfolgt, ist für die rechtliche Beurteilung irrelevant. Infolgedessen können sowohl Bedingungen als auch Rücktrittsrechte ebenso wie ökonomische Verknüpfungen, beispielsweise eine Koppelung an die Fälligkeit, ausreichend sein. Ebenso ist eine ausreichende Verknüpfung mitunter gegeben, wenn die Beteiligten lediglich inhaltlich die Vertragsverhältnisse aufeinander abstimmen. Dies ist vor allem dann der Fall, wenn sie eine einheitliche Preisgestaltung wählen, weil dann eine rechtliche Verbindung zu einem Gesamtgeschäft erreicht wird (s BGH NJW-RR 1991, 668: Nachlass auf den Gesamtkaufpreis; OLG München NJW-RR 1987, 1042: ungewöhnlich hoher Mietpreis bei einem der Verträge; **aA** wohl BGH NJW 1961, 1764: trotz ungewöhnlich hohen Preises für Inventar). Ebenso kann eine inhaltliche Bezugnahme auf den jeweils anderen Vertrag ein Indiz darstellen. Von der Rspr wird teilweise auch das Verhalten der Beteiligten **nach Vertragsschluss** zur Bewertung herangezogen (BGH NJW 1988, 2878). Dies begegnet allerdings erheblichen Bedenken, weil es ausschließlich auf den Verknüpfungswillen der Parteien beim Vertragsschluss ankommt. Insoweit kann nachträgliches Verhalten also nur sehr eingeschränkt Beachtung finden, wenn es einen klaren Rückschluss darauf zulässt, welchen Willen die Beteiligten beim Abschluss der Vereinbarung hatten. **244**

Ein Indiz gegen einen Verknüpfungswillen kann sich daraus ergeben, dass die Parteien die **Durchführung oder die Rechtsfolgen** der einzelnen Vertragsteile nicht miteinander verbinden oder in sonstiger Weise aufeinander abstimmen, weil dies einen fehlenden wirtschaftlichen Zusammenhang belegt, der auch gegen den rechtlichen **245**

Verknüpfungswillen spricht (vgl Kanzleiter DNotZ 1984, 421, 422; s hierzu auch Seeger MittBayNot 2003, 11, 14). Infolgedessen kann insbesondere allein aus dem Umstand, dass Verträge nur zusammen geschlossen werden sollen oder dass sie in ihrer Wirksamkeit voneinander abhängen sollen, nicht auch auf eine inhaltliche Verknüpfung und damit auf eine Gesamtbeurkundungsbedürftigkeit geschlossen werden (BGH NJW 2021, 2510, 2511). Vielmehr ist nach jüngster Rspr des BGH erforderlich, dass ein **inhaltlicher Bezug** zwischen den Vertragsteilen existiert, sodass sich die Verknüpfung nicht nur auf die gemeinsame Wirksamkeit, sondern auch auf die inhaltliche Abstimmung der Verträge beziehen muss.

246 Die Rspr geht davon aus, dass in der Niederlegung der Verträge in **zwei oder mehr unterschiedlichen Urkunden** ein Indiz dafür zu erblicken sei, dass die Beteiligten keinen Verknüpfungswillen gebildet haben (RGZ 79, 434, 439; RGZ 103, 295, 297; BGHZ 76, 43, 49; BGHZ 101, 393, 396; BGH WM 1966, 585; WM 1966, 761; 1967, 1131, 1132; DNotZ 1968, 665; NJW 1986, 1983, 1984; DNotZ 1990, 658, 659; NJW-RR 1991, 688). Diese Erwägung begegnet allerdings erheblichen dogmatischen und praktischen Bedenken (krit auch MünchKommBGB/Ruhwinkel § 311b Rn 60; BeckOGK/Schreindorfer [1. 7. 2023] § 311b Rn 190 f; s auch OLG Köln RNotZ 2001, 111). Aus der bloßen **äußeren Gestaltung** des Vertrags ist kein Rückschluss auf den inneren Willen der Beteiligten möglich. Gerade vor dem Hintergrund, dass vielen Beteiligten bekannt ist, dass die Aufnahme weiterer Vertragsgegenstände zu einer Erhöhung der Notarkosten führt, besteht nicht selten ein tatsächliches Interesse daran, möglichst viele Bestandteile außerhalb der notariellen Urkunde zu regeln. Die räumliche Aufteilung ist damit primär durch die Erwägung der Kostenersparnis getrieben, bezeugt aber nichts darüber, dass die Parteien die Vereinbarungen inhaltlich voneinander entkoppeln wollten. Dennoch erweist sich die Erwägung im Ergebnis als richtig. Für die notarielle Urkunde gilt nämlich die Vermutung der Vollständigkeit und Richtigkeit (st Rspr BGHZ 20, 109, 111; BGH NJW 2000, 207; NJW 2002, 3164 f; NJW 2017, 175; MünchKommBGB/Ruhwinkel § 311b Rn 77; s iE auch BeckOGK/Schreindorfer [1. 7. 2023] § 311b Rn 191). Diese ergreift sämtliche Vereinbarungen, die mit dem Grundstücksgeschäft verbunden sind, sodass, wenn solche nicht protokolliert wurden, zu vermuten ist, dass sie nicht bestehen, mithin kein Verknüpfungswille gegeben ist (so auch OLG Koblenz BeckRS 2019, 62759). Insofern ergibt sich auf diese Weise ein Indiz dafür, dass nur die Vereinbarungen, die Teil der notariellen Urkunde sind, nach dem Willen der Parteien auch Bestandteil des Grundstücksgeschäfts sein sollen (OLG Koblenz BeckRS 2019, 62759). Für sonstige Geschäfte ist daher zu unterstellen, dass sie nicht von einem entsprechenden Verknüpfungswillen gedeckt sind, sodass derjenige, der sich auf das Gegenteil berufen will, dies auch beweisen muss (OLG Koblenz BeckRS 2019, 62759). Dabei kommt es nicht darauf an, ob beide Verträge notariell beurkundet sind, da die Vermutung der Vollständigkeit und Richtigkeit auch bereits für das Grundstücksgeschäft isoliert eingreift. Fehlt es insoweit an der Beurkundung weiterer Vereinbarungen, erfordert diese Vermutung, dass davon auszugehen ist, dass keine zusätzlichen Abreden mit dem Grundstücksgeschäft verbunden sind, weil andernfalls die Urkunde über dieses nicht vollständig wäre (letztlich ebenso OLG Koblenz BeckRS 2019, 62759).

247 Bisher konnte nach der Rspr ein rechtlicher Zusammenhang dann bejaht werden, wenn die Verträge zusammen **stehen und fallen** sollten (st Rspr: BGHZ 89, 41; BGHZ 186, 345, 347; BGH DNotZ 1971, 410; DNotZ 1975, 87; DNotZ 1976, 685; NJW 1987, 1069; OLG Koblenz RNotZ 2014, 549, 551; Soergel/J Mayer § 311b Rn 127 mwNw; krit hierzu seit jeher Korte DNotZ

1984, 1, 11 ff). Teilweise wurde auch formuliert, es sei erforderlich, dass sie nur gemeinsam gelten (RGZ 97, 220; RGZ 103, 298; vgl auch RGZ 145, 248) sollen. Eine andere Konnotation besteht insoweit, als der Zusammenhang dann angenommen wird, wenn die Verträge in gegenseitiger Abhängigkeit stehen (vgl BGH DNotZ 1971, 411; MDR 1979, 469).

Das OLG Köln (MittBayNot 2019, 615) hat aus diesen Grundsätzen die Konsequenz gezogen, dass eine Beurkundungsbedürftigkeit stets dann gegeben sei, wenn mit dem Grundstücksvertrag ein weiterer Vertrag im Wege einer **Wirksamkeitsbedingung** derart verbunden ist, dass der Grundstücksvertrag nur dann wirksam wird, wenn auch der andere Vertrag abgeschlossen wird. Da insoweit der Grundstücksvertrag mit dem anderen Vertrag notwendigerweise steht und fällt, sei auch der andere Vertrag zu beurkunden. Der BGH (NJW 2021, 2510) ist dieser Auffassung allerdings entgegengetreten. Er verweist darauf, dass eine reine **Abschlussabhängigkeit**, also eine Verknüpfung durch eine derartige Bedingung, nicht ausreichend sei, um von einem zusammengesetzten Vertrag auszugehen (BGH NJW 2021, 2510, 2511). Vielmehr müsse der weitere Vertrag zumindest abschnittsweise **inhaltlich Bestandteil** des Grundstücksgeschäfts werden. Es müsse mithin eine inhaltliche Verknüpfung zwischen den beiden Rechtsgeschäften bestehen, um eine Beurkundungspflicht auszulösen (BGH NJW 2021, 2510, 2511 f). 248

Nach dieser Entscheidung kann folglich an dem Grundsatz, es komme darauf an, ob die Verträge miteinander stehen und fallen sollen, nicht mehr festgehalten werden (Meier notar 2022, 266, 267; Müller NJW 2021, 2477, 2478; anders aber wohl Hager/Müller-Teckhoff MittBayNot 2021, 633, 635). Ausgehend von dieser Erwägung ließe sich nämlich die Auffassung des OLG Köln nicht bestreiten. Gerade bei einer Bedingung stehen und fallen die Verträge notwendigerweise miteinander, da es nicht denkbar ist, dass der Vertrag, der bedingt ist, ohne den anderen Vertrag Gültigkeit erlangt. Die vom BGH eröffnete Differenzierung ist mithin nur dann rechtlich möglich, wenn man nicht mehr an dem Kriterium des Stehens und Fallens festhält und dieses stattdessen durch die Frage der inhaltlichen Verknüpfung ersetzt. 249

In der Sache lässt sich die Rspr des BGH zudem nicht kritisieren (BeckOK-BGB/Gehrlein [1. 8. 2023] § 311b Rn 25; Hager/Müller-Teckhoff MittBayNot 2021, 633, 634; Meier notar 2022, 266, 267; Müller NJW 2021, 2477, 2479; krit aber Schreindorfer DNotZ 2021, 764, 774 f). Der Senat begründet seine Auffassung damit, dass grundsätzlich nur **Willenserklärungen**, nicht aber auch reine Tatsachen der Beurkundung unterliegen (BGH NJW 2021, 2510, 2511). Sind die Verträge mithin lediglich durch eine Bedingung derart verbunden, dass der weitere Vertrag nur abgeschlossen werden muss, ohne dass es auf einen bestimmten Inhalt dieses Vertrages ankäme, handelt es sich nur um eine tatsächliche Bedingung. Der Abschluss eines Vertrages ist, auch wenn er Folge rechtlicher Vorgänge ist, ebenso Tatsache wie ein bestimmtes Wetterereignis, der Tod einer Person oder der Erwerb eines bestimmten Gegenstandes. All diese Fälle stellen keine Willenserklärung dar und sind deshalb für sich genommen auch dann nicht beurkundungsbedürftig, wenn sie zur Bedingung für die Wirksamkeit eines Grundstücksvertrages gemacht werden. 250

Letztlich bedeutet die Entscheidung des BGH nur eine **terminologische, nicht aber auch inhaltliche Neuausrichtung**. Der Senat spricht davon, dass es darauf ankomme, 251 ob der grundsätzlich nicht beurkundungsbedürftige Vertrag Teil des Grundstücksgeschäfts werden soll (BGH NJW 2021, 2510, 2512). Dabei ist erkennbar nicht das enge, für sich genommen beurkundungsbedürftige Geschäft gemeint, sondern das zwischen den Beteiligten vereinbarte **Gesamtgeschäft**. In der Sache beschreibt der BGH damit nichts anderes als ein zusammengesetztes Rechtsgeschäft, bei dem sich die Vereinbarung der Parteien aus mehreren unterschiedlichen Verträgen zusammensetzt, die inhaltlich ein Ganzes bilden. Der BGH formuliert insoweit, es sei bedeutsam, ob die Regelungen des Grundstücksgeschäfts nur gemeinsam mit denen des anderen Vertrags gelten sollen (BGH NJW 2021, 2510, 2512). Damit weicht der Senat von seiner bisherigen Linie nicht ab, wenngleich er sprachlich an der Formulierung des miteinander „Stehens und Fallens" nicht mehr festhalten kann. Entgegen mancher Stimmen in der Lit (Müller NJW 2021, 2477) ist daher auch in diesem Urteil keine Abkehr von dem bisher erreichten Stand zu erblicken, sodass uneingeschränkt auf die **gefestigte Rspr** zurückgegriffen werden kann, die Grundsätze der Beurkundungsbedürftigkeit zu ermitteln (s auch Keim/Scholz NJW 2022, 1486, 1488).

252 Die Entscheidung betont zudem noch einmal ausdrücklich, dass es maßgeblich darauf ankommt, welchen **Willen die Beteiligten** im Hinblick auf den Gesamtvertrag bilden (BGH NJW 2021, 2510, 2511). Beabsichtigen sie ausschließlich, den Grundstücksvertrag davon abhängig zu machen, dass ein anderes Vertragsverhältnis zustandekommt, so ist ausschließlich **diese Bedingung** zu beurkunden (BGH NJW 2021, 2510, 2511 f). Es genügt mithin, dass die Abhängigkeit vom **Abschluss eines anderen Vertrags** im beurkundeten Rechtsgeschäft zum Ausdruck kommt. Exemplarisch liegt die Sache in dieser Weise, wenn die Parteien bei einer geplanten Rückvermietung ausschließlich den Abschluss (irgend-)eines Mietvertrags zur Bedingung für die Gültigkeit des Grundstücksgeschäfts erheben wollen. In einer solchen Konstellation ist es erforderlich, aber auch ausreichend, dass der Vertrag wiedergibt, dass er nur dann gelten soll, wenn ein Mietvertrag zustandekommt. Entspricht es dem Willen der Beteiligten, keine näheren Festsetzungen zu treffen, sind sie hierzu auch nicht durch § 311b Abs 1 S 1 BGB verpflichtet. Die Norm verlangt ausschließlich, dass alle Bestandteile des Grundstückskaufvertrags in der erforderlichen Form vorliegen, nicht aber auch, dass die Parteien eine weitergehende Einigung erzielen. Wird der Mietvertrag später geschlossen, bedarf er ebenfalls nicht der Beurkundung, weil er nicht inhaltlicher Bestandteil des Grundstücksvertrages ist, sondern lediglich die (tatsächliche) Bedingung für die Wirksamkeit der Vereinbarung bildet. Nicht anders stellt sich die Sachlage auch dann dar, wenn die Parteien sich allein auf **Eckpunkte des zukünftigen Vertrages** geeinigt haben. In diesem Fall sind die Vertragsbestandteile aufzunehmen, die aus Sicht der Beteiligten bereits feststehen (ebenso Jürgens RNotZ 2021, 173, 179); soweit daneben noch bislang ungeklärte Punkte bestehen, unterliegen diese der späteren Verhandlung der Beteiligten, der nachfolgende Vertragsschluss ist wiederum nicht beurkundungsbedürftig. Steht dagegen bereits der **gesamte Vertrag** nach Überzeugung der Parteien fest und ist er Bestandteil ihrer Einigung, muss er mit dem Grundstücksvertrag komplett beurkundet werden. Es kommt mithin auch an dieser Stelle stets darauf an, welche Einigung zwischen den Parteien besteht und welche weiteren Vereinbarungen sie mit dem nach § 311b Abs 1 S 1 BGB beurkundungsbedürftigen Geschäft verbinden wollen.

253 Voraussetzung für eine Geschäftseinheit und damit für eine Erstreckung der Beurkundungsbedürftigkeit ist jedoch stets das Vorliegen der **Abhängigkeit** des einen

Geschäfts vom anderen. Diese Abhängigkeit kann **wechselseitig** sein, sodass beide Verträge inhaltlich nur jeweils mit dem anderen zusammen gelten sollen (s etwa BGHZ 76, 3, 48 f; BGHZ 101, 393, 396; BGH NJW 1986, 1984; NJW 1987, 1069; NJW-RR 1990, 340 f; Soergel/J Mayer § 311b Rn 127). In diesem Fall besteht kein Zweifel an einer die Formbedürftigkeit des gesamten Rechtsgeschäfts auslösenden Verknüpfung, da in einer derartigen Konstellation ein einheitliches Geschäft zwischen Grundstücks- und weiterem Vertrag gegeben ist (vgl Soergel/J Mayer § 311b Rn 127).

Bei **einseitiger Abhängigkeit** dagegen ist für die Formbedürftigkeit der gesamten Verträge die Abhängigkeit des – formbedürftigen – Grundstücksvertrages von dem nicht formbedürftigen Vertrag entscheidend; nicht ausreichend ist die Abhängigkeit des nicht formbedürftigen Vertrags vom formbedürftigen (BGHZ 186, 345, 347; BGH NJW 2000, 951; NJW 2001, 226; NJW 2002, 2559 = MittBayNot 2003, 46 m Anm Wufka = NotBZ 2002, 297 m krit Anm Otto; DNotZ 2003, 632; NJW-RR 2009, 953; OLG Koblenz RNotZ 2014, 549, 551; OLG Saarbrücken OLGR 2009, 724 ff; OLG Karlsruhe 13. 11. 2015 – 8 U 123/13, juris Rn 16; OLG Brandenburg NotBZ 2007, 370; OLG Hamm RNotZ 2008, 432; OLG Hamm 24. 9. 2012 – 31 U 193/10, juris Rn 85). Dabei ist allerdings sehr sorgfältig zu prüfen, ob im konkreten Fall tatsächlich *nur* das nicht formbedürftige oder wegen einer anderen Formvorschrift (zB § 15 Abs 4 GmbHG) formbedürftige Rechtsgeschäft vom formbedürftigen Grundstücksvertrag abhängt und nicht *auch* eine umgekehrte und damit wechselseitige Abhängigkeit besteht (s zB den Fall RGZ 97, 220; OLG Hamm BauR 1998, 545; OLG Koblenz DNotZ 1994, 771 m Anm Wolf; Grüneberg/Grüneberg § 311b Rn 32; offen gelassen RG SeuffA 94 Nr 50; BGH DNotZ 1971, 411; vgl auch RG JW 1925, 2602). Hängt das grundsätzlich nicht formbedürftige Rechtsgeschäft in seiner Wirksamkeit vom formbedürftigen ab, löst dies keine Beurkundungsbedürftigkeit für das grundsätzlich formfreie Geschäft aus. Insoweit fehlt es nämlich an der Verbindung mit dem Grundstücksgeschäft, da es sich dann gerade nicht um eine einheitliche Rechtsbeziehung handelt. Beurkundungsbedürftig ist dann ausschließlich das Grundstücksgeschäft, das aber isoliert unabhängig von dem weiteren Vertrag gilt. Infolgedessen kann sich die Form des § 311b Abs 1 BGB nicht auf die weitere Vereinbarung erstrecken. 254

Mithin kommt es stets nur darauf an, ob die § 311b Abs 1 BGB unterfallende Vereinbarung inhaltlich **von der weiteren Abrede abhängig ist**. Ist dies der Fall, ist die Formpflicht für sämtliche Teile des zusammengesetzten Geschäfts Ausfluss des Grundsatzes der Beurkundungspflichtigkeit aller Vertragsbestimmungen und damit des *Vollständigkeitsgrundsatzes* (s Rn 210; Maier-Reimer NJW 2004, 3741, 3742). Es kommt vor diesem Hintergrund nicht darauf an, ob der Verknüpfungswille in der (oder den) Urkunden (s Rn 261 ff) ausgesprochen ist, sondern maßgeblich ist allein, ob ein solcher nach der Vorstellung der Beteiligten tatsächlich existiert (BGH DNotZ 2003, 632 Rn 172 und zwar auch bei Urkundsgestaltungen mit unterschiedlichen Beteiligten; s hierzu auch Rn 258). Daher verhindert eine Klausel des Inhalts, dass ein rechtlicher Zusammenhang zwischen Grundstücksvertrag und dem weiteren Vertrag nicht bestehe, nicht, dass eine Vertragseinheit, die tatsächlich gegeben ist, die Beurkundungspflicht für das gesamte Geschäft hervorruft (OLG Dresden NotBZ 2005, 364). Da allerdings auch insoweit die Vermutung der Vollständigkeit und Richtigkeit der notariellen Urkunde greift, begründet eine derartige Aussage zumindest ein Indiz dafür, dass sie der Wahrheit entspricht (s Rn 367). 255

256 Für die Anwendung dieser Grundsätze ist es zudem ohne Relevanz, ob das beurkundungsbedürftige Geschäft eine unmittelbare oder eine mittelbare Veräußerungs- oder Erwerbsverpflichtung enthält. Ist das Beurkundungserfordernis wegen einer solchen mittelbaren Verpflichtung gegeben und ist diese abhängig von einem weiteren – grundsätzlich formfreien – Rechtsgeschäft, sind in der Konsequenz beide Rechtsgeschäfte beurkundungsbedürftig (Wufka MittBayNot 2003, 48, 50).

257 Da die Verknüpfung vom Parteiwillen abhängt, kommt es auf die **zeitliche Reihenfolge** der fraglichen Rechtsgeschäfte nicht an (BGHZ 186, 345, 348 f; BGH NJW 2002, 255 = MittBayNot 2003, 46 m Anm Wufka; OLG Koblenz RNotZ 2014, 549, 551; OLG Karlsruhe 13. 11. 2015 – 8 U 123/13, juris Rn 18; Keim DNotZ 2011, 513, 517; differenzierend jurisPK-BGB/Ludwig § 311b Rn 239 und 240 f; Pohlmann EWiR 2000, 323). Maßgeblich für die Frage des rechtlichen Zusammenhangs ist allein der *Parteiwille,* also der **Verknüpfungswille der Parteien** – (RGZ 145, 249; BGHZ 76, 43; BGHZ 78, 346; BGHZ 101, 393; BGH DNotZ 1965, 552; DNotZ 1971, 411; DNotZ 1975, 89; NJW-RR 1988, 348; DNotZ 1995, 295; OLG Schleswig NJW-RR 1991, 1175; OLG Karlsruhe BeckRS 2011, 15243; zum Verknüpfungswillen und dessen Rechtsnatur s Seeger MittBayNot 2003, 11, 13). Dabei muss grundsätzlich ein gemeinsamer Wille zur Verknüpfung bestehen (s Rn 242). Wird der an sich formfreie Vertrag (zB Bauvertrag) zeitlich früher geschlossen als der Grundstückskaufvertrag, so schließt dies einen im Zeitpunkt des Abschlusses des Bauvertrages bereits **vorhandenen** Verknüpfungswillen iS einer Abhängigkeit des noch nicht beurkundeten Grundstückskaufvertrages von diesem Bauvertrag und damit eine Nichtigkeit des Bauvertrages *und* des später – ohne Bauvertrag – beurkundeten Grundstückskaufvertrages nicht aus (BGHZ 186, 345, 348 f; s auch Drescher/Pichler NZBau 2015, 752; krit Maier-Reimer NJW 2015, 273). Es ist also jeweils in der Tatsacheninstanz zu prüfen, *wann* der Verknüpfungswille vorhanden war, mithin ist allein entscheidend, ob er bei Abschluss des ersten Vertrags schon bestand (s BGH DNotZ 2002, 944 = NotBZ 2002, 297 m krit Anm Otto; OLG Koblenz NotBZ 2002, 187; RNotZ 2014, 549). In diesem Fall muss mit dem Grundstücksvertrag dann *auch* der Bauvertrag mitbeurkundet werden, selbst wenn er zuvor bereits vermeintlich wirksam abgeschlossen wurde. Ist der an sich nicht formbedürftige Vertrag zunächst abgeschlossen, ohne dass zu diesem Zeitpunkt bereits ein Verknüpfungswille der Beteiligten bestand, wird diese Vereinbarung auch dann nicht beurkundungsbedürftig, wenn später die Parteien sich darin einig sind, dass der noch zu schließende Grundstücksvertrag vom bereits begründeten weiteren Vertrag abhängen soll (anders aber noch Staudinger/Schumacher [2018] § 311b Abs 1 Rn 175). In diesem Fall ist der weitere Vertrag bereits wirksam verabredet, sodass ein späterer Wille der Beteiligten hieran nichts mehr ändern kann. Infolgedessen kann sich auch kein nachträgliches Formerfordernis ergeben. Maßgeblich ist folglich allein, ob bei **Abschluss des zunächst vorgenommenen Geschäfts** ein Verknüpfungswille bestand.

258 Grundsätzlich ohne Bedeutung ist, wer **im Übrigen** an dem weiteren Vertrag **beteiligt sein soll**. In den meisten Fällen werden die Beteiligten identisch sein, sodass es sich um einen zusammengesetzten Vertrag im Zwei-Personen-Verhältnis handelt. Eine derartige Gestaltung ist allerdings für das Vorliegen eines Verknüpfungswillens nicht erforderlich. Ein solcher kann auch dann gegeben sein, wenn die Parteien des Grundstücksvertrags und des weiteren Geschäfts **nicht identisch** sind (BGHZ 76, 43; BGHZ 78, 346; BGHZ 186, 345, 348 f; BGH DNotZ 2003, 632; OLG Karlsruhe BeckRS 2011, 15243). Maßgeblich ist ausschließlich, ob zwischen dem Grundstücks- und dem üb-

rigen Vertrag eine inhaltliche Verbindung derart besteht, dass es sich nach dem Willen der Beteiligten um ein einheitliches Geschäft handelt. Dies kann auch dann der Fall sein, wenn neben den ursprünglichen Parteien noch weitere in den Vertrag einbezogen sind. Ebenso ist es möglich, dass die Beteiligten den Grundstücksvertrag inhaltlich mit einer Vereinbarung verknüpfen, in der ein Vertragspartner und ein Dritter verpflichtet werden (RGZ 145, 249; BGHZ 11, 101; BGHZ 186, 345, 347). Zumindest theoretisch kann ein Verknüpfungswille sogar zu einer vertraglichen Beziehung zwischen zwei Parteien bestehen, die am Grundstücksvertrag insgesamt nicht beteiligt sind.

In den Fällen der Drittbeteiligung ist allerdings zu beachten, dass auch im Hinblick **259** auf den Dritten der **Verknüpfungswille** gegeben sein muss. Dieser muss also selbst die inhaltliche Verbindung mit dem Grundstücksvertrag wollen oder dies zumindest erkennen und für sich als gegeben akzeptieren. Andernfalls würde der Dritte mit einer Beurkundungsbedürftigkeit belastet, die für ihn nicht feststellbar ist und es somit für ihn unmöglich wäre, das Formerfordernis einzuhalten. Ihm würde dann die Unwirksamkeit der vermeintlich eingegangenen Vereinbarung drohen, sodass seine Rechte gefährdet wären. Überdies handelt es sich auch insoweit um eine Betrachtung des subjektiven Willens der Beteiligten, sodass grundsätzlich auch beide Vertragspartner des Grundstücksgeschäfts einen derartigen Verknüpfungswillen aufweisen müssen. Es ist folglich für das Vertragsgegenüber mindestens erforderlich, dass dieses die Absicht des anderen Vertragsteils erkennt und sie billigend hinnimmt (BGH DNotZ 1976, 685; OLG Karlsruhe BeckRS 2011, 15243). Dies ist insbesondere dann der Fall, wenn eine enge Verknüpfung der einen Seite mit dem Dritten besteht, es sich insbesondere um eine wirtschaftliche oder persönliche Verflechtung handelt (BGHZ 186, 345, 349 f; BGH NJW 2002, 2559 = MittBayNot 2003, 46 m Anm Wufka; Keim DNotZ 2011, 513, 518; Seeger MittBayNot 2003, 11, 18). Bei einem **Darlehensvertrag** des Käufers mit einem finanzierenden Dritten (zB Bank) wird unter diesem Gesichtspunkt ein Verknüpfungswille selbst dann zu verneinen sein, wenn ein verbundenes Rechtsgeschäft iSd § 358 Abs 3 S 1 BGB vorliegt (Staudinger/Hertel [2023] BeurkG Rn 132; Schmucker DNotZ 2002, 900; Seeger MittBayNot 2003, 11, 19; Volmer MittBayNot 2002, 336, 341 f; Weber RNotZ 2016, 377, 381). Dies ergibt sich daraus, dass der Geschäftspartner regelmäßig das Finanzierungsrisiko des Erwerbers nicht übernehmen und folglich auch die Verknüpfungsabsicht nicht billigen wird. Eine erhebliche Rolle spielen derartige „Drittverträge" vor allem im **Bauträger- und Fertighausbereich** (BGHZ 186, 345, 347 zum Bauvertrag; BGH NJW 1981, 274; OLG Hamm DNotZ 1982, 367; OLG Köln MittRhNotK 1997, 25; s Rn 268 ff). Hier wird es nicht selten so liegen, dass zwar Verkäufer und Werkunternehmer formal zwei unterschiedliche Personen darstellen, allerdings faktisch derart miteinander verbunden sind, dass sie aus Sicht des Vertragspartners die Leistung aus einer Hand anbieten (s auch zur Anwendbarkeit der MaBV: OLG München MittBayNot 2017, 45).

Nicht entscheidend ist es, ob die Rechtsbeziehungen in den verschiedenen Vertrags- **260** verhältnissen ausschließlich privatrechtlich oder (auch) öffentlich-rechtlich strukturiert sind (s Rn 122 ff). Ein Verknüpfungswille ist daher nicht ausgeschlossen, wenn der Verkäufer des Grundstücks (zB im Rahmen eines Einheimischenmodells, s Rn 124) eine Gemeinde ist, der Werkvertrag über die – einheitlich zu gestaltenden Reihenhäuser – aber zwischen dem Werkunternehmer und dem Käufer geschlossen wird (s insoweit auch die Fertighausproblematik Rn 276); ein Verknüpfungswille besteht jedenfalls dann, wenn der Käufer bei vorzeitiger Beendigung des Werkvertrages auch zur Rückübereignung des Grundstücks an die Gemeinde verpflichtet ist (in diesem Fall ist auch die MaBV zu beachten und der – mitbeurkundungspflichtige – Werkvertrag darauf abzustimmen; s hierzu BVerwG NJW 1987, 511).

c) Niederlegung der Verträge in einer oder mehreren Urkunden

261 Sind mehrere Verträge in **einer** Urkunde niedergelegt, so spricht die *Vermutung* für die Einheitlichkeit der Vertragsbeziehung (BGHZ 89, 41 = BGH NJW 1984, 873; s dazu auch Backhaus JuS 1985, 512; BGH WM 1974, 721; DNotZ 1975, 89 mNw; NJW 1987, 1069; OLG Brandenburg BeckRS 2008, 05196); liegen **getrennte** Urkunden vor, so spricht die Vermutung dafür, dass die Parteien die verschiedenen Geschäfte nicht als Einheit wollten (RGZ 79, 439; RGZ 103, 297; BGHZ 54, 72; BGHZ 101, 393 = BGH NJW 1988, 132; WM 1966, 585 und 761; WM 1967, 1132; DNotZ 1968, 665; NJW 1986, 1983; LM BGB § 463 Nr 50 = MDR 1988, 303; KG BeckRS 2009, 28276 m Anm Grziwotz IBR 2010, 1009). Diese Vermutung kann sich zwar nicht auf den Willen der Beteiligten stützen, weil insoweit diese nicht über die Beurkundungsbedürftigkeit disponieren dürfen, allerdings folgt sie aus der Vermutung der Vollständigkeit und Richtigkeit der notariellen Urkunde (s Rn 367).

262 Sind mehrere Verträge durch den Parteiwillen verknüpft, steht dies einer **Beurkundung in getrennten Urkunden** nicht entgegen, wenn der Verknüpfungswille (wie immer er sich darstellt) als Teil des beurkundungsbedürftigen zusammengesetzten Vertragswerks mitbeurkundet ist (BGH NJW 1988, 1781; NJW 2000, 951; DNotI-Report 2001, 6; DNotZ 2003, 632; krit zur vorstehenden Entscheidung und differenzierend jurisPK-BGB/Ludwig § 311b Rn 242 f und Kanzleiter DNotZ 2004, 178; BVerwG 28. 1. 2010 – 9 B 46. 09). Bei der Niederlegung der (verknüpften) Rechtsgeschäfte in **mehreren** Urkunden soll die Formbedürftigkeit – materiell-rechtlich – also auch dann gewahrt sein, wenn die Verknüpfung miteinander *urkundlich verlautbart* wird, sei es dadurch, dass dies aus *beiden* Urkunden ersichtlich wird (vgl RG WarnR 1922 Nr 123; 1933 Nr 73; WarnR 1912 Nr 247; AkZ 1940, 252; s insoweit auch OLG Hamm DNotI-Report 1996, 164; OLG Stuttgart DNotI-Report 2001, 100; in diesem Sinn Lichtenberger DNotZ 1988, 531, 542 f; s auch Frank NotZB 2003, 211, 214), sei es dadurch, dass die Verknüpfung sich aus *einer* der beiden Urkunden ergibt (RG JW 1925, 2602; BGHZ 104, 18: es genügt, wenn der Verknüpfungswille in der 2. Urkunde verlautbart wird; s auch BGH NJW 2000, 951; NJW 2000, 2017; NJW 2001, 226; OLG Hamm AgrarR 1981, 316; KG NJW 1991, 688; dem BGH folgend: Grüneberg/Grüneberg § 311b Rn 32; kritisch Soergel/J Mayer § 311b Rn 129 ff).

263 Das Ergebnis des BGH, wonach die Verlautbarung des Verknüpfungswillens in der zweiten Urkunde ausreicht (BGHZ 104, 18), mag aus der Betrachtung des BGH, es habe sich bei der zweiten Urkunde nur um eine „Ergänzung“ der ersten Urkunde gehandelt (s insoweit die berechtigte Kritik von Lichtenberger DNotZ 1988, 531, 542 f), folgerichtig sein, dem generell gehaltenen Tenor der Entscheidung (s die generalisierenden Auswirkungen der BGH-Entscheidung bei KG NJW 1991, 688) kann aus Gründen des Normzweckes des § 311b Abs 1 S 1 BGB aber **nicht gefolgt werden**. Auch in seinen späteren Entscheidungen über das Erfordernis der einseitigen Abhängigkeit des Grundstücksvertrages von anderen (an sich nicht formbedürftigen) Rechtsgeschäften als Voraussetzung für die Beurkundungsbedürftigkeit der weiteren Rechtsgeschäfte (BGH NJW 2000, 951; NJW 2000, 2017; DNotI-Report 2001, 5) bestätigt der BGH zwar, dass die bestehende Abhängigkeit „urkundlich Ausdruck finden muss“, musste jedoch wiederum *nicht* grundsätzlich dazu Stellung nehmen, wie – und ggf in welcher Urkunde – diese *Verlautbarung* des Verknüpfungswillens erfolgen muss.

Die Ansicht, die Verlautbarung in einer (beliebigen) von beiden (mehreren) Urkunden sei ausreichend, lässt in dieser allgemeinen Form außer Acht, dass *ohne* Verlautbarung in den anderen Urkunden der unzutreffende Eindruck der Selbstständigkeit und Unabhängigkeit (s Rn 261) der einzelnen Urkunden erweckt wird. Sind die Verträge nach dem Willen der Beteiligten dergestalt miteinander verbunden, dass sie nur mit einem bestimmten Inhalt gemeinsam gelten sollen, so liegt ein einheitliches Schuldverhältnis vor, das an sich nur **einheitlich beurkundet** werden kann (Weber RNotZ 2016, 381). Die Beurkundung unvollständiger Urkunden ist dem Notar berufsrechtlich untersagt (§ 4 BeurkG; Weber RNotZ 2016, 377, 381), was allerdings über die materielle Wirksamkeit des Geschäfts noch nichts aussagt. 264

Bei Beurkundung in separaten Urkunden ist jedoch im Augenblick des Abschlusses des ersten Vertrages eine **formgerechte verfahrensrechtliche Verknüpfung** des ersten Vertrages mit dem (noch nicht beurkundeten) zweiten Vertrag nicht möglich (Hartmann MittRhNotK 2000, 11, 17; Wufka DWW 1980, 239, 264, 267), wenn in der Urkunde der Verknüpfungswille nicht zum Ausdruck gelangt. In diesem Fall ist mithin die erste Urkunde unzutreffend und unvollständig protokolliert, sodass sie **zunächst unwirksam** ist. Das Problem kann deshalb auch nicht mit einer „gleichzeitigen" Unterschrift des Notars (s Weigl DNotZ 2004, 339 mit Stellungnahme durch Kanzleiter DNotZ 2004, 341) oder mit einer außerhalb der Urkunden erfolgenden Anweisung an den Notar gelöst werden (so aber Kanzleiter DNotZ 2004, 178, 188). Ein gleichzeitiges Unterschreiben ist bereits physisch nicht denkbar, eine Anweisung an den Notar vermag zudem nichts daran zu ändern, dass die materiellen Voraussetzungen nicht eingehalten worden sind. Zwar erscheint es möglich, im zweiten Vertrag nach **§ 13a BeurkG** auf den ersten Vertrag **zu verweisen** und diesen damit gem § 141 BGB zu heilen, sofern alle Beteiligten des ersten Vertrages auch an dem zweiten Vertrag mitwirken (Weber RNotZ 2016, 377, 381). Dies ändert jedoch nichts an der ursprünglichen Nichtigkeit des ersten Vertrages bis zu dem Zeitpunkt der Beurkundung des formgerecht verweisenden zweiten Vertrages. Ein von vornherein formpflichtiger zusammengesetzter Vertrag ist also nur dann formgerecht beurkundet, wenn beide Verträge auch unmittelbar in *einer* Urkunde beurkundet werden oder die Verknüpfungsabrede zumindest in der ersten Urkunde klar zum Ausdruck gelangt. 265

Richtigerweise wird man allerdings **nicht verlangen müssen**, dass stets das zusammengesetzte Rechtsgeschäft **in einer Urkunde** beurkundet wird (so auch Keim DNotZ 2001, 827, 837; ders RNotZ 2003, 44, 45; ders DNotZ 2011, 513, 519 ff). Betrachtet man die Zwecke des § 311b Abs 1 S 1 BGB, werden diese auch dann eingehalten, wenn die Beurkundung in getrennten Urkunden erfolgt (vgl BGHZ 104, 18; BGH NJW 2000, 951; DNotZ 2003, 632; Keim DNotZ 2001, 827, 836 f; BeckOGK/Schreindorfer [1. 7. 2023] § 311b Rn 198; **aA** Lichtenberger DNotZ 1988, 531, 542 f; Hartmann MittRhNotK 2000, 11, 17). Auch in diesem Fall wird der Warn-, der Beweis- und der Belehrungsfunktion Genüge getan, da die Mitwirkung des Notars in allen Fällen gegeben ist. Kommt der Verknüpfungswille bereits in der ersten Urkunde zum Ausdruck, so sind alle relevanten Abreden in der korrekten Form errichtet, sodass kein Anlass besteht, eine Formnichtigkeit anzunehmen (so wohl Leutner/Stenzel NZG 2012, 1406, 1408 f; hingegen verlangt BeckOGK/Schreindorfer [1. 7. 2023] § 311b Rn 199 die Aufnahme in alle Urkunden; verbreitet 266 wird verlangt, dass der Wille in der zuletzt errichteten Urkunde verlautbart wird: BGHZ 104, 18; BeckOK-BGB/GEHRLEIN [1. 8. 2023] § 311b Rn 25; GRÜNEBERG/GRÜNEBERG § 311b Rn 32). Insoweit ist zumindest eine **teleologische Reduktion** der Anforderungen vorzunehmen, da nach dem Sinn und Zweck der Norm eine Niederlegung in einer einzigen Urkunde nicht geboten ist. Schließen die Beteiligten alle Teile des Geschäfts in der erforderlichen Form, wäre es sinnlose Förmlichkeit, sie darauf zu verweisen, dies habe in einem einzigen Dokument zu geschehen, da die Formzwecke in beiden Fällen gewahrt werden. Vor diesem Hintergrund ist es auch nicht ausgeschlossen, dass einzelne Regelungen des Geschäfts in eine eigenständige Urkunde ausgelagert werden, da dann gleichermaßen der Telos des § 311b Abs 1 S 1 BGB eingehalten wird. Es ist demnach materiell-rechtlich zulässig, beispielsweise ein Rücktrittsrecht oder eine andere Vereinbarung gesondert zu beurkunden und somit in einer eigenen Urkunde niederzulegen (ebenso KEIM DNotZ 2011, 513, 519 ff mwNw). Hierfür kann sich insbesondere dann ein praktisches Bedürfnis ergeben, wenn die Beteiligten eine derartige Abrede vor Dritten geheim halten wollen, was bei einer Implementierung in die Haupturkunde nicht immer zuverlässig sichergestellt werden kann.

d) Einzelfälle

267 An den vorstehend herausgearbeiteten Grundsätzen sind alle gemischten und zusammengesetzten Verträge zu messen:

aa) Bauträgervertrag

268 Der klassische **Bauträgervertrag** (§§ 650u und 650v BGB), gleichgültig, ob er sich auf ein ganzes Grundstück oder auf Wohnungseigentum bezieht, enthält neben der Veräußerungspflicht des Bauträgers auch einen Werkvertrag. Bauherr ist der Bauträger. Kauf- und werkvertragliche Verpflichtungen des Verkäufers sind hier mit der Erwerbspflicht synallagmatisch so verbunden, dass der Bauträgervertrag einheitlich der Beurkundung bedarf. Darauf, ob der Vertrag nach Kauf- und/oder Werkvertragsrecht zu beurteilen ist, kommt es nicht an (BGH NJW 1979, 1496; zum „verdeckten Bauträgervertrag" s REITHMANN NJW 1992, 649; zur Problematik einer Aufspaltung des Bauträgervertrages in Kauf- und Werkvertrag s HARTMANN MittRhNotK 2000, 11; zur grunderwerbsteuerrechtlichen Einheit von Kauf- und Werkvertrag s FISCHER MittBayNot 2000, 381). Sind mit dem Bauträgervertrag (im Wesentlichen aus steuerlichen Gründen) noch andere Verträge (wie beim Bauherrenmodell) verknüpft (s Rn 270), so sind bei einem solchen sog Ersterwerbermodell (s hierzu BGH NJW-RR 1988, 348) auch die verknüpften Verträge (zB Betreuungs- und Verwaltungsvertrag) beurkundungspflichtig (BGH NJW-RR 1988, 348).

269 Dasselbe kann gelten, wenn der nachfolgende **Werkvertrag** nicht mit dem Verkäufer selbst zustandekommen soll, sondern mit einem Dritten. In diesem Fall ist zu untersuchen, ob eine inhaltliche Verknüpfung zwischen dem Werkvertrag und dem Grundstücksgeschäft besteht, insbesondere der Verkauf nur dann erfolgen soll, wenn auch der Werkvertrag eingegangen wird. Indizien für einen solchen **Verknüpfungswillen** bilden eine strukturell und wirtschaftlich enge Beziehung zwischen Verkäufer und Drittem sowie eine Abstimmung des Vertrags auf beide Vertragsteile, insbesondere eine einheitliche Gegenleistung (s auch zur Anwendbarkeit der MaBV: OLG München MittBayNot 2017, 45). Besteht allerdings keine derartige Verknüpfung zwischen den Verträgen, soll insbesondere der Verkauf auch ohne den Abschluss des

Werkvertrags erfolgen, fehlt es am entsprechenden Verknüpfungswillen, sodass der Werkvertrag nicht von § 311b Abs 1 S 1 BGB erfasst wird.

bb) Bauherrenmodell

Das sog **Bauherrenmodell** (zur Ausgestaltung und Entwicklung s STAUDINGER/WUFKA[12] § 313 aF Rn 97 ff) unterscheidet sich aus steuerlichen Gründen vom Bauträgervertrag *qualitativ* dadurch, dass der Erwerber „Bauherr" ist (so schon BGHZ 67, 337) und *quantitativ* dadurch, dass es aus einem Bündel von Verträgen (mit unterschiedlichen Beteiligten) besteht (Erwerb von Miteigentumsanteilen = Erwerbspflicht; Baubetreuungs- oder Bauvertrag mit einem vom Veräußerer idR jedenfalls rechtlich getrennten Dritten; Bildung einer Gesellschaft zur Durchführung des Bauvorhabens). Bei größeren Bauvorhaben (zum Unterschied zwischen den sog kleinen und großen Bauherrenmodellen s WUFKA DWW 1980, 239, 279 mwNw) wird zur Abwicklung ein Treuhänder eingeschaltet und das Vertragsbündel zur Ausschöpfung aller steuerlichen Möglichkeiten noch um Verwaltungs-, Finanzierungs-, Bürgschafts,– Mietgarantie- oder Mietpoolverträge uÄ erweitert und durch entsprechende **Vollmachten** des Bauherrn an den Baubetreuer bzw den Treuhänder ergänzt (BRYCH NJW 1974, 1973; ders DB 1979, 1589, 1590; GREUNER/WAGNER NJW 1981, 193; JAGENBURG NJW 1992, 282; KLAAS BauR 1981, 35; KOEBLE NJW 1974, 721; KORTE DNotZ 1984, 82, 90 ff; ders, Handbuch Rn 5. 1 ff; MATTERN DNotZ 1967, 661, 667; ders WM 1972, 670; PFEIFFER NJW 1974, 1449; MünchKommBGB/RUHWINKEL § 311b Rn 63; WOLFSTEINER DNotZ 1979, 579; WUFKA DWW 1980, 239, 279; ZEISS BWNotZ 1984, 129; ausführlich zur Ausgestaltung BayObLGZ 82, 96; zum sog „verdeckten Bauherrenmodell" und den Ausweichgestaltungen bei zu sanierenden Altbauten – auch den vom BayObLG [NJW 1992, 700] zugelassenen „Kellermodellen" und „Bruchteilsmodellen" – s REITHMANN NJW 1992, 649; STRUNZ BauR 1990, 560). 270

Neben dem (uU späteren) Kaufvertrag über den Miteigentumsanteil und der Bildung des Wohnungseigentums nach §§ 3, 4 Abs 2 WEG ist bei Bauherrenmodellen regelmäßig (soweit eine Verknüpfung vorliegt) wegen der damit verbundenen Erwerbspflicht des Bauherren der (meist vorher) vom Bauherren mit dem Baubetreuer (bei den „verdeckten Bauherrenmodellen" meist der Generalunternehmer oder Architekt) geschlossene **Bau- bzw Baubetreuungsvertrag** beurkundungspflichtig (so schon für den Grundstücksvertrag *und* den Bauvertrag bzw Baubetreuungsvertrag BGH NJW 1959, 2060; DNotZ 1976, 685; DNotZ 1980, 344 m Anm WOLFSTEINER; NJW 1985, 730; NJW 1988, 132; NJW-RR 1990, 340; ZfbR 1993, 13; NJW 1994, 721; NJW 1995, 2547; OLG Hamm MDR 1989, 909; OLG Schleswig NJW-RR 1991, 1175; **aA** noch BGH NJW 1980, 41; NJW 1981, 274; im konkreten Fall: OLG Hamm BB 1985, 1420 m Anm MINK) und – soweit ein Treuhänder eingeschaltet ist – der (vorgeschaltete) **Treuhandvertrag** (BGHZ 101, 393; BGH DNotZ 1988, 531, 538 f m Anm LICHTENBERGER; ZfbR 1993, 13; BayObLG DNotZ 1984, 250 mNw; OLG Karlsruhe NJW 1986, 101; NJW-RR 1989, 19) sowie ggf (beim großen Bauherrenmodell) auch der unmittelbar zwischen den Erwerbern oder für diese aufgrund der Vollmacht durch den Treuhänder geschlossene **Gesellschaftsvertrag** als *Basisvertrag* (s hierzu näher Rn 164 ff). Die dem Baubetreuer bzw Treuhänder erteilte **Vollmacht** ist mitbeurkundungspflichtig, soweit sie – was regelmäßig der Fall ist – in rechtlichem Zusammenhang mit dem Betreuungs- bzw Treuhandvertrag steht (BGH WM 1990, 1543; ZfbR 1993, 13; NJW 1997, 312; s Rn 198 ff). Bei einer Vollmacht, die den Bauträger zur „Umwandlung" eines Bauträgervertrages in einen Baubetreuungsvertrag bevollmächtigt, sind gleichfalls nicht nur die Vollmacht, sondern auch die der Vollmacht zugrundeliegenden Rechtsgeschäfte beurkundungsbedürftig (OLG Hamm DNotZ 1994, 775). 271

272 Die Aufspaltung der verschiedenen Verträge in selbständige Verträge ist zwar bürgerlich-rechtlich ernstlich gewollt (BGHZ 67, 334, 338), die *steuerliche* Motivation lässt aber den **Verknüpfungswillen** in Bezug auf die Geschäfte nicht entfallen (vgl schon RGZ 97, 221; RGZ 103, 298; BGH DNotZ 1954, 188; DNotZ 1965, 552; DNotZ 1966, 737; DNotZ 1975, 89; DNotZ 1976, 683; Rpfleger 1978, 727; vgl auch OLG Stuttgart NJW 1970, 566). Inhaltlich wollen die Beteiligten trotz der rechtstechnischen Aufgliederung ein einheitliches Vertragswerk, sodass die **Beurkundungsbedürftigkeit für alle Teile** gegeben ist. Dem steht auch nicht entgegen, dass an dem zu beurkundenden Vertragswerk *mehrere* und bei den einzelnen Verträgen rechtlich *unterschiedliche* Personen beteiligt sein können (BGH WM 1966, 900; s auch BGH NJW 1994, 721; **aA** Flume, AT § 32 2 a). Dem Bauherrn stellt sich das Vertragswerk – ungeachtet der Aufspaltung – als *einheitliches* Geschäft dar. Zumindest bei ihm ist daher idR der *Verknüpfungswille* iS einer Abhängigkeit des Grundstücksvertrages von den übrigen Verträgen (s Rn 254) vorhanden, was für die Gegenseite auch erkennbar ist und damit von ihr hingenommen wird, sodass ein ausreichender Verknüpfungswille existiert. Ein Indiz für das Bestehen eines solchen Verknüpfungswillens ist insbesondere auch die einheitliche Bewerbung von Grundstückserwerb und Bauvertrag (s dazu OLG Stuttgart BeckRS 2018, 51995). Ebenso ist ein Verknüpfungswille regelmäßig gegeben, wenn Miteigentumsanteile an unterschiedliche Beteiligte veräußert und im Anschluss daran eine einheitliche Bebauung realisiert werden soll, da dies nur möglich ist, wenn auch die Bauverträge mit einem einheitlichen Anbieter zustandekommen und damit synchronisiert werden (KG NJOZ 2021, 793, 795).

273 Ist der **Betreuungs- bzw Treuhandvertrag** (gegebenenfalls einschließlich Vollmacht) bzw **Gesellschaftsvertrag** beurkundet, bedürfen die späteren *Folgeverträge* (mit Ausnahme des Grundstücksvertrags bzw uU des Gesellschaftsvertrags und des Vertrags über die Bildung von Wohnungseigentum gem § 3 WEG) wie zB die Bau- bzw Generalübernehmer-, Finanzierungs-, Verwaltungs- und Mietvermittlungs- und -garantieverträge keiner Beurkundung. Dies ergibt sich daraus, dass bei einem erst später abgeschlossenen Vertrag regelmäßig kein Verknüpfungswille vorliegen wird, weil die Beteiligten im Moment des Grundstücksvertrages hiervon noch keine Kenntnis haben konnten. Liegt der Sachverhalt ausnahmsweise anders und ist daher auch der im Nachgang zu vereinbarende Vertrag von vornherein als mit dem Grundstücksgeschäft verknüpft gewollt, ist allerdings dieser ebenfalls von der Form des § 311b Abs 1 S 1 BGB erfasst.

cc) Anlagevermittlung, Mietkauf, Immobilienleasing

274 Auch der Vertrag des Anlegers mit dem **Anlagevermittler**, der den Beitritt des Anlegers zu einem Bauherrenmodell vorbereitet, kann im Hinblick auf die Höhe der „vorweggenommenen" Vermittlungsprovision unter dem Gesichtspunkt der mittelbaren Erwerbsverpflichtung (s Rn 152 ff) beurkundungspflichtig sein (BGH NJW 1990, 390). Angesichts der strengen Anforderungen werden diese allerdings richtigerweise diese in aller Regel nicht erfüllt sein. Beim **Generalübernehmermodell** (s hierzu Koeble NJW 1992, 1142; Reithmann NJW 1992, 649; Wufka DWW 1980, 239, 272) als vereinfachte Form eines Bauherrenmodells (s Rn 270) sind Kaufvertrag und – idR damit verknüpft – Generalübernehmervertrag formbedürftig (vgl OLG Hamm BB 1992, 1168 im Fall eines „schlüsselfertigen" Hauses; LG Magdeburg BeckRS 2007, 16396). Sind beim **Mietkaufmodell** Optionsvertrag und Mietvertrag miteinander verknüpft, so sind beide Verträge beurkundungspflichtig (BGH BB 1987, 714; OLG München NJW-RR 1987, 1042; **aA**

im konkreten Fall: OLG Köln MittRhNotK 1989, 191). Ähnliche Grundsätze gelten beim **Immobilienleasing** (Ankaufsrecht und Leasingvertrag [s Westphalen MittBayNot 2004, 13]).

dd) Geschlossener Immobilienfonds

Der **Beitritt** zu einem **geschlossenen Immobilienfonds**, bei dem der „Erwerb der Immobilien" durch die Anleger in der Form der Gesellschaft bürgerlichen Rechts oder KG erfolgt (s hierzu Kurth, Der geschlossene Immobilienfonds [1990]; Reinelt NJW 1992, 2052; Reithmann NJW 1992, 649), richtet sich nach den allgemeinen Vorgaben über den Erwerb von Anteilen an Personengesellschaften (s Rn 172 ff). Er erfolgt entweder unmittelbar durch den Anleger oder über einen „vorgeschalteten" Treuhänder (Treuhandkommanditist bei der KG). Soweit und solange noch eine Erwerbsverpflichtung für den eintretenden Gesellschafter besteht (s Rn 174 ff), ist der dem Beitritt zugrundeliegende schuldrechtliche Vertrag und – nach denselben Kriterien wie beim Bauherrenmodell – auch der Treuhandvertrag (einschließlich Vollmacht) formbedürftig. Soweit eine Verpflichtung zur Bildung von Wohnungseigentum mit dem Beitritt verbunden ist (§ 4 Abs 2 WEG; s Rn 24) oder – wie beim sog Hamburger Modell – die Beteiligungshöhe so gewählt ist, dass für den beitretenden Gesellschafter eine Verpflichtung auf Erwerb eines bestimmten Wohnungseigentums begründet wird, ist nicht nur die durch den Beitrittsvertrag begründete Erwerbsverpflichtung, sondern schon aus *diesem* Grund (Grundsatz der Vollständigkeit; s Rn 210 ff) der *gesamte* Beitrittsvertrag beurkundungspflichtig (BGH NJW 1978, 2505). Besteht dagegen keine Verpflichtung zum Erwerb von Grundbesitz mehr, ist insbesondere das durch die Gesellschaft zu erwerbenden Grundstück bereits erworben, folgt aus § 311b Abs 1 S 1 BGB keine Beurkundungsbedürftigkeit (s Rn 175). **275**

ee) Fertighäuser

Der Vertrag über den **Kauf eines Fertighauses** durch einen Erwerber, der bereits Eigentümer eines entsprechenden Grundstücks ist, ist grundsätzlich formfrei. Auch die mit dem Fertighausvertrag naturgemäß verbundene allgemeine Notwendigkeit, ein Grundstück zu erwerben, sei es bestimmt, bestimmbar oder noch unbestimmt, ist für die Beurkundungspflicht nicht ausreichend; es ist grundsätzlich das eigene Risiko des Käufers, wenn sich seine Erwartung auf Erwerb eines Grundstücks nicht erfüllt (BGHZ 76, 43, 47). Insbesondere will er sich zudem nicht dem Werkunternehmer gegenüber verpflichten, ein entsprechendes Grundstück zu erwerben. Der Vertrag kann jedoch dann nach den allgemeinen Grundsätzen (s Rn 210 ff) beurkundungspflichtig sein, wenn er eine *unmittelbare* Erwerbsverpflichtung enthält oder wenn der Grundstücksvertrag im *rechtlichen Zusammenhang* (s Rn 241 ff) mit dem Fertighausvertrag steht (s die Fälle BGHZ 78, 346; BGH NJW 1994, 721 – auch wenn sich nur auf einen Bauvertrag beziehend; OLG Hamm MDR 1989, 903; MDR 1992, 584; NJW-RR 1995, 1045; OLG Schleswig NJW-RR 1991, 1175; OLG Hamm MittBayNot 1995, 447; OLG Köln NJW-RR 1996, 1484; sämtliche Fälle jedoch vor der Entscheidung des BGH über die einseitige Abhängigkeit [BGH NJW 2000, 951]; zur „Einheit" von Fertighausvertrag und Grundstücksvertrag auch OLG Dresden NotBZ 2005, 364; OLG Karlsruhe BeckRS 2011, 15243; insoweit ist aber stets zu prüfen, ob ein Vertrag über ein Fertighaus überhaupt zustandegekommen ist, woran es fehlen kann, wenn die Beteiligten bereits keine Einigung über die essentialia negotii getroffen haben, vergleiche dazu OLG Dresden NJOZ 2019, 224). Dies kommt vor allem dann in Betracht, wenn der Bauunternehmer selbst das Grundstück verkauft oder dies durch ein mit ihm verbundenes Unternehmen oder eine sonst mit ihm verbundene Person erfolgt (s zur mittelbaren Verpflichtung Rn 152 ff). **276**

ff) Schiedsvereinbarungen

277 **Schiedsvereinbarungen** (§§ 1029–1033 ZPO) unterliegen zwar – für sich gesehen – gem § 1031 ZPO bestimmten Formvorschriften, aber nicht der notariellen Beurkundung. Sie sind jedoch dann beurkundungspflichtig (gleichgültig, ob es sich gem § 1029 Abs 2 ZPO um eine vertragliche Schiedsabrede oder um eine sog Schiedsklausel handelt), wenn nach dem Parteiwillen (s Rn 241) der Grundstücksvertrag (zumindest einseitig) von den Schiedsvereinbarungen abhängt (Heskamp RNotZ 2012, 415, 418 f; Tröder MittRhNotK 2000, 379, 383; **aA** BGH DNotZ 2014, 912, 914). Hängt der Grundstückskaufvertrag allein davon ab, dass überhaupt ein Schiedsverfahren stattfinden und die im Zeitpunkt der Verfahrenseinleitung gültige Schiedsordnung einer bestimmten Schiedsgerichtsbarkeit maßgeblich sein soll *(dynamische* Verweisung), ist die entsprechende Vereinbarung der Parteien zu beurkunden, nicht aber die Schiedsordnung selbst (Schmitz RNotZ 2003, 591, 603 f; zum Gesellschaftsrecht Hauschild/Böttcher DNotZ 2012, 577, 592; s auch BGH DNotZ 2014, 912, 914; **aA** Tröder MittRhNotK 2000, 379, 383). Kommt es den Beteiligten dagegen ausnahmsweise auf eine bestimmte Schiedsordnung in der zum Zeitpunkt des Vertragsschlusses geltenden Fassung an *(starre* Verweisung), ist diese Schiedsordnung mitzubeurkunden (vgl BeckOGK/Bord [1. 4. 2023] § 9 BeurkG Rn 49). Die Selbständigkeit einer Schiedsvereinbarung (also die „Nichtabhängigkeit" des Grundstücksvertrages hiervon) kann nicht allein dadurch begründet werden, dass dem Schiedsgericht uU auch die Entscheidung über die Wirksamkeit des Grundstücksvertrags übertragen ist (so aber BGH DNotZ 2014, 912, 914; zum alten Recht BGH NJW 1978, 212), es kommt vielmehr auch hier auf den Verknüpfungswillen (s Rn 241 ff) an, sodass maßgeblich ist, ob die Beteiligten eine konkrete Schiedsvereinbarung und bestimmte Regelungen diesbezüglich gewollt haben. Die Frage nach den rechtlichen Auswirkungen von Wirksamkeitsmängeln (s hierzu Grüneberg/Ellenberger § 139 Rn 15) des Hauptvertrages auf den Schiedsvertrag (BGH NJW 1978, 212) stellt sich erst, wenn als *Vorfrage* die Formbedürftigkeit geklärt ist; das rechtliche Schicksal einzelner Verträge kann dann auch bei einheitlicher Beurkundungsbedürftigkeit ggf verschieden sein. Der Schutzzweck des § 1031 ZPO (s hierzu Musielak/Voit § 1031 ZPO Rn 1; MünchKommZPO/Münch § 1031 Rn 1 ff, 8 ff) ist außerdem von dem des § 311b Abs 1 S 1 BGB verschieden (so auch MünchKommBGB/Ruhwinkel § 311b Rn 62 Fn 246). Dass Art II (2) UNÜ formstrengere Vorschriften des nationalen Rechts verdrängt (MünchKommZPO/Adolphsen Art 2 UNÜ Rn 17), steht dem nicht entgegen (vgl MünchKommZPO/Münch § 1031 Rn 4). Die (formstrengere) Beurkundungspflicht ergibt sich nämlich nicht aus dem Verfahrensrecht (ZPO), sondern aus der materiell-rechtlichen Formvorschrift des BGB (§ 311b Abs 1 S 1 BGB); darüber hinaus folgt aus § 1031 Abs 5 S 3 ZPO selbst, dass eine notarielle Beurkundung nicht ausgeschlossen ist. Schiedsvereinbarungen müssen daher im Fall der Verknüpfung mitbeurkundet werden (Heskamp RNotZ 2012, 415, 418 f; MünchKommBGB/Ruhwinkel § 311b Rn 62; **aA** BGH DNotZ 2014, 912, 914; NJW 1978, 221; MünchKommZPO/Münch § 1031 ZPO Rn 12 ff). Die minderen Formanforderungen des § 1031 ZPO werden gem § 126 BGB durch die strengere Form des § 311b Abs 1 S 1 BGB gewahrt. Demgemäß müssen bei einer Schiedsvereinbarung, soweit sie in der Anlage zur notariellen Urkunde enthalten ist, zwar beurkundungsrechtlich die Vorschriften des § 9 BeurkG beachtet werden, einer gesonderten Unterzeichnung durch die Beteiligten bedarf es aber auch vor dem Hintergrund des § 1031 Abs 1 ZPO nicht (so auch Tröder MittRhNotK 2000, 379, 380). Die von den Beteiligten unterzeichnete Niederschrift (deren Bestandteil die Schiedsvereinbarung gem § 9 BeurkG beurkundungsrechtlich wird) stellt die „eigenhändig unterzeichnete Urkunde" iS des § 1031 Abs 5 S 1 ZPO dar.

gg) Mietvertrag

Häufig anzutreffen sind Geschäftseinheiten zudem zwischen einem **Grundstückskaufvertrag und einem Mietvertrag** (s dazu: RG WarnR 1911 Nr 65 [im konkreten Fall aber Verknüpfung verneint]; KG BeckRS 2009, 28276 [im konkreten Fall aber Verknüpfung verneint]; OLG Stuttgart 28. 7. 2014 – 5 U 40/14, juris Rn 47). Dies kommt in Betracht, wenn zunächst ein Mietvertrag abgeschlossen wird und dabei ein **Erwerbsrecht** für den Mieter begründet wird, weil hierdurch eine Veräußerungsverpflichtung des Eigentümers geschaffen wird (RGZ 137, 34 für ein Vorkaufsrecht; BGH DNotZ 1971, 722; NJW 1988, 2880 für einen Pachtvertrag). Nicht anders ist zu entscheiden, wenn die Beteiligten im Zuge eines Kaufangebots einen Mietvertrag bis zum Ablauf der Annahmefrist schließen (OLG München NJW-RR 1987, 1042) oder den Mietvertrag derart gestalten, dass er die Zwischenzeit bis zu einem Abschluss des Kaufvertrags überbrücken soll (OLG Stuttgart NZM 2015, 740), weil auch dann nach dem Willen der Parteien die Verknüpfung gewollt ist. Dasselbe gilt für die Vereinbarung von **Immobilienleasing** mit anschließendem Ankaufsrecht (OLG Koblenz ZfIR 2003, 285: ja; s zu dieser Problematik ausf Keim RNotZ 2005, 102). Ebenso ist eine Geschäftseinheit denkbar, wenn die Beteiligten einen **Anschlussmietvertrag** für den bisherigen Eigentümer wünschen und dies inhaltlich mit dem Erwerbsvertrag verbinden. In gleicher Weise kann eine zur Beurkundungsbedürftigkeit führende Geschäftseinheit mit einer Vereinbarung über die Ablösung eines Mietvertrags bestehen (BGH DNotZ 1965, 552). 278

hh) Weitere Einzelfälle

Dasselbe kann für das Verhältnis zwischen Kaufvertrag und **Bierbezugsverpflichtung** gelten, wenn der Kaufvertrag davon abhängig ist, dass die entsprechende Verpflichtung eingegangen wird (**aA** aber noch RG WarnR 1913, 219; BGH DNotZ 1975, 90; wie hier MünchKommBGB/Ruhwinkel § 311b Rn 62). Denkbar ist darüber hinaus eine inhaltliche Verknüpfung, die zur Gesamtbeurkundungsbedürftigkeit führt, bei einem Kaufvertrag und einem daneben abzugebenden gesonderten **Schuldanerkenntnis** (BGH DNotZ 1954, 188). Hängt der Kauf des Grundstücks inhaltlich davon ab, dass auch das zugehörige Inventar oder andere bewegliche Gegenstände mitverkauft werden, ist auch der Vertrag über die **beweglichen Sachen** nach § 311b Abs 1 S 1 BGB beurkundungsbedürftig, da eine Geschäftseinheit besteht (s dazu BGH NJW 1961, 1764; DNotZ 1971, 410; NJW 1985, 2423; OLG Hamm NJW 1976, 1212). Dies wird häufig dann der Fall sein, wenn das Objekt vollständig möbliert verkauft wird oder es sich um den geplanten Erwerb eines Unternehmens im Wege des Asset-Deals handelt und daher für die Kaufentscheidung auch die Veräußerung der zugehörigen Maschinen oder sonstigen Gegenstände entscheidend ist. Soll der Grundstücksvertrag inhaltlich nur zusammen mit einem Vertrag über die Übertragung eines **Unternehmens** (BGH MDR 1979, 469; s hierzu auch Sigle NJW 1984, 2657, 2659) zustandekommen, ist eine Geschäftseinheit gegeben. Infolgedessen ist auch der Vertrag über das Unternehmen, unabhängig davon, ob es sich insoweit um einen Asset- oder einen Share-Deal handelt, dem Beurkundungserfordernis unterworfen. Dasselbe gilt, wenn der Grundstückskaufvertrag von der Übertragung von **Planungsleistungen**, insbesondere der Rechte aus einer Bauplanung abhängig ist (OLG Naumburg DNotI-Report 2003, 132 = NotBZ 2003, 476). Insoweit ist aber die Vorgabe des § 2 des Gesetzes zur Regelung von Ingenieur- und Architektenleistungen zu beachten (s dazu DNotI-Report 1994, 1). Denkbar ist daneben eine Geschäftseinheit zwischen einem Grundstückskaufvertrag und einer Verpflichtung zur Bestellung einer **Dienstbarkeit**, wenn die Beteiligten einen entsprechenden Willen bilden (im konkreten Fall aber verneint: BGH WM 1967, 1131). 279

280 Besteht eine inhaltliche Verknüpfung zwischen dem Erwerbsvertrag und einem **Darlehensvertrag**, so ist auch Letzterer beurkundungsbedürftig (BGHZ 104, 18 = BGH NJW 1988, 1781; BGH NJW 1983, 565; DNotZ 1985, 279). Dies ist vor allem dann der Fall, wenn der Verkäufer selbst Kreditgeber ist, da dann typischerweise der Wille der Beteiligten dahin gehen wird, dass auch der Grundstücksvertrag nur dann abgeschlossen wird, wenn zugleich das Darlehen vereinbart wird. Wird ein Darlehensvertrag geschlossen, wobei auf eine bestehende notarielle Vereinbarung über einen Verkauf Bezug genommen und dabei eine Anrechnung vereinbart wird, stellt dies ein starkes Indiz für einen Verknüpfungswillen dar (s dazu auch BGH DNotZ 1994, 303). Ebenso kann eine Geschäftseinheit bestehen, wenn der Grundstückskaufvertrag mit weiteren **Sicherungsabreden** verbunden wird, auch wenn diese Gegenstände betreffen, über die formfrei verfügt werden kann (BGH DNotZ 1995, 295). Grundsätzlich kann zudem eine Geschäftseinheit gegeben sein, wenn ein Dritter das Darlehen ausreicht. Dabei ist allerdings zu bedenken, dass für eine Geschäftseinheit der Verknüpfungswille grundsätzlich von beiden Seiten erforderlich ist (s Rn 242), sodass der nur einseitige Wunsch insbesondere des Käufers nach einer Verknüpfung nicht ausreichen kann. Regelmäßig wird sich der Verkäufer das Finanzierungsrisiko des Käufers nicht zu eigen machen, sodass bei einer Fremdfinanzierung typischerweise keine Geschäftseinheit gegeben ist. Hängt der Kaufvertrag von einer Bürgschaft maßgeblich ab, so bedarf auch diese der notariellen Beurkundung (BGH NJW 1962, 586). Dies gilt in gleicher Weise, wenn die Bürgschaft, wie regelmäßig, durch einen Dritten abgegeben werden muss, weil es nicht darauf ankommt, dass die Parteien des Grundstücks- und des weiteren Geschäfts identisch sind (s Rn 258). Dasselbe kann für die Verbindung zwischen Kaufvertrag und einem **Garantieversprechen** gelten (BGH DNotZ 1966, 737, im konkreten Fall allerdings verneint). Hängt der Abschluss des Kaufvertrags inhaltlich davon ab, dass auch eine Vereinbarung über die sicherungsweise **Abtretung des Auflassungsanspruchs** an einen Dritten erfolgt, so ist auch diese weitere Abrede dem Beurkundungserfordernis unterworfen (OLG Brandenburg NotBZ 2007, 370 ff).

281 Verpflichten sich die Ehegatten im Rahmen einer **Scheidungsvereinbarung** dazu, auch Grundbesitz zu veräußern, bedarf die gesamte Vereinbarung der notariellen Form, auch wenn an sich formfreie Elemente enthalten sind, soweit eine Geschäftseinheit existiert (OLG Brandenburg BeckRS 2013, 16782; LG Hanau NJW-RR 1987, 1352). Nicht anders kann auch für **andere Auseinandersetzungsverträge** entschieden werden, sodass insbesondere Erbauseinandersetzungsverträge oder solche über die Realteilung einer Gesellschaft insgesamt beurkundungsbedürftig sind, soweit auch über Grundbesitz verfügt werden soll und eine Geschäftseinheit besteht. Dabei kommt es auf den Willen der Beteiligten an, sodass entscheidend ist, ob diese eine Gesamteinigung herbeiführen wollen. Belanglos ist vor diesem Hintergrund die zeitliche Reihenfolge, sodass auch eine vorgelagerte Auseinandersetzung über nicht beurkundungsbedürftige Gegenstände an der Beurkundungsbedürftigkeit insgesamt nichts zu ändern vermag, wenn die Parteien einen entsprechenden Verknüpfungswillen haben (s Rn 257).

282 Geschäftseinheiten können nicht nur mit Verträgen des Zivilrechts, sondern auch mit solchen des **öffentlichen Rechts** bestehen. So ist insbesondere eine Ablösungsvereinbarung mit einer Gemeinde über Erschließungsbeiträge beurkundungsbedürftig, wenn hiervon der Abschluss des Grundstücksvertrags abhängt (OVG Weimar

NVwZ-RR 2001, 623). Ebenso ist auch für sonstige **Erschließungsverträge** zu entscheiden, wenn diese inhaltlich mit dem Grundstücksvertrag verknüpft sind (BGH NJW 2021, 2510). Werden mit dem Grundstücksvertrag Selbstnutzungs- oder Bebauungsverpflichtungen oder -obliegenheiten (dazu LEIDNER DNotZ 2019, 83, 88; ders MittBayNot 2021, 108) vereinbart, sind diese auch dann als Teil des Grundstücksgeschäfts beurkundungsbedürftig, wenn sie nicht mit einem Wiederkaufsrecht verbunden werden, das für sich genommen ohnehin als Veräußerungsverpflichtung die Anwendbarkeit von § 311b Abs 1 S 1 BGB auslöst.

IX. Änderung des Vertrages

1. Grundsätze

Vom RG wurde ursprünglich *jede* **Änderung des schuldrechtlichen Vertrages**, die **283** selbst Vertragsbestandteil werden sollte, für formbedürftig gehalten (RGZ 51, 181; RGZ 65, 392). Schon frühzeitig (vgl auch RG JW 1921, 1231) zeigte es jedoch – wie auch später der BGH (s hierzu HOCHE DNotZ 1958, 346 ff) – eine einschränkende Haltung (nur bei *wesentlicher* Änderung; vgl RGZ 76, 34; RG WarnR 1909 Nr 74; WarnR 1911 Nr 226). Der Umfang der Formbedürftigkeit von Änderungen (s dazu auch HENNEMANN/NEMECZEK ZGS 2011, 157; ZELLER, Die Formbedürftigkeit nachträglicher Änderungen von Grundstücksverträgen, passim) ist gleichwohl **umstritten** geblieben, jedoch ist jedenfalls die zeitweilige Ansicht der Rspr (vgl RGZ 109, 27; RGZ 148, 108; BGH DNotZ 1954, 668) und der Lit (vgl ENNECCERUS/LEHMANN § 42 II 3; wNw in BGH NJW 1974, 271), eine Änderung bedürfe nur dann der Beurkundung, wenn durch sie die Übereignungspflicht *verschärft* werde, im Hinblick auf die Formbedürftigkeit der Erwerbsverpflichtung nach dem heutigen § 311b Abs 1 BGB nicht mehr haltbar (s BeckOK-BGB/GEHRLEIN [1. 8. 2023] § 311b Rn 27; ERMAN/GRZIWOTZ § 311b Rn 58; GRÜNEBERG/GRÜNEBERG § 311b Rn 42; MünchKommBGB/RUHWINKEL § 311b Rn 66; so auch schon BGH NJW 1974, 271 schon für § 313 aF).

Weder das Kriterium, ob Veräußerungs- bzw Erwerbsverpflichtungen „verschärft" **284** werden (BGH NJW 1982, 881; DB 1988, 2092, 2093; GRÜNEBERG/GRÜNEBERG § 311b Rn 42), noch das Kriterium von „wesentlichen" bzw „unwesentlichen" Änderungen (BGH DB 1988, 2092) sind geeignete Abgrenzungskriterien (wie hier ERMAN/GRZIWOTZ § 311b Rn 58; SOERGEL/J MAYER § 311b Rn 207; MünchKommBGB/RUHWINKEL § 311b Rn 66, der zu Recht darauf hinweist, dass diese Unterscheidung deshalb zweifelhaft ist, weil – selbst bei gleichem Sachverhalt – die Gewichtung der Parteien, was wesentlich oder unwesentlich ist, ganz unterschiedlich sein kann; so auch KORTE 3. 214 ff). Wenn nämlich die Beurkundungspflicht von Änderungen dogmatisch (**Normzweck**) aus der Beurkundungsbedürftigkeit der Veräußerungs- bzw Erwerbsverpflichtung hergeleitet wird (s die jeweils einleitenden Ausführungen BGH NJW 1982, 434; DB 1988, 2092; KORTE 3. 210 mNw), dann kann der *Umfang* der Beurkundungspflicht bei *Änderungen* nicht anders zu beurteilen sein als der beim *Abschluss* des Vertrages; der Normzweck ist identisch, gleichgültig, ob sämtliche Vereinbarungen gleich zu Anfang oder in zeitlichen Stufen getroffen werden (kritisch HOCHE DNotZ 1958, 346, 348). Dies korrespondiert auch mit der Haltung bei zusammengesetzten Verträgen, wonach die zeitliche Reihenfolge unbeachtlich ist (s Rn 257), was auch in Bezug auf spätere Modifikationen zu gelten hat. Damit sind – wie bei Vertragsabschluss – im Grundsatz *alle Änderungen* **formbedürftig** (iE ebenso ROEMER 154), die eine *Regelung* enthalten, also Rechtswirkungen entfalten sollen (s Rn 63 ff), gleichgültig, ob es sich um Änderungen eines reinen Typenvertrages, eines gemischten oder zusammengesetzten Vertrages (s Rn 239 ff) handelt. Änderungen sind dagegen **formfrei**, soweit sie sich als vertragliche Wiederholungen von sich aus dem Gesetz ergebenden Ansprüchen und Verpflichtungen darstellen (zB Vereinbarung über die Abwicklung von Sachmängeln – vgl BGH WM 1973, 557; vgl Rn 150) oder sonst keine Änderung der Rechtslage hervorrufen. Formfrei sind auch Änderungen, die sich auf Verträge oder Vertragsteile beziehen, die für sich genommen nicht beurkundungsbedürftig sind und nur aus *Anlass* des ursprünglichen Kaufvertrages in die Urkunde aufgenommen wurden (vgl RGZ 103, 331). Dasselbe gilt für Änderungen, die von dem geschlossenen Vertrag *abtrennbar* sind und daher nicht selbst dem Formerfordernis unterliegen.

285 Eine „Änderung" liegt vor, wenn trotz der Änderung die **Identität des Rechtsgeschäfts** erhalten bleibt. Wird das Rechtsgeschäft in Wirklichkeit aufgehoben, so sind die Grundsätze über die Formbedürftigkeit bzw Formfreiheit bei der Aufhebung (s Rn 295 ff) anzuwenden, ggf kombiniert mit denen über die Neubegründung eines derartigen Geschäfts. Wird das Rechtsgeschäft wiederhergestellt oder durch ein anderes ersetzt, sind gleichermaßen die Grundsätze über die Formbedürftigkeit bei Vertragsabschluss heranzuziehen. Demgemäß sind auch Vereinbarungen über die Einräumung, Verlängerung oder Verkürzung eines Rücktrittsrechts nach den Grundsätzen der Formbedürftigkeit bei *Änderungen* beurkundungspflichtig, da sie nicht etwa das Vertragsverhältnis aufheben, sondern die Rechtsidentität des im Übrigen *fortbestehenden* Vertragsverhältnisses voraussetzen. Dasselbe gilt für die Verlängerung einer Angebotsfrist oder die Veränderung einer Bedingung für ein Wiederkaufsrecht (dazu Meier/Leidner MittBayNot 2023, 120, 131 f). Eine Teilaufhebung ist keine vollständige Aufhebung des Vertrags, sondern dessen Änderung; sie ist daher nicht nach den Grundsätzen der Aufhebung, sondern nach denen über eine Änderung zu beurteilen (BGH DNotZ 1980, 222; s auch MünchKommBGB/Ruhwinkel § 311b Rn 66; **aA** BGHZ 66, 270 = BGH NJW 1976, 1842; problematisch zur Teilaufhebung auch BGH NJW-RR 1994, 317; für Formpflicht im konkreten Fall: BGH NJW 1988, 3263, in dem es aber – der Vertrag war mangels Genehmigung eines Beteiligten noch nicht wirksam – bei der Änderung der Voraussetzungen für die Ausübung des Rücktrittsrechts eigentlich nicht um die Problematik der nachträglichen Änderung, sondern um ein Problem der Formbedürftigkeit beim Zustandekommen des Vertrages ging; s zu Letzterem auch die ähnliche Problemstellung bei der Änderung eines Angebots Rn 101; zu einem Grenzfall, in dem ein Bauträgervertrag in einen Baubetreuungsvertrag „geändert" wurde, s OLG Hamm DNotZ 1994, 775).

2. Ausnahmen

a) Keine Verschärfung von Verpflichtungen?

286 Nach der früheren Rspr würden solche Vertragsänderungen nicht als beurkundungsbedürftig angesehen, durch die die **Veräußerungsverpflichtung nicht erweitert oder verschärft wurden** (RGZ 109, 22, 27; RGZ 148, 105, 108; BGH DNotZ 1954, 667, 668). Dies ist aber schon deshalb nicht haltbar, weil durch die Veränderung des Wortlauts nunmehr auch Erwerbsverpflichtungen vom Formgebot umfasst sind. Auch eine Betrachtung, ob die jeweiligen Verpflichtungen verschärft werden (BGH NJW 1982, 881, 882; NJW 1988, 3263; OLG München NotBZ 2001, 307, 308), ist nicht überzeugend, weil eine sinnvolle Abgrenzung insoweit nicht möglich ist und nicht abstrakt festgestellt werden kann, welche Änderungen zu einer Verschärfung führen. Bedenkt man, dass beim Abschluss des Vertrages nach dem Vollständigkeitsgebot sämtliche Abreden

zu beurkunden sind, kann es auch nicht darauf ankommen, ob die konkreten Erwerbs- oder Veräußerungspflichten verschärft werden, da grundsätzlich alle Vereinbarungen der Beteiligten zu beurkunden sind. Vor diesem Hintergrund kann es auch keine Bedeutung haben, ob durch die Änderung vermeintlich **wesentliche oder unwesentliche Vertragsbestandteile** betroffen sind (Erman/Grziwotz § 311b Rn 58; Hagen DNotZ 1984, 267, 277; Häsemeyer JuS 1980, 1, 5; Soergel/J Mayer § 311b Rn 207; MünchKommBGB/Ruhwinkel § 311b Rn 66; BeckOGK/Schreindorfer [1. 7. 2023] § 311b Rn 235; Schwarz MittBayNot 1999, 55 f; so im Grundsatz auch Grüneberg/Grüneberg § 311b Rn 41; **aA** BGH DNotZ 1954, 667, 668; NJW 1974, 271; NJW 1982, 434; NJW 1988, 3263). Diese Differenzierung verletzt ebenfalls den Grundsatz, dass sämtliche Vereinbarungen dem Formgebot des § 311b Abs 1 S 1 BGB unterliegen (Soergel/J Mayer § 311b Rn 207; MünchKommBGB/Ruhwinkel § 311b Rn 66; BeckOGK/Schreindorfer [1. 7. 2023] § 311b Rn 235; vgl Erman/Grziwotz § 311b Rn 58). Insbesondere beim Abschluss des Vertrages müssen daher auch unwesentliche Vereinbarungen, soweit sie nach dem Willen der Beteiligten Bestandteil des Grundstücksgeschäfts sein sollen, die notwendige Form wahren, sodass keine abweichende Beurteilung bei Änderungen eines formbedürftigen Geschäfts geboten sind. Daneben ließe sich in gleicher Weise nicht abstrakt bestimmen, welche Modifikationen wesentlich oder unwesentlich sind, da es insoweit regelmäßig entscheidend auf die Beurteilung durch die Beteiligten ankommt (s auch Erman/Grziwotz § 311b Rn 58; Leitzen BWNotZ 2012, 86, 90 f; Soergel/J Mayer § 311b Rn 207; MünchKommBGB/Ruhwinkel § 311b Rn 66; BeckOGK/Schreindorfer [1. 7. 2023] § 311b Rn 235).

b) Abwicklungsschwierigkeiten

Nach einer weiteren Linie der Rspr sollen allerdings derartige Änderungen nicht dem Formgebot unterliegen, die zur **Behebung von Abwicklungsschwierigkeiten** vorgenommen werden (s auch die Nachw bei BeckOGK/Schreindorfer [1. 7. 2023] § 311b Rn 236 f). Dies soll beispielsweise eine nachträgliche Vereinbarung eines Rücktrittsrechts (BGH NJW 2001, 1932; OLG München NotBZ 2001, 307, 308) oder die Verlängerung einer entsprechenden Frist (BGHZ 66, 270; OLG Brandenburg NJW-RR 1996, 724) umfassen. Ebenso soll es möglich sein, auf bestehende Rücktrittsrechte zu verzichten (RG JR-Beil 1925, 950) oder eine Vereinbarung zu treffen, wonach von einer solchen Befugnis kein Gebrauch gemacht werden darf (RG JW 1905, 171). Teilweise werden sogar die Verlängerung eines Mietvertrags, der bis zur Ausübung eines Ankaufsrechts geschlossen wurde (OGHBrZ DNotZ 1951, 124), oder die Verlängerung der Frist für ein Ankaufs- oder Wiederkaufsrecht (zum Wiederkaufsrecht BGH NJW 1973, 37) hierunter gefasst. Ebenso sollen Vereinbarungen über nachträglich entdeckte Mängel (BGH WM 1972, 556, 557) oder über die Herabsetzung des Kaufpreises (RGZ 137, 294, 296) formfrei möglich sein. Auch die Vereinbarung einer abweichenden Leistung statt der geschuldeten (BGHZ 140, 218, 221 f) soll unter diese Kategorie fallen können. 287

In der Sache kann diese Einschränkung **allerdings ebenso wenig überzeugen** wie der Versuch, zwischen wesentlichen und unwesentlichen Vertragsänderungen zu differenzieren (krit auch Soergel/J Mayer § 311b Rn 208; MünchKommBGB/Ruhwinkel § 311b Rn 66; BeckOGK/Schreindorfer [1. 7. 2023] § 311b Rn 236; s auch BGH LM § 313 Nr 5; Erman/Grziwotz § 311b Rn 58). Schon die divergierenden Entscheidungen der Rspr zu vergleichbaren Sachverhalten belegen, dass eine trennscharfe Abgrenzung mit der von der Rspr aufgestellten Formel nicht möglich ist (s auch Soergel/J Mayer § 311b Rn 208; MünchKommBGB/Ruhwinkel § 311b Rn 66). Sie ist daher nicht für eine praktische Handhabung geeignet. Darüber hinaus ist sie auch dogmatisch nicht zu begründen. Die 288

Auffassung findet keine Stütze im Wortlaut der Norm und kann auch nicht mit teleologischen Erwägungen begründet werden. Soweit die Rspr verlangt, es müsse sich um unerwartete Abwicklungsschwierigkeiten handeln (RGZ 140, 339; RG JW 1921, 1231; BGH DNotZ 1958, 338; WM 1966, 656; NJW 1973, 37; NJW 1974, 271), kann dies schon deshalb nicht überzeugend, weil hierdurch faktisch die Beurkundungsbedürftigkeit vom Grad der Vorbereitung und der Vorsorge der Parteien und ihres Vertragsgestalters abhängt. Verfahren die Beteiligten sorglos, erweitert sich der Bereich der unvorhergesehenen Schwierigkeiten, sodass die Anforderungen an die Beurkundungsbedürftigkeit sinken. Dies ist aber weder folgerichtig noch in der Sache überzeugend, weil kein Anlass besteht, einen Anreiz für sorgloses Verhalten zu setzen. Die Formbedürftigkeit von Änderungen zur Behebung von Abwicklungsschwierigkeiten dient nicht nur dem Schutz der Beteiligten, sondern auch der *Beweissicherung* (BGH NJW 1974, 271; s insoweit zum Normzweck Rn 7). Insoweit trifft der Normzweck bei Änderungen – gleich welcher Art – ebenso zu wie bei Abschluss des ursprünglichen Vertrages (vgl auch Soergel/J Mayer § 311b Rn 208).

c) Änderungen nach Auflassung

289 Die Formbedürftigkeit für Änderungen **vor** der Auflassung ist nicht unumstritten, im Ergebnis nunmehr aber im Allgemeinen zu bejahen. Nach Ansicht insbesondere der höchstrichterlichen Rspr und eines erheblichen Teils der Lit sollen Abänderungen, die **nach** der Auflassung, jedoch **vor** der Eintragung erfolgen, grundsätzlich nicht formbedürftig sein (RG HRR 1933 Nr 1410; BGH DNotZ 1971, 542; MDR 1971, 737; WM 1972, 557; NJW 1973, 37; WM 1973, 576; Betrieb 1975, 1983; NJW 1985, 266 = DNotZ 1985, 284 m **abl** Anm Kanzleiter; NJW-RR 1988, 185; DNotZ 2020, 740; BayObLG BB 1987, 711; OLG Bamberg MDR 1999, 151; Grüneberg/Grüneberg § 311b Rn 44; Haegele DNotZ 1958, 17, 19; **aA** allerdings BGH WM 1966, 656, wo ausdrücklich darauf abgestellt wird, dass beurkundungspflichtig nachträgliche Vereinbarungen sind, durch die ein noch nicht „durch Auflassung *und* grundbuchliche Eintragung" erfüllter Grundstücksvertrag geändert wird, und – in zeitlicher Nähe zu BGH NJW 1985, 266 – auch BGH NJW 1984, 612, wo gleichfalls auf den *dinglichen* Vollzug abgestellt wird sowie BGH NJW 1991, 1613; **aA** auch OLG Düsseldorf NJW 1998, 2225 = DNotZ 1998, 949 m Anm Kanzleiter = MittBayNot 1999, 53 m Anm Schwarz für Fallgestaltungen, bei denen eine durch die Auflassung selbst noch nicht „erfüllte" Übereignungspflicht zum Nachteil des Veräußernden modifiziert wird [im konkreten Fall wurde der ursprünglich in das freie Belieben des Veräußernden gestellte Zeitpunkt der Vollziehung der Eigentumsumschreibung geändert]; idS auch LG Limburg MittBayNot 1986, 126: Änderung der Anweisung zur bereits erklärten Auflassung ist beurkundungspflichtig; AG Bremen 25. 8. 2011 – 9 C 0420/10, juris Rn 18: Verschiebung des vertraglich bestimmten Übergabezeitpunkts einer Immobilie gegen Aufwandsentschädigung; **aA** wohl auch Steinbrecher NJW 2018, 1214, 1216 ff; grundlegend zur Problematik auch Hofer/Jäger JURA 2020, 103). Als Begründung wird angeführt, dass – wohl im Hinblick auf die Bindungswirkung gem § 873 Abs 2 BGB (RG HRR 1933 Nr 1410; SeuffA 94 Nr 53) – die Übereignungs- bzw Erwerbspflicht mit Auflassung durch Erfüllung erloschen sei (s die obige Rspr des BGH; Grüneberg/Grüneberg § 311b Rn 44) und damit auch der gesetzgeberische Zweck des § 311b Abs 1 BGB (Warnfunktion) entfalle (vgl BGH DNotZ 1971, 542). Diese zeitliche Abgrenzung soll lediglich nicht für solche Änderungen gelten, die sich auf eine andere in der Urkunde enthaltene Übereignungsverpflichtung beziehen, für die die Auflassung noch nicht erklärt wurde (zB ein Wiederkaufsrecht: BGH NJW 1973, 37; NJW 1974, 271) oder durch die nach Auflassung eine neue (zusätzliche) Veräußerungs- bzw Erwerbsverpflichtung begründet wird (zB Rückkaufverpflichtung: BGH NJW 1988, 2237; ZNotP 2012, 389) oder durch die die Frist zur Ausübung eines Wiederkaufsrechts verlängert wird (BGH NJW 1996, 452). Kein solcher Fall einer Verschärfung der Veräußerung- oder Erwerbsverpflichtung der Beteiligten besteht aber darin, wenn nach Erklärung der Auflassung eine Nutzungsbeschränkung zwischen den Parteien vereinbart wird (BGH DNotZ 2020, 740, 741; entgegen OLG Schleswig BeckRS 2018, 50812). Dies erweist sich schon deshalb als korrekt, weil an der Verpflichtung zur *Übertragung* des Grundstücks auch dadurch nichts geändert wird, wenn dieses nicht in gleichem Umfang genutzt werden kann; eine derartige Beschränkung verändert lediglich den praktischen Gebrauch der Kaufsache, bedeutet aber in Bezug auf die Übereignungsverpflichtung keine Modifikation (ebenso BGH DNotZ 2020, 740, 741).

An seiner bisherigen **Rspr hat der BGH** in Reaktion auf die ausdrückliche Kritik des OLG Stuttgart (RNotZ 2018, 316), das die bisherige Rspr aufgeben wollte, jüngst erneut festgehalten (BGH NJW 2018, 3523; s dazu auch die Besprechung von Roemer RNotZ 2019, 192; krit zu dieser Enscheidung insbes Gordon BWNotZ 2018, 120; diese Linie aber noch einmal bestätigt durch BGH DNotZ 2020, 740; s dazu auch Gohrke/Gocht ZfIR 2020, 421). Der BGH konkretisiert seine Rspr dahingehend, dass es ausreichend sei, dass die Auflassung nach § 873 Abs 2 BGB **bindend** geworden ist (BGH NJW 2018, 3523, 3524). Zu Recht löst sich der Senat aber von der Auffassung, durch die Erklärung der Auflassung sei bereits die Erfüllung eingetreten, sieht hierin aber keinen Anlass, von der bisherigen Linie abzuweichen (BGH NJW 2018, 3523, 3524 f). Werde die Auflassung im Kaufvertrag mitbeurkundet, sei auch dies ausreichend, sodass es keiner gesonderten Warnung der Parteien mehr bedürfe (BGH NJW 2018, 3523, 3524). Regelungen zur Vollzugsperre, insbesondere eine Anweisung an den Notar, erst nach Vorliegen bestimmter Voraussetzungen, insbesondere der vollständigen Kaufpreiszahlung, den Vollzug im Grundbuch zu bewirken, stehen nach Auffassung des BGH formfreien Änderungen gleichfalls nicht entgegen (BGH NJW 2018, 3523, 3525). Letztlich stützt sich der Senat zudem maßgeblich darauf, dass nur so **Rechtssicherheit** erreicht werden könne, da andernfalls praktisch eine Vielzahl von Änderungsverträgen unwirksam sei, auf die sich die Beteiligten zwar tatsächlich einigen, allerdings nicht in notarieller Form abschließen (BGH NJW 2018, 3523, 3525). Angesichts der nochmaligen ausdrücklichen Betonung seiner bisherigen Linie ist ohne eine Änderung der Gesetze nicht mit einer Abkehr des Senats von seiner Auffassung zurechnen, sodass für die **Rechtspraxis** diese Einschränkung des § 311b Abs 1 S 1 BGB als gesichert gelten kann. 290

In der Sache begegnet die Auffassung des BGH allerdings **erheblichen Bedenken** 291
(krit auch MünchKommBGB/Ruhwinkel § 311b Rn 67; ders MittBayNot 2019, 249; BeckOGK/Schreindorfer [1. 7. 2023] § 311b Rn 242). Mit gutem Grund hat § 311b Abs 1 S 2 BGB – eingebettet in das allgemeine Verständnis des BGB von Erfüllung – den *Eigentumsübergang* als Voraussetzung für den Eintritt der *Heilung* vorgesehen (in diese Richtung auch Mertens JZ 2004, 431, 433 Rn 20). Ein solcher ist aber durch die bloße Erklärung der Auflassung noch nicht bewirkt, sodass eine vor Vertragsschluss formunwirksam getroffene Vereinbarung nicht geheilt wäre. Mit der Auflassung *allein* ist daher der Normzweck des § 311b Abs 1 BGB, nämlich dem Schutz der Beteiligten und der Rechtssicherheit zu dienen, nicht entfallen, da mit ihr eine Eigentumsänderung noch nicht eingetreten ist. Dies wird insbesondere nach der Änderung des vormaligen § 313 S 1 aF deutlich (**aA** BGH NJW 1985, 266). Mag man unter der Geltung des ursprünglichen § 313 aF, der sich nur auf die Veräußerungsverpflichtung bezog, eine solche durch die Auflassung faktisch als erfüllt angesehen haben können, kann dies für die *Erwerbsverpflichtung* nicht behauptet werden; der Erwerber erlangt nach der

Rspr des BGH mit der Auflassung allein nicht einmal ein Anwartschaftsrecht (s Rn 32 ff).

292 Jedenfalls seit dem 1. 4. 2023 kann es allerdings an der Richtigkeit der Rspr und damit an der Formfreiheit einer Änderung nach bindend gewordener Auflassung keinen Zweifel mehr geben, da der Gesetzgeber sich der Auffassung des BGH angeschlossen hat. **§ 16a Abs 2 S 3 GWG** bestimmt, dass dem Notar Änderungen, die nach einer bindend gewordenen Auflassung vorgenommen werden, durch die Parteien schlüssig nachzuweisen sind. Dies setzt voraus, dass derartige Modifikationen formfrei möglich sind, da andernfalls der Notar regelmäßig Kenntnis von den Anpassungen hätte. Zwar ist die Anerkennung der Rspr nicht unmittelbar im Beurkundungsrecht oder in der die Form anordnende Norm selbst getroffen, allerdings ist die Entscheidung des Gesetzgebers nach dem Grundsatz der **Einheit der Rechtsordnung** auch in dieser Form beachtlich (s zur Beachtlichkeit der Wertungen des gleichrangigen Rechts für die Bestimmung des Norminhalts Jocham, Die Grenzen der richterlichen Rechtsfortbildung im Privatrecht [2021] 200 ff). In der Sache lässt sich zudem das vom BGH vorgebrachte Argument der Rechtssicherheit kaum bestreiten (s BGH NJW 2018, 3523, 2535), da praktisch insbesondere kleinere Änderungen durch die Beteiligten mangels ausreichender Kenntnis nicht in der erforderlichen Form abgeschlossen werden, sodass eine Vielzahl von Änderungsverträgen formunwirksam wäre. Dieser Gefahr beugt die Auffassung des BGH, die nunmehr auch durch den Gesetzgeber sanktioniert wurde, vor und schafft entsprechende Abhilfe. Soweit allerdings die **Veräußerungs- oder Erwerbsverpflichtung** der Beteiligten unmittelbar betroffen wird, insbesondere ein weiteres Grundstück übereignet werden soll oder bei einer Teilfläche der geschuldete Bereich verändert wird, unterliegt dies bereits für sich genommen § 311b Abs 1 S 1 BGB und ist in der Folge nur wirksam, wenn die Änderung notariell beurkundet wird.

293 Änderungen **nach** Auflassung **und** Eintragung sind gleichermaßen formlos wirksam (iE ebenso OLG Stuttgart RNotZ 2018, 316 Rn 36 ff; Kanzleiter DNotZ 1985, 285 ff; ders DNotZ 1998, 954 f; Mertens JZ 2004, 431, 433; MünchKommBGB/Ruhwinkel § 311b Rn 67; BeckOGK/Schreindorfer [1. 7. 2023] § 311b Rn 246). Insoweit greift die Wertung des § 311b Abs 1 S 2 BGB in vollem Umfang, da dann auch bei Vertragsschluss ohne Beachtung der Form vereinbarte Vertragsbestandteile geheilt wären, sodass für nachträglich abgeschlossene Änderungen nichts anderes gelten kann. Infolgedessen erfordert, soweit nicht eine erneute Veräußerungs- oder Erwerbspflicht für einen Beteiligten geschaffen wird, eine diesbezügliche Modifikation nicht die Beachtung der Form des § 311b Abs 1 S 1 BGB.

d) Auswirkungen des Formmangels auf den ursprünglichen Vertrag

294 Ein wegen Formmangels nichtiger Änderungsvertrag kann an dem rechtlich wirksamen **Bestand des formgemäßen ursprünglichen Vertrages** nichts ändern (RGZ 65, 392; RG LZ 1918, 835; vgl hierzu jedoch auch BGH WM 1966, 657; BeckOK-BGB/Gehrlein [1. 8. 2023] § 311b Rn 27). Insbesondere ist regelmäßig nicht anzunehmen, dass die Beteiligten den ursprünglichen Vertrag zunächst (formfrei) aufheben und durch einen neuen, modifizierten Vertrag ersetzen wollten. Ebenso ist keine Rechtseinheit zwischen ursprünglichem und Änderungsvertrag gegeben, die eine Anwendung von § 139 BGB rechtfertigen würde (zweifelnd, iE aber wie hier OLG München BeckRS 2018, 43199). Nur wenn sich nachweisen lässt, dass die Beteiligten in jedem Fall am ursprünglichen

Vertrag nicht festhalten wollten, kann eine Aufhebung der ursprünglichen Vereinbarung, die mitunter formfrei möglich ist (s Rn 296 ff), in der formunwirksamen Vereinbarung erblickt werden, sodass mangels formgerechter Anpassung kein Vertrag mehr zwischen den Beteiligten besteht; ist der „geänderte" Vertrag wegen fehlender Genehmigung noch schwebend unwirksam, so soll nach Ansicht des BGH uU Rechtseinheit (§ 139 BGB) der (formnichtigen) Änderung mit dem schwebend unwirksamen Vertrag gegeben sein können (BGH NJW 1988, 3263).

X. Vertragsaufhebung

Ob eine Aufhebung des Grundstücksvertrags formfrei oder beurkundungspflichtig ist (s dazu Ringhof MittBayNot 1983, 57), ist nach dem **Zeitpunkt der Aufhebung** zu beurteilen (s dazu auch Erman/Grziwotz § 311b Rn 56; jurisPK-BGB/Ludwig § 311b Rn 287). Nach **früherer hM** (RGZ 65, 392, bestätigt von BGH WM 1964, 509) war die Aufhebung bis zur Eigentumsumschreibung grundsätzlich formfrei (so auch noch Reinicke/Tiedtke NJW 1982, 2281; Tiedtke JZ 1990, 75, 78). Entsprechend dem Schutzzweck des § 311b Abs 1 S 1 BGB und im Hinblick auf das durch Rspr und Lit entwickelte *Anwartschaftsrecht* muss allerdings richtigerweise unterschieden werden (s ausführlich BeckOGK/Schreindorfer [1. 7. 2023] § 311b Rn 252 ff; s zudem Grüneberg/Grüneberg § 311b Rn 39; Erman/Grziwotz § 311b Rn 56; Soergel/J Mayer § 311b Rn 212; MünchKommBGB/Ruhwinkel § 311b Rn 68). 295

1. Aufhebung vor Entstehung eines Anwartschaftsrechts

Die Aufhebung des Vertrages **vor** Entstehung eines **Anwartschaftsrechtes** ist formfrei, da sie weder eine Veräußerungs- noch eine Erwerbsverpflichtung enthält (zur alten Rspr „vor Auflassung" s RGZ 65, 392; RG Recht 1914 Nr 1806; LZ 1918, 835; ausdrücklich bestätigt durch BGHZ 83, 395 = BGH NJW 1982, 1639; auch BGH NJW 1988, 1386; BayObLG DNotZ 1989, 363; OLG Saarbrücken NJW-RR 1995, 1105; OLG Köln NJW-RR 1995, 1107; Erman/Grziwotz § 311b Rn 56; NK-BGB/Ring § 311b Rn 47). Die Aufhebung ist in der Konsequenz auch nicht auf eine *Eigentumsänderung* gerichtet. Entsprechendes gilt für den **Erlass des Auflassungsanspruchs** (RGZ 127, 218) bzw für die dem Erlass zugrundeliegende Vereinbarung. Eine *teilweise* Aufhebung eines *zusammengesetzten* Vertrages ist zudem formfrei möglich, wenn eine rechtliche Einheit nicht (oder nicht mehr) besteht und keine Verpflichtung zum Wechsel der Eigentümerstellung begründet wird. Entsprechendes gilt für eine teilweise Aufhebung, wenn der Vertrag *teilbar* ist (zB Aufhebung bzgl eines von mehreren Grundstücken, bei Vorliegen der Voraussetzungen des § 139 BGB). 296

Die Formfreiheit der Aufhebung ergibt sich daraus, dass das Gesetz an verschiedenen Stellen (§§ 623, 2090 Abs 4, § 2351 BGB) die Aufhebung explizit unter einen Formzwang stellt, sodass im **Umkehrschluss** die Annahme geboten ist, dass in allen anderen Situationen die Aufhebung ohne Beachtung der Form für die Begründung des entsprechenden Anspruchs zulässig ist (BeckOGK/Schreindorfer [1. 7. 2023] § 311b Rn 252). Zwar gibt es teleologisch durchaus Gründe dafür, auch die Aufhebung demselben Formerfordernis zu unterwerfen (so auch BeckOGK/Schreindorfer [1. 7. 2023] § 311b Rn 252; vgl auch Krüger, in: FS Brambring [2011] 235, 246), da auch bei der Aufgabe eines Anspruchs auf die Übertragung eines Grundstücks die Warn- und Belehrungsfunktion betroffen sein kann, allerdings ist die Grundentscheidung des 297

Gesetzgebers hinzunehmen. Sie erweist sich auch als systematisch vertretbar, da hierdurch gerade keine Verpflichtung zur Verfügung über ein bereits erlangtes knappes Gut bewirkt, sondern nur der hierauf gerichtete schuldrechtliche Anspruch wieder beseitigt wird (so auch BeckOGK/Schreindorfer [1. 7. 2023] § 311b Rn 252).

298 Eine **teilweise Aufhebung** ist jedoch dann formbedürftig, wenn durch die Aufhebung einzelner Vertragsbestimmungen (oder Wegfall eines von mehreren Grundstücken) eine *Vertragsänderung* eintritt (vgl hierzu auch BGH WM 1973, 17 sowie über die Verbindung von Aufhebung und Änderung RG DRiZ 1925 Nr 410; SeuffA 81 Nr 65; s Rn 283 ff). Ob eine Verringerung des Leistungsgegenstandes (Teilfläche) als teilweise Aufhebung angesehen werden kann (so BGH NJW-RR 1994, 317), ist fraglich, im Ergebnis aber zu verneinen, da der einheitliche Vertragsgegenstand geändert wird und dieser bei nur einer Fläche, auch wenn es sich um eine Teilfläche handelt, nicht teilbar ist. Kein Zweifel an der Beurkundungspflichtigkeit kann bestehen, wenn sich mit der Verringerung der (Teil-)Fläche auch deren Lage verändert oder damit eine Änderung der Gegenleistung verbunden ist. Steht eine Aufhebung mit einem *Ersetzungsvertrag* (also einem erneuten Vertragsabschluss) oder einer Weiterveräußerung an einen Dritten in rechtlichem Zusammenhang, ist *auch* die Aufhebung beurkundungspflichtig (vgl RG DRiZ 1925 Nr 410; s aber auch zu den grunderwerbssteuerlichen Fragen BFH RNotZ 2019, 170).

299 In Bezug auf die Aufhebung ist allerdings zu differenzieren. Der **Aufhebungsvertrag** selbst stellt eine Verfügung dar, da er eine bestehende Rechtsposition beseitigt (BeckOGK/Schreindorfer [1. 7. 2023] § 311b Rn 256; vgl BeckOK-BGB/Dennhardt [1. 8. 2023] § 397 Rn 2; MünchKommBGB/Schlüter § 397 Rn 18). Er ist folglich von § 311b Abs 1 S 1 BGB nicht erfasst, da dieser nur schuldrechtliche Verpflichtungen unter ein entsprechendes Formgebot stellt (BGHZ 89, 41, 46; BayObLG NJW 1976, 1895; BeckOK-BGB/Gehrlein [1. 8. 2023] § 311b Rn 13; Soergel/J Mayer § 311b Rn 51; NK-BGB/Ring § 311b Rn 16; BeckOGK/Schreindorfer [1. 7. 2023] § 311b Rn 70; vgl auch Erman/Grziwotz § 311b Rn 3). Heute kann es allerdings als anerkannt gelten, dass auch dem Aufhebungsvertrag, ebenso wie dem Erlass (BeckOK-BGB/Dennhardt [1. 8. 2023] § 397 Rn 3; vgl auch MünchKommBGB/Schlüter § 397 Rn 6) ein entsprechendes **schuldrechtliches Geschäft** zugrundeliegen muss, das als *causa* für die Verfügung dient (BeckOGK/Schreindorfer [1. 7. 2023] § 311b Rn 256; vgl Eckardt JZ 1996, 934, 942; Lehmann DNotZ 1987, 142, 146 f; MünchKommBGB/Ruhwinkel § 311b Rn 68). Dieses wird zwar typischerweise nicht explizit ausgestaltet, muss aber gegeben sein, weil andernfalls auch der Aufhebungsvertrag kondizierbar wäre (BeckOGK/Schreindorfer [1. 7. 2023] § 311b Rn 256; vgl dazu Eckardt JZ 1996, 934, 942; Lehmann DNotZ 1987, 142, 146 f). Diese Verpflichtung kann in der Konsequenz von § 311b Abs 1 S 1 BGB umfasst sein, weil sie eine Verpflichtung zur Aufhebung des Vertrags und damit gegebenenfalls zur Verfügung über das Eigentum oder ein Anwartschaftsrecht enthält (vgl BGHZ 127, 168; MünchKommBGB/Ruhwinkel § 311b Rn 68; BeckOGK/Schreindorfer [1. 7. 2023] § 311b Rn 256). Dies gilt auch dann, wenn das schuldrechtliche Geschäft und die Aufhebung zeitgleich erfolgen, da die unmittelbare Erfüllung nichts an der Beurkundungsbedürftigkeit des schuldrechtlichen Verpflichtungsvertrags ändert, wie auch § 311b Abs 1 S 2 BGB zeigt, der zusätzlich die Eintragung in das Grundbuch verlangt und deshalb die Gleichzeitigkeit von Verpflichtungs- und Verfügungsgeschäft gerade nicht ausreichen lässt. Handelt es sich dagegen lediglich um die Vereinbarung einer Rechtsgrundabrede, nachdem die relevanten Handlungen bereits erfolgt sind, kommt es darauf an, ob die Vorgaben des BGH zur formfreien Änderung, insbesondere nach erfolgter Auflassung (s Rn 289 ff) eingreifen. Insoweit ist ein Vergleich mit der Rechtsgrundabrede für eine bereits erfolgte Veräußerung oder einen Erwerb angezeigt, die regelmäßig ebenfalls formfrei erfolgen kann (s Rn 98). Dies führt dazu, dass auch Rechtsgrundabreden für aufgehobene Verträge formfrei möglich sind, obgleich eine solche Gestaltung kaum einmal denkbar ist, da sich die Beteiligten typischerweise spätestens bei Aufhebung auch auf die *causa* einigen werden.

2. Aufhebung nach Entstehung eines Anwartschaftsrechts

Hat der Erwerber schon ein *Anwartschaftsrecht* (zum Zeitpunkt des Entstehens eines Anwartschaftsrechts s Rn 32 f) erworben, ist die Verpflichtung zur Aufhebung des Vertrags dagegen grundsätzlich **formbedürftig** (RG Recht 1914 Nr 1806; wohl auch DRiZ 1925 Nr 410; BGHZ 83, 395 = DNotZ 1982, 619 m Anm Ludwig; 103, 175; 1993, 3323; BGH NJW-RR 1988, 265; BayObLG DNotZ 1989, 365; OLG Düsseldorf DNotZ 1990, 370; OLG Hamm DNotZ 1991, 149 m Anm Brambring; Grüneberg/Grüneberg § 311b Rn 40; Erman/Grziwotz § 311b Rn 56; Müller MittRhNotK 1988, 243; NK-BGB/Ring § 311b Rn 46; MünchKommBGB/Ruhwinkel § 311b Rn 68; **aA** noch RG SeuffA 80 Nr 72; BGH WM 1964, 509; Krüger, in: FS Brambring [2011] 236, 242; Reinicke/Tiedtke NJW 1982, 2281; Roemer 91 f; Jauernig/Stadler § 311b Rn 18; Tiedtke DB 1991, 2273; kritisch auch Pohlmann DNotZ 1993, 355, 357). Mit dem Anwartschaftsrecht hat der Erwerber schon vor Eigentumsumschreibung eine *selbständige,* von der des Veräußerers unabhängige Rechtsstellung erlangt, die dem *Volleigentum* stark angenähert ist (s Rn 32 mNw). Damit müssen aber auch die für die Beurkundungspflicht der Aufhebung eines durch Übergang des Vollrechts (Eigentum) erfüllten Vertrages entwickelten Grundsätze (s Rn 304) auf die Verpflichtung zur Aufhebung des Anwartschaftsrechts entsprechend Anwendung finden. Da das Anwartschaftsrecht ein sog wesensgleiches Minus zum Vollrecht darstellt, sind die Vorschriften über das Vollrecht auf das Anwartschaftsrecht analog anzuwenden. Zwar wird bei der Vertragsaufhebung das Anwartschaftsrecht nicht übertragen oder erworben, sondern es wird aufgehoben und erlischt daher ersatzlos, allerdings ist auch insoweit eine analoge Anwendung des § 311b Abs 1 S 1 BGB angezeigt, da der Inhaber nicht weniger schutzwürdig ist, wenn er das Recht in einer Weise verliert, dass es aufgehoben wird, als wenn er dazu verpflichtet wird, es auf einen anderen zu übertragen. Insoweit besteht kein Unterschied zur Behandlung der Verpflichtung zur Eigentumsaufgabe (s Rn 55). 300

Der **BGH** ist allerdings später davon ausgegangen, dass dann, wenn der Vertrag inklusive der dinglichen Erklärungen, insbesondere einschließlich der Auflassungserklärung durch die Beteiligten aufgehoben werden soll, eine Form nicht zu wahren sei (BGH NJW 1993, 3323, 3225). Dem kann jedoch nicht gefolgt werden (krit auch Erman/Grziwotz § 311b Rn 56; Soergel/J Mayer § 311b Rn 216; BeckOGK/Schreindorfer [1. 7. 2023] § 311b Rn 257; vgl zudem Eckardt JZ 1996, 934, 942; Lehmann DNotZ 1987, 142, 143). Der BGH begründet seine Ansicht damit, dass bei einer gleichzeitigen Aufgabe des Anwartschaftsrechts mit der Aufhebung selbst keine Verpflichtung für den Erwerber begründet werde und daher der Schutzzweck der Norm nicht eingreife (BGH NJW 1993, 3323, 3225). Würde man sich dem anschließen, wäre allerdings die Rspr des BGH zur Aufgabe des Anwartschaftsrechts nahezu bedeutungslos, weil es im Regelfall praktisch nahezu immer so liegen wird, dass der Vertrag insgesamt, mithin auch einschließlich der Auflassungserklärung aufgehoben wird (ähnl BeckOGK/Schreindorfer [1. 7. 2023] § 311b Rn 257). Dies würde dazu führen, dass faktisch die Beseitigung des Anwartschaftsrechts nie von Relevanz wäre. In der Sache kann 301 es darauf nicht ankommen. Maßgeblich ist, dass durch den Vertrag eine gesicherte Rechtsposition des Erwerbers aufgegeben wird, was unabhängig davon der Fall ist, ob zugleich auch die Auflassung mitaufgehoben wird. Weil das schuldrechtliche Geschäft und der bloße Aufhebungsvertrag voneinander zu differenzieren sind (s Rn 299), kann die Frage der Aufhebung der Auflassung keine Rolle spielen, da in jedem Fall eine Verpflichtung zur Aufhebung des Anwartschaftsrechts besteht und somit sich hieraus die Beurkundungsbedürftigkeit ergibt.

302 Theoretisch denkbar wäre es allerdings, dass die Beteiligten zunächst das **Anwartschaftsrecht zerstören**, indem sie dessen Voraussetzungen, insbesondere die Erklärung der Auflassung, die Eintragung der Vormerkung oder die Stellung des Eintragungsantrags, beseitigen und sodann den Grundstücksvertrag formfrei aufheben (s auch Soergel/J Mayer § 311b Rn 214 mwNw). Ein solches Vorgehen wirft aber bereits erhebliche berufsrechtliche Bedenken für den mitwirkenden Notar auf (s dazu BeckOGK/Schreindorfer [1. 7. 2023] § 311b Rn 257. 1). Zudem ist es in der Sache auch nicht zielführend, weil gleichwohl zwischen den Beteiligten eine entsprechende *causa* bestehen muss, die den Erwerber zur Aufgabe des Anwartschaftsrechts zwingt. Andernfalls wäre dies kondizierbar. Darüber hinaus wird zwischen den Parteien üblicherweise ein diesbezüglicher Gesamtplan vorliegen, sodass eine Beurkundungsbedürftigkeit existiert, weil eine Verpflichtung zur Aufgabe des Anwartschaftsrechts begründet wird, die analog § 311b Abs 1 S 1 BGB die notarielle Beurkundung erfordert.

303 Formfrei ist die Aufhebung nur dann, wenn die Beteiligten sich ausschließlich zur Beseitigung der schuldrechtlichen Verpflichtungen aus dem Grundstücksvertrag verpflichten (BGHZ 127, 168 = NJW 1994, 3346). In diesem Fall ist die Rückabwicklung allein nach den Vorgaben der §§ 812 ff BGB geschuldet, sodass keine spezifische schuldrechtliche Verpflichtung zur Aufgabe des Rechts oder zur Übertragung der existierenden Position besteht (vgl BGHZ 83, 395, 397 f; Soergel/J Mayer § 311b Rn 214; Pohlmann DNotZ 1993, 355, 357). Die Rechtslage ist insoweit nicht anders als bei einem Auftrag über den Erwerb eines Grundstücks (s Rn 80). Praktisch ist ein derartiges Vorgehen allerdings ausgeschlossen (s auch Pohlmann DNotZ 1993, 355, 357 f). Die allgemeinen Regelungen des Bereicherungsrechts sind kaum geeignet, das komplexe Geflecht eines Grundstückserwerbsvertrags rückabzuwickeln, sodass es dem Willen der Beteiligten nicht entsprechen wird, auf die gesetzlichen Vorgaben zu rekurrieren (vgl auch Pohlmann DNotZ 1993, 355, 358). Sie werden daher stets beabsichtigen, eigenständige Regelungen zu treffen, nach welchen Maßstäben und Voraussetzungen die Rückgewähr zu erfolgen hat, insbesondere wie der grundbuchamtliche Vollzug gestaltet werden soll. Insoweit schaffen sie dann eine neue schuldrechtliche Rückübertragungs- oder Aufgabeverpflichtung, die die Beurkundungspflicht nach § 311b Abs 1 S 1 BGB auslöst.

3. Aufhebung nach (wirksamer) Eigentumsumschreibung

304 Anerkannt ist, dass eine **Verpflichtung zur Vertragsaufhebung nach Eigentumsumschreibung** typischerweise die Beurkundungsbedürftigkeit begründet (RGZ 60, 398; BGHZ 83, 395, 397; BGHZ 127, 168, 173 f; jurisPK-BGB/Ludwig § 311b Rn 288; Mertens JZ 2004, 431, 434; BeckOGK/Schreindorfer [1. 7. 2023] § 311b Rn 260; vgl NK-BGB/Ring § 311b Rn 46). Dies ergibt sich daraus, dass der Erwerber in diesem Fall bereits das Eigentum am Grundstück erlangt hat, sodass er sich im Zuge der Aufhebung dazu verpflichtet, dieses wieder herauszugeben und damit an den vormaligen Eigentümer zu

übertragen (Soergel/J Mayer § 311b Rn 212). Maßgeblich ist insoweit wieder die schuldrechtliche *causa* für die Vertragsaufhebung und nicht die Aufhebung selbst (s dazu auch Rn 299). Eine Ausnahme ist nur wieder zu machen, soweit sich die Beteiligten nicht auf ein gesondertes Rückabwicklungsregime einigen, sondern es bei den gesetzlichen Regelungen der §§ 812 ff BGB belassen (BGHZ 127, 168, 174; Soergel/J Mayer § 311b Rn 212; BeckOGK/Schreindorfer [1. 7. 2023] § 311b Rn 261). In diesem Fall wird keine vertragliche Verpflichtung zur Eigentumsverschaffung begründet, sodass auch § 311b Abs 1 S 1 BGB nicht eingreift (vgl zum Anwartschaftrecht auch Rn 303). Dass eine vertragliche Regelung eine gesetzliche Bestimmung auslöst, die zu einer Grundstücksübertragungsverpflichtung führt, ist für die Beurkundungsbedürftigkeit nicht ausreichend (s Rn 80). Ein solches Vorgehen ist allerdings praktisch kaum denkbar, da es dem Willen der Beteiligten nicht entsprechen wird, ohne nähere Ausgestaltung allein die überwiegend unpassenden gesetzlichen Regelungen heranzuziehen (vgl Soergel/J Mayer § 311b Rn 212; BeckOGK/Schreindorfer [1. 7. 2023] § 311b Rn 261). Sie werden daher stets ein eigenes Rückabwicklungsregime wünschen, sodass eine über die gesetzlichen Anforderungen hinausgehende Veräußerungsverpflichtung besteht, die das Beurkundungsbedürfnis auslöst.

XI. Notarielle Beurkundung

1. Örtliche und sachliche Zuständigkeit

Örtlich und sachlich zuständig für die Beurkundung ist *jeder* Notar (zum IPR s Rn 46 ff), 305 gleichgültig, wo das Grundstück belegen ist. Eine Überschreitung des Amtsbezirks gem § 11 Abs 2 BNotO, § 2 BeurkG oder des Amtsbereichs gem § 10a BNotO berührt die Wirksamkeit seiner Amtshandlungen nicht (§ 11 Abs 3 BNotO). Bei einem *gerichtlichen Vergleich* wird die notarielle Beurkundung gem § 127a BGB durch Aufnahme eines nach den Vorschriften der ZPO errichteten Protokolls ersetzt (s aber zur rechtpolitischen Kritik: Soergel/Meier/Wolz § 127a Rn 1). Der Vergleich muss allerdings materiell und prozessual wirksam sein, um die Wirkungen des § 127a BGB erfüllen zu können (dazu näher Soergel/Meier/Wolz § 127a Rn 9 ff). Ausgestattet mit einer allgemeinen Beurkundungszuständigkeit sind ferner die Konsularbeamten (§ 10 KonsG). Die landesrechtlichen Gesetzgebungszuständigkeiten gem Art 141, 142 EGBGB wurden durch den Erlass des BeurkG aufgehoben (vgl Staudinger/Mayer [2005] Art 141 EGBGB Rn 3, Art 142 EGBGB Rn 1; Vorbehalt für Ratsschreiber in Bad-Württ – § 61 Abs 4 BeurkG; zur alten Rechtslage s eingehend Staudinger/Kaduk[10/11] § 313 aF Rn 87 ff), die § 311b Abs 1 BGB, § 127a BGB und § 128 BGB hierbei neu gefasst.

2. Die Niederschrift

Vorgeschrieben ist *notarielle Beurkundung,* also die Erstellung einer *Niederschrift,* 306 die *öffentliche Beglaubigung der Unterschriften ist demgegenüber nicht ausreichend* (vgl § 128 BGB mit § 129 BGB). Das **Beurkundungsverfahren** selbst ist im **Beurkundungsgesetz** festgelegt. Begriff und Voraussetzungen einer *formell-rechtlich wirksamen* Beurkundung ergeben sich daher nicht unmittelbar aus § 311b Abs 1 BGB, sondern werden durch die Vorschriften des BeurkG ausgestaltet (zB §§ 6, 7, 9, 13, 13a, 14 BeurkG; zum früheren Recht vgl BGHZ 29, 8; 56, 161); umgekehrt sagt eine formell-rechtlich wirksame Urkunde noch nichts über die *materiell-rechtliche* Wirksamkeit nach § 311b Abs 1 BGB aus (Volhard NJW 1975, 1682, 1683). *Was* beurkundet werden muss, bestimmt sich nämlich nach § 311b Abs 1 BGB, lediglich das *Wie* der Beurkundung wird durch das BeurkG festgelegt. Nach dem materiellen Recht richtet sich mithin ebenfalls grundsätzlich, ob zB gleichzeitige Anwesenheit der Vertragsteile erforderlich ist. Dies ist bei § 311b Abs 1 BGB (im Gegensatz zu § 925 BGB) jedoch nicht der Fall (s auch § 128 BGB).

307 Soweit Änderungen formbedürftig sind (s Rn 283 ff), genügt deshalb auch eine sog **Eigenurkunde** des Notars nicht (s hierzu BGHZ 78, 36; BayObLG DNotZ 1983, 434; Rpfleger 1988, 60). Die Eigenurkunde kann nur eine verfahrensrechtliche (zB GBO) Form, nicht jedoch die zur materiell-rechtlichen Wirksamkeit vorgeschriebene Form des § 311b Abs 1 S 1 BGB ersetzen (BeckOGK/Schreindorfer [1. 7. 2023] § 311b Rn 249; Winkler § 1 BeurkG Rn 6). Offensichtliche Unrichtigkeiten – auch im Rahmen einer „falsa demonstratio" (s Rn 335 ff) – kann der Notar jedoch nachträglich gem § 44a Abs 2 BeurkG berichtigen, da es sich gerade nicht um eine materiell-rechtliche Änderung handelt (OLG Düsseldorf RNotZ 2017, 189, 191).

3. DDR-Recht

308 Bis zum Inkrafttreten des DDR-ZGB galt das Formerfordernis des vormaligen § 313 BGB uneingeschränkt auch in der ehemaligen DDR (OLG Brandenburg Rpfleger 1995, 454). Gem § 297 Abs 2 DDR-ZGB bedurften Verträge, durch die das Eigentum an Grundstücken übertragen werden sollte (wobei das DDR-Recht den Unterschied zwischen Kausalgeschäft und – abstrakter – Auflassung nicht kannte; zur Nichtanwendbarkeit von § 313 aF auf derartige Fälle s Rn 51), dann der Beurkundung durch das **Staatliche Notariat** oder das sonst zuständige staatliche Organ (§ 67 Abs 1 DDR-ZGB). Die ursprünglich strittige Frage, ob zeitlich *vor* dem 3. 10. 1990 (Beitrittszeitpunkt) von *bundesdeutschen* oder *Westberliner* Notaren über in der ehemaligen DDR belegene Grundstücke beurkundete Verträge formunwirksam sind (für Formunwirksamkeit: LG Berlin DtZ 1991, 411; Kreisgericht Leipzig-Stadt DtZ 1991, 306; Schäfer-Gölz/Lange DtZ 1991, 292; für Formwirksamkeit: Schotten DNotZ 1991, 771; Steiner DtZ 1991, 372), ist durch Art 231 § 7 Abs 1 EGBGB (eingefügt durch das 2. VermRÄndG) *zugunsten* der Formwirksamkeit iS einer Heilungsvorschrift geklärt (s hierzu auch Scholten/Schmellenkamp DNotZ 1992, 203; Böhringer VIZ 2000, 569, 570, 573 hierzu und zu sonstigen „Heilungsvorschriften" bei Form- und anderen Mängeln). Die Norm wirkt **ex tunc** (BGH DtZ 1993, 210). Hiervon unberührt bleiben aber bereits rechtskräftig entschiedene Fälle (Art 231 § 7 Abs 2 EGBGB). Ab dem Beitrittszeitpunkt gilt der vormalige § 313 S 1 BGB und jetzige § 311b Abs 1 BGB (insgesamt, also unter Einschluss des § 311b Abs 1 S 2 BGB) auch für Grundstücke in den neuen Bundesländern, da § 313 aF an der allgemeinen Überleitung des BGB teilgenommen hat (s hierzu Rohde DNotZ 1991, 186, 201). Zur Beurkundungsbedürftigkeit bezüglich des fortgeltenden selbständigen Gebäudeeigentums s Rn 15.

XII. Folgen der Verletzung der Formvorschrift

1. Nichtbeurkundung

309 Ist der Vertrag insgesamt **nicht beurkundet** (was auch dann der Fall ist, wenn er vom Notar nicht gem § 13 Abs 1 BeurkG vorgelesen wurde, BGHZ 131, 220), so ist er gem § 125 S 1 BGB *schlechthin nichtig* (Erman/Grziwotz § 311b Rn 63; NK-BGB/Ring § 311b

Rn 50; s allg auch REINICKE, Rechtsfolgen formnichtig abgeschlossener Verträge [1969]). Die **Nichtigkeit** tritt ein, unabhängig davon, ob sich eine Partei (MATTERN DNotZ 1967, 661, 672) oder gar beide Parteien darauf berufen (BGH DNotZ 1969, 670) und im Grundsatz (s zu Ausnahmen Rn 352 ff) unabhängig davon, auf welche Gründe die Nichtbeurkundung zurückzuführen ist (BGH WM 1964, 510 mNw). Auch ein Verzicht auf den Einwand der Nichtigkeit ist nicht möglich (BGH NJW 1969, 1167 m insoweit zust Anm REINICKE), vielmehr ist es erforderlich, dass der Vertrag formgerecht erneut abgeschlossen wird, um den Mangel zu beseitigen. Die Nichtigkeit ist daher *von Amts wegen* zu berücksichtigen (RGZ 129, 370; RGZ 61, 267; RGZ 82, 160; RG Recht 1912 Nr 194; Recht 1913 Nr 1710; JW 1929, 438; BGHZ 29, 12; BGH WM 1966, 656; DNotZ 1969, 670). Jeder Dritte kann sich auf sie berufen (RGZ 93, 76).

Der nichtbeurkundete Vertrag begründet zwischen den Parteien *keine schuldrechtlichen Verpflichtungen,* weder auf Nachholung der Form (vgl RGZ 43, 140; RGZ 50, 48) noch auf Mitwirkung zur Auflassung noch auf Schadensersatz (s Rn 350) noch auf Gewährleistung (BGHZ 54, 64). Es entsteht auch keine natürliche Verbindlichkeit (so aber WINDSCHEID/KIPP § 289, 192; s auch HÄSEMEYER 82, 249, der in einem formnichtigen Vertrag ein formfrei wirksames Rechtsgrundverhältnis sieht). Der Vertrag kann gleichermaßen keine *causa* für eine vorgenommene Rechtsänderung bilden, sodass entsprechende Maßnahmen, soweit es nicht nach § 311b Abs 1 S 2 BGB zu einer Heilung kommt, zu kondizieren sind. 310

2. Unvollständige Beurkundung

Der Vertrag muss vom Notar *vollständig* (s Rn 210 ff) beurkundet werden. Die Einzelheiten müssen jedoch nicht immer aus der notariellen Urkunde unmittelbar und selbst zu entnehmen sein (MünchKommBGB/RUHWINKEL § 311b Rn 73; vgl dazu auch ERMAN/GRZIWOTZ § 311b Rn 64). Eine **Auslegung** der Urkunde (s Rn 312 ff) und **Bezugnahmen** (s Rn 319 ff) sind nicht ausgeschlossen. 311

a) Auslegung

Die Ermittlung des genauen Erklärungsinhalts durch **Auslegung** (s allgemein FLUME, AT § 16 3) ist grundsätzlich auch bei formbedürftigen Verträgen zulässig (schon RGZ 59, 219; BGHZ 63, 362 mNw = BGH NJW 1965, 536; BGH NJW 1969, 133; vgl auch ERMAN/GRZIWOTZ § 311b Rn 67). Dies gilt ebenso für Vereinbarungen, die unter § 311b Abs 1 BGB fallen (BGH DNotZ 1971, 721). Haben die Beteiligten dem Vereinbarten in der Urkunde Ausdruck gegeben, kommt eine Nichtigkeit wegen Formmangels nicht in Betracht (BGH NJW-RR 2002, 415). Der **übereinstimmende Parteiwille** geht dem Wortlaut (zur falsa demonstratio s Rn 335 ff) vor (BGH NJW-RR 1988, 265 mwNw). Hierbei können nicht nur der Inhalt des ganzen Vertrages *(unmittelbare* Vertragsauslegung), sondern auch *außerhalb der Urkunde* liegende Umstände herangezogen werden (vgl RGZ 109, 336; RG LZ 1919, 470; BGH NJW 1969, 131; OLG Köln 16. 10. 2014 – 7 U 25/14, juris Rn 18), soweit sich nicht aus dem Gesetz – wie zB § 13a BeurkG hinsichtlich Schriftstücken und/oder Plänen – etwas anderes ergibt (so auch MünchKommBGB/RUHWINKEL § 311b Rn 72). Es ist jedoch zu berücksichtigen, dass die notarielle Urkunde die **Vermutung der Vollständigkeit** für sich hat (so schon Mot I 184) und das Rechtsgeschäft nicht in einem anderen als dem von den *Beteiligten* übereinstimmend gewollten Sinn ausgelegt werden darf. Die Auslegung darf daher nicht zu einer richterlichen Erweiterung oder Berichtigung führen (BGHZ 40, 91; BGHZ 77, 301; BGH NJW-RR 1991, 1031; NJW 1995, 1212). 312

313 Das **wirklich Vereinbarte** muss nach der Rspr und überwiegenden Ansicht in der Urkunde einen, wenn auch *unvollkommenen* und deshalb der Auslegung bedürftigen **Ausdruck** gefunden haben (st Rspr: RGZ 59, 219; RG JW 1925, 2237; vgl BGH NJW 1969, 133; krit zur *„Andeutungstheorie"* Häsemeyer 156 und für unbeschränkte Auslegbarkeit 264 ff). Betrachtet man allerdings, dass die ganz herrschende Meinung die Grundsätze der falsa demonstratio auch im Rahmen formbedürftiger Verträge zur Anwendung bringt, bei der gerade das wahre Gewollte in keiner Weise Ausdruck in der Urkunde gefunden hat (s Rn 335 ff), sondern die gerade voraussetzt, dass das wirklich Gewollte von dem Ausgedrückten abweicht, kann dies nicht überzeugen (dazu auch schon Soergel/Meier/Wolz § 125 Rn 33; zu diesem Konflikt auch Wieling AcP 172 [1972] 297, 310; abl auch MünchKommBGB/Eisele § 125 Rn 38 f). Die frühere Rspr (BGHZ 74, 115 = BGH NJW 1979, 1350; BGH NJW 1969, 131), wonach noch nicht einmal jeder Anhaltspunkt ausreichen soll, ist vor diesem Hintergrund nicht aufrechtzuerhalten (vgl MünchKommBGB/Eisele § 125 § 311b Rn 38; Soergel/J Mayer § 311b Rn 178; MünchKommBGB/Ruhwinkel § 311b Rn 74; BeckOGK/Schreindorfer [1. 7. 2023] § 311b Rn 281). Vielmehr verlangen §§ 133, 157 BGB, gerade den wahren Willen der Beteiligten zu ermitteln, sodass eine Beschränkung auf das, was in der Urkunde in irgendeiner Weise ausgedrückt wurde, nicht zulässig ist. Der Gesetzgeber hat mit dieser Anordnung gerade die Erwartung verbunden, dass der wirkliche Wille der Beteiligten Gegenstand ihrer bindenden rechtsgeschäftlichen Übereinkunft wird, sodass dessen Berücksichtigung nicht dadurch beschränkt werden darf, dass nur Erkenntnismöglichkeiten in einer bestimmten Form beachtet werden. Ansonsten würde der Text der Urkunde und damit der Wortlaut der Erklärung entgegen der eindeutigen Absicht des § 133 BGB doch die Möglichkeit der Auslegung einschränken.

314 Eine Auslegung scheidet jedoch aus, wenn die Beteiligten rechtsgeschäftliche Erklärungen in der Urkunde **bewusst unterlassen** (Soergel/J Mayer § 311b Rn 176). Maßgeblich ist zudem der objektive Erklärungswert der Äußerungen der Parteien bei der Abgabe der Willenserklärungen, es geht nicht darum, dem Rechtsgeschäft zu dem Inhalt zu verhelfen, den der Richter im *Entscheidungszeitpunkt* als interessengerecht ansieht (BGHZ 146, 280, 282). Dies gilt auch bei Handeln in fremdem Namen, da das „Handeln" Inhalt der – auslegungsfähigen – rechtsgeschäftlichen Erklärung des Vertreters ist (BGH MDR 1997, 633). Zur Ermittlung des Partei*willens (nicht* des *objektiven* Gehalts der *Erklärungen;* BGH NJW 1988, 2878) können jedoch Rückschlüsse aus dem nachträglichen Verhalten der Parteien gezogen werden, soweit dies das Erkennen des *ursprünglichen Willens* ermöglicht, zB aus einem späteren Schriftwechsel und der Art der Vertragsabwicklung (BGH ZIP 1998, 106, wenn auch zur Bürgschaft). Das Formerfordernis ist dann erfüllt für den Vertragsinhalt, den die Auslegung ergibt (RGZ 109, 336; BGHZ 63, 362).

315 Nach früherer Rspr des BGH sollte es bei formbedürftigen, insbesondere § 311b Abs 1 S 1 BGB unterfallenden Rechtsgeschäften ausschließlich auf den wahren **Willen der Parteien** selbst ankommen (BGH DNotZ 1986, 744). Die Anwendung des § 166 Abs 1 BGB sei in direkter oder analoger Anwendung ausgeschlossen, wenn ein Vertreter auftrete, sodass es nicht auf dessen Willen ankommen könne (BGH DNotZ 1986, 744). Diese Auffassung hat der BGH später – zu § 15 GmbHG – zu Recht aufgegeben (BGH NJW 2000, 2272). Die Anwendung von § 166 Abs 1 BGB und die darin verkörperte Wertung, dass es bei Erklärungen, die durch einen Vertreter abgegeben werden, nicht auf den für den Vertragspartner nicht erkennbaren Willen

des dahinterstehenden Vertretenen ankommen darf, sondern ausschließlich der Wille des Vertreters maßgebend ist, hängt nicht davon ab, ob es sich um ein formfreies oder ein formbedürftiges Rechtsgeschäft handelt (vgl BGH NJW 2000, 2272, 2273; MünchKommBGB/Schubert § 166 Rn 31). Die zu § 166 Abs 1 BGB entwickelten Grundsätze finden deshalb in beiden Fällen Anwendung (so iE auch BGH NJW 2000, 2272, 2273; MünchKommBGB/Schubert § 166 Rn 31).

Ob und in welchem Umfang eine **Niederlegung des Willens** der Beteiligten **in der Urkunde** erfolgt, hängt maßgeblich von deren Absichten ab. Nach § 17 Abs 1 BeurkG ist der Notar gehalten, dafür Sorge zu tragen, dass die Erklärungen klar und unzweideutig in der Urkunde wiedergegeben werden. Er muss sich daher auch darum bemühen, dass ein Auslegungsbedarf nach Möglichkeit nicht entsteht (vgl BeckOGK/Regler [1. 7. 2023] § 17 BeurkG Rn 26, 106, 108). Gleichwohl ist er im Ergebnis an die **Vorgaben der Beteiligten** gebunden, sodass die letzte Entscheidung über die Gestaltung der Urkunde bei diesen liegt (vgl BGH NJW 1962, 586, wo jedoch hervorgehoben wird, dass Bedenken geäußert werden müssen; DNotZ 1991, 753 755; BeckOGK/Regler [1. 7. 2023] § 17 BeurkG Rn 25). Wollen sie mithin eine detaillierte Aufschlüsselung bestimmter Aspekte nicht vornehmen, sondern lediglich das Ergebnis unter einer Sammelbezeichnung festschreiben, so darf der Notar die Beurkundung nicht ablehnen. Vor dem Hintergrund des § 311b Abs 1 S 1 BGB ist es folglich ausreichend, wenn die Einigung der Parteien nur insoweit wiedergegeben ist, dass sie zwar den Willen der Parteien wiedergibt, im Detail aber noch Auslegungsbedarf lässt (vgl dazu auch BeckOGK/Schreindorfer [1. 7. 2023] § 311b Rn 283). Es genügt bei einer Überlassung daher, wenn lediglich eine Abgeltung sämtlicher Investitionen oder eine Abfindung für alle geleisteten Dienste vereinbart wird, soweit dies dem wahren Willen der Beteiligten entspricht. Grundsätzlich ist dies auch für Verträge unter Fremden, insbesondere Kaufverträgen, nicht anders zu beurteilen. Maßgeblich ist insoweit, ob tatsächlich eine Einigung über bestimmte Aspekte, die unter einer derartigen Sammelbezeichnung wiedergegeben werden, erfolgt ist. Fehlt es daran, liegt allerdings ein Dissens vor, wenn der Inhalt der Erklärungen zwischen den Beteiligten nicht feststeht (s dazu BGH MittBayNot 1999, 371). 316

Entscheidend für Umfang und Grenze der Auslegung ist der Wille der Parteien (s auch BeckOGK/Schreindorfer [1. 7. 2023] § 311b Rn 277; vgl BGH MDR 2002, 1001; LG Rostock NJW-RR 2002, 55; Erman/Grziwotz § 311b Rn 45; vCampe DNotZ 2000, 109; **aA** jedoch BGH NJW-RR 1999, 1030). Dies gilt auch bei der Auslegung der verwendeten juristischen Begriffe oder des allgemeinen Sprachgebrauchs. Wollen die Beteiligten zB bei der Verwendung des Begriffes „Gewerbe" tatsächlich *jede* Art des Gewerbes umfassen (statt einer „Autolackiererei" zB *auch* eine „Selbstbedienungswaschanlage" usw), findet sich das tatsächlich Vereinbarte in diesem – ohne Einschränkung – verwendeten Begriff „Gewerbe" wieder. Wollen die Beteiligten aber eine eingeschränkte Bedeutung dieses Begriffes, genügt es richtigerweise, dass festgestellt werden kann, dass ein solcher Wille zwischen den Beteiligten bei Abschluss des Vertrages bestand. Nach der Rspr wäre allerdings eine Andeutung in der Urkunde zu fordern (s dazu BGH NJW 1969, 131, 132; NJW 1979, 1350; NJW 1996, 2792, 2793), sodass es vom konkreten Wortlaut abhinge, ob der wahre Wille der Beteiligten zum Ausdruck gelangen kann (s dazu auch BGH NJW 1996, 2792 = MittBayNot 1996, 429 m Anm Gschossmann). 317

318 Auch nach der Auffassung, die für eine Auslegung nach der Andeutungstheorie eine erkennbare Niederlegung in der Urkunde verlangt, soll zudem eine **ergänzende Auslegung** nach §§ 152, 242 BGB möglich sein, die auf den *hypothetischen* Willen der Beteiligten abstellt (vgl Kanzleiter MittBayNot 2002, 13, 14 f; MünchKommBGB/Ruhwinkel § 311b Rn 73; BeckOGK/Schreindorfer [1. 7. 2023] § 311b Rn 283). Dies ist unter Anwendung der Andeutungstheorie allerdings ebenso wenig überzeugend wie die Zulassung der Grundsätze über die falsa demonstratio. Stimmig lässt sich dies nur begründen, wenn man richtigerweise die Andeutungstheorie nicht für beachtlich hält und daher eine Auslegung nach den allgemeinen Grundsätzen auch im Rahmen formbedürftiger Verträge bejaht. Eine ergänzende Vertragsauslegung kommt in Betracht, wenn eine Vertragslücke – sei es von Anfang an oder erst später – offenbar wird (grundlegend BGHZ 9, 273, 278; BGHZ 84, 1, 7; BGHZ 90, 69; BGHZ 143, 103, 120; BGH NJW-RR 2008, 1371, 1372; BeckOK-BGB/Wendtland [1. 8. 2023] § 157 Rn 28; **aA** wohl MünchKommBGB/Busche § 157 Rn 28). Die Grenze ergänzender Vertragsauslegung ist aber überschritten, wenn die Vertragsteile bewusst auf eine Regelung verzichtet haben, da dann für einen mutmaßlichen Willen kein Platz ist (BGHZ 94, 105, 113; BGHZ 77, 301, 304; BGH BeckRS 2022, 10192 Rn 28; OLG Hamm NJW-RR 2004, 298, 299; MünchKommBGB/Busche § 157 Rn 55; BeckOK-BGB/Wendtland [1. 2. 2023] § 157 Rn 43). In diesem Fall kommen die **dispositiven Bestimmungen des Gesetzesrechts** zur Anwendung, sodass eine Abweichung hiervon nicht als vereinbart gelten und auch nicht im Wege der Auslegung ermittelt werden kann. Fehlt bewusst eine wesentliche Regelung, die sich auch nicht durch die Anwendung des dispositiven Gesetzesrechts füllen lässt, ist die Beurkundung unvollständig, da der Vertrag nicht mit sämtlichen wesentlichen Bestandteilen geschlossen wurde (vgl dazu BGH NJW 1995, 1212; MünchKommBGB/Busche § 157 Rn 55; BeckOK-BGB/Wendtland [1. 8. 2023] § 157 Rn 43).

b) Bezugnahme

319 Von der Auslegung zu unterscheiden ist die **Bezugnahme in einer notariellen Urkunde**. Die Bezugnahme auf ein der Niederschrift beigefügtes Schriftstück gem § 9 Abs 1 S 2 BeurkG ist gesetzlich ausdrücklich zugelassen. Das beigefügte – mitverlesene (§ 13 BeurkG) – Schriftstück wird dadurch zum Bestandteil der Urkunde. Handelt es sich bei einer derartigen Anlage um ein „Formular zum Ankreuzen“ (Entsprechendes gilt, wenn das „Ankreuzen“ im Urkundsmantel enthalten ist), müssen nichtangekreuzte Teile mitvorgelesen werden, soweit sie nicht vollständig durchgestrichen sind (BeckOGK/Seebach/Rachlitz [1. 5. 2022] § 13 BeurkG Rn 24). Bei der Bezugnahme ist zu unterscheiden zwischen den Fällen, in denen eine in einem anderen Schriftstück (Urkunde) enthaltene Willenserklärung mit zu beurkunden ist (**echte Verweisung**; s Rn 320), und den Fällen, in denen eine einfache Bezugnahme (**unechte Verweisung**; s Rn 323) genügt (s hierzu Brambring DNotZ 1980, 281, 282; s zu Verweisungen auf Baubeschreibungen, Bauplänen und Teilungserklärungen auch Hagen NJW 1979, 2135).

320 Bei der Notwendigkeit einer **echten Verweisung** geht es *nicht um eine Frage der Auslegung* (so richtig für den Fall der nichtbeurkundeten Baubeschreibung BGHZ 69, 266 = BGH NJW 1978, 102; anders noch BGHZ 63, 362). Es geht auch *nicht* um die *verfahrensrechtliche* Frage, *wie* zu beurkunden ist, sondern um den Inhalt und den Umfang der Formbedürftigkeit gem § 311b Abs 1 S 1 BGB, also um die nach der materiell-rechtlichen Formvorschrift des § 311b Abs 1 S 1 BGB zu beurteilende Frage, ob *abgegebene,* eine Regelung enthaltende Erklärungen der Beteiligten *vollständig* **beurkundet** sind; die Erklärungen selbst sind in diesem Fall regelmäßig klar und eindeutig, allerdings

zum Teil in einem anderen Schriftstück (sei es privat, notariell beurkundet oder in einer anderen öffentlichen Urkunde) in Worten oder verkörpert durch einen Plan (zB Bauplan) enthalten. Die Verweisungserklärung muss daher nicht nur als *Verfahrens*erklärung gem § 9 Abs 1 S 2 BeurkG, sondern zugleich als *materiell-rechtlich* notwendige Erklärung gem § 311b Abs 1 S 1 BGB mitbeurkundet werden (idS wohl auch BGH MDR 1995, 564). Handelt es sich bei dem Schriftstück (oder Plan) lediglich um eine **Privaturkunde**, sind *abgegebene Erklärungen* gerade (und bewusst) nicht mitbeurkundet und daher formnichtig. Die Bezugnahme auf eine *nichtbeurkundete Baubeschreibung* oder einen *nichtbeurkundeten Bauplan* entspricht daher nicht § 311b Abs 1 BGB (BGHZ 69, 266 zur Baubeschreibung unter Aufgabe von BGHZ 63, 362; bestätigt durch BGH NJW 1979, 1984; OLG Celle DNotZ 1969, 102; **aA** auch noch OLG Hamm NJW 1975, 1707; gegen BGHZ 63, 362 und zur Bezugnahme überhaupt: Crusius DNotZ 1966, 657; Röll NJW 1976, 167; Volhard NJW 1975, 1682; s BGH NJW 1979, 1496 zum Bauplan). Die Baubeschreibung muss vielmehr verfahrensrechtlich gem § 9 Abs 1 S 1 BeurkG oder § 9 Abs 1 S 2 BeurkG (durch ein verwiesenes *und* der Urkunde beigefügtes Schriftstück) **mitbeurkundet** sein (für Baupläne uÄ s § 9 Abs 1 S 3 BeurkG), soweit nicht gem § 13a BeurkG auf eine bereits beurkundete Baubeschreibung verwiesen werden kann. Die in diesem Dokument enthaltenen Erklärungen sind daher ohne Beachtung dieser Vorgaben nicht Bestandteil der Beurkundung und somit auch nicht Gegenstand des wirksam errichteten Vertrags. Ob dies die Nichtigkeit des gesamten Vertrags nach sich zieht, ist dagegen eine Konsequenz der Nichtigkeitsfolge und somit von § 139 BGB. Nicht um eine Frage der Verweisung (sondern gegebenenfalls um eine Frage der Auslegung) handelt es sich, wenn zwar in dem Kaufvertrag die Bedingung für die Wirksamkeit des Kaufvertrages *allgemein* aufgeführt ist (behördliche Genehmigung des *Gewerbebetriebs* des Käufers), auf die Handskizze, aus der sich die *konkret* vereinbarte Bedingung ergab (behördliche Genehmigung einer *Autowaschanlage),* aber gerade nicht formgerecht verwiesen wird, obwohl sie bei Beurkundung vorlag (BGH NJW 1996, 2792 = MittBayNot 1996, 429 m Anm Gschossmann = LM BGB § 313 Nr 144 m zust Anm Reithmann). Dasselbe gilt, wenn die Bedingung der Abschluss eines Rechtsgeschäfts ist, allerdings dessen Inhalt in einer nicht beurkundeten Anlage enthalten ist, weil sich auch dann der Inhalt der Bedingung regelmäßig nicht ausreichend in der Urkunde wiederfindet (dazu Meier notar 2022, 266, 269).

Entsprechendes gilt für die echte Verweisung auf **Schriftstücke**, die lediglich von einem Notar **unterschriftsbeglaubigt** sind (wie zB häufig die Teilungserklärungen nach § 8 WEG; vgl BGH NJW 1979, 1498) oder bei Verweisungen auf öffentliche Urkunden, die *nicht* notarielle Niederschriften iS der §§ 6 bis 35 BeurkG sind (§ 13a BeurkG bezieht sich *nur* auf derartige notarielle Niederschriften und nicht auf sonstige Niederschriften oder Vermerke iS der §§ 36 ff BeurkG und lässt in § 13a Abs 4 BeurkG nur bei Karten und Zeichnungen eine Ausnahme zu). Auch diese müssen, um gem § 311b Abs 1 S 1 BGB beurkundet und damit Bestandteil des wirksam errichteten Rechtsgeschäfts zu sein, gem § 9 Abs 1 S 1 oder S 2 BeurkG **mitbeurkundet** werden; eine bloße unechte Verweisung genügt nicht, wenn es sich um rechtsgeschäftlich erhebliche Erklärungen handelt. 321

Handelt es sich bei der in Bezug genommenen Urkunde um eine **notarielle Niederschrift**, können darin Erklärungen jeder Art – gleichgültig, ob in Worten oder durch Pläne – beurkundet sein. Sollen derartige, in einer *anderen* notariellen Niederschrift enthaltene Erklärungen Rechtswirkungen zwischen *den Beteiligten* entfalten, müssen 322 sie verfahrensrechtlich entweder gem § 9 Abs 1 S 1, 2 oder 3 BeurkG (nur eingeschränkte Vorlesungspflicht; s § 14 BeurkG) *oder* durch **Verweisung gem § 13a BeurkG** mitbeurkundet werden. Sie gelten dann als in der Niederschrift selbst enthalten, auch wenn sie dieser zulässigerweise nicht beigefügt wurden. Da es nur auf die Einhaltung der Verfahrensform der verwiesenen Niederschrift nach §§ 6 ff BeurkG ankommt, kann auch auf in sog Mutterurkunden enthaltene reine *Tatsachenvorgänge* wie zB Baubeschreibungen oder „Grundsatzerklärungen" bzw Musterverträge verwiesen werden (Fischer DNotZ 1982, 153; Lichtenberger NJW 1980, 864, 867; Winkler Rpfleger 1980, 169, 172; zur Problematik solcher Mutterurkunden und den Amtspflichten des Notars s Wufka DWW 1980, 239, 272, 276), sodass durch die Verweisung die dort abgegebenen Erklärungen zu das Rechtsverhältnis zwischen den Beteiligten regelnden, gem § 311b Abs 1 BGB beurkundeten Willenserklärungen werden. Ebenfalls nicht erforderlich ist, dass ein etwaiges, in der Verweisungsurkunde beurkundetes Rechtsgeschäft materiell-rechtlich wirksam ist (OLG Braunschweig BeckRS 2019, 16774; BeckOK-BGB/Litzenburger [1. 8. 2023] § 13 BeurkG Rn 1; BeckOGK/Schreindorfer [1. 7. 2023] § 311b Rn 203, 268. 1; vgl Brambring DNotZ 1980, 281, 297). Verwiesen werden kann auch auf solche Niederschriften, wenn sie nur nach den *Verfahrensvorschriften* der §§ 6 ff BeurkG errichtet wurden (vgl BeckOGK/Seebach/Rachlitz [1. 5. 2022] § 13a BeurkG Rn 23, 28). Wird gem § 13a BeurkG verwiesen, muss die betreffende Bezugsurkunde den Beteiligten nicht in Ausfertigung zugegangen sein (s zur grundsätzlichen Problematik der Form des Zugangs Staudinger/Hertel [2023] § 125 Rn 82 f). Durch die – verfahrensmäßige – Verweisung als *solche* ist der Inhalt der Erklärung, auf die verwiesen wird, zum – formwirksam beurkundeten – *Inhalt* des beurkundeten Rechtsgeschäftes selbst geworden. Werden die von § 13a BeurkG aufgestellten Soll-Vorschriften nicht beachtet, wirkt sich dies auf die Wirksamkeit der Verweisung und damit auch auf die materiell-rechtliche Wirksamkeit des Rechtsgeschäfts nicht aus (BGH DNotZ 2004, 188; BeckOGK/Seebach/Rachlitz [1. 5. 2022] § 13a BeurkG Rn 56). Unbedingte Voraussetzung für eine wirksame Verweisung nach dieser Norm ist lediglich, dass die Beteiligten erklären, dass ihnen der Inhalt der Verweisungsurkunde bekannt ist, sie auf das erneute Verlesen und gegebenenfalls auf die Beifügung zu Urkunde verzichten, nicht aber die Niederlegung dieser Tatsachen in der Urkunde oder die Einhaltung der weiteren Vorgaben des § 13a BeurkG, die insoweit lediglich berufsrechtliche Regeln darstellen.

323 **Unechte Verweisungen** liegen vor, wenn durch die Bezugnahme keine den Inhalt oder Umfang des Rechtsgeschäfts regelnden, eine Rechtswirkung erzeugenden Vereinbarungen getroffen werden, sondern die Bezugnahme nur der **Erläuterung** oder als **Identifizierungsbehelf** für die in Bezug genommenen Rechtsverhältnisse, Erklärungen oder tatsächlichen Umstände dient (BGHZ 74, 346; BGH NJW 1979, 1495; 1979, 1498; DNotZ 2006, 854). Dasselbe gilt, wenn die Bezugnahme lediglich aus Beweisgründen erfolgt, insbesondere um zu dokumentieren, dass bestimmte Informationen bekanntgegeben wurden, oder um für die Beteiligten die Vollständigkeit der Unterlagen zu gewährleisten. Da solche Umstände materiell-rechtlich gem § 311b Abs 1 S 1 BGB nicht beurkundungsbedürftig sind, müssen sie auch verfahrensrechtlich nicht gem §§ 9, 13a BeurkG mitbeurkundet werden. Eine Bezugnahme iS einer unechten Verweisung genügt deshalb in der Annahmeerklärung auf das anzunehmende Angebot (BGH NJW 1988, 164; Brambring DNotZ 1980, 281, 288; s jedoch auch Rn 324 aE), in der Genehmigung auf das zu genehmigende Rechtsgeschäft (BGH NJW 1988, 164) und in Nachtragsurkunden auf Niederschriften, an denen die gleichen Parteien beteiligt waren, gleichgültig, ob es sich um eine Änderung oder Aufhebung handelt

(VOLHARD NJW 1980, 103, 104). Dies gilt also auch bei einer Verlängerung der Frist eines Angebots oder Optionsvertrages, solange die Frist noch nicht abgelaufen ist, da es sich insoweit um die *Änderung* eines im Übrigen *identischen* Rechtsverhältnisses handelt. Ist aber die Frist abgelaufen oder wird ein **ersetzender Vergleich** geschlossen oder ein nichtiger oder wegen Genehmigungsverweigerung materiell unwirksamer Vertrag bestätigt, liegt die **Neubegründung** eines – dann nicht mehr identischen – Rechtsverhältnisses vor, auch wenn es sich um dieselben Beteiligten handelt, das aus materiell-rechtlichen Gründen neu beurkundungspflichtig ist und damit entweder vollständig oder verfahrensrechtlich gem §§ 9 oder 13a BeurkG beurkundet werden muss (wie hier LICHTENBERGER NJW 1980, 864; **aA** TIEDTKE DNotZ 1991, 348; vgl auch BGH WM 1994, 598, in dem der BGH – ohne sich mit der Problemstellung auseinanderzusetzen – von der Notwendigkeit der formgerechten Verweisung gem § 13a BeurkG bei Fristablauf ausgeht). Gem § 311b Abs 1 S 1 BGB, §§ 9, 13a BeurkG beurkundungspflichtig ist daher auch bei Nachtragsbeurkundungen zwischen *denselben* Beteiligten der Verkauf *zusätzlicher* Teilflächen zB aufgrund abweichender Vermessung.

Soweit auf **bestehende Rechtsverhältnisse mit Dritten** verwiesen wird, handelt es sich **324** bei diesen in Bezug genommenen Rechtsverhältnissen *nicht* um Erklärungen der an dem Grundstückvertrag Beteiligten; sie sollen durch die Inbezugnahme auch nicht zu Erklärungen der Beteiligten werden. Eine unechte Verweisung liegt deshalb auch vor bei der Bezugnahme auf ein *Mietverhältnis,* in das eingetreten wird (BRAMBRING DNotZ 1980, 281, 288; KAMLAH MDR 1980, 532, 537), bei der Bezugnahme im Rahmen einer *Schuld- oder Vertragsübernahme* (BGHZ 125, 235 = BGH NJW 1994, 1347; BGH NJW 1979, 723; NJW 1996, 2503; BRAMBRING DNotZ 1980, 281), aber auch dann, wenn bei der Veräußerung eines Erbbaurechts auf die Erbbaurechtsbestellungsurkunde (s BGH DNotZ 1979, 733) oder in Kaufverträgen bei der Übernahme von Dienstbarkeiten oder Grundpfandrechten auf die Bestellungsurkunden oder beim Verkauf des Wohnungseigentums auf bereits *vollzogene* Teilungserklärungen (vgl auch BeckOGK/SEEBACH/RACHLITZ [1. 5. 2022] § 13a BeurkG Rn 67.1, 96.1) verwiesen wird, wobei bei im Grundbuch *vollzogenen* Rechten sogar eine unechte Verweisung überflüssig ist (vgl BGH NJW 1994, 1347; BRAMBRING DNotZ 1980, 281; LICHTENBERGER NJW 1980, 864). All diesen in Bezug genommenen Rechtsverhältnissen ist gemeinsam, dass durch die Verweisung als solche *keine* Regelungen mit Rechtswirkungen bezüglich *dieser* Rechtsverhältnisse entstehen (die „Bezugnahme" auf die betreffenden Urkunden oder das betreffende Schuldverhältnis hat nur die Bedeutung eines Identifizierungsbehelfs oder einer Erläuterung). Entsprechendes gilt für mitverkaufte Baugenehmigungsunterlagen (BGH NJW 1998, 3197 = DNotZ 1999, 50 m zust Anm KANZLEITER). Gem § 311b Abs 1 S 1 BGB, § 9 BeurkG im *Grundstücksvertrag* **beurkundet** werden müssen allerdings die Rechtswirkung entfaltenden Erklärungen der Beteiligten selbst, zB die Vereinbarung des Eintritts in das Mietverhältnis, soweit dies über § 566 BGB hinausgeht, eine etwaige Schuld- oder Vertragsübernahme als solche (BGHZ 125, 235, 238; BGH NJW 1996, 2503), die Verpflichtung zum Mitverkauf der Baugenehmigungsunterlagen usw; dies gilt auch, soweit bei Annahme des Angebots *neben* der bloßen Annahme des Angebots Erklärungen aus der verwiesenen Angebotsurkunde (zB Vollmachten; vgl OLG Karlsruhe NJW-RR 1986, 100) oder prozessuale Erklärungen (Zwangsvollstreckungsunterwerfung) „wiederholt" oder zusätzlich abgegeben werden müssen (s Rn 105).

Ohne Weiteres in Bezug genommen werden können zudem **gesetzliche Bestimmun-** **325** **gen**, die VOB oder DIN-Normen oder der BAT, Unterhaltstabellen einzelner Oberlandesgerichte und auch ein veröffentlichter Index (Lichtenberger NJW 1984, 159; Reithmann DNotZ 1986, 80). Dasselbe gilt für bekanntgemachte Bauleit- oder Flurbereinigungspläne (BeckOGK/Bord [1. 7. 2023] § 9 BeurkG Rn 49). In Bezug auf die gesetzlichen Bestimmungen kommt es nicht darauf an, ob es sich um formelle Gesetze handelt, da insbesondere auch Verordnungen und Satzungen umfasst sind (s auch Erman/Grziwotz § 311b Rn 44; allgemein gesetzliche Vorschriften als erfasst sehend etwa MünchKommBGB/Ruhwinkel § 311b Rn 70; BeckOGK/Schreindorfer [1. 7. 2023] § 311b Rn 275; grundlegend auch Brambring DNotZ 1980, 281, 288; Lichtenberger NJW 1980, 864, 866; vgl auch Soergel/J Mayer § 311b Rn 174). Ebenso sollen **Allgemeine Geschäftsbedingungen von öffentlichen Versorgungsunternehmen**, die Rechtsnormcharakter haben oder in ähnlicher Weise zustande gekommen und veröffentlicht sind, taugliches Bezugsobjekt sein, ohne die Anforderungen des § 9 BeurkG einhalten zu müssen (MünchKommBGB/Ruhwinkel § 311b Rn 70). Nicht anders ist für **normkonkretisierende** (s dazu BVerwGE 129, 209) **Verwaltungsvorschriften** (TA Lärm, TA Luft, etc) zu entscheiden. Zwar stellen sie keine Rechtsnorm dar (BVerwG NJW 1978, 1450, 1451), allerdings haben sie eine ähnliche Wirkung, da sie in der Lage sind, gesetzliche Vorgaben mit für die Gerichte bindender Wirkung auszugestalten (BVerwGE 110, 216, 218; BVerwGE 114, 342, 344 f; BVerwGE 129, 209, 211; ausf auch Jarass JuS 1999, 108 f), sodass es angezeigt ist, sie in gleicher Weise beurkundungsrechtlich zu behandeln.

326 Nicht um Bezugnahmen, sondern um ein Problem der Auslegung handelt es sich bei der **Verweisung auf tatsächliche Gegebenheiten** (faktische Grenzen uÄ). Hierzu kann auch eine Verweisung auf ein bestehendes Gutachten oder auf sonstige Unterlagen gehören, solange diese keinen eigenen rechtsgeschäftlichen Charakter haben. Letzteres ist insbesondere dann der Fall, wenn es sich um die Dokumentierung der Bekanntgabe von bestimmten Umständen, insbesondere von Mängeln, handelt, da auch die Kundgabe dieser Tatsachen rein tatsächlichen Charakter hat und daher keinen rechtsgeschäftlichen Erklärungswert aufweist. Soll dies aber die Vereinbarung – bspw im Wege einer Beschaffenheitsvereinbarung – prägen, bedarf es materiell-rechtlich der beurkundungsrechtlich korrekten Beurkundung. Maßgeblich ist demnach auch insoweit, ob eine Rechtswirkung durch die Bezugnahme erzeugt werden soll.

c) Umfang der Nichtigkeit

327 Eine *nicht beurkundete Vereinbarung,* die Bestandteil eines dann *unvollständigen* Vertrages ist, ist **nichtig**, wobei es nicht darauf ankommt, ob es sich um einen reinen Typenvertrag, einen gemischten oder einen zusammengesetzten Vertrag handelt. Die Vermutung der Vollständigkeit der diese Vertragsabreden nicht enthaltenden Urkunde ist in der Konsequenz entkräftet (BGH DNotZ 1989; 503; zur Beweislast s auch Maier-Reimer NJW 2004, 3741, 3745). Ob jedoch der **ganze Vertrag** nichtig ist, soll nach der Rspr davon abhängen, ob die Parteien bei Vertragsschluss **wussten**, dass ein Teil ihrer Vereinbarungen wegen Formmangels nichtig ist oder nicht (vgl RGZ 117, 124 ff).

328 Hatten die Beteiligte hiervon **keine Kenntnis**, so bestimmt sich die Wirksamkeit des Vertrages im Übrigen **nach § 139 BGB** (vgl RGZ 52, 4; 65, 393; RG JW 1912, 237); es handelt sich dabei um eine Frage der tatrichterlichen Würdigung. Hiernach ist der gesamte Vertrag nichtig, wenn nicht anzunehmen ist, dass er auch ohne den nichtbeurkundeten Teil abgeschlossen worden wäre (vgl BGH WM 1980, 1257; OLG Oldenburg OLGR 2006, 429 ff). Trotz Vereinbarung einer – nicht individuell ausgehandelten und deshalb unwirksamen – **salvatorischen Klausel** kann daher der Vertrag insgesamt ungültig sein (vgl OLG Düsseldorf ZMR 2001, 101). Die Beweislast trägt derjenige (MünchKommBGB/Ruhwinkel § 311b Rn 78), der die gesetzliche Vermutung des § 139 BGB widerlegen (BGH NJW 1986, 248) und die Teilwirksamkeit geltend machen will. Wurde zB die Zusicherung des Verkäufers nach früherem Recht bzw die Übernahme einer Garantie über eine bestimmte Größe des Grundstücks oder die Vereinbarung über eine Anrechnungsvereinbarung bei der Anzahlung (BGH NJW 1984, 974; NJW 1986, 265; NJW 1994, 720; NJW 2000, 2100) nicht beurkundet, ist idR der ganze Vertrag nichtig (zum Problem der Umdeutung vgl BGHZ 63, 132 und Rn 366), weil diese Regelungen typischerweise für die Beteiligten von so großer Bedeutung sind, dass sie ohne diese am Vertrag auch im Übrigen nicht festhalten wollen. Dies gilt ebenso bei fehlender Beurkundung der Anrechnung bzw der Verrechnung des Kaufpreises mit anderen Forderungen (s Fall BGH NJW 2000, 2100 = DNotZ 2000, 931 m iE zust Anm Kanzleiter: Kaufpreis 200 000 DM; 5000 DM davon vorausbezahlt; der große Rest von 195 000 DM sollte mit Werklohnforderungen verrechnet werden), wenn es den Beteiligten gerade auf **diese** Art der Kaufpreistilgung in **diesem** Umfang **ankommt**, durch diese Vereinbarung dem Käufer also das Recht genommen wird, den Kaufpreis auf andere Weise zu entrichten (**aA** jedoch für einen Einzelfall BGH NJW 2000, 2100). Unwirksam ist in derartigen Fällen auch die (mitbeurkundete) Auflassungsvollmacht. Wirksam kann dagegen eine Überlassung mit lebenslangem Nießbrauch sein, auch wenn eine zusätzlich vereinbarte Versorgungsabrede nicht mitbeurkundet wurde (BGH NJW 1981, 222 mwNw).

Wussten dagegen die Parteien um die Teilnichtigkeit, da sie vorsätzlich in Kenntnis **329**
der bestehenden Beurkundungsbedürftigkeit einen Teil ihrer Vereinbarungen nicht in die notarielle Urkunde aufnehmen haben lassen, soll nach der Rspr des BGH § 139 BGB keine Anwendung finden (BGHZ 45, 376, 379; BGH NJW 1975, 205; NJW 1999, 351). Zur Begründung führen die Gerichte an, dass in einem solchen Fall der rechtsgeschäftliche Wille der Parteien allein darauf gerichtet sei, die beurkundeten Erklärungen zum Vertragsbestandteil zu machen, sodass eine Teilnichtigkeit nicht bestehe (BGHZ 45, 376, 379; BGH NJW 1975, 205). Vor diesem Hintergrund sei der Vertrag grundsätzlich in der Weise geschlossen, wie er in der Urkunde niedergelegt wird (BGHZ 45, 376, 380). Der BGH hat jedoch selbst bereits **Ausnahmen von diesem Grundsatz** zugelassen und für den Fall, dass die Beteiligten nachweisbar an dem Vertrag nur festhalten wollten, wenn auch die nicht beurkundeten Vereinbarungen eingehalten werden, eine Gesamtnichtigkeit aller Bestimmungen bejaht (s BGH NJW 1999, 351; in diese Richtung aber auch bereits BGHZ 45, 376, 379). Inhaltlich kann jedoch diese Linie nicht überzeugen (so auch Keim NJW 1999, 2866, 2867; nur iE, nicht aber in der Begründung folgend auch jurisPK-BGB/Ludwig § 311b Rn 295; mit anderer Argumentation auch MünchKommBGB/Busche § 139 Rn 30). Die Unterstellung, die Beteiligten hätten insoweit keinen rechtsgeschäftlichen Willen gebildet, entbehrt schon deshalb einer Grundlage, weil das Gesetz in § 311b Abs 1 S 2 BGB die Heilung der formnichtigen Erklärungen vorsieht, was aber nur dann denkbar ist, wenn die Parteien auch einen entsprechenden Willen über deren Geltung gebildet haben. Wollte man die Rspr konsequent fortsetzen, müsste in diesem Fall auch die Heilungsmöglichkeit ausscheiden (so iE ebenso Keim NJW 1999, 2866, 2867). Diese Konsequenz zieht aber auch der BGH nicht (s etwa BGH NJW 1975, 205). Darüber hinaus erweist sich die Rspr auch als widersprüchlich, wenn sie gleichwohl beachtet, dass die Beteiligten formunwirksam eine Bedingung vereinbart haben und auf diese Weise zur Gesamtnichtigkeit gelangt. Infolgedessen besteht tatsächlich ein entsprechender rechtsgeschäftlicher Wille der Parteien auch dann, wenn sie wissen, dass sie diesen nicht formgerecht zur

Geltung bringen. Daher ist in einer solchen Konstellation gleichfalls § 139 BGB anzuwenden, sodass eine **Vermutung für die Gesamtnichtigkeit** der Vereinbarung besteht (vgl jurisPK-BGB/Ludwig § 311b Rn 295; s auch Keim NJW 1999, 2866, 2867). Diese ist allerdings regelmäßig dadurch widerlegt, dass sich die Beteiligten bewusst auf einen nur teilweise wirksamen Vertrag eingelassen haben und insoweit bereit waren, die Möglichkeit der begrenzten Gültigkeit ihrer Wünsche hinzunehmen (vgl jurisPK-BGB/Ludwig § 311b Rn 295). Dies zeigt regelmäßig, dass ihnen die vollständige Wirksamkeit ihrer Übereinkunft nicht so wichtig war, dass sie die nötigen Maßnahmen ergriffen hätten, was eine Vermutung für die Teilnichtigkeit begründet, die jedoch im konkreten Einzelfall widerlegt sein kann.

3. Unrichtige Beurkundung

330 Die Erklärungen der Beteiligten müssen nicht nur vollständig, sondern auch **richtig** beurkundet werden, wobei letzteres nur einen Unterfall der Vollständigkeit darstellt. Auch hier kommt es nach überwiegender Ansicht darauf an, ob die unrichtige Beurkundung bewusst oder unbewusst erfolgt.

a) Bewusst unrichtige Beurkundung

331 Haben die Parteien **bewusst** etwas anderes beurkunden lassen, als sie wirklich vereinbart haben, so ist der *beurkundete* Vertrag als **Scheingeschäft** gem § 117 BGB und das *wirklich Vereinbarte* deshalb nach § 125 S 1 BGB **nichtig**, weil es *nicht* gem §§ 117 S 2, 311b Abs 1 BGB beurkundet ist (RGZ 78, 119; RGZ 94, 148; 134, 244; BGHZ 54, 62 f; 1984, 973; Grüneberg/Grüneberg § 311b Rn 36; Erman/Grziwotz § 311b Rn 66). Dies gilt jeweils für den gesamten Vertrag, nach der Rspr jedoch nicht für eine mitbeurkundete Zwangsvollstreckungsunterwerfung, die prozessualen Grundsätzen untersteht (BGH NJW 1985, 2423 mwNw). Unerheblich ist, aus welchem Grund oder auf wessen Veranlassung die unrichtige Beurkundung erfolgte (vgl RGZ 78, 118 f) oder ob diese dadurch erfolgte, dass zB ein Tauschvertrag unrichtig in Form von zwei Kaufverträgen in getrennten Urkunden beurkundet wird, soweit nicht die Beteiligten tatsächlich eine solche Gestaltung auch materiell-rechtlich gewollt haben. Allerdings muss der *Wille* zum Abschluss eines Scheingeschäftes **bei den Vertragsparteien selbst** vorhanden sein. Werden sie bei Vertragsschluss vertreten, kommt es jedoch nach § 166 Abs 1 BGB auf den Willen des Vertreters an (MünchKommBGB/Armbrüster § 117 Rn 14; BeckOGK/Rehberg [1. 3. 2023] § 117 Rn 58). Dagegen soll es nicht genügen, wenn die Abrede über das Scheingeschäft zwischen einem Vertreter und dem anderen Teil außerhalb der Urkunde vereinbart wird, solange diese der Vertretene nicht kennt. Eine Wissenszurechnung analog § 166 Abs 1 BGB kann nach Auffassung des BGH den fehlenden Scheingeschäftswillen beim Vertragsschließenden nicht ersetzen (BGHZ 144, 331 = BGH MDR 2000, 1308 m Anm Grziwotz = LM 2001 [Nr 20] zu § 117 BGB m Anm Singer; BGH NJW 2001, 1062: ob ein Fall des misslungenen Scheingeschäftes [§ 118 BGB] vorliegt, hängt davon ab, ob eine nicht ernstlich gemeinte Willenserklärung in der Erwartung abgegeben wird, der Mangel der Ernsthaftigkeit werde nicht verkannt werden). Zu überzeugen vermag die Ansicht des BGH allerdings nicht, da nach dem Wortlaut der Norm *Willensmängel* zuzurechnen sind, sodass nicht nachzuvollziehen ist, weshalb der Wille selbst von einer entsprechenden Anwendung der Vorschrift nicht umfasst sein soll (abl auch MünchKommBGB/Armbrüster § 117 Rn 14; BeckOGK/Rehberg [1. 3. 2023] § 117 Rn 62). Darüber hinaus ist die Norm anerkanntermaßen auch im Insolvenzrecht im Rahmen der Anfechtung in Bezug auf eine mögliche Gläubigerbenachteiligung

und einen entsprechenden Vorsatz diesbezüglich heranzuziehen (BGHZ 22, 128, 134 f; BGH WM 1985, 295; ZIP 1995, 1021, 1028; NZI 2013, 253, 256; NJW 2013, 611, 614; NJW-RR 2015, 567, 568; MünchKommInsO/Kayser/Freudenberg § 133 Rn 18), was insoweit zu einer sachlich nicht zu rechtfertigenden Differenzierung führt (abl zur Rspr des BGH ebenfalls (MünchKommBGB/Armbrüster § 117 Rn 14; BeckOGK/Rehberg [1. 3. 2023] § 117 Rn 62).

Der hauptsächliche Fall unrichtiger Beurkundung ist die **unrichtige Angabe des Kaufpreises**. Eine solche liegt nicht nur vor, wenn der Kaufpreis als solcher zu niedrig (BGH NJW 1992, 1037), sondern auch, wenn er deshalb zu niedrig angegeben wird, weil ein Teil bereits angezahlt wurde (BGH NJW 1984, 974; NJW 1986, 248), ohne dass dies in der Urkunde offengelegt wird, aber auch, wenn er höher beurkundet wird, als vereinbart ist (vgl RGZ 78, 115). Der Kaufvertrag kann nicht mit der Begründung aufrechterhalten werden, der niedrigere Kaufpreis sei im höheren mitinbegriffen und so jedenfalls entsprechend § 139 BGB mitgewollt; § 139 BGB bezieht sich nur auf das *vollständige* Rechtsgeschäft, nicht auf die *einzelne* (nicht teilbare) Willenserklärung (RG WarnR 1925 Nr 18; Grüneberg/Ellenberger § 139 Rn 3; **aA** insoweit BGH NJW 1984, 974, der die Anwendbarkeit des § 139 BGB bei nichtbeurkundeter Anzahlung nicht ausschließt; s jedoch auch BGH NJW-RR 1992, 589, wo die Nichtbeurkundung eines verdeckten Preisnachlasses gleichfalls als „unvollständige" Beurkundung angesehen wird). Wird allerdings bei einem wegen eines fehlerhaft beurkundeten Kaufpreises nichtigen Kaufvertrag das Vorkaufsrecht gem § 4 Abs 3 RSG ausgeübt, so kommt mit dem *Dritten* ein *wirksamer* Kaufvertrag mit dem *niedrigen* beurkundeten Kaufpreis zustande (so zu Recht OLG Oldenburg MittBayNot 1985, 187). 332

Weitere Fälle *unrichtiger Kaufpreisangaben sind:* die Angabe einer unrichtigen Währung (RG JW 1928, 1387 Nr 52); die unrichtige Verteilung des Kaufpreises zwischen Grundstück und Inventar (RG WarnR 1925 Nr 18; vgl aber auch BGH NJW 1961, 1764; DNotZ 1971, 410; OLG Hamm NJW 1976, 1212; s auch OLG München MittBayNot 2020, 333 zur Haftungsfolge). Etwas anderes soll aber gelten, wenn die unrichtigen Angaben über den im Ergebnis richtigen Gesamtkaufpreis ausschließlich zu Steuerzwecken gemacht werden, ohne dass die Parteien eine bindende Absprache über die Aufteilung treffen wollen (RG JW 1931, 2721; s hierzu nunmehr BGH NJW-RR 2002, 1527 [Aufspaltung des Gesamtkaufpreises in einen Kaufpreis und einen angeblichen Werklohnanspruch]). Richtig daran ist, dass zwar die Aufteilung insoweit dennoch als Scheingeschäft unwirksam ist, allerdings dies nach dem Willen der Beteiligten nach § 139 BGB nicht die Gesamtnichtigkeit nach sich zieht. Insoweit kommt nur eine Nichtigkeit des Rechtsgeschäfts wegen versuchter Steuerhinterziehung nach §§ 134, 138 BGB in Betracht, wobei der BGH das Eingreifen dieser Vorschriften regelmäßig verneint (BGH NJW-RR 2002, 1527). Unwirksam ist auch die Angabe eines Kaufpreises in Höhe von zB 10 500 DM bei gleichzeitigem Wohnungstausch, wobei in Wahrheit als Grundstückspreis 12 000 DM und wegen des Wohnungstausches eine Entschädigung des Käufers von 1500 DM vereinbart ist (RG SeuffA 81 Nr 91). Nichtbeurkundete Vorauszahlungen (Anrechnungen) von Kaufpreisteilen und damit die unrichtige Höhe des Kaufpreises (BGH NJW 1984, 974; NJW 1986, 248) führen ebenfalls zu einem Formverstoß, ebenso wie ein verdeckter Preisnachlass (s hierzu BGH NJW-RR 1992, 589; NJW 1992, 1037). Die Zahlweise selbst (Barzahlung, Scheck, Überweisung, Verrechnung mit anderen Forderungen) fällt jedoch nach bisheriger Ansicht nicht darunter (RG WarnR 1911 Nr 13; s auch Recht 1913 Nr 2855). Angesichts der Änderungen durch § 16a GWG ist dies aber nicht mehr haltbar. Insoweit kommt der vereinbarten Zahlungsart eine erhebliche Bedeutung zu, 333 weil insbesondere Barzahlungen nun keine Erfüllungswirkung mehr haben, sodass beide Seiten ein erhebliches Interesse an der konkreten Vereinbarung haben und daher diese Bestimmung infolge zum Bereich der essentialia negotii zu zählen ist.

334 Ein Fall unrichtiger (nicht: unvollständiger) Beurkundung liegt auch dann vor, wenn eine Teilfläche bewusst nicht hinreichend bestimmt (BGH NJW 1969, 131) oder statt einer Teilfläche bewusst ein ganzes Grundstück als verkauft angeführt wird (BGHZ 74, 116 = BGH NJW 1979, 1350).

b) Unbewusst unrichtige Beurkundung (falsa demonstratio)

335 Waren die Parteien über den *Inhalt* einer Erklärung einig, weicht der Text der beurkundeten Erklärung jedoch **unbewusst** hiervon ab, so liegt nach ganz herrschender Ansicht keine unrichtige Beurkundung vor. Da der Text der Urkunde lediglich anders abgefasst ist, als es dem Willen der Parteien entsprach, handelt es sich um eine **unschädliche Falschbezeichnung** (st Rspr: BGHZ 87, 150 ff; BGH WM 2008, 1037 ff; Erman/Grziwotz § 311b Rn 65; krit hierzu Wieling AcP 172 [1972] 297 ff, der die Unterscheidung zwischen bewusster und unbewusster unrichtiger Beurkundung für verfehlt hält, sowie Häsemeyer 140 ff, 280 ff; s zur Anwendung der falsa demonstratio bei Grundstücksverträgen auch Dötterl NotBZ 2006, 190; Krüger ZNotP 2009, 2; Zeiler Gruchot 52, 224). Dies gilt sowohl für den schuldrechtlichen Vertrag als auch für die dingliche Auflassung (RGZ 60, 340; RGZ 61, 265; RGZ 133, 281; BGHZ 87, 150, 152 f; BGH DNotZ 2001, 846, 848; OLG Düsseldorf 18. 2. 2014 – I-24 U 59/13, juris Rn 24; vgl auch Erl zu § 925 BGB; zur Problematik der Falschbezeichnung bei der Auflassung s Rn 392, bei der Eintragung s Rn 397). Das *Vereinbarte ist beurkundet,* nur unrichtig ausgedrückt. Weiß der Vertretene um die irrtümliche Falschbezeichnung, bezieht sich deshalb die Genehmigung auf das tatsächlich Gewollte (OLG Düsseldorf NJW-RR 1995, 784).

336 Unter diese Grundsätze fällt allerdings nicht die **bewusste fehlerhafte Beurkundung**, also insbesondere nicht die abweichende Abfassung des Vertrages, obwohl sich die Beteiligten darüber im Klaren sind, dass sie in Wahrheit etwas anderes beabsichtigen (s Rn 331 ff). Insoweit ist stets zu prüfen, ob sich die Parteien im Klaren waren, dass der Vertragstext mit ihrer Einigung nicht übereinstimmt oder ob sie irrtümlich annahmen, es sei Deckungsgleichheit gegeben (s zu einem solchen Grenzfall: KG BeckRS 2019, 45951). Nur in letzterer Konstellation kann die Rechtsfigur der falsa demonstratio zur Anwendung gelangen, andernfalls ist der Vertrag gem § 125 S 1 BGB formwirksam.

337 Die Anerkennung der Rechtsfigur der falsa demonstratio verstößt zwar in gewisser Weise gegen den Normzweck des § 311b Abs 1 S 1 BGB, da hierdurch die **Beweisfunktion** beeinträchtigt wird. Dies ist allerdings hinzunehmen, da nur so dem wirklich Gewollten durch Auslegung zu Geltung verholfen werden kann. Allerdings verträgt sich die Anerkennung dieser Rechtsfigur nicht mit dem Dogma der **Andeutungstheorie** (s Rn 313) da der Wille der Beteiligten hierbei gerade unter Heranziehung auch außerurkundlicher Beweismittel ermittelt wird (BGH DNotZ 1983, 618; zust Köbl DNotZ 1983, 598) und auf Grund der Abweichung zwischen Gewolltem und Text gerade keine Andeutung in der Urkunde zu finden ist. Der Vertrag kommt dennoch mit dem gewollten Inhalt formgültig zustande (RGZ 109, 331, 334; RG JW 1904, 58 Nr 13; JW 1909, 47 Nr 8; Gruchot 59, 1052; RG JR 1925 Nr 481; BGH DNotZ 1965, 346; WM 1967, 702; NJW 1969, 2045; WM 1971, 1085; offen gelassen im Hinblick auf Wieling AcP 172 [1972] 297:

BGHZ 74, 116 = BGH NJW 1979, 1350; die Unschädlichkeit der falsa demonstratio jedoch bestätigt durch BGHZ 87, 150 = BGH DNotZ 1983, 618, wo der BGH zu Recht auf den Gesichtspunkt der Kontinuität der Rspr als Ausdruck der Rechtssicherheit und des Vertrauensschutzes verweist; iE auch jurisPK-BGB/Ludwig § 311b Rn 209; für die Andeutungstheorie insbes Ludwig AcP 180 [1980] 373, 383 ff), da die Andeutungstheorie richtigerweise abzulehnen ist.

Einen Anwendungsbereich hat die Rechtsfigur vor allem dann, wenn in der – vom Notar entworfenen – Urkunde die Erklärungen der Parteien **irrtümlich fehlerhaft** wiedergegeben werden. Daher ist es unschädlich, wenn die Falschbezeichnung auf ein Versehen des Notars zurückzuführen ist, er zB ein den Willen der Parteien ins Gegenteil verkehrendes „nicht" in die Urkunde aufgenommen hat (vgl OLG Düsseldorf LZ 1921, 28). Maßgeblich ist mithin nicht, auf wessen Verschulden die unrichtige textliche Wiedergabe beruht, sondern es kommt nur darauf an, dass die Beteiligten einen bestimmten, übereinstimmenden Willen gebildet haben, der von dem Text des Vertrages abweicht. 338

Da der BGH die Grundsätze der falsa demonstratio bei einem nach § 311b Abs 1 S 1 BGB beurkundungsbedürftigen Rechtsgeschäft anwendet, muss Gleiches auch für ein vormals nach **§ 297 DDR-ZGB** beurkundungspflichtiges Rechtsgeschäft gelten, zB auch bei einer Falschbezeichnung eines Nutzungsrechts. 339

Verfahrensrechtlich besitzt bei einer irrtümlichen Falschbezeichnung in Form der falsa demonstratio insbesondere die Vorschrift des **§ 44a Abs 2 BeurkG** hohe Bedeutung (OLG Düsseldorf RNotZ 2017, 189, 192; BeckOGK/Regler [1. 7. 2023] § 44a BeurkG Rn 32). Sie erlaubt dem Notar, **offensichtliche Unrichtigkeiten** durch einen Nachtragsvermerk richtigzustellen. Dabei ist eine solche offensichtliche Unrichtigkeit immer dann gegeben, wenn der übereinstimmende Wille der Beteiligten nicht korrekt in der Urkunde wiedergegeben wird (vgl BayObLG DNotZ 2001, 557, 559; KG FGPrax 2019, 100, 101; BeckOGK/Regler [1. 7. 2023] § 44a BeurkG Rn 29 f). Für die Offensichtlichkeit genügt es dabei richtigerweise (BeckOGK/Regler [1. 7. 2023] § 44a BeurkG Rn 33; **aA** OLG München NJOZ 2012, 2108, 2019; BeckRS 2017, 134203), dass der Notar in der Lage ist, den Fehler zu erkennen und das wirklich Gewollte zu ermitteln (vgl BeckOGK/Regler [1. 7. 2023] § 44a BeurkG Rn 33). Materiell-rechtlich ändert sich durch die Korrektur der Urkunde nichts, allerdings bedarf es des Nachweises der Erklärungen in der Form der §§ 29, 20 GBO gegenüber dem Grundbuchamt, um einen Vollzug zu ermöglichen. Dies ist nur dann der Fall, wenn das Grundbuchamt auch aus dem Text der Urkunde ersehen kann, was tatsächlich gewollt ist. Daneben kann der Notar durch Verfassen eines derartigen Nachtragsvermerks Rechtssicherheit und Beweisbarkeit herstellen, indem er das wirklich Gewollte auch textlich zum Ausdruck bringt. 340

Um eine Frage der falsa demonstratio handelt es sich insbesondere bei der versehentlich **unrichtigen Bezeichnung des veräußerten Grundbesitzes**. Davon zu unterscheiden ist aber die Konstellation, in der der Leistungsgegenstand tatsächlich nach dem Willen der Beteiligten **unbestimmt** sein soll. In einer solchen Konstellation ist der Verkauf *nichtig*, da es an der ausreichenden Bestimmtheit des Vertragsobjekts fehlt, soweit nicht einer Seite ein Leistungsbestimmungsrecht zugewiesen wird (BGHZ 74, 116; BGH NJW 1969, 131; s auch Köbl DNotZ 1983, 598; zur Problematik der Bestimmtheit s auch BGHZ 150, 334; BGH NJW 2008, 1658). Als falsa demonstratio jedoch *unschädlich* ist die unrichtige Angabe der **Grundbuch- bzw Katasterstelle** eines 341

Grundstücks (RGZ 109, 336; BGH NJW 1969, 2045 bei Erbbaurechtsgelände), die Verwechslung der **Bezeichnung der Wohnungseigentumseinheiten** im Kaufvertrag, die Angabe nur einer **Flurnummer**, obwohl die Parteien zwei Grundstücke gemeint haben (RGZ 61, 265; RGZ 63, 169; BGH WM 1967, 702), die Angabe von nur zwei Flurnummern, obwohl drei gemeint waren (BGHZ 87, 150 = BGH NJW 1983, 1610 = JZ 1983, 759 m **abl** Anm Wieling und **zust** Anm Ludwig; OLG Frankfurt 2008, 1003), die Bezeichnung des ganzen Grundstücks, obwohl eine (Weg-)**Teilfläche** nicht veräußert sein sollte (BGH NJW 2002, 1038; OLG Nürnberg DNotZ 1965, 544). Dasselbe gilt für den unbewussten Mitverkauf eines fremden Grundstücks (vgl BGH LM BGB § 440 Nr 11 [4/1997]; jurisPK-BGB/Ludwig § 311b Rn 214 f), den Verkauf unter einer Grundstücksbezeichnung, die nur einen Teil des verkauften Anwesens umfasst (BGH NJW 2008, 1658), und die **Falschbeschreibung der Grenzlinien** (BGH WM 1971, 1085). Ebenso ist für einen Verkauf einer vermeintlich eigenständigen Parzelle, die tatsächlich aber zu einem Gesamtgrundstück vereinigt war, zu entscheiden (OLG Düsseldorf NJW-RR 1995, 784).

342 Einen Fall der falsa demonstratio kann auch eine Situation darstellen, bei der sich die Beteiligten tatsächlich über einen bestimmten **Kellerraum** geeinigt haben, obgleich dieser zu einer anderen Wohnungseinheit gehört und daher die Einigung weder schuldrechtlich noch dinglich in der Urkunde Ausdruck findet (BayObLG MittBayNot 1996, 374). Dasselbe gilt auch dann, wenn sich die Beteiligten darüber einigen, dass das Sondereigentum an einem im Gemeinschaftseigentum stehenden Raum ebenfalls zu übertragen ist, selbst wenn sie sich über die rechtliche Zuordnung irren und daher der Wortlaut der Urkunde nur das Sondereigentum aufführt (OLG Hamm NJW-RR 1993, 785). Die Fälle einer derartigen Verwechslung im Rahmen von Wohnungseigentümergemeinschaften sind praktisch häufig und bewirken insbesondere bei einer Verwechslung der tatsächlichen Einheit und der im Kaufvertrag sowie in der Auflassung erklärten Einheit, dass der Erwerber insgesamt kein Eigentum erlangt (BayObLG MittBayNot 1996, 374, 375; ZWE 2002, 76, 77). Da die Grundsätze der falsa demonstratio auch auf die **Auflassung** Anwendung finden (RGZ 46, 225, 227 f; RGZ 60, 338, 340; RGZ 61, 264, 265; RGZ 133, 279, 281; BGH NJW 1986, 1867, 1868; NJOZ 2001, 214; NJW 2002, 1038, 1039; Bergermann RNotZ 2002, 557, 564 f; Reymann NJW 2008, 1773 ff; BeckOGK/J Weber [1. 7. 2023] § 925 Rn 130), ist diese über die tatsächlich von den Beteiligten in den Blick genommene Einheit erklärt, die erforderliche Eintragung erfolgt dann aber bei der falschen, nämlich bei der in der Urkunde bezeichneten Einheit. An dieser kann das Eigentum jedoch materiell-rechtlich mangels entsprechender Einigung nicht erworben werden, das Eigentum an der tatsächlich gewollten Einheit wird mangels Eintragung nicht erlangt. Zwar steht dem Erwerber ein Anspruch auf Nachholung der Auflassung in der richtigen Form zu, dieser kann praktisch aber schwierig durchzusetzen oder gegebenenfalls bereits verjährt sein.

343 Eine falsa demonstratio stellt auch die Falschbezeichnung des **Betrages der übernommenen Hypothekenforderung** (RG JR 1927 Nr 1010) oder die **versehentliche Bezugnahme auf eine falsche Urkunde** (RGZ 109, 336) dar. Das Gleiche gilt bei einer versehentlichen Angabe eines falschen **Datums** (RGZ 136, 369) oder einer falschen **Personenbezeichnung** (BGH WM 1978, 12) ebenso wie bei einer unrichtigen Bezeichnung des **Fristbeginns** bei einem Ankaufsrecht (BGH DNotZ 1965, 347). Auch versehentliche Weglassungen einer von mehreren Kontonummern bei Bankguthaben (OLG Oldenburg MDR 1997, 781, allerdings zu einem Prozessvergleich) stellen die Wirksamkeit der Urkunde nicht in Frage.

Wird irrtümlich ein **falscher Vertragspartner** in der Urkunde aufgeführt, ist zu differenzieren. Waren sich beide Parteien darüber einig, dass der Vertrag mit einem anderen als dem genannten Vertragspartner zustandekommt, handelt es sich um eine unbewusste Falschbezeichnung, sodass der Vertrag als mit dem richtigen Vertragspartner abgeschlossen gilt (BGH WM 1978, 12). Wollte dagegen nur eine Seite beispielsweise nicht im eigenen, sondern im fremden Namen handeln oder tatsächlich eine andere Person vertreten, was insbesondere in Konzernsachverhalten eine Rolle spielen kann, ohne dass die andere Partei dieses erkannt hat, liegt kein Fall der falsa demonstratio vor (s dazu BayObLG BayZ 1926, 248; BGH WM 1973, 869). In einer solchen Konstellation kommt bestenfalls ein Handeln für den, den es angeht (grundlegend BeckOGK/Huber [1. 11. 2021] § 164 Rn 55 ff; MünchKommBGB/Schubert § 164 Rn 137) in Betracht, wobei es typischerweise an den Voraussetzungen hierfür fehlen wird. Eine Anfechtung ist wegen § 164 Abs 2 BGB ausgeschlossen. 344

Nicht um eine Falschbezeichnung als ein Problem des Formmangels handelt es sich dagegen beim **versteckten Dissens** gem § 155 BGB (RGZ 165, 199), auch wenn dieser mit einer Falschbezeichnung verbunden sein mag (vgl das Beispiel bei Köbl DNotZ 1983, 598, 602, dass das falsch bezeichnete Grundstück lastenfrei, das wirklich gewollte Grundstück dagegen hoch belastet ist) und beim **Irrtum** gem § 119 BGB. Beim versteckten Dissens ist der Vertrag – soweit es sich um wesentliche Elemente handelt (Grüneberg/Ellenberger § 155 Rn 1) – mangels Einigung nicht zustandegekommen, beim Irrtum ist der Vertrag zunächst gültig, aber anfechtbar (vgl hierzu näher Staudinger/Singer [2021] § 119 und Staudinger/Bork [2020] § 155). Beim „offenen Dissens" ist die Auslegungsregel des § 154 Abs 1 S 1 BGB widerlegt, wenn die Beteiligten sich – trotz der offenen Punkte – binden wollten und der offene Einigungsmangel sich nicht auf die „essentialia" bezieht; ein erkennbarer Bindungswille kann sich aus der Tatsache der Beurkundung ergeben (BGH NJW 1997, 2671). 345

4. Auswirkungen auf die Eigentumsvormerkung

Ist der Grundstücksvertrag wegen Nichtbeachtung der gesetzlichen Form nach § 125 S 1 BGB nichtig, entsteht ebenfalls kein schuldrechtlicher Anspruch auf Eigentumsverschaffung. Infolgedessen kann es **keine akzessorische Vormerkung** zur Sicherung einer solchen Verbindlichkeit geben (vgl RGZ 55, 340, 343; BGHZ 54, 56, 63; BGH NJW 1983, 1543, 1545; MünchKommBGB/Ruhwinkel § 311b Rn 75; BeckOGK/Schreindorfer [1. 7. 2023] § 311b Rn 312 f), sodass eine gleichwohl ins Grundbuch eingetragene Vormerkung materiell-rechtlich bedeutungslos und damit im Wege der Grundbuchberichtigung zu löschen ist (vgl MünchKommBGB/Ruhwinkel § 311b Rn 75). Insbesondere liegt in einem formunwirksamen Anspruch auch kein zukünftiger Anspruch nach § 883 Abs 1 S 2 BGB (BGHZ 54, 56, 63; BGH NJW 1983, 1543, 1545; **aA** Lüke JuS 1971, 341, 343), da der Vertrag bis zu seiner Heilung nichtig und damit rechtlich ohne Belang ist, weshalb auch nicht von einem ausreichenden Rechtsboden für einen solchen künftigen Anspruch ausgegangen werden kann (BeckOGK/Schreindorfer [1. 7. 2023] § 311b Rn 312.1). Weil die Heilung erst mit der Eintragung erfolgt, ist mithin eine rechtlich wirksame Sicherung zu Gunsten des vermeintlichen Vertragspartners nicht möglich. 346

5. Auswirkungen der Formverletzung auf die Auflassung/Kondiktion

347 Die **Auflassung** als (abstraktes) Verfügungsgeschäft bildet mit dem Kausalgeschäft grundsätzlich **kein einheitliches Geschäft** iS des § 139 BGB (BGH NJW 1979, 1495, 1496; NJW 1985, 3006; JZ 1991, 871; ZfbR 1993, 13; eingehend Wufka DNotZ 1985, 651, 659), gleichgültig, ob das Kausalgeschäft nichtig ist, weil es überhaupt nicht, unvollständig oder unrichtig beurkundet ist oder an materiellen Mängeln leidet, die die Nichtigkeit begründen. Sie wird deshalb von der Nichtigkeit des schuldrechtlichen Vertrages stets dann nicht erfasst, wenn die Nichtigkeit des schuldrechtlichen Vertrages lediglich auf die *Formungültigkeit* zurückzuführen ist (vgl RGZ 104, 299; RGZ 134, 86; RGZ 137, 335; BGH MDR 1952, 33). Die Nichtigkeit der Auflassung tritt folglich nur dann ein, wenn schuldrechtlicher Vertrag und dingliche Einigung an einem *identischen Fehler* leiden (s zur sog Fehleridentität von materiellen Mängeln: Meier/Jocham JuS 2021, 494), wie dies bspw. bei fehlenden Genehmigungen, die sowohl das dingliche wie auch das schuldrechtliche Geschäft umfassen, oder im Falle des Wuchers nach § 138 Abs 2 BGB gegeben ist.

348 Erbrachte Leistungen können nach §§ 812 ff BGB (§ 812 Abs 1 S 1 BGB, aber auch § 812 Abs 1 S 2 HS 2 BGB) **kondiziert** werden (zur Vollstreckung in derartig kondizierbare Leistungen s BGH NJW 1996, 395; der Kondiktionsanspruch kann sich auch an die das Bauvorhaben des Bauträgers finanzierende Bank richten, und zwar in der Höhe des Betrages, den der Käufer an diese bezahlt hat, um entsprechend deren Freistellungserklärung lastenfreies Eigentum zu erwerben [BGHZ 162, 157, 160]). Dem Normzweck des § 311b Abs 1 BGB entsprechend dürfen bereicherungsrechtliche Rückgewähransprüche nicht einengend ausgelegt werden, da ansonsten der Formzwang unterlaufen würde (so auch MünchKommBGB/Ruhwinkel § 311b Rn 76). Soweit also noch nicht Heilung nach § 311b Abs 1 S 2 BGB eingetreten ist, kann die Auflassung *kondiziert* (RGZ 93, 222; vgl auch Reichel AcP 104 [1909] 1, 16 ff) und der Kaufpreis zurückgefordert werden. **§ 814 BGB** steht dem Rückforderungsanspruch gem § 812 Abs 1 S 1 BGB nicht entgegen (vgl RGZ 98, 240; BGH DNotZ 1971, 543); dies gilt jedenfalls dann, wenn trotz Kenntnis der Nichtigkeit in der Erwartung geleistet wird, der Vertrag werde durchgeführt werden, da dann § 812 Abs 1 S 2 Alt 2 BGB eingreift. Auch § 815 (Alt 2) BGB wird nur in besonders gelagerten Fällen einschlägig sein (BGH DNotZ 1971, 543; NJW 1980, 451; wie hier Kanzleiter DNotZ 1986, 258, 261; **aA** OLG München DNotZ 1986, 293).

349 **Einzelfälle**: **Vermessungskosten** sind (im Hinblick auf § 448 Abs 1 BGB, wonach diese der Verkäufer zu tragen hat) dem Käufer, falls er sie getragen hat, gem § 812 BGB zu erstatten, Aufwendungen für **Notar- und Grundbuchkosten** (zB für die Eintragung der Vormerkung oder der Grundpfandrechte für die Fremdfinanzierung des Käufers) kann der Käufer dagegen nicht verlangen (BGH NJW 1992, 1037, wo das „Entreicherungsrisiko" nach § 818 Abs 3 für den Regelfall dem Käufer zugewiesen wird; s hierzu iE zust, dogmatisch jedoch kritisch Canaris JZ 1992, 1114; **abl** Wolf NJW 1994, 298; **aA** bezüglich der Eintragung der Vormerkung OLG Hamm DNotZ 1994, 52); rechtsgrundlos bereits erlangte **Kaufpreisteile** hat der Verkäufer zurückzugewähren, hieraus gezogene **Nutzungen** wie zB Zinsen herauszugeben, gleichgültig, ob er sie aus einer Kapitalanlage erlangt oder durch Tilgung einer Schuld erspart hat (BGHZ 138, 160 = BGH DB 1998, 1403). Vorvertragliche **Beratungskosten** und Aufwendungen anderer Art sind grundsätzlich nicht erstattungsfähig, da sie im Risikobereich jeder Partei liegen und ihr Anfall nicht kausal auf den Vertragsschluss zurückzuführen ist (vgl auch BGHZ 116, 251, 256 ff;

OLG Hamm DNotZ 1994, 54, 56; Canaris JZ 1992, 1114 ff; im Hinblick auf Schadensersatzansprüche vgl BGH NJW 1967, 2199; NJW 1975, 43 f; NJW 2001, 2713; BeckOGK/Schreindorfer [1. 7. 2023] § 311b Rn 303.1).

6. Schadensersatzansprüche

Daneben sind grundsätzlich Schadensersatzansprüche nach **§ 311 Abs 2 BGB iVm § 280 BGB** denkbar. Insoweit stellt allerdings die bloße Nichteinhaltung der Form noch keine Pflichtverletzung einer Seite dar, weil es grundsätzlich beiden Parteien obliegt, hierfür Sorge zu tragen (vgl MünchKommBGB/Ruhwinkel § 311b Rn 80; BeckOGK/Schreindorfer [1. 7. 2023] § 311b Rn 304). **Täuscht** dagegen eine Seite die andere über ein bestehendes Formerfordernis, begründet dies, soweit der Formmangel nicht schon nach § 242 BGB unbeachtlich ist (s Rn 352 ff), eine Schadensersatzhaftung (vgl BGH NJW 1975, 43; DNotZ 1997, 624; Staudinger/Feldmann § 311 Rn 131; MünchKommBGB/Ruhwinkel § 311b Rn 80; BeckOGK/Schreindorfer [1. 7. 2023] § 311b Rn 304.1). Ein derartiges treuwidriges und vorsätzliches Verhalten stellt stets auch eine Verletzung der vorvertraglichen Pflichten dar. Handelt allerdings das Gegenüber nur **fahrlässig**, kommt es darauf an, ob eine entsprechende Aufklärungspflicht für das Formgebot bestand (anders aber Staudinger/Feldmann § 311 Rn 131, die auf den Einzelfall abstellen und grobe Fahrlässigkeit ausreichen lassen will). Fehlt es hieran, kann auch die unzutreffende Kundgabe der eigenen Rechtsansicht keine Pflichtverletzung begründen (vgl MünchKommBGB/Emmerich § 311 Rn 79; BeckOK-BGB/Sutschet [1. 8. 2023] § 311 Rn 82; unklar insoweit Staudinger/Feldmann § 311 Rn 131). Dies kann nur dann gegeben sein, wenn eine entsprechende Schutzpflicht besteht, die von einer Seite verlangt, sich in besonderer Weise um die Einhaltung der Formvorgaben zu kümmern. Eine solche Schutzpflicht entsteht vor allem dann, wenn eine Partei für sich **besonderes Vertrauen** in Anspruch nimmt und vorgibt, über besondere Sachkenntnis zu verfügen und so bei ihrem Gegenüber die berechtigte Erwartung weckt, sie werde sich um die notwendigen Schritte zuverlässig kümmern (MünchKommBGB/Einsele § 125 Rn 55; Soergel/Meier/Wolz § 125 Rn 71). Daneben sind deliktische Ansprüche nach § 823 Abs 2 BGB und § 826 BGB denkbar (s auch BeckOGK/Schreindorfer [1. 7. 2023] § 311b Rn 305). 350

Eine Haftung für den **Abbruch von Vertragsverhandlungen** aus § 311 Abs 2 BGB iVm § 280 BGB besteht demgegenüber regelmäßig nicht (s Staudinger/Feldmann § 311 Rn 122 ff). Bis zum Abschluss in gehöriger Form steht es grundsätzlich jeder Seite frei, sich von ihrer Vertragsabsicht loszusagen und Vertragsverhandlungen auch ohne erkennbaren Grund für die andere Partei zu beenden (vgl BGH NJW 1967, 2199; NJW 1975, 43 f; NJW 2001, 2713; MünchKommBGB/Ruhwinkel § 311b Rn 80; BeckOGK/Schreindorfer [1. 7. 2023] § 311b Rn 303.1). Wollte man bereits aus Vertragsverhandlungen eine, wenn auch nur bedingte, Verpflichtung zum Abschluss des Vertrages ableiten, wären die Formzwecke obsolet, da dann eine entsprechende Verpflichtung bereits formfrei entstünde (MünchKommBGB/Einsele § 125 Rn 55; Staudinger/Hertel [2023] § 125 Rn 118; Soergel/Meier/Wolz § 125 Rn 71). Scheitern die Vertragsverhandlungen, liegen die getätigten **Aufwendungen** jeder Seite grundsätzlich in ihrem eigenen Risiko, sodass kein Ersatz begehrt werden kann (vgl auch BGHZ 116, 251, 256 ff; OLG Hamm DNotZ 1994, 54, 56; Canaris JZ 1992, 1114 ff). Etwas anderes gilt nur dann, wenn einem Beteiligten ein besonders schwerer Vorwurf gemacht werden kann, er insbesondere eine Vertragsbereitschaft, die tatsächlich nicht existiert, vorspiegelt, 351 um die andere Partei in den Verhandlungen zu halten (s Staudinger/Feldmann § 311 Rn 125).

7. Einschränkungen der Formnichtigkeit

a) Auffassung der Rechtsprechung

352 Das **RG** hat zunächst an der *Einheit von Rechtsgeschäft und Form* und damit an der Vorrangigkeit der Formnichtigkeit festgehalten (RGZ 52, 5; RGZ 73, 209; RGZ 82, 304 f; vgl auch Mot I 183). Erstmals zum Mietrecht (RG Gruchot 52, 1044; vgl auch RGZ 96, 315; 145, 80), dann aber auch zum vormaligen § 313 BGB hat das RG jedoch die auf deliktische Grundlagen (§§ 826, 249 BGB) gestützte **Einrede** der **allgemeinen Arglist** (§ 242 BGB) grundsätzlich für beachtlich gehalten (RGZ 107, 181, 361), hierbei aber ausdrücklich hervorgehoben, dass ein Irrtum über die Formnotwendigkeit vorgelegen und der Irrtum vom Vertragsgegner *schuldhaft* habe verursacht sein müssen (RGZ 117, 124; vgl auch Nipperdey, Kontrahierungszwang und diktierter Vertrag 53 ff, der versucht, über § 826 BGB zu einem Abschlusszwang zu kommen; allg zum Aufeinandertreffen von Formnichtigkeit und Treu und Glauben Gernhuber, in: FS Schmidt-Rimpler [1957] 151 sowie Singer WM 1983, 254). Später hat das RG allgemein die Berufung auf **Treu und Glauben** gem § 242 BGB als (wohl immanente) Einschränkung des § 125 BGB gebilligt (RGZ 169, 73; vgl auch RGZ 170, 205).

353 Der **BGH** hat die auf **§ 242 BGB** gestützte Rspr des RG – wenn auch teilweise eingeschränkt – fortgesetzt. Er hat hierbei ständig hervorgehoben, dass der *allgemeine Grundsatz* von *Treu und Glauben* allein nicht ausreiche, die Einhaltung der gesetzlichen Formvorschriften im Interesse der Rechtssicherheit grundsätzlich unerlässlich und eine Einschränkung der Formnichtigkeit nur bei einem **schlechthin untragbaren Ergebnis** zulässig sei (BGHZ 16, 334; st Rspr: zB BGHZ 20, 173; BGHZ 23, 254; 29, 10; BGHZ 45, 174; BGHZ 48, 398 = BGH NJW 1968, 39; 149, 326; BGH DNotZ 1979, 332; in neuerer Zeit OLG Koblenz BeckRS 2005, 11689). Daher komme eine **Verwirkung** des Einwands der Formnichtigkeit grundsätzlich nicht in Betracht (BGH NJW 2004, 3330, 3331). Insoweit sei eine im öffentlichen Interesse liegende Einwendungen betroffen, die nicht durch den individuellen Grad der Vorwerfbarkeit begrenzt werden dürfe (BGH NJW 2004, 3330, 3331). Zu diesem Problem ist in der Zwischenzeit eine Fülle von Entscheidungen ergangen, die sämtlich von der Abwägung beherrscht werden, ob ein Ergebnis schlechthin untragbar (oder zwar hart, aber noch tragbar) ist (s dazu BeckOGK/Schreindorfer [1. 7. 2023] § 311b Rn 306 mwNw). Zur näheren Konkretisierung dieser Umstände haben sich allerdings Fallgruppen herausgebildet, die zumindest zu einer gewissen Vorhersehbarkeit der Entscheidungspraxis beitragen. Gleichwohl handelt es sich stets um spezifische Einzelfallentscheidungen, die sich einer dogmatischen Systematisierung weitgehend entziehen (BeckOGK/Hecht [1. 7. 2023] § 125 Rn 128 ff, 132; krit auch Battes JZ 1969, 683; Lorenz AcP 156 [1957] 381 ff; MünchKommBGB/Ruhwinkel § 311b Rn 79; auf die fehlende Rechtssicherheit hinweisend BeckOGK/Schreindorfer [1. 7. 2023] § 311b Rn 308 ff).

354 So ist ein Berufen auf die Formnichtigkeit insbesondere dann ausgeschlossen, wenn dem Vertragspartner ein **treuwidriges Verhalten** zur Last fällt, mittels dessen er den formgültigen Abschluss des Vertrages hintertrieben oder verhindert hat (s dazu Soergel/Meier/Wolz § 125 Rn 55 mwNw; NK-BGB/Noack/Kremer § 125 Rn 46; vgl BGHZ 16, 334, 336 f; BGHZ 29, 6, 10 ff; BGHZ 48, 396). Dies kann vor allem darin liegen, dass eine Seite der anderen **wahrheitswidrig** versichert, der Vertrag sei formlos gültig (vgl RGZ 157, 207, 209; BGHZ 16, 334, 336 f; BGHZ 48, 396; BGH BeckRS 1981, 31075724; NK-BGB/Noack/Kremer § 125 Rn 46), oder über das Bestehen des Formerfordernisses sonst **arglistig täuscht** (Erman/Arnold § 125 Rn 33; vgl BGHZ 48, 396; BGH BeckRS 1981, 31075724; NK-BGB/Noack/Kremer § 125 Rn 46) oder die Einhaltung der Form deshalb ablehnt, um **Kosten** zu sparen (vgl BGHZ 48, 396; BGH BeckRS 1981, 31075724). Dasselbe soll nach der Rspr gelten, wenn eine Partei lediglich versichert, sie werde auch formfreie Verträge akzeptieren, sich im Nachhinein an diese Zusicherung allerdings nicht mehr halten will (vgl BGHZ 48, 396; NK-BGB/Noack/Kremer § 125 Rn 46). Ebenso sei die Situation zu behandeln, wenn eine **jahrelange, gefestigte Übung** zum Abschluss unter Auslassung der nötigen Form besteht und eine Seite ohne Vorwarnung sich auf den Formverstoß beruft (OLG Koblenz IBR 2015, 650). Für das Eingreifen dieser Fallgruppe verlangt die Rspr allerdings stets **Arglist**, weshalb einfaches oder grob **fahrlässiges** Handeln der anderen Seite nicht ausreichen kann (vgl BGHZ 16, 334, 336 f; BGHZ 85, 315; BGH NJW 1965, 812, 813; NJW 1969, 1167, 1169; NJW 1989, 166, 167; Erman/Arnold § 125 Rn 34; NK-BGB/Noack/Kremer § 125 Rn 46). Dies gilt umso mehr, wenn den anderen Vertragspartner insgesamt kein Verschulden trifft (BGH NJW 1965, 812, 813; NK-BGB/Noack/Kremer § 125 Rn 49). Ebenso soll ein arglistiges Verhalten denkbar sein, wenn eine Partei eine deutlich **überlegene Verhandlungsposition** aufweist und diese dazu ausnutzt, das Formerfordernis nicht zu beachten. Anerkannt worden ist eine solche Stellung beispielsweise für Siedlungsträger (BGHZ 16, 334; BGHZ 45, 179), Wohnungsbaugenossenschaften (BGH NJW 1972, 1189) oder für Großstädte im Verhältnis zu Unternehmen (BGH NJW 1985, 1778, 1780). Abgelehnt worden ist eine derartige Stellung aber bei Verträgen zwischen Familienangehörigen (BGH NJW 1975, 43) oder zwischen Gesellschaftern einer Gesellschaft (BGH NJW 1989, 166).

Die Rspr hat ferner in zahlreichen Situationen die Formunwirksamkeit infolge eines 355
Treueverstoßes außer Acht gelassen, wobei die relevante Verletzung der Grundsätze von Treu und Glauben erst **im Nachgang** zum ursprünglichen Vertragsschluss erfolgte (vgl dazu RGZ 153, 59, 61; BGH WM 1986, 1191, 1192). Insoweit soll insbesondere **widersprüchliches Verhalten** einer Seite dazu führen, dass ihr der Einwand des Formmangels abgeschnitten wird. Dies ist beispielsweise dann der Fall, wenn eine Partei die Erfüllung der ihr gegenüber vermeintlich bestehenden Pflichten verlangt, sich aber in der Folge auf die Formunwirksamkeit als Verteidigung gegen eine eigene Inanspruchnahme beruft (vgl auch BGHZ 92, 164, 172 f; BGH NJW 1996, 2503, 2504; NJW-RR 2017, 596, 597) oder sie eine formunwirksame Vertragsänderung zu ihren Gunsten herbeiführt und sich im Nachhinein auf den Formverstoß stützt (BGH NJW 2008, 365, 366; NJW 2016, 311, 313; NJW 2017, 3772; vgl BGH NJW 1986, 2759, 2760). Dasselbe soll gelten, wenn im Prozess zunächst eine Partei die andere zur Offenlegung des Formmangels verleitet und sich sodann auf diesen im Widerspruch zum eigenen Antrag bezieht (BGH NJW 1992, 1897 f). Dem Auftragnehmer soll es darüber hinaus verwehrt sein, die Formunwirksamkeit geltend zu machen, wenn er das Grundstück bereits mit Mitteln des Auftraggebers ersteigert hat (BGHZ 85, 245).

Im Ergebnis niedrige Anforderungen stellt die Rspr zudem im Rahmen der **Hof-** 356
übergabe (s etwa BGH NJW 1954, 1644; NJW 1957, 787; NJW 1993, 267, 268). Dabei ist es belanglos, ob es sich um einen Übergabevertrag unter Lebenden oder um eine testamentarische Einsetzung handelt (BGH NJW 1957, 787). Die Formnichtigkeit soll schon dann unbeachtlich sein, wenn der Übergeber dem Übernehmer gegenüber

den Eindruck erweckt, dieser werde den Hof erhalten (BGH NJW 1954, 1644), was insbesondere dann der Fall ist, wenn er ihn über längere Dauer dort beschäftigt hat (vgl BGH NJW 1955, 1065 f). Maßgeblich soll insoweit sein, ob der prognostizierte Übernehmer entsprechende Dispositionen getroffen und sich auf die Zusage eingestellt hat (BGH NJW 1955, 1065, 1066). Dies ist insbesondere der Fall, wenn der Übernehmer längere Zeit für ein vergleichsweise geringes Entgelt auf dem Hof gearbeitet oder sonstige erhebliche Opfer erbracht hat (BGH NJW 1955, 1065, 1066).

357 Zu schlechthin untragbaren Ergebnissen soll es auch dann nach der Rspr kommen, wenn sich hierdurch eine konkrete **Existenzgefährdung** des gutgläubigen Vertragspartners ergibt (BGH NJW 1987, 1069, 1070). Maßgeblich ist dabei aber die erhebliche Gefährdung oder sichere Vernichtung der Existenz (vgl BGH NJW 1987, 1069, 1070; s auch BGH NJW 2013, 680 zur Abgrenzung zum allgemeinen Lebensrisiko). Dies soll vor allem dann in Betracht kommen, wenn die andere Seite ihre Leistung bereits komplett erbracht hat und das Vertragsgegenüber sich in der Insolvenz befindet und daher weder seine erbrachte Leistung erbringen noch die empfangene zurückgewähren kann (Staudinger/Hertel [2023] § 125 Rn 115). Dabei wird allerdings teilweise darauf Bezug genommen, ob die erbrachte Leistung bei Einhaltung der Form insolvenzfest gewesen wäre (Staudinger/Hertel [2023] § 125 Rn 115).

358 Ferner geht der BGH davon aus, dass die Nichtigkeitssanktion dann einzuschränken sei, wenn sich hierdurch der durch die **Formbedürftigkeit bezweckte Schutz** der *schutzbedürftigen* Partei in sein Gegenteil verkehre oder die Interessen der Partei, die sich auf die Nichtigkeit beruft, durch die nichtige oder fehlende Beurkundung nicht gefährdet seien (BGHZ 85, 315; BGH NJW 1994, 3346: Schutz des Auftraggebers; gleichfalls in diese Richtung: BGH NJW 1996, 1960 unter ausdrücklicher Verweisung auf NJW 1994, 3346; BGH NJW 1988, 130: nochmaliges – formgerechtes – Schuldanerkenntnis des Käufers bezüglich des Kaufpreises, das jedoch nicht formgerecht angenommen ist; s auch Soergel/J Mayer § 311b Rn 193; Hagen DNotZ 1984, 267, 293). Der BGH hat zudem bei einem vor dem Beitritt zur BRD in der DDR im Hinblick auf die Reglementierung des Bodenverkehrs zum Schein als Grundstücksschenkung (statt als Kauf) beurkundeten Vertrag den verdeckt abgeschlossenen formnichtigen Kaufvertrag nach Treu und Glauben als wirksam angesehen (BGHZ 124, 321) mit der Rechtsfolge, da das DDR-ZGB die Unterscheidung zwischen Verpflichtung und dinglichem Vollzug nicht kannte, dass das Eigentum gem § 297 Abs 2 DDR-ZGB mit der Eintragung ins Grundbuch auf den Erwerber übergegangen ist.

b) Kritik

359 Die dargestellte Rspr hat in der Lit in weitem Umfang teils erhebliche **Kritik** erfahren (s dazu BeckOGK/Hecht [1. 7. 2023] § 125 Rn 128 ff). Durch die im Ergebnis unklaren Formulierungen der Rspr bleibt offen, ob diese annimmt, der Vertrag werde in diesen Fällen wirksam (s zu diesem Gedanken LG Köln 27. 8. 2003 – 8 Sa 268/03, juris Rn 62), oder ob es sich lediglich um ein Gegenrecht handelt, mit dem der anderen Partei die Verteidigung gegen das Leistungsbegehren oder die Möglichkeit der Rückforderung abgeschnitten wird, der Vertrag selbst aber unwirksam bleibt (so bspw Armbrüster NJW 2007, 3317, 3320; in diese Richtung auch Hagen, in: FS Brambring [2011] 90, 103 f). Da es sich bei der Formnichtigkeit um eine von Amts wegen zu beachtende Einwendung handelt, kann dem Gegenüber im eigentlichen Sinne nichts abgeschnitten oder verwehrt werden, weil es sich auf die Ungültigkeit des Vertrages nicht zu berufen braucht, sondern das Gericht dies von sich aus beachten muss (BGHZ 29, 6, 12; BGH NJW 1970, 2210, 2211; jurisPK-BGB/LUDWIG § 311b Rn 329; BeckOGK/SCHREINDORFER [1. 7. 2023] § 311b Rn 307), weshalb die Wirkung des § 242 BGB nur darin liegen kann, einen entsprechenden Anspruch zu begründen und damit die **Formunwirksamkeit insgesamt zu überwinden**, sodass der Vertrag als gültig zu behandeln ist (so auch jurisPK-BGB/LUDWIG § 311b Rn 329; BeckOGK/SCHREINDORFER [1. 7. 2023] § 311b Rn 307). Dies führt dazu, dass beide Seiten die ihnen zustehenden Leistungen verlangen und gegebenenfalls einklagen können. Dem steht die Funktion des § 242 BGB nicht entgegen, da sich die Norm mittlerweile als genereller Grundsatz des Zivilrechts herausgebildet hat (BGH NJW 1957, 1106, 1107; NJW-RR 2008, 1050; BeckOGK/KÄHLER [1. 7. 2023] § 242 Rn 1, 124 ff; MünchKommBGB/SCHUBERT § 242 Rn 23 f), sodass die Vorschrift mithin auch an ein vorvertragliches Schuldverhältnis anknüpfen und auf diese Weise Rechtswirkungen zur Entstehung bringen kann (s dazu auch SOERGEL/MEIER/WOLZ § 125 Rn 55). Infolgedessen ist **dogmatisch** gegen die Rspr **für sich genommen kein Einwand** zu erheben, weshalb es grundsätzlich möglich ist, das Formerfordernis durch die Anwendung von § 242 BGB außer Acht zu lassen und somit einen an sich formnichtigen Vertrag als gültig zu betrachten (s iE auch jurisPK-BGB/LUDWIG § 311b Rn 329; MünchKommBGB/RUHWINKEL § 311b Rn 79; BeckOGK/SCHREINDORFER [1. 7. 2023] § 311b Rn 307; s zudem SOERGEL/MEIER/WOLZ § 125 Rn 58). Gleichwohl ist zu beachten, dass insbesondere im Rahmen des § 311b Abs 1 S 1 BGB das Formgebot nicht nur dem Schutz der Beteiligten, sondern auch öffentlichen Zwecken dient (s Rn 7 ff). Insoweit ist besondere Zurückhaltung geboten, die gesetzlich angeordnete Rechtsfolge der Nichtigkeit durch eine Anwendung von § 242 BGB einzuschränken (dazu auch vgl BGH DNotZ 1979, 332; BB 1987, 714; NJW 1989, 166). Dies schließt die Heranziehung der Gebote von Treu und Glauben gleichwohl nicht vollständig aus, da die Norm ein Grundprinzip des deutschen Zivilrechts bildet (s dazu BGH NJW 1957, 1106, 1107; NJW-RR 2008, 1050; BeckOGK/KÄHLER [1. 7. 2023] § 242 Rn 1, 124 ff; MünchKommBGB/SCHUBERT § 242 Rn 23 f) und als solche gesetzgeberische Basisentscheidung sich auch gegen sonstige legislative Wertungen im Einzelfall durchzusetzen vermag, auch wenn dies einer exakten Abwägung der Zwecke und Ziele bedarf. Andernfalls würde der Formzweck im Vergleich zur Wertung des § 242 BGB überbetont, da nicht zu ersehen ist, dass der Gesetzgeber die Regelung des § 125 S 1 BGB absolut setzen wollte.

Gleichwohl ist die Auffassung der Rspr ganz überwiegend **nicht überzeugend** (krit auch **360**
BATTES JZ 1969, 683; LORENZ AcP 156 [1957] 381 ff; BeckOGK/SCHREINDORFER [1. 7. 2023] § 311b Rn 310). Eine Treuwidrigkeit einer Seite kann nur dann vorliegen, wenn der Vertragspartner als **schutzwürdig** zu betrachten ist (SOERGEL/MEIER/WOLZ § 125 Rn 55). Daran fehlt es zumindest dann, wenn er selbst freiwillig auf die Einhaltung der Form verzichtet, obgleich ihm die Unwirksamkeit des Vertrages in diesem Fall bekannt ist (vgl etwa BGH LM § 313 Nr 23; NJW 1969, 1167). Dies gilt umso mehr, wenn er sich, um Kosten zu sparen, auf das Risiko einlässt, da es dann nicht treuwidrig sein kann, wenn sich die bewusst akzeptierte Gefahr verwirklicht (BeckOGK/HECHT [1. 7. 2023] § 125 Rn 128 ff; **aA** wohl BGH NJW 1972, 1189, 1190 f). Ebenfalls nicht zu überzeugen vermag die Differenzierung der Rspr danach, ob die Folgen der Nichtigkeit für die Gegenseite tragbar oder untragbar sind, insbesondere für sie eine Existenzgefährdung besteht (ähnl BeckOGK/HECHT [1. 7. 2023] § 125 Rn 132, 135). Dies verquickt unzulässig persönliche wirtschaftliche Fragen der Beteiligten mit einer davon grundsätzlich losgelösten Betrachtung der Grundsätze von Treu und Glauben (ähnl BeckOGK/HECHT [1. 7. 2023] § 125 Rn 135). Die Unterscheidung kann zu geradezu widersinnigen Konsequenzen führen,

da im Ergebnis der ökonomisch weniger gut Gestellte einfacher auf die Einhaltung der Form verzichten kann, da ihn die Rspr umso leichter aus einer etwaigen Existenzgefährdung befreit (dazu auch SOERGEL/MEIER/WOLZ § 125 Rn 56). Eine derartige Differenzierung ist mithin mit der grundsätzlichen Gleichordnung aller Privatrechtssubjekte nicht zu vereinbaren (SOERGEL/MEIER/WOLZ § 125 Rn 56). Die Rspr erweist sich in der Konsequenz als reine Billigkeit (vgl ähnl BeckOGK/HECHT [1. 7. 2023] § 125 Rn 132), wofür allerdings angesichts der Formzwecke und der Ziele des Gesetzgebers, durch die Regelungen der § 311b Abs 1 S 1, § 125 S 1 BGB klare Verhältnisse zu erreichen, keine Möglichkeit verbleibt (SOERGEL/MEIER/WOLZ § 125 Rn 56).

361 Ebenfalls nicht schlüssig erklärbar sind die von der Rspr vorgenommenen spezifischen Ausnahmen für **Hofübergabeverträge** (krit auch BeckOGK/HECHT [1. 7. 2023] § 125 Rn 135). Dabci handelt es sich auch nach Auffassung des BGH um ein spezifisches Sonderregime für landwirtschaftliche Güter, das auf andere Rechtsgeschäfte und Lebenssachverhalte nicht zu übertragen ist (BGH NJW 1965, 812, 813; NJW 1967, 1364; NJW 1993, 267 f). Eine solche Ausnahme ist nicht nur unsystematisch, sie widerspricht auch den Zielen des Gesetzgebers, der mit der Formvorgabe eine einheitliche Regelung für sämtliche Rechtsgeschäfte, die zu Verfügungen oder zum Erwerb von Grundstücken verpflichten, schaffen wollte. Es ist zudem nicht zu ersehen, weshalb der prognostizierte Hofübernehmer eines stärkeren Schutzes bedurfte, weil auch er kein begründetes Vertrauen auf unsicherer Grundlage entwickeln darf (vgl BeckOGK/HECHT [1. 7. 2023] § 125 Rn 135). Er ist daher nicht schutzwürdiger als jeder andere potenzielle Vertragspartner (vgl BeckOGK/HECHT [1. 7. 2023] § 125 Rn 135).

362 Eine Einschränkung der von § 125 S 1 BGB angeordneten Nichtigkeit ist daher nur in den Fällen einer **schweren und eindeutigen Treuepflichtverletzung** einer Seite denkbar. Dabei kommt es aber nicht darauf an, ob hierdurch für den Vertragspartner untragbare Ergebnisse geschaffen werden, da allein die Verletzung der Grundsätze von Treu und Glauben maßgeblich ist. Ebenfalls nicht von Bedeutung kann die Frage sein, ob derjenige, der sich auf die Formunwirksamkeit beruft, durch den Zweck der Vorschrift geschützt werden soll (krit auch BeckOGK/SCHREINDORFER [1. 7. 2023] Rn 310; anders aber wohl die Erwägungen bei BGHZ 85, 245, 251 f; 127, 168, 175). Da es sich um eine von Amts wegen beachtliche Einwendung handelt, kann sich auf die Nichtigkeit grundsätzlich jeder „berufen", allerdings ist für die Rechtswirkungen ein derartiges Berufen gerade nicht erforderlich. Es mag daher vom Zufall abhängen, wer die Nichtigkeit anführt, sodass die von der Rspr eröffnete Betrachtung nicht zielführend ist. Darüber hinaus stellt diese Auffassung die Gültigkeit des Vertrages ins Belieben einer Partei, da sie durch ein Berufen oder Nichtberufen auf die Formnichtigkeit gegebenenfalls die Anwendung des § 242 BGB und damit die Wirksamkeit des Vertrages beeinflussen kann.

c) Einzelfälle

363 In der Rspr ist eine Vielzahl von Einzelfällen bereits entschieden worden, die jedoch eine **klare und eindeutige Systematisierung nicht ermöglichen**; sie werden im Nachfolgenden lediglich als Sammlung der Entscheidungen aufgeführt, da es sich jeweils um isolierte Wertungen im Einzelfall handelt.

364 **Einzelfälle**, in denen die **Berufung auf Treu und Glauben zugelassen wurde**: Formnichtiger Erwerb vom **Siedlungsträger** (BGHZ 16, 334; 20, 173); Erwerb von einem

gemeinnützigen **Wohnungsbauunternehmen** und nahezu vollständige Kaufpreiszahlung (BGH NJW 1972, 1189); Kaufvertrag mit einer **Großstadt** auf Grund jahrelanger formnichtiger Übung und erheblicher Investitionen des Erwerbers (BGHZ 92, 164); Berufung auf Nichtigkeit durch Verkäufer, **ohne dass dieser in der Lage ist, den Kaufpreis zurückzuzahlen** (BGH 19. 12. 1956 – V ZR 197/55, zit bei LM § 313 Nr 13); Loslösen des Verkäufers vom nicht formgerechten Vertrag, nachdem ein ihm **drohender Vermögensverlust** gerade durch die vertragstreue Erfüllung seitens des Vertragspartners abgewendet wurde (BGHZ 29, 6); Geltendmachung des Formmangels durch **bedeutendes wirtschaftliches Unternehmen**, bei dem der Käufer früher angestellt war (BGHZ 48, 396); **Verschulden des Formmangels** durch Verschweigen eines wesentlichen Umstandes unter Verwandten (BGH NJW 1970, 2210); mündliche Zusage des Erwerbs durch **Behörde** nach wiederholtem Verlust von Grundbesitz zugunsten der öffentlichen Hand (BGH DNotZ 1972, 526); **Verlust der Eigenheimersparnisse** für den Lebensabend (BGH NJW 1972, 1189); Absehen von der Beurkundung aus Kostengründen bei der **Hofübergabe** *außerhalb* des Höferechts (BGH DNotZ 1973, 18); nicht beurkundete Zusicherung des **Bauträgers** zur Schließung von Fensteröffnungen durch Bauträger (BGH DNotZ 1981, 735); Berufung des Auftragnehmers auf die Formnichtigkeit nach Erwerb des Grundstücks, da die Formvorschrift dem **Schutz des Auftraggebers** (und nicht des Auftragnehmers) diene (BGHZ 85, 245 = BGH NJW 1983, 566); Bestreiten des Erhalts der (nicht beurkundeten) **Vorauszahlung** mit späterer Berufung auf die Formnichtigkeit und Verweigerung der Herausgabe des Grundstücks, als das Bestreiten nicht mehr aufrechtzuerhalten war (BGHZ 85, 315); Berufung auf Formnichtigkeit eines **öffentlich-rechtlichen Vertrages** (BGH 12. 10. 1984 – V ZR 92/83); Berufung auf Formnichtigkeit durch Käufer, obwohl er nochmals durch gesonderte Urkunde seine **Kaufpreisschuld anerkannt** hatte (BGH NJW 1988, 130); Berufung auf Nichtgenehmigung (und damit Unwirksamkeit) des Hauptvertrages bei **bindendem Vorvertrag** (BGH ZIP 1990, 518); **Prozessführung** des Verkäufers dergestalt, dass er den Käufer zum Nachweis der (nicht beurkundeten) Nebenabrede zwingt, um sich dann auf die Nichtigkeit berufen zu können (BGH NJW 1992, 1897); Berufung auf Formnichtigkeit bei (nicht beurkundeter) **Vertragsübernahme** (§ 415 BGB), wenn der (neue) Verkäufer sich ohne Grund von der Vertragsübernahme lösen will, obwohl er durch diese den Rangrücktritt des Käufers mit dessen Auflassungsvormerkung hinter die zur Neufinanzierung erforderlichen Grundpfandrechte erreicht hatte (BGH DNotZ 1997, 307); **Tausch** einzelner in Sondereigentum stehender Räume (OLG Köln FGPrax 2007, 19 ff).

Einzelfälle, in denen **die Berufung auf Treu und Glauben nicht zugelassen wurde**: **365**
Stillschweigendes Festhalten am Vertrag nach Ablauf der nach früherem Recht erforderlichen **Nachfrist** gem § 326 aF (BGHZ 20, 339); **zehnjähriger Besitz** der jeweils eingetauschten Flächen (BGH LM § 313 Nr 13); Veranlassen der Formnichtigkeit **ohne vorwerfbare Irrtumserregung** oder -erhaltung beim anderen Vertragspartner (BGH WM 1961, 1173); formnichtige Vereinbarung, dass **Frist für Annahme** eines Vertragsangebots entfalle (BGH WM 1963, 407); formnichtige Einigung auf andere **Grenzziehung** als im notariellen Vertrag vorgesehen (BGH DNotZ 1965, 286); Erwerb eines Eigenheims im **öffentlich geförderten sozialen Wohnungsbau** (BGH NJW 1965, 1269); Verschulden des Formmangels durch gemeinnütziges **Wohnungsunternehmen** (BGH NJW 1965, 812 m **abl** Anm Marschall vBieberstein); **jahrelanger Besitz** durch Erwerb aufgrund nichtiger Vollmacht (BGH DNotZ 1966, 92; WM 1967, 1042); formlose **Erbauseinandersetzung** über landwirtschaftlichen Grundbesitz (BGH DNotZ 1966, 604); Zu-

sage auf Erwerb von **Waldgrundstücken** bei Aufteilung früheren Wehrmachtsgeländes (BGHZ 45, 179 in *Abgrenzung* zu BGHZ 16, 334); Berufung eines **Wohnungsbauunternehmens** auf Formnichtigkeit trotz entgegenstehender (privatschriftlicher) Vertragsklausel (BGH NJW 1969, 1167 mit **abl** Anm Reinicke); Verbleiben im **Gemeindedienst** in Erwartung des Eigentumserwerbs (BGH NJW 1970, 988); Berufung des Käufers bzw Verkäufers auf Formnichtigkeit bei **Schwarzpreis** (BGH WM 1971, 618; OLG Köln 2. 3. 2016 – I-17 U 103/14, juris Rn 31); **vierzehnjährige** Kaufpreiszahlung und Besitz (BGH NJW 1973, 1455); erhebliche **wirtschaftliche Einbußen** durch Abbruch der Vertragsverhandlungen (BGH NJW 1975, 43) oder **erhebliche Investitionen** des Käufers auf dem Grundstück (OLG Koblenz BeckRS 2005, 11689); **Hofübergabe** außerhalb des Höferechts (BGH DNotZ 1976, 94); die **objektive Verursachung des Formmangels** durch die andere Vertragspartei, ohne dass besondere Arglist vorliegt (BGH MDR 1978, 126); Berufung auf Formnichtigkeit bei **Unternehmenskauf** (BGH DNotZ 1979, 332); später getroffene Vereinbarung über eine von der Regelung des Kaufvertrages abweichende **Gestaltung des Sondereigentums** (BGH WM 1986, 1191); Formmangel des gesamten Grundstücksgeschäfts durch die **Geschäftseinheit** mit dem an sich formfreien Mietvertrag beim Mietkaufmodell (BGH BB 1987, 714); Verpflichtung eines Gesellschafters einer GmbH aus **nichtigem Vorvertrag** zur Übereignung des Grundbesitzes wegen gesellschaftsrechtlicher Treuepflicht (BGH NJW 1989, 166); Kaufpreisrückforderung durch den Käufer, obwohl die Formnichtigkeit für ihn nur ein **Vorwand** war, sich vom Vertrag lösen zu können, weil ihm das Grundstück – verursacht durch eigene schadensverursachende Umbauten – nunmehr wertlos erschien (BGH DNotI-Report 1999, 161); **fehlende Möglichkeit der Rückzahlung** des bereits bezahlten Kaufpreises (ca 400 000 DM) aus der Konkursmasse (BGHZ 149, 326 = BGH DNotZ 2002, 656: keine Existenzgefährdung dargetan; s hierzu auch BGHZ 150, 138 = BGH DNotZ 2002, 635); Berufung auf Formnichtigkeit durch Käufer gegenüber der Wohnungseigentümergemeinschaft, die den Käufer wegen **Wohngeldzahlungen** in Anspruch nimmt, obwohl dieser die Einheiten vermietet hat (KG NJW-RR 2003, 590); Behandlung des Vertrages über einen **längeren Zeitraum** als wirksam, ohne dass ein in hohem Maße widersprüchliches Verhalten vorliegt (die Voraussetzungen der Verwirkung sollen nicht ausreichen, s BGH DNotZ 2005, 120); erhebliche Investitionen in ein in hälftigem Miteigentum stehendes Grundstück bei **mündlicher Veräußerungsabrede**, wenn dem Investierenden die alleinige Nutzung zusteht, obgleich er nicht Eigentümer ist (OLG Hamm NZFam 2022, 930, 932).

8. Umdeutung

366 Eine **Umdeutung** eines formnichtigen Grundstücksvertrages gem **§ 140 BGB** in ein formfreies anderes Rechtsgeschäft kommt zwar grundsätzlich in Betracht (vgl RGZ 110, 392; BGH NJW 1963, 339; NJW 1974, 2279). Allerdings werden die Voraussetzungen hierfür im Regelfall nicht vorliegen, da eine von den Parteien gleichermaßen gewollte andere formfreie Gestaltung typischerweise nicht zur Verfügung stehen wird. Auch die von der Rspr anerkannten Einzelfälle (s bspw: Umdeutung einer Verpflichtung zur Übertragung von Wohnungseigentum in Einräumung eines Dauerwohnrechts; BGH NJW 1974, 2279: Umdeutung der Verpflichtung in einem Gesellschaftsvertrag zur Einbringung des Grundstücks zu Eigentum lediglich in eine Verpflichtung zur Einbringung dem Werte nach) dürften kaum verallgemeinerungsfähig sein, da nicht anzunehmen ist, dass der Vertragspartner insbesondere bei entgeltlichen Verträgen bereit sein wird, für einen Nießbrauch oder

ein Dauerwohnrecht denselben Kaufpreis zu entrichten, den er als Gegenleistung für die Eigentumsverschaffung erbracht hätte.

9. Vermutung der Vollständigkeit und Richtigkeit der Urkunde

Für die notarielle Urkunde gilt grundsätzlich die **Vermutung der Vollständigkeit und Richtigkeit** (st Rspr BGHZ 20, 109, 111; BGH NJW 2000, 207; NJW 2002, 3164 f; NJW 2017, 175). Ist allerdings bewiesen, dass eine formunwirksame Nebenabrede zwischen den Beteiligten besteht, ist damit auch unzweifelhaft, dass die Urkunde die in sie gesetzte Erwartung der Vollständigkeit nicht zu erfüllen in der Lage ist. Die entsprechende Vermutung ist damit widerlegt, sodass sie auch im Übrigen nicht eingreifen und daher keine Seite mehr für sich die Wirkung dieser Vermutung in Anspruch nehmen kann (BGH NJW 1989, 898; MünchKommBGB/Ruhwinkel § 311b Rn 77; s zudem Kanzleiter DNotZ 2000, 931, 936). 367

XIII. Heilung

1. Allgemeines

Die **Heilung** eines Formmangels **durch Erfüllung** tritt nur dann ein, wenn das Gesetz dies *ausdrücklich* vorsieht (BGH Betrieb 1970, 2216; Flume, AT § 15 III 3b; Seibert JZ 1981, 380; **aA** Häsemeyer 105 ff; allg zur Thematik auch Reinhart, Das Verhältnis von Formnichtigkeit und Heilung des Formmangels im bürgerlichen Recht [1969]). Eine solche explizite Vorschrift ist in § 311b Abs 1 S 2 BGB enthalten. § 311b Abs 1 S 2 BGB stellt hierbei *nicht* auf die **Kenntnis oder Unkenntnis der Nichtigkeit** ab (BGH NJW 1975, 205). Seit zur Auflassung die Vorlage des nach § 311b Abs 1 S 1 BGB formbedürftigen Kausalgeschäftes erforderlich ist (Einfügung des § 925a BGB), beschränken sich die praktischen Fälle der Heilungsmöglichkeit im Wesentlichen nur auf zwar beurkundete, aber dennoch wegen unvollständiger (s Rn 311 ff) oder unrichtiger (s Rn 330 ff) Beurkundung (teil-)nichtige Verträge oder aber auf nicht beurkundete, aber beurkundungspflichtige Änderungen (s Rn 283 ff). Auch schon nach dem äußeren Anschein unwirksamen Geschäften darf durch die Entgegennahme der Auflassung nicht zur Wirksamkeit verholfen werden (ähnl jurisPK-BGB/Ludwig § 311b Rn 298, 308; BeckOGK/Schreindorfer [1. 7. 2023] § 311b Rn 335). Die Fallhäufigkeit der Heilung ist einerseits hierdurch eingeschränkt, andererseits durch die Rspr des BGH zur entsprechenden Anwendung des § 311b Abs 1 S 2 BGB (s Rn 422 ff) erweitert. 368

Die *ratio legis* des § 311b Abs 1 S 2 BGB erschließt sich nicht auf den ersten Blick (zum Normzweck der Heilung s ausführlich Korte 11. 1 ff). Verbreitet wird angenommen, dass primär das Interesse der **Rechtsordnung** an der **Aufrechterhaltung abgeschlossener sachenrechtlicher Tatbestände** (BGHZ 82, 398 = BGH NJW 1982, 759 = DNotZ 1982, 433 m Anm Wolfsteiner; BGH NJW 1978, 1577; NJW 1983, 566; NJW 1987, 1628; Kanzleiter DNotZ 1973, 519, 523 f) und das der **Beteiligten** am dadurch eintretenden **Rechtsfrieden** (Ausschluss von Bereicherungsansprüchen, ohne auf den Ablauf der Verjährung angewiesen zu sein) maßgeblich sei. Dass durch die Heilung des formnichtigen Rechtsgeschäftes der Schutzzweck nicht oder nur unvollkommen erreicht wird, sei demgegenüber hinzunehmen, da dies der Grundentscheidung des Gesetzgebers, die er durch die Aufnahme der Heilungsvorschrift zu Ausdruck gebracht habe, entspreche (Keim DNotZ 2005, 324, 330). Diese tradierte Auffassung hat der BGH in 369 jüngerer Zeit (BGHZ 160, 368) allerdings **in Zweifel** gezogen. Er geht nun davon aus, dass eine alleinige Rechtfertigung nicht in der Rechtssicherheit und der Aufrechterhaltung der sachenrechtlichen Lage erblickt werden kann (BGHZ 160, 368, 371). Zugleich lehnt er ebenfalls die Erwägung ab, im Falle der wirksamen Auflassung seien die Schutzzwecke erfüllt (BGHZ 160, 368, 372). Ausschlaggebend sei vielmehr der **Gedanke der Erfüllung**. Da die Verpflichtung zur Leistung erfüllt worden sei, werde auch das schuldrechtliche Grundgeschäft wirksam (BGHZ 160, 368, 372 f).

370 Letztlich kann keiner der vorgebrachten Ansätze **rechtspolitisch** vollständig überzeugen. Insbesondere kann nicht davon ausgegangen werden, dass die von § 311b Abs 1 S 1 BGB verfolgten Schutzzwecke erreicht werden, wenn die Auflassung im Grundbuch eingetragen wird (so auch Keim DNotZ 2005, 324, 328; **aA** Harke WM 2004, 357, 359; Specks RNotZ 2002, 193, 196). Schlüssig ist die Erwägung, dass sachenrechtlich komplettierte Vorgänge nicht rückabgewickelt werden sollen (BeckOGK/Schreindorfer [1. 7. 2023] § 311b Rn 315; vgl Kanzleiter DNotZ 1973, 519, 523 f), allerdings liefert dies keine Begründung für eine abweichende Handhabung zu anderen formbedürftigen Rechtsgeschäften, die eine derartige Heilungsmöglichkeit nicht kennen (etwa § 550 S 1 BGB, welcher keine Heilungsvorschrift hat). Auch die vom BGH schließlich herangezogene Überlegung, die Heilung folge aus der Erfüllung (BGHZ 160, 368, 372), stellt zwar eine zutreffende Beobachtung des Rechtstandes dar, liefert aber keine substanzielle Begründung für die Entscheidung des Gesetzgebers. Auch bei anderen formbedürftigen Rechtsgeschäften, die eine Heilung nicht zulassen, können im Grundsatz die vermeintlichen Verpflichtungen erfüllt werden. Weshalb insoweit aber eine Differenzierung erfolgt, die zu einer unterschiedlichen Behandlung des Grundstücksgeschäfts führt, ist nicht erkennbar. Ein besonderes Interesse an der Aufrechterhaltung des durch die Auflassung erreichten Zustandes lässt sich bestenfalls damit begründen, dass andernfalls möglicherweise das **Vertrauen in das Grundbuch** als öffentliches Register geschwächt würde, wenn zu befürchten wäre, dass in nicht wenigen Fällen die dort vorgenommenen Eintragungen keinen Bestand haben werden. Zwar ist im Falle der Rückabwicklung das Grundbuch nicht falsch, allerdings wäre gleichwohl nicht selten die Gefahr gegeben, dass abweichende Eintragungen im Falle der Rückauflassung erforderlich werden. Hierin mag man einen spezifischen Punkt erkennen können, der eine Heilung auch des schuldrechtlichen Grundstücksgeschäfts trägt.

371 Voraussetzung für die Heilung nach § 311b Abs 1 S 2 BGB ist *nicht* die Erfüllung des Vertrages durch *beide* Vertragsparteien, entscheidend bleibt auch nach der Änderung des vormaligen § 313 BGB und nunmehrigen § 311b Abs 1 BGB ausschließlich die **Erfüllung durch den Veräußerer** (ebenso Kanzleiter DNotZ 1973, 519, 523; Soergel/J Mayer § 311b Rn 216). Dies ist insoweit schlüssig, als hierdurch die Verpflichtung, die die Formbedürftigkeit auslöst, erbracht und daher die den Vertrag prägende Schuld erloschen ist. Zudem wird hierdurch ein klarer und auch für Dritte erkennbarer Tatbestand geschaffen, an den die Heilungswirkung anknüpfen kann.

372 Nur **wirksame Auflassung** (s Rn 379 ff) und **wirksame Eintragung** (s Rn 393 ff) **zusammen** bewirken die Heilung (NK-BGB/Ring § 311b Rn 54; MünchKommBGB/Ruhwinkel § 311b Rn 82). Das gilt auch für die Heilung eines nicht mitbeurkundeten, an sich formfreien und nur wegen des bestehenden, von den Parteien gebildeten Verknüpfungswillens (s Rn 239 ff) formbedürftigen Vertrages; Heilung tritt insbesondere nicht bereits bei

Erfüllung dieses an sich formfreien Vertrages ein (OLG Düsseldorf MittRhNotK 2000, 339). Beide Teilbereiche müssen zudem **infolge** des formnichtigen Vertrages erfüllt werden (Rn 400) und die Erfüllung muss sich auf den **Vertragsgegenstand** beziehen (RGZ 60, 340; RGZ 78, 44). Nicht erforderlich ist aber, dass die Auflassung zwischen den Beteiligten des formfehlerhaften Vertrages erfolgt (Korte 11.75). Es genügt daher auch, wenn bei einem Vertrag zu Gunsten Dritter die Auflassung an diesen erfolgt und er im Grundbuch eingetragen wird (so auch BeckOGK/Schreindorfer [1. 7. 2023] § 311b Rn 336; s zudem RG Recht 1922 Nr 207). Eine **Frist oder eine Zeitfolge** für die Erfüllungsakte ist dagegen nicht vorgeschrieben. Erfolgt deshalb die Eintragung aufgrund rechtsunwirksamer Auflassung und wird die Auflassung später wirksam oder später wirksam nachgeholt (BGH NJW 1952, 622), so tritt die Heilung mit Wirksamwerden der Auflassung oder Erklärung der (nachgeholten) Auflassung ein.

Die überwiegende Auffassung geht davon aus, dass, um die Heilungswirkung eintreten zu lassen, zum *Zeitpunkt der wirksamen Auflassung* zwischen den Parteien eine **Willensübereinstimmung** auf die Ausführung des Vertrages nach *seinem ganzen Inhalt* bestehen müsse (st Rspr: RGZ 60, 340; RGZ 82, 416; RGZ 109, 353; BGH WM 1963, 943; DNotZ 1969, 350; NJW 1978, 1577; DNotZ 1980, 222; NJW 1981, 2293; NJW-RR 1993, 522; Grüneberg/Grüneberg § 311b Rn 49; s auch Soergel/J Mayer § 311b Rn 219). Diese Willensübereinstimmung müsse sich jedoch nur auf die Erfüllung des Vertrages beziehen, es sei nicht erforderlich, dass auch die Heilungswirkung vom Parteiwillen erfasst sei, da es sich hierbei um eine Rechtsfolge der tatbestandlichen Voraussetzungen handele (jurisPK-BGB/Ludwig § 311b Rn 304). Die Einigung sei lediglich nötig bis zur Erklärung der Auflassung, da insoweit die Einigung auf dinglicher Ebene wirksam und bindend werde, sodass für die schuldrechtliche Seite nichts anderes gelten könne (s etwa RGZ 109, 354; BGH DNotZ 1969, 350, 352; NJW 1978, 1577; NJW 1980, 222; NJW 1981, 2293; NJW 2004, 3330; jurisPK-BGB/Ludwig § 311b Rn 305; **aA** aber Specks RNotZ 2002, 193, 202). Dabei komme es nicht darauf an, dass die Parteien wissen, dass der Vertrag unwirksam ist oder sich irrtümlich für verpflichtet halten. Die Bestimmungen des Vertrages im Einzelnen müssten den Beteiligten bei Auflassung nicht gegenwärtig sein (Soergel/J Mayer § 311b Rn 218). Hierbei sei es gleichgültig, ob die Auflassung später oder – wie häufig – bereits zusammen mit dem schuldrechtlichen Vertrag beurkundet werde. Bestehe jedoch im Zeitpunkt der Auflassung über einzelne Vertragsbestimmungen noch Streit, so trete eine Heilung des ganzen Vertrages nur dann ein, wenn sich die Parteien zwischen Auflassung und Eintragung geeinigt haben (RG HRR 1928 Nr 516; s auch HRR 1929 Nr 292). 373

Im *Zeitpunkt der Eintragung* dagegen brauche die Willensübereinstimmung grundsätzlich (s jedoch Rn 393 ff) nicht mehr zu bestehen (RGZ 109, 351; RGZ 111, 98; RGZ 134, 36; RG WarnR 1923/24 Nr 100; BGH WM 1973, 613; OLG München OLGE 33, 216; BayObLGZ 22, 325; MünchKommBGB/Ruhwinkel § 311b Rn 83). Ein Widerruf oder eine Sinnesänderung zwischen Auflassung und Eintragung schade deshalb nicht dem Eintritt der Heilungswirkung (BGH WM 1963, 943; DNotZ 1969, 350; WM 1973, 613). Auch eine Klage auf Kondiktion allein ändere nichts. 374

Ob eine **Vermutung** für die Fortdauer der Übereinstimmung bis zur Auflassung unterstellt werden könne, ist nach der überwiegenden Ansicht zweifelhaft (offen gelassen in BGH NJW-RR 1993, 522 und jedenfalls für den Fall verneint, in dem ein weiterer Vertrag, nämlich der beurkundete Hauptvertrag dazwischengeschaltet ist; dagegen: Erman/Grzi- 375

WOTZ § 311b Rn 72; **aA** und dafür aber: BeckOK-BGB/GEHRLEIN [1. 8. 2023] § 311b Rn 34; GRÜNEBERG/GRÜNEBERG § 311b Rn 49; SOERGEL/J MAYER § 311b Rn 222), sie könne sich aber jedenfalls aus den Umständen ergeben und bedürfe dann keines besonderen Beweises mehr (RG JW 1909, 191; s auch den Fall zit in WarnR 1909, 350; WarnR 1912 Nr 4; JW 1913, 198 Nr 8; RG LZ 1915, 354; vgl VON DER TRENCK JW 1922, 186 ff). Ein **Wegfall der Willensübereinstimmung** komme in Betracht, wenn einer der Beteiligten seinen gegenteiligen Willen erkennbar äußert (BGH NJW-RR 1994, 318). Beweispflichtig für die Fortdauer der Willensübereinstimmung ist derjenige, der sich auf die Heilung der Formnichtigkeit beruft (BGH NJW-RR 1993, 522).

376 Die Linie der herrschenden Meinung vermag aber **nicht zu überzeugen**. Dass zur Heilung eine fortbestehende Willensübereinstimmung erforderlich sei, lässt sich dem Gesetz nicht entnehmen (HARKE WM 2004, 357, 359). Dieses setzt allein die Eintragung der Auflassung voraus, verlangt ein weiteres, die Heilungswirkungen einschränkendes Tatbestandsmerkmal jedoch nicht. Eine solche Betrachtung ist zudem auch in der Sache nicht angezeigt. Ist ein Vertrag formnichtig, aber heilbar, stellt er kein rechtliches Nullum dar. Insoweit liegt auch nicht nur eine rein tatsächliche Einigung zwischen den Beteiligten vor, von der sie sich jederzeit lösen könnten, sondern es besteht ein bereits in seinen Grundstrukturen feststehender Vertrag, der derzeit allerdings (noch) nicht wirksam ist (HARKE WM 2004, 357, 360). Eine fortdauernde Willensübereinstimmung zwischen den Beteiligten ist vor diesem Hintergrund nicht erforderlich. Vielmehr kann sich keine Seite ohne Weiteres vom formunwirksamen Vertrag lossagen (HARKE WM 2004, 357, 360). Die Auffassung der herrschenden Meinung, die eine Willensübereinstimmung nur bis zur Auflassung fordert, da diese eine bindende sachenrechtliche Einigung darstelle, durchbricht zudem das **Trennungs- und Abstraktionsprinzip** (HARKE WM 2004, 357, 360). Dass die Wirksamkeit und die Bindungswirkung des schuldrechtlichen und des dinglichen Geschäfts auseinanderfallen können, ist dem deutschen Recht als Grundprinzip immanent und stellt daher keinen untragbaren Zustand dar.

377 Wird die Auflassung durch einen **Auflassungs-Bevollmächtigten** erklärt (vgl zur wichtigen Frage der Nichtigkeit der Vollmacht Rn 436), so soll zudem nach überwiegender Ansicht nicht die *Willensübereinstimmung* zwischen ihm und dem anderen Vertragspartner entscheiden, sondern es solle ausschließlich betrachtet werden, inwieweit zu diesem Zeitpunkt die Willensübereinstimmung zwischen den *Vertragsparteien selbst* bestand (RGZ 104, 299). Der Bevollmächtigte ist zwar Vertreter des Vollmachtgebers bei der Auflassung, nicht aber bei dem (tatsächlichen) Willen zur Erfüllung des schuldrechtlichen Vertrages. Auch im Fall der **Genehmigung der Auflassung** bei Handeln eines vollmachtlosen Vertreters müsse deshalb – trotz der Rückwirkung der Genehmigung – Willensübereinstimmung zwischen den *Vertragsteilen selbst* im Zeitpunkt der Genehmigung vorliegen.

378 Auch dies erscheint jedoch **nicht nachvollziehbar** (krit auch BeckOGK/SCHREINDORFER [1. 7. 2023] § 311b Rn 321.6). Betrachtet man die Wertung des § 166 Abs 1 BGB, soll es grundsätzlich auf den Willen und die Erklärungen des Vertreters ankommen. Die Meinung des Vertretenen ist demgegenüber, außer im Rahmen des § 166 Abs 2 BGB, unbeachtlich. Zwar trifft es zu, dass §§ 164, 166 BGB für sich genommen keine Vertretung im Willen zulassen, allerdings ist insoweit eine analoge Anwendung des § 166 BGB geboten (so auch BeckOGK/SCHREINDORFER [1. 7. 2023] § 311b Rn 321.6). Sind generell die Auffassungen des Vertreters maßgeblich, da nur sie für den Rechtsverkehr erkennbar sind, muss dies ebenso gelten, wenn es um den Willen zur Heilung geht. Dieser ist rechtsgeschäftlich, sodass eine entsprechende Anwendung der Norm in Betracht kommt. Andernfalls bestünde die Gefahr, dass der Vertretene später vorgibt, dass er einen entsprechenden Willen nicht selbst gebildet hat, was kaum prüfbar sein dürfte. Um dies zu verhindern, muss allein auf die Auffassung des Vertreters Bezug genommen werden, sodass dessen Ansicht auch für eine etwaig erforderliche fortbestehende Willensübereinstimmung maßgeblich ist (vgl auch BeckOGK/Schreindorfer [1. 7. 2023] § 311b Rn 321.6).

2. Wirksame Auflassung

Für die Heilung ist eine **rechtswirksame** Auflassung erforderlich (RGZ 111, 239; RGZ 137, 352; BGHZ 29, 9; 47, 270; BGH NJW 1968, 1928; DNotZ 1969, 352; jurisPK-BGB/Ludwig § 311b Rn 302; Soergel/J Mayer § 311b Rn 218; zur Problematik einer mangels Bestimmtheit [teil] unwirksamen Auflassung bei Wohnungseigentum s BGH NJW 1996, 395; über die Voraussetzungen einer rechtswirksamen Auflassung im Übrigen s Staudinger/Diehn [2020] § 925). Ein verfahrensrechtlicher Verstoß gegen **§ 13 BeurkG** steht der materiell-rechtlichen Wirksamkeit der vor einem Notar erklärten Auflassung zwar nicht entgegen (BayObLG MittBayNot 1994, 39), weil die Auflassung selbst nicht beurkundungsbedürftig ist, sondern nur vor dem Notar abgegeben werden muss und lediglich aus Gründen der Praktikabilität beurkundet wird. Die Auflassung muss sich jedoch grundsätzlich auf sämtliche veräußerte Grundstücke beziehen (s Rn 414). Da das DDR-ZGB die Trennung zwischen schuldrechtlichem Verpflichtungsgeschäft und einem der Auflassung entsprechenden dinglichem Vollzug nicht kannte, ist auf in der ehemaligen DDR abgeschlossene formnichtige Verträge § 311b Abs 1 S 2 BGB nicht anwendbar (BGHZ 136, 228). Eine Heilung in dieser Weise ist also ausgeschlossen. 379

a) Kausalgeschäft/Vollmacht

Ist die Auflassung in derselben Urkunde enthalten wie der formnichtige schuldrechtliche Vertrag, so wird sie von der Nichtigkeit des schuldrechtlichen Vertrages grundsätzlich nicht mitergriffen (s Rn 347). Der schuldrechtliche Vertrag wird also wirksam, wenn die Eintragung aufgrund einer solchen Auflassung erfolgt (st Rspr: RGZ 104, 296; RGZ 134, 86; RGZ 137, 335; BGH MDR 1952, 33). Wird die Auflassung aufgrund einer *nichtigen Vollmacht* erklärt, so ist sie jedoch schwebend unwirksam und hat keine heilende Wirkung, bis sie nachträglich durch den Vollmachtgeber genehmigt (§ 177 BGB) wird oder eine Heilung der Vollmacht selbst eintritt (s Rn 436). 380

b) Guter Glaube

Da die Auflassung nicht nur tatsächlich erklärt und in das Grundbuch eingetragen werden, sondern nach allgemeiner Auffassung auch rechtswirksam erfolgen muss, ergibt sich eine Problematik dann, wenn der Veräußerer **nicht materiell-rechtlich Eigentümer**, sondern lediglich Buchberechtigter ist. In diesem Fall kann auch durch die Eintragung der erklärten Auflassung grundsätzlich kein Eigentumsübergang bewirkt werden, weil es an der entsprechenden Berechtigung des Veräußerers fehlt. Zu Recht anerkannt ist allerdings, dass die Auflassungserklärung in dem Moment Wirkungen zeitigt, in dem die Voraussetzungen des § 892 BGB gegeben sind und damit der Erwerber **gutgläubig Eigentum** am Grundbesitz erlangt. Ein Formmangel des schuldrechtlichen Vertrages wird daher auch dann geheilt, wenn der Eigentums- 381 erwerb kraft guten Glaubens erfolgt (BGHZ 47, 271; BGH WM 1970, 476; NJW 1972, 436; NK-BGB/RING § 311b Rn 58).

c) Behördliche Genehmigungen

382 Ist für die Auflassung eine behördliche Genehmigung erforderlich, so setzt eine *wirksame Auflassung* eine **wirksame Genehmigung** voraus. Eine Heilung nach S 2 tritt also erst dann ein, wenn eine etwa erforderliche Genehmigung wirksam erteilt ist (RGZ 111, 244; 118, 356; 129, 152; OGHBrZ DNotZ 1951, 85 f; vgl BGH MDR 1952, 33; MDR 1958, 593; NJW 1968, 1928; DNotZ 1969, 350; OLG Celle JW 1926, 1029; ERMAN/GRZIWOTZ § 311b Rn 74; NK-BGB/RING § 311b Rn 55).

383 Bis zur Erteilung der Genehmigung ist die Auflassung **schwebend unwirksam** (vgl zB RGZ 76, 38). Wird die Genehmigung versagt, wird die Auflassung mit Bestandskraft des Versagungsbescheides endgültig unwirksam (OGHZ 2, 247; BGH JZ 1972, 368; vgl auch RGZ 168, 351). Sie kann auch nicht dadurch wieder wirksam werden, dass der Versagungsbescheid später wieder aufgehoben wird, da eine genehmigungsfähige Auflassung dann nicht mehr besteht (vgl RGZ 102, 1; RGZ 110, 356; BGH NJW 1956, 1918; JZ 1972, 368). Da die Genehmigung nicht *Geschäftsbestandteil* der Auflassung, sondern Rechtsbedingung ihrer Wirksamkeit ist (vgl BayObLG DNotZ 1953, 651 m zust Anm KEIDEL), kann sie – soweit dies öffentlich-rechtlich zulässig ist – auch unter Bedingungen und Auflagen erteilt werden (§ 925 Abs 2 BGB steht nicht entgegen; allerdings muss der Eintritt der Bedingung bzw Auflage verfahrensrechtlich in der Form der §§ 20, 29 GBO nachgewiesen werden). Ebenso ist es zumindest grundsätzlich denkbar, dass eine erteilte Genehmigung mit Wirkung für die Vergangenheit zurückgenommen wird und damit ihre Rechtswirkungen entfallen. Allerdings werden dem oftmals öffentlich-rechtliche Ermessenserwägungen entgegenstehen, sodass die Rücknahme nicht rechtmäßig erfolgen kann (s dazu MEIER/LEIDNER MittBayNot 2023, 120, 122 f).

384 Ist der Eigentumsübergang trotz Versagens der Genehmigung im Grundbuch eingetragen worden, ist das *Grundbuch unrichtig* und ggf ein *Amtswiderspruch* nach § 53 Abs 1 S 1 GBO einzutragen. War die Auflassung lediglich schwebend unwirksam, so tritt die Heilung mit Rechtskraft der später erteilten Genehmigung ein. Wird allerdings trotz Eintragung die Auflassung nicht genehmigt und bleibt sie damit unwirksam, tritt keine Heilungswirkung nach § 311b Abs 1 S 2 BGB ein, weil es an der erforderlichen rechtswirksamen Auflassung und damit am Eigentumserwerb des Erwerbers fehlt.

385 Eine **Mitwirkungspflicht der Vertragsteile** untereinander bei der *Erwirkung der Genehmigung* besteht aufgrund eines *formnichtigen* Verpflichtungsgeschäftes grundsätzlich nicht (vgl RGZ 115, 35; RG JW 1928, 2437 Nr 3). Eine Ausnahme besteht jedoch in Fällen, in denen eine *Bindung* nach *Treu und Glauben* zu bejahen ist (s Rn 352 ff). In diesem Fall ist der Vertrag wirksam und zwingt daher beide Seiten dazu, die notwendigen Genehmigungen zu beschaffen. In diesem Fall bedarf es allerdings keiner Heilung mehr, da der Vertrag bereits wirksam ist (s Rn 359). Eine arglistige Handlung des Erwerbers liegt zudem nicht vor, wenn er (auch um der Heilung willen) die Genehmigung erwirkt, nachdem er im Grundbuch eingetragen wurde (RGZ 117, 23; RG JW 1928, 2873 Nr 3).

386 Ist neben der Auflassung auch das **Verpflichtungsgeschäft genehmigungspflichtig** (§ 2 Abs 1 S 1 GrdstVG; § 144 Abs 2 Nr 1 und 3 BauGB, § 2 Abs 1 Nr 1 GVO), so gilt mit der Genehmigung des schuldrechtlichen Vertrages auch die in Ausführung des Vertrages vorgenommene Auflassung als genehmigt (§ 2 Abs 1 S 2 GrdstVG; § 144 Abs 2 Nr 3 HS 2 BauGB; § 2 Abs 1 S 4 GVO [bei der Genehmigung nach GVO umfasst sogar umgekehrt die Genehmigung der Auflassung den zugrundeliegenden schuldrechtlichen Vertrag]). Die Genehmigung kann nur den der Behörde *vorgelegten beurkundeten* Vertrag, nicht aber den *nicht beurkundeten* – und damit nicht vorgelegten – *verdeckten* Vertrag erfassen (RG JW 1929, 438 Nr 4). Genehmigt ist in einem solchen Fall das (beurkundete) Scheingeschäft (§ 117 Abs 1 BGB), nicht aber das verdeckte (nicht beurkundete) Geschäft. Insoweit muss gegebenenfalls eine erneute Genehmigung eingeholt werden, die sich auf das verdeckte Geschäft bezieht. Wird allerdings die Auflassung genehmigt und in das Grundbuch eingetragen, ist diese wirksam, sodass sie auch für das verdeckte Geschäft die Heilungswirkung entfaltet. Dieses ist in der Konsequenz nur noch **wegen der fehlenden Genehmigung unwirksam**, leidet aber nicht mehr an einem Formmangel.

Ergibt sich allerdings die vermeintliche Genehmigung der Auflassung aus der Er- **387**
teilung der Genehmigung des Scheingeschäfts, ist auch die **Genehmigung der Auflassung unwirksam**. Die *Genehmigung* des Verpflichtungsgeschäftes ist nämlich *wirkungslos,* da sie sich nicht auf das zwischen den Beteiligten wirklich Gewollte bezieht und es somit an der Grundlage für die Genehmigung fehlt. Diese Wirkungslosigkeit *erstreckt* sich auch auf die *Auflassung,* wenn die Genehmigung des schuldrechtlichen Geschäfts kraft Gesetzes ebenfalls die Auflassung ergreift (vgl RGZ 111, 234; 118, 356; 129, 152; BGHZ 23, 344 ff = NJW 1957, 830; BGH NJW 1958, 1290 Nr 8; NJW 1968, 1928; NJW 1981, 1957; OGHBrZ DNotZ 1951, 86). Etwas anderes gilt aber richtigerweise dann, wenn die Auflassung selbst durch die Behörde eigenständig genehmigt wird, da diese Genehmigung grundsätzlich abstrakt wirkt und daher die Auflassung auch dann erfasst, wenn das zugrundeliegende schuldrechtliche Geschäft von ihr nicht umfasst ist, also nicht das tatsächlich gewollte, sondern bloß ein Scheingeschäft darstellt. Zudem wird die (nicht genehmigte) Auflassung *wirksam,* wenn eine Fiktionsvorschrift für die Genehmigung wie zB in § 7 Abs 3 GrdstVG besteht (BGH NJW 1981, 1957).

Auch nach der herrschenden Meinung, die eine fortbestehende *Willensübereinstim-* **388**
mung für den Eintritt der Heilungswirkung verlangt (s Rn 373), ist es allerdings nicht erforderlich, dass diese Willensübereinstimmung noch im **Moment der Genehmigung** der Auflassung besteht, wenn die Genehmigung der Erklärung der Auflassung durch die Parteien nachfolgt (RGZ 121, 379; Erman/Grziwotz § 311b Rn 74). Es genüge insoweit, dass die Willensübereinstimmung noch Bestand habe, wenn die Beteiligten die Auflassung erklären, sodass es auf den Zeitpunkt des Wirksamwerdens nicht ankomme.

Einzelfälle behördlicher Genehmigungen sind bzw waren: Genehmigung zur Grund- **389**
stücksteilung nach Landesrecht (zB § 8 BauO NRW, s Schöner/Stöber Rn 3821) oder nach BauGB in Sonderfällen (§ 51 Abs 1 Nr 1 BauGB – Umlegungsgebiet, § 144 Abs 2 Nr 5 BGB – Sanierungsgebiet, § 169 Abs 1 Nr 3 BauGB – städtebaulicher Entwicklungsbereich; vgl zum BBauG: BayObLG NJW 1964, 1325; OLG Celle Rpfleger 1965, 275); Grundstücksverkehrsgenehmigung nach § 2 Abs 1 GrdstVG; Genehmigung nach § 2 Abs 1 S 1 Nr 1 GVO; uU Genehmigungen nach Gemeinderecht durch die Rechtsaufsichtsbehörde (vgl zB den früheren Art 75 Abs 5 BayGO); Genehmigung durch die kirchliche Aufsichtsbehörde; zu Genehmigungen in besonderen

Einzelfällen s ausführlich Schöner/Stöber Rn 3800 ff; wichtig ist weiterhin die familiengerichtliche Genehmigung gem § 1850 BGB.

d) Sonstige Zustimmungen

390 Wirksamkeitsvoraussetzung für die Auflassung kann auch die **Zustimmung von Dritten** zur Veräußerung von Wohnungs- und Teileigentum gem § 12 WEG sein (vgl BGHZ 113, 374 = BGH NJW 1991, 1613 zu § 8 WEG). Anders als beim form*wirksamen,* aber wegen fehlender Zustimmung noch schwebend unwirksamen Vertrag (s Pause NJW 1994, 501, 502), besteht beim form*unwirksamen* Vertrag keine Verpflichtung des Veräußerers zum Bemühen um die Zustimmung (s den ähnlichen Fall beim Erfordernis einer behördlichen Genehmigung Rn 385). Wird die Zustimmung des Dritten erteilt, wird die Auflassung wirksam, der diesbezügliche, wegen Verstoßes gegen § 311b Abs 1 S 1 BGB nichtige Vertrag mit Eintragung geheilt.

e) § 925a BGB

391 Bei der Regelung des § 925a BGB handelt es sich nur um eine **Ordnungsvorschrift** (s Staudinger/Diehn [2020] § 925a Rn 2). Die Beachtung des § 925a BGB ist zwar Amtspflicht des Notars, die unter Nichtbeachtung des § 925a BGB entgegengenommene Auflassung ist jedoch wirksam, soweit die Voraussetzungen für die Erklärung vorliegen und etwaig notwendige Genehmigungen erteilt sind.

f) Falsa demonstratio

392 Eine **Falschbezeichnung** bei der Auflassung ist wie beim Verpflichtungsgeschäft unschädlich (Soergel/J Mayer § 311b Rn 219; s Rn 335 ff). Insoweit ergibt sich, dass in Wahrheit das Grundstück gemeint ist, über das sich die Beteiligten tatsächlich geeinigt haben. Da allerdings die Eintragung im Grundbuch erforderlich ist, muss diese am korrekten Grundstück geschehen, was regelmäßig bei einer fehlerhaften Bezeichnung in der Urkunde nicht erfolgen wird (s auch Rn 342).

3. Wirksame Eintragung

a) Rechtslage zwischen Auflassung und Eintragung

393 Der formnichtige Verpflichtungsvertrag wird erst mit **wirksamer Eintragung** geheilt. Vor Eintragung besteht zwar durch die Auflassung eine sachenrechtliche Bindung gem § 873 Abs 2 BGB, es fehlt für die Auflassung jedoch weiterhin der (wirksame) Rechtsgrund; sie kann daher gem § 812 BGB *kondiziert* werden (RGZ 108, 332; RGZ 117, 294; RGZ 151, 77; BGHZ 54, 65; vgl auch RGZ 10, 329 f). In diesem Stadium ist es mithin noch möglich, dass die Heilung dadurch scheitert, dass eine Partei vor Eintragung ihren **Kondiktionsanspruch** durchsetzt und damit die Eintragung verhindert (vgl hierzu insgesamt RGZ 109, 351; RG JW 1925, 1110 Nr 9 m Anm Arnheim; JW 1925, 2238 m Anm Oberneck; JW 1925, 1751; HRR 1925 Nr 872; SeuffA 78 Nr 168; WarnR 1925 Nr 202; Gruchot 68, 315; LZ 1926, 113; Paul, Die Rechtslage nach der Auflassung aufgrund formnichtigen Kaufvertrages [1925]; Perrey, Die Rechtsstellung des Käufers zwischen Auflassung und Eintragung [1951]; MünchKommBGB/Ruhwinkel § 311b Rn 91). Die Erhebung der Kondiktionsklage allein hindert jedoch, falls dennoch die Eintragung erfolgt, die Heilung nicht (RGZ 109, 354; RG WarnR 1925 Nr 202). Dies kann allerdings im Wege der einstweiligen Verfügung verhindert werden (dazu Harke WM 2004, 357, 360), wobei ein diesbezügliches Erwerbsverbot ausgesprochen wird, das nach der Rspr die Eintragung unmöglich macht (BGH FamRZ 1969, 151, 152; BayObLG NJW-RR 1997,

913, 914; OLG Hamm OLGZ 1970, 438, 440), richtigerweise aber nur die Heilungswirkung verhindern kann (dazu Soergel/Meier § 136 Rn 15). Geht die einstweilige Verfügung dem Grundbuchamt noch vor Eintragung zu, so ist eine dennoch erfolgte Eintragung dem Veräußerer gegenüber *relativ unwirksam* (§ 136 BGB, § 135 BGB). Eine nur relative Wirksamkeit genügt für die Heilung nicht (RGZ 117, 290; 120, 120). § 878 BGB hat insoweit keine Bedeutung, da es nicht um den Verlust der Verfügungsbefugnis geht, sodass auch ein Zugang der einstweiligen Verfügung beim Grundbuchamt nach Stellung des Antrags gleichwohl von Relevanz ist (RGZ 120, 118, 120; BayObLG NJW-RR 1997, 913, 914).

Kein Kondiktionsanspruch besteht aber im Fall des **§ 814 BGB**, wenn die Auflassung 394
in Kenntnis des Formmangels erfolgt ist (RGZ 117, 295; RG JW 1926, 159; vgl auch RGZ 133, 277 zur Beweislast). Die Kondiktion ist aber richtigerweise dann nicht nach § 814 BGB ausgeschlossen, wenn zwar dem Leistenden ein anderer Mangel des Rechtsgeschäfts bekannt war, er aber nicht wusste, dass das Geschäft auch formungültig ist. Die Wertung des § 814 BGB greift nicht, wenn weitere, dem Leistenden unerkannte Mängel bestehen, weil ihm insoweit der Vorwurf widersprüchlichen Verhaltens nicht gemacht werden kann (vgl dazu auch RGZ 117, 295; RG JW 1926, 159; MünchKommBGB/Ruhwinkel § 311b Rn 76). Leistet der Veräußerer in der Erwartung, dass der Vertrag trotz der bisher bestehenden Formnichtigkeit tatsächlich zur Durchführung gelangt, kann er seine Leistung nach § 812 Abs 1 S 2 Alt 2 BGB kondizieren, auf den § 814 BGB keine Anwendung findet (s dazu auch BGH NJW-RR 1992, 589; Soergel/J Mayer § 311b Rn 196). Kein Kondiktionsanspruch besteht ferner, wenn die Formnichtigkeit gem § 242 BGB (s Rn 352 ff) eingeschränkt ist, da dann das schuldrechtliche Geschäft wirksam ist und somit ein Rechtsgrund besteht.

Ein vor der Eigentumsumschreibung oder gleichzeitig mit ihr eingetragener **Wider-** 395
spruch dagegen kann die Heilung nicht verhindern (RGZ 109, 331, 334; MünchKommBGB/Ruhwinkel § 311b Rn 91; BeckOGK/Schreindorfer [1. 7. 2023] § 311b Rn 328.2). Er ist schon deshalb unbeachtlich, da das Grundbuch regelmäßig nicht falsch sein wird und der Widerspruch lediglich dazu dient, die Möglichkeit des gutgläubigen Erwerbs gem § 892 BGB auszuschließen (s auch MünchKommBGB/Ruhwinkel § 311b Rn 91; BeckOGK/Schreindorfer [1. 7. 2023] § 311b Rn 328.2; vgl zudem RGZ 109, 331, 334). Er hat daher nur insoweit Bedeutung als tatsächlich die Möglichkeit des gutgläubigen Erwerbs im Raum steht und dieser hierdurch verhindert wird, weil in diesem Fall die Voraussetzungen des § 311b Abs 1 S 2 BGB nicht gegeben sind (s Rn 381).

Weiß der Erwerber um die Kondiktionslage (auch wenn Klage erhoben ist), so 396
handelt er nicht allein deshalb **arglistig**, wenn er die Eintragung bewirkt (RGZ 111, 101 f). Die Berufung auf die Heilung soll jedoch arglistig sein, wenn der Erwerber die Eintragung herbeiführt, obwohl die Parteien vereinbart haben, dass die Eintragung bis zur Erledigung des Rechtsstreits über die Nichtigkeit unterbleiben sollte (RG WarnR 1923/24 Nr 100; s auch LZ 1926, 114). Der Erwerber hat seine Rechtsstellung nämlich nur durch sein absprachewidriges Verhalten erlangt.

b) Eintragung

Die Eintragung im Grundbuch muss sich auf das **veräußerte und aufgelassene Grund-** 397
stück beziehen (vgl auch RGZ 54, 147; Erman/Grziwotz § 311b Rn 75; vgl NK-BGB/Ring § 311b Rn 56). *Auflassung* und *Eintragung* müssen sich daher *entsprechen.* Dies ist

nicht der Fall, wenn das Grundstück versehentlich falsch bezeichnet ist (vgl Rn 392) und die Eigentumsumschreibung bei einem **anderen Grundstück** erfolgt als bei dem tatsächlich gemeinten oder aber das Grundbuchamt versehentlich die Eintragung bei einem anderen Grundstück vollzieht. Hier gilt wegen der andersartigen (rechtsbegründenden) Rechtsnatur der Eintragung die Formel der falsa demonstratio non nocet insoweit nicht, als keine Heilung bewirkt werden kann (RGZ 60, 338; RGZ 61, 266; RGZ 77, 33; RG JW 1913, 1037; LZ 1932, 1305; OLG Hamm RNotZ 2016, 41, 45; vgl Erl zu§ 925; zur ähnlichen Problematik bei der versehentlichen Falscheintragung bei einer Dienstbarkeit s BGH MittBayNot 1994, 35; zur nur eingeschränkten Geltung der Grundsätze der falsa demonstratio im Grundbuchverfahren OLG München FGPrax 2009, 11). In diesem Fall wird mangels Eintragung das tatsächlich gemeinte Grundstück nicht erworben, ebenso mangels Einigung das nicht eingetragene. Daher erlangt der Erwerber das Eigentum an beiden Grundstücken nicht. Die Eintragung muss grundsätzlich *sämtliche* Grundstücke erfassen (s Rn 414). Erfolgt die Eintragung beim falschen Grundstück, ist das Grundbuch unrichtig. Die Berichtigung des Grundbuches kann grundsätzlich entweder im Wege der Berichtigungsbewilligung (§§ 19, 22 GBO) durch Bewilligung des fälschlicherweise Eingetragenen oder (im Wege des Unrichtigkeitsnachweises) durch öffentliche Urkunde (§ 22 GBO) erfolgen.

398 Die *Eigentumsumschreibung* selbst muss vorgenommen sein. Die *Eigentumsvormerkung* genügt für die Heilung nicht (RG WarnR 1925 Nr 128; WarnR 1928 Nr 128; BGH DNotZ 1961, 316; vgl auch RGZ 151, 77 und BGH NJW 1970, 1541; so auch Soergel/J Mayer § 311b Rn 220). Auch die Eintragung des *Erbbaurechts* heilt nur den Erbbaurechtsvertrag selbst, nicht aber eine zusätzliche Verpflichtung, das Grundstück dem Erbbauberechtigten nach Beendigung des Erbbaurechts zu übereignen (BGHZ 59, 269 ff; Korte 11. 83).

399 Die Eintragung muss zudem *formell* wirksam sein. Hierfür genügt nicht, dass die Eintragung vom Rechtspfleger verfügt ist, sie muss vielmehr gem § 44 Abs 1 S 2 GBO von den zuständigen Beamten unterschrieben sein. Fehlt nur eine notwendige Unterschrift (die allerdings, solange keine weitere Eintragung vorliegt, nachgeholt werden kann), ist die Eintragung noch nicht existent (BeckOK-GBO/Kral [1. 8. 2023] § 44 Rn 115). Ein Verstoß gegen § 44 Abs 1 S 1 GBO schadet dagegen nicht, da es sich insoweit nur um eine Sollvorschrift handelt. Soweit das Grundbuch auf EDV umgestellt ist (§§ 126 ff GBO), ist für den Zeitpunkt der Eintragung und deren formelle Wirksamkeit nunmehr die Abspeicherung der Eintragung in der EDV-Anlage (§ 129 Abs 1 S 1 GBO) maßgeblich.

4. In Erfüllung des Verpflichtungsgeschäftes

400 Sowohl Auflassung als auch Eintragung müssen **infolge** des (formnichtigen) schuldrechtlichen Vertrages geschehen. Sie müssen also seiner Erfüllung dienen (OGBrZ 1, 292; BGH NJW 1972, 1364, 1366; NJW 1983, 1543, 1545; NJW 2004, 3626; LG Hanau NJW-RR 1987, 1352; Erman/Grziwotz § 311b Rn 76; jurisPK-BGB/Ludwig § 311b Rn 302). Dies gilt auch dann, wenn die Auflassung *zusammen* mit dem formnichtigen schuldrechtlichen Vertrag erklärt wird (BGH NJW 1978, 1577; NJW 1983, 1543, 1545). Keine Heilung tritt also ein, wenn die Auflassung (und Eintragung) bereits vor Abschluss des schuldrechtlichen Vertrages erfolgt, was wegen § 925a BGB ohnehin nicht pflichtgemäß erfolgen darf. An einem Erfüllungszusammenhang fehlt es auch, wenn der Verkäufer, *ohne* dass dazu eine Verpflichtung hätte begründet werden sollen, (lediglich) auf Vermittlung des Vertragspartners, mit dem er einen unwirksamen Vertrag geschlossen hat, an einen Dritten formwirksam verkauft und diesem das Grundstück übereignet (BGH NJW 2004, 3626 = DNotZ 2005, 385 = MittBayNot 2005, 222 m Anm Ruhwinkel). Der erste Vertrag mit demjenigen, an den nicht übereignet wird, kann nicht geheilt werden, da diesem gegenüber durch die Leistung an den Dritten keine Erfüllung bewirkt wird.

Im Falle einer **einseitigen Abhängigkeit** des Grundstückskaufvertrags von einem an sich formbedürftigen Vertrag soll nach Auffassung des OLG Naumburg (NotBZ 2003, 476) eine Heilung durch Auflassung und Eintragung ausscheiden, wenn der formfreie Vertrag erst nach der Auflassung geschlossen wird. Dies überzeugt aber schon deshalb nicht, weil in dem Moment, in dem zwischen den Parteien feststeht, dass das Grundstücksgeschäft von einer weiteren Vereinbarung abhängig sein soll, diese auch bereits so hinreichend konkretisiert ist, dass eine rechtsgeschäftliche Willensübereinstimmung auch über die weitere Vereinbarung zwischen den Beteiligten besteht, selbst wenn sie noch nicht schriftlich niedergelegt wurde. Andernfalls könnte eine Abhängigkeit zu diesen Geschäften nicht bestehen, wenn die Beteiligten sich über dessen Inhalt noch nicht im Klaren sind (s Rn 252). Sollten allein Eckpunkte bereits feststehen und nicht mitbeurkundet worden sein, erfolgt die Auflassung gleichwohl nach dieser Willensübereinstimmung, sodass der Vertrag insoweit einer Heilung zugänglich ist. 401

Fällt nach Abschluss des grundsätzlich formfreien, aber wegen einer bestehenden Verknüpfungsabsicht doch formbedürftigen Vertrags, aber vor Beurkundung des isolierten Grundstücksvertrages **der Verknüpfungswille der Beteiligten weg**, ist der eigenständige Grundstücksvertrag wirksam, da er sämtliche nach dem Willen der Parteien ihm zuzurechnenden Abreden enthält (Keim RNotZ 2003, 44, 46). Der zuvor geschlossene, an sich nicht formbedürftige Vertrag ist allerdings weiterhin nichtig, da bei dessen Abschluss ein Verknüpfungswille mit dem Grundstücksgeschäft noch bestand und daher in diesem Zeitpunkt auch die Beurkundungsbedürftigkeit des weiteren Geschäfts gegeben war (Keim RNotZ 2003, 44, 46). Wird sodann das beurkundete Rechtsgeschäft erfüllt, kann dies an sich die weitere, formnichtige Vereinbarung zwischen den Beteiligten **nicht heilen**, weil die Auflassung und die Eintragung nicht in Erfüllung des formnichtigen Rechtsgeschäfts erfolgen, da zu diesem in dem Moment kein Verknüpfungswille mehr gegeben ist (Keim RNotZ 2003, 44, 46; Wufka MittBayNot 2003, 48, 49 f). Obgleich dogmatisch begründbar, erscheint diese Differenzierung in der Sache **nicht überzeugend**. Sie bewirkt, dass das nicht beurkundungsbedürftige Geschäft in geringerem Umfang heilbar ist als das formbedürftige. Dies entspricht aber nicht den Zielen des Beurkundungszwangs. Die Beurkundungsbedürftigkeit des ursprünglichen Rechtsgeschäfts tritt nur deshalb ein, da von ihm der formbedürftige Grundstücksvertrag abhängt. Wird Letzterer erfüllt und würde dadurch geheilt, sind die Zwecke des § 311b Abs 1 BGB erfüllt, sodass sich die Heilungswirkung in analoger Anwendung von § 311b Abs 1 S 2 BGB auch auf das ursprünglich verbundene Rechtsgeschäft erstrecken muss, selbst wenn der Verknüpfungswille der Beteiligten bis zum Zeitpunkt der Beurkundung erloschen ist. Andernfalls entstünde ein nicht begründbarer und nicht beabsichtigter Wertungswiderspruch zwischen der Situation, dass der Verknüpfungswille entfällt, und der, dass dieser fortbesteht. In letzterem Fall stünde die Heilungswirkung außer Zweifel, sodass nichts anderes gelten kann, wenn die Beteiligten ihren ursprünglich beste- 402 henden und die Beurkundungsbedürftigkeit des zuvor geschlossenen Vertrages begründenden Verknüpfungswillen aufgeben (anders aber offenbar Keim RNotZ 2003, 44, 46; Wufka MittBayNot 2003, 48, 49 f).

403 Es genügt zur Heilung des Erstvertrages nicht, wenn der Erwerber das Eigentum später **von einem Dritten** aufgrund eines *anderen* Verpflichtungsvertrages oder *ohne Rechtsgrund* übertragen erhält (BGHZ 58, 386 = BGH NJW 1972, 1365; NJW 1988, 2880; s auch bereits RGZ 94, 147: Kaufvertrag/späterer Vergleich hierüber; zum fehlenden Erfüllungszusammenhang bei formbedürftiger Vermittlung des Vertragspartners an einen Dritten BGH NJW 2004, 3626 = DNotZ 2005, 385 = MittBayNot 2005, 222 m Anm Ruhwinkel; s Rn 400). Anders ist es jedoch, wenn diese Übertragung der *Erfüllung* des *Erstvertrages* dient. Dies ist insbesondere dann der Fall, wenn sich der Dritte auch gegenüber dem ursprünglichen Veräußerer dazu verpflichtet, das Grundstück an den geplanten Erwerber zu übertragen. Die Auflassung kann in einem solchen Fall also auch zwischen dem Erwerber und einem Dritten (RG Recht 1922 Nr 207) erfolgen. Die Heilungswirkung greift in **analoger Anwendung** von § 311b Abs 1 S 2 BGB ebenfalls, wenn an einen **Zessionar des ersten Käufers** vom Grundstückseigentümer aufgelassen und der Zessionar als Eigentümer eingetragen wird (RG JW 1904, 169).

404 Eine Heilung (sämtlicher Verträge) tritt auch bei einer **Kette formnichtiger Kaufverträge über dasselbe Grundstück** ein, wenn nach dem Willen aller Beteiligten die Auflassung zwischen Erstverkäufer und Letztkäufer sowie dessen Eintragung in Erfüllung sämtlicher Kaufverträge erfolgen (RGZ 71, 402; RGZ 82, 346; RGZ 85, 272; RGZ 132, 290; RG JW 1908, 331 Nr 15; Recht 1908 Nr 2143; JW 1914, 402 Nr 3; Recht 1922 Nr 207; Grüneberg/Grüneberg § 311b Rn 48; Erman/Grziwotz § 311b Rn 76). Es muss sich dabei jedoch um *ein und dasselbe* – wenn auch später uU aufgeteilte – Grundstück handeln (RGZ 132, 290; RG DR 1939, 1582). Die von der herrschenden Meinung geforderte (s zur Kritik Rn 376) *Willensübereinstimmung* aller Beteiligten muss hierbei noch im Zeitpunkt der (letzten) Auflassung bestehen (OLG Dresden JW 1926, 838 m Anm Hagelberg). Da in solchen Fällen der schließliche Auflassungsempfänger nicht Rechtsnachfolger des Erstkäufers (wie bei der Abtretung des Auflassungsanspruchs) zu sein braucht, genügt es für die Heilung des Erstvertrages, wenn sich Verkäufer und Erstkäufer darüber einig sind, dass auch ihr Vertrag durch die dem Dritten erteilte Auflassung erfüllt werden soll, selbst wenn der Dritte hiervon nichts weiß (RGZ 85, 272 gegen RGZ 82, 346). Dies gilt auch, wenn der Erstkäufer als *Bevollmächtigter* des Verkäufers zugleich in Erfüllung seines eigenen Vertrages mit dem Dritten die Auflassung erklärt und der Dritte eingetragen wird (RG JW 1930, 3477; vgl auch Flume, AT § 53 2).

XIV. Umfang der Heilung

1. Dogmatische Grundlagen

405 Der formnichtige Vertrag wird durch Auflassung und Eintragung **gültig**, die Nichtigkeit geheilt. Geheilt wird der Vertrag mit seinem **gesamten Inhalt,** also mit allen etwa in der Zwischenzeit vereinbarten **Änderungen**. Bei gemischten und zusammengesetzten Verträgen werden somit alle mit dem Grundstücksvertrag verknüpften Vereinbarungen, also auch solche, die nur wegen der Verknüpfung formbedürftig waren, wirksam, gleichgültig, wer Vertragspartner dieser Vereinbarungen ist. Dies soll nach hM jedoch nur für die vertraglichen Vereinbarungen gelten, die **bei Auflassung**

Vertragsinhalt des formbedürftigen Vertrages waren (BGHZ 104, 276 = BGH NJW 1988, 2237). Soweit es sich um Vertragsänderungen nach Erklärung der Auflassung handelt, sind diese, soweit nicht eine neue, selbständige Erwerbsverpflichtung geschaffen wird, ohnehin möglich (s Rn 289 ff), sodass im Ergebnis der ganze Vertrag seinem vollen Inhalt nach wirksam wird.

Ausweislich des Wortlauts wird der Vertrag durch die Heilung wirksam, sodass dieser lediglich eine **ex nunc-Wirkung** beigemessen werden kann (unter Verweis auf den Wortlaut auch Erman/Grziwotz § 311b Rn 77; jurisPK-BGB/Ludwig § 311b Rn 306; NK-BGB/Ring § 311b Rn 59). Die Unwirksamkeit des Vertrags für die Vergangenheit wird somit im Grundsatz nicht beeinträchtigt (RGZ 75, 115; RGZ 115, 11 f; RGZ 134, 245 f; RGZ 159, 53; BGHZ 32, 12 f; 56, 63 f; 82, 398 = NJW 1982, 759; BeckRS 2011, 18683; Grüneberg/Grüneberg § 311b Rn 56; Erman/Grziwotz § 311b Rn 77; jurisPK-BGB/Ludwig § 311b Rn 306; Soergel/J Mayer § 311b Rn 236; **aA** Reichel AcP 104 [1909] 1, 18). Fraglich bleibt aber, ob nicht zum Schutz der Äquivalenzinteressen der Beteiligten gleichwohl eine beschränkte oder vollständige **Rückwirkung der Heilung** anzuerkennen ist. Die Auffassung, dass die Heilung dogmatisch ein besonderer Fall der **Bestätigung** im Sinne des § 141 Abs 2 BGB sei (RGZ 75, 115; Lange AcP 144 [1938] 149, 154 ff; Reichel AcP 104 [1909] 1, 18), hat sich nicht durchsetzen können (RGZ 115, 11 f; BGHZ 32, 12 f; Soergel/J Mayer § 311b Rn 236 mwNw). Gegen die Qualifikation als Bestätigung spricht entscheidend, dass jene die formgerechte Wiederholung (RGZ 115, 12; 130, 253) voraussetzt und zudem die Parteien erneut eine Einigung herbeiführen müssen, während es bei § 311b Abs 1 S 2 BGB gerade nicht auf die Kenntnis von der Formnichtigkeit und richtigerweise auch nicht auf das Fortbestehen der Einigung ankommt. Gegen die Theorie einer Bestätigung spricht zudem, dass die Heilung durch die Vornahme des *Erfüllungsgeschäftes* eintritt und dieses *gerade nicht* dem schuldrechtlichen Bereich – wie die Bestätigung – zuzuordnen ist. 406

Die hM wendet jedoch den **Rechtsgedanken des § 141 Abs 2 BGB entsprechend** an; ihm sei die tatsächliche Vermutung zu entnehmen, dass die Parteien – auch bei der Heilung nach § 311b Abs 1 S 2 BGB – einander das gewähren wollen, was sie bei Abschluss des Vertrages (einschließlich etwaiger Änderungen) zu gewähren beabsichtigten (RGZ 115, 11 f; BGHZ 32, 13 = BGH NJW 1960, 525; 54, 63 f; Grüneberg/Grüneberg § 311b Rn 56). Ein Rückgriff auf diese Norm kommt allerdings richtigerweise nicht in Betracht (abl auch BeckOGK/Schreindorfer [1. 7. 2023] § 311b Rn 343. 1; Korte 11. 13; krit auch Soergel/J Mayer § 311b Rn 236). § 311b Abs 1 S 2 BGB enthält bereits durch die Anordnung, dass das schuldrechtliche Geschäft in der Weise, wie es von den Beteiligten tatsächlich formunwirksam vereinbart wurde, durch die Heilung wirksam wird, eine Anordnung darüber, in welchem Umfang die Wirksamkeit eintreten soll (so auch Flume, AT § 30 6), sodass es der von der Rspr herangezogenen Vermutung nicht bedarf. Die Bezugnahme auf § 141 Abs 2 BGB ist zudem dogmatisch verfehlt, da es sich bei der Heilung gerade nicht um einen Fall der Bestätigung handelt. Der Umfang einer möglichen Heilungswirkung muss sich daher aus der Wertung des § 311b Abs 1 S 2 BGB ergeben. 407

Dieser Wertung entspricht es, dass die Beteiligten durch das Wirksamwerden des Vertrages das erhalten sollen, was in diesem **unbedingt vereinbart** ist (vgl Soergel/J Mayer § 311b Rn 233). Infolgedessen sind sämtliche Haupt- und Nebenleistungspflichten der Parteien in vollem Umfang zu erfüllen (vgl auch BGHZ 160, 368; BGH NJW 2012, 408

3171; MünchKommBGB/Ruhwinkel § 311b Rn 82; BeckOGK/Schreindorfer [1. 7. 2023] § 311b Rn 333). Ziel der Anordnung ist es, die Äquivalenz des Vertrages dadurch aufrechtzuerhalten, dass er **insgesamt wirksam** wird und somit alle zwischen den Beteiligten getroffenen Vereinbarungen Gültigkeit entfalten. Dies muss mithin auch für sämtliche Nebenleistungspflichten gelten, sodass beispielsweise auch vereinbarte Zinsen ab einem bestimmten Termin zu entrichten sind, selbst wenn der Vertrag erst später durch Heilung Wirksamkeit entfaltet (zur Problematik auch BeckOGK/Schreindorfer [1. 7. 2023] § 311b Rn 333 ff).

409 Ausgeschlossen ist dagegen eine faktische Rückwirkung insoweit, als sie an eine **Pflichtverletzung** anknüpft (vgl auch BeckOGK/Schreindorfer [1. 7. 2023] § 311b Rn 344). Da die Heilung nur ex nunc wirkt, kann zuvor eine Pflichtverletzung nicht gegeben sein (iE ebenso BeckOGK/Schreindorfer [1. 7. 2023] § 311b Rn 344). Andernfalls würde derjenige, der sich an die bestehende Rechtslage hält und den Vertrag korrekterweise als formnichtig und damit unbeachtlich behandelt, sanktioniert, obgleich eine Rückwirkung durch das Gesetz gerade nicht angeordnet wird (BeckOGK/Schreindorfer [1. 7. 2023] § 311b Rn 344). Infolgedessen kann weder **Verzug** eintreten (vgl BGH DNotZ 1979, 413; Grüneberg/Grüneberg § 311b Rn 56; Erman/Grziwotz § 311b Rn 77; MünchKommBGB/Ruhwinkel § 311b Rn 99; BeckOGK/Schreindorfer [1. 7. 2023] § 311b Rn 344.2; s zudem Lange AcP 144 [1938] 149, 154) noch eine **schadensersatzbegründende** Pflichtverletzung vorliegen (vgl BGH DNotZ 1979, 413; NJW 1982, 1430, 1434 f). Auch andere Leistungsstörungsrechte können erst nach dem Wirksamwerden des Vertrags eingreifen, sodass vor Eintritt der Heilung insgesamt das **gesetzliche Sekundärrecht** ausgeschlossen ist (BeckOGK/Schreindorfer [1. 7. 2023] § 311b Rn 344.2). Damit ist auch ein Rücktritt, der sich auf eine vermeintliche Vertragsverletzung vor Heilung stützt, nicht denkbar. Der BGH geht jedoch davon aus, dass die **Verwirkung einer Vertragsstrafe** auch schon möglich sein soll, ehe der Vertrag infolge der Heilung wirksam wird (BGHZ 82, 398, 406). Dies kann jedoch aus den genannten Gründen nicht überzeugen (so iE auch BeckOK-BGB/Gehrlein [1. 8. 2023] § 311b Rn 37; NK-BGB/Ring § 311b Rn 59; Reinicke/Tiedtke NJW 1982, 1430, 1434 f; MünchKommBGB/Ruhwinkel § 311b Rn 99; BeckOGK/Schreindorfer [1. 7. 2023] § 311b Rn 344.2). Wollte man dem BGH folgen, entstünde eine rückwirkende Bindung an die Vertragspflichten, was allerdings der gesetzlichen Anordnung widerspricht.

410 Da die **Verjährung** eines Anspruchs dessen Entstehen voraussetzt, kann auch die Frist hierfür erst mit Eintritt der Heilungswirkung zu laufen beginnen (RGZ 134, 83, 87; 75, 114; BeckOK-BGB/Gehrlein [1. 8. 2023] § 311b Rn 37; jurisPK-BGB/Ludwig § 311b Rn 307; BeckOGK/Schreindorfer [1. 7. 2023] § 311b Rn 344.3; Specks RNotZ 2002, 193, 206). Dies gilt insbesondere auch für **Mangelgewährleistungsrechte**, da diese als Sekundäransprüche aus dem Kaufvertrag erst ab dem Zeitpunkt existieren, ab dem der Vertrag wirksam wird und damit ebenfalls erst mit der Heilung entstehen (iE ebenso Staudinger/Matusche-Beckmann [2023] § 434 Rn 8; jurisPK-BGB/Ludwig § 311b Rn 307). Dasselbe gilt für die Regelung des **§ 446 BGB**, sodass ein gesetzlicher Gefahrübergang nicht vor der Wirksamkeit des Kaufvertrags erfolgen kann (BeckOGK/Schreindorfer [1. 7. 2023] § 311b Rn 344.4; Specks RNotZ 2002, 193, 206; zu § 15 Abs 4 GmbHG s etwa BGHZ 138, 195), da die Anwendung dieser Regelung die Wirksamkeit des Kaufvertrags schon deshalb voraussetzt, weil es sich insoweit um dispositives Gesetzesrecht handelt, das das Bestehen des Kaufvertrags als Tatbestandsvoraussetzung enthält. Etwas anderes muss allerdings gelten, wenn eine vertragliche Bestimmung über den Zeitpunkt

des Gefahrübergangs vorliegt. In diesem Fall gebietet es das Ziel des Fortbestands der Vertragsäquivalenz, die Bestimmung, die die Parteien getroffen haben, nach Heilung in vollem Umfang umzusetzen, sodass kein Unterschied zu sonstigen vertraglichen Vereinbarungen besteht, die ebenfalls voll umfänglich Wirksamkeit entfalten, selbst wenn sie sich auf einen Zeitraum vor der Heilung beziehen (s Rn 408).

Dagegen erfolgt grundsätzlich keine Verschiebung des Zeitpunkts für eine etwaige **Kenntnis eines Mangels** nach § 442 BGB auf den Moment der Heilung (vgl auch Staudinger/Matusche-Beckmann [2023] § 442 Rn 17; jurisPK-BGB/Ludwig § 311b Rn 307; MünchKommBGB/Ruhwinkel § 311b Rn 99; BeckOGK/Schreindorfer [1. 7. 2023] § 311b Rn 344. 5; auf die Eintragung aber abstellend OLG Hamm NJW 1986, 136). Vielmehr ist die Abgabe der Willenserklärung durch den Erwerber entscheidend, weil er ab diesem Zeitpunkt gebunden ist (BGH NJW 2022, 2843, 2844; Staudinger/Matusche-Beckmann [2023] § 442 Rn 17; BeckOGK/Schreindorfer [1. 7. 2023] § 311b Rn 344. 5; vgl auch bereits BGH NJW 1989, 2050 f; NJW 2011, 2953, 2954). Der BGH entnimmt der Norm ganz grundsätzlich die allgemeine Wertung, dass es für den Zeitpunkt der Kenntnis auf die Abgabe der relevanten Willenserklärung ankommt (dazu auch Meier ZfIR 2023, 136 f), sodass dies auch in Bezug auf formnichtige Geschäfte zu gelten hat (s dazu BGH NJW 1989, 2050 f; NJW 2011, 2953, 2954; NJW 2022, 2843, 2844). Den Eintritt der Heilung kann allerdings der Erwerber nicht mehr durch seinen eigenen Willen beeinflussen und gibt insoweit vor allem keine entsprechende Willenserklärung mehr ab. Dass ihm möglicherweise noch Reaktionsmöglichkeiten verbleiben, um die Heilungswirkung abzuwenden, ist nicht von Belang, da § 442 BGB ausschließlich auf aktive Handlungen des Erwerbers Bezug nimmt und deshalb die bloße Untätigkeit dem nicht gleichsteht (vgl dazu Staudinger/Matusche-Beckmann [2023] § 442 Rn 17; Kanzleiter DNotZ 1986, 747, 748 f; teilw ein aktives Handeln gegen die Heilung verlangend aber Specks RNotZ 2002, 193, 206). 411

Eine zur Sicherung eines Anspruchs aus einem formnichtigen Vertrag eingetragene **Vormerkung** ist unwirksam, da sie sich auf einen nicht existenten Anspruch bezieht und deshalb aufgrund der Akzessorietät keine Bedeutung haben kann (vgl RGZ 55, 340, 343; BGHZ 54, 56, 63; BGH NJW 1983, 1543, 1545; MünchKommBGB/Ruhwinkel § 311b Rn 75, 99; BeckOGK/Schreindorfer [1. 7. 2023] § 311b Rn 312 f, 345). Da die Heilung nur ex tunc wirkt, kann sich an diesem Zustand für die Vergangenheit von vornherein nichts ändern (BeckOGK/Schreindorfer [1. 7. 2023] § 311b Rn 345; vgl auch BGHZ 54, 56, 63; BGH NJW 1983, 1543, 1545; MünchKommBGB/Ruhwinkel § 311b Rn 99). Dies gilt allerdings ebenso für die Zukunft. Zwar ist es nach der Rspr des BGH möglich, eine eingetragene Vormerkung durch einen später entstandenen Anspruch „aufzuladen", soweit Anspruch, Bewilligung und Vormerkung kongruent sind (BGHZ 143, 175), allerdings ist hierzu nach Entstehen eines Anspruchs eine erneute materiell-rechtliche **Bewilligung** erforderlich (vgl BeckOGK/Schreindorfer [1. 7. 2023] § 311b Rn 345. 1). Durch die Heilung tritt eine solche allerdings nicht ein, da insoweit, anders als bei der Bestätigung (allgemein hierzu Erman/Arnold § 141 Rn 3 f; BeckOGK/Beurskens [1. 8. 2023] § 141 Rn 18 ff; MünchKommBGB/Busche § 141 Rn 13), eine Willenserklärung nicht vorliegt, die derart ausgelegt werden kann, dass sie konkludent auch die Bewilligung enthält (so auch BeckOGK/Schreindorfer [1. 7. 2023] § 311b Rn 345. 1). Infolgedessen bleibt die Vormerkung auch für die Zukunft nach der Heilung grundsätzlich unwirksam, solange die Beteiligten nicht eine entsprechende Bewilligung erklären, die zum Aufladen der Vormerkung führt. 412

2. Reichweite der Heilung

413 Die Heilung erstreckt sich auf den **Gesamtvertrag** samt allen Nebenabreden, gleichgültig, ob es sich um einen reinen Typenvertrag, einen gemischten Vertrag oder einen zusammengesetzten Vertrag handelt, *soweit* die Formbedürftigkeit nach § 311b Abs 1 S 1 BGB gegeben war (vgl RGZ 52, 4; 61, 264; 103, 383; 126, 312; BGHZ 22, 317; 59, 271; BGH LM § 311b Abs 1 Nr 15; NJW 1974, 136; NJW 1981, 228; NJW 1988, 2889; Erman/Grziwotz § 311b Rn 78; jurisPK-BGB/Ludwig § 311b Rn 310; vgl NK-BGB/Ring § 311b Rn 59; zur Frage der Reichweite der Heilung auch Grafe Gruchot 57, 101). Auf die Kenntnis der Parteien von der Formnichtigkeit kommt es nicht an (BGH NJW 1975, 205). Es ist gleichermaßen bedeutungslos, ob und inwieweit die Beteiligten die Heilung wollen. Gleichgültig ist, ob der Vertrag ganz oder teilweise nicht beurkundet wurde (vgl RG SeuffA 59 Nr 194; JW 1904, 197; Prot I 463) oder spätere formnichtige Änderungen vorliegen. Auch letztere werden in die Heilung einbezogen (BGHZ 59, 294 f; BGH DNotZ 1966, 665; WM 1966, 656; zur Notwendigkeit der Fortdauer der Willensübereinstimmung s Rn 373 einerseits und Rn 376 andererseits). Geheilt werden auch (nicht beurkundete, jedoch gem § 311b Abs 1 S 1 BGB formbedürftige) Abreden, die – wenn sie nicht mit dem gem § 311b Abs 1 S 1 BGB formbedürftigen Vertrag verknüpft wären – als solche einer *anderen* Formvorschrift unterlägen, wenn *deren Schutzzweck* von § 311b Abs 1 S 1 BGB miterfasst wird; dies gilt zB für die Verpflichtung zur Abtretung eines GmbH-Anteils gem § 15 GmbH (**aA** OLG Zweibrücken OLGZ 85, 45), für ein Leibrentenversprechen gem § 761 (s BGH NJW 1978, 1577; Staudinger/Liebrecht [2021] § 761 Rn 13) und für Vereinbarungen, die einer rechtsgeschäftlichen Formvereinbarung unterliegen (BGH NJW 1984, 973).

414 Bezieht sich der Verpflichtungsvertrag auf **mehrere Grundstücke**, so bedeutet der Grundsatz der Heilung des *ganzen* Vertragsinhalts allerdings nicht, dass Auflassung und Eintragung des Eigentumsübergangs bezüglich *eines* der Grundstücke den Vertrag bezüglich aller Grundstücke heilt. Dies gilt jedenfalls dann, wenn die Vereinbarungen über die Grundstücke eine rechtliche Einheit iS des § 139 BGB bilden. Ist dies nicht der Fall, so liegen ohnehin getrennte Verträge vor, sodass die vollständige Erfüllung den jeweiligen Vertrag heilt, während der andere Vertrag weiterhin formunwirksam ist. Durch *einen* Eigentumsübergang wird der Vertrag nicht gänzlich erfüllt. Die Auflassung und Eintragung müssen deshalb *grundsätzlich sämtliche veräußerten Grundstücke erfassen* (RGZ 56, 386; RGZ 60, 340; RGZ 61, 265; RGZ 78, 44; 111, 243; RGZ 133, 294; RGZ 137, 351; RG JW 1904, 169; BGHZ 59, 271 m Anm Mattern LM § 311b Abs 1 Nr 56; BGH NJW 2000, 2017; OLG Stettin OLGE 3, 93; OLG Posen OLGE 6, 43; Grüneberg/Grüneberg § 311b Rn 48; Erman/Grziwotz § 311b Rn 74; **aA** OLG Kiel OLGE 8, 36) und sich auf alle Grundstücke beziehen, die Gegenstand des Verpflichtungsvertrages sind (BGH DNotZ 1980, 222). Ist Gegenstand der Verpflichtung nicht nur die Veräußerung eines Miteigentumsanteils, sondern die Veräußerung inklusive der Begründung von Sondereigentum, muss nicht nur der Miteigentumsanteil aufgelassen und insoweit die Eintragung im Grundbuch erfolgt sein, sondern auch die Teilung gem § 4 Abs 1, 2 WEG erklärt und das Sondereigentum im Grundbuch eingetragen sein (Korte 11. 82; MünchKommBGB/Ruhwinkel § 311b Rn 85; s auch bereits OLG Düsseldorf NJW 1981, 529); Auflassung und Auflassungsgegenstand müssen sich also auch bei Wohnungseigentum decken (BGH NJW 1996, 395).

415 Bei einem **Tauschvertrag** müssen sämtliche betroffenen Grundstücke aufgelassen und muss bei allen Grundstücken das Eigentum umgeschrieben sein (RGZ 56, 86;

RGZ 78, 344). Dies folgt auch aus der wechselbezüglichen Abhängigkeit der beiden Leistungsverpflichtungen.

Eine Heilung des ganzen Vertrages tritt demnach nicht ein, wenn von *mehreren* Grundstücken nur bei einem **Teil** die Eintragung der Auflassung im Grundbuch erfolgt, weil zB bei einem der Grundstücke eine etwa noch erforderliche Genehmigung (zB BauGB) aussteht oder die Eigentumsumschreibung mangels Vermessung (Teilfläche) noch nicht erfolgen konnte (s jedoch Rn 417). Dies gilt auch für den Fall, dass die Parteien glaubten, es handele sich um ein einziges Grundstück, obgleich in Wirklichkeit zwei Grundstücke im Rechtssinne bestehen und daher nur ein Grundstück bei der Auflassung bezeichnen, das dann in der Folge auch ausschließlich von der Eigentumsumschreibung im Grundbuch betroffen ist. **416**

Im Unterschied zur früheren Rspr (RGZ 56, 386; RGZ 111, 243) ging das RG in einer späteren Entscheidung (RGZ 133, 294) jedoch davon aus, dass durch eine *Teilauflassung* und/oder *Teileintragung* in Anwendung des **§ 139 BGB** eine Heilung dann eintreten könne, wenn die Beteiligten den Verpflichtungsvertrag auch ohne das nicht umgeschriebene Grundstück abgeschlossen hätten (in RGZ 137, 351 wieder offen gelassen und auch in BGHZ 59, 272 = BGH NJW 1972, 2265 nicht entschieden; BGH NJW 1996, 395 zur Frage der Teilauflassung von Sondereigentumsräumen [das zum Wohnungseigentum gehörende Sondereigentum am Kellerraum war nicht bestimmt genug]: im konkreten Fall die Heilung verneinend; s hierzu auch Korte 11. 94 ff). Dies wird vor allem dann der Fall sein, wenn das nicht umgeschriebene Grundstück (zB eine kleine zusätzliche Teilfläche) im Verhältnis zum umgeschriebenen Grundstück ohne Gewicht ist (vgl auch MünchKomm-BGB/Ruhwinkel § 311b Rn 85). Dies vermag deshalb zu überzeugen, weil es sich dogmatisch insoweit um eine analoge Anwendung des § 139 BGB handelt, die zu einer teilweisen Heilung des Vertrages führt. Dieser ist folglich hinsichtlich des weiteren, nicht aufgelassenen oder nicht im Grundbuch umgeschriebenen Grundstücks weiterhin unwirksam, während er für die Grundstücke, für die die Auflassung wirksam erklärt ist und die im Grundbuch entsprechend eingetragen wurden, wirksam wird. Zu untersuchen ist aber stets, ob die Voraussetzungen des § 139 BGB für eine Teilnichtigkeit vorliegen, da andernfalls die fortbestehende Unwirksamkeit für einen Vertragsteil die Nichtigkeit des gesamten Geschäfts zur Folge hat. **417**

Einzelfälle aus der Rechtsprechung: Mit dem Hauptverpflichtungsvertrag gültig werden: die vom Erwerber übernommene **Verpflichtung zur Rückübertragung**, zB eine **Wiederkaufsvereinbarung** (BGH MDR 1958, 320 mNw; NJW 1975, 205; RNotZ 2010, 133 ff; vgl auch BGHZ 59, 272; stark einschränkend aber unter Bezugnahme auf die Zäsurwirkung: OLG Naumburg BeckRS 2019, 46607) oder eine schenkweise Rückübereignungsvereinbarung unter bestimmten Voraussetzungen (BGH NJW 1952, 1171); eine Verpflichtung zur (teilweisen) Rückveräußerung (RG JW 1911, 320 Nr 7; SeuffA 59 Nr 194) auch im Rahmen einer Treuhandvereinbarung (BGH WM 1966, 585). In den vorstehenden Fällen wird die betreffende Rückübereignungsverpflichtung schon mit Auflassung und Eintragung des Erwerbers, nicht etwa erst mit Rückauflassung und Eintragung des Wiedererwerbers oder des Dritten wirksam. Auch ein formnichtiger **Mietvertrag** (RGZ 103, 383) oder eine formnichtige **Zwangsvollstreckungsvereinbarung** (OLG Köln NJW 1970, 1881, allerdings für einen Fall, in dem die Zwangsvollstreckungsunterwerfung mit dem – im Übrigen formnichtigen – Grundstücksvertrag beurkundet war; s auch zu weiteren Fällen Rn 421) werden mit dem Hauptvertrag wirksam. Gleiches gilt für die Vereinbarung eines der Ver- **418**

tragsteile **mit einem Dritten**, soweit diese gem § 311b Abs 1 S 1 BGB formbedürftig war (BGH NJW 1974, 136), nicht also für ein gem § 766 BGB formunwirksames Bürgschaftsversprechen (MünchKommBGB/Ruhwinkel § 311b Rn 97), soweit dieses nicht wiederum wegen Verknüpfung mit dem Hauptvertrag (s Rn 239 ff) beurkundungspflichtig war. Geheilt werden weiterhin ein nicht beurkundetes (aber im konkreten Fall beurkundungsbedürftiges) **Leibrentenversprechen** (BGH NJW 1978, 1577), eine **Pflegeverpflichtung** (BGH NJW 1981, 2568), eine (für sich gesehen formlos wirksame, jedoch wegen Verknüpfung formbedürftige) **Abtretung eines Auflassungsanspruchs** (BGH NJW 1984, 973), der Kaufpreisanspruch für das **Inventar**, sodass nach Heilung des vorher nichtigen Zahlungsanspruchs die Voraussetzung für eine Vollstreckungsabwehrklage gegen die in der Urkunde enthaltene Zwangsvollstreckungsunterwerfung, die bis dahin möglich war, entfällt (BGH NJW 1985, 2423).

419 Nicht geheilt wird jedoch der Formmangel einer mit einem (formnichtigen) **Erbbaurechtsvertrag verbundenen Grundstücksübertragungsverpflichtung** durch Eintragung des Erbbaurechts (BGHZ 59, 273 f) oder einer in einem formnichtigen Kaufvertrag enthaltenen (und damit gleichfalls formnichtigen) **Vereinbarung zwischen den Käufern als künftige Miteigentümer** über die – von § 752 BGB abweichende – Realteilung durch die Auflassung und Grundbucheintragung als Miteigentümer des von ihnen gemeinschaftlich erworbenen Grundstücks (BGH NJW 2002, 2560 = LMK 2003, 44 m zust Anm Kanzleiter).

3. Heilung nur des Formmangels nach § 311b Abs 1 S 1 BGB

420 Nach § 311b Abs 1 S 2 BGB kann nur der gem § 311b Abs 1 S 1 BGB formnichtige Vertrag geheilt werden, also der **Formmangel selbst** (BGH DNotZ 1969, 350; jurisPK-BGB/Ludwig § 311b Rn 308; Soergel/J Mayer § 311b Rn 232). Insoweit wird jedoch jeder Mangel der Form geheilt, gleichgültig, ob der Formmangel auf die Parteien oder darauf zurückzuführen ist, dass der Notar gegen beurkundungsrechtliche Vorschriften verstoßen hat (vgl für die Zeit vor Inkrafttreten des BeurkG RG SeuffA 80 Nr 180: falsche Ortsangabe; weiterhin RG JW 1916, 677).

421 **Nicht geheilt** dagegen werden *andere Mängel* wie zB:

– **sonstige Formmängel**, zB die Nichteinhaltung **anderer** Formvorschriften, die nicht vom Schutzzweck des § 311b Abs 1 BGB erfasst werden (RGZ 73, 208; hierzu zählt beispielsweise der Verstoß gegen § 2348 BGB bei einem im Grundstücksvertrag enthaltenen, nicht beurkundeten Erbverzicht, vgl KG HRR 1930 Nr 713; OLG Düsseldorf NJW-RR 2002, 584; vgl NK-BGB/Ring § 311b Rn 66; der Verstoß gegen § 2276 BGB bei einem in derselben Urkunde wie der Grundstücksübertragungsvertrag enthaltenen – jedoch nicht beurkundeten – Erbvertrag, vgl RG WarnR 1909 Nr 194; OLG Hamm DNotZ 1996, 39, auch zur Frage des § 139 BGB; oder Formmangel eines Schenkungsversprechens wegen fehlender Übergabe gem § 518 Abs 2 BGB, vgl RG WarnR 1911 Nr 12; auch der Formmangel einer wegen Nichtbeurkundung unwirksamen prozessualen Erklärung; eine wegen Nichtmitbeurkundung unwirksame Zwangsvollstreckungsunterwerfung wird also nicht nach § 311b Abs 1 S 2 BGB geheilt, jurisPK-BGB/Ludwig § 311b Rn 315; s aber auch OLG Köln NJW 1970, 1881 zu einer beurkundeten Zwangsvollstreckungsunterwerfung, die aber wegen Unwirksamkeit des Grundstücksvertrags zunächst unwirksam war);

- **Fehlen einer behördlichen Genehmigung**, zB der vormundschafts- bzw betreuungs- oder familiengerichtlichen Genehmigung (RGZ 137, 352; vgl auch RG HRR 1928 Nr 224; s auch Rn 382 ff; Soergel/J Mayer § 311b Rn 232);

- **sonstige Mängel**, zB Nichtigkeit wegen Verstoßes gegen die guten Sitten (RGZ 132, 134) oder ein gesetzliches Verbot (§ 134 BGB; BGH DNotZ 1996, 451: zB Steuerverkürzung; LG Münster 21. 11. 2014 – 16 O 68/14, juris Rn 37: Schwarzgeldabrede; Soergel/J Mayer § 311b Rn 232), Anfechtbarkeit wegen Willensmängeln, Nichtigkeit wegen Geschäftsunfähigkeit eines Vertragsteils, mangelnde Vertretungsmacht (RGZ 110, 321), fehlende Verwalterzustimmung (BGHZ 113, 374), fehlende Zustimmung gem § 1365 BGB (Korte 11. 47 Fn 73; Soergel/J Mayer § 311b Rn 232), Unwirksamkeit als Folge der Beseitigung eines mit einem Grundstücksvertrag verknüpften Bierlieferungsvertrages (BGH JZ 1991, 871). Auch eine etwaige Verwirkung des Makleranspruchs wird durch die Heilung nach § 311b Abs 1 S 2 BGB nicht berührt (BGH NJW-RR 1989, 760), da insoweit schon keine Unwirksamkeit des Vertrags besteht und zudem die Formunwirksamkeit hierauf keine Auswirkungen zeitigt. Dasselbe gilt, wenn das Angebot auf Abschluss des Grundstücksvertrages bereits abgelaufen war und erst danach durch den vermeintlichen Vertragspartner angenommen wurde. In diesem Fall fehlt es bereits an der Willensübereinstimmung, da die verspätete Annahme als neues Angebot gilt (§ 150 Abs 1 BGB) und dieses durch den ursprünglichen Anbietenden nicht angenommen wurde. Dieser Fehler wird durch § 311b Abs 1 S 2 BGB nicht beseitigt, sodass die Verfügung kondizierbar bleibt (BGH MittBayNot 2016, 394, 396 f; bestätigt durch BGH BeckRS 2016, 16089).

XV. Entsprechende Anwendung des § 311b Abs 1 S 2 BGB

Die Heilung formnichtiger Rechtsgeschäfte durch Erfüllung ist in **ausländischen Rechtsordnungen** stärker verbreitet (s vHofmann, Das Recht des Grundstückskaufs [1982] 182 ff) als im deutschen Recht, das eine Heilung nur dort vorsieht, wo dies ausdrücklich wie zB bei § 311b Abs 1 S 2 BGB, § 518 Abs 2 BGB, § 766 BGB bestimmt ist. In allen anderen Fällen kann ein an einem Mangel leidendes Rechtsgeschäft nur durch **Bestätigung nach § 141 BGB** wirksam werden. Wird jedoch die Formbedürftigkeit eines Kausalgeschäfts mit der *entsprechenden* Anwendung des der betreffenden Heilungsvorschrift zugrundeliegenden Formzwanges wegen des Normzwecks dieser Formvorschrift (hier § 311 Abs 1 S 1 BGB) begründet, ist die *entsprechende* Anwendung *auch* der Heilungsvorschrift (hier § 311b Abs 1 S 2 BGB) nicht nur gerechtfertigt (BGHZ 82, 398 = BGH NJW 1982, 759 = DNotZ 1982, 433 m Anm Wolfsteiner; BGH NJW 1979, 1773; Korte 11. 2; jurisPK-BGB/Ludwig § 311b Rn 291), sondern aus Gründen der *Rechtssicherheit* und aus methodischen Gründen auch geboten, selbst wenn durch eine entsprechende Anwendung der (eher formale) Schutzzweck des § 311b Abs 1 S 2 BGB (s hierzu Hagen DNotZ 1984, 267, 288) im Einzelfall nur unvollkommen (zu § 311b Abs 1 BGB als per se „unvollkommenen Schutznorm" s Wufka DNotZ 1990, 339 ff) erreicht wird (gegen eine entsprechende Anwendung der Vorschrift des § 311b Abs 1 S 2 BGB auf andere Fälle als den gesetzlich ausdrücklich geregelten grundsätzlich Ruhwinkel MittBayNot 2005, 224, 226). Dies gilt umso mehr, als sogar im unmittelbaren Anwendungsbereich der Vorschrift die Formzwecke nicht durchgehend erreicht werden können, sodass für die entsprechende Anwendung kein höheres Maß gefordert werden darf. 422

423 Soweit die Formvorschrift des § 311b Abs 1 S 1 BGB auf bestimmte Sachverhalte *entsprechend* anzuwenden ist, würde oftmals § 311b Abs 1 S 2 BGB jedoch dennoch als Heilungsmöglichkeit **ausscheiden**, da die Voraussetzungen nach seinem Wortlaut nicht gegeben sind. Dies würde allerdings dazu führen, dass faktisch die Formanforderungen im Rahmen der Analogie strenger wären als bei der direkten Anwendung, bei der eine Heilung grundsätzlich in Betracht kommt. Um dies zu verhindern, müssen bei entsprechender Anwendung des § 311b Abs 1 S 2 BGB die Heilungsvoraussetzungen derart **modifiziert** werden, dass sie die gesetzliche Wertung wiedergeben, allerdings eine Heilung auch nicht von vornherein ausschließen (eine Einzelfallbetrachtung befürwortend Eckardt JZ 1996, 934, 943; BeckOGK/Schreindorfer [1. 7. 2023] § 311b Rn 358). Ist nach dem Inhalt des in entsprechender Anwendung des § 311b Abs 1 S 1 BGB formbedürftigen Vertrages (unmittelbar) eine *andere* Leistung als die Änderung der Zuordnung des Eigentums geschuldet, so ist deren Erbringung grundsätzlich maßgeblich für die Heilung (s auch Seibert JZ 1981, 380). Festzuhalten ist jedoch daran, dass gem den Tatbestandsmerkmalen des § 311b Abs 1 S 2 BGB auch bei dessen entsprechender Anwendung eine *außerhalb* des (beurkundungspflichtigen) Kausalgeschäftes liegende *zusätzliche Leistungserbringung* vorliegen muss, um die Heilung zu bewirken, sodass diese *nicht* durch den formnichtigen, zu heilenden Vertrag selbst hervorgerufen werden kann.

1. Anwartschaftsrecht

424 Der Formmangel einer *Verpflichtung* zur **Übertragung bzw Erwerb eines Anwartschaftsrechts** wird geheilt, wenn das Anwartschaftsrecht formgerecht (§ 925 BGB) übertragen wird (Tiedtke DB 1991, 2273, 2275). Allerdings soll nach herrschender Ansicht eine Eintragung der Übertragung des Anwartschaftsrechts im Grundbuch nicht erforderlich und auch nicht möglich sein (s dazu BeckOGK/J Weber [1. 7. 2023] § 925 Rn 209 mwNw; MünchKommBGB/Ruhwinkel § 925 Rn 42). Unabhängig davon, ob dem zu folgen ist, kann die fehlende Eintragung im Grundbuch jedenfalls nicht als Argument gegen die Heilungswirkung angeführt werden (so aber BeckOGK/Schreindorfer [1. 7. 2023] § 311b Rn 367). Die Bezugnahme in § 311b Abs 1 S 2 BGB auf die Eintragung neben der Auflassung ist richtigerweise nicht so zu verstehen, dass das Vorliegen eines Publizitätsakts unerlässlich ist, sondern stellt lediglich die Voraussetzungen für den Eigentumserwerb und damit für den Eintritt der Erfüllung gem § 362 Abs 1 BGB dar (anders jedoch BeckOGK/Schreindorfer [1. 7. 2023] § 311b Rn 367). Ist damit für die Erlangung des Anwartschaftsrechts die Eintragung nicht erforderlich, tritt dennoch Erfüllung ein, sodass in analoger Anwendung des § 311b Abs 1 S 2 BGB auch das schuldrechtliche Geschäft geheilt ist.

425 Nach überwiegender Ansicht wird eine formnichtige *Verpflichtung* zur **Aufhebung des Anwartschaftsrechts** (zur Formbedürftigkeit der Verpflichtung s Rn 300; zum Anwartschaftsrecht selbst s Rn 32 f) mit der wirksamen Aufhebung (Erlöschen) des Anwartschaftsrechts (zu den einzelnen Möglichkeiten s Pohlmann DNotZ 1993, 335, 356; zu den diesbezüglichen Risiken s das instruktive Beispiel einer verhinderten Heilung BGH NJW 1993, 3323) in entsprechender Anwendung des § 311b Abs 1 S 2 BGB geheilt (OLG Düsseldorf DNotZ 1990, 370; OLG Hamm DNotZ 1991, 149; Ernst ZIP 1994, 605, 609; Grüneberg/Grüneberg § 311b Rn 52; Lehmann DNotZ 1987, 142, 150; Pohlmann DNotZ 1993, 355, 361 ff; nicht angesprochen in BGH NJW 1993, 3323; **aA** Brambring DNotZ 1991, 150; Eckardt JZ 1996, 934, 943 MünchKommBGB/Ruhwinkel § 311b Rn 68; Tiedtke DB 1991, 2273;). Für diese Auffassung lässt sich wiederum

der Gedanke der Erfüllung fruchtbar machen. Die Verpflichtung zur Aufhebung des Anwartschaftsrechts ist erbracht, wenn dieses durch den bisherigen Inhaber zum Erlöschen gebracht wurde. Gleichwohl kann die herrschende Auffassung aber **nicht überzeugen** (vgl Brambring DNotZ 1991, 150, 151 f; Eckardt JZ 1996, 934, 943; MünchKommBGB/Ruhwinkel § 311b Rn 68; BeckOGK/Schreindorfer [1. 7. 2023] § 311b Rn 369; Tiedtke DB 1991, 2273, 2274 f; **aA** OLG Düsseldorf DNotZ 1990, 370; OLG Hamm DNotZ 1991, 149; Grüneberg/Grüneberg § 311b Rn 40; Lehmann DNotZ 1987, 142, 150 f; Pohlmann DNotZ 1993, 355, 361 ff). Im Rahmen der unmittelbaren Anwendung des § 311b Abs 1 S 2 BGB verlangt das Gesetz die Auflassung, die nach § 925 Abs 1 BGB vor dem Notar zu erklären ist. Das Gesetz trägt mithin dafür Sorge, dass auch bei einem formunwirksamen Vertrag zumindest in eingeschränktem Maße eine grundsätzliche Belehrung und Aufklärung durch den Notar sichergestellt ist (vgl BeckOGK/J Weber [1. 7. 2023] § 925 Rn 8; s auch BGH DNotZ 2020, 742, 747 f; letztlich auch MünchKommBGB/Ruhwinkel § 925 Rn 1). Mögen damit die Formzwecke des § 311b Abs 1 S 1 BGB hierdurch auch nicht in vollem Umfang erreicht werden können (s dazu auch MünchKommBGB/Ruhwinkel § 925 Rn 1), so können sie dennoch zumindest im Ansatz gewahrt werden. Dies ist allerdings im Rahmen der Aufhebung eines entstandenen Anwartschaftsrechts nicht der Fall. Insoweit ist ausschließlich die Löschung der Vormerkung durch eine unterschriftsbeglaubigte Bewilligung ausreichend (vgl Eckardt JZ 1996, 934, 943; BeckOGK/Schreindorfer [1. 7. 2023] § 311b Rn 369; Tiedtke DB 1991, 2273, 2275), sodass durch die insoweit nichtbestehenden Belehrungspflichten des Notars, soweit ein solcher überhaupt eingeschaltet und die Beglaubigung nicht durch eine andere Stelle vorgenommen wird, ein vergleichbarer Schutz wie bei der Auflassung nicht gewährleistet ist. Dies begründet einen so wesentlichen Unterschied, dass es geboten ist, § 311b Abs 1 S 2 BGB insoweit nicht analog heranzuziehen (iE ebenso Brambring DNotZ 1991, 150, 151 f; Eckardt JZ 1996, 934, 943; MünchKommBGB/Ruhwinkel § 311b Rn 68; BeckOGK/Schreindorfer [1. 7. 2023] § 311b Rn 369; Tiedtke DB 1991, 2273, 2274 f). Da in einer solchen Konstellation die Schutzzwecke des § 311b Abs 1 BGB gänzlich verfehlt würden, ist es nicht geboten, die Heilung zu ermöglichen. Vielmehr muss das Rechtsgeschäft auch dann unwirksam bleiben, wenn das Anwartschaftsrecht zum Erlöschen gebracht wird (Brambring DNotZ 1991, 150, 151 f; BeckOGK/Schreindorfer [1. 7. 2023] § 311b Rn 369).

2. Ausländische Grundstücke

§ 311b Abs 1 S 2 BGB ist auf **ausländische Grundstücke** *entsprechend* anwendbar (s zur 426
Anwendbarkeit der Norm in solchen Fallgestaltungen Rn 45), auch wenn das ausländische Recht weder ein der Auflassung entsprechendes Institut noch eine Eintragung in einem Grundbuch kennt; entscheidend für die Frage der Heilung ist gem der *lex rei sitae* des betreffenden Staates die Rechtswirksamkeit des Eigentumsübergangs nach *ausländischem* Recht (BGHZ 52, 243; 73, 391: Heilung durch Escritura nach spanischem Recht [Eintragung im „Registro de la Propriedad" nicht erforderlich]; s insoweit jedoch auch OLG Düsseldorf NJW 1981, 529 zu einem Fall, in dem Wohnungseigentum gebildet werden sollte; OLG München OLGZ 1974, 19 für italienisches Grundstück, allerdings in einem Fall, in dem der nach deutschem Recht nichtige privatschriftliche Vertrag durch einen den Eigentumsübergang bewirkenden, später in Italien geschlossenen notariellen Vertrag geheilt wurde). Insbesondere kann sich die Heilung auch dann ergeben, wenn eine Eintragung in ein öffentliches Register nicht erforderlich ist (jurisPK-BGB/Ludwig § 311b Rn 365; BeckOGK/Schreindorfer [1. 7. 2023] § 311b Rn 386; s etwa BGHZ 73, 391), da die in § 311b Abs 1 S 2 BGB beschriebene Eintragung kein allgemeines Publizitätsprinzip enthält, sondern lediglich Bezug auf die Voraus-

setzungen des Eigentumserwerbs nimmt (vgl BeckOGK/Schreindorfer [1. 7. 2023] § 311b Rn 386). Es ist vor diesem Hintergrund ausreichend, wenn nach dem anwendbaren ausländischen Recht der Übergang des Eigentums erfolgt, ohne dass es darauf ankäme, ob eine Eintragung hierzu notwendig ist. Einschränkend wird aber zu fordern sein, dass es sich bei dem Verfahren zur Übertragung des Eigentums um ein in gewisser Weise formalisiertes Vorgehen handelt, das den Beteiligten die Konsequenzen vor Augen führt, weil andernfalls eine hinreichende Ähnlichkeit mit der Auflassung nicht besteht. Diese ist dadurch geprägt, dass von ihr eine gewisse Warnfunktion ausgeht. Fehlt es hieran im ausländischen Recht, kann von einer vergleichbaren Wertungslage wie bei Einhaltung der Auflassung und Eintragung nicht ausgegangen werden, sodass eine Heilung analog § 311b Abs 1 S 1 BGB ausscheiden muss.

3. Erbbaurecht/Begründung von Wohnungseigentum

427 § 311b Abs 1 BGB ist gem § 11 Abs 2 ErbbauRG entsprechend auf die **Bestellung und den Erwerb eines Erbbaurechts**, gem § 4 Abs 3 WEG entsprechend auf die **Einräumung, den Erwerb und die Aufhebung von Sondereigentum** anwendbar. Dies bedeutet, dass § 311b Abs 1 S 2 BGB in gleicher Weise anzuwenden ist (OLG Hamm OLGR Hamm 2008, 103 ff). Infolgedessen tritt Heilung ein, wenn das Erbbaurecht bestellt und eingetragen (MünchKommBGB/Ruhwinkel § 311b Rn 88; vgl jurisPK-BGB/Ludwig § 311b Rn 303; s auch BGHZ 59, 269) oder das Wohnungs- und Teileigentum gebildet und die entsprechenden Blätter angelegt werden (zur Anwendbarkeit auch OLG Hamm NJOZ 2008, 457). Darüber hinaus wird der Formmangel des schuldrechtlichen Vertrages auf *Übertragung* des Erbbaurechts in entsprechender Anwendung des § 311b Abs 1 S 2 BGB nach der Rspr auch durch die Eintragung des Erwerbers als Eigentümer geheilt, wenn der Veräußerer mit Rücksicht auf diese Eintragung die Löschung des Erbbaurechts bewilligt hat (BGHZ 32, 11 = BGH NJW 1960, 525; s aber auch BGHZ 59, 269 ff). Insoweit ist eine ökonomische Betrachtung anzulegen, da der Erwerber gleichwohl wirtschaftlich die Rechte aus dem Erbbaurecht erlangt, auch wenn sie juristisch ihm durch Aufhebung des bestehenden Rechts in der Weise übertragen werden, dass er sie nun deshalb erhält, weil sie ihm als Eigentümer nach Aufhebung des Erbbaurechts zufallen.

4. Geschäftsbesorgungs-/Treuhandverträge

428 Sind **Geschäftsbesorgungsverträge**, insbesondere ein Auftrag, beurkundungsbedürftig, so besteht regelmäßig eine Erwerbsverpflichtung des Auftraggebers oder des Auftragnehmers. Diese sind aufgrund der rechtsgeschäftlichen Abrede dazu verpflichtet, das in den Blick genommene Grundstück zu erwerben, sodass sich hieraus die Beurkundungsbedürftigkeit ergibt (s Rn 81). Da insoweit eine unmittelbare Anwendung des § 311b Abs 1 S 1 BGB gegeben ist, ist auch § 311b Abs 1 S 2 BGB unmittelbar anzuwenden, sodass eine Heilung erst eintritt, wenn die jeweilige Erwerbsverpflichtung durch Auflassung und Eintragung erfüllt wird (BeckOGK/Schreindorfer [1. 7. 2023] § 311b Rn 376; s auch Specks RNotZ 2002, 193, 203 f; vgl zudem BGHZ 127, 168, 175; BGH NJW 1983, 566, 567; NJW 1987, 2071; WM 1990, 1543), folglich das Eigentum auf den Erwerbsverpflichteten übergegangen ist. Besteht mithin eine Erwerbsverpflichtung des Auftraggebers, so ist erst die Auflassung an ihn und die nachfolgende Eintragung heilungsbegründend (vgl dazu BGH NJW 1983, 566, 567). Sind in diesem Rahmen mehrere Veräußerungs- oder Erwerbsverpflichtungen enthalten und wer-

den nur einzelne erfüllt, so ist eine teilweise Heilung analog § 139 BGB denkbar (BeckOGK/Schreindorfer [1. 7. 2023] § 311b Rn 376. 1). Insoweit kommt es auf den konkreten Willen der Beteiligten an, wobei vor allem zu untersuchen ist, ob sie den Vertrag auch geschlossen hätten, wenn lediglich einzelne Erwerbsverpflichtungen bestanden hätten.

Dieselben Grundsätze gelten auch im Bereich einer **Treuhand** (BeckOGK/Schreindorfer [1. 7. 2023] Rn 376; vgl auch jurisPK-BGB/Ludwig § 311b Rn 327). Besteht innerhalb dieses Verhältnisses eine nicht formwirksame schuldrechtliche Verpflichtung zum Erwerb oder zur Veräußerung, führt die Erfüllung dieser Verpflichtung zur Heilung nach § 311b Abs 1 S 2 BGB, sodass auch insoweit die wirksame Auflassung und Eintragung erforderlich sind (BGH DNotZ 2022, 42, 44; vgl auch BGHZ 127, 168, 175). Existieren mehrere Verpflichtungen zur Veräußerung oder zum Erwerb, tritt Heilung erst mit Erfüllung aller Verpflichtungen durch Auflassung und Eintragung ein (BGH DNotZ 2022, 42, 44; vgl auch BeckOGK/Schreindorfer [1. 7. 2023] § 311b Rn 377; krit Berchtold BWNotZ 2019, 4, 11). Insoweit kann allerdings ebenfalls § 139 BGB entsprechende Anwendung finden, wenn lediglich ein Teil der Verpflichtungen erfüllt ist (s BeckOGK/Schreindorfer [1. 7. 2023] § 311b Rn 376. 1; vgl hierzu auch BGH NJW 1983, 566, 567). Ist ein Treuhandvertrag aufgrund einer Verknüpfung mit einem Grundstückskaufvertrag beurkundungsbedürftig, hängt die Heilung von der Erfüllung der die Formbedürftigkeit auslösenden Erwerbs- oder Veräußerungsverpflichtung ab (so auch BeckOGK/Schreindorfer [1. 7. 2023] § 311b Rn 377; **aA** wohl BGH NJW-RR 1990, 340, 342 unter Verweis auf die Rspr zur Heilung eines formnichtigen Vertrages durch formgültigen Grundstückskaufvertrag mit einem Dritten). Werden die Auflassung erklärt und die Eintragung vorgenommen, erfasst die Heilungswirkung auch das mit dem Grundstücksgeschäft verbundene Geschäft, sodass der Vertrag insgesamt wirksam wird (s Rn 413). 429

5. Gesellschaftsrechtliche Vorgänge

Ist der **Gesellschaftsvertrag** wegen Missachtung der Form des § 311b Abs 1 S 1 BGB nach § 125 S 1 BGB nichtig, stellt sich die Frage, ob das Rechtsgeschäft und damit auch der Gesellschaftsvertrag nach § 311b Abs 1 S 2 BGB dadurch geheilt werden kann, dass die entsprechende Verpflichtung durch Auflassung und Eintragung erfüllt wird. Richtigerweise ausgeschlossen ist eine Heilung nach dieser Vorschrift, wenn der Zweck der Gesellschaft allgemein auf den Erwerb von Grundstücken gerichtet ist (s zur Beurkundungsbedürftigkeit derartiger Vereinbarungen Rn 169), weil die derart gestaltete Erwerbsverpflichtung nie vollständig erfüllt sein kann, da die Gesellschaft sich generell darauf richtet, Grundstücke zu erwerben, und daher im Vorfeld nicht feststeht, durch welchen Erwerb diese Verpflichtung vollständig erledigt ist. Eine Heilung kommt deshalb nur dann in Betracht, wenn sich die Beurkundungsbedürftigkeit daraus ergibt, dass ein bestimmtes Grundstück durch die Gesellschaft erworben werden soll. 430

In Bezug auf die Heilung eines formnichtigen Vertrags durch Auflassung und Eintragung der Gesellschaft im Grundbuch ergibt sich allerdings die Problematik, dass die **Gesellschaft**, soweit der Gesellschaftsvertrag nicht wirksam ist, ebenfalls an sich **nicht entstehen** kann. In der Konsequenz wäre auch die Auflassung an die nicht existente Gesellschaft unwirksam, sodass die Voraussetzungen für die Heilung nicht gegeben wären (so Wolfsteiner DNotZ 2003, 626, 628). Richtigerweise ist aber gleichwohl eine Heilung gem § 311b Abs 1 S 2 BGB möglich (BGHZ 22, 312, 317 = BGH NJW 431

1957, 459). Wird der Gesellschaftsvertrag formnichtig begründet, entsteht eine sog **fehlerhafte Gesellschaft**, wenn die Gesellschafter in ihrer vermeintlich bestehenden gesellschaftsrechtlichen Verbundenheit nach außen aufgetreten sind, also die Gesellschaft bereits als solche im Rechtsverkehr agiert hat (BeckOK-HGB/Klimke [1. 7. 2023] § 105 Rn 211 ff, 215; Oetker/Lieder § 105 HGB Rn 105 ff; Hopt/Roth § 105 HGB Rn 75 ff; MünchKommBGB/Schäfer § 705 Rn 333 ff, 339). Insoweit genügt das In-Vollzug-Setzen der Gesellschaft, das auch bereits darin liegt, dass die Gesellschafter für die Gesellschaft im Rahmen des Grundstückskaufvertrags tätig werden und damit die Gesellschaft scheinbar verpflichten und im Anschluss daran die Auflassung an diese erklärt und sie in das Grundbuch eingetragen wird (BeckOGK/Schreindorfer [1. 7. 2023] § 311b Rn 379; krit aber Wolfsteiner DNotZ 2003, 626, 630 f; allg zum tatsächlichen Vollzug etwa BeckOGK/Geibel [1. 1. 2019] § 705 Rn 254; MünchKommBGB/Schäfer § 705 Rn 342). In einer solchen Konstellation tritt die Gesellschaft als vermeintlich wirksam nach außen auf, sodass die Grundsätze über die fehlerhafte Gesellschaft heranzuziehen sind (vgl MünchKommBGB/Schäfer § 705 Rn 342). Eine derartige Gesellschaft kann unter ihrem Namen Rechte und Pflichten erwerben und wird für die Vergangenheit behandelt, als sei sie wirksam gegründet worden (BeckOGK/Geibel [1. 1. 2019] § 705 Rn 263; BeckOK-HGB/Klimke [1. 7. 2023] § 105 Rn 231; MünchKommBGB/Schäfer § 705 Rn 354; s dazu auch BGHZ 26, 330; BGHZ 44, 235). In der Konsequenz ist es ebenso möglich, an diese fehlerhafte Gesellschaft aufzulassen und ihr somit das Eigentum an einem Grundstück zu übertragen.

432 Enthält ein (formnichtiger) Gesellschaftsvertrag eine *unmittelbare* Veräußerungs- und Erwerbsverpflichtung zwischen den Gesellschaftern, bewirkt § 311b Abs 1 S 2 BGB, dass mit Auflassung und Eintragung sämtlicher Erwerber im Grundbuch die Heilung der entsprechenden Vereinbarung eintritt. Dies gilt gleichermaßen, soweit **Beitritte oder Anteilsübertragungen** mit derartigen unmittelbaren Verpflichtungen (s Rn 174 ff) verbunden sind, insbesondere durch den Beitritt eine solche Verpflichtung geschaffen oder übernommen wird. Auch diese wird geheilt, wenn die die Verpflichtung erfüllend Auflassung und Eintragung erfolgt ist. Dagegen ist der **Beitritt zur Gesellschaft** nicht ausreichend, weil hierdurch eine Erfüllungswirkung im Hinblick auf die beurkundungsbedürftige Verpflichtung zum Erwerb oder zur Übertragung des Eigentums nicht erreicht wird. Die überwiegende Ansicht verlangt zudem, soweit sie auf die Anteilsübertragungen an grundbesitzhaltenden Gesellschaften unabhängig von einer weitergehenden Erwerbs- oder Veräußerungsverpflichtung § 311b Abs 1 S 1 BGB entsprechend zur Anwendung bringen will, für eine Heilung durch die Abtretung des Anteils in diesem Fall neben dem materiellen Vollzug der Anteilsübertragungen auch die deklaratorische Eintragung der Grundbuchberichtigung (MünchKommBGB/Schäfer § 719 Rn 37; Schmidt NJW 1996, 3325, 3327; Ulmer/Löbbe DNotZ 1998, 711, 732; **aA** jurisPK-BGB/Ludwig § 311b Rn 166, der zwar eine Heilungsmöglichkeit bejaht, aber allein auf den sachenrechtlich wirksamen Erwerb des Personengesellschafts*anteils* abstellt). Da allerdings richtigerweise eine analoge Anwendung auf die Übertragung des Anteils an der Gesellschaft nicht in Betracht kommt (s Rn 179 ff), stellt sich auch die Frage der Heilung nicht.

433 Der **Adressat der Auflassung** richtet sich allein nach der jeweiligen Verpflichtung. Soll durch den Gesellschaftsvertrag mithin eine Erwerbsverpflichtung der Gesellschaft selbst begründet werden, so muss auch die Auflassung an diese erklärt werden, was möglich ist, da eine fehlerhafte Gesellschaft entsteht, die das Eigentum am

Grundstück erwerben kann (s Rn 431). Dabei kommt es nicht darauf an, welche Art der Gesellschaft durch den formnichtigen Gesellschaftsvertrag zur Entstehung gebracht werden soll.

6. Maklervertrag

Soweit ein Maklervertrag infolge der durch ihn begründeten mittelbaren Erwerbspflicht für den Kunden (s Rn 162) dem Beurkundungserfordernis des § 311b Abs 1 S 1 BGB unterliegt, soll nach überwiegender Ansicht einer Heilung analog § 311b Abs 1 S 2 BGB eintreten, wenn der vom Makler vermittelte **Grundstückskaufvertrag wirksam beurkundet wird** (BGHZ 82, 398 = BGH NJW 1982, 759 = DNotZ 1982, 433 m Anm Wolfsteiner; BGH NJW 1987, 1628; ebenso Schmitz RNotZ 2022, 125, 129). Insoweit soll es auf die wirtschaftliche Übereinstimmung zwischen dem vom Maklervertrag in den Blick genommenen und dem tatsächlichen Hauptvertrag ankommen (BGHZ 82, 398; BGH NJW 1987, 1628). Zur Begründung führt der BGH (BGHZ 82, 398) an, das mit § 311b Abs 1 S 2 BGB verfolgte Ziel der Rechtssicherheit iS der Aufrechterhaltung sachenrechtlich abgeschlossener Verhältnisse werde bereits mit Abschluss bereits des Kaufvertrages erreicht. Dies kann jedoch **nicht überzeugen**. Die Beurkundungsbedürftigkeit des Maklervertrags ergibt sich in derartigen Konstellationen daraus, dass durch diesen eine mittelbare Erwerbsverpflichtung des Maklerkunden begründet wird. Diese ist jedoch erst dann erfüllt, wenn der Kunde tatsächlich das betreffende Grundstück erworben hat, was die Erklärung der Auflassung und die Eintragung des Kunden in das Grundbuch voraussetzt. Dass das Ziel des Maklervertrags, den Abschluss des Hauptvertrages zu erreichen, bereits mit der Beurkundung des Hauptvertrages eingetreten ist, ist vor diesem Hintergrund bedeutungslos. Es kommt mithin auf die Differenzierung zwischen der Maklertätigkeit und der Pflicht zum Grundstückserwerb an; auch angesichts des Umstands, dass beide Pflichten demselben Vertrag entspringen, dürfen beide Ebenen nicht miteinander vermengt werden. Da die Beurkundungsbedürftigkeit daraus resultiert, dass der Maklervertrag eine mittelbare Verpflichtung zum Erwerb eines Grundstücks (s Rn 162) und nicht nur eine solche zum Abschluss eines Erwerbsvertrags begründet, muss auch diese Verpflichtung vollumfänglich erfüllt werden, was nicht gegeben ist, wenn lediglich der schuldrechtliche Kaufvertrag zustande kommt. Es ist deshalb für die Heilung stets zu verlangen, dass die Auflassung gegenüber dem Kunden erklärt und dieser im Grundbuch eingetragen wird. **434**

7. Öffentlich-rechtlicher Vertrag

Auf **öffentlich-rechtliche Verträge** ist § 311b Abs 1 S 2 BGB – wie auch S 1 (s Rn 122) – gem § 62 VwVfG anwendbar (BGHZ 61, 366; Soergel/J Mayer § 311b Rn 229). Ist bei städtebaulichen Verträgen der Grundstücksvertrag zB mit einem **Durchführungsvertrag** gem § 12 BauGB verknüpft (s Rn 124), der Durchführungsvertrag aber nicht mitbeurkundet worden, heilt die Eigentumsumschreibung mit Wirkung *ex nunc* auch den Durchführungsvertrag gem § 311b Abs 1 S 2 BGB, § 62 S 2 VwVfG (s Rn 413). Der gemeindliche Satzungsbeschluss im Hinblick auf den Bebauungsplans setzt aber nach § 12 Abs 1 BauGB einen *wirksamen* Durchführungsvertrag *voraus* (VGH München NVwZ-RR 2002, 260; Soergel/J Mayer § 311b Rn 229). Tritt die Heilungswirkung bezüglich des Durchführungsvertrages mithin erst *nach* dem Satzungsbeschluss ein, ist und bleibt der vorhabenbezogene **Bebauungsplan** mangels Rückwirkung der Hei- **435** lung nichtig (Soergel/J Mayer § 311b Rn 229; Reidt NVwZ 1996, 1, 5); insoweit kann auch die „beschränkte Rückwirkung" der Heilung (Rn 406 ff) kein anderes Ergebnis begründen. Diese bezieht sich stets nur auf Regelungen des Vertrages selbst, die mitunter auch schon für die Vergangenheit wirksam werden. Allerdings ist diese Wirkung allein auf die Äquivalenzbeziehung der Beteiligten im Vertrag beschränkt und kann daher die „Wirksamkeitsvoraussetzung" für den (außerhalb des Beurkundungsbereichs liegenden) Satzungsbeschluss nicht ersetzen. Dieser ist nicht Vertragsbestandteil und kann daher an der „begrenzten Rückwirkung" auch nicht teilhaben.

8. Vollmacht

436 Liegt die Begründung für die Formbedürftigkeit einer Vollmacht nicht in ihr selbst, sondern in dem sie tragenden Grundverhältnis (s Rn 198 ff), muss § 311b Abs 1 S 2 BGB auch auf dieses angewendet werden. Wird insoweit eine mittelbare Verpflichtung zur Veräußerung oder zum Erwerb begründet, wird diese durch den **tatsächlichen Vollzug** mittels Auflassung und Eintragung wirksam (BeckOGK/Schreindorfer [1. 7. 2023] § 311b Rn 135; vgl auch OLG Schleswig DNotZ 2000, 775, 777). Weil die Heilung auch sämtliche mit dem formbedürftigen Rechtsgeschäft verbundenen Rechtsgeschäfte umfasst (s Rn 413), die ebenfalls formbedürftig sind, kommt es ebenfalls zur Heilung der Vollmacht selbst, wenn diese bislang aufgrund ihrer Abhängigkeit vom Grundgeschäft formunwirksam war (so auch BeckOGK/Schreindorfer [1. 7. 2023] § 311b Rn 135). Allerdings ist zu beachten, dass die Heilung grundsätzlich nur ex nunc wirkt und daher die Vergangenheit nicht betrifft (Rn 406). Insoweit ist auch im Hinblick auf die erteilte Vollmacht keine anderweitige Betrachtung angezeigt, sodass die Vollmacht erst mit Wirkung für die Zukunft wirksam wird (anders aber BeckOGK/Schreindorfer [1. 7. 2023] § 311b Rn 135). Ist daher von der Vollmacht bereits Gebrauch gemacht worden, insbesondere die Auflassung erklärt worden, ist dies weiterhin schwebend unwirksam, sodass eine Genehmigung des Vertretenen erforderlich ist (anders aber BeckOGK/Schreindorfer [1. 7. 2023] § 311b Rn 135). In der Konsequenz kann eine Heilung nach § 311b Abs 1 S 2 BGB bei Verwendung einer vermeintlichen Auflassungsvollmacht mithin bis zur Erteilung der Genehmigung durch den Eigentümer nicht eintreten.

9. Vorkaufsrecht

437 Das (beurkundungsbedürftige) Verpflichtungsgeschäft über die Bestellung eines **dinglichen Vorkaufsrechtes** wird nach hM in analoger Anwendung des § 311b Abs 1 S 2 BGB durch Einigung in der Form des § 873 Abs 2 BGB und Eintragung des Vorkaufsrechts im Grundbuch geheilt (RGZ 125, 261, 264; BGH DNotZ 2016, 915 Rn 14 unter Aufgabe von BGH NJW-RR 1991, 205; Grüneberg/Grüneberg § 311b Rn 52; Erman/Grziwotz § 311b Rn 80; jurisPK-BGB/Ludwig § 311b Rn 326; Soergel/J Mayer § 311b Rn 229; BeckOGK/Schreindorfer [1. 7. 2023] § 311b Rn 370 f; MünchKommBGB/Westermann § 463 Rn 11). Diese Auffassung wird jedoch zu Recht im jüngeren Schrifttum abgelehnt (Grüneberg/Herrler § 1094 Rn 5; ders, in: FS Krüger [2017] 165 ff; Kanzleiter DNotZ 2017, 503, 507; BeckOGK/Omlor [1. 1. 2023] § 1094 Rn 51; MünchKommBGB/Ruhwinkel § 311b Rn 88; Wais NJW 2016, 2037; ders NJW 2017, 1569). Auf Grundlage der hM würden die mit dem Formerfordernis für das Verpflichtungsgeschäft verfolgten Schutzzwecke bei Bestellung eines dinglichen Vorkaufsrechts weitgehend verfehlt, da es typischerweise umgehend zur Heilung käme. Zudem fehlt es an einer Vergleichbarkeit mit der von § 311b

Abs 1 S 2 BGB geforderten Auflassung, weil die Bestellung des dinglichen Vorkaufsrechts allein durch unterschriftsbeglaubigte Erklärung in Form der Bewilligung des Eigentümers geschehen kann (ähnl MünchKommBGB/Ruhwinkel § 311b Rn 88). Es mangelt mithin sowohl an der die Auflassung charakterisierenden Mitwirkung beider Seiten als auch an der in diesem Zusammenhang notwendigen Aufklärung durch den Notar im Rahmen der Entgegennahme der Auflassung. Eine hinreichende Belehrung ist bei der Unterschriftsbeglaubigung, die noch nicht einmal notwendigerweise vor dem Notar erfolgen muss, nicht gewährleistet, sodass es nicht angezeigt ist, die Auflassung und die Bewilligung des dinglichen Vorkaufsrechts gleichzustellen. Schließlich ist die vom Reichsgericht (RGZ 125, 261, 264 f) für die Analogie herangezogene strukturelle Vergleichbarkeit von Auflassung und bindender Einigung seit Einführung des § 925a BGB nicht mehr gegeben (Herrler, in: FS Krüger [2017] 165, 171 f): Aufgrund der Vorgaben des § 925a BGB werden die durch § 311b Abs 1 S 1 BGB verfolgten Ziele bei der Auflassung weitgehend erreicht, bei der Einigung nach § 873 Abs 2 BGB dagegen nicht. Heilung der formunwirksamen Verpflichtung zur Bestellung eines dinglichen Vorkaufsrechts tritt daher gem § 311b Abs 1 S 2 BGB erst ein mit **Auflassung und Eintragung des Vorkaufsberechtigten** in Erfüllung des durch die Ausübung des Vorkaufsrechts zustande kommenden Kaufvertrages. Bis dahin ist das dingliche Vorkaufsrecht nach § 812 Abs 1 S 1 Alt 1 BGB kondizierbar.

Auch ein formunwirksam bestelltes **schuldrechtliches Vorkaufsrecht** wird erst mit Auflassung und Eintragung des Eigentumswechsels geheilt (jurisPK-BGB/Ludwig § 311b Rn 326; Wais NJW 2017, 1569). Insbesondere bewirkt die Eintragung einer *Vormerkung* keine Heilung, da eine Sicherung wegen der Akzessorietät der Vormerkung nur bei einem formgültigen schuldrechtlichen Anspruch besteht (RG JW 1934, 2545; s auch Rn 441). **438**

10. Vorvertrag/Angebot/Annahme

Ein formloser **Vorvertrag** (s zur Beurkundungsbedürftigkeit Rn 145) auf Abgabe eines **Veräußerungs- oder Erwerbsangebots** über ein Grundstück wird nach hM durch die formgerechte, *alle* (formlos) vereinbarten Bedingungen enthaltende Abgabe dieses Angebotes geheilt (RGZ 169, 185, 190 gegen die frühere Rspr; s RG LZ 1933, 1461; vgl auch RGZ 53, 239; s auch BGHZ 20, 345: bestätigend; BGH DNotZ 1961, 316 f; NJW 1981, 2293; NJW-RR 1993, 522; Erman/Grziwotz § 311b Rn 80; Soergel/J Mayer § 311b Rn 225; wie hier auch SchlHOLG MDR 1998, 1473). Die unmittelbare Leistung, auf die der Vorvertrag gerichtet ist, ist nämlich nicht die Änderung der Eigentumszuordnung, sondern der Abschluss des Hauptvertrages (Keim DNotZ 2005, 324, 329). Dasselbe soll bei anderen Vorverträgen, die sich auf den Abschluss eines Vertrags beziehen, der eine Erwerbs- oder Veräußerungsverpflichtung enthält, gelten (BGHZ 160, 368; BGH NJW 2012, 3171, 3172; Grüneberg/Grüneberg § 311b Rn 52; Specks RNotZ 2002, 193, 206; s auch Erman/Grziwotz § 311b Rn 80; jurisPK-BGB/Ludwig § 311b Rn 323). Eine Heilung des Vorvertrages soll jedoch nicht eintreten, wenn der Verkäufer lediglich auf Vermittlung des Vertragspartners des Vorvertrages das Grundstück an einen Dritten verkauft, da es dann an der notwendigen Erfüllungswirkung beim Abschluss des Hauptvertrages fehlen soll (BGHZ 160, 368 = BGH MittBayNot 2005, 222 m Anm Ruhwinkel; bestätigend BGH NJW 2012, 3171 Rn 9 zur Heilung einer formunwirksamen Rückkaufvereinbarung). Zudem geht die herrschende Meinung davon aus, dass der Vorvertrag nur insoweit geheilt werde, als die im Vorvertrag enthaltenen Bestimmungen im Hauptvertrag (oder im Ange- **439** bot) *beurkundet* werden (BGH NJW-RR 1993, 522), der *Hauptvertrag* also selbst formwirksam beurkundet ist.

440 Die Auffassung der überwiegenden Ansicht kann aber **nicht überzeugen** (so auch MünchKommBGB/Ruhwinkel § 311b Rn 90; ders MittBayNot 2005, 224, 225 f; krit auch BeckOGK/Schreindorfer [1. 7. 2023] § 311b Rn 363 f). Die Beurkundungsbedürftigkeit des Vorvertrags ergibt sich, wie beim Maklervertrag (s Rn 162), daraus, dass bereits eine mittelbare Verpflichtung zur Veräußerung oder zum Erwerb des Grundstücks geschaffen wird (s Rn 145). Diese Verpflichtung kann nicht durch den Abschluss des Hauptvertrages, sondern lediglich dadurch erfüllt werden, dass das Grundstück tatsächlich veräußert oder erworben wird. Dies ist erst dann der Fall, wenn die Auflassung wirksam erklärt und die Eintragung des jeweiligen Erwerbers im Grundbuch bewirkt wird, sodass es bei der Grundregelung des § 311b Abs 1 S 2 BGB verbleiben muss. Darüber hinaus ist die herrschende Ansicht auch dogmatisch nicht zu begründen (so letztlich auch MünchKommBGB/Ruhwinkel § 311b Rn 90; ders MittBayNot 2005, 222, 224, 225 f; vgl auch BeckOGK/Schreindorfer [1. 7. 2023] § 311b Rn 363 f). Eine Heilungswirkung durch Abschluss des Hauptvertrages kann sich nur aus einer analogen Anwendung des § 311b Abs 1 S 2 BGB ergeben. Methodisch erfordert die Analogie aber das Bestehen einer planwidrigen Regelungslücke sowie einer vergleichbaren Wertungslage (s dazu Meier/Jocham JuS 2016, 392, 395 ff). Unabhängig davon, ob eine vergleichbaren Wertungslage gegeben ist, wenn keine sachenrechtliche Verfügung getroffen wird (vgl zu diesem Ziel Rn 370), mangelt es in dieser Konstellation jedenfalls an der planwidrigen Regelungslücke. § 311b Abs 1 S 2 BGB erfasst die genannten Situationen bereits nach seinem Wortlaut, indem er die Heilung einer unmittelbaren oder mittelbaren Erwerbs- oder Veräußerungsverpflichtung an die Auflassung und Eintragung knüpft. Infolgedessen passt die Norm in ihrer direkten Anwendung, sodass schon keine Lücke im Gesetz besteht (BeckOGK/Schreindorfer [1. 7. 2023] § 311b Rn 364). Dass der Gesetzgeber es irrtümlich unterlassen hat, die Heilungswirkung in derartigen Sachverhalten nach vorne zu verlagern, lässt sich weder der Systematik noch der Historie des Gesetzes entnehmen (iE ebenso BeckOGK/Schreindorfer [1. 7. 2023] § 311b Rn 364). Darüber hinaus ist die Auffassung der herrschenden Meinung auch nicht geeignet, **Rechtssicherheit** herzustellen, weil sie aus ihrer Sicht konsequent verlangt, dass der Hauptvertrag in der Weise beurkundet wird, in der er vom Vorvertrag vorausgesetzt wird. Unterlassen die Beteiligten daher die Aufnahme einzelner Regelungen, die im Vorvertrag vorgesehen waren, kann die Heilungswirkung nicht eintreten, sodass der Hauptvertrag ggf weiterhin kondizierbar bleibt. Dies verträgt sich allerdings nicht mit der klaren, unzweideutigen Anknüpfung, die durch § 311b Abs 1 S 2 BGB bewirkt wird. Der Abschluss eines Vertrags mit einem bestimmten Inhalt ist nicht in gleicher Weise nachvollziehbar und durch Dritte prüfbar wie die Erklärung der Auflassung vor dem Notar und deren Eintragung. Aus diesem Grund liegen die Voraussetzungen für eine analoge Anwendung der Vorschrift nicht vor (so auch MünchKommBGB/Ruhwinkel § 311b Rn 90; BeckOGK/Schreindorfer [1. 7. 2023] § 311b Rn 364).

11. Vormerkung

441 Durch die Eintragung einer **Vormerkung** tritt keine Heilung ein (RG WarnR 1925 Nr 128; WarnR 1928 Nr 128; BGHZ 54, 57; nochmals deutlich BGHZ 150, 138: besteht ein Eigentumsverschaffungsanspruch wegen Formnichtigkeit nicht, ist die Vormerkung [wegen der strengen Akzessorietät] wirkungslos; BGH DNotZ 1961, 316; OLG Düsseldorf DNotZ 1973, 602; Ertl

DNotZ 1976, 68, 85; WACKE DNotZ 1995, 507, 511). Eine für einen formunwirksam begründeten Anspruch eingetragene Vormerkung ist vielmehr wirkungslos (s Rn 412). Der schuldrechtliche Vertrag wird erst mit Heilung wirksam; da die Heilung nicht zurückwirkt (s Rn 406), tritt auch die Vormerkungswirkung frühestens im Zeitpunkt der Heilung des Vertrages ein (BGHZ 54, 57 = BGH NJW 1970, 1541; BGH NJW 1983, 1543, 1545). Insoweit ist allerdings zu beachten, dass es einer erneuten Bewilligung bedarf, um die Vormerkung entsprechend „aufzuladen", woran es im Nachgang zu einer Heilung regelmäßig fehlen wird. Infolgedessen verbleibt der Erwerber bei einem formnichtigen Vertrag typischerweise bis zur Eintragung des Eigentums ungesichert.

12. Zwangsversteigerungserwerb

Die in einem formunwirksamen **Auftrag zum Erwerb in der Zwangsversteigerung** 442
etwa enthaltene Erwerbsverpflichtung des Auftragnehmers (s Rn 81) wird mit dem durch **Zuschlag** (§ 90 ZVG) bewirkten Eigentumsübergang auf ihn geheilt (BGHZ 85, 245; BGH BeckRS 2008, 2720; lediglich den Zuschlag fordernd etwa: jurisPK-BGB/LUDWIG § 311b Rn 142, 322; SOERGEL/J MAYER § 311b Rn 230; zusätzlich eine Eintragung im Grundbuch fordernd etwa: ERMAN/GRZIWOTZ § 311b Rn 80; eine Heilung ganz ablehnend bei Begründung eines Rentengutes, da keine Auflassung erforderlich: RGZ 82, 416). Da der Zuschlag ebenfalls öffentlichrechtlich geregelt und damit entsprechend determiniert ist, ist es angezeigt, ihn der Auflassung gleichzustellen (so auch BeckOGK/SCHREINDORFER [1. 7. 2023] § 311b Rn 383). Zwar erfolgt insoweit keine Belehrung der Beteiligten, allerdings wird durch das formalisierte Verfahren und die besonderen Anforderungen sowie die spezielle Vorgehensweise eine gewisse Warnfunktion erreicht, die die besondere Bedeutung des Geschäfts offenlegt. Entgegen teilweise vertretener Ansicht (BGH NJW 1983, 566; ERMAN/GRZIWOTZ § 311b Rn 80; BeckOGK/SCHREINDORFER [1. 7. 2023] § 311b Rn 384) ist jedoch die Eintragung der Grundbuchberichtigung nicht erforderlich (jurisPK-BGB/LUDWIG § 311b Rn 322; SPECKS RNotZ 2002, 193, 199 f; s hierzu auch OLG Koblenz ZfIR 2000, 320, 321). Bereits der Zuschlagsbeschluss bewirkt die Veränderung der Eigentümerstellung, sodass es sich anschließend nur um eine Grundbuchberichtigung und damit um einen deklaratorischen Vorgang handelt. Wie beim Anwartschaftsrecht (s Rn 424) kann auch an dieser Stelle der Wertung des § 311b Abs 1 S 2 BGB ein spezifisches Publizitätserfordernissen nicht entnommen werden (aA wohl BeckOGK/SCHREINDORFER [1. 7. 2023] § 311b Rn 384). Die Fassung der Heilungsvorschrift beruht vielmehr darauf, dass sie die Voraussetzungen für die Erfüllung der Grundstücksübertragungs- oder -erwerbspflicht umschreibt. Inhaltlich ist daher lediglich gefordert, dass der Eigentumsübergang bewirkt wird (vgl auch jurisPK-BGB/LUDWIG § 311b Rn 327; SPECKS RNotZ 2002, 193, 199 f). Da dies bereits mit dem Zuschlagsbeschluss der Fall ist, kann eine darüber hinausgehende, grundsätzlich rechtlich unbedeutende Eintragung im Grundbuch nicht zur Voraussetzung für die Heilung gemacht werden.

Besteht zugleich auch eine **Erwerbsverpflichtung des Auftraggebers**, wird *diese* erst 443
mit Auflassung an ihn und seiner Eintragung *unmittelbar* gem § 311b Abs 1 S 2 BGB geheilt. Insoweit vermag der Zuschlagsbeschluss lediglich die Erwerbsverpflichtung des Auftragnehmers wirksam werden zu lassen, hat aber grundsätzlich keinen Einfluss auf die nachgelagerte Verpflichtung des Auftraggebers zum Erwerb. Enthält die Vereinbarung zweierlei Verpflichtungen, muss bei einer teilweisen Erfüllung der

Heilungsvoraussetzungen analog § 139 BGB die teilweise Wirksamkeit des Vertrags bestimmt werden.

13. Sonstige Verpflichtungsgeschäfte

444 Die Regelung des § 311 Abs 1 S 2 BGB kann auf **andere Verpflichtungsgeschäfte**, bei denen sich eine Formbedürftigkeit nicht aus § 311b Abs 1 S 1 BGB ergibt, nicht entsprechend angewendet werden (RGZ 129, 123; 137, 175). Ein formloser **Erbschaftskauf** (§ 2371 BGB) ist deshalb durch Übertragung des Erbanteils nach § 2033 BGB nicht heilbar (BGH NJW 1967, 1128; DNotZ 1971, 38; BeckOK-BGB/Litzenburger [1. 8. 2023] § 2371 Rn 21; NK-BGB/Ring § 311b Rn 66; abweichend hiervon aber ein Teil der Lit: Keller ZEV 1995, 427; ders, in: Die Formproblematik der Erbteilsveräußerung [1995] Rn 215; Staudinger/Olshausen [2016] § 2371 Rn 22 ff). In **§ 15 Abs 4 S 2 GmbHG** ist allerdings eine vergleichbare Heilungsvorschrift für den Fall des formunwirksam eingegangenen Übertragungsversprechens vorgesehen.

§ 311b Abs 2
[Verträge über künftiges Vermögen]

(2) Ein Vertrag, durch den sich der eine Teil verpflichtet, sein künftiges Vermögen oder einen Bruchteil seines künftigen Vermögens zu übertragen oder mit einem Nießbrauch zu belasten, ist nichtig.

Materialien: E I § 350 Abs 1; II § 262; III § 304; Mot II 186; Prot I 457.
Zur Beachtung: Mit Inkrafttreten des Gesetzes zur Modernisierung des Schuldrechts vom 26. 11. 2001 (BGBl I 3138) am 1. 1. 2002 wurde der bisherige § 310 aF wortgleich durch § 311b Abs 2 BGB ersetzt.

Systematische Übersicht

Alphabetische Übersicht

I. Schutzzweck

1 Die vom BGB in § 311b Abs 2 BGB gefundene Lösung beruht **nicht auf historischen Vorbildern** (s dazu Becker, in: FS Pleyer [1986] 485 mwNw; HKK/Harke § 311b Rn 9). Das gemeine Recht und die Partikularrechte kannten entweder überhaupt keine Beschränkungen oder trafen solche nur für Schenkungen und Gesellschaften (s dazu HKK/Harke § 311b Rn 9). Der historische Gesetzgeber hat **divergierende Ziele** mit der Einführung der Vorschrift verbunden. Während die Erste Kommission noch primär den drohenden **Verlust des Erwerbstriebs** desjenigen, der bereits über sein gesamtes künftiges Vermögen verfügt hat, in den Vordergrund stellte und sich dabei auf die öffentliche Ordnung stützte (Motive zum BGB, Bd II, S 186 = Mugdan, Bd II, S 102), bezog sich die Zweite Kommission in erster Linie auf das Ziel der **Erhaltung der wirtschaftlichen Freiheit** (Protokolle zum BGB, Bd II, S 920 = Mugdan, Bd II, S 619). Heute wird der Zweck der Norm primär in einer **Kombination** der vom Gesetzgeber bereits angeführten Gründe erblickt. Das Verbot, das künftige Vermögen bereits anderweitig zu versprechen, dient dabei volkswirtschaftlichen und individualrechtlichen Gründen (ähnlich auch BeckOGK/Schreindorfer [1. 7. 2023] § 311b Rn 390). Dabei steht jedoch der Gedanke der materiellen Freiheit der Beteiligten (insoweit abgrenzend zwischen formeller und materieller Freiheit: BeckOGK/Schreindorfer [1. 7. 2023] § 311b Rn 390) und damit in der Sache eines Schutzes des Verpflichteten vor sich selbst im Vordergrund (MünchKommBGB/Ruhwinkel § 311b Rn 100; vgl auch BeckOK-BGB/Gehrlein [1. 8. 2023] § 311b Rn 38 mit Betonung der wirtschaftlichen und persönlichen Unabhängigkeit; ähnl Grüneberg/Grüneberg § 311b Rn 57; Erman/Grziwotz § 311b Rn 83; Soergel/J Mayer § 311b Rn 239; NK-BGB/Ring § 311b Rn 68). Dabei gewinnt insbesondere der allgemein orientierte Gedanke, dass einem Rechtssubjekt, das bereits über das gesamte zukünftige Vermögen wirksam verfügt hat, jeder weitere Antrieb zur Erwerbstätigkeit und zum Aufbau des Vermögens fehlt, Relevanz und ist daher als öffentlicher Zweck für die Rechtfertigung der Norm zu beachten (vgl Mot II 186 f; Grüneberg/Grüneberg § 311b Rn 57; Erman/Grziwotz § 311b Rn 83 f; zweifelnd dazu aber HKK/Harke § 311b Rn 9).

2 Zweifelhaft ist vor dem Ziel des Gesetzgebers lediglich die **Anordnung der Nichtigkeit** auch in Bezug auf einen Vertrag über einen **Bruchteil** des Vermögens (so auch

HKK/Harke § 311b Rn 9). Dieses Verbot ist in seiner Schärfe nicht erforderlich, um die volkswirtschaftlichen und individualen Ziele der Vorschrift zu erreichen, da nicht jede Verpflichtung über einen Anteil des Vermögens notwendigerweise die wirtschaftliche Bewegungsfreiheit des Einzelnen oder sein Interesse daran, sich am Wirtschaftsleben zu beteiligen, beeinträchtigt. Diese Gefahr tritt erst ab einer Schwelle, die faktisch das wesentliche Vermögen des Verpflichteten betrifft, ein (darauf weist auch HKK/Harke § 311b Rn 9 hin). Die aktuelle Gestaltung der Norm hat jedoch den praktischen Vorteil, dass sie eine schwierige und streitanfällige Abgrenzungsproblematik vermeidet, indem sie eine klare und leicht nachvollziehbare Lösung findet. Würde man die Verpflichtung über einen Bruchteil zulassen, wäre unklar, ab welchem Grad eine so umfassende Bindung bestünde, die einer solchen über das gesamte Vermögen gleichsteht (so letztlich schon Motive zum BGB, Bd II, S 186 = Mugdan, Bd II, S 102; zustimmend auch MünchKommBGB/Ruhwinkel § 311b Rn 100; BeckOGK/Schreindorfer [1. 7. 2023] § 311b Rn 391).

Vom Schutzzweck werden deshalb auch Verträge erfasst, durch die sich eine Person dauernd der **Fähigkeit** begibt, für sich selbst **Vermögen zu erwerben**. 3

II. Verpflichtungsvertrag

1. Verträge/Einseitige Verpflichtungen

Betroffen von § 311b Abs 2 BGB sind **schuldrechtliche Verträge**, aber auch **einseitige** schuldrechtliche Verpflichtungen (zB die Auslobung nach § 657 BGB). Letztere sind zwar vom Wortlaut nicht umfasst, allerdings gilt für sie der Normzweck nicht weniger, sodass eine **analoge Anwendung** der Vorschrift geboten ist (Grüneberg/Grüneberg § 311b Rn 58; Soergel/J Mayer § 311b Rn 240; NK-BGB/Ring § 311b Rn 70; BeckOGK/Schreindorfer [1. 7. 2023] § 311b Rn 394; die Anwendung befürwortend auch BeckOK-BGB/Gehrlein [1. 8. 2023] § 311b Rn 39; Erman/Grziwotz § 311b Rn 85; jurisPK-BGB/Ludwig § 311b Rn 370; MünchKommBGB/Ruhwinkel § 311b Rn 101). Die **Art des Schuldvertrags** ist unerheblich, sodass auch entgeltliche Vereinbarungen von der Nichtigkeitssanktion umfasst sind. Die Vorschrift schließt somit auch gegenseitige Verträge wie zB Gesellschafts-, Versorgungs- oder Kaufverträge ein (BeckOK-BGB/Gehrlein [1. 8. 2023] § 311b Rn 39; Grüneberg/Grüneberg § 311b Rn 59; Erman/Grziwotz § 311b Rn 85; jurisPK-BGB/Ludwig § 311b Rn 370; Soergel/J Mayer § 311b Rn 240; NK-BGB/Ring § 311b Rn 70; BeckOGK/Schreindorfer [1. 7. 2023] § 311b Rn 394). Gleichgültig ist, ob die Verpflichtung das gesamte künftige Vermögen *uno actu* erfasst oder stets sukzessive nach dem jeweiligen künftigen Erwerb. Eingeschlossen ist daher auch eine Verpflichtung, sämtliche zukünftig erworbenen Gegenstände jeweils unmittelbar nach dem Erwerb zu übertragen. 4

2. Nicht von § 311b Abs 2 BGB erfasste Verträge

a) Rechtsgeschäfte, die nicht in § 311b Abs 2 BGB genannt sind

Schuldrechtliche Verträge, die sich **nicht** auf die Übertragung des künftigen Vermögens oder die **Belastung** desselben **mit einem Nießbrauch** beziehen, unterfallen § 311b Abs 2 BGB nicht. Dies folgt aus der besonderen Hervorhebung des Nießbrauches, sodass **anderweitige Belastungen** des gesamten Vermögens nach dem Willen des Gesetzgebers zulässig sind. Die Vereinbarung einer *societas quoad usum,* die *Verpflichtung* zur Verpfändung (krit hierzu jurisPK-BGB/Ludwig § 311b Rn 377) oder zur 5

Übertragung der Verwaltung an einen *Treuhänder* der Gläubiger (RGZ 72, 116, allerdings für den nunmehrigen § 311b Abs 3 BGB) sind daher zulässig.

6 Verbreitet wird davon ausgegangen, dass aufgrund des Wortlauts der Vorschrift die **Sicherungsübereignung** des gesamten künftigen Vermögens dagegen unzulässig sein soll (BeckOK-BGB/GEHRLEIN [1. 8. 2023] § 311b Rn 41; GRÜNEBERG/GRÜNEBERG § 311b Rn 61; jurisPK-BGB/LUDWIG § 311b Rn 376; NK-BGB/RING § 311b Rn 74; MünchKommBGB/RUHWINKEL § 311b Rn 105; BeckOGK/SCHREINDORFER [1. 7. 2023] § 311b Rn 395. 1; vgl RGZ 139, 199). Dies ist vor dem Hintergrund, dass eine Sicherungszession sämtlicher künftiger Ansprüche als zulässig beurteilt wird (s Rn 17) und dem Gesichtspunkt, dass eine Verpfändung des zukünftigen Vermögens ebenfalls durch das Gesetz nicht untersagt wird (s Rn 5), **nicht überzeugend**. Die Sicherungsübereignung tritt bei wirtschaftlicher Betrachtung lediglich an die Stelle des besitzlosen Pfandrechts und ermöglicht die Bestellung einer Sicherheit für Gläubiger an beweglichen Gegenständen, ohne dass dabei die Sache aus der Hand gegeben werden muss und damit für eine ökonomische Nutzung nicht mehr zur Verfügung steht (s dazu ausf STAUDINGER/C HEINZE [2020] Anh zu §§ 929 ff Rn 2 ff; LORENZ JuS 2011, 493; BeckOGK/KLINCK [1. 9. 2023] § 930 Rn 60 ff). Es werden daher im Grundsatz keine anderen wirtschaftlichen Folgen als bei der Bestellung eines Pfandrechts erreicht (vgl BeckOGK/KLINCK [1. 9. 2023] § 930 Rn 62). Ausgehend vom Normzweck der Vorschrift, die die materielle Vertragsfreiheit schützen und verhindern will, dass eine Person ihren wirtschaftlichen Antrieb verliert (s Rn 1), ist eine solche Konstellation **nicht vom Telos des Gesetzes erfasst**. Der Sicherungsgeber hat vielmehr die Möglichkeit, durch Begleichung der gesicherten Forderung die Herrschaft über sein Vermögen zurückzugewinnen, sodass die Gefahr, dass er seines wirtschaftlichen Antriebs verloren geht, nicht größer ist als bei sonstigen Sicherungsgeschäften. Infolgedessen kann auch die Sicherungsübereignung als ökonomisches Äquivalent zur Verpfändung vor dem Hintergrund des § 311b Abs 2 BGB nicht als unzulässig betrachtet werden, sodass die Norm teleologisch zu reduzieren ist und daher Sicherungsübereignungen nicht entgegensteht.

b) Dingliche Verträge

7 Auch **dingliche Verträge**, mithin die **Verfügungen** über das betreffende Vermögen selbst, sind nicht durch § 311b Abs 2 BGB untersagt (GRÜNEBERG/GRÜNEBERG § 311b Rn 58; ERMAN/GRZIWOTZ § 311b Rn 85; SOERGEL/J MAYER § 311b Rn 241; NK-BGB/RING § 311b Rn 71; MünchKommBGB/RUHWINKEL § 311b Rn 103; BeckOGK/SCHREINDORFER [1. 7. 2023] § 311b Rn 394; auch eine analoge Anwendung ablehnend jurisPK-BGB/LUDWIG § 311b Rn 371). Dies ergibt sich zum einen aus der Stellung der Vorschrift im Schuldrecht, zum anderen daraus, dass das BGB – mit Ausnahme von einzelnen Fällen im Familien- und Erbrecht – die dingliche Übertragung des Vermögens als solchem oder eines Bruchteils davon bzw die Bestellung eines dinglichen Rechts hieran nicht kennt. Auch die *einzelnen,* zur Erfüllung der Verpflichtung vorgenommenen dinglichen Rechtsgeschäfte sind nicht betroffen und damit **wirksam**. Die *Abtretung* zB aller zukünftigen Geschäftsforderungen fällt daher nicht unter § 311b Abs 2 BGB (GRÜNEBERG/GRÜNEBERG § 311b Rn 60; MünchKommBGB/RUHWINKEL § 311b Rn 103; BeckOGK/SCHREINDORFER [1. 7. 2023] § 311b Rn 394. 3; anders aber RGZ 67, 168; gegen eine analoge Anwendung auch jurisPK-BGB/LUDWIG § 311b Rn 371). Zu prüfen ist jedoch, ob es nicht an der notwendigen **Bestimmtheit oder Bestimmbarkeit** der abgetretenen Forderung fehlt (vgl RGZ 151, 75) oder die Abtretung nach **§ 138 BGB** nichtig ist (BeckOK-BGB/GEHRLEIN [1. 8. 2023] § 311b Rn 39; ERMAN/GRZIWOTZ § 311b Rn 85; vgl BGH WM

1974, 215, wo der BGH bei der Zitierung von RGZ 67, 168 nur noch den § 138 BGB anführt; jurisPK-BGB/Ludwig § 311b Rn 371, der auf den ausreichenden Schutzmechanismus hinweist).

Wird im Zusammenhang mit der nichtigen Verpflichtung eine entsprechende **Vollmacht** gewährt, die die dingliche Übertragung der betroffenen Gegenstände gestattet, ist dies nicht anders zu beurteilen als im Rahmen der Erteilung einer Auflassungsvollmacht bei einem formnichtigen Grundstückskaufvertrag (s § 311b Abs 1 Rn 203 ff). Mithin ist die Vollmacht selbst durch die Regelung nicht unmittelbar betroffen, da sie keine Verpflichtung darstellt, sodass sie für sich genommen auch nicht der Nichtigkeitssanktion unterworfen ist. Soweit allerdings eine Geschäftseinheit mit dem schuldrechtlichen Geschäft besteht, die Vollmacht nach dem Willen der Beteiligten also mit dem schuldrechtlichen Geschäft verknüpft ist (s zur Parallelproblematik bei der Auflassungsvollmacht § 311b Abs 1 Rn 203), ist sie nach § 139 BGB nichtig, wenn nicht anzunehmen ist, dass die Beteiligten sie trotz der Nichtigkeit des schuldrechtlichen Geschäfts erteilen wollten. Ist letzteres der Fall, kann die wirksame Vollmacht zur dinglichen Übertragung genutzt werden, die dann ihrerseits grundsätzlich wirksam ist. 8

c) Eheverträge und Erbverträge

§ 311b Abs 2 BGB behandelt nur schuldrechtliche Verträge. Kraft der in den **ehevertraglichen** und **erbvertraglichen** Bestimmungen zum Ausdruck kommenden speziellen Wertung des Gesetzes fallen derartige Verträge nicht unter § 311b Abs 2 BGB (Grüneberg/Grüneberg § 311b Rn 58; Erman/Grziwotz § 311b Rn 85; jurisPK-BGB/Ludwig § 311b Rn 370; Soergel/J Mayer § 311b Rn 242; NK BGB/Ring § 311b Rn 71; MünchKommBGB/Ruhwinkel § 311b Rn 104; vgl auch Mot II 186). § 311b Abs 2 BGB erfasst daher zB nicht die Einbringung des gesamten künftigen Vermögens gem § 1416 Abs 1 S 1 BGB in das **Gesamtgut der Gütergemeinschaft**. Dagegen sind Rechtsgeschäfte zwischen Ehepartnern, die *nicht* den *gesetzlich typisierten* güterrechtlichen Vorgaben entsprechen, wie zB sog **„unbenannte" oder „ehebedingte" Zuwendungen** (jurisPK-BGB/Ludwig § 311b Rn 370; Soergel/J Mayer § 311b Rn 242; BeckOGK/Schreindorfer [1. 7. 2023] § 311b Rn 394. 1; **aA** wohl MünchKommBGB/Ruhwinkel § 311b Rn 104, der von der Vorschrift sämtliche verpflichtende Verträge mit Bezug auf das Güterrecht oder zur Ordnung der sonst aus der Ehe fließenden finanziellen Verpflichtungen erfasst sieht), auch wenn sie mittelbar Auswirkungen auf den Zugewinnausgleich haben, vom Geltungsbereich des § 311b Abs 2 BGB umfasst. Dementsprechend gilt das Verbot gleichermaßen für schuldrechtliche Vereinbarungen, die *außerhalb* der typisierten gesetzlichen Vorgaben des Güterrechts ehevertragliche Vereinbarungen ergänzen (iE ebenso Soergel/J Mayer § 311b Rn 242; BeckOGK/Schreindorfer [1. 7. 2023] § 311b Rn 394. 1; **aA** wohl MünchKommBGB/Ruhwinkel § 311b Rn 104). Von § 311b Abs 2 BGB erfasst ist somit bspw bei Vereinbarung der Gütertrennung die Verpflichtung eines Ehegatten, im Scheidungsfall die Hälfte (= Bruchteil) seines dann vorhandenen Vermögens (mit Ausnahme etwa nur des Hausrats iS der HausratsVO) auf den anderen Ehegatten zu übertragen. § 311b Abs 2 BGB ist ebenfalls zu beachten, wenn Ehegatten *nach* Beendigung des Güterstandes (Zugewinngemeinschaft, Gütergemeinschaft) Auseinandersetzungsregelungen treffen, in denen sie über ihr künftiges Vermögen verfügen (Soergel/J Mayer § 311b Rn 242; **aA** wohl Staudinger/Thiele [2018] Vorbem zu §§ 1408 ff Rn 31). Ein Ehevertrag, durch den alles, was der Ehemann erwirbt, als Vorbehaltsgut der Ehefrau erklärt wird, stellt folglich jedoch keinen Verstoß gegen § 311b Abs 2 BGB dar (Soergel/J Mayer § 311b Rn 242), weil es sich um eine originär güterrechtliche und damit vom Gesetz zugelassene Vereinbarung handelt. Seine 9

Wirksamkeit ist deshalb allein anhand der familienrechtlichen Vorschriften, insbesondere der zur Gütergemeinschaft zu beurteilen.

d) Ausnahmen kraft Gesetzes

10 **Umwandlungen** durch Verschmelzung, Spaltung, Vermögensübertragung und Formwechsel sind – falls nicht ausdrücklich in einem anderen Bundes- oder Landesgesetz vorgesehen – ausschließlich nach dem **UmwG** zulässig (§ 1 UmwG). Soweit darin **Formvorschriften** enthalten sind (zB notarielle Beurkundung des Verschmelzungsvertrages gem § 6 UmwG und des Verschmelzungsbeschlusses gem § 13 Abs 3 UmwG) handelt es sich um spezielle Regelungen zur Form. § 311b Abs 2 BGB gilt kraft ausdrücklicher Bestimmung (§ 4 Abs 1 S 2 UmwG) für den Verschmelzungsvertrag *nicht* (Erman/Grziwotz § 311b Rn 85; Soergel/J Mayer § 311b Rn 242; MünchKommBGB/Ruhwinkel § 311b Rn 102; vgl zudem BeckOK-BGB/Gehrlein [1. 8. 2023] § 311b Rn 39; zur weiteren Anwendbarkeit des § 311b Abs 2 BGB bei Verschmelzungen außerhalb des UmwG s § 311b Abs 3 Rn 9).

11 § 311b Abs 2 BGB gilt auch nicht für die Bestimmung in der Satzung eines rechtsfähigen **Vereins**, wonach mit der *Auflösung* des Vereins oder der Entziehung der Rechtsfähigkeit das Vermögen an die darin bestimmten Personen fällt, § 45 Abs 1 BGB ist *insoweit lex specialis* (s insoweit ausf jurisPK-BGB/Ludwig § 311b Rn 373). Grundsätzlich dasselbe gilt für gemeinnützige GmbHs (jurisPK-BGB/Ludwig § 311b Rn 374). Bei diesen ist aus steuerrechtlichen Gründen erforderlich, dass die Satzung bestimmt, dass im Falle der Liquidation das Vermögen an eine andere Gesellschaft fällt, die ebenfalls steuerbegünstigte Zwecke verfolgt (§ 55 Abs 1 Nr 4 S 2 AO). An sich regelt § 72 GmbHG die Verteilung des Vermögens der Gesellschaft nach Liquidation; die Vorschrift gilt allerdings nach allgemeiner Meinung als **abdingbar** (RGZ 169, 65, 82; BGHZ 14, 264, 272; Henssler/Strohn/Büteröwe § 72 GmbHG Rn 9; Michalski/Heidinger/Leible/J Schmidt//M F Müller § 72 GmbHG Rn 4). In Bezug auf gemeinnützige GmbHs ist richtigerweise § 45 Abs 1 BGB analog anzuwenden (ebenso jurisPK-BGB/Ludwig § 311b Rn 374). Eine solche Gesellschaft erfüllt wirtschaftlich und sozial vergleichbare Zwecke wie ein eingetragener Verein, wie sich insbesondere auch aus der steuerrechtlichen Behandlung ergibt. Es ist vor diesem Hintergrund zur Erfüllung des Gebots der Einheit der Rechtsordnung angezeigt, soweit dies steuerrechtlich erforderlich ist, die Vorschriften über den Verein entsprechend heranzuziehen und damit die Anwendung des § 311b Abs 2 BGB zu verhindern. Dass der Gesetzgeber einen unmittelbaren Anfall des gesamten verbliebenen Vermögens einer Gesellschaft nach ihrer Liquidation bei einem Dritten zulassen wollte, beweist zudem § 55 Abs 1 Nr 4 S 2 AO.

III. Verpflichteter

12 Die Person des sich *Verpflichtenden* ist gleichgültig. Ein Sonderrecht für Ordensleute besteht bürgerlich-rechtlich nicht (Becker, in: FS Pleyer [1986] 485; BeckOGK/Schreindorfer [1. 7. 2023] § 311b Rn 404. 3; vgl vBrünneck Gruchot 45, 197; Erman/Grziwotz § 311b Rn 85; NK-BGB/Ring § 311b Rn 71), da § 311b Abs 2 BGB sich auf sämtliche Rechtssubjekte erstreckt. Durch den Beitritt zu einem Orden ändert sich an der zivilrechtlichen Qualifikation der jeweiligen Person nichts, sodass ein derartiges Sonderrecht nicht in Betracht kommt. Dies gilt umso mehr, als grundsätzlich die Möglichkeit besteht, aus dem Orden auszutreten, weshalb ein § 311b Abs 2 BGB zuwiderlaufendes Rechtsgeschäft auch in diesem Fall nicht zugelassen werden kann. § 311b Abs 2 BGB gilt zudem für *juristische Personen* (RGZ 169, 65, 83 für die Zeit bereits nach Geltung des AktG

1937 und ihm folgend die hM, vgl Erman/Grziwotz § 311b Rn 85; so etwa Grüneberg/Grüneberg § 311b Rn 59; NK-BGB/Ring § 311b Rn 71; MünchKommBGB/Ruhwinkel § 311b Rn 102), soweit nicht eine gesetzliche Ausnahme vorliegt. Die Vorschrift des § 311b Abs 2 BGB beruht nämlich nicht nur auf ethischen, sondern auch auf volkswirtschaftlichen Gesichtspunkten (s Rn 1). Demgemäß kann im Gesellschaftsvertrag einer GmbH für den Fall ihrer Auflösung nicht bindend das Anfallrecht eines Dritten begründet werden (RGZ 169, 83; Erman/Grziwotz § 311b Rn 85; Soergel/J Mayer § 311b Rn 241; **aA** jurisPK-BGB/Ludwig § 311b Rn 374; MünchKommBGB/Ruhwinkel § 311b Rn 102; BeckOGK/Schreindorfer [1. 7. 2023] § 311b Rn 404. 2), soweit es sich nicht um eine gemeinnützige GmbH handelt (s Rn 11). Möglich sind aber, wie § 72 S 2 GmbHG zeigt, bindende Regelungen zwischen den Gesellschaftern, die die Aufteilung des Vermögens bestimmen, wobei es nicht darauf ankommt, ob hierdurch eine spiegelbildliche Verteilung im Verhältnis zu den Anteilsquoten erreicht wird.

IV. Künftiges Vermögen

1. Begriff

Betroffen von der Vorschrift ist nur das **eigene künftige Vermögen** des Vertragsschließenden, *nicht* ein *fremdes* Vermögen (BeckOK-BGB/Gehrlein [1. 8. 2023] § 311b Rn 40; MünchKommBGB/Ruhwinkel § 311b Rn 107; vgl RGZ 79, 285 für den vormaligen § 311). Infolgedessen wäre es vor dem Hintergrund des § 311b Abs 2 BGB möglich, einen schuldrechtlichen Verpflichtungsvertrag über das **künftige Vermögen eines Dritten** zu schließen (vgl BeckOGK/Schreindorfer [1. 7. 2023] § 311b Rn 399). Die Erfüllung einer derartigen Abrede dürfte allerdings regelmäßig an § 275 BGB scheitern. Unter Vermögen iS des § 311b Abs 2 BGB wie auch des § 311b Abs 3 BGB sind die **Aktiva** zu verstehen (BeckOK-BGB/Gehrlein [1. 8. 2023] § 311b Rn 40; Grüneberg/Grüneberg § 311b Rn 60; Erman/Grziwotz § 311b Rn 86; jurisPK-BGB/Ludwig § 311b Rn 379; Soergel/J Mayer § 311b Rn 244; MünchKommBGB/Ruhwinkel § 311b Rn 107; BeckOGK/Schreindorfer [1. 7. 2023] § 311b Rn 398; vgl hierzu RGZ 69, 283, 285 und 420). Dies folgt bereits aus dem Normzweck, der sowohl die materielle Vertragsfreiheit als auch den volkswirtschaftlich wünschenswerten Erwerbstrieb schützt (s Rn 1). Diese Ziele sind bereits dann verletzt, wenn nur das Aktivvermögen betroffen ist, sodass es nicht erforderlich ist, dass sämtliche Vermögensbestandteile inklusive der Verbindlichkeiten vom Vertrag umfasst sind (ähnl Soergel/J Mayer § 311b Rn 244). Die Anwendbarkeit der Vorschrift wird umgekehrt allerdings nicht dadurch gehindert, dass sich der Vertragspartner dazu verpflichtet, ebenfalls die Schulden zu übernehmen (Erman/Grziwotz § 311b Rn 86; Soergel/J Mayer § 311b Rn 244; NK-BGB/Ring § 311b Rn 73; MünchKommBGB/Ruhwinkel § 311b Rn 107: Ziel des § 311b Abs 2 BGB ist nicht der Gläubigerschutz, sondern der Schutz der persönlichen Unabhängigkeit des Einzelnen). Auch soweit die Verbindlichkeiten des Verpflichteten übernommen werden, werden die Zwecke des § 311b Abs 2 BGB tangiert, weil auch dann kein Anreiz für den Verpflichteten mehr besteht, aktiv am Wirtschaftsleben teilzunehmen. 13

Künftiges Vermögen iS der Vorschrift ist gegeben, wenn sämtliches vom Verpflichteten **gehaltenes oder erst noch zu erwerbendes Vermögen** von der Vereinbarung umfasst ist (vgl Soergel/J Mayer § 311b Rn 244; BeckOGK/Schreindorfer [1. 7. 2023] § 311b Rn 400). Insbes zählt mithin hierzu ein Vertrag, nach dem sich eine Partei verpflichtet, jeden in Zukunft von ihr erworbenen Gegenstand an den Berechtigten zu über- 14 tragen (ähnl jurisPK-BGB/Ludwig § 311b Rn 382; BeckOGK/Schreindorfer [1. 7. 2023] § 311b Rn 400). Ebenfalls von der Norm umfasst ist aber auch eine Abrede, die bestimmt, dass das Vermögen zu einem bestimmten Stichtag übertragen wird, der nach dem Zeitpunkt des Vertragsschlusses liegt (jurisPK-BGB/Ludwig § 311b Rn 381; BeckOGK/Schreindorfer [1. 7. 2023] § 311b Rn 400). Zwar schränkt dies nicht notwendigerweise die Vertragsfreiheit und den Erwerbstrieb des Verpflichteten für immer ein (darauf weist auch BeckOGK/Schreindorfer [1. 7. 2023] § 311b Rn 400.1 hin), allerdings wird er zumindest bis zum Erreichen dieses Stichtags kein Interesse an einer weiteren Erwerbstätigkeit haben, da er aus einem möglichen Vermögenserwerb keine Vorteile zu ziehen vermag (iE ebenso, aber mit anderer Begründung: BeckOGK/Schreindorfer [1. 7. 2023] § 311b Rn 400.1). Handelt es sich um einen gestreckten Vertragsschluss, insbesondere durch die gesonderte Abgabe von **Angebot und Annahme** oder durch einen Vertragsschluss mittels Genehmigung, muss der Zeitpunkt der Abgabe der **Willenserklärung des Verpflichteten** maßgeblich sein. § 311b Abs 2 BGB dient dem Schutz desjenigen, der sich zur Übertragung des Vermögens verpflichtet, sodass es für die Abgrenzung zwischen künftigem oder aktuellem Vermögen auch auf dessen Sichtweise und damit auf den Zeitpunkt seiner Bindung ankommt. Gibt daher der Verpflichtete das Angebot ab, führt ein späterer Zeitpunkt als der der Abgabe des Angebots zur Anwendbarkeit des § 311b Abs 2 BGB.

15 Eine teleologische Reduktion des § 311b Abs 2 BGB ist allerdings dann geboten, wenn als Übertragungsstichtag der **Todeszeitpunkt des Verpflichteten** gewählt wird, also dessen Vermögen im Moment seines Todes Gegenstand der Vereinbarung ist (so auch Egerland NotBZ 2002, 233, 235 Fn 15; jurisPK-BGB/Ludwig § 311b Rn 381; s aber BGHZ 8, 23, 34 hinsichtlich einer Heranziehung des § 140 BGB zur Umdeutung des nichtigen Vertrages in einen Erbvertrag; dem zustimmend BeckOK-BGB/Gehrlein [1. 8. 2023] § 311b Rn 42; Grüneberg/Grüneberg § 311b Rn 62; NK-BGB/Ring § 311b Rn 77; MünchKommBGB/Ruhwinkel § 311b Rn 107). Der **Schutzzweck der Vorschrift** greift in diesem Fall nicht ein, denn der Verlust des Vermögens im Moment des Todes ist der Rechtsordnung immanent und begründet keine Gefahr einer Beschränkung der materiellen Vertragsfreiheit oder des volkswirtschaftlich gewünschten Erwerbstriebs. Aus Sicht des Verpflichteten stellt sich die Situation mithin nicht anders als bei einer testamentarischen Regelung dar, sodass sein Schutz die Nichtigkeit einer solchen Vereinbarung nicht gebietet. Auch der Umstand, dass hierdurch bereits eine Bindung für den Fall des Todes herbeigeführt wird, kann nicht gegen die Zulässigkeit einer solchen Gestaltung sprechen, weil das deutsche Recht in Gestalt des Erbvertrags ebenfalls erbrechtlich bindende Vereinbarungen kennt und somit eine diesbezügliche Einschränkung der Testierfreiheit zulässt. Insoweit kann nichts anderes für ein Übertragungsversprechen, das auf den Zeitpunkt des Todes abgeschlossen wird, gelten. Gleichermaßen ist die **Übertragung der erbrechtlichen Vorschriften** auf diesen Fall nicht angezeigt (anders aber jurisPK-BGB/Ludwig § 311b Rn 381). Zwar können durch eine solche Vereinbarung erbrechtliche Regelungen ersetzt werden, dies stellt allerdings keine unzulässige Umgehung dar (so aber jurisPK-BGB/Ludwig § 311b Rn 381). Das BGB selbst eröffnet eine diesbezügliche Gestaltungsfreiheit der Beteiligten, wie der Vergleich zwischen § 331 BGB und § 2301 BGB zeigt. Rechtsgeschäfte zwischen Lebenden auf den Todesfall werden dann dem Allgemeinen Schuldrecht unterstellt, wenn keine Überlebensbedingung vereinbart wird (vgl BeckOGK/Gomille [1. 8. 2022] § 2301 Rn 30; BeckOGK/Mäsch [1. 7. 2023] § 331 Rn 17); nur soweit eine solche gegeben ist, finden nach § 2301 BGB die Vorschriften über erbrechtliche Gestaltungen Anwendung. Nichts anderes kann auch im Rahmen einer Vermögensübertragung, die unter Lebenden auf den Zeitpunkt des Todesfalls vereinbart ist, gelten, weil sich andernfalls ein Wertungswiderspruch zu den vorstehenden Schenkungsvorgaben ergäbe. Daher sind die Beteiligten frei darin, eine Übertragungsverpflichtung auf den Zeitpunkt des Todes des Verpflichteten auch bei Betroffenheit des ganzen Vermögens oder eines Bruchteils hiervon zu begründen, ohne dabei die erbrechtlichen Vorschriften beachten zu müssen, soweit nicht eine Überlebensbedingung des Berechtigten vereinbart wird. Auf eine solche Gestaltung ist allerdings **§ 311b Abs 3 BGB entsprechend anzuwenden**, da andernfalls eine Verpflichtung zur Übertragung künftigen Vermögens unter erleichterten Bedingungen möglich wäre als eine solche über das gegenwärtige.

Vertragsgegenstand muss für eine Anwendbarkeit der Norm die **Gesamtheit des künftigen Vermögens** oder ein **Bruchteil** hiervon sein (s näher Rn 13). Unter Bruchteil ist begrifflich nur eine Quote zu verstehen. Eine *Verpflichtung,* einen in anderer Weise als nach der Quote bezeichneten Teil, zB **einen oder einzelne Bestandteile** des künftigen Vermögens, zu übertragen, fällt daher nicht unter § 311b Abs 2 BGB (vgl BGH WM 1976, 745). Dies gilt auch dann, wenn es sich um eine **Gattung von Vermögensgegenständen** handelt, soweit diese nicht durch eine prozentuale oder sonst zu berechnende Quote vom Vermögen bestimmt wird. Ebenso ist es zulässig, mehrere Gattungen von Vermögensgegenständen zu versprechen, solange nicht das ganze Vermögen als solches betroffen ist. **16**

2. Einzelfälle

a) Verpflichtung zur Zession von Forderungen

Die **Verpflichtung** zur **Abtretung** *aller* zukünftigen *Geschäfts*forderungen (zur Abtretung als Erfüllungsgeschäft s Rn 7) wird durch § 311b Abs 2 BGB nicht untersagt. Dies gilt auch dann, wenn der sich Verpflichtende derzeit vermögenslos ist (BeckOK-BGB/Gehrlein [1. 8. 2023] § 311b Rn 40; Grüneberg/Grüneberg § 311b Rn 60; jurisPK-BGB/Ludwig § 311b Rn 382; Soergel/J Mayer § 311b Rn 245; nun auch MünchKommBGB/Ruhwinkel § 311b Rn 109; vgl auch OLG Marienwerder OLGE 23, 16 bei zukünftigen Arztforderungen und RG JW 1911, 576 bei Abtretung zu Sicherungszwecken; generell **aA** RGZ 67, 168; **aA** für den Fall der *Vermögenslosigkeit:* wohl Erman/Grziwotz § 311b Rn 86). Die Forderungen sind nach ihrem Gegenstand begrenzt und stellen daher keinen Anwendungsfall des § 311b Abs 2 BGB dar. Außerdem kann die gegenwärtige Vermögenslosigkeit kein Kriterium für die Anwendbarkeit des § 311b Abs 2 BGB sein, der sich auf das künftige Vermögen bezieht und insoweit die zukünftige Situation des Verpflichteten im Blick hat (zur Vorausabtretung von Arbeitseinkommen s auch BAG ZIP 1993, 14, das derartige Abtretungen an einen *gewerblichen* Schuldenregulierer für unwirksam hält, ohne allerdings auf den vormaligen § 310 BGB einzugehen). **17**

Richtigerweise ist auch die **Verpflichtung zur Abtretung sämtlicher zukünftiger Forderungen**, unabhängig davon, auf welchem Rechtsgrund und aus welchem Lebensbereich sie stammen, zulässig und stellt keinen Verstoß gegen § 311b Abs 2 BGB dar (jurisPK-BGB/Ludwig § 311b Rn 382; BeckOGK/Schreindorfer [1. 7. 2023] § 311b Rn 394. 3; vgl auch BeckOK-BGB/Gehrlein [1. 8. 2023] § 311b Rn 39; MünchKommBGB/Ruhwinkel § 311b Rn 103; **aA** RGZ 67, 166, 168). In einer solchen Konstellation liegt ebenfalls keine Verpflichtung zur Verfügung über das *gesamte* Vermögen vor, sondern es sind lediglich einzelne, konkret nach ihrer Gattung bestimmte Vermögensbestandteile betroffen, sodass der Schutzzweck der Norm (s Rn 1) nicht eingreift. Dasselbe gilt für **18** eine Verpflichtung zur Übertragung **sämtlicher beweglicher Gegenstände**, da auch diese nicht das gesamte Vermögen ausmachen, sondern wiederum lediglich einen konkreten Vermögensteil darstellen.

19 Dementsprechend fällt auch ein Vertrag (zB in der Sportförderung oder bei Existenzgründungen), in dem sich jemand zur **Auskehrung des künftigen Gewinns** aus einem Unternehmen oder einer bestimmten Tätigkeit oder eines Bruchteils davon verpflichtet, nicht unter § 311b Abs 2 BGB. Ob ein solcher Vertrag nach § 138 BGB nichtig ist, ist eine andere, von § 311b Abs 2 BGB losgelöste, im konkreten Einzelfall gesondert zu prüfende Frage (s auch Rn 20).

b) Geldforderungen

20 **Bürgschaften, Darlehensverträge und sonstige Geldschulden** sind von § 311b Abs 2 BGB grundsätzlich nicht erfasst, selbst wenn sie voraussichtlich nur unter Inanspruchnahme des gesamten künftigen (pfändbaren) Arbeitseinkommens erfüllt werden können. Dies gilt auch dann, wenn der Schuldner vermögenslos und dem Gläubiger dies offenkundig ist (BGHZ 106, 269; BGHZ 107, 92; BGH NJW 1989, 1275; BGH NJW 1989, 1665; BGH NJW 1991, 2015; OLG Bamberg ZIP 1988, 1247; OLG München ZIP 1988, 1382; s hierzu auch BGHZ 136, 347 = BGH NJW 1997, 3372; BGH NJW 1999, 58; s auch jurisPK-BGB/Ludwig § 311b Rn 378; **aA** OLG Stuttgart NJW 1988, 833; Erman/Grziwotz § 311b Rn 86). § 311b Abs 2 BGB setzt bereits nach seinem Wortlaut voraus, dass das künftige Vermögen **unmittelbarer Vertragsgegenstand** ist, nicht nur *mittelbarer Haftungsgegenstand* (vgl auch Reinicke/Tiedtke ZIP 1989, 613); außerdem handelt es sich bei diesen Verpflichtungen um betragsmäßig bzw forderungsmäßig *begrenzte* Verpflichtungen (Soergel/J Mayer § 311b Rn 243). Zwar soll die Vorschrift auch die Erhaltung des Erwerbstriebs des Verpflichteten sicherzustellen (s Rn 1), dies gebietet aber eine Verhinderung derartiger Verbindlichkeiten nicht. Handelt es sich um eine reine Geldverpflichtung, ist deren Erfüllung und damit ein darüberhinausgehender Vermögenserwerb nicht ausgeschlossen, sodass die Situation anders liegt als bei einer Verpflichtung zur Übertragung des gesamten künftigen Vermögens, bei der bereits zuverlässig feststeht, dass dem Verpflichteten im Ergebnis kein Vermögen verbleiben wird. Infolgedessen besteht eine abweichende Situation, die auch eine analoge Anwendung der Norm verhindert (BGH NJW 1989, 1276; zur vorstehenden und nachfolgenden Problematik s auch Honsell JZ 1989, 495; Köndgen NJW 1991, 2018; Medicus ZIP 1989, 817; Reinicke/Tiedtke ZIP 1989, 613; Westermann JZ 1989, 746 mwNw). Bei **Vorliegen besonderer Umstände** (Ausnutzung von Familienbindungen, besondere Unerfahrenheit, ausweglose Überschuldung) kann eine solche Verpflichtung jedoch nach **§ 138 BGB** sittenwidrig sein (vgl BGH NJW 1989, 1665, verneinend, *ohne* eine Inhaltskontrolle des Bürgschaftsvertrages vorzunehmen; s hierzu und für einen Lösungsansatz über culpa in contrahendo Wagner NJW 2005, 2956; s auch NK-BGB/Ring § 311b Rn 75), und zwar trotz des die Sozialbedürftigkeit berücksichtigenden gesetzlichen Vollstreckungsschutzes bei Pfändungen (**aA** Westermann JZ 1989, 746). Das BVerfG (NJW 1994, 36) hat deshalb entschieden, dass die grundrechtliche Gewährleistung der Privatautonomie auch in derartigen Fällen bei der Bestimmung der Wirksamkeit zu beachten sei und die Gerichte daher zur *Inhaltskontrolle* einer solchen Vereinbarung verpflichtet sind (idS bereits BGH NJW 1991, 293 m Anm Grün; BGHZ 120, 272; BGH WPrax 1994, 7/19 m Anm König; s auch BGH JZ 2000, 674: § 138 bejahend bei krasser Überforderung des Bürgen, wenn der Bürgschaftsvertrag für Gläubiger wirtschaftlich sinnlos ist; zu letzter Voraussetzung **abl** Tiedtke JZ 2000, 677).

c) Verpflichtung zur Übertragung eines Sondervermögens

Nicht verboten sind ferner Verpflichtungen über ein **Sondervermögen**, wie zB ein Unternehmen (vgl RG JW 1910, 242 Nr 30 für die OHG; vgl auch RG Gruchot 63, 88 und WarnR 1917 Nr 17) oder eine zu erwartende **Erbschaft** (SeuffA 75 Nr 148; allerdings sind in Fällen zukünftiger Erbschaft § 311b Abs 4 BGB und § 311b Abs 5 BGB betroffen; zur Abgrenzung von § 311b Abs 2 BGB zu § 311b Abs 4 BGB und § 311b Abs 5 BGB s Kaufhold ZEV 1996, 454) oder über sämtliche Anteile an einer Gesellschaft (BeckOGK/Schreindorfer [1. 7. 2023] § 311b Rn 402. 2). Dasselbe gilt bei einer Verpflichtung zur Übertragung des gesamten Vermögens einer Gesellschaft, soweit sich nicht die Gesellschaft selbst, sondern lediglich ihre Gesellschafter insoweit binden (MünchKommBGB/Ruhwinkel § 311b Rn 107). Nicht anders ist auch eine Verpflichtung über die Verfügung eines über ein Fideikommissvermögen zu entscheiden (MünchKommBGB/Ruhwinkel § 311b Rn 110; BeckOGK/Schreindorfer [1. 7. 2023] § 311b Rn 402. 2; s auch RGZ 137, 324, 348; BGHZ 25, 1, 4). Dies rechtfertigt sich daraus, dass es sich dem Umfang nach um bestimmte künftige Vermögens*bestandteile* handelt, nicht um künftige Vermögensrechte in ihrer *Gesamtheit* oder in Höhe eines (quotenmäßigen) Bruchteils. 21

d) Verpflichtung zur Übertragung einzelner Gegenstände

Verträge auf Übertragung eines **einzelnen**, erst zu erwerbenden **Vermögensgegenstandes** oder eines bestimmten **Vermögensbestandteils**, zB künftige Einnahmen aus Vermietung (RG JW 1903 Beil 53; MünchKommBGB/Ruhwinkel § 311b Rn 109; BeckOGK/Schreindorfer [1. 7. 2023] § 311b Rn 401. 1; so wohl auch NK-BGB/Ring § 311b Rn 73), sind ebenso **zulässig** wie Verträge auf Übertragung eines **Inbegriffs von Vermögensgegenständen**, zB auf Übertragung von künftigen Urheberrechten an bestimmten Werken (RGZ 140, 231, 253; BGH NJW 1974, 904; s zudem Erman/Grziwotz § 311b Rn 86; Soergel/J Mayer § 311b Rn 245; NK-BGB/Ring § 311b Rn 73; MünchKommBGB/Ruhwinkel § 311b Rn 109) oder auf Abtretung **künftiger Lohnansprüche** (RAGE 25, 21 ff; zur Abtretung von [künftigen] Lohnansprüchen s auch BGH WM 1974, 215, MDR 1976, 383 und Rn 11; vgl Grüneberg/Grüneberg § 311b Rn 60; NK-BGB/Ring § 311b Rn 73). Nicht durch die Norm erfasst werden ebenfalls Vereinbarungen über das gesamte **zukünftige pfändbare Einkommen** (BGHZ 107, 92; BGH NJW 1991, 2015, 2018; NJW 1990, 1035; BeckOK-BGB/Gehrlein [1. 8. 2023] § 311b Rn 40; Erman/Grziwotz § 311b Rn 86; BeckOGK/Schreindorfer [1. 7. 2023] § 311b Rn 401. 1; vgl auch Grüneberg/Grüneberg § 311b Rn 60; NK-BGB/Ring § 311b Rn 73). Dabei ist es ausreichend, dass es sich um eine **konkret zu bestimmende**, einzelne Vermögensgattung handelt, sodass auch die Verpflichtung zur Abtretung sämtlicher zukünftiger Forderungen, zur Übereignung sämtlicher beweglicher Gegenstände zu einem bestimmten Zeitpunkt oder aller Immobilien zu einem bestimmten Stichtag zulässig ist, ohne dass es darauf ankäme, ob diese weiter eingegrenzt wird (s Rn 17 f). Möglich ist des Weiteren eine Verpflichtung eines zukünftigen Erben gegenüber dem Erblasser über einzelne Bestandteile – nicht Bruchteile – seines künftigen Vermögens, zB eine zu erwartende Erbschaft als Sondervermögen, zugunsten eines Dritten zu verfügen (BGH WM 1976, 744), wobei es richtigerweise nicht darauf ankommt, ob diese Verpflichtung gegenüber dem Erblasser oder einem sonstigen Dritten eingegangen wird. Dasselbe gilt auch für Vereinbarungen zwischen Ehegatten im Rahmen von sog **Hausratsverzeichnissen** über den Erwerb des künftigen Hausrats (zB nur durch einen Ehegatten); auf die Frage, ob derartige Vereinbarungen als eherechtlicher Vertrag (s Schwarz DNotZ 1995, 115, 125) anzusehen sind (s Rn 9), kommt es deshalb nicht an. 22

V. Rechtsfolgen

1. Nichtigkeit

23 Die unter § 311b Abs 2 BGB fallenden Verträge sind **ohne Heilungsmöglichkeit nichtig** (Grüneberg/Grüneberg § 311b Rn 62; jurisPK-BGB/Ludwig § 311b Rn 384; Soergel/J Mayer § 311b Rn 246). Sie werden insbes auch nicht durch die Erfüllung wirksam. Die einzelnen, zur Erfüllung vorgenommenen *Verfügungsgeschäfte* sind dagegen *wirksam.* Sie erfolgen jedoch ohne rechtlichen Grund, sodass das Geleistete nach **§ 812 BGB** zurückgefordert werden darf, soweit dem nicht § 814 BGB entgegensteht (s Rn 25). Eine Nichtigkeit auch des Erfüllungsgeschäftes kann sich jedoch ausnahmsweise aus § 138 BGB ergeben.

24 Bezieht sich ein Vertrag zugleich auf das *gegenwärtige* wie auf das *künftige* Vermögen des Versprechenden, so ist er an sich nur bezüglich des künftigen Vermögens nach § 311b Abs 2 BGB nichtig, hinsichtlich des gegenwärtigen aber gültig, wenn nach **§ 139 BGB** anzunehmen ist, dass er auch über dieses allein geschlossen sein würde, und die Beurkundungsform eingehalten wurde (vgl RG Recht 1912 Nr 3180; s dazu auch jurisPK-BGB/Ludwig § 311b Rn 385).

2. Rückabwicklung, Schadensersatz

25 Erfolgt zur Erfüllung eines nach § 311b Abs 2 BGB nichtigen Vertrags eine Leistung an den vermeintlich Berechtigten, so ist sie im Wege der **Leistungskondiktion** nach § 812 Abs 1 S 1 Alt 1 BGB kondizierbar, sodass nach § 818 Abs 1 BGB der so erlangte Gegenstand im Grundsatz in Natur herauszugeben ist (Grüneberg/Grüneberg § 311b Rn 62; NK-BGB/Ring § 311b Rn 46; s auch MünchKommBGB/Schwab § 818 Rn 1 f). Weiß der Erfüllende allerdings um die Nichtigkeit des Vertrages und damit um seine fehlende Verpflichtung, steht der Rückforderung **§ 814 BGB** entgegen. Da es eine Heilungsmöglichkeit im Rahmen des § 311b Abs 2 BGB nicht gibt, kann zudem eine Zweckverfehlungskondiktion nach § 812 Abs 1 S 2 Alt 2 BGB nicht in Betracht kommen (BeckOGK/Schreindorfer [1. 7. 2023] § 311b Rn 408. 1). Kann die Leistung nicht mehr in Natur herausgegeben werden, so ist nach § 818 Abs 2 BGB Wertersatz zu leisten (s auch MünchKommBGB/Schwab § 818 Rn 2), soweit nicht nach § 818 Abs 3 BGB Entreicherung eingetreten ist. Es finden insoweit die allgemeinen **bereicherungsrechtlichen Grundsätze** Anwendung.

26 **Schadensersatzansprüche** sind auch bei einem nichtigen Vertrag gem § 311 Abs 2, § 280 Abs 1, § 241 Abs 2 BGB aufgrund einer vorvertraglichen Pflichtverletzung denkbar (Staudinger/Feldmann § 311 Rn 122 ff; Erman/Grziwotz § 311b Rn 87; jurisPK-BGB/Ludwig § 311b Rn 388; MünchKommBGB/Ruhwinkel § 311b Rn 113). Insoweit muss allerdings einer Seite eine Pflichtverletzung und ein Verschulden zum Vorwurf gemacht werden können, woran es jedenfalls dann fehlt, wenn beiden Seiten die Nichtigkeit des Vertrags unbekannt war. Lassen sich die Beteiligten in Kenntnis der Unwirksamkeit auf den Vertrag ein, ergibt sich für keine Seite eine vorvertragliche Pflichtverletzung; mangels bestehender Pflichten aus dem Vertrag kann auch die spätere Nichterfüllung nicht zu einem Schadensersatz führen. In seltenen Ausnahmefällen kommt daneben auch eine Haftung aus **§ 826 BGB** in Betracht (BeckOGK/Schreindorfer [1. 7. 2023] § 311b Rn 409), wenn einer Seite eine vorsätzliche sittenwid-

rige Schädigung der anderen zur Last fällt. Hierzu wird aber zu verlangen sein, dass diese zumindest arglistig über die Wirksamkeit des Vertrages getäuscht hat.

VI. Umdeutung

Grundsätzlich ist **§ 140 BGB** auch auf nichtige Geschäfte über das gesamte künftige 27
Vermögen anzuwenden (vgl auch BGHZ 125, 355, 363; 40, 218, 224; BGH NJW 1980, 2350, 2351 f; MünchKommBGB/Busche § 140 Rn 28). Insoweit ist zu prüfen, ob das nichtige Rechtsgeschäft insbes in eine Verfügung von Todes wegen umgedeutet werden kann (BeckOGK/Schreindorfer [1. 7. 2023] § 311b Rn 410; s dazu etwa RG JW 1910, 467; BGHZ 8, 23, 34; vgl auch MünchKommBGB/Ruhwinkel § 311b Rn 114), wobei allerdings die Voraussetzungen für die wirksame Errichtung dieser gegeben sein müssen (vgl BeckOK-BGB/Gehrlein [1. 8. 2023] § 311b Rn 42; jurisPK-BGB/Ludwig § 311b Rn 386; Soergel/J Mayer § 311b Rn 249). Dabei ist allerdings zu beachten, dass richtigerweise § 311b Abs 2 BGB ohnehin bei Verfügungen auf den Todesfall teleologisch zu reduzieren ist (s Rn 15), sodass für eine solche Umdeutung regelmäßig kein Bedürfnis bestehen wird.

§ 311b Abs 3
[Verträge über gegenwärtiges Vermögen]

(3) Ein Vertrag, durch den sich der eine Teil verpflichtet, sein gegenwärtiges Vermögen oder einen Bruchteil seines gegenwärtigen Vermögens zu übertragen oder mit einem Nießbrauch zu belasten, bedarf der notariellen Beurkundung.

Materialien: E I § 350 Abs 2; II § 263; III § 305; Mot II 187; Prot I 458.
Zur Beachtung: Mit Inkrafttreten des Gesetzes zur Modernisierung des Schuldrechts vom 26. 11. 2001 (BGBl I 3138) am 1. 1. 2002 wurde der bisherige § 311 aF wortgleich durch § 311b Abs 3 BGB ersetzt.

Schrifttum

Blomeyer, Zu § 311 und § 419 BGB (1914)
Böttcher/Fischer, Beurkundungspflicht nach § 311b III BGB beim Asset Deal, NZG 2010, 1332
Böttcher/Grewe, Die Anwendbarkeit des § 311b III BGB beim Unternehmenskauf, NZG 2005, 950
Coing, Form und Billigkeit im modernen Privatrecht, DNotZ Beiheft Dt Notartag 1965, 29
Eickelberg/Mühlen, Versteckte Vorgaben für Unternehmenskaufverträge mit einer GmbH als Veräußerin, NJW 2011, 2476
Fraeb, Zur reichsgerichtlichen Rechtsprechung über den Erbschaftsvergleich, DJZ 1911, 1496
Gernhuber, Formnichtigkeit und Treu und Glauben, in: FS Schmidt-Rimpler (1957), 151
Habscheid, Zur Heilung formnichtiger Erbteilskaufverträge, FamRZ 1968, 13
Häsemeyer, Die gesetzliche Form der Rechtsgeschäfte (1971)
Heckschen, Die Formbedürftigkeit der Veräußerung des gesamten Vermögens im Wege des „asset deal“, NZG 2006, 772
Heldrich, Die Form des Vertrages, AcP 147 (1941) 89
Hermanns, Beurkundungspflichten, Beurkundungsverfahren und Beurkundungsmängel unter besonderer Berücksichtigung des Unternehmenskaufvertrages, DNotZ 2013, 9

Hüren, Gesamtvermögensgeschäfte im Gesellschaftsrecht, RNotZ 2014, 77
Isay, Das Recht am Unternehmen (1910)
Katschinski, Die Verschmelzung von Vereinen (1999)
Kiem, Das Beurkundungserfordernis beim Unternehmenskauf im Wege des Asset Deals – Zur Anwendung des § 311b III BGB auf Gesamtvermögensübertragungsvorgänge juristischer Personen, NJW 2006, 2363
Klein, Zur Behandlung des elterlichen Vermögensübergabevertrages; die bruchteilsmäßige Vermögensübergabe, WürttZ 1946, 166
Klöckner, Erfordernis der notariellen Beurkundung gem § 311b III BGB beim Asset-Deal?, DB 2008, 1083
Knieper, Der Vermögensbegriff in § 311 BGB und sein Einfluss auf § 419 BGB, MDR 1970, 979
Lange, Die Eindämmung von Nichtigkeit und Anfechtbarkeit, AcP 144 (1938) 149
Leitzen, Die analoge Anwendung von § 179a AktG auf Gesellschaften mit beschränkter Haftung und Personengesellschaften in der Praxis, NZG 2012, 491
Lorenz, Das Problem der Aufrechterhaltung formnichtiger Schuldverträge, AcP 156 (1957) 381
Morshäuser, Die Formvorschrift des § 311b Abs 3 BGB bei Unternehmenskäufen, WM 2007, 337
Müller, Unternehmenskauf und notarielle Beurkundung nach § 311b III BGB, NZG 2007, 201
Reichel, Zur Behandlung formnichtiger Verpflichtungsgeschäfte (§ 125 BGB), AcP 104 (1909) 1
Reinicke, Rechtsfolgen formwidrig abgeschlossener Verträge (1969)
Schwarz, Versteckte Risiken des zwangsvollstreckungsrechtlich motivierten Hausratsverzeichnisses in Beglaubigungsform, DNotZ 1995, 115
Servatius, Die Anwendung des § 179a AktG und § 311b Abs 3 BGB beim Asset Deal, in: FS Stilz (2014) 601
Stintzing, Vermögensübernahme durch bloßen Vertrag nach §§ 311, 419 BGB, JW 1925, 42
Ulmer/Löbbe, Zur Anwendbarkeit des § 313 BGB im Personengesellschaftsrecht, DNotZ 1998, 711
Werner, Der Asset Deal und die Notwendigkeit seiner notariellen Beurkundung, GmbHR 2008, 1135
Widder/Feigen, Zum Verhältnis von § 179 a I 1 AktG (analog) und § 311 b III BGB bei der Beurkundungsbedürftigkeit von Anteilskaufverträgen, NZG 2018, 972
Wittmaak, Findet der § 311 BGB auf Gesellschaften mbH und auf Aktiengesellschaften Anwendung?, GoldschmidtsZ 71, 107.

Systematische Übersicht

Alphabetische Übersicht

I. Schutzzweck

1 Die Formvorschrift des § 311b Abs 3 BGB soll zum einen der **Rechtssicherheit** dienen, zum anderen aber die Vertragsteile zugleich auch davor *schützen,* in **Übereilung** ein solch inhaltsschweres Geschäft abzuschließen (Mot II 188; RGZ 72, 118; 94, 314; RG WarnR 1917 Nr 49; BGHZ 25, 5). Entscheidend ist somit die **Warnfunktion** (Grüneberg/Grüneberg § 311b Rn 63; Soergel/J Mayer § 311b Rn 251; BeckOGK/Schreindorfer [1. 7. 2023] § 311b Rn 413; **aA** Knieper MDR 1970, 979 ff); die Vertragsteile sollen aber nicht *wirtschaftlich* bevormundet, insbes vom Abschluss eines solchen Vertrags abgehalten werden. Komplementierend zur Warn- steht zudem die **Beratungsfunktion** der notariellen Beurkundung, da auf diese Weise sichergestellt werden soll, dass sich alle Parteien über die Reichweite und die Bedeutung des Rechtsgeschäfts im Klaren sind und somit nach Möglichkeit Streit vermieden wird (vgl Grüneberg/Grüneberg § 311b Rn 63; Hermanns DNotZ 2013, 9, 10; Soergel/J Mayer § 311b Rn 251; NK-BGB/Ring § 311b Rn 80; BeckOGK/Schreindorfer [1. 7. 2023] § 311b Rn 413). Neben die genannten Zwecke treten zusätzlich die **Klarstellungs- und Beweisfunktion,** sodass derartig wirtschaftlich bedeutende Verträge stets ihrem Inhalt nach eindeutig sind (BeckOGK/Schreindorfer [1. 7. 2023] § 311b Rn 413). Demgemäß dient § 311b Abs 3 BGB auch nur dem Schutz der am Vertrag Beteiligten, nicht aber dem Schutz der Gläubiger des sich Verpflichtenden (RGZ 69, 416, 420; 139, 199, 203; Soergel/J Mayer § 311b Rn 251; BeckOGK/Schreindorfer [1. 7. 2023] § 311b Rn 414; s zu den Zwecken des Formzwanges Erman/Grziwotz § 311b Rn 88, der vor allem [vgl § 17 Abs 2 a Nr 2 BeurkG] den Zusammenhang zwischen im Rahmen der Vertragsverhandlungen erreichbarer Gerechtigkeit und der Verfahrensform = notarielle Beurkundung betont, und MünchKommBGB/Ruhwinkel § 311b Rn 115 f). Darüber hinaus soll die **Umgehung der erbrechtlichen Vorschriften** verhindert werden (Mot II 188; BGH 28. 6. 2016 – X ZR 65/14 Rn 8, DNotZ 2016, 914).

2 Dass neben dem gesamten Vermögen auch eine Verpflichtung über Bruchteile dessen von der Formvorschrift des § 311b Abs 3 BGB umfasst ist, rechtfertigt sich aus der beabsichtigten **Klarheit der Regelung**, da andernfalls Rechtsunsicherheit darüber bestünde, ab welchem Umfang das ganze Vermögen als betroffen gilt, und daher eine eindeutige Abgrenzung nicht möglich wäre (ähnl BeckOGK/Schreindorfer [1. 7. 2023] § 311b Rn 415).

Da durch eine Verpflichtung zur Verfügung über das aktuelle Vermögen weder die materielle Vertragsfreiheit des Verpflichteten noch sein grundsätzlicher Erwerbstrieb geschmälert werden, ist ein Verbot derartiger Vereinbarungen nicht gerechtfertigt (BeckOGK/Schreindorfer [1. 7. 2023] § 311b Rn 412; s auch Mot II 187). Die Unterscheidung zwischen Abs 2 und Abs 3 liegt **rechtspolitisch** darin, dass bei einer Verpflichtung zur Verfügung über das aktuelle Vermögen dieses exakt bestimmbar ist, während eine Verpflichtung zur Übertragung des künftigen Vermögens notwendigerweise in ihrem Umfang nicht feststeht und daher erheblich belastender für den Verpflichteten und darüber hinaus geeignet ist, den Verpflichteten jeden Antrieb zum Erwerb verlieren zu lassen, was jedoch nicht der Fall ist, wenn der Verpflichtete nach Vornahme der Übertragung seines aktuellen Vermögens die nachfolgend erworbenen Gegenstände behalten darf und deswegen in der Lage ist, wieder ein eigenes Vermögen für sich aufzubauen (in diese Richtung wohl ebenfalls BeckOGK/Schreindorfer [1. 7. 2023] § 311b Rn 412). 3

II. Verpflichtungsvertrag

1. Verträge/Einseitige Verpflichtungen

Betroffen sind – wie bei § 311b Abs 2 BGB – nur **schuldrechtliche Geschäfte**, mithin **Verträge**, aber auch **einseitige** Verpflichtungen wie zB Schuldversprechen, die sich auf das gegenwärtige Vermögen beziehen. Auf die Art des Rechtsgeschäfts kommt es nicht an (vgl § 311b Abs 2 Rn 4), sodass sowohl entgeltliche wie auch unentgeltliche Abreden umfasst sind. 4

2. Nicht von § 311b Abs 3 BGB erfasste Verträge

a) Andersartige Verpflichtungen

§ 311b Abs 3 BGB bezieht sich nicht auf **schuldrechtliche Verträge**, die auf **ein anderes Ziel** als die Übertragung des gegenwärtigen Vermögens oder eines Bruchteils desselben oder die Belastung mit einem Nießbrauch gerichtet sind. Daher sind insbesondere **andersartige Belastungen** des Vermögens als mit einem Nießbrauch nicht nach dieser Vorschrift beurkundungsbedürftig. Dies folgt aus der besonderen Hervorhebung des Nießbrauches. Die Verpflichtung zur Verpfändung (vgl § 311b Abs 2 Rn 5) oder die Verpflichtung, *zeitweilig* (zB bis zur Befriedigung der Gläubiger) über sein aktuelles Vermögen nicht zu verfügen und dessen Verwaltung (insbesondere die Bestimmung darüber, wie Nutzungen verwendet werden sollen) während dieser Zeit einem Dritten zu übertragen (s dazu RGZ 72, 116, 118, wo jedoch klargestellt wird, dass im vorliegenden Fall kein Nießbrauch vorliegt), ist deshalb nicht formbedürftig (Erman/Grziwotz § 311b Rn 90). Eine *zeitlich unbegrenzte* Verpflichtung, über sein Vermögen nicht zu verfügen, ist vom Geltungsbereich des § 311b Abs 3 BGB gleichermaßen nicht umfasst, allerdings ist eine derartige Vereinbarung nach § 138 BGB sittenwidrig und damit nichtig (s dazu BGH NJW 2012, 3162). 5

Die **Verpflichtung zur Sicherungsübereignung** soll dagegen dem Formzwang unterliegen (Erman/Grziwotz § 311b Rn 90; jurisPK-BGB/Ludwig § 311b Rn 395; Soergel/J Mayer § 311b Rn 252; vgl auch RGZ 139, 199), da es sich um eine Verpflichtung zur Übertragung handele. Dies kann aber ebenso wenig überzeugen wie im Rahmen des § 311b Abs 2 BGB (s § 311b Abs 2 Rn 6). Ökonomisch handelt es sich bei der Sicherungsübereignung 6 lediglich um das Äquivalent für ein besitzloses Pfandrecht, sodass es nicht angezeigt ist, diese einem anderen Rechtsregime als die Verpfändung zu unterwerfen. Regelmäßig erweist sich die Sicherungsübereignung zudem für den Schuldner als weniger belastend als eine Verpfändung, weil er im Besitz der Sachen bleiben und diese somit weiterhin nutzen kann. Daher ist eine **teleologische Reduktion** des § 311b Abs 3 BGB angezeigt, sodass die Sicherungsübereignung des gesamten Vermögens nicht von der Norm umfasst ist.

b) Dingliche, familien- und erbrechte Vereinbarungen

7 Von § 311b Abs 3 BGB ebenfalls nicht umfasst sind ebenso wie im Rahmen von § 311b Abs 2 BGB **dingliche, familienrechtliche** oder **erbrechtliche** Verträge (vgl § 311b Abs 2 Rn 7 ff). Für dingliche Verträge ergibt sich dies – abgesehen von der Stellung des § 311b Abs 3 BGB im Schuldrecht – daraus, dass das BGB eine dingliche Gesamtsukzession (Ausnahme: Familienrecht, Erbrecht) ohnehin nicht kennt (vgl auch Mot II 188), vielmehr für den Eintritt der dinglichen Rechtswirkung einzelne, besondere Übertragungsakte (Auflassung, Abtretung, Bestellung des Nießbrauchs an den einzelnen Gegenständen) vorschreibt (**aA** früher zB Stintzing JW 1925, 42). Ist im Zuge eines formunwirksam errichteten schuldrechtlichen Geschäfts auch eine Vollmacht zur Übertragung der betroffenen Vermögensgegenstände erteilt, so hängt deren Wirksamkeit davon ab, ob sie eine Geschäftseinheit mit der schuldrechtlichen Vereinbarung bildet (s zur Parallele bei § 311b Abs 2 BGB; § 311b Abs 2 Rn 8). Ist dies nicht der Fall, ist die Vollmacht ebenso wie das dingliche Vollzugsgeschäft selbst formfrei gültig. Auch familien- und erbrechtliche Verträge werden von § 311b Abs 3 BGB nicht umfasst. Für erbrechtliche Gestaltungen gilt dies schon deshalb, weil sie sich nicht auf das aktuelle, sondern auf das künftige Vermögen beziehen. Im Übrigen bestehen für beide Arten von Rechtsgeschäften Spezialvorschriften, die § 311b Abs 3 BGB ebenso wie Abs 2 verdrängen (s § 311b Abs 2 Rn 9). Dies gilt für familienrechtliche Verträge aber nur insoweit als es sich um solche Vereinbarungen handelt, die sich auf dem Gebiet des gesetzlich vorgesehenen Güterrechts bewegen. Werden andersartige oder ergänzende Abreden geschlossen, fallen diese ggfs unter § 311b Abs 3 BGB.

c) Ausnahmen kraft Gesetzes

8 Für die im **UmwG** angeführten Umwandlungen (§ 1 UmwG) gelten ausschließlich die besonderen Bestimmungen des Umwandlungsgesetzes; soweit im UmwG notarielle Beurkundung vorgeschrieben ist (§ 6 UmwG: Verschmelzungsvertrag, § 13 Abs 3 UmwG: Verschmelzungsbeschluss), handelt es sich daher jeweils um Sondervorschriften zu § 311b Abs 3 BGB (BeckOK-BGB/Gehrlein [1. 8. 2023] § 311b Rn 44; Grüneberg/Grüneberg § 311b Rn 64; Erman/Grziwotz § 311b Rn 88; Soergel/J Mayer § 311b Rn 252; NK-BGB/Ring § 311b Rn 82; MünchKommBGB/Ruhwinkel § 311b Rn 117). § 311b Abs 3 BGB gilt auch nicht für den Bestandsübertragungsvertrag gem § 73 Abs 1 VAG (§ 73 Abs 3 S 1 VAG) sowie nach § 13 Abs 6 VAG für Bestandsübertragungen nach § 13 VAG und gemäß § 166 Abs 1 S 2 VAG für solche nach § 166 VAG.

3. Verschmelzung von Vereinen außerhalb des UmwG

9 Gemäß § 3 Abs 1 Nr 4 und Ziff 3 UmwG kann die Verschmelzung von *eingetragenen* Vereinen und eingetragenen Genossenschaften nach dem UmwG erfolgen (s hierzu auch Rn 8). Soweit Vereinen die Verschmelzung nach **dem UmwG jedoch verschlossen ist** (zB dem nichtrechtsfähigen Dauerverein oder einer politischen Partei in dieser

Rechtsform; s zur Problematik zweier wirtschaftlicher Vereine KATSCHINSKI, Die Verschmelzung von Vereinen [1999] 39), kann nach wie vor die vereinsrechtliche Verschmelzung (das sog Übertragungsmodell oder das sog Auflösungs- und Neugründungsmodell) *außerhalb* des UmwG in Betracht gezogen werden (vgl jurisPK-BGB/LUDWIG § 311b Rn 393; BeckOGK/SCHREINDORFER [1. 7. 2023] § 311b Rn 417. 2). Die Vorschriften des UmwG gelten nur für die Umwandlungen gem § 1 Abs 1 UmwG als leges speciales. Sie sind deshalb auf das „schuldrechtliche Übertragungsmodell" weder **direkt noch analog** anwendbar. Beim „schuldrechtlichen Übertragungsmodell" bedürfen die Beschlüsse der Mitgliederversammlung des übertragenden Vereins und des übernehmenden Vereins bzw die Beschlüsse über die Liquidation und Neugründung keiner notariellen Beurkundung, da sie für sich genommen keine Verpflichtungen iS des § 311b Abs 3 BGB enthalten. Der schuldrechtliche Vermögensübertragungsvertrag bedarf dagegen jeweils der Form des § 311b Abs 3 BGB als der allgemeinen Vorschrift über die Beurkundungspflicht von Verträgen über die Verpflichtung zur Übertragung des gegenwärtigen Vermögens. Zu beachten hierbei ist jedoch, dass im Vermögensübertragungsvertrag nur das „gegenwärtige" Vermögen erfasst werden darf, für den Umfang des Vermögens also kein in der Zukunft liegender Zeitpunkt mit der Möglichkeit eines Vermögenszuwachses festgelegt wird, um eine drohende Nichtigkeit des Vermögensübertragungsvertrages gem § 311b Abs 2 BGB zu vermeiden (s auch § 311b Abs 2 Rn 13).

III. Verpflichteter

10 Von § 311b Abs 3 BGB erfasst werden sowohl **natürliche als auch juristische Personen** (BeckOK-BGB/GEHRLEIN [1. 8. 2023] § 311b Rn 44; GRÜNEBERG/GRÜNEBERG § 311b Rn 65; ERMAN/GRZIWOTZ § 311b Rn 88; jurisPK-BGB/LUDWIG § 311b Rn 398 f; SOERGEL/J MAYER § 311b Rn 255; NK-BGB/RING § 311b Rn 82; MünchKommBGB/RUHWINKEL § 311b Rn 117; krit KIEM NJW 2006, 2363, 2365 ff). Aus den Motiven (Mot II 188) geht zwar hervor, dass im Vordergrund der damaligen Diskussion die natürliche Person stand (Grundbesitzer, Altenteilsverträge, Schenkungsverträge), die vom Gesetzgeber in den Blick genommenen Ziele (Rechtssicherheit, Schutz vor Übereilung) treffen jedoch in gleicher Weise auf juristische Personen zu. Es besteht daher kein Anlass, die vom Wortlaut umfassten juristischen Personen aus dem Tatbestand auszuschließen. Die *Verpflichtung* zur Übertragung des ganzen Vermögens einer GmbH (zB in Form des Verkaufs des Aktivvermögens [„asset deal"]) ist daher formbedürftig (RGZ 72, 2; OLG Hamm MDR 2010, 1064 = NZG 2010, 1189; vgl auch RGZ 137, 349; zur Formbedürftigkeit des „asset deal" HECKSCHEN NZG 2006, 772 ff; KLÖCKNER DB 2008, 1083 ff; WERNER GmbHR 2008, 1135 ff; SERVATIUS, in: FS Stilz [2014] 601, 612; s zur Thematik auch BÖTTCHER/FISCHER NZG 2010, 1332; KIEM NJW 2006, 2363). Dagegen ist eine Verpflichtung zur **Veräußerung einer Gesellschaft** oder anteilig hieran nicht grundsätzlich nach § 311b Abs 3 BGB beurkundungsbedürftig, da hierbei nicht das von der Gesellschaft gehaltene Vermögen, sondern diese selbst veräußert wird. Eine Beurkundungsbedürftigkeit ergibt sich nur dann, wenn sich die Verpflichtung auf die Übertragung des gesamten Vermögens des Gesellschafters bezieht (BeckOGK/SCHREINDORFER [1. 7. 2023] § 311b Rn 425. 1) oder ein solches nach einer anderen Vorschrift gegeben ist, da die Unanwendbarkeit des § 311b Abs 3 BGB das Eingreifen anderer Formvorschriften nicht verhindert.

11 Keine anderen Grundsätze können für **rechtsfähige Personengesellschaften** gelten, sodass § 311b Abs 3 BGB auch die OHG, die KG sowie die Außen-GbR umfasst.

Die Gegenauffassung (RG JW 1910, 242; BeckOK-BGB/Gehrlein [1. 8. 2023] § 311b Rn 44; Grüneberg/Grüneberg § 311b Rn 66; Erman/Grziwotz § 311b Rn 91; NK-BGB/Ring § 311b Rn 85), welche das Vermögen der Gesellschaft als Sondervermögen der Gesellschafter behandelt und daher dessen Übertragung als nicht von der Norm erfasst sieht, ist vor dem Hintergrund der allgemein anerkannten Rechtsfähigkeit dieser Gesellschaften nicht mehr haltbar (so auch Böttcher/Grewe NZG 2005, 950, 952; Heckschen NZG 2006, 772, 773; Hüren RNotZ 2014, 77, 93; jurisPK-BGB/Ludwig § 311b Rn 400 f; BeckOGK/Schreindorfer [1. 7. 2023] § 311b Rn 425). Die gilt in noch größerem Umfang nach den Reformen des MoPeG, die die Rechtsfähigkeit der Personengesellschaften stärken und spezifisch betonen. Insoweit ist die Gesellschaft selbst Zurechnungsobjekt von Rechten und Pflichten, sodass die Beurteilung des gesamten Vermögens auch an ihr auszurichten ist. Insbesondere kann nicht das Vermögen der Gesellschafter in Bezug genommen werden, weil in diesem lediglich der Gesellschaftsanteil, nicht aber auch unmittelbar die von der Gesellschaft gehaltenen Gegenstände vorhanden sind. Daher ist die rechtsfähige Personengesellschaft nicht anders als die juristische Person zu behandeln (Böttcher/Grewe NZG 2005, 950, 951 f; Heckschen NZG 2006, 772, 773; Hüren RNotZ 2014, 77, 93; jurisPK-BGB/Ludwig § 311b Rn 400 f; Morshäuser WM 2007, 337, 340; Müller NZG 2007, 201, 203, 206; BeckOGK/Schreindorfer [1. 7. 2023] § 311b Rn 425; vgl auch Klöckner DB 2008, 1083, 1087).

IV. Vermögensbegriff

1. Eigenes Vermögen

12 § 311b Abs 3 BGB bezieht sich *nur* auf das **eigene Vermögen** eines *Vertragsschließenden;* Verträge über **fremdes Vermögen** fallen nicht darunter (RGZ 79, 282, 285). Es muss sich um das gegenwärtige „Vermögen“ oder einen Bruchteil (s zum Begriff des Bruchteils § 311b Abs 2 Rn 16) oder dessen Belastung mit einem Nießbrauch handeln. Daher soll nach überwiegender Ansicht eine Veräußerung des **Insolvenzverwalters** auch dann ohne Beachtung der Form des § 311b Abs 3 BGB zulässig sein, wenn das gesamte Vermögen des Insolvenzschuldners umfasst ist, da der Insolvenzverwalter als Partei kraft Amtes handelt und damit über fremdes Vermögen verfügt (Erman/Grziwotz § 311b Rn 91; Hüren RNotZ 2014, 77, 93; jurisPK-BGB/Ludwig § 311b Rn 404; BeckOGK/Schreindorfer [1. 7. 2023] § 311b Rn 419. 2).

2. Gesamtvermögensgeschäfte

13 Die ganz überwiegende Ansicht geht davon aus, dass der Vermögensbegriff des § 311b Abs 2 BGB mit dem des § 311b Abs 3 BGB identisch ist (BeckOK-BGB/Gehrlein [1. 8. 2023] § 311b Rn 44; NK-BGB/Ring § 311b Rn 81; BeckOGK/Schreindorfer [1. 7. 2023] § 311b Rn 419; vgl Soergel/J Mayer § 311b Rn 253). Daher soll nur die **Gesamtheit der Aktiva** erfasst werden (RGZ 69, 283, 289; RGZ 69, 416, 420; BGH NJW 1957, 1514; BeckOK-BGB/Gehrlein [1. 8. 2023] § 311b Rn 44; Grüneberg/Grüneberg § 311b Rn 66; Hüren RNotZ 2014, 77, 93; jurisPK-BGB/Ludwig § 311b Rn 403; Soergel/J Mayer § 311b Rn 253; NK-BGB/Ring § 311b Rn 81), sodass einzelne, konkret bezeichnete Gegenstände oder auch Sachgesamtheiten nicht unter das Formerfordernis fallen (Grüneberg/Grüneberg § 311b Rn 66; Soergel/J Mayer § 311b Rn 254; BeckOGK/Schreindorfer [1. 7. 2023] § 311b Rn 420; s auch BGHZ 25, 1, 4). Dabei wird man es für das Eingreifen der Formvorschrift aber jedenfalls als ausreichend anzusehen haben, wenn das **gesamte Aktivvermögen**

von der Verpflichtung betroffen ist, sodass es auf die Übernahme etwaiger Schulden nicht ankommt (vgl Soergel/J Mayer § 311b Rn 254; MünchKommBGB/Ruhwinkel § 311b Rn 118; BeckOGK/Schreindorfer [1. 7. 2023] § 311b Rn 420). Nach der Rechtsprechung setzt § 311b Abs 3 BGB mithin voraus, dass sich der Vertrag auf das Vermögen in seiner **Gesamtheit** – also „in Bausch und Bogen" – (RGZ 76, 1, 3; RGZ 94, 314, 316; BGH NJW 1991, 353, 355; OLG Hamm NZG 2010, 1189, 1190) erstreckt (ausf auch Hüren RNotZ 2014, 77, 94 f; jurisPK-BGB/Ludwig § 311b Rn 405 ff).

Für die Auslegung der herrschenden Meinung spricht zunächst das **systematische Argument** eines Vergleichs mit Abs 2 der Vorschrift. Es liegt nahe, beide Absätze derselben Norm auch identisch auszulegen (vgl auch MünchKommBGB/Ruhwinkel § 311b Rn 115, wo auf die Verknüpfung der Absätze hingewiesen wird; auf den Gleichlauf von Tatbestand und Rechtsfolge hinweisend auch Grüneberg/Grüneberg § 311b Rn 65 und NK-BGB/Ring § 311b Rn 81). Das Argument ist allerdings für sich genommen nicht maßgeblich, da § 311b Abs 2 und Abs 3 BGB unterschiedliche Zielrichtungen verfolgen. Durch das Verbot des § 311b Abs 2 BGB, eine Verpflichtung über das zukünftige Vermögen zu treffen, soll zugleich auch verhindert werden, dass der jeweils Verpflichtete seinen Erwerbsantrieb verliert (s hierzu § 311b Abs 2 Rn 1), was allerdings für § 311b Abs 3 BGB keine Rolle spielen kann, weil den dort geregelten Verträgen der Charakter einer fortlaufenden Verpflichtung fehlt. Insoweit wäre ein divergierendes Verständnis gleichwohl möglich. Dies gilt umso mehr, als **§ 1365 BGB** nach herrschender Ansicht abweichend zu verstehen ist und daher auch die Verpflichtung zur Verfügung über einen Einzelgegenstand, der wertmäßig das nahezu gesamte Vermögen ausmacht, umfasst (s dazu BGHZ 35, 135; 43, 174; 64, 246; 77, 293, 295; MünchKommBGB/Koch § 1365 Rn 19). Dasselbe gilt für **§ 179a AktG**, für dessen Anwendbarkeit es ebenfalls ausreicht, dass Gegenstände, die das wesentliche Vermögen der Gesellschaft ausmachen, zu übertragen sind (s dazu Leitzen NZG 2012, 491, 492; MünchKommBGB/Stein § 179a AktG Rn 18; vgl auch BGH NZG 2003, 532, 534 zu dem Fall, dass ein Grundstück als maßgebliches Vermögen in Rede steht). Eine gewisse Stütze findet die herrschende Meinung allerdings in den **Motiven zum BGB**, die zur Rechtfertigung des Formerfordernisses davon sprechen, dass es sich bei derartigen Gestaltungen häufig um eine antizipierte Erbfolge handeln wird (Mot II 188). Dies deutet bereits den Charakter als faktische Gesamtrechtsnachfolge an, die aber nur dann gegeben ist, wenn das Vermögen als Ganzes durch die Verpflichtung betroffen ist. 14

Im Ergebnis ist der herrschenden Ansicht aber dennoch **beizupflichten**. Bereits die **Rechtssicherheit** gebietet eine derartige Auslegung, da andernfalls für die Beteiligten oftmals nicht zweifelsfrei festzustellen sein wird, ob ein von ihnen ohne notarielle Beurkundung geschlossene Vertrag rechtlich wirksam ist (vgl Soergel/J Mayer § 311b Rn 1). Von § 1365 BGB unterscheidet sich die Norm schon dadurch, dass dort auch der Schutz des anderen Ehepartners im Vordergrund steht (BGHZ 77, 293, 296; BGHZ 101, 225, 228; BGHZ 132, 218; BeckOGK/Szalai [1. 8. 2023] § 1365 Rn 2; vgl MünchKommBGB/Koch § 1365 Rn 1 f), § 311b Abs 3 BGB jedoch nicht zuletzt vom Gedanken der Warnfunktion geprägt wird (s Rn 1). Diese ist bei einem einzelnen Gegenstand nicht in gleicher Weise betroffen, wohingegen im Rahmen des § 1365 BGB auch durch die Veräußerung lediglich eines Gegenstandes die Interessen des anderen Ehepartners gefährdet werden können. Dieselben Überlegungen gelten auch in Bezug auf § 179a AktG, weil es dort gleichermaßen um den Schutz von Dritten, nämlich der Aktionäre, geht, sodass insoweit ebenfalls eine andere Zielrichtung besteht, die eine 15 divergierende Auslegung trägt. Letztlich ist bei einem Gesamtvermögensgeschäft eine besondere Gefahr dadurch gegeben, dass der Bestand nicht ohne Weiteres vollständig zu überblicken ist, sodass bei einer Verpflichtung lediglich über einen Einzelgegenstand auch insoweit der Schutzzweck nicht eingreift (s auch jurisPK-BGB/Ludwig § 311b Rn 421; vgl Soergel/J Mayer § 311b Rn 254; NK-BGB/Ring § 311b Rn 80).

3. Bestimmung des Vertragsinhalts

16 Für die Bestimmung, ob es sich um ein Geschäft über das gesamte aktuelle Vermögen handelt, ist grundsätzlich der **Wille der Beteiligten** maßgeblich. Insoweit ist mithin die subjektive Komponente von zentraler Bedeutung, sodass zu ermitteln ist, was die Parteien durch den Vertrag erreichen wollen (s dazu RGZ 69, 416, 420; RGZ 94, 314, 315; RG Warn 1922 Nr 47; BGH BeckRS 1958, 31196392; BeckOK-BGB/Gehrlein [1. 8. 2023] § 311b Rn 44; Grüneberg/Grüneberg § 311b Rn 66; jurisPK-BGB/Ludwig § 311b Rn 421; NK-BGB/Ring § 311b Rn 83; BeckOGK/Schreindorfer [1. 7. 2023] § 311b Rn 420; zwar will auch MünchKommBGB/Ruhwinkel § 311b Rn 118 grundlegend auf ein subjektives Element und damit den Willen abstellen, jedoch soll dies dann entbehrlich sein, wenn objektiv das ganze Vermögen erfasst ist). Nur soweit tatsächlich eine Verpflichtung zur Übertragung des Vermögens insgesamt, unabhängig von seiner Zusammensetzung, erreicht werden soll, greift § 311b Abs 3 BGB ein (RGZ 76, 1, 3; OLG München BeckRS 2012, 4413; Böttcher/Grewe NZG 2005, 950, 953; MünchKommBGB/Ruhwinkel § 311b Rn 118; BeckOGK/Schreindorfer [1. 7. 2023] § 311b Rn 420; vgl auch jurisPK-BGB/Ludwig § 311b Rn 421).

17 Nach dem Gesagten kann folglich eine Vereinbarung § 311b Abs 3 BGB nicht unterfallen, wenn die **einzelnen, zu übertragenen Gegenstände** konkret bestimmt sind (RGZ 69, 416, 420; RGZ 94, 314; BGHZ 25, 1, 4; BeckOK-BGB/Gehrlein [1. 8. 2023] § 311b Rn 44; s auch Grüneberg/Grüneberg § 311b Rn 66; jurisPK-BGB/Ludwig § 311b Rn 421; NK-BGB/Ring § 311b Rn 80, 83; **aA** Erman/Grziwotz § 311b Rn 91; Hüren RNotZ 2014, 77, 95; anders auch RGZ 71, 1). Dabei ist es nicht maßgeblich, ob die jeweiligen Gegenstände im Einzelnen aufgelistet oder im Rahmen einer Sammelbezeichnung benannt werden. Dies gilt auch dann, wenn diese tatsächlich das gesamte Vermögen des Übertragenden ausmachen und den Beteiligten bei Abschluss des Vertrages dieser Umstand bekannt ist (vgl jurisPK-BGB/Ludwig § 311b Rn 421; Soergel/J Mayer § 311b Rn 254; NK-BGB/Ring § 311b Rn 83; BeckOGK/Schreindorfer [1. 7. 2023] § 311b Rn 420; **aA** Erman/Grziwotz § 311b Rn 91; Hüren RNotZ 2014, 77, 95). Insoweit ist das Rechtsgeschäft dennoch für die Beteiligten klar abgegrenzt, sodass eine spezifische Warnung nicht in gleicher Weise geboten ist, da es an der Unübersehbarkeit der Verpflichtung fehlt (**aA** Erman/Grziwotz § 311b Rn 91; Hüren RNotZ 2014, 77, 95; krit auch Heckschen NZG 2006, 772, 777).

18 Die Anwendbarkeit der Vorschrift ist daher wesentlich durch die **Vertragsgestaltung** geprägt. Dabei droht **keine Umgehung** des § 311b Abs 3 BGB (so aber Heckschen NZG 2006, 772, 777). Bestimmen die Parteien die Gegenstände speziell, fehlt es an den Unwägbarkeiten, die sich aus der Verfügung über das gesamte Vermögen deshalb ergeben, weil eine solche Regelung gerade auch nicht bekannte Vermögensgegenstände umfasst. Diese sind bei einer isolierten Aufführung nicht Vertragsbestandteil, sodass der Schutzzweck der Norm nicht tangiert ist. Etwas anderes gilt nur dann, wenn die Parteien tatsächlich das **gesamte Vermögen gemeint** haben und damit auch solche Vermögensgegenstände umfassen wollen, die in der Aufzählung nicht genannt sind (MünchKommBGB/Ruhwinkel § 311b Rn 118; vgl auch Soergel/J Mayer § 311b Rn 254),

was insbesondere dann der Fall ist, wenn sie sich neben den explizit genannten Gegenständen auch auf eine sog Auffangklausel („catch all-Klausel") einigen, wonach ebenfalls alle nicht ausdrücklich bezeichneten Gegenstände umfasst sein sollen (jurisPK-BGB/LUDWIG § 311b Rn 422; SOERGEL/J MAYER § 311b Rn 256; BeckOGK/SCHREINDORFER [1. 7. 2023] § 311b Rn 424; s auch HÜREN RNotZ 2014, 77, 96). In einer solchen Konstellation besteht der wahre Wille der Beteiligten darin, ein Gesamtvermögensgeschäft zu schließen, sodass § 311b Abs 3 BGB auch dann erfüllt ist, wenn im Vertrag die Absicht der Parteien nicht explizit zum Ausdruck gelangt (vgl jurisPK-BGB/LUDWIG § 311b Rn 422; BeckOGK/SCHREINDORFER [1. 7. 2023] § 311b Rn 424; s auch EICKELBERG/MÜHLEN NJW 2011, 2476, 2478 f; krit aber KLÖCKNER DB 2008, 1083, 1088 f). Infolgedessen kann die Verpflichtung zur Übertragung des gesamten Handelsgeschäfts einer Person formfrei abgeschlossen werden (vgl dazu RGZ 69, 283). Dies gilt unabhängig davon, ob es sich um eine natürliche oder juristische Person handelt. Zwar mögen in der Rechtsprechung vereinzelt Tendenzen anzutreffen sein, die insoweit eine praktische Unterscheidung vornehmen (siehe dazu jurisPK-BGB/LUDWIG § 311b Rn 405 ff), dies kann allerdings nicht überzeugen. Eine **Differenzierung** zwischen natürlichen und juristischen Personen ist im Wortlaut des gesamten § 311b BGB **nicht angelegt**, sodass die Norm in gleicher Weise natürliche wie juristische Personen und rechtsfähige Personengesellschaften umfasst (s Rn 10). In der Konsequenz ist auch eine Differenzierung bei den Tatbestandsmerkmalen nicht angezeigt, sodass ein paralleles Verständnis geboten ist (vgl auch jurisPK-BGB/LUDWIG § 311b Rn 420 f). Infolgedessen kann die **Auffassung des RG**, wonach bei einer juristischen Person die Beurkundungsbedürftigkeit auch dann gegeben sei, wenn sämtliche Gegenstände einzeln aufgeführt werden, solange nur das gegenwärtige Vermögen tatsächlich hierdurch erschöpft werde (RGZ 76, 1), nicht überzeugen (vgl auch jurisPK-BGB/LUDWIG § 311b Rn 421).

4. Herausnahme einzelner Gegenstände

Die Formbedürftigkeit gem § 311b Abs 3 BGB **nicht zu verhindern** vermag eine Vereinbarung, wonach einzelne Gegenstände von der Übertragungspflicht **ausgenommen** sind (RGZ 69, 283, 289; 137, 324, 349; SOERGEL/J MAYER § 311b Rn 254; BeckOGK/SCHREINDORFER [1. 7. 2023] § 311b Rn 421; s auch RGZ 82, 273). Andernfalls könnten die Parteien die Formbedürftigkeit dadurch umgehen, dass sie gezielt einzelne, auch weitgehend wertlose Gegenstände ausschließen, um ein Eingreifen des Tatbestandsmerkmals der Vermögensgesamtheit von vornherein zu unterbinden. Der Einschluss solcher Geschäfte ergibt sich zudem auch daraus, dass gleichwohl das Vermögen im Übrigen zu übertragen ist und daher für den Verpflichteten eine nicht ohne Weiteres zu überblickende Verpflichtung begründet wird, hinsichtlich derer er vor einer Übereilung geschützt und entsprechend gewarnt werden soll. Insoweit besteht ein spürbarer Unterschied zu einer Gestaltung, bei der die Verpflichtung zur Übertragung lediglich auf einzelne Gegenstände bezogen wird, selbst wenn diese faktisch das gesamte Vermögen darstellen. In einem solchen Fall wird durch die Gestaltung dem Verpflichteten die Reichweite der eingegangenen Verpflichtung klar offenbart, sodass der Schutzzweck des § 311b Abs 3 BGB nicht eingreift. 19

Vor diesem Hintergrund kann es im Gegensatz zur Auffassung der Rechtsprechung (vgl RGZ 69, 283, 289; RGZ 137, 324, 349) auch nicht darauf ankommen, ob die Gegenstände **wertmäßig von untergeordneter Bedeutung** sind (vgl BeckOGK/SCHREINDORFER [1. 7. 2023] § 311b Rn 421.1). § 311b Abs 3 BGB will keine allgemeine Schutzvorschrift 20 für wirtschaftlich bedeutende Geschäfte begründen, sondern beschränkt sich in seiner Funktion auf einen **Übereilungsschutz** in Bezug auf Gesamtvermögensgeschäfte, die durch ihre besondere Komplexität geprägt sind (s Rn 1). Daher kann es, wenn eine solche Verpflichtung zur Übertragung des Vermögens mit Ausnahme einzelner Gegenstände begründet wird, nicht darauf ankommen, ob die zurückbehaltenen Gegenstände wertmäßig bedeutsam oder untergeordnet sind, da maßgeblich ist, dass der Verpflichtete sein gesamtes Vermögen, das grundsätzlich nicht ohne Weiteres zu überblicken ist, mit Ausnahme einzelner, ihm verbleibender Gegenstände übertragen muss. Auch wenn diese von nicht unerheblichem Wert sind, ist der Schutzzweck des § 311b Abs 3 BGB erfüllt (so auch BeckOGK/Schreindorfer [1. 7. 2023] § 311b Rn 421. 1). Die Auslegung wird dadurch bestätigt, dass § 311b Abs 3 BGB auch die Verpflichtung zur Übertragung eines Bruchteils des gesamten Vermögens umfasst, wobei es ebenfalls nicht auf den wirtschaftlichen Wert dieses Anteils ankommt, sondern lediglich darauf, dass das Vermögen in seiner Gesamtheit („in Bausch und Bogen"; s Rn 13 ff) teilweise veräußert werden muss (BeckOGK/Schreindorfer [1. 7. 2023] § 311b Rn 421. 1).

5. Gegenwärtiges Vermögen

21 Im Gegensatz zu § 311b Abs 2 BGB umfasst Abs 3 das gegenwärtige Vermögen. Dabei enthält das Gesetz für den **Begriff der Gegenwärtigkeit keine Definition**, allerdings wird man diese Bezeichnung in Relation zum Vertragsschluss setzen müssen. Gemeint ist mithin in Abgrenzung zum zukünftigen Vermögen das aktuell vorhandene Vermögen, sodass der Vermögensbestand im Zeitpunkt der Beurkundung des Vertrages maßgeblich ist (Hüren RNotZ 2014, 77, 93; BeckOGK/Schreindorfer [1. 7. 2023] § 311b Rn 419). Wird ein späterer Zeitpunkt als Anknüpfungspunkt für die Verpflichtung gewählt, ist der Anwendungsbereich des § 311b Abs 2 BGB eröffnet, sodass die Vereinbarung grundsätzlich nichtig ist (vgl NK-BGB/Ring § 311b Rn 89; s auch § 311b Abs 2 Rn 14). Wird der Vertrag im gestreckten Verfahren durch Angebot und Annahme geschlossen, ist der Zweitpunkt der Bindung desjenigen, der zur Vermögensübertragung verpflichtet ist, maßgebend (s dazu § 311b Abs 2 Rn 14).

V. Einzelfälle

22 Ergibt sich, dass die Parteien eine Verpflichtung zur Übertragung des **Vermögens in seiner Gesamtheit** („in Bausch und Bogen") (s BeckOK-BGB/Gehrlein [1. 8. 2023] § 311b Rn 44; jurisPK-BGB/Ludwig § 311b Rn 421; BeckOGK/Schreindorfer [1. 7. 2023] § 311b Rn 420) gewollt haben, ist die **Herausnahme einzelner Gegenstände** ohne Relevanz für die Frage der Beurkundungsbedürftigkeit (s Rn 19 f). Diese rechtfertigt sich daraus, dass bei einer Verpflichtung über das gesamte Vermögen der Schuldinhalt nicht ohne Weiteres überblickt werden kann, was auch dann der Fall ist, wenn der Schuldner einzelne Gegenstände aus seinem Vermögen behalten kann, da er gleichwohl nicht ohne Schwierigkeiten erkennen kann, welche Gegenstände konkret von der Verpflichtung umfasst sind. Insoweit kommt es richtigerweise nicht darauf an, dass die Gegenstände, die dem Veräußerer verbleiben, einen untergeordneten Wert aufweisen, da sich das Formerfordernis aus den besonderen Gefahren rechtfertigt, die aus der Veräußerung des Vermögens insgesamt und der damit einhergehenden Unüberschaubarkeit resultieren (s Rn 20).

23 Dabei spielt es keine Rolle, ob es sich um eine **natürliche** oder **juristische Person** oder um eine rechtsfähige **Personengesellschaft** handelt (s Rn 10 f). Verpflichtet sich ein Gesellschafter, unabhängig davon, ob er eine natürliche Person oder eine Gesellschaft ist, zur Einbringung seines gesamten Vermögens, unterliegt der **Gesellschaftsvertrag** insgesamt dem Formerfordernis des § 311b Abs 3 BGB. Dies ergibt sich aus dem Vollständigkeitsgrundsatz, sodass der *Vertrag* über die Verpflichtung zur Übertragung des Vermögens in Gänze beurkundet werden muss; die bloße Beurkundung der reinen Verpflichtung genügt nicht.

24 Werden die entsprechenden Verpflichtungen, die das gesamte Vermögen schließlich umfassen sollen, in **mehreren Urkunden** begründet, führt dies dann zur Beurkundungsbedürftigkeit, wenn die Urkunden nach dem Willen der Beteiligten eine **rechtliche Einheit** bilden und somit insgesamt ein Geschäft über das gesamte Vermögen zwischen den Parteien gewollt ist (dazu RG WarnR 1922 Nr 47).

25 Von § 311b Abs 3 BGB **nicht umfasst** werden allerdings Übertragungen von **Einzelgegenständen** oder **Sachgesamtheiten** (s Rn 17 f) selbst dann, wenn sie wirtschaftlich den Hauptwert des Vermögens darstellen. Bei ihnen ist eine Unüberschaubarkeit der eingegangenen Verpflichtungen nicht gegeben, sodass der Schutzzweck der Vorschrift nicht eingreift (jurisPK-BGB/Ludwig § 311b Rn 421; s auch RGZ 69, 416, 420; RGZ 82, 273, 277; RGZ 94, 314, 316 f; RGZ 137, 324, 350; RGZ 139, 199, 203; RG JW 1910, 242; Recht 1917 Nr 362; 1922 Nr 814; BGHZ 25, 1, 5; BGH WM 1958, 756; NJW 1991, 353; BeckOK-BGB/Gehrlein [1. 8. 2023] § 311b Rn 44; Soergel/J Mayer § 311b Rn 254; NK-BGB/Ring § 311b Rn 83). Insoweit kommt es nicht darauf an, ob die Gegenstände **konkret aufgeführt** oder unter einer **Sammel- oder Gattungsbezeichnung** benannt werden (s auch Rn 17). Infolgedessen ist weder die Verpflichtung zur Übertragung des gesamten „Hausrats" (jurisPK-BGB/Ludwig § 311b Rn 425; Schwarz DNotZ 1995, 115 ff, 125) noch eine solche zur Übertragung eines Hofs (vgl BGHZ 8, 23 ff) oder eines sonstigen Betriebs (RG WarnR 1917 Nr 49; Isay 145 f; s auch jurisPK-BGB/Ludwig § 311b Rn 425) ein Anwendungsfall des § 311b Abs 3 BGB. Dabei kommt es nicht darauf an, ob es sich beim Verpflichteten um eine natürliche oder juristische Person handelt (s Rn 18). Ebenso ist die Verpflichtung zur Übertragung einer angefallenen Erbschaft nicht unter § 311b Abs 3 BGB zu fassen (RG SeuffA 75 Nr 148; OLG Dresden SeuffA 76 Nr 7; jurisPK-BGB/Ludwig § 311b Rn 425; **aA** Fraeb DJZ 1911, 1496, 1498). Dies schließt freilich das Eingreifen anderer Formvorschriften, insbesondere des § 311b Abs 1 S 1 BGB oder des § 2371 BGB nicht aus. Etwas anderes gilt nur dann, wenn die Beteiligten sich entgegen des Wortlauts ihrer Vereinbarung tatsächlich auf die Übertragung des gesamten Vermögens, unabhängig von seinem konkreten Bestand geeinigt haben, was insbesondere dann gegeben ist, wenn der Vertrag auch eine Auffangklausel für unbenannte Sachen und Rechte enthält (s Rn 18). Dasselbe gilt für Verträge über die Verpflichtung zur Abtretung eines Gesellschaftsanteils, die grundsätzlich nicht beurkundungsbedürftig ist, soweit kein verdecktes Gesamtvermögensgeschäft gegeben ist oder eine andere Formvorschrift eingreift (s dazu Ulmer/Löbbe DNotZ 1998, 711, 726 Fn 49; BeckOGK/Schreindorfer [1. 7. 2023] § 311b Rn 425. 1).

VI. Form

26 Als Form ist die **notarielle Beurkundung** (§ 128 BGB; BeurkG) vorgeschrieben. Hierbei bedarf der *ganze* Vertrag, nicht nur die Verpflichtungserklärung des Übertragen-

den, der Beurkundung (Erman/Grziwotz § 311b Rn 88; jurisPK-BGB/Ludwig § 311b Rn 426; NK-BGB/Ring § 311b Rn 86; MünchKommBGB/Ruhwinkel § 311b Rn 120; vgl OLG Marienwerder OLGE 17, 376). Beurkundet werden müssen deshalb auch die Erklärungen des Erwerbers, also zB bei der Schenkung dessen Annahmeerklärung sowie *sämtliche sonstigen Vertragsvereinbarungen.* Insoweit gelten keine anderen Grundsätze als im Rahmen des § 311b Abs 1 S 1 BGB, sodass insbesondere auch bei zusammengesetzten Rechtsgeschäften sämtliche Vertragsbestandteile, die nach dem Willen der Beteiligten eine Geschäftseinheit mit der Verpflichtung zur Übertragung des gesamten Vermögens bilden, beurkundet werden müssen (s § 311b Abs 1 Rn 210 ff).

VII. Rechtsfolgen

1. Nichtigkeit

27 Ist der Vertrag nicht beurkundet, so ist er **nichtig** (§ 125 S 1 BGB). Sind lediglich einzelne Teile des Gesamtgeschäfts nicht beurkundet, so erstreckt sich die Nichtigkeit im Grundsatz zunächst auf diese. Ob der gesamte Vertrag nichtig ist, richtet sich nach **§ 139 BGB**, sodass die Frage zu klären ist, ob der Vertrag auch ohne die nichtigen Teile geschlossen worden wäre (vgl jurisPK-BGB/Ludwig § 311b Rn 430; MünchKommBGB/Ruhwinkel § 311b Rn 120).

28 Weil § 311b Abs 3 BGB ausschließlich die schuldrechtliche Verpflichtung zur Übertragung des Vermögens umfasst, sind die **dinglichen Erfüllungsgeschäfte**, die der Erfüllung der vermeintlich begründeten Verbindlichkeit dienen, formfrei möglich und daher auch dann grundsätzlich wirksam, wenn die schuldrechtliche Verpflichtung nicht formgerecht geschaffen wurde (jurisPK-BGB/Ludwig § 311b Rn 433; Soergel/J Mayer § 311b Rn 259; MünchKommBGB/Ruhwinkel § 311b Rn 120). Eine Geschäftseinheit zwischen schuldrechtlichem und dinglichem Vertrag ist nicht gegeben, da andernfalls das sachenrechtliche Trennung- und Abstraktionsprinzip missachtet würde. Es gelten insoweit keine anderen Grundsätze als im Rahmen des § 311b Abs 1 S 1 BGB (s § 311b Abs 1 Rn 347 ff).

2. Heilung

29 Eine **Heilung** des schuldrechtlichen Vertrages durch *Erfüllung* tritt *grundsätzlich* **nicht ein** (Mot II 183; RGZ 76, 1, 3; RGZ 137, 324, 350; BGH NJW 1967, 1128, 1130 f zu § 2371 BGB; DNotZ 1971, 37, 38; DNotZ 2016, 914 f; BeckOK-BGB/Gehrlein [1. 8. 2023] § 311b Rn 45; Grüneberg/Grüneberg § 311b Rn 68; Erman/Grziwotz § 311b Rn 92; Habscheid FamRZ 1968, 13; Hüren RNotZ 2014, 77, 97; Reinicke 21; MünchKommBGB/Ruhwinkel § 311b Rn 121; BeckOGK BGB/Schreindorfer [1. 7. 2023] § 311b Rn 428; **aA** Lange AcP 144 [1938] 149, 152; Reichel AcP 104 [1909] 1, 33; wohl auch Häsemeyer 261; Lorenz AcP 156 [1957] 381, 413). Aus den Sondernormen der §§ 311b Abs 1 S 2 BGB, 518 BGB und 766 BGB lässt sich kein allgemeiner Rechtssatz der Heilung durch Erfüllung ableiten, zumal gerade angesichts der unmittelbaren Regelung in § 311b Abs 1 S 2 BGB das Schweigen des Gesetzes in Abs 3 der Norm nicht planwidrig erfolgt. Es fehlt somit schon an der grundlegenden Voraussetzung für eine Analogie (siehe dazu auch Meier/Jocham JuS 2016, 392, 396).

30 Ist zwischen den Beteiligten eine Schenkung vereinbart, kann eine Heilung auch nicht nach **§ 518 Abs 2 BGB** erfolgen (BGH DNotZ 2016, 914; OLG Frankfurt OLGE 8, 35;

OLG Marienwerder OLGE 17, 376). Zwar wird durch die Norm mglw ein Mangel in der Form des § 518 Abs 1 BGB geheilt, die Vorschrift ist aber nicht in der Lage, auch andere Formverstöße zu beseitigen (s auch BGH DNotZ 2016, 914, 915; BeckOK-BGB/Gehrlein [1. 8. 2023] § 311b Rn 45; Erman/Grziwotz § 311b Rn 92; jurisPK-BGB/Ludwig § 311b Rn 429; Soergel/J Mayer § 311b Rn 259; NK-BGB/Ring § 311b Rn 86, 88; MünchKommBGB/Ruhwinkel § 311b Rn 121; auch eine Analogie verneinend BeckOGK/Schreindorfer [1. 7. 2023] § 311b Rn 428). Infolgedessen kann in einer derartigen Konstellation dem Beschenkten nicht die Missachtung der Schenkungsform entgegengehalten werden, wohl ist es aber weiterhin möglich, die fehlende Form gemäß § 311b Abs 3 BGB zu rügen, da insoweit eine Heilungsvorschrift im Gesetz fehlt. Dasselbe gilt in Bezug auf die Formanforderungen des § 311b Abs 1 S 1 BGB. Auch insoweit kann eine mögliche Formnichtigkeit eines Rechtsgeschäfts nach dieser Vorschrift gemäß **§ 311b Abs 1 S 2 BGB** geheilt werden, dies hat aber keine Auswirkungen auf eine bestehende Unwirksamkeit aufgrund einer Missachtung der Vorgaben des § 311b Abs 3 BGB (s auch jurisPK-BGB/Ludwig § 311b Rn 429; NK-BGB/Ring § 311b Rn 87; vgl RGZ 73, 208). Die gleichen Grundsätze sind zudem in Bezug auf § 15 Abs 4 S 1 GmbHG anzuwenden, sodass zwar nach **§ 15 Abs 4 S 2 GmbHG** eine Missachtung der Form des S 1 dieser Vorschrift geheilt wird, eine eventuelle Nichtigkeit wegen Außerachtlassung der Vorgaben des § 311b Abs 3 BGB demgegenüber aber nicht tangiert ist.

3. Rückabwicklung, Schadensersatz

31 Da ein unter Missachtung von § 311b Abs 3 BGB geschlossener Vertrag unheilbar nichtig ist, können Leistungen, die zur Erfüllung erbracht werden, nach **§ 812 Abs 1 S 1 Alt 1 BGB** kondiziert werden (BeckOK-BGB/Gehrlein [1. 8. 2023] § 311b Rn 45; Grüneberg/Grüneberg § 311b Rn 68; Hüren RNotZ 2014, 77, 97; jurisPK-BGB/Ludwig § 311b Rn 433; Soergel/J Mayer § 311b Rn 259; NK-BGB/Ring § 311b Rn 88; MünchKommBGB/Ruhwinkel § 311b Rn 120). Insoweit gelten dieselben Grundsätze wie im Rahmen des § 311b Abs 2 BGB (s § 311b Abs 2 Rn 25). Auch insoweit ist allerdings **§ 814 BGB** zu beachten, sodass eine Rückabwicklung ausgeschlossen ist, wenn dem Leistenden im Moment der Erbringung bekannt ist, dass er auf einen nichtigen Vertrag leistet und somit keiner Verpflichtung unterliegt. Mangels Heilungsoption kommt gleichermaßen eine Kondiktion nach § 812 Abs 1 S 2 Alt 2 BGB nicht in Betracht (s § 311b Abs 2 Rn 25).

32 Ein **Anspruch auf Schadensersatz** aus §§ 311 Abs 2, 280 Abs 1, 241 BGB ist grundsätzlich denkbar, unterliegt aber den hohen Schranken für die Zuerkennung von Schadensersatz aufgrund der herbeigeführten Formnichtigkeit. Es gelten insoweit keine anderen Grundsätze als im Rahmen des § 311b Abs 1 BGB (s § 311b Abs 2 Rn 26). Infolgedessen wird ein Schadensersatzanspruch kaum denkbar sein, da insbesondere der Abbruch der Vertragsverhandlungen und die Weigerung zum Abschluss des Vertrages in der korrekten Form in aller Regel keine Pflichtwidrigkeit darstellen (siehe dazu näher auch § 311b Abs 1 Rn 350 f; ebenso in Bezug auf § 311b Abs 3 BGB: BeckOGK/Schreindorfer [1. 7. 2023] § 311b Rn 430. 1).

VIII. Umdeutung

33 Die **Umdeutung** eines gem § 311b Abs 3 BGB nichtigen Vertrages nach **§ 140 BGB** in *Einzelrechtsgeschäfte* ist möglich, wenn die Gültigkeit dieser Einzelrechtsgeschäfte

dem Willen der Parteien entspricht (RGZ 76, 1, 3; RGZ 82, 277; s auch Grüneberg/Grüneberg § 311b Rn 68; Erman/Grziwotz § 311b Rn 92; Soergel/J Mayer § 311b Rn 259). Dies darf aber jedoch nicht zu einer **Umgehung des § 311b Abs 3 BGB** führen (vgl die insoweit die berechtigte Kritik an RGZ 76, 1, 3 durch Lange AcP 144 [1938] 149, 161; Hüren RNotZ 2014, 77, 98; Erman/Grziwotz § 311b Rn 92; zur Zurückhaltung auffordernd MünchKommBGB/Ruhwinkel § 311b Rn 120; die Umdeutung generell ablehnend auch jurisPK-BGB/Ludwig § 311b Rn 432). Eine Umdeutung scheidet regelmäßig schon deshalb aus, weil Einzelrechtsgeschäfte den Interessen der Beteiligten nicht entsprechen; ist eine Vereinbarung gewünscht, die das gesamte Vermögen einer Person erfasst, sind Einzelverpflichtungen typischerweise nicht geeignet, den Willen der Parteien ebenso abzubilden, sodass schon die Teilbarkeit regelmäßig zu verneinen ist (wie hier auch BeckOGK/Schreindorfer [1. 7. 2023] § 311b Rn 431. 1). Des Weiteren scheidet eine Umdeutung eines nichtigen Rechtsgeschäfts aus, wenn wenigstens einer der beteiligten Parteien die Nichtigkeit beim Abschluss des ursprünglichen Rechtsgeschäfts **bekannt war**, weil die Umdeutung nicht die Parteien schützen soll, die bewusst ein unwirksames Rechtsgeschäft eingehen (BeckOGK/Schreindorfer [1. 7. 2023] § 311b Rn 431. 1; so im Ergebnis auch Soergel/J Mayer § 311b Rn 259; s zu dieser Anforderung an die Umdeutung auch BGHZ 125, 355, 364). Auch das umgedeutete Rechtsgeschäfts muss aber den rechtlichen Vorgaben entsprechen. Gehört deshalb ein Grundstück zu dem Vermögen, bedarf das umgedeutete Rechtsgeschäft ebenfalls der Form des § 311b Abs 1 S 1 BGB, soweit keine Heilung gem § 311b Abs 1 S 2 BGB erfolgt ist. Bei der Umdeutung ist zudem jeweils **§ 139 BGB** zu berücksichtigen, da es sich in dieser Konstellation um mehrere Einzelrechtsgeschäfte – zB Grundstück, bewegliche Sachen, sonstige Rechte – handelt (vgl RGZ 61, 285; 137, 150; RG SeuffA 75 Nr 148; krit Hüren RNotZ 2014, 77, 98; Erman/Grziwotz § 311b Rn 92; jurisPK-BGB/Ludwig § 311b Rn 432).

§ 311b Abs 4 und § 311b Abs 5
[Verträge über den Nachlass eines noch lebenden Dritten]

(4) Ein Vertrag über den Nachlass eines noch lebenden Dritten ist nichtig. Das Gleiche gilt von einem Vertrag über den Pflichtteil oder ein Vermächtnis aus dem Nachlass eines noch lebenden Dritten.

(5) Absatz 4 gilt nicht für einen Vertrag, der unter künftigen gesetzlichen Erben über den gesetzlichen Erbteil oder den Pflichtteil eines von ihnen geschlossen wird. Ein solcher Vertrag bedarf der notariellen Beurkundung.

Materialien: E I § 349; II § 264; Mot II 182; Prot I 456.
Zur Beachtung: Mit Inkrafttreten des Gesetzes zur Modernisierung des Schuldrechts vom 26. 11. 2001 (BGBl I 3138) am 1. 1. 2001 wurde der bisherige § 312 Abs 1 aF wortgleich durch § 311b Abs 4 BGB ersetzt, der bisherige § 312 Abs 2 aF zwar nicht wortgleich (die Anfangsworte in § 312 Abs 2 „Diese Vorschriften finden keine Anwendung auf einen Vertrag“ wurden in § 311b Abs 5 BGB zur Klarstellung geändert in „Absatz 4 gilt nicht für einen Vertrag“), aber inhaltsgleich durch § 311 Abs 5 BGB ersetzt.

Schrifttum

BLOMEYER, Die vorweggenommene Auseinandersetzung der im gemeinschaftlichen Testament bedachten Kinder nach dem Tod des einen Elternteils, FamRZ 1974, 421

DAMRAU, Die Verpflichtung zur Ausschlagung der Erbschaft, ZEV 1995, 425

ders, Zu den Grenzen und Gestaltungsmöglichkeiten des Erbschaftsvertrages, ZErb 2004, 206

DANIELS, Verträge mit Bezug auf den Nachlaß eines noch lebenden Dritten (1973)

DU CHESNE, Anwartschaften, ZBlFG 1909, 234

DUTTA, Erbschaftsverträge – Ein verkanntes Rechtsinstitut, ZfPW 2017, 34

FRENZ, Anm zu BGH v 23. 11. 1994 – IV ZR 238/93, DNotZ 1995, 763

HENSSLER, Erbschaftsverträge nach § 311b Abs 4 und 5 BGB, RNotZ 2010, 221

HEUSCHMID, Verträge über künftige Erbschaft nach französischem Recht (1972)

HORN, Richterliche Entscheidung bei Testamentsauslegung und Auslegungsvertrag, ZEV 2016, 565

KAUFHOLD, Vereinbarungen über den Nachlaß oder einzelne Nachlaßgegenstände ohne Mitwirkung des künftigen Erblassers, ZEV 1996, 454

KLINGELHÖFFER, Die Stundung des Pflichtteilsanspruchs, ZEV 1998, 121

KUCHINKE, Anm zu BGH v 11. 5. 1988 – IV a ZR 325/86 –, JZ 1990, 599

KUES, Die vorweggenommene Ausgleichung lebzeitiger Zuwendungen unter künftigen Erben als Vertrag i S von § 312 Abs 2 BGB, ZEV 2001, 13

KULKE, Anwendbarkeit des § 312 Abs 1 BGB auf Bürgschaftsverträge bei Erberwartung des einkommens- und vermögenslosen Bürgen, ZEV 2000, 298

LIMMER, Erbschaftsverträge nach § 312 BGB: Bestandsaufnahme und Neuorientierung, DNotZ 1998, 927

MARTINIUS, Der Vertrag unter künftigen Erben über den gesetzlichen Erbteil oder Pflichtteil eines von ihnen, DNotV 1903, 253 und 374

MATTERN, Zur Rechtsstellung des von Todes wegen bindend Bedachten, BWNotZ 1962, 229

MAYER, Nachträgliche Änderung von erbrechtlichen Anrechnungs- und Ausgleichsbestimmungen, ZEV 1996, 441

MUSCHELER, Die Verpflichtung zur Annahme der Erbschaft und zur Annahme des Testamentsvollstreckeramtes, ErbR 2020, 326

ODEMER, Der Vermächtnisvertrag gem § 311b Abs 4 S 2 Alt. 2 BGB: Kritische Bestandsaufnahme und Zweckmäßigkeitsüberlegungen zu einer unsicheren Rechtslage, ZEV 2021, 414

vPROFF, Erbschaftsverträge in der Praxis, ZEV 2013, 183

RAISER, Dingliche Anwartschaften (1961)

SCHEIBNER, Ist zur Wirksamkeit eines nach § 312 Abs 2 BGB abgeschlossenen Vertrages erforderlich, dass die Vertragsschließenden in der Tat gesetzliche Erben werden?, ZBlFG 1912, 338

SCHIFF, Verträge nach § 312 Abs 2 des Bürgerlichen Gesetzbuches für das Deutsche Reich (1913)

SCHWARZ, Vorweggenommene Erbfolge und Erbschaftsvertrag, BWNotZ 1995, 139

STAUB, DJZ 1903, 360

STORZ, Zivilrechtliche Wirkungen des erbrechtlichen Auslegungsvertrags, ZEV 2008, 308

THODE, Anm zu BGH v 23. 11. 1994 – IV ZR 238/93, ZEV 1995, 143

TIEDEMANN, Zur Nichtigkeit einer Beschränkung der Bürgschaft auf künftige Erbschaft nach § 312 I 1 BGB, NJW 2000, 192

WEIRICH, Der gegenständlich beschränkte Pflichtteilsverzicht, DNotZ 1986, 5

WIEDEMANN, Abfindungs- und Wertfestsetzungsvereinbarungen unter zukünftigen Erben, NJW 1968, 769

WENDT, Unterlassungen und Versäumnisse im bürgerlichen Recht, AcP 92 (1902) 1.

Systematische Übersicht

Alphabetische Übersicht

I. § 311b Abs 4 BGB

1 Die Vorschriften des § 311b Abs 4 BGB und § 311b Abs 5 BGB weichen vom früheren **Gemeinen Recht** ab (zum früheren Rechtsstand vgl Mot II 182 ff). Während das **Römische Recht** Verträge über den Nachlass eines noch Lebenden generell untersagte, da es eine derartige Regelung als sittenwidrig betrachtete (siehe dazu HKK/Harke § 311b Rn 12), finden sich in späteren Zeiten differenziertere Regelungen, die solche Geschäfte nicht mehr vollständig ausschließen (HKK/Harke § 311b Rn 12).

Insoweit waren derartige Vereinbarungen regelmäßig von der Zustimmung des Erblassers abhängig, um Gültigkeit zu erlangen (siehe dazu HKK/HARKE § 311b Rn 12). Eine dahingehende Beschränkung kennt das heutige Recht nicht mehr. Zwar untersagt § 311b Abs 4 BGB weiterhin Verträge über den Nachlass lebender Dritter, allerdings bindet § 311b Abs 5 BGB die Zulässigkeit einer Vereinbarung nicht mehr an die Mitwirkung oder Zustimmung des Erblassers und erkennt damit an, dass entsprechende Abreden grundsätzlich vom Erblasser unabhängig sind und lediglich die Vertragsbeteiligten betreffen.

1. Schutzzweck

Die Vorschrift beruht auf **sittlichen** und **volkswirtschaftlichen Gründen** (Mot II 182; BGHZ 37, 319, 323; GRÜNEBERG/GRÜNEBERG § 311b Rn 69; eingängig auch DUTTA ZfPW 2017, 34, 35 ff). Durch sie sollten gefährliche Geschäfte unter **Ausbeutung des Leichtsinnes** und eine leichtsinnige Vermögensverschleuderung verhindert werden (Mot II 184); auch einer **Umgehung erbrechtlicher Vorschriften** soll vorgebeugt werden (Mot II 185). Das historische Argument der *Sittenwidrigkeit* (vgl zB DU CHESNE ZBlFG 1909, 234, 237; KIPP/COING [12. Aufl 1965] § 83 I) wurde dagegen bereits durch den Gesetzgeber in Abs 5 erheblich eingeschränkt (so auch DANIELS 50; vPROFF ZEV 2013, 183, 184; abl auch DUTTA ZfPW 2017, 34, 36; weiterhin daran festhaltend etwa jurisPK-BGB/LUDWIG § 311b Rn 437). Gleichwohl können diese, auch vom Gesetzgeber als beachtlich bewerteten Gesichtspunkte (Mot II 184 f) nicht unbeachtet bleiben. Sie prägen als **Grundgedanke** dennoch die Vorschrift, auch wenn der Gesetzgeber aus praktischen Gründen das generelle Verbot durch die Regelung des § 311b Abs 5 BGB relativiert hat (so auch BeckOGK/SCHREINDORFER [1. 7. 2023] § 311b Rn 434; noch stärker dies betonend: MünchKommBGB/RUHWINKEL § 311b Rn 122). Von zentraler Bedeutung sind daher heute vor allem die Bedenken wegen des **aleatorischen Charakters**, insbesondere also die *wirtschaftlichen Risiken* (vgl BGH LM BGB § 312 Nr 7 [4/1995] und LM BGB § 242 [Cd] Nr 342 [4/1996]; GRÜNEBERG/GRÜNEBERG § 311b Rn 69; wohl auch SOERGEL/J MAYER § 311b Rn 260; krit für den Fall der Verpflichtung zur Annahme einer Erbschaft MUSCHELER ErbR 2020, 326, 327). Diese können vor allem darin liegen, dass aufgrund der grundsätzlich bestehenden Testierfreiheit und der mangelnden Empfangsbedürftigkeit letztwilliger Verfügungen für den Veräußerer regelmäßig nicht sicher ist, dass er tatsächlich Erbe wird. Selbst wenn, insbesondere durch einen bindenden Erbvertrag mit dem Verfügenden, die Erbeinsetzung gewiss ist, bleibt als Risiko noch die Frage des Überlebens des Verpflichteten, was Bedingung für den Anfall der Erbschaft bei ihm ist. Letztlich ist offen, welche Gegenstände im Ergebnis in der Erbschaft enthalten sind, da die Verfügungsfreiheit des Erblassers über die ihm gehörenden Gegenstände bis zum Eintritt des Todes nicht beschränkt ist, sodass für alle Beteiligten des Übertragungsvertrags offenbleibt, was Inhalt des Nachlasses sein wird. 2

Richtigerweise keine Rolle kann dagegen die auch vom Gesetzgeber angeführte Erwägung des Schutzes der **Testierfreiheit** des Erblassers (Mot II 182 ff) spielen (**aA** BeckOK-BGB/GEHRLEIN [1. 8. 2023] § 311b Rn 46; ERMAN/GRZIWOTZ § 311b Rn 93; MünchKommBGB/RUHWINKEL § 311b Rn 122, der die Erwägungen als richtig betrachtet; BeckOGK/SCHREINDORFER [1. 7. 2023] § 311b Rn 434). Die Testierfreiheit des Erblassers schützt lediglich dessen freie Wahl, wem er seinen Nachlass überantworten will, hat aber keine Auswirkungen darauf, wie **der Erbe mit dem ihm Zugewandten verfährt**. Der Erblasser ist ohnehin nicht davor geschützt, dass der von ihm bedachte Erbe nach Anfall 3 der Erbschaft über diese verfügt und gegebenenfalls sogar die Erbschaft als Ganzes an einen anderen überträgt. Kann dies der Erblasser von vornherein nicht beeinflussen, so ist auch eine Vorausverfügung vor dem Anfall der Erbschaft nicht geeignet, dessen Testierfreiheit einzuschränken (**anders** aber offenbar BeckOK-BGB/Gehrlein [1. 8. 2023] § 311b Rn 46; Erman/Grziwotz § 311b Rn 93; MünchKommBGB/Ruhwinkel § 311b Rn 122, der die Erwägungen als richtig betrachtet; BeckOGK/Schreindorfer [1. 7. 2023] § 311b Rn 434). Aus Sicht des Erblassers ist es vielmehr ohne Bedeutung, ob die Gegenstände, die ihm ursprünglich gehört haben, erst unmittelbar im Anschluss an seinen Tod übertragen werden oder ob dies bereits durch eine vertragliche Vereinbarung vor dem Erbfall geschieht.

4 Weil § 311b Abs 4 BGB allein den **Schutz des Verfügenden** vor den wirtschaftlichen Risiken sowie das **Interesse der Allgemeinheit** an der Unterbindung derartiger Verträge schützt, greift die Norm auch dann ein, wenn im Einzelfall sittliche Gründe einem Vertrag nicht entgegenstehen würden, dieser insbesondere bei isolierter Betrachtung **nicht sittenwidrig** ist (vgl BGHZ 26, 320, 326 f; BeckOGK/Schreindorfer [1. 7. 2023] § 311b Rn 434. 1; s auch Limmer DNotZ 1998, 927, 930). Der **konkrete Rechtsgrund**, der einem solchen Vertrag zugrunde liegt, ist daher belanglos (BGHZ 26, 320, 326 zum früheren § 72 EheG; BGHZ 37, 324; Erman/Grziwotz § 311b Rn 93). Da § 311b Abs 4 BGB weitere Zwecke verfolgt, kann in ihm auch keine besondere Ausprägung der Vorschrift des § 138 Abs 1 BGB und damit des allgemeinen Verbots der Sittenwidrigkeit erblickt werden (vgl BGHZ 26, 320, 326 f; s auch BeckOGK/Schreindorfer [1. 7. 2023] § 311b Rn 434. 1). Die Norm schützt ein Bündel von Zielen, sodass sie sich nicht auf ein einziges zu reduzieren ist.

5 Eine **Zustimmung des Erblassers** zu einem solchen Vertrag ist unbeachtlich (BGHZ 37, 319, 324; BGHZ 104, 279, 284; Grüneberg/Grüneberg § 311b Rn 71; MünchKommBGB/Ruhwinkel § 311b Rn 134; BeckOGK/Schreindorfer [1. 7. 2023] § 311b Rn 454). Dies ergibt sich zum einen daraus, dass die Testierfreiheit des Erblassers von der Norm von vornherein nicht geschützt werden kann (s Rn 3) und zudem die Frage der Sittenwidrigkeit für das Eingreifen der Vorschrift nicht allein maßgeblich ist (s Rn 4). Eine Einwilligung des Erblassers kann insbesondere die Gefahren, die mit einem solchen Vertrag wirtschaftlich für die Beteiligten einhergehen, nicht beseitigen, sodass wenigstens dieser Aspekt zur Anwendung des § 311b Abs 4 BGB trotz Zustimmung des Erblassers zwingt.

6 Für Verträge über den Nachlass eines noch lebenden Dritten, die nach dem ZGB der ehemaligen **DDR** zu beurteilen sind, gilt der vormalige § 312 Abs 1 BGB und nunmehrige § 311b Abs 4 BGB nicht, sie sind vielmehr nach der Generalklausel des § 68 Abs 1 Nr 2 ZGB zu beurteilen (BGH MDR 1996, 388).

2. Vertrag

7 Ob § 311b Abs 4 BGB ausschließlich das **schuldrechtliche Geschäft** umfasst (so RGZ 65, 364, 367; RGZ 71, 133, 136; RGZ 169, 98, 99; BGHZ 37, 319, 324; Dutta ZfPW 2017, 34, 44; BeckOK-BGB/Gehrlein [1. 8. 2023] § 311b Rn 47; Grüneberg/Grüneberg § 311b Rn 70; NK-BGB/Ring § 311b Rn 93; MünchKommBGB/Ruhwinkel § 311b Rn 124; BeckOGK/Schreindorfer [1. 7. 2023] § 311b Rn 438; Schwarz BWNotZ 1995, 139, 140 f) oder sich auch auf das **dingliche** erstreckt (so noch Staudinger/Schumacher [2018] § 311b Rn 3; ebenso Daniels

58 ff; Staub DJZ 1903, 360 f; in diese Richtung tendierend auch Limmer DNotZ 1998, 927, 931 f; vgl zudem jurisPK-BGB/Ludwig § 311b Rn 459), ist **umstritten**. Die überwiegende Ansicht bejaht die Anwendbarkeit der Norm allein auf das Verpflichtungsgeschäft und stützt sich dabei vor allem auf systematische Gründe, da es sich um eine Regelung des Schuldrechts handelt (BeckOGK/Schreindorfer [1. 7. 2023] § 311b Rn 438; vgl auch BGHZ 37, 319, 324). Der Wortlaut der Norm kann allerdings die herrschende Meinung nicht stützen. Gerade der Vergleich mit § 311b Abs 1–3 BGB deutet in eine andere Richtung, da dort jeweils die Verpflichtung isoliert angesprochen wird, während Abs 4 der Vorschrift sprachlich sämtliche Verträge in den Blick nimmt. Auch die Erwägung, dinglich wirkende Vereinbarungen, die das Erbrecht verändern, seien bereits aus erbrechtlichen Gründen unzulässig (vgl BGHZ 37, 319, 325; MünchKommBGB/Ruhwinkel § 311b Rn 135; BeckOGK/Schreindorfer [1. 7. 2023] § 311b Rn 438 f), erweist sich als nicht von Relevanz (s auch jurisPK-BGB/Ludwig § 311b Rn 459). Dabei ist die Überlegung für sich genommen korrekt, allerdings sagt dies nichts darüber, ob durch § 311b Abs 4 BGB derartige Abreden gleichwohl zusätzlich verhindert werden. Darüber hinaus sind dinglich wirkende Verträge im Anwendungsbereich des § 311b Abs 4 BGB denkbar, insbesondere Vorausabtretungen über den Pflichtteil (s dazu Henssler RNotZ 2010, 221, 237 f), die nicht bereits nach erbrechtlichen Grundsätzen ausgeschlossen sind. Ob eine antizipierte Verfügung über einen Erbteil zulässig ist, wird zwar von der überwiegenden Ansicht bestritten (BGHZ 37, 319, 324 f; BGHZ 104, 279, 280 f; MünchKommBGB/Ruhwinkel § 311b Rn 143; s auch jurisPK-BGB/Ludwig § 311b Rn 460), dem Gesetz entnehmen lässt sich eine derartige Begrenzung allerdings nicht (vgl Daniels 118 ff; Henssler RNotZ 2010, 221, 237). Vor diesem Hintergrund ist der vom BGH gezogene Erst-Recht-Schluss von der Nichtigkeit des schuldrechtlichen Geschäfts auf die einer dinglichen Verfügung (BGHZ 37, 319, 325) von vornherein unnötig, da § 311b Abs 4 BGB auf eine solche Konstellation **unmittelbar passt**. Insbesondere kann es sich nicht um eine analoge Anwendung handeln, weil eine solche nur bei Überschreiten des Wortlauts möglich ist (s dazu ausführlich Jocham, Die Grenzen der richterlichen Rechtsfortbildung im Privatrecht [2021] 151 ff), das vom BGH favorisierte Verständnis sich aber innerhalb der Wortlautgrenze hält. Aus dem von der herrschenden Meinung angeführten systematischen Argument (dazu BeckOGK/Schreindorfer [1. 7. 2023] § 311b Rn 438; vgl auch BGHZ 37, 319, 324) lässt sich gleichermaßen kein Gegenargument gegen die angeordnete Nichtigkeit des dinglichen Vertrags ableiten, da die Norm zwar primär schuldrechtliche Vorgänge regelt, allerdings kein Erfahrungssatz besteht, dass nicht zugleich auch dingliche Rechtsgeschäfte hierdurch unterbunden werden könnten. Die Platzierung im Schuldrecht zeigt lediglich, dass der Gesetzgeber den Hauptanwendungsbereich der Vorschrift dort erkannt hat, belegt aber nicht, dass es sich um den einzigen Anwendungsbereich handeln muss. Dass Regelungen des Schuldrechts auch auf Verfügungsebene eine Rolle spielen können, belegen zudem die §§ 398 ff BGB. Mit den **Motiven** lässt sich die Auffassung der herrschenden Meinung gleichermaßen nicht belegen. Zwar ist dort die Rede davon, es würden die obligatorischen Verträge untersagt (Mot II S 185), was sich derart verstehen lässt, dass die dinglichen Verträge in ihrer Wirkung unberührt bleiben sollen. Allerdings betont der Gesetzgeber kurz vorher, dass die besonderen Risiken derartiger Vereinbarungen insbesondere auch darin lägen, dass *nicht nur* obligatorische Vereinbarungen getroffen würden und daher die Anordnung der Nichtigkeit geboten sei (Mot II S 185). Die Materialien erweisen sich daher als nicht aussagekräftig und können folglich eine Auslegung in Richtung der herrschenden Meinung nicht tragen (so im Ergebnis auch Daniels 60, 127 ff). Es muss daher beim

Wortlaut verbleiben, sodass **sowohl schuldrechtliche als auch dingliche Verträge** von der Anordnung des § 311b Abs 4 BGB umfasst sind (Daniels 58 ff; jurisPK-BGB/Ludwig § 311b Rn 445, 522; Staub DJZ 1903, 360 f; so ebenfalls noch Staudinger/Schumacher [2018] § 311b Rn 3; in diese Richtung tendierend auch Limmer DNotZ 1998, 927, 931 f).

8 Die Vorschrift erfasst im Gegensatz zu § 311b Abs 2 BGB und § 311b Abs 3 BGB *alle* Verträge über die dort genannten Gegenstände, sodass nicht nur die Übertragung und die Bestellung eines **Nießbrauchs**, sondern auch jede **andere Form der Belastung** oder sonstigen Verpflichtung eingeschlossen ist (BeckOK-BGB/Gehrlein [1. 8. 2023] § 311b Rn 47; Grüneberg/Grüneberg § 311b Rn 70; Soergel/J Mayer § 311b Rn 263; NK-BGB/Ring § 311b Rn 93; MünchKommBGB/Ruhwinkel § 311b Rn 124; BeckOGK/Schreindorfer [1. 7. 2023] § 311b Rn 439). Daher fallen neben der Verpflichtung zur **Übertragung** eines Erbteils, Pflichtteils, Vermächtnisses oder (früheren) Erbersatzanspruches auch Verpflichtungen zur **Verpfändung**, zur **Annahme oder Ausschlagung** des Erbrechts oder eines Vermächtnisses oder zur Unterlassung der **Testamentsanfechtung** (Dutta ZfPW 2017, 34, 40 f; BeckOK-BGB/Gehrlein [1. 8. 2023] § 311b Rn 47; Erman/Grziwotz § 311b Rn 95; Grüneberg/Grüneberg § 311b Rn 70; Soergel/J Mayer § 311b Rn 263; NK-BGB/Ring § 311b Rn 93; Wendt AcP 92 [1902] 1, 28; **aA** zur Verpflichtung zur Annahme der Erbschaft aber Muscheler ErbR 2020, 326, 327 f, der diese nicht von Abs 4 erfasst sieht) unter die Norm. Dasselbe gilt für Verpflichtungen zum Abschluss und zur Aufhebung eines **Pflichtteilsverzichtsvertrages** (BeckOK-BGB/Gehrlein [1. 8. 2023] § 311b Rn 47; Soergel/J Mayer § 311b Rn 263; s auch Daniels 76; Grüneberg/Grüneberg § 311b Rn 70; **aA** wohl BeckOGK/Schreindorfer [1. 7. 2023] § 311b Rn 438.1) sowie eines Erbverzichtsvertrages (BGHZ 37, 319, 328; Erman/Grziwotz § 311b Rn 95; NK-BGB/Ring § 311b Rn 93; Soergel/J Mayer § 311b Rn 263; **aA** Daniels 144).

9 **Analog** ist § 311b Abs 4 BGB zudem auf **einseitige Rechtsgeschäfte** anzuwenden (Henssler RNotZ 2010, 221, 231; MünchKommBGB/Ruhwinkel § 311b Rn 125). Da die Norm beabsichtigt, beliebige Rechtsgeschäfte über den Nachlass eines noch lebenden Dritten zu verhindern, kann es nicht darauf ankommen, ob dies im Wege einer vertraglichen Vereinbarung oder durch einseitige Erklärung zustande kommt (s dazu auch Henssler RNotZ 2010, 221, 230 f). Daher ist eine **Auslobung**, die sich auf den Nachlass bezieht, ebenso unwirksam wie ein einseitiges **Vertragsangebot**, da auch dieses den Anbietenden binden würde, was durch die Vorschrift gerade verhindert werden soll (Henssler RNotZ 2010, 221, 230 f; vgl auch Erman/Grziwotz § 311b Rn 95; jurisPK-BGB/Ludwig § 311b Rn 448). Ob die Erteilung einer **Vollmacht** zum Abschluss eines Rechtsgeschäfts über den Nachlass eines lebenden Dritten ebenfalls von § 311b Abs 4 BGB umfasst ist, erweist sich demgegenüber als zweifelhaft (ebenso Grüneberg/Grüneberg § 311b Rn 71; Soergel/J Mayer § 311b Rn 264; MünchKommBGB/Ruhwinkel § 311b Rn 125; BeckOGK/Schreindorfer [1. 7. 2023] § 311b Rn 440). Jedenfalls von § 311b Abs 4 BGB erfasst wird ein schuldrechtliches Grundverhältnis der Vollmacht, das auf ein Rechtsgeschäft über den Nachlass eines noch lebenden Dritten gerichtet ist. Besteht mithin ein diesbezügliches Grundverhältnis, das den Vollmachtgeber zum Abschluss des Vertrages zwingt, ist dieses nichtig, sodass dasselbe auch für die hiermit verbundene Vollmacht gilt, wenn sie, wie regelmäßig, eine Geschäftseinheit mit dem Grundverhältnis bildet (s § 311b Abs 1 Rn 201). Unmittelbar ist damit die Vorschrift ausschließlich auf das jeweilige Grundverhältnis anzuwenden (s auch Soergel/J Mayer § 311b Rn 264; MünchKommBGB/Ruhwinkel § 311b Rn 125; BeckOGK/Schreindorfer [1. 7. 2023] § 311b Rn 440). Unabhängig davon ist aber auch eine isoliert erteilte

Vollmacht oder eine solche, die nicht auf einem entsprechenden bindenden Grundverhältnis beruht, in analoger Anwendung des § 311b Abs 4 BGB nichtig. Die entsprechende Anwendung der Vorschrift ergibt sich daraus, dass durch sie der Gesetzgeber ebenfalls die aus seiner Sicht sittlich anstößige Spekulation mit dem Ableben des Erblassers verhindern wollte (s Rn 4). Dieses Ziel trifft auch auf Vollmachten, die zu diesem Zweck erteilt werden, zu, sodass sie nach der Wertung der Norm von ihr erfasst sein müssen (im Ergebnis wie hier auch HENSSLER RNotZ 2010, 221, 230 f). Die Vorschrift ist aus diesem Grund auf sämtliche Vollmachten, die zum Abschluss solcher Geschäfte ermächtigen, entsprechend anzuwenden.

Nicht unter § 311b Abs 4 BGB fallen dagegen **Eheverträge** und **erbrechtliche** Verträge. Eheverträge sind vom Gesetz ausdrücklich zugelassen (§ 1408 BGB); antizipierte Auswirkungen auf den Nachlass eines Dritten durch entsprechende ehevertragliche Vereinbarungen sind daher vom Gesetzgeber gewollt. Das Gleiche gilt für erbrechtliche Verträge mit dem Erblasser selbst (§§ 1941, 2274 ff, 2346 BGB). Ebenso gestattet sind Verträge, mit denen eine Person **über ihr eigenes Vermögen** verfügt, wie § 311b Abs 3 BGB belegt. § 311b Abs 4 BGB befasst sich lediglich mit Verträgen über den Nachlass eines Dritten, nicht aber auch mit solchen über den eigenen Nachlass, weshalb Erbverträge bereits nach dem Wortlaut von der Vorschrift nicht umfasst sind (s auch ERMAN/GRZIWOTZ § 311b Rn 94; HENSSLER RNotZ 2010, 221, 231; BeckOGK/SCHREINDORFER [1. 7. 2023] § 311b Rn 453. 1). 10

Der Rechtsgedanke des § 311b Abs 4 BGB steht gleichermaßen – obwohl kein Vertrag vorliegt – nach Ansicht des BGH der Zulässigkeit einer **Feststellungsklage** um das Erbrecht nach noch lebenden Dritten entgegen (BGHZ 37, 137, 145; vgl auch RGZ 169, 98; zulässig dagegen eine Feststellungsklage zwischen Erblasser und Pflichtteilsberechtigten: RGZ 92, 1, der Erblasser ist hierbei nämlich kein Dritter; jurisPK-BGB/LUDWIG § 311b Rn 449; SOERGEL/J MAYER § 311b Rn 264; BeckOGK/SCHREINDORFER [1. 7. 2023] § 311b Rn 443). Auch ein **Vergleich** über die Wirksamkeit oder Nichtigkeit des Hauptvertrages ist nichtig, soweit der Hauptvertrag von Abs 4 erfasst wird (SOERGEL/J MAYER § 311b Rn 262). 11

3. Gegenstand

a) Nachlass

§ 311b Abs 4 S 1 BGB untersagt Verträge über den **Nachlass eines noch lebenden Dritten** allgemein. Die Norm ist damit weiter gefasst als die Regelung des § 311b Abs 5 BGB (vgl auch SOERGEL/J MAYER § 311b Rn 269), die neben dem auch in § 311b Abs 4 S 2 BGB erwähnten Pflichtteil lediglich die gesetzlichen Erbteile anspricht. Da der Nachlass über den Erbteil mithin erkennbar hinausgeht, ist die Vorschrift grundsätzlich weit zu verstehen (BeckOGK/SCHREINDORFER [1. 7. 2023] § 311b Rn 444; vgl auch jurisPK-BGB/LUDWIG § 311b Rn 458) und umfasst daher sämtliche Verträge, die eine Abhängigkeit zur zukünftigen Beteiligung am Nachlass eines noch lebenden Dritten herstellen (vgl jurisPK-BGB/LUDWIG § 311b Rn 458; BeckOGK/SCHREINDORFER [1. 7. 2023] § 311b Rn 444). Dabei ist es grundsätzlich ohne Belang, ob es sich um eine gesetzliche oder eine testamentarische Nachlassbeteiligung handelt (so auch BeckOGK/SCHREINDORFER [1. 7. 2023] § 311b Rn 444. 1), da § 311b Abs 4 S 1 BGB, anders als § 311b Abs 5 BGB (s Rn 36 ff), eine derartige Differenzierung nicht kennt (so schon Mot II 185). Grundsätzlich nicht von § 311b Abs 4 BGB umfasst sind dagegen Verträge mit dem 12

Nacherben, wenn der Erbfall **bereits eingetreten** ist (jurisPK-BGB/Ludwig § 311b Rn 452; Soergel/J Mayer § 311b Rn 265; MünchKommBGB/Ruhwinkel § 311b Rn 127; BeckOGK/Schreindorfer [1. 7. 2023] § 311b Rn 444. 3). Der Nacherbe kann sich in diesem Fall mithin zur Verfügung über sein Anwartschaftsrecht oder in anderer Weise über die Verfügung hinsichtlich des Nachlasses verpflichten, weil der Nacherbe nicht Erbe des Vorerben, sondern Erbe des Erblassers ist. Dieser ist in einer solchen Konstellation aber bereits verstorben, sodass § 311b Abs 4 BGB nicht eingreifen kann (Soergel/J Mayer § 311b Rn 265; MünchKommBGB/Ruhwinkel § 311b Rn 127). Für Schlusserben gelten derartige Überlegungen dagegen nicht, weil sie Erben des noch lebenden Ersterben sind und deshalb der Nachlass eines lebenden Dritten Gegenstand eines etwaigen Vertrages ist (so auch BGHZ 37, 319, 326; BeckOK-BGB/Gehrlein [1. 8. 2023] § 311b Rn 48; Erman/Grziwotz § 311b Rn 94; MünchKommBGB/Ruhwinkel § 311b Rn 127; BeckOGK/Schreindorfer [1. 7. 2023] § 311b Rn 444. 3).

13 Von § 311b Abs 4 S 1 BGB werden daher sämtliche Verträge, die sich auf die **Übertragung des gesamten Nachlasses** richten, erfasst (vgl Dutta ZfPW 2017, 34, 40 f; BeckOGK/Schreindorfer [1. 7. 2023] § 311b Rn 445). Dies gilt auch für einen Erbteil im Sinne des § 1922 Abs 2 BGB, sodass nicht nur der gesamte Nachlass, sondern auch die Stellung als Miterbe von der Anordnung betroffen ist (BeckOGK/Schreindorfer [1. 7. 2023] § 311b Rn 445; vgl Erman/Grziwotz § 311b Rn 94; MünchKommBGB/Ruhwinkel § 311b Rn 126). Vom Begriff des Nachlasses sind überdies **Bruchteile** an diesem oder an einer Miterbenstellung eingeschlossen, sodass es nicht darauf ankommt, dass eine Person sich zur Übertragung der gesamten ihr zustehenden Position verpflichtet (vgl BGHZ 26, 320; Erman/Grziwotz § 311b Rn 94; BeckOGK/Schreindorfer [1. 7. 2023] § 311b Rn 445. 1). Dies ergibt sich bereits aus dem Normzweck (s Rn 2 f), da in einer solchen Konstellation ebenfalls die Gefahr einer unerwünschten Spekulation sowie des anstößigen Verhaltens existiert (s auch BGHZ 26, 320, 324 f). Weil generell sämtliche Verträge von der Vorschrift eingeschlossen werden, sind auch Belastungen wie beispielsweise die Verpfändung oder die Gewährung eines Nießbrauchs an den genannten Gegenständen nicht möglich (s auch jurisPK-BGB/Ludwig § 311b Rn 467; iE ebenso BeckOK-BGB/Gehrlein [1. 8. 2023] § 311b Rn 47; Henssler RNotZ 2010, 221, 224; MünchKommBGB/Ruhwinkel § 311b Rn 124; BeckOGK/Schreindorfer [1. 7. 2023] § 311b Rn 439). § 311b Abs 4 S 1 BGB betrifft zudem den früheren **Erbersatzanspruch** gem § 1934a aF (Daniels 38; Palandt/Heinrichs [61. Aufl 1994] § 312 aF Rn 2), da dieser nach seinem Wesen an die Stelle der Nachlassbeteiligungen tritt und deshalb ebenso wie dieser zu behandeln ist (vgl Spellenberg FamRZ 1977, 185 ff). In der Folge sind auch Rechtsgeschäfte, die sich quotenmäßig am Erbersatzanspruch orientiert hatten, nichtig.

14 In der Folge können des Weiteren Vereinbarungen, die das **Erbrecht** selbst betreffen, nicht wirksam getroffen werden. Infolgedessen ist es unzulässig, vor dem Anfall der Erbschaft mit einem Dritten einen Vertrag darüber zu schließen, dass die Erbenstellung **ausgeschlagen** werden muss. Eine solche Abrede ist nach § 311b Abs 4 S 1 BGB nichtig (BeckOK-BGB/Gehrlein [1. 8. 2023] § 311b Rn 47; Grüneberg/Grüneberg § 311b Rn 70; Soergel/J Mayer § 311b Rn 263; MünchKommBGB/Ruhwinkel § 311b Rn 124). Dasselbe gilt für eine Verpflichtung zum Abschluss oder zur Aufhebung eines **Erbvertrags** oder eines vereinbarten **Zuwendungsverzichts** mit dem Erblasser (BGHZ 37, 319, 328; Soergel/J Mayer § 311b Rn 263; NK-BGB/Ring § 311b Rn 93; BeckOGK/Schreindorfer [1. 7. 2023] § 311b Rn 444. 2). Dabei kommt es richtigerweise nicht darauf an, ob der Erbvertrag ein Vermächtnis oder eine Erbeinsetzung enthält, da in beiden Fällen der

Nachlass betroffen ist und daher die Vorschrift eingreift. Bedeutungslos ist ferner, ob der Erbvertrag auch letztwillige Verfügungen des Verpflichteten enthält, sodass auch ein lediglich durch die Vereinbarung Begünstigter sich nicht einem Dritten gegenüber zur Aufhebung oder zum Abschluss verpflichten kann (ebenso BeckOGK/Schreindorfer [1. 7. 2023] § 311b Rn 444. 2).

Ausgehend vom Zweck der Vorschrift, spekulative Geschäfte zu verhindern und eine anstößige Behandlung des Vermögens noch lebender Dritter nicht aufkommen zu lassen (s Rn 2 ff), unterbindet § 311b Abs 4 S 1 BGB auch solche Geschäfte, bei denen eine zu erbringende Leistung in **Abhängigkeit vom Umfang oder dem Inhalt eines späteren Nachlasses** bestimmt wird (BGHZ 26, 320, 325; Grüneberg/Grüneberg § 311b Rn 70; jurisPK-BGB/Ludwig § 311b Rn 460; MünchKommBGB/Ruhwinkel § 311b Rn 129; BeckOGK/Schreindorfer [1. 7. 2023] § 311b Rn 448). Auch insoweit handelt es sich um ein Geschäft über den Nachlass, da dieser zwar nicht unmittelbar selbst betroffen ist, allerdings zum Gradmesser der Verpflichtung gemacht und damit eine mittelbare Anknüpfung an diesen gewählt wird. Erfasst sind daher vor allem solche Vereinbarungen, bei denen ein quotenmäßiger Anteil des Nachlasses geschuldet ist (BGHZ 26, 320, 325; BeckOK-BGB/Gehrlein [1. 8. 2023] § 311b Rn 48; jurisPK-BGB/Ludwig § 311b Rn 460; Soergel/J Mayer § 311b Rn 264) oder sich die Gegenleistung im Umfang des Nachlasses prozentual erhöhen oder vermindern soll (BGHZ 26, 320, 325; BeckOK-BGB/Gehrlein [1. 8. 2023] § 311b Rn 48; jurisPK-BGB/Ludwig § 311b Rn 460; Soergel/J Mayer § 311b Rn 264). Das Gleiche hat zu gelten, wenn ein Stufensystem vereinbart wird, also die Anknüpfung an den Nachlass nicht linear, sondern aufgrund bestimmter Schwellenwerte vereinbart ist. Dabei kommt es nicht darauf an, ob sich die Regelung darauf richtet, dass bestimmte Gegenstände des Nachlasses in Natur übertragen werden müssen, oder ob es sich lediglich um eine wertmäßige Bestimmung handelt (BGHZ 26, 320, 329). **15**

Grundsätzlich zulässig ist dagegen eine Verpflichtung über einen **einzelnen Gegenstand** oder mehrere einzelne Gegenstände des Nachlasses (allgA; RG LZ 1924, 587; BGHZ 26, 320, 325; Dutta ZfPW 2017, 34, 41; BeckOK-BGB/Gehrlein [1. 8. 2023] § 311b Rn 48; Henssler RNotZ 2010, 221, 225 f; Soergel/J Mayer § 311b Rn 265; vProff ZEV 2013, 183, 185; NK-BGB/Ring § 311b Rn 96; MünchKommBGB/Ruhwinkel § 311b Rn 128; BeckOGK/Schreindorfer [1. 7. 2023] § 311b Rn 446; **aA** jurisPK-BGB/Ludwig § 311b Rn 467). Insoweit unterscheidet sich die Situation aus Sicht des Verpflichteten nicht von jeder anderen Verpflichtung über einen Gegenstand, der sich noch nicht in seinem Zugriff befindet. Der **spekulative Charakter** ist nicht höher, als wenn der Verkauf einer Sache vereinbart wird, die bislang noch nicht erworben worden ist. In sämtlichen Situationen besteht für den Verpflichteten das Risiko, dass er den versprochenen Gegenstand nicht erwerben kann, sodass er nicht leistungsfähig ist und sich damit gegebenenfalls schadensersatzpflichtig macht. Es ist daher kein spezifisches spekulatives Element der Vereinbarung immanent, sodass der Normzweck des § 311b Abs 4 BGB nicht eingreift (vgl Henssler RNotZ 2010, 221, 226 f; BeckOGK/Schreindorfer [1. 7. 2023] § 311b Rn 446. 1; s zudem Dutta ZfPW 2017, 34, 41). Eine besondere sittliche Anstößigkeit, die die Anwendung der Norm rechtfertigen würde, ist selbst dann nicht gegeben, wenn die Wirksamkeit des Vertrags auf den Erwerb des Gegenstandes bedingt ist, weil eine solche Konstellation sich nicht vom noch geplanten Erwerb auf anderem Weg unterscheidet. Auch falls die Verpflichtung auf den Eintritt der Erbenstellung bedingt ist, ist § 311b Abs 4 S 1 BGB nicht anzuwenden, weil sich zwar die Anstößigkeit noch bejahen ließe, da der Anfall des Nachlasses selbst Gegenstand des Rechts- **16** geschäfts ist, allerdings fehlt es dennoch an dem spekulativen Element, sodass der Normzweck, der zugleich hiervor schützen will, dennoch nicht betroffen ist. Vor diesem Hintergrund sind ebenfalls Vereinbarungen über **Abfindungsvereinbarungen** oder Wertfestsetzungen vor dem Anfall der Erbschaft zulässig, wenn sie sich lediglich **auf einen oder einzelne Gegenstände** beziehen (BGH DNotZ 1960, 382 ff; Henssler RNotZ 2010, 221, 227 f; BeckOGK/Schreindorfer [1. 7. 2023] § 311b Rn 446.2). Einer antizipierten Erbauseinandersetzung im Hinblick auf einen Gegenstand steht somit § 311b Abs 4 BGB nicht im Wege.

17 Dieselben Grundsätze greifen, wenn es sich nicht um einen einzelnen körperlichen Gegenstand, sondern um eine feststehende **Geldsumme** handelt (s auch BGHZ 26, 320, 325; Henssler RNotZ 2010, 221, 227; BeckOGK/Schreindorfer [1. 7. 2023] § 311b Rn 447). Eine derartige Vereinbarung kann gleichermaßen getroffen werden, ohne dass § 311b Abs 4 BGB eingreift. Dies gilt auch dann, wenn die Verpflichtung im Hinblick auf die Erwartung einer künftigen Erbschaft eingegangen wird (s auch BeckOGK/Schreindorfer [1. 7. 2023] § 311b Rn 447; vgl zudem Soergel/J Mayer § 311b Rn 266) oder objektiv nur erfüllt werden kann, wenn dem Verpflichteten ein entsprechender Nachlass zufällt (BeckOGK/Schreindorfer [1. 7. 2023] § 311b Rn 447). Maßgeblich ist jedoch, dass die entsprechende Verpflichtung bereits betragsmäßig bestimmt ist und nicht von der Höhe des Nachlasses abhängt (s Rn 15). Andernfalls besteht gleichwohl ein spekulatives Element, das den Umfang der Verpflichtung im Vorfeld nicht eindeutig bestimmbar macht, sodass der Normzweck betroffen ist (iE auch BeckOGK/Schreindorfer [1. 7. 2023] § 311b Rn 447; vgl auch Henssler RNotZ 2010, 221, 227). Bei einer betragsmäßig festgelegten Forderung besteht dagegen kein größeres spekulatives Element als bei der Verpflichtung zur Übertragung eines Gegenstands aus dem Nachlass (s Rn 16). In beiden Fällen existiert zwar das Risiko, dass der Gegenstand nicht erworben wird oder die Verbindlichkeit nicht bedient werden kann, allerdings sind Art und Umfang der Verpflichtung klar bestimmt und unterliegen daher keiner Schwankung, die von dem Inhalt des Nachlasses abhängt (Henssler RNotZ 2010, 221, 227). Zulässig sind daher auch Vereinbarungen, in der die Zahlung einer festen **Rente** versprochen wird (BGHZ 26, 320, 325; Grüneberg/Grüneberg § 311b Rn 71; Henssler RNotZ 2010, 221, 227; Soergel/J Mayer § 311b Rn 265; BeckOGK/Schreindorfer [1. 7. 2023] § 311b Rn 447.2), wobei es ohne Belang ist, ob diese auf Lebensdauer des Begünstigten vereinbart ist oder ob sie eine bestimmte Laufzeit hat. Betragsmäßig bestimmte **Sicherungsgeschäfte**, insbesondere **Bürgschaften** und **Garantien**, sind gleichermaßen nicht von der Vorschrift umfasst (ebenso Grüneberg/Grüneberg § 311b Rn 71; Henssler RNotZ 2010, 221, 230; Soergel/J Mayer § 311b Rn 266; NK-BGB/Ring § 311b Rn 95; MünchKommBGB/Ruhwinkel § 311b Rn 129; BeckOGK/Schreindorfer [1. 7. 2023] § 311b Rn 447.1; **aA** Erman/Grziwotz § 311b Rn 95; Kulke ZEV 2000, 298: analoge Anwendung; jurisPK-BGB/Ludwig § 311b Rn 462; Tiedemann NJW 2000, 192; der BGH [NJW 1999, 58] und ihm folgend Tiedtke NJW 1999, 1209 behandeln diesen Fall nur unter dem Gesichtspunkt des § 138 BGB). Dies gilt gleichfalls, wenn die Zahlungs- oder Sicherungsverpflichtung durch den Eintritt des Erbfalls oder die Erlangung des Nachlasses **bedingt** ist (Henssler RNotZ 2010, 221, 230; Soergel/J Mayer § 311b Rn 266; MünchKommBGB/Ruhwinkel § 311b Rn 129; BeckOGK/Schreindorfer [1. 7. 2023] § 311b Rn 447.1), da es zwar auch dann zu einer möglichen Anstößigkeit dadurch kommt, dass der Nachlass eines noch lebenden Dritten Gegenstand des Vertrags ist, allerdings fehlt es an dem spekulativen Element, sodass der Normzweck nicht berührt ist (s auch schon Rn 16).

Etwas anderes muss allerdings dann gelten, wenn die **Zahlungspflicht** auf den **Wert des Nachlasses** beschränkt wird (s auch Grüneberg/Grüneberg § 311b Rn 71; so wohl auch BeckOGK/Schreindorfer [1. 7. 2023] § 311b Rn 447. 1; **aA** Henssler RNotZ 2010, 221, 230; MünchKommBGB/Ruhwinkel § 311b Rn 129; ebenso noch Staudinger/Schumacher [2018] § 311b Abs 4 und § 311b Abs 5 Rn 15). In diesem Fall existiert ein **spekulatives Element**, da die konkrete Höhe der Zahlungsverpflichtung weder für den Berechtigten noch für den Verpflichteten im Vorfeld feststeht oder erkennbar ist. Vielmehr variiert der Inhalt der Verpflichtung nach dem Umfang des Nachlasses, sodass eine unmittelbare Abhängigkeit hiervon besteht und deshalb § 311b Abs 4 S 1 BGB anwendbar ist; die dort angeordnete Nichtigkeitssanktion tritt folglich ebenfalls für eine derartige Abrede ein. 18

Richtigerweise handelt es sich auch dann um einen Vertrag über einzelne Gegenstände, wenn hierdurch der aktuelle Bestand des Nachlasses **tatsächlich oder wirtschaftlich erschöpft** wird, soweit die Gegenstände isoliert aufgeführt sind (Blomeyer FamRZ 1974, 421 ff; Damrau ZErb 2004, 206, 210; Daniels 51; Henssler RNotZ 2010, 221, 225 f; Dutta ZfPW 2017, 34, 41 f; Kaufhold ZEV 1996, 454, 456; Limmer DNotZ 1998, 927, 934; vProff ZEV 2013, 183, 185; BeckOGK/Schreindorfer [1. 7. 2023] § 311b Rn 446 f; **aA** aber OGHBrZ 2, 114 ff; BGHZ 26, 320, 325; BGH MDR 1960, 575; Grüneberg/Grüneberg § 311b Rn 71; Erman/Grziwotz § 311b Rn 94; BeckOK-BGB/Gehrlein [1. 8. 2023] § 311b Rn 48; Kulke ZEV 2000, 298, 302). Dies ergibt sich schon daraus, dass bei einer konkreten Auflistung der einzelnen Gegenstände die eingegangene Verpflichtung für beide Seiten **überschaubar** ist und daher der nach dem Zweck des § 311b Abs 4 S 1 BGB zu vermeidende spekulative Charakter nicht gegeben ist (vgl BeckOGK/Schreindorfer [1. 7. 2023] § 311b Rn 446. 1). Darüber hinaus ist zu beachten, dass bei einer derartigen Auflistung gerade kein Vertrag über **den Nachlass** vorliegt, da aufgrund der fortbestehenden Verfügungsmöglichkeit des zukünftigen Erblassers oder seiner gesetzlichen oder gewillkürten Vertreter offen ist, ob die bezeichneten Gegenstände noch zum Vermögen des Erblassers im Moment des Erbfalls gehören oder ob weitere Gegenstände hinzukommen. Nicht zuletzt besteht für den Erwerber, der häufig den Nachlass nicht vollständig überblicken wird, bei Zugrundelegung der Gegenansicht das Risiko einer ihm unbewussten Nichtigkeit, wenn er meint, lediglich einzelne Gegenstände zu erwerben, diese aber tatsächlich den Nachlass insgesamt erschöpfen. Schon aus diesen, die **Rechtssicherheit** erheblich gefährdenden Risiken kann die gegenteilige Auffassung nicht überzeugen. Ergibt allerdings die **Auslegung der Vereinbarung** der Beteiligten, dass sie in Wahrheit einen Vertrag über den gesamten Nachlass schließen wollten und diesen lediglich bewusst oder unbewusst dadurch verdeckt haben, dass sie die Gegenstände isoliert aufführen, greift § 311b Abs 4 S 1 BGB gleichwohl ein (BeckOGK/Schreindorfer [1. 7. 2023] § 311b Rn 446). Insoweit kommt es nach §§ 133, 157 BGB nicht auf den Wortlaut der Vereinbarung, sondern auf das von den Parteien tatsächlich Gewollte an. 19

b) Pflichtteil

Gemäß § 311b Abs 4 S 2 BGB werden von der Nichtigkeitssanktion ferner **Verträge über den Pflichtteil** nach einer noch lebenden Person umfasst. Dies schließt neben einem Vertrag über den **gesamten Pflichtteil** ebenso wie beim Nachlass auch solche über einen **Bruchteil** oder eine entsprechende **Quote** am Pflichtteil ein (BeckOGK/Schreindorfer [1. 7. 2023] § 311b Rn 450). Ohne Belang ist es, ob durch die Vereinbarung das Pflichtteilsrecht als solches oder der hieraus resultierende Anspruch betroffen werden soll (jurisPK-BGB/Ludwig § 311b Rn 468; vgl BeckOGK/Schreindorfer [1. 7. 2023] 20

§ 311b Rn 449; zur Differenzierung ausf HENSSLER RNotZ 2010, 221, 229). Ausgeschlossen sind in der Konsequenz auch Vereinbarungen zwischen einem Pflichtteilsberechtigten und einem Dritten, soweit nicht § 311b Abs 5 BGB eingreift, wonach es dem Pflichtteilsberechtigten untersagt sein soll, seine insoweit bestehenden Ansprüche geltend zu machen (s auch HENSSLER RNotZ 2010, 221, 229; vPROFF ZEV 2013, 183, 185; BeckOGK/SCHREINDORFER [1. 7. 2023] § 311b Rn 451). Ebenso muss ein *pactum de non petendo*, also eine Vereinbarung, keine gerichtliche Klage zu erheben, in Bezug auf den Pflichtteil nach § 311b Abs 4 BGB nichtig sein.

21 Umstritten ist, ob eine **gegenständlich beschränkte Vereinbarung** über den Pflichtteil derart mit einem Dritten möglich ist, dass der Pflichtteilsberechtigte sich gegenüber einem beschenkten Dritten dazu verpflichtet, etwaige Pflichtteilsergänzungsansprüche nicht geltend zu machen (s dazu HENSSLER RNotZ 2010, 221, 229). Dies wird teilweise mit Verweis darauf bejaht, dass auch eine Verfügung über einzelne Gegenstände selbst dann zulässig ist, wenn diese erst durch den Anfall des Nachlasses erworben werden sollen (DANIELS 56; vgl auch NIEDER/KÖSSINGER/KÖSSINGER, Handbuch der Testamentsgestaltung, § 19 Rn 68; s auch Rn 16). Richtigerweise kann eine solche Vereinbarung aber **nicht gestattet** werden. Dies ergibt sich schon daraus, dass es einen isolierten Pflichtteilsverzicht bezogen auf lediglich einen Gegenstand nicht geben kann (so auch BeckOGK/SCHREINDORFER [1. 7. 2023] § 311b Rn 451; s zudem HENSSLER RNotZ 2010, 221, 229; jurisPK-BGB/LUDWIG § 311b Rn 468, der jedoch differenzieren will; MünchKommBGB/RUHWINKEL § 311b Rn 131). Die Bezeichnung des gegenständlich beschränkten Pflichtteilsverzichts ist insoweit ungenau, da insoweit stets auf einen Teil des Pflichtteilsergänzungsanspruchs verzichtet wird, indem ein bestimmter Gegenstand aus der Berechnungsgrundlage eliminiert wird (vgl auch HENSSLER RNotZ 2010, 221, 229; MünchKommBGB/RUHWINKEL § 311b Rn 131; BeckOGK/SCHREINDORFER [1. 7. 2023] § 311b Rn 451). Damit wird jedoch nicht auf einen einzelnen Gegenstand des Pflichtteilsanspruchs verzichtet, sondern dieser wird derart modifiziert, dass er sich nur aus einem geringeren Gesamtvermögen berechnet. Damit ist jedoch ein **Teilverzicht auf den Pflichtteilsergänzungsanspruch verbunden**, der von § 311b Abs 4 S 2 BGB untersagt wird (ähnl Henssler RNotZ 2010, 221, 229; jurisPK-BGB/LUDWIG § 311b Rn 468). Darüber hinaus handelt es sich auch bei einer derartigen Gestaltung um ein **spekulatives Geschäft**, da unklar ist, wie hoch der Pflichtteilsergänzungsanspruch im Ergebnis tatsächlich sein wird. Dies hängt von verschiedenen Faktoren, insbesondere dem Restvermögen des Erblassers sowie einer eventuellen Erbeinsetzung oder dem Zuweisen eines Vermächtnisses und nicht zuletzt von der Möglichkeit der Abschmelzung nach § 2325 Abs 3 BGB, ab. In der Konsequenz führt dies dazu, dass zum Zeitpunkt des Vertragsschlusses nicht absehbar ist, wie hoch ein etwaiger Pflichtteilsergänzungsanspruch tatsächlich ausfallen wird, sodass eine entsprechende Vereinbarung aleatorisch ist. Gerade dies will § 311b Abs 4 BGB aber verhindern, sodass sein Schutzzweck tangiert ist und die Norm daher auf einen solchen Fall angewendet werden muss (iE auch BeckOGK/SCHREINDORFER [1. 7. 2023] § 311b Rn 451). Kein Gegenargument lässt sich allerdings aus der Vorschrift des § 2348 BGB gewinnen (**aA** BeckOGK/SCHREINDORFER [1. 7. 2023] § 311b Rn 451). Dass der Pflichtteilsverzichtsvertrag mit dem Erblasser der notariellen Form bedarf, stellt kein Hindernis für die Anerkennung eines Vertrages mit einem Dritten über einen gegenständlichen Pflichtteilsverzicht dar, weil drohende Wertungswidersprüche durch eine analoge Anwendung der Vorschrift verhindert werden könnten (so auch NIEDER/KÖSSINGER/KÖSSINGER, Handbuch der Testamentsgestaltung, § 19 Rn 68).

c) Vermächtnisse

§ 311b Abs 4 S 2 BGB stellt neben dem Vertrag über den Pflichtteil auch einen Vertrag über ein **Vermächtnis** dem Vertrag über den Nachlass eines noch lebenden Dritten gleich und belegt derartige Vereinbarungen mit dem Verdikt der **Nichtigkeit**. Der Wortlaut umfasst dabei beliebige Vermächtnisse, sodass es hiernach nicht darauf ankommt, ob sich das Vermächtnis auf einzelne Gegenstände, einen wertmäßigen Bruchteil des Vermögens oder eine sonstige Zuwendung bezieht (MünchKommBGB/Ruhwinkel § 311b Rn 131; s auch BeckOGK/Schreindorfer [1. 7. 2023] § 311b Rn 452). **22**

Eine verbreitete Ansicht will allerdings gleichwohl die Vorschrift **teleologisch reduzieren** und einen Vertrag über ein Vermächtnis dann zulassen, wenn sich das Vermächtnis auf einen **konkreten** oder **einzelne bestimmte Gegenstände** richtet (Damrau ZErb 2004, 206, 212; Daniels 51 ff; Nieder/Kössinger/Kössinger, Handbuch der Testamentsgestaltung, § 19 Rn 60b; Odemer ZEV 2021, 414, 415 f; BeckOGK/Schreindorfer [1. 7. 2023] § 311b Rn 452). Es fehle am spekulativen Charakter, soweit der Inhalt des Vermächtnisses bereits abzusehen sei (BeckOGK/Schreindorfer [1. 7. 2023] § 311b Rn 452), sodass der Schutzzweck der Norm nicht betroffen sei, weil die Verpflichtung überschaubar sei und daher den Verpflichteten kein spezifisches Risiko treffe (s auch Limmer DNotZ 1998, 927, 936; Odemer ZEV 2021, 414, 416). Ebenfalls sei es widersprüchlich, eine Verpflichtung über einzelne Gegenstände aus dem Nachlass zu gestatten, einen Vertrag über ein Vermächtnis selbst, das lediglich einen oder mehrere konkret individualisierte Gegenstände umfasse, dagegen als nichtig zu behandeln (vProff ZEV 2013, 183, 185; vgl BeckOGK/Schreindorfer [1. 7. 2023] § 311b Rn 452). **23**

Obgleich die Argumente zu Überschaubarkeit und damit zum Schutzzweck der Norm nicht von der Hand zu weisen sind, **scheidet eine teleologische Reduktion** schon aus methodischen Gründen **aus** (jurisPK-BGB/Ludwig § 311b Rn 470; MünchKommBGB/Ruhwinkel § 311b Rn 131; so wohl auch Soergel/J Mayer § 311b Rn 264). Eine derartige Rechtsfortbildung kommt nur in Betracht, wenn der Wortlaut der Norm *planwidrig* zu weit greift und daher im Widerspruch zur gesetzgeberischen Intention den Normzweck überschreitet (Meier/Jocham JuS 2016, 392, 395). Dies kann für § 311b Abs 4 S 2 BGB allerdings nicht unterstellt werden. Die Behauptung, dass der Gesetzgeber planwidrig bei der Gestaltung des Wortlauts gehandelt hat, da ihm die Möglichkeit eines Vermächtnisses über Einzelgegenstände nicht bewusst war, erscheint kaum begründbar. Auch wenn die Auffassung des Gesetzgebers sachlich kaum zu rechtfertigen erscheint, dürfte es ausgeschlossen sein, dass ihm nicht bewusst war, dass er durch die Fassung der Vorschrift auch Vermächtnisse über Einzelgegenstände erfasst. Da dies mithin ersichtlich beabsichtigt geschah, ist die Auffassung der Legislative durch den Rechtsanwender als offensichtlich gewollt hinzunehmen (s zur Bindung an Recht und Gesetz im Rahmen der Rechtsfortbildung Jocham, Die Grenzen der richterlichen Rechtsfortbildung im Privatrecht [2021] 80 ff). Eine teleologische Reduktion scheidet mithin schon aus diesem Grund aus (s auch jurisPK-BGB/Ludwig § 311b Rn 470). Letztlich ist zudem auch ein **spekulatives Element** bei einem Vertrag über ein Vermächtnis nicht gänzlich zu verneinen, da das Vermächtnis als solches stets unsicher ist. Soweit es sich nicht um ein Verschaffungsvermächtnis handelt, bleibt bis zum Erbfall unklar, ob der Gegenstand noch im Vermögen vorhanden ist, sodass schon aus diesem Grund das Vermächtnis potenziell ins Leere gehen kann. Darüber hinaus kann zumindest dann, wenn das Vermächtnis nicht gegenüber dem Berechtigten bindend durch Erbvertrag angeordnet ist, eine Änderung durch den Erblasser jederzeit erfolgen, sodass der **24**

Anfall des Vermächtnisses auch deshalb nicht sicher ist. Verpflichtet sich dagegen eine Person zur Übertragung eines einzelnen Gegenstandes, ist zumindest der Inhalt der entsprechenden Verpflichtung unzweifelhaft, sodass insoweit ebenfalls ein Unterschied im Verhältnis zu einem Vertrag über ein Vermächtnis besteht.

25 Wird ein nach § 311b Abs 4 S 2 BGB nichtiger Vertrag über ein Vermächtnis vereinbart, kann dieser allerdings nach § 140 BGB **umgedeutet** werden in einen solchen über den *Inhalt* des Vermächtnisses, wenn dieses sich lediglich auf einen oder auf einzelne Gegenstände bezieht (Henssler RNotZ 2010, 221, 228). Ein derartiger Vertrag ist wirksam (s Rn 16) und kann daher zulässig vereinbart werden. Regelmäßig entspricht dies auch dem **Willen der Beteiligten**, dass sie typischerweise nicht über das Vermächtnis als solches, sondern allein über den vermachten Gegenstand verfügen wollen. Lässt sich dies mit ausreichender Sicherheit feststellen, so bedarf es noch nicht einmal einer Umdeutung, da bereits eine entsprechende **Auslegung** der dann nur ungenauen textlichen Vereinbarung zu diesem Ergebnis führt (s zum Verhältnis von Auslegung und Umdeutung: Staudinger/Roth [2020] § 140 Rn 7 f).

26 Keinen Fall des § 311b Abs 4 S 2 BGB stellt darüber hinaus eine Vereinbarung mit einem Dritten dar, wonach sich die eine Seite dazu verpflichtet, eine **Zuwendung unter Lebenden** nicht anzunehmen oder im Falle der Zuwendung mit dem Gegenstand in einer bestimmten Weise zu verfahren. Insoweit liegt bereits kein Vermächtnis vor, da es sich nicht um einen Erwerb von Todes wegen handelt, sodass die Intention des § 311b Abs 4 S 2 BGB von vornherein nicht tangiert ist (BGH BeckRS 1977, 31116481; jurisPK-BGB/Ludwig § 311b Rn 458; MünchKommBGB/Ruhwinkel § 311b Rn 130; BeckOGK/Schreindorfer [1. 7. 2023] § 311b Rn 452. 2).

4. Dritter

27 **Dritter** im Sinne der Vorschrift ist jede Person, die **nicht am Schuldverhältnis beteiligt ist** (BeckOGK/Schreindorfer [1. 7. 2023] § 311b Rn 453). Infolgedessen fallen Verträge mit dem Erblasser, bspw Erbverträge, Pflichtteilsverzichte oder Zuwendungsverzichte, von vornherein nicht in den Anwendungsbereich der Vorschrift (BeckOGK/Schreindorfer [1. 7. 2023] § 311b Rn 453. 1). Dass sie nicht verboten sein können, ergibt sich zudem daraus, dass das Gesetz explizit gestattet (s Rn 10). Bedeutungslos ist demgegenüber eine **Zustimmung des Erblassers** zum Vertrag, da die Regelung des § 311b Abs 4 BGB auch die Beteiligten schützt und deshalb nicht zur Disposition des Erblassers steht (s Rn 5). Ohne Bedeutung ist, ob den Parteien die Person des Dritten **bekannt** ist oder ob sie diese individualisiert haben (BeckOK-BGB/Gehrlein [1. 8. 2023] § 311b Rn 49; MünchKommBGB/Ruhwinkel § 311b Rn 132; BeckOGK/Schreindorfer [1. 7. 2023] § 311b Rn 456; vgl Erman/Grziwotz § 311b Rn 95; Soergel/J Mayer § 311b Rn 268). Unzulässig ist daher auch eine Verpflichtung in der Weise, dass diese sich auf den Nachlass, den Pflichtteil oder ein Vermächtnis eines **beliebigen Erblassers** in der Zukunft bezieht (vgl Mot II 186). Nicht relevant ist ferner, ob der Erblasser im In- oder Ausland lebt (RG WarnR 1918 Nr 147; BeckOK-BGB/Gehrlein [1. 8. 2023] § 311b Rn 49; Erman/Grziwotz § 311b Rn 95; MünchKommBGB/Ruhwinkel § 311b Rn 132; BeckOGK/Schreindorfer [1. 7. 2023] § 311b Rn 456). Unwirksam ist eine Vereinbarung auch dann, wenn der Dritte, der in den Blick genommen wird, zum Zeitpunkt der Vereinbarung noch nicht geboren wurde, weil die Vorschrift auf derartige Fälle analog anzuwenden ist. Zwar umfasst der Wortlaut eine solche Anwendung nicht, allerdings ist der

Schutzzweck des Gesetzes in gleicher Weise erfüllt, da es ausschließlich darauf ankommt, ob der Erbfall bereits eingetreten ist, was auch dann nicht der Fall ist, wenn der Dritte bislang noch nicht geboren wurde (iE ebenso Erman/Grziwotz § 311b Rn 95; BeckOGK/Schreindorfer [1. 7. 2023] § 311b Rn 455).

5. Zeitpunkt

Maßgeblich für die Bestimmung des Eingreifens von § 311b Abs 4 BGB ist grundsätzlich der **Zeitpunkt des Vertragsschlusses** (vgl jurisPK-BGB/Ludwig § 311b Rn 450; Soergel/J Mayer § 311b Rn 268). In diesem Moment muss feststehen, ob der Vertrag nichtig oder wirksam ist. Es kommt daher entscheidend darauf an, ob der Vertragsschluss in einem Moment erfolgt, zu dem der Dritte noch lebt. Die Regelung des **§ 9 VerschG** hat dabei keine Bedeutung, da sie den Tod lediglich vermutet, sodass aus ihr die Zulässigkeit eines Vertrags in Abweichung von § 311b Abs 4 BGB nicht abgeleitet werden kann (Henssler RNotZ 2010, 221, 225; BeckOGK/Schreindorfer [1. 7. 2023] § 311b Rn 457. 3). 28

Fraglich ist allerdings, wie mit **Irrtumskonstellationen** zu verfahren ist. Kein Irrtum liegt vor, wenn beide Parteien *wissen*, dass der Dritte noch lebt, obwohl er *fälschlich* für tot erklärt wurde (jurisPK-BGB/Ludwig § 311b Rn 454). In diesem Fall liegt ein Vertrag über den Nachlass eines lebenden Dritten vor, sodass die Vereinbarung § 311b Abs 4 BGB unterfällt. Die überwiegende Ansicht geht davon aus, dass es bei einem gemeinsamen Irrtum maßgeblich auf die **Vorstellung der Beteiligten** ankommen soll (RGZ 93, 297; BeckOK-BGB/Gehrlein [1. 8. 2023] § 311b Rn 49; Erman/Grziwotz § 311b Rn 95; Henssler RNotZ 2010, 221, 225; jurisPK-BGB/Ludwig § 311b Rn 454; vProff ZEV 2013, 183, 184; BeckOGK/Schreindorfer [1. 7. 2023] § 311b Rn 457). Gehen die Beteiligten übereinstimmend **irrtümlich** davon aus, dass der **Dritte noch lebt**, ist dieser aber in Wahrheit bereits verstorben, soll mithin der Vertrag gleichwohl nichtig sein (RGZ 93, 297; BeckOK-BGB/Gehrlein [1. 8. 2023] § 311b Rn 49; Erman/Grziwotz § 311b Rn 95; Henssler RNotZ 2010, 221, 225; vProff ZEV 2013, 183, 184; BeckOGK/Schreindorfer [1. 7. 2023] § 311b Rn 457). Dies überzeugt gerade vor dem Schutzzweck der Vorschrift, der einerseits anstößige Geschäfte über den Nachlass Lebender verhindern, andererseits auch Spekulationen in diesem Bereich unterbinden will (s Rn 2). Beide Ziele werden auch dann berührt, wenn der Dritte entgegen der Annahme der Beteiligten bereits verstorben ist. In diesem Fall erscheint das Geschäft zwar nicht *objektiv* anstößig, allerdings verbleibt es bei der *subjektiven*, von den Parteien beabsichtigten und durch das Gesetz missbilligten Zielsetzung (s auch MünchKommBGB/Ruhwinkel § 311b Rn 134). Darüber hinaus ist aber auch ein spekulativer Charakter gegeben, weil die Beteiligten zum Zeitpunkt des Vertragsschlusses keine Kenntnis vom Inhalt des Nachlasses haben können, da für sie noch nicht einmal die Chance bestand, dessen aktuellen Umfang zur Kenntnis zu nehmen, und daher insoweit der Schutzzweck der Vorschrift betroffen ist. Dies rechtfertigt es, die Vorschrift analog anzuwenden, wenn zwar objektiv der Nachlass eines Verstorbenen Gegenstand der Vereinbarung ist, die Beteiligten allerdings subjektiv davon ausgingen, einen Vertrag über den Nachlass eines Lebenden zu schließen. Mit einem derartigen Verständnis der Norm wird zudem nur die Rechtslage nachvollzogen, von der die Beteiligten nach ihrer Zielrichtung ohnehin auszugehen hatten. Sie sind insoweit nicht schutzwürdig, weil sie sich bewusst auf ein grundsätzlich 29 nichtiges Geschäft eingelassen haben und der Eintritt der Rechtsfolge demnach ausschließlich ihrer eigenen Planung entspricht.

30 Geht man von diesen Grundsätzen aus, müsste der Vertrag im **umgekehrten Fall**, in dem die Beteiligten übereinstimmend meinen, der **Dritte sei bereits verstorben**, obwohl er in Wahrheit noch am Leben ist, wirksam sein, da es den Parteien an der subjektiven Zielrichtung fehlt (anders aber Daniels 72 ff, der allein die objektive Lage betrachtet; diese Konsequenz ausdrücklich ziehend: jurisPK-BGB/Ludwig § 311b Rn 454; BeckOGK/Schreindorfer [1. 7. 2023] § 311b Rn 457; in der Sache offenbar ebenfalls BeckOK-BGB/Gehrlein [1. 8. 2023] § 311b Rn 49; Erman/Grziwotz § 311b Rn 95; Henssler RNotZ 2010, 221, 225; vProff ZEV 2013, 183, 184). Ein solches Verständnis deckt sich allerdings nicht mit dem **Wortlaut** der Norm, die allein darauf Bezug nimmt, ob über den Nachlass eines lebenden Dritten ein Vertrag geschlossen wird, was in einer solchen Konstellation unzweifelhaft der Fall ist. Wirksam könnte der Vertrag daher nur sein, wenn die Vorschrift **teleologisch reduziert** werden könnte. Hierfür wäre aber ein planwidriges Zuweitgreifen des Wortlauts erforderlich, das vom Schutzzweck nicht mehr gedeckt ist (Meier/Jocham JuS 2016, 392, 394). Betrachtet man das Ziel der Vorschrift, so soll sie davor schützen, dass anstößige Geschäfte über den Nachlass eines Lebenden erfolgen und es zu einer Spekulation in diesem Bereich kommt (s Rn 2). Beide Aspekte werden aber auch dann tangiert, wenn die Beteiligten irrtümlich davon ausgehen, dass der Dritte bereits verstorben ist. Objektiv liegt gleichwohl eine Vereinbarung über den Nachlass eines Lebenden vor, sodass sich auch die objektive Anstößigkeit der Gestaltung nicht bestreiten lässt. Daran ändert der Umstand, dass den Beteiligten nicht bekannt ist, dass der Dritte noch lebt, nichts, da es sich erkennbar dennoch um ein missbilligtes Geschäft handelt. Wollte man mit der hM den Willen der Beteiligten für beachtlich halten, würde in der Sache die Norm um ein ungeschriebenes Merkmal des Vorsatzes erweitert. Ein derartiges subjektives Merkmal ist aber richtigerweise schon im originären Anwendungsbereich des § 138 Abs 1 BGB nicht zu verlangen (s Staudinger/Fischinger [2021] § 138 Rn 146 ff); dies gilt umso mehr im Rahmen des § 311b Abs 4 BGB, da hier sowohl der Wortlaut als auch der Telos, solche als anstößig empfundenen Geschäfte zu verhindern, dem Erfordernis das Vorsatzes entgegenstehen. Zudem ist auch ein objektives Spekulationsgeschäft gegeben, da die Beteiligten in einer solchen Situation nicht sicher mit dem Anfall der Erbschaft rechnen können, weil der Dritte noch lebt und daher neue Verfügungen treffen kann, so dass auch insoweit die Vorschrift ihrem Zweck entsprechend die Nichtigkeit verlangt. Die hM führt des Weiteren zu kaum lösbaren Nachweisschwierigkeiten, da es den Parteien stets freistünde, sich auf einen angeblichen Irrtum zu berufen, um die Wirksamkeit des Vertrags herbeizuführen, wobei sich das Gegenteil bei übereinstimmendem Vortrag der Beteiligten kaum beweisen lassen wird. Dies kann nach dem Zweck der Norm nicht hingenommen werden. Infolgedessen muss eine teleologische Reduktion der Vorschrift ausscheiden, so dass es für eine Nichtigkeit gem § 311b Abs 4 BGB ausreichend ist, dass objektiv ein Geschäft über den Nachlass eines lebenden Dritten vorliegt, weshalb ein Irrtum hierüber nicht zur Wirksamkeit der Abrede führen kann (wie hier auch Daniels 72 ff).

31 Grundsätzlich ohne Belang bleiben demgegenüber **einseitige Irrtümer** (so auch jurisPK-BGB/Ludwig § 311b Rn 456 f; BeckOGK/Schreindorfer [1 .7 .2023] § 311b Rn 458). Dabei kann allerdings der Auffassung des RG, in diesem Fall liege ein **Dissens** gemäß § 155 BGB und damit stets eine Nichtigkeit der Vereinbarung vor (RGZ 93, 297, 299), nicht gefolgt werden (wie hier auch jurisPK-BGB/Ludwig § 311b Rn 456; BeckOGK/Schreindorfer [1. 7. 2023] § 311b Rn 458.1). Inhalt der Erklärung der Beteiligten sind lediglich die sachlichen Teile des Vertrags, nicht aber auch die Frage, ob der Erblasser noch lebt oder bereits verstorben ist. Bei dieser Frage kann es sich lediglich um ein Motiv für die Vereinbarung, nicht aber auch um deren Inhalt handeln (jurisPK-BGB/Ludwig § 311b Rn 456; BeckOGK/Schreindorfer [1. 7. 2023] § 311b Rn 458.1). Geht lediglich eine Seite davon aus, dass der Dritte bereits verstorben ist, obwohl dieser in Wahrheit noch lebt, muss dies ebenso ohne Bedeutung für die rechtliche Beurteilung bleiben, wie wenn sogar beide Seiten nicht erkennen, dass es noch nicht zum Erbfall gekommen ist (s Rn 30). Die Beteiligten können nicht besser stehen, wenn sich eine Partei sogar darüber bewusst ist, dass der Dritte noch lebt, als wenn sie übereinstimmend meinen, dieser sei bereits verstorben (für diesen Fall wie hier auch jurisPK-BGB/Ludwig § 311b Rn 457; BeckOGK/Schreindorfer [1. 7. 2023] § 311b Rn 458). Ist der Dritte dagegen in Wahrheit bereits verstorben, meint aber eine Seite, er sei noch am Leben, muss dies ebenfalls ohne Auswirkung auf die Wirksamkeit des Vertrags bleiben (ebenso BeckOGK/Schreindorfer [1. 7. 2023] § 311b Rn 458). Die Situation unterscheidet sich insoweit deutlich von der, in der beide Beteiligte irrig annehmen, der Dritte sei noch am Leben (s Rn 29), weil in einem derartigen Fall beiden Seiten ein subjektiver Vorwurf gemacht werden kann, der die Nichtigkeit trägt, während bei einem reinen einseitigen Irrtum sich nur eine Partei subjektiv anstößig verhält. Dies kann für sich genommen nicht genügen, um das Vertrauen des Vertragsgegenübers in die Wirksamkeit der Vereinbarung zu enttäuschen, da es sonst eine Seite allein in der Hand hätte, über die Gültigkeit der Abrede zu disponieren. Vor diesem Hintergrund muss die bloß einseitige Annahme, der Dritte sei noch am Leben, unbeachtet bleiben. Der Vertrag ist vielmehr wirksam, wenn der Dritte in dieser Situation objektiv verstorben ist (**aA** RGZ 93, 297, 299 auf Grund der Annahme eines Dissenses).

6. Rechtsfolgen

Der **schuldrechtliche Vertrag** und ein **entsprechender Erfüllungsvertrag** sind **nichtig.** 32
Dabei kommt es auf die Motive und Zielsetzung der Beteiligten nicht an, sodass auch, wenn diese keine „böse Absicht" aufweisen, die Vereinbarung keine Rechtswirkungen entfaltet (MünchKommBGB/Ruhwinkel § 311b Rn 135; BeckOGK/Schreindorfer [1. 7. 2023] § 311b Rn 459). Die Nichtigkeit erfasst richtigerweise auch die Erfüllungsgeschäfte (s Rn 7). Eine Heilungsmöglichkeit kennt § 311b Abs 4 BGB nicht, sodass die Nichtigkeit des Ursprungsgeschäfts nicht beseitigt werden kann. Erfolgt jedoch die Verfügung erst nach dem Tod des Dritten in Kenntnis von dessen Ableben, wird hierin regelmäßig jedenfalls dann eine **Bestätigung gemäß § 141 BGB** zu erblicken sein, wenn die Beteiligten mit der Nichtigkeit des Rechtsgeschäfts zumindest rechnen (auch für die Bestätigung bedarf es eines rechtsgeschäftlichen Erklärungswillens: BeckOGK/Beurskens [1. 8. 2023] § 141 Rn 19; MünchKommBGB/Busche § 141 Rn 14; BeckOK-BGB/Wendtland [1. 8. 2023] § 141 Rn 12). Da der Vertrag dann formfrei zulässig ist, wird er in einer solchen Situation gleichwohl faktisch mit der Erfüllung wirksam.

Sind **Leistungen ausgetauscht** worden, ohne dass hierdurch der Vertrag bestätigt und 33
damit wirksam geworden ist (s Rn 32), fehlt es am erforderlichen Rechtsgrund, sodass eine **Kondiktion** nach § 812 Abs 1 S 1 Alt 1 BGB möglich ist (MünchKommBGB/Ruhwinkel § 311b Rn 135; BeckOGK/Schreindorfer [1. 7. 2023] § 311b Rn 461 f). Hat der Leistende allerdings Kenntnis von der Nichtigkeit, steht seinem Anspruch **§ 814 BGB**

entgegen (MünchKommBGB/Ruhwinkel § 311b Rn 135; BeckOGK/Schreindorfer [1. 7. 2023] § 311b Rn 461. 1). Ein Anwendungsbereich für die Kondiktion nach § 812 Abs 1 S 2 Alt 2 BGB ist angesichts der fehlenden Heilungsmöglichkeit nicht gegeben (MünchKommBGB/Ruhwinkel § 311b Rn 135; BeckOGK/Schreindorfer [1. 7. 2023] § 311b Rn 461. 1). Geht der Leistende irrig von einer zulässigen Bestätigung des Vertrags (s Rn 32) aus, wäre die Kondiktion nach § 812 Abs 1 S 1 Alt 1 BGB begründet. Daneben können grundsätzlich auch **Schadensersatzansprüche** bestehen, wobei allerdings solche nach §§ 280 ff BGB mangels schuldrechtlicher Grundlage ausscheiden müssen. Denkbar ist allerdings eine Haftung nach §§ 311 Abs 2, 241 Abs 2, 280 Abs 1 BGB, wenn einer Seite ein entsprechender Verstoß zur Last fällt, sie insbesondere über die Nichtigkeit des Vertrags getäuscht hat (so iE auch BeckOGK/Schreindorfer [1. 7. 2023] § 311b Rn 462). Daneben kann in seltenen Ausnahmefällen auch ein Anspruch aus § 826 BGB bestehen (BeckOGK/Schreindorfer [1. 7. 2023] § 311b Rn 462).

II. § 311b Abs 5 BGB

34 § 311b Abs 5 BGB enthält eine **Ausnahme zu § 311b Abs 4 BGB**. Diese bezieht sich zum einen auf die am Vertrag Beteiligten, zum anderen aber auch auf den Gegenstand. Insoweit dürfen die Verträge nicht umfassend über den Nachlass geschlossen werden, sondern nur die „gesetzlichen Erbteile“ dürfen nach seinem Wortlaut betroffen sein. Die Gesetz gewordene eingeschränkte Ausnahmeregelung des Abs 5 erschien dem Gesetzgeber auf Grund der bestehenden Verhältnisse innerhalb der Familie bei Gutsübergaben, Auswanderungen, Abfindung von Geschwistern uÄ gerechtfertigt (Mot II 184; s auch MünchKommBGB/Ruhwinkel § 311b Rn 123; ausf zudem Dutta ZfPW 2017, 34, 45 ff). Für Vereinbarungen nach § 311b Abs 5 BGB besteht heute ein **wachsendes Bedürfnis**. Derartige Verträge sind sittlich weniger bedenklich und tragen vor allem dazu bei, Vermögen geordnet zu Lebzeiten auf die nächste Generation zu übertragen, ohne später Streitigkeiten befürchten zu müssen (**Rechtssicherheit**). Sie **gewinnen** heute bei gestiegener Lebenserwartung des Erblassers **an Bedeutung**, wenn Regelungen durch ihn oder Vereinbarungen mit ihm zB wegen Geschäftsunfähigkeit oder Verschollenheit (so schon Mot II 186) nicht mehr möglich sind oder bereits eine Bindung des Erblassers durch einen Erbvertrag besteht oder dessen Einbeziehung (in Form eines Erbvertrages, einer Schenkung auf den Todesfall, eines Vertrags zugunsten Dritter auf den Todesfall, eines Erb- oder Pflichtteilsverzichts) zB aus Gründen des Familienfriedens vermieden werden soll (vgl Limmer DNotZ 1998, 927; siehe auch umfangreich zu den Interessen Dutta ZfPW 2017, 34, 45 ff). § 311b Abs 5 BGB stellt daher heute – und zwar in zunehmendem Maße – eine gesetzliche Handhabe zur Lösung moderner Familienauseinandersetzungen (zB auch zum Erhalt eines Familienunternehmens) dar (s hierzu Damrau ZErb 2004, 206 mit vielen Fallbeispielen). Sie ermöglicht bereits die Beseitigung eines antizipierten Konflikts bei einer aus Sicht der Erben unpassenden Nachlassverteilung durch ein Testament oder durch das Fehlen eines solchen zu Lebzeiten des Erblassers, wenn dieser eine anderweitige Regelung nicht mehr treffen kann oder durch die Erben nicht beteiligt werden soll.

35 Die Formvorschrift des Abs 5 dient hierbei dem Schutze der Beteiligten vor **Übereilung** (Warnfunktion), vor **Unterlegenheit** und vor **Unerfahrenheit** (s § 17 BeurkG) (ähnl BGH NJW 1995, 448; Soergel/J Mayer § 311b Rn 274; vProff ZEV 2013, 183, 184; MünchKommBGB/Ruhwinkel § 311b Rn 123; BeckOGK/Schreindorfer [1. 7. 2023] § 311b Rn 436).

Die in § 311b Abs 5 S 2 BGB vorgeschriebene Form gilt deshalb auch für eine Vertragskonstruktion, bei der der Erblasser dem „Erbschaftsvertrag" ausdrücklich zustimmt (BGHZ 37, 319, 324; BGH NJW 1995, 448).

1. Beteiligte

Der Vertrag muss zwischen den *„künftigen gesetzlichen Erben"* geschlossen werden. 36
Hierfür genügt es, dass die Vertragsschließenden *zur Zeit* des *Vertragsschlusses* in einem solchen Verhältnis zum Erblasser stehen, dass sie nach §§ 1924 ff BGB **gesetzliche Erben** werden *könnten* (RGZ 98, 332; BGH NJW 1956, 1152; BGHZ 104, 279, 283; HENSSLER RNotZ 2010, 221, 233); *nachträgliche* **Änderungen** (zB Eheschließung oder Adoption) ändern an einem ursprünglich wirksamen Vertrag nichts. Es genügt vor diesem Hintergrund, dass durch Vorversterben oder Ausschlagung der derzeitigen gesetzlichen Erben der Vertragsschließende noch gesetzlicher Erbe werden kann, die Personen müssen nicht unmittelbare gesetzliche Erben im Fall des aktuellen Versterbens sein (RGZ 98, 332; BGH NJW 1956, 1152; GRÜNEBERG/GRÜNEBERG § 311b Rn 73; ERMAN/GRZIWOTZ § 311b Rn 96; NK-BGB/RING § 311b Rn 104; MünchKommBGB/RUHWINKEL § 311b Rn 137; BeckOGK/SCHREINDORFER [1. 7. 2023] § 311b Rn 466. 1; **aA** DANIELS 90; differenzierend jurisPK-BGB/LUDWIG § 311b Rn 473 ff). Für die Einbeziehung sämtlicher potenzieller gesetzlicher Erben besteht ein **praktisches und rechtliches Bedürfnis** (**aA** DANIELS 86). Ziel der Vorschrift ist es, einvernehmliche Nachlassauseinandersetzungen in der Familie zu ermöglichen, was aber nur dann denkbar ist, wenn auch die Fälle etwaigen Vorversterbens und damit einer Verschiebung der späteren Erbschaft auf andere Personen berücksichtigt werden können (vgl auch BeckOGK/SCHREINDORFER [1. 7. 2023] § 311b Rn 466). Da es insoweit allein auf die potenzielle Stellung als gesetzlicher Erbe ankommt, schadet auch ein zuvor abgegebener Erbverzicht nicht (BGH ZEV 1995, 142 = NJW 1995, 448 = DNotZ 1996, 763 m krit Anm FRENZ). Umgekehrt wird ein zunächst nicht von § 311b Abs 5 BGB erfasster Vertrag **nicht** dadurch **nachträglich wirksam**, dass der Vertragschließende, der bislang nicht gesetzlicher Erbe werden konnte, durch Adoption, Heirat oder auf andere Weise in diese Stellung einrückt (HENSSLER RNotZ 2010, 221, 233; jurisPK-BGB/LUDWIG § 311b Rn 475; MünchKommBGB/RUHWINKEL § 311b Rn 137; BeckOGK/SCHREINDORFER [1. 7. 2023] § 311b Rn 467. 1). Maßgeblich für die Beurteilung der Nichtigkeit ist mithin stets ausschließlich der Zeitpunkt des Abschlusses des Vertrags (s insoweit RGZ 98, 330, 332; BGH NJW 1956, 1151, 1152; HENSSLER RNotZ 2010, 221, 233; BeckOGK/SCHREINDORFER [1. 7. 2023] § 311b Rn 467). *Sämtliche* Vertragsschließenden müssen künftige gesetzliche Erben des Erblassers sein. Hierauf ist besonders zu achten, wenn an dem Erbschaftsvertrag Stiefkinder, Stiefgeschwister, Stiefeltern, geschiedene Ehegatten oder gar Lebensgefährten beteiligt sein sollen.

Ob auch der **Fiskus** als gesetzlicher Ersatzerbe Beteiligter eines Vertrags nach § 311b 37
Abs 5 BGB sein kann, ist umstritten (dafür etwa RGZ 98, 330, 332; DUTTA ZfPW 2017, 34, 49; HENSSLER RNotZ 2010, 221, 232; SOERGEL/J MAYER § 311b Rn 270; dagegen etwa jurisPK-BGB/LUDWIG § 311b Rn 485; BeckOGK/SCHREINDORFER [1. 7. 2023] § 311b Rn 466. 2). Dies wird teilweise mit der Begründung verneint, dass eine derartige Gestaltung teleologisch nicht geboten sei, weil die Vorschrift strukturierte Erbauseinandersetzungen und eine Nachlassplanung innerhalb der Familie gewährleisten soll (jurisPK-BGB/LUDWIG § 311b Rn 485; vgl auch BeckOGK/SCHREINDORFER [1. 7. 2023] § 311b Rn 466. 2). Betrachtet man allerdings den Wortlaut der Vorschrift, so bezieht sich dieser auf sämtliche gesetzli-

chen Erben. Um den Fiskus auszuschließen, wäre daher eine teleologische Reduktion erforderlich, die nur dann zulässig ist, wenn der Wortlaut der Norm planwidrig zu weit greift (Meier/Jocham JuS 2016, 392, 395). Dies lässt sich aber jedenfalls nicht feststellen, da möglicherweise auch eine Beteiligung des Fiskus als gesetzlichem (Ersatz-)Erben eine Einigung befördern oder ermöglichen kann. Insoweit besteht daher kein zwingender Grund, den Fiskus von einer solchen Vereinbarung auszuschließen, sodass eine teleologische Reduktion nicht angezeigt ist (iE wie hier RGZ 98, 330, 332; Dutta ZfPW 2017, 34, 49; Henssler RNotZ 2010, 221, 232; Soergel/J Mayer § 311b Rn 270).

38 **Unerheblich** ist, ob die Vertragsschließenden *später tatsächlich* **gesetzliche Erben** werden (RGZ 98, 330 ff; BGH NJW 1956, 1151; BGHZ 104, 279, 283; BeckOK-BGB/Gehrlein [1. 8. 2023] § 311b Rn 51; Grüneberg/Grüneberg § 311b Rn 73; Erman/Grziwotz § 311b Rn 96; Henssler RNotZ 2010, 221, 233; Soergel/J Mayer § 311b Rn 270; MünchKommBGB/Ruhwinkel § 311b Rn 137; schon Scheibner ZBlFG 1912, 338 ff). Gleichgültig ist es auch, ob einer oder mehrere der Beteiligten vor oder nach Abschluss des Vertrages letztwillig berufen wurden oder werden (RGZ 98, 330 ff; BGHZ 104, 279, 283; Soergel/J Mayer § 311b Rn 270; MünchKommBGB/Ruhwinkel § 311b Rn 137). Der Zulässigkeit steht folglich der Umstand nicht entgegen, dass ein Vertragsbeteiligter zur Zeit des Vertragsschlusses vom Erblasser als Testamentserbe eingesetzt war oder später tatsächlich Testamentserbe wird, da für die Gültigkeit eines Vertrages die *(abstrakte)* Eigenschaft als *möglicher* gesetzlicher Erbe genügt (wie hier Dutta ZfPW 2017, 34, 49; Grüneberg/Grüneberg § 311b Rn 73; Erman/Grziwotz § 311b Rn 96; Henssler RNotZ 2010, 221, 233; Limmer DNotZ 1998, 927, 937; Soergel/J Mayer § 311b Rn 270; MünchKommBGB/Ruhwinkel § 311b Rn 137; BeckOGK/Schreindorfer [1. 7. 2023] § 311b Rn 466; Wiedemann NJW 1968, 769, 771). Zulässigkeitsvoraussetzungen und die etwaige Durchführbarkeit (Erfüllung) des Vertrags sind scharf voneinander zu unterscheiden (Wiedemann NJW 1968, 769, 771; s auch Rn 7). Entsprechendes gilt für Verträge über das **Pflichtteilsrecht**. Insbesondere diese Verträge beweisen, dass es nur auf die abstrakte Zugehörigkeit aller Vertragsteile zum Kreis der gesetzlichen Erben zur Zeit des Vertragsschlusses ankommen kann, da hier die Möglichkeit gerade vorausgesetzt wird, dass der Verpflichtete nicht gesetzlicher Erbe wird. Infolgedessen ist es für die Wirksamkeit des Vertrags ohne Belang, ob der hieraus Berechtigte später zum Kreis der gesetzlichen Erben zählt, da es ausschließlich auf den Zeitpunkt des Vertragsschlusses ankommt. Scheidet ein Beteiligter nach Vertragsschluss aus dem Kreis der potenziellen gesetzlichen Erben aus, wie dies beispielsweise bei einem Erbverzicht oder einer Adoption mit starken Wirkungen der Fall ist, berührt dies die Zulässigkeit des ursprünglich nach den Voraussetzungen des § 311b Abs 5 S 1 BGB geschlossenen Vertrags nicht. Der Vertrag wird in einer solchen Konstellation mithin nicht nachträglich unwirksam.

39 Soll ein **Vertrag zugunsten Dritter** geschlossen werden, so geht die herrschende Meinung davon aus, dass auch der **begünstigte Dritte** zum Kreis der von § 311b Abs 5 BGB zugelassenen Personen zählen muss (Daniels 93; Erman/Grziwotz § 311b Rn 96; Henssler RNotZ 2010, 221, 233; jurisPK-BGB/Ludwig § 311b Rn 487; Kaufhold ZEV 1996, 454, 457; Soergel/J Mayer § 311b Rn 270; vProff ZEV 2013, 183, 186; MünchKommBGB/Ruhwinkel § 311b Rn 137; BeckOGK/Schreindorfer [1. 7. 2023] § 311b Rn 468). Andernfalls sei der Vertrag gemäß § 311b Abs 4 BGB nichtig (vgl Henssler RNotZ 2010, 221, 233; Soergel/J Mayer § 311b Rn 270). Dabei komme es nicht darauf an, ob es sich um einen

echten, berechtigenden Vertrag zugunsten Dritter handelt, bei dem der Dritte einen eigenständigen Anspruch erwirbt, oder ob nur ein sog unechter Vertrag zugunsten Dritter vereinbart ist, bei dem lediglich im Verhältnis zum Versprechensempfänger eine Verpflichtung zur Leistung an den Dritten besteht, dieser aber nicht selbst über ein Forderungsrecht verfügt (Henssler RNotZ 2010, 221, 233; jurisPK-BGB/Ludwig § 311b Rn 487; Soergel/J Mayer § 311b Rn 270; BeckOGK/Schreindorfer [1. 7. 2023] § 311b Rn 468. 1; **aA** Kaufhold ZEV 1996, 454, 457). Für die herrschende Ansicht lässt sich der Normzweck anführen (vgl auch BeckOGK/Schreindorfer [1. 7. 2023] § 311b Rn 468), der sich darauf richtet, Verträge zur vergleichsweisen Regelungen etwaiger Konflikte in der Familie zu gestatten (s Rn 34). Hieraus kann allerdings richtigerweise nicht abgeleitet werden, dass auch eine Erfüllung an eine Person des von § 311b Abs 5 BGB angesprochenen Kreises notwendig ist. Eine Leistung an einen Dritten, beispielsweise an einen Gläubiger des Berechtigten, kann gleichermaßen zur Befriedung etwaiger Familienkonflikte beitragen, sodass der Normzweck einer derartigen Gestaltung nicht entgegensteht (**aA** etwa BeckOGK/Schreindorfer [1. 7. 2023] § 311b Rn 468, der es im Sinne des Normzwecks als erforderlich erachtet, Personen, welche nicht der Familie angehören, aus dem Vertrag herauszuhalten). Darüber hinaus sprechen auch praktische Erwägungen für die Zulassung einer derartigen Gestaltung, da der Anspruchsinhaber außerhalb des Anwendungsbereichs des § 311b Abs 4 BGB ohnehin nicht daran gehindert ist, die durch einen mit den anderen gesetzlichen Erben geschlossenen Vertrag erworbenen Rechte nach §§ 398 ff BGB an einen Dritten abzutreten, was diesem ebenfalls die Stellung eines Anspruchsinhabers verschafft. Kann demnach eine Berechtigung aus einem solchen Vertrag ohnehin nicht zuverlässig im Kreis der gesetzlichen Erben gehalten werden, gibt es keinen Grund dafür, einen Vertrag zugunsten Dritter nicht gleichermaßen zuzulassen. Maßgeblich muss es daher allein sein, dass die **unmittelbaren Vertragsparteien** gesetzliche Erben sind, der Anspruchsberechtigte kann dagegen ein beliebiger Dritter sein. Die Überlegungen gelten dabei in gleicher Weise für einen echten wie für einen unechten Vertrag zugunsten Dritter (Kaufhold ZEV 1996, 454, 457 erachtet zumindest einen unechten Vertrag zugunsten Dritter, bei welchem ein Fremder bedacht wird, für zulässig). Vor diesem Hintergrund sind auch Verabredungen über eine zulässige Leistungserbringung an den Dritten, ohne dass eine Verpflichtung zur Leistung an ihn besteht, als Minus zum Vertrag zugunsten Dritter ebenfalls zulässig. Zu beachten ist allerdings, dass möglicherweise die dem Vertrag zugunsten Dritter zugrundeliegende Vereinbarung zwischen Versprechensempfänger und Drittem gegen **§ 311b Abs 4 BGB** verstoßen kann, soweit sie sich auf den Nachlass eines Lebenden bezieht. Insoweit muss diese Rechtsbeziehung stets auf ihre rechtliche Wirksamkeit isoliert untersucht werden.

2. Vertrag

a) Begriff/Verhältnis zu Abs 4

Für Verträge gem Abs 5 hat sich der Begriff **„Erbschaftsvertrag"** eingebürgert (so **40**
schon Mot II 184, 186; zur Systematisierung der verschiedenen Fallgruppen s Limmer DNotZ 1998, 927, 928 f; s auch Kaufhold ZEV 1996, 454; zu den verschiedenen Arten möglicher Verträge s jurisPK-BGB/Ludwig § 311b Rn 490). Soweit dies denkbar und aufgrund anderer rechtlicher Gegebenheiten möglich und zulässig ist, erfasst daher § 311b Abs 5 BGB ebenso wie Abs 4 (s Rn 7) auch dingliche Verträge und ermöglicht deren Durchführung.

41 Abs 5 bezieht sich als Ausnahme zu Abs 4 (Dutta ZfPW 2017, 34, 48; BeckOK-BGB/Gehrlein [1. 8. 2023] § 311b Rn 46; Erman/Grziwotz § 311b Rn 96; jurisPK-BGB/Ludwig § 311b Rn 435; Soergel/J Mayer § 311b Rn 269; MünchKommBGB/Ruhwinkel § 311b Rn 137), eingeschränkt lediglich durch die Formvorschrift und den Gegenstand auf **dieselbe Art von Verträgen wie Abs 4** (der BGH [BGHZ 104, 279] spricht von „derartigen" Verträgen; **aA** Kues ZEV 2001, 13). Verträge, die bereits nach Abs 4 zulässig sind, fallen daher auch nicht unter Abs 5. Abfindungs- und Wertfestsetzungsvereinbarungen, aber auch sonstige Verträge sind daher nur formbedürftig, soweit es sich um Verträge handelt, die nach Abs 4 nichtig wären (vgl zu den zulässigen und unzulässigen Gegenstände Rn 12 ff). Im Übrigen ist allerdings ebenso wie bei § 311b Abs 4 BGB eine Beschränkung auf bestimmte Vertragsarten nicht gegeben, sodass, soweit es sich um einen zulässigen Gegenstand handelt, der Vertragsfreiheit der Beteiligten keine Grenzen gesetzt sind. Insbesondere muss es sich auch nicht um einen vertypten Vertrag des BGB handeln.

b) Vertrag zugunsten Dritter

42 Grundsätzlich zulässig sind auch **Verträge zugunsten Dritter**, wobei sowohl sog echte als auch sog unechte Verträge zugunsten Dritter im Rahmen des § 311b Abs 5 BGB gestattet werden (Daniels 92 f; Henssler RNotZ 2010, 221, 233; s auch Soergel/J Mayer § 311b Rn 270; NK-BGB/Ring § 311b Rn 107). Dabei kommt es richtigerweise nicht darauf an, ob der Dritte selbst zum Kreis der potenziell gesetzlichen Erben zählt, sodass eine Berechtigung aus dieser Vereinbarung jedem beliebigen Dritten zugewandt werden kann (s Rn 39).

c) Eheverträge/Erbrechtliche Verträge/Eherechtliche Erklärungen

43 Von § 311b Abs 5 BGB nicht erfasst sind **Ehe- und Erbverträge** (s schon zu Abs 4 Rn 10), sowie andere **erbrechtliche Verträge**, die zwischen Versprechendem und dem *Erblasser* geschlossen werden, zB Pflichtteils- und Vermächtnisverzichte (§ 2346 BGB, § 2352 BGB); diese sind jedoch jeweils kraft besonderer gesetzlicher Vorschrift beurkundungsbedürftig.

Eine **Zustimmung des Ehegatten gem § 1365 BGB** zum Erbschaftsvertrag ist grundsätzlich nicht erforderlich; es handelt sich nämlich beim Erbschaftsvertrag nicht um gegenwärtiges, sondern (möglicherweise) künftiges Vermögen des Ehegatten (vgl die ähnliche Problematik beim Erb- und Pflichtteilsverzichtsvertrag: Staudinger/Schotten [2016] § 2346 Rn 8; der Entscheidungsfreiheit der Ehegatten wird sogar bei der Ausschlagung einer angefallenen Erbschaft und eines angefallenen Vermächtnisses, also „gegenwärtigem" Vermögen der Vorrang eingeräumt, s Staudinger/Thiele [2017] § 1365 Rn 42). Auch bei **Gütergemeinschaft** ist der Erbschaftsvertrag nicht von der Mitwirkung des anderen Ehegatten abhängig (s §§ 1432 Abs 1, 1455 Nr 1 BGB; s auch Staudinger/Schotten [2016] § 2346 Rn 8). Insoweit handelt es sich nämlich, da die Erbschaft noch nicht angefallen ist, ebenfalls nicht um eine Position, die bereits Gegenstand der Gütergemeinschaft ist, sodass bereits aus diesem Grund eine Mitwirkung des anderen Ehegatten nicht erforderlich ist.

d) Erb-/Pflichtteils-/Vermächtnisausschlagungen und Erbschafts-/Vermächtnisannahme

44 **Erb- und Pflichtteilsausschlagungen** bereits vor Eintritt des Erbfalls sind unzulässig, wie sich aus § 1946 BGB ergibt (vgl BeckOGK/Heinemann [15. 12. 2022] § 1946 Rn 9; Staudinger/Otte [2017] § 1946 Rn 2). Dasselbe gilt für die Annahme einer Erbschaft und für

die Ausschlagung oder Annahme von Vermächtnissen (§ 1946 BGB, § 2180 Abs 2 BGB). Eine **Verpflichtung** hierzu im Rahmen eines Erbschaftsvertrages dagegen ist gemäß § 311b Abs 5 BGB unter den darin genannten Voraussetzungen zulässig (so auch Staudinger/Otte [2017] § 1946 Rn 2 zur Erbausschlagung). Dies begründet auch keinen Verstoß gegen §§ 1946, 2180 Abs 2 BGB, da diese nur die Annahme oder die Ausschlagung als unmittelbar rechtsgestaltende Rechtsgeschäfte umfassen, nicht aber auch die nur schuldrechtlich *inter partes* wirkende Verpflichtung zur Vornahme. Zwar hat § 311b Abs 5 BGB eine „vorgezogene Erbauseinandersetzung" zum Ziel, für die Tatbestandsmäßigkeit des § 311b Abs 5 BGB kommt es jedoch nicht auf den Zweck, sondern lediglich auf den Gegenstand des Vertrags (Erbteil, Pflichtteil, Vermächtnis) an. Soweit es sich um testamentarische Erbteile und Vermächtnisse handelt, sind allerdings die Schranken der quantitativen Begrenzung (s Rn 52 ff) zu beachten. Eine Vereinbarung darüber, einen bestimmten Erbteil anzunehmen oder auszuschlagen, kann ebenso zur Beilegung von Konflikten beitragen und insoweit dafür Sorge tragen, dass bereits im Vorfeld klare Verhältnisse erreicht werden. Unerheblich ist, ob für die Ausschlagung oder die Annahme der Erbschaft eine Gegenleistung versprochen wird.

e) Dinglich wirkende Verträge

Erfüllungsgeschäfte mit *unmittelbarer* Wirkung auf die Erbfolge oder das Pflichtteils- **45**
recht sind bereits grundsätzlich ausgeschlossen, da das deutsche Recht solche Verträge nicht kennt (vgl bereits RG JW 1907, 244 Nr 7; WarnR 1918 Nr 447; s auch RGZ 65, 364, 367; RGZ 71, 136; 169, 99; s auch Prot I 456, 457). Ein Verzicht auf das Erb- oder Pflichtteils**recht** gegenüber dem „Erwerber" oder dem „Begünstigten" ist deshalb auch im Rahmen des § 311b Abs 5 BGB nicht möglich. Denkbar ist jedoch, eine Verpflichtung zum Verzicht gegenüber dem Erblasser zu vereinbaren. Ebenso können entsprechende Verpflichtungen zum Erlass oder zur Nichtgeltendmachung von entsprechenden Ansprüchen gegenüber dem Erben Gegenstand einer Abrede nach § 311b Abs 5 BGB sein.

Zulässig ist auch eine *antizipierte* **Abtretung** des **Pflichtteilsanspruchs** oder ein anti- **46**
zipierter Erlass (Daniels 115 ff; BeckOK-BGB/Gehrlein [1. 8. 2023] § 311b Rn 53; Grüneberg/Grüneberg § 311b Rn 75; Erman/Grziwotz § 311b Rn 97; Kuchinke JZ 1990, 599, 602; jurisPK-BGB/Ludwig § 311b Rn 494; Soergel/J Mayer § 311b Rn 273; NK-BGB/Ring § 311b Rn 111; MünchKommBGB/Ruhwinkel § 311b Rn 143; s auch BeckOGK/Schreindorfer [1. 7. 2023] § 311b Rn 478 f). Insoweit ist das Pflichtteilsrecht *als solches* nicht betroffen, sondern die Verfügung bezieht sich ausschließlich auf die aus diesem resultierenden Ansprüche. Die Abtretung hat insoweit keine unmittelbaren, dinglichen Auswirkungen auf das (nach wie vor dem Pflichtteilberechtigten zustehende) Pflichtteils*recht* und unterscheidet sich damit vom Pflichtteilsverzicht. Der – später anfallende – Pflichtteils*anspruch* ist ein künftiger, bestimmbarer und damit abtretbarer Anspruch (vgl auch jurisPK-BGB/Ludwig § 311b Rn 494; Soergel/J Mayer § 311b Rn 273). Mithin kann auch eine Abtretung, die ihrerseits Erfüllungsgeschäft ist, erfolgen.

Die *antizipierte* **Abtretung** des **gesetzlichen Erbteils** wird dagegen von der hM erst ab **47**
dem Erbfall als zulässig angesehen (BGHZ 37, 319, 325; BGHZ 104; 279; BeckOK-BGB/Gehrlein [1. 8. 2023] § 311b Rn 53; MünchKommBGB/Gergen § 2033 Rn 5; Grüneberg/Grüneberg § 311b Rn 75; Erman/Grziwotz § 311b Rn 97; jurisPK-BGB/Ludwig § 311b Rn 494; Soergel/J Mayer § 311b Rn 273; NK-BGB/Ring § 311b Rn 111; MünchKommBGB/Ruhwinkel § 311b

Rn 143). Davor soll sie grundsätzlich unmöglich sein. Diese Konsequenz ergibt sich aber nicht aus **§ 2033 BGB** (so aber BGHZ 37, 319, 325). Die Vorschrift enthält lediglich die Regelung, dass ein Miterbe über seinen Anteil am Nachlass verfügen kann, schließt aber für sich genommen nicht aus, dass bereits eine antizipierte Verfügung vor dem Anfall der Erbschaft vereinbart werden kann. Insofern trifft die Norm keine eigenständige Regelung, sodass es bei den allgemeinen Grundsätzen verbleibt und daher bereits eine Einigung über einen erst noch zu erwerbenden Gegenstand möglich ist. Die Beteiligung an der Erbschaft unterscheidet sich insoweit nicht von einem sonstigen Recht oder einer anderweitigen Inhaberschaft (vgl hierzu auch die Argumentation bei Soergel/J Mayer § 311b Rn 273 und bei Staudinger/Schumacher [2018] § 311b Rn 33). Auch aus § 311b BGB ist der Schluss auf die Unabtretbarkeit in einer solchen Konstellation nicht gerechtfertigt (so aber BeckOK-BGB/Lohmann [1. 8. 2023] § 2033 Rn 3). § 311b Abs 4 BGB unterbindet generell sämtliche Verträge über den Nachlass als solchen, soweit nicht Abs 5 der Vorschrift eine anderweitige Regelung trifft. Der Norm lässt sich aber kein darüber hinausgehendes generelles und abstraktes Verbot einer antizipierten Einigung über einen noch zu erlangenden Erbteil entnehmen. Insoweit ist keine andere Beurteilung als bei der Abtretung eines noch nicht zur Entstehung gelangten Pflichtteilsanspruchs (s Rn 46) geboten.

48 Bei einer derartigen **antizipierten Verfügung** ist str, ob das künftige Recht in der Person des Abtretungsempfängers (**Direkterwerb**) oder zunächst in der Person des Abtretenden entsteht und erst im Nachgang an den Erwerber weitergeht (**Durchgangserwerb**; vgl zum Streitstand Grüneberg/Grüneberg § 398 Rn 11, 12). Eine unzulässige Änderung der Erbfolge tritt jedoch selbst bei der Annahme eines *Direkterwerbs* nicht ein. Auch bei einer Abtretung *nach* dem Erbfall wird der Erwerber nämlich *nicht* Miterbe; lediglich die *mitgliedschaftlich-vermögensrechtliche* Stellung geht auf ihn über (Soergel/J Mayer § 311b Rn 273). Die Rechte als Miterbe (vgl § 2227 BGB, auch § 2339 BGB) gehen durch eine Verfügung über den Anteil nicht verloren (BGH NJW 1971, 1265; Staudinger/Löhnig [2020] § 2033 Rn 35; Soergel/J Mayer § 311b Rn 273). Ein Ausfluss dessen ist es zB auch, dass im Erbschein der Miterbe (nicht der Erwerber) zu bezeichnen ist (RGZ 64, 173; Staudinger/Löhnig [2020] § 2033 Rn 35) und das Vorkaufsrecht des Miterben gem § 2034 BGB nicht auf den Erwerber wechselt (BGHZ 56, 118; so auch BGHZ 121, 47 = BGH MDR 1993, 356, auch wenn der BGH nunmehr den Schutz des § 2034 BGB dem Veräußerer, der den Erbteil vollständig veräußert, nicht mehr zugesteht). Vor Eintritt des Erbfalls kann allein der Abtretende auf sein Erbrecht verzichten (§ 2346 BGB), nach Eintritt des Erbfalls nur der Abtretende sein Erbrecht ausschlagen (§ 1942 ff BGB); eine unmittelbare *erbrechtliche* Wirkung hat somit auch eine antizipierte Abtretung nicht. Durch eine *Vorausabtretung* kann nicht mehr übertragen werden als durch die Abtretung selbst. Der Erbe verfügt durch eine *Vorausabtretung* nicht über seine erbrechtliche, sondern nur über seine vermögensrechtliche Position (so Daniels 120, 124; Soergel/J Mayer § 311b Rn 273).

49 Die Zulässigkeit der **antizipierten Erbteilsabtretung** entspricht einem **praktischen Bedürfnis**. Könnte die Abtretung von Erbteilen erst nach dem Tod des Erblassers erfolgen, wäre ein – lediglich schuldrechtlicher – Erbschaftsvertrag für den abfindenden Miterben wegen der damit verbundenen Risiken (der abgefundene Miterbe ist später nicht mehr auffindbar; sein Erbteil wird nach dem Erbfall und vor Abtretung gepfändet) in vielen Fällen wertlos. Dies steht der vom Gesetzgeber beabsichtigten Befriedungsfunktion durch die Zulassung von Verträgen unter gesetzlichen

Erben entgegen, sodass die Möglichkeit einer antizipierten Verfügung über einen zukünftigen Erbteil durch die gesetzgeberische Intention geboten ist. Eine solche ist daher durch einen Vertrag nach § 311b Abs 5 BGB zulässig.

f) Sonstige Regelungsinhalte

Im Übrigen sind zwischen den Beteiligten **beliebige Inhalte** denkbar (vgl BeckOGK/Schreindorfer [1. 7. 2023] § 311b Rn 477). Die Verträge können daher **entgeltlich oder unentgeltlich** gestaltet werden, ebenso ist es möglich, eine anderstypische Gegenleistung zu erbringen. Nicht erforderlich ist, dass die Verträge auf eine Erbauseinandersetzung gerichtet sind, es ist gleichermaßen zulässig, Verträge über eine **Übertragung** oder die **Auslegung einer bestehenden testamentarischen Verfügung** zu treffen. Auslegungsverträge im Rahmen von Unklarheiten bei testamentarischen Verfügungen oder bei Streitigkeiten über deren Wirksamkeit sind von der Rechtsprechung anerkannt (BGH NJW 1986, 1812; s auch OLG München NJW-RR 2011, 12, 13; KG FGPrax 2004, 31), wenngleich ihre Reichweite und Bindungswirkung für die Gerichte umstritten ist (s auch Horn ZEV 2016, 565, 567 f; Storz ZEV 2008, 308). Jedenfalls können derartige Abreden mit bindender Wirkung für die Beteiligten getroffen werden, sodass sie sich insoweit von einem Vertrag über die Übertragung eines Erbteils oder eines Vermächtnisses nicht qualitativ unterscheiden. In der Konsequenz sind auch derartige Vereinbarungen zwischen gesetzlichen Erben im Rahmen des § 311b Abs 5 BGB möglich, weshalb unter ihnen bereits verbindlich noch zu Lebzeiten des Erblassers geklärt werden kann, in welcher Weise eine vorliegende Verfügung zu verstehen ist. **50**

Wie § 311b Abs 4 BGB (s Rn 9) ist auch Abs 5 der Vorschrift entsprechend auf **einseitige Geschäfte** anzuwenden. Infolgedessen kann unter gesetzlichen Erben unter Beachtung der Form des § 311b Abs 5 S 2 BGB eine Auslobung oder ein sonstiges einseitiges Rechtsgeschäft erfolgen. Die Norm ist ferner entsprechend auf Vollmachten zum Abschluss eines Erbschaftsvertrag zwischen gesetzlichen Erben anzuwenden (so wohl auch MünchKommBGB/Ruhwinkel § 311b Rn 142; im Grundsatz gegen eine Beurkundungspflicht der Vollmacht, soweit keine Bindung des Vollmachtgebers besteht: Henssler RNotZ 2010, 221, 239; jurisPK-BGB/Ludwig § 311b Rn 509; Soergel/J Mayer § 311b Rn 274). Dabei kommt es nicht darauf an, ob das der Vollmacht zugrunde liegende Rechtsverhältnis einen Vertrag nach § 311b Abs 5 BGB enthält (so aber BeckOGK/Schreindorfer [1. 7. 2023] § 311b Rn 480), weil § 311b Abs 5 BGB eine Ausnahmeregelung zu Abs 4 der Vorschrift bildet. Letzterer ist entsprechend auf isolierte Vollmachten zum Abschluss eines Vertrags über den Nachlass lebender Dritter anzuwenden, sodass Vollmachten über Erbschaftsverträge unter gesetzlichen Erben nur im Rahmen der Gestattung des § 311b Abs 5 BGB zulässig sein können. In der Konsequenz ist dann auch S 2 der Norm entsprechend anzuwenden, sodass eine zu § 167 BGB vorrangige Sonderbestimmung existiert (anders aber BeckOGK/Schreindorfer [1. 7. 2023] § 311b Rn 480). **51**

3. Gegenstand

a) Erbteil

Der Wortlaut der Norm beschränkt den zulässigen Gegenstand der Vereinbarungen explizit auf den **gesetzlichen Erbteil**. Infolgedessen sind zunächst lediglich Vereinbarungen zulässig, die sich auf einen kraft Gesetzes zu erwerbenden Erbteil beziehen (Soergel/J Mayer § 311b Rn 271; MünchKommBGB/Ruhwinkel § 311b Rn 138; BeckOGK/ **52**

Schreindorfer [1. 7. 2023] § 311b Rn 470; s auch jurisPK-BGB/Ludwig § 311b Rn 496; NK-BGB/Ring § 311b Rn 105). Allerdings kann es heute als unstreitig gelten, dass daneben auch Erbteile, die durch testamentarische Einsetzung erworben werden, Gegenstand einer Vereinbarung nach § 311b Abs 5 BGB sein können (BGHZ 104, 279, 284; Henssler RNotZ 2010, 221, 234; Kuchinke JZ 1990, 599, 601; jurisPK-BGB/Ludwig § 311b Rn 499; Soergel/J Mayer § 311b Rn 271; NK-BGB/Ring § 311b Rn 105; MünchKommBGB/Ruhwinkel § 311b Rn 139; BeckOGK/Schreindorfer [1. 7. 2023] § 311b Rn 470; **aA** noch RGZ 98, 330, 332). Dies ergibt sich schon daraus, dass es aus Sicht der Beteiligten regelmäßig lediglich von Zufällen abhängt, ob sie gesetzliche oder testamentarische Erben werden (BeckOGK/Schreindorfer [1. 7. 2023] § 311b Rn 470; vgl auch jurisPK-BGB/Ludwig § 311b Rn 500 ff). Es wäre nicht nachzuvollziehen, weshalb eine Vereinbarung zulässig sein soll, wenn gesetzliche Erbfolge eintritt, sie aber unmöglich wäre, wenn der Erblasser ein Testament mit den Anordnungen der gesetzlichen Erbfolge verfasst hätte. Daher sind jedenfalls solche Vereinbarungen zulässig, bei denen über einen Erbteil verfügt wird, der *quantitativ* über dasjenige, was kraft Gesetzes dem Betreffenden zugestanden hätte, nicht hinausgeht (BeckOGK/Schreindorfer [1. 7. 2023] § 311b Rn 470; **aA** noch RGZ 98, 330, 332). Der Wortlaut ist insoweit hinreichend offen, weil er nicht von dem kraft Gesetzes erlangten Erbteil spricht, sodass eine *Auslegung* dahingehend, dass auch der testamentarische Erbteil, soweit er das gesetzliche Maß nicht überschreitet, erfasst ist, gestattet wird.

53 Demgegenüber ist eine Vereinbarung über eine weitergehende **testamentarische Berechtigung** am Nachlass, die über die gesetzliche Erbquote hinausreicht, nach herrschender Meinung unzulässig (BGHZ 104, 279; Grüneberg/Grüneberg § 311b Rn 74; Erman/Grziwotz § 311b Rn 96; Henssler RNotZ 2010, 221, 234; Kuchinke JZ 1990, 599, 602; MünchKommBGB/Ruhwinkel § 311b Rn 139; BeckOGK/Schreindorfer [1. 7. 2023] § 311b Rn 471; **aA** Daniels 110 ff; Limmer DNotZ 1998, 927, 938; krit jurisPK-BGB/Ludwig § 311b Rn 498). Ein derartiges Verständnis konfligiert allerdings mit dem Normzweck, der es gerade ermöglichen will, eine umfassende Einigung innerhalb der Familie zu erzielen und so unter den gesetzlichen Erben frühzeitig eine Einigung herzustellen (s Rn 34). Obwohl damit *rechtspolitisch* nicht überzeugend, ist der im Wortlaut zum Ausdruck kommende Wille des Gesetzgebers, der explizit nur den gesetzlichen Erbteil eingeschlossen hat, hinzunehmen (so auch BeckOGK/Schreindorfer [1. 7. 2023] § 311b Rn 471). Insbesondere ergibt sich ein Unterschied zu § 311b Abs 4 BGB, der insgesamt den Nachlass adressiert. Ist damit ein gesetzlicher Erbe über seine gesetzliche Quote zum testamentarischen Erben eingesetzt, können Verträge über die weitergehende Beteiligung am Nachlass nicht vor dem Tod des Erblassers nach § 311b Abs 5 BGB geschlossen werden. Spürbare **praktische Schwierigkeiten** ergeben sich allerdings daraus, dass im Moment des Vertragsschlusses nicht zuverlässig feststeht, in welcher Höhe der gesetzliche Erbteil anfallen wird. Hieraus ergeben sich für die Beteiligten erhebliche Unsicherheiten, die auch rechtspolitisch nicht wünschenswert sind und belegen, dass die Beschränkung auf den gesetzlichen Erbteil innerhalb der Vorschrift unzweckmäßig ist.

54 Zu beachten ist im Hinblick auf die inhaltliche Ausgestaltung des Vertrages über einen Erbteil vor dem Hintergrund der quantitativen Beschränkung durch Abs 5 allerdings, dass richtigerweise **nicht die Erbteile jedes einzelnen Beteiligten** in den Blick genommen werden müssen, sondern Gegenstand des Vertrags können die gesetzlichen Erbteile sein, die **sämtlichen Beteiligten in Addition** zustehen. Denn wollte man davon ausgehen, dass jeder Beteiligte isoliert zu betrachten wäre, so wäre insbesondere eine antizipierte Erbteilsübertragung unter aktuellen gesetzlichen Erben möglich, weil dies stets dazu führen würde, dass der Erwerber einen Vertrag schließt, der über seinen gesetzlichen Erbteil hinausgeht. Die Ausübung der Erlaubnis aus Abs 5 scheiterte bei einem solchen Verständnis an ihrer eigenen quantitativen Beschränkung. Erforderlich ist deshalb, dass alle Beteiligten zusammen über einen ausreichend großen gesetzlichen Erbteil insgesamt verfügen, sodass nicht mehr als die gesetzlichen Erbteile aller Parteien betroffen sind. Infolgedessen können umfassende Regelungen unter *sämtlichen gesetzlichen Erben* auch dann getroffen werden, wenn einer oder mehrere testamentarisch über ihre gesetzliche Quote hinaus zum Erben berufen sind. Dies belegt auch der Umstand, dass von § 311b Abs 5 BGB gleichermaßen solche gesetzlichen Erben erfasst sind, die derzeit nicht zur Erbfolge gelangen würden, da diese dann überhaupt keine Verfügungen treffen könnten, weil sie aktuell über keinen gesetzlichen Erbteil verfügen.

Daher sind auch unmittelbar wirksame Vereinbarungen zwischen den künftigen 55 gesetzlichen Erben über den **Ausschluss oder die Erschwerung der Auseinandersetzung** „des Nachlasses" zu Lebzeiten des Erblassers zulässig. Zwar ist ein hierauf bezogener Vertrag nur zwischen einzelnen Miterben nicht denkbar, weil ihnen die Befugnis fehlt, über den gesamten Nachlass zu verfügen, allerdings ist eine solche Regelung möglich, wenn *sämtliche Miterben* an ihr mitwirken. Daneben können einzelne Miterben untereinander mit schuldrechtlicher Wirkung vereinbaren, dass sie wechselseitig dazu verpflichtet sind, bestimmte Rechte hinsichtlich des Nachlasses nicht auszuüben. Hierzu kann auch das Recht, die Auseinandersetzung zu verlangen, gehören. Eine derartige Vereinbarung hindert allerdings die rechtliche Möglichkeit zur Ausübung der entsprechenden Befugnis nicht, sondern begründet nur eine diesbezügliche Verpflichtung zwischen den Beteiligten, sodass bei Missachtung gegebenenfalls Schadensersatzansprüche aus §§ 280 ff BGB entstehen können.

Obgleich innerhalb der Norm von einem Erbteil die Rede ist, muss es sich nicht 56 notwendigerweise nur um *einen Teil* der Erbschaft handeln, sodass auch der **Alleinerbe** einen entsprechenden Vertrag schließen kann (Henssler RNotZ 2010, 221, 235; MünchKommBGB/Ruhwinkel § 311b Rn 139; BeckOGK/Schreindorfer [1. 7. 2023] § 311b Rn 472; s auch Daniels 117 Fn 196).

Zulässig sind nach dem Gesagten mithin sämtliche Verpflichtungen zur **Übertragung** 57 **von Erbteilen**, wobei es nicht darauf ankommt, ob der dem Betreffenden zufallende Erbteil *ganz oder teilweise* übertragen werden soll (Henssler RNotZ 2010, 221, 235; BeckOGK/Schreindorfer [1. 7. 2023] § 311b Rn 473.2). Daneben sind ebenso Verpflichtungen zu **Belastungen des Erbteils**, insbesondere eine Verpfändung oder die Gewährung eines Nießbrauchs, denkbar (Henssler RNotZ 2010, 221, 235; Nieder/Kössinger/Kössinger, Handbuch der Testamentsgestaltung, § 19 Rn 61a; BeckOGK/Schreindorfer [1. 7. 2023] § 311b Rn 473.2). Richtigerweise (s Rn 47 ff) schließt § 311b Abs 5 BGB auch bereits die **dingliche, antizipierte Übertragung** oder **sonstige Verfügung** ein, da eine solche in gleicher Weise über einen nicht angefallenen Erbteil möglich ist. Da die Beteiligten frei darin sind, Verpflichtungen zur Übertragung zu schaffen, ist es ebenfalls möglich, schuldrechtlich zu vereinbaren, dass eine oder mehrere Personen verpflichtet sind, die Erbschaft **anzunehmen** (Daniels 117; Nieder/Kössinger/Kössinger, Handbuch der Testamentsgestaltung, § 19 Rn 61a; BeckOGK/Schreindorfer [1. 7. 2023] § 311b Rn 473.2) oder **aus-**

zuschlagen (Damrau ZEV 1995, 425, 426 f; Daniels 117; Nieder/Kössinger/Kössinger, Handbuch der Testamentsgestaltung, § 19 Rn 61a, 64; BeckOGK/Schreindorfer [1. 7. 2023] § 311b Rn 473. 2). Zu Lebzeiten des Erblassers kann sich darüber hinaus im Rahmen des § 311b BGB ein gesetzlicher Erbe dazu verpflichten, an einem **Erbverzichts- oder Zuwendungsverzichtsvertrag** mit dem Erblasser mitzuwirken oder diesem einen entsprechenden Vertrag anzubieten (Daniels 116 f; Henssler RNotZ 2010, 221, 236; BeckOGK/Schreindorfer [1. 7. 2023] § 311b Rn 473. 2). Ebenso können die Beteiligten Vereinbarungen hinsichtlich der Gültigkeit oder der **Auslegung** einer testamentarischen Verfügung treffen (s Rn 50), wobei aber die Grenze der gesetzlichen Erbteile (s Rn 52 ff) zu beachten ist. Insbesondere kann sich eine Seite auch dazu verpflichten, eine bestimmte bestehende testamentarische Regelung **(nicht) anzufechten** (Henssler RNotZ 2010, 221, 236; Nieder/Kössinger/Kössinger, Handbuch der Testamentsgestaltung, § 19 Rn 61a; BeckOGK/Schreindorfer [1. 7. 2023] § 311b Rn 473. 2). Denkbar sind darüber hinaus Abreden über die **Auseinandersetzung** oder die Unterlassung dieser (Damrau ZErb 2004, 206, 211; BeckOGK/Schreindorfer [1. 7. 2023] § 311b Rn 473. 2) oder über **Abfindungsregelungen**. Des Weiteren müssen auch **Bewertungsregeln** antizipiert zulässig sein, da sie strukturell weniger weitgehend sind als die Übertragung des Erbteils.

58 Soweit dem gesetzlichen Erben bereits ein **Anwartschaftsrecht** zusteht, kann auch dieses Gegenstand eines Vertrags nach § 311b Abs 5 BGB sein (Henssler RNotZ 2010, 221, 237). Ob im Rahmen einer **Schlusserbeneinsetzung** für zu Gunsten der dort genannten Personen vor dem Tod des Zweitversterbenden ein Anwartschaftsrecht entsteht, ist umstritten (s MünchKommBGB/Musielak § 2269 Rn 34; offen gelassen bei BGHZ 37, 319, 322). Dies ließe sich zumindest dann annehmen, wenn bei einem gemeinschaftlichen Testament oder Erbvertrag der andere Teil verstorben ist und dem Überlebenden keine Änderungsbefugnis zusteht (in diese Richtung auch BGHZ 37, 319, 322; vgl zudem OLG Düsseldorf NJW-RR 1997, 136, 138). Bejaht man in dieser Konstellation ein Anwartschaftsrecht, muss dieses auch dann bejaht werden, wenn der Begünstigte von vornherein Partei des Erbvertrags war und ohne seine Zustimmung eine Änderung nicht mehr möglich ist, insbesondere auch kein Rücktrittsrecht vereinbart wurde. Unabhängig von der Frage, ob in diesem Fall ein Anwartschaftsrecht entsteht, kommt ein solches jedenfalls beim **Nacherben** nach dem Eintritt des Vorerbfalls in Betracht (s etwa OLG Düsseldorf NJW 1957, 266; NJW-RR 1997, 136, 138; Mattern BWNotZ 1962, 229, 234; Raiser 8; in diese Richtung grundlegend auch BGHZ 37, 319, 322, wenngleich die Frage im Ergebnis offengelassen wurde; vgl auch OLG Karlsruhe FamRZ 1989, 1351, 1353). Handelt es sich beim Anwartschaftsberechtigten um einen gesetzlichen Erben, kann er im Rahmen seines gesetzlichen Erbteils über das existierende Anwartschaftsrecht nach § 311b Abs 5 BGB bereits wirksam Verträge schließen. Dabei müssen Verfügungen auch nach der herrschenden Ansicht (s Rn 50) zulässig sein (wie hier Kuchinke JZ 1990, 599, 600 f; s auch Raiser 9), weil das Anwartschaftsrecht jedenfalls in diesem Moment bereits existent und daher grundsätzlich übertragbar ist. Richtigerweise können Verträge nach § 311b Abs 5 BGB aber von gesetzlichen Erben ebenfalls im Hinblick auf zukünftig entstehende Anwartschaftsrechte geschlossen werden, wobei diese gleichermaßen antizipiert übertragen werden können.

b) Ausgleichungspflichten/Pflichtteilsrecht

59 Erbschaftsverträge sind daneben sowohl über die aus §§ 2050, 2051 BGB als auch über die aus § 2052 BGB resultierende **Ausgleichungspflicht** zwischen den künftigen gesetzlichen Erben möglich; solche Vereinbarungen bedürfen dann jedoch der notariellen Beurkundung gem § 311b Abs 5 S 2 BGB (Erman/Grziwotz § 311b Rn 96; Kues ZEV 2001, 13; Mayer ZEV 1996, 441, 444; MünchKommBGB/Ruhwinkel § 311b Rn 140; BeckOGK/Schreindorfer [1. 7. 2023] § 311b Rn 473). Dabei kommt es nicht darauf an, ob bestehende Ausgleichungspflichten lediglich *deklaratorisch* festgeschrieben, sie reduziert oder ausgeweitet oder ob auf sie gänzlich verzichtet wird. Soweit es sich um testamentarische Erbteile handelt, die (s § 2052 BGB) vom gesetzlichen Erbteil abweichen, gilt dies jedoch nur bis zur Höhe des jeweiligen gesetzlichen Erbteils (so auch MünchKommBGB/Ruhwinkel § 311b Rn 140; BeckOGK/Schreindorfer [1. 7. 2023] § 311b Rn 473. 1; s Rn 52 ff; **aA** sowohl bezüglich des gesetzlichen als auch bezüglich des testamentarischen Erbteils jurisPK-BGB/Ludwig § 311b Rn 497 f; eine Beschränkung krit betrachtend auch Limmer DNotZ 1998, 927, 938), auch wenn – wie auch bei den testamentarischen Vermächtnissen (s Rn 65) – die praktische Umsetzung dieser quantitativen Begrenzung bei einem den gesetzlichen Erbteil übersteigenden testamentarischen Erbteil häufig praktische Schwierigkeiten aufweist (s auch Limmer DNotZ 1998, 927, 937 f), soweit nicht alle gesetzlichen Erben mitwirken (s Rn 54).

Daneben lässt § 311b Abs 5 BGB auch Vereinbarungen zwischen den gesetzlichen 60
Erben über den **Pflichtteil** zu. Dies umfasst neben Vereinbarungen über den Pflichtteil als **Ganzes oder Bruchteile** hieran auch Abreden, die sich nicht auf das Pflichtteilsrecht selbst, sondern lediglich auf die erst noch entstehenden **Pflichtteilsansprüche** beziehen (Henssler RNotZ 2010, 221, 236; jurisPK-BGB/Ludwig § 311b Rn 506; BeckOGK/Schreindorfer [1. 7. 2023] § 311b Rn 474). Infolgedessen kann eine Verpflichtung getroffen werden, wonach es dem Pflichtteilsberechtigten untersagt ist, die Ansprüche geltend zu machen. Ebenso ist es möglich, den Pflichtteilsberechtigten dazu zu verpflichten, dass er einen entstehenden Pflichtteilsanspruch erlassen oder auf einen Dritten oder den Erben zu übertragen hat (Henssler RNotZ 2010, 221, 236; jurisPK-BGB/Ludwig § 311b Rn 506; BeckOGK/Schreindorfer [1. 7. 2023] § 311b Rn 474. 1; vgl auch Daniels 117). Dabei ist richtigerweise (s Rn 46 f) auch bereits eine antizipierte Abtretung zulässig, da diese aus den gleichen Gründen wie die antizipierte Übertragung des Erbteils möglich ist. Daneben kann sich ein gesetzlicher Erbe oder Pflichtteilsberechtigter auch gegenüber einer Person aus dem Personenkreis des § 311b Abs 5 BGB dahingehend binden, dass es ihm obliegt, mit dem Erblasser einen **Pflichtteilsverzichtsvertrag** zu schließen oder zumindest an diesem mitzuwirken (Damrau ZErb 2004, 206, 209; Henssler RNotZ 2010, 221, 236; BeckOGK/Schreindorfer [1. 7. 2023] § 311b Rn 474. 1). Ebenso ist eine Vereinbarung **zwischen den Erben** möglich, wie eine eventuell anfallende Pflichtteilslast zwischen ihnen im Innenverhältnis zu verteilen ist (Henssler RNotZ 2010, 221, 237; jurisPK-BGB/Ludwig § 311b Rn 506; BeckOGK/Schreindorfer [1. 7. 2023] § 311b Rn 474. 1). Letzteres ist aber von § 311b Abs 5 BGB nicht umfasst, weil eine derartige Regelung auch nicht unter § 311b Abs 4 BGB fällt und daher durch Abs 5 der Vorschrift nicht eigens gestattet werden muss. Bei der Vereinbarung handelt es sich um eine reine Binnenabsprache zwischen den Beteiligten, die keinen eigenständigen Bezug zum Pflichtteil selbst aufweist. Sie wäre daher nicht nach § 311b Abs 4 BGB nichtig und kann folglich auch von Personen getroffen werden, die nicht gesetzliche Erben sind.

Erbschaftsverträge über die **Änderung von Anrechnungs- und Ausgleichspflichten** 61
bezüglich des Pflichtteils gem §§ 2315, 2316 BGB sind gleichermaßen von der Vorschrift erlaubt (so auch Mayer ZEV 1996, 441, 445, der insoweit aber bezüglich der Form

Rückgriff auf § 2348 nehmen will; s auch HENSSLER RNotZ 2010, 221, 236 f; jurisPK-BGB/LUDWIG § 311b Rn 506; BeckOGK/SCHREINDORFER [1. 7. 2023] § 311b Rn 474. 1). Ebenso sind Vereinbarungen zwischen gesetzlichen Erben, **einzelne Nachlassgegenstände** entsprechend einem gegenständlich beschränkten Pflichtteilsverzicht beim Pflichtteil nicht zu berücksichtigen oder insoweit keine **Pflichtteilsergänzungsansprüche** (§ 2325 BGB) geltend zu machen, gem § 311b Abs 5 BGB zulässig (HENSSLER RNotZ 2010, 221, 236; BeckOGK/SCHREINDORFER [1. 7. 2023] § 311b Rn 474. 1; SCHWARZ BWNotZ 1995, 139, 140). Dabei ist es gleichgültig, ob die betroffenen Nachlassgegenstände den Nachlass erschöpfen. Darüber hinaus existiert keine Begrenzung auf den gesetzlichen Erbteil, da die Norm eine solche Beschränkung nur für den Erbteil selbst, nicht aber für den Pflichtteil vorsieht. Zudem existieren hinsichtlich des Pflichtteils ohnehin keine Beeinflussungsmöglichkeiten durch den Erblasser, sodass es von vornherein nur um das gesetzliche Pflichtteilsrecht gehen kann, da andernfalls Vermächtnisse vorliegen würden.

62 Zulässig sind zudem Vereinbarungen darüber, dass ein zwischen einem der künftigen gesetzlichen Erben und dem Erblasser geschlossener (Erb- und) **Pflichtteilsverzichtsvertrag** nur mit Zustimmung des/der anderen künftigen gesetzlichen Erben aufgehoben werden können soll. Ergänzend kann hierbei auch vereinbart werden, dass für den Fall, dass dies doch geschehen sollte, sich der betreffende Pflichtteilsberechtigte auch gegenüber den weiteren Beteiligten am Vertrag verpflichtet, keine Pflichtteilsansprüche geltend zu machen.

63 Gemäß § 311b Abs 5 BGB sind auch Vereinbarungen zwischen gesetzlichen Erben möglich, den bestehenden Pflichtteilsanspruch erst bei Eintritt bestimmter **Bedingungen** oder auch nach Ablauf einer bestimmten **Frist** geltend zu machen (vgl KLINGELHÖFER ZEV 1998, 121, 122). Kann durch einen Vertrag nach § 311b Abs 5 BGB die Geltendmachung des Anspruchs *insgesamt* ausgeschlossen werden, muss dies erst recht für eine Änderung der Modalitäten der Ausübung gelten.

64 **Steuerlich** stellt ein Vertrag unter künftigen gesetzlichen Erben, wonach der eine auf seine künftigen Pflichtteils(ergänzungs)ansprüche gegen Zahlung eines Geldbetrags verzichtet, eine freigebige Zuwendung des Zahlenden iSd § 7 Abs 1 Nr 1 ErbStG dar (BFH MittBayNot 2014, 97; HENSSLER RNotZ 2010, 221, 240; jurisPK-BGB/LUDWIG § 311b Rn 525), weil der entsprechende Zahlungsanspruch bislang nicht entstanden ist und objektiv unklar ist, ob und in welcher Höhe er real entstehen wird. Infolgedessen handelt es sich nach dem Verständnis des Steuerrechts nicht um eine Austauschbeziehung, sodass die Regelungen des Schenkungsteuerrechts eingreifen. Die Besteuerung der Abfindung richtet sich in diesem Fall nach der zwischen den Erben maßgebenden Steuerklasse (BFH MittBayNot 2014, 97; s dazu auch HENSSLER RNotZ 2010, 221, 240; jurisPK-BGB/LUDWIG § 311b Rn 525).

c) Vermächtnisse

65 Ob **Vermächtnisse**, insbesondere testamentarische Vermächtnisse, von Abs 5 erfasst sind, ist in Rspr und Lit umstritten (ablehnend: BGH NJW 1956, 1151; DNotZ 1997, 124 in einem obiter dictum; DAMRAU ZErb 2004, 206, 211; befürwortend: DANIELS 112; DUTTA ZfPW 2017, 34, 49 f; BeckOK-BGB/GEHRLEIN [1. 8. 2023] § 311b Rn 52; GRÜNEBERG/GRÜNEBERG § 311b Rn 74; LIMMER DNotZ 1998, 927, 936; jurisPK-BGB/LUDWIG § 311b Rn 503; SOERGEL/J MAYER § 311b Rn 272; ODEMER ZEV 2021, 414, 418 f; NK-BGB/RING § 311b Rn 105; MünchKommBGB/RUH-

WINKEL § 311b Rn 139; WIEDEMANN NJW 1968, 769, 771; wohl auch NK-BGB/RING § 311b Rn 105). Vermächtnisse sind – anders als in Abs 4 – in Abs 5 nicht erwähnt, was zunächst ein Argument für deren Ausschluss darstellt (DAMRAU ZErb 2004, 206, 211; SOERGEL/J MAYER § 311b Rn 271; s auch ODEMER ZEV 2021, 414, 418). Eine Differenzierung zwischen Erbteil und Vermächtnis ist allerdings teleologisch nicht überzeugend (vgl LIMMER DNotZ 1998, 927, 936; jurisPK-BGB/LUDWIG § 311b Rn 503; ODEMER ZEV 2021, 414, 419; BeckOGK/SCHREINDORFER [1. 7. 2023] § 311b Rn 476). Aus Sicht der Rechtsunterworfenen ist es häufig vom Zufall abhängig, ob eine bestimmte Anordnung in einer testamentarischen Verfügung ein Vermächtnis oder eine Erbeinsetzung darstellt (vgl LIMMER DNotZ 1998, 927, 936; jurisPK-BGB/LUDWIG § 311b Rn 503; ODEMER ZEV 2021, 414, 418 f). Dies gilt insbesondere vor dem Hintergrund, dass auch die Zuweisung eines einzelnen Gegenstandes konkludent eine Erbeinsetzung darstellen kann, wenn dieser das wesentliche Vermögen ausmacht (s MünchKommBGB/RUDY § 2087 Rn 7). Vor dem Hintergrund des Ziels der Vorschrift, eine umfassende Einigung der gesetzlichen Erben zu gestatten, kann eine Einschränkung für Vermächtnisse nicht gewollt sein, sodass, auch wenn sie nicht ausdrücklich im Wortlaut des § 311b Abs 5 BGB genannt sind, auch Vereinbarungen über eine Vermächtniseinsetzung unter gesetzlichen Erben **gestattet sind** (iE wie hier: DANIELS 112; DUTTA ZfPW 2017, 34, 49 f; BeckOK-BGB/GEHRLEIN [1. 8. 2023] § 311b Rn 52; GRÜNEBERG/GRÜNEBERG § 311b Rn 74; LIMMER DNotZ 1998, 927, 936; jurisPK-BGB/LUDWIG § 311b Rn 503; SOERGEL/J MAYER § 311b Rn 272; ODEMER ZEV 2021, 414, 418 f; NK-BGB/RING § 311b Rn 105; MünchKommBGB/RUHWINKEL § 311b Rn 139; WIEDEMANN NJW 1968, 769, 771; wohl auch NK-BGB/RING § 311b Rn 105). Infolgedessen ist die Norm auf Vermächtnisse analog anzuwenden (so auch LIMMER DNotZ 1998, 927, 936; BeckOGK/SCHREINDORFER [1. 7. 2023] § 311b Rn 476), da andernfalls die Unwirksamkeit des Vertrags drohte, wenn sich nachträglich herausstellen würde, dass eine bestimmte Position nicht im Rahmen einer Erbeinsetzung bedacht, sondern ihr lediglich ein Vermächtnis zugewandt wurde.

66 Die Wertung des Gesetzes ist allerdings auch im Rahmen einer analogen Anwendung auf Vermächtnisse zu beachten, sodass eine **quantitative Beschränkung** der Vereinbarungsmöglichkeiten auf den **gesetzlichen Erbteil** erfolgen muss (BeckOK-BGB/GEHRLEIN [1. 8. 2023] § 311b Rn 52; GRÜNEBERG/GRÜNEBERG § 311b Rn 74; HENSSLER RNotZ 2010, 221, 228; NK-BGB/RING § 311b Rn 105; MünchKommBGB/RUHWINKEL § 311b Rn 139; BeckOGK/SCHREINDORFER [1. 7. 2023] § 311b Rn 476; **aA** jedoch DANIELS 112 ff; LIMMER DNotZ 1998, 927, 935 f). Wollte man in Bezug auf Vermächtnisse beliebige Abreden gestatten, ergäbe sich ein Wertungswiderspruch zur gesetzlichen Anordnung bei Erbteilen, sodass die analoge Anwendung insgesamt nicht konsistent wäre. Die Rechtsfortbildung ist nur insoweit zulässig, als sie sämtliche Wertungen der Norm überträgt, sodass durch eine entsprechende Anwendung keine wesentlich anderen Rechtsfolgen erzielt werden dürfen (vgl dazu JOCHAM, Die Grenzen der richterlichen Rechtsfortbildung im Privatrecht [2021] S 42 ff, der überzeugend darlegt, dass die Analogie lediglich den Tatbestand der Norm erweitert). **Praktisch** kann sich die Umsetzung dieser Anforderung allerdings als schwierig erweisen, wenn die Zuweisung des Vermächtnisses quantitativ größer ist als es der gesetzliche Erbteil wäre und nicht sämtliche gesetzlichen Erben am Vertrag mitwirken (s Rn 54). Probleme ergeben sich dabei insbesondere dann, wenn der Vermächtnisgegenstand nicht teilbar ist. Da es insoweit allerdings allein auf die *quantitative* Beteiligung ankommt, können entsprechende Ausgleichs- oder Abfindungsregelungen vorgesehen werden, die verhindern, dass die Verpflichtung über einen größeren Teil als den gesetzlichen Erbteil erfolgt. Unbeschränkt

verfügt werden kann allerdings über sog **gesetzliche Vermächtnisse** (§§ 1932, 1963, 1969 Abs 1 BGB) (so schon PLANCK/SIBER Anm 2b). Da nach der Wertung des § 311b Abs 5 S 1 BGB Verträge über dasjenige zulässig sein sollen, was dem Beteiligten kraft Gesetzes zusteht, muss dies nicht nur für gesetzliche Erbteile, sondern bei analoger Anwendung in gleicher Weise auch für gesetzliche Vermächtnisse gelten. Daher greift für sie die Begrenzung auf den quantitativen gesetzlichen Erbteil nicht ein. Vor dem Hintergrund, dass die Vorschrift auf Vermächtnisse entsprechend anzuwenden ist, ergeben sich zudem keine Schwierigkeiten bei so genannten Pflichtteilsvermächtnissen (iE ebenso ERMAN/GRZIWOTZ § 311b Rn 96; **aA** BGH NJW 1956, 1151, 1152; offen gelassen bei NK-BGB/RING § 311b Rn 105). Diese können quantitativ nicht über den gesetzlichen Erbteil hinausgehen und außerdem gestattet das Gesetz explizit Verträge über Pflichtteile, sodass dies auch dann gelten muss, wenn eine entsprechende Leistung vermächtnisweise zugewandt wird (wie hier auch ERMAN/GRZIWOTZ § 311b Rn 96).

4. Form

67 Für einen wirksamen Vertrag nach § 311b Abs 5 S 1 BGB sieht S 2 der Vorschrift die **notarielle Beurkundung** vor (§ 128 BGB). Zum wirksamen Abschluss müssen daher insbesondere auch die Vorschriften des **BeurkG** eingehalten werden. Dem Beurkundungserfordernis unterliegt der **ganze Vertrag** (RGZ 65, 364, 367; ERMAN/GRZIWOTZ § 311b Rn 97; HENSSLER RNotZ 2010, 221, 239; SOERGEL/J MAYER § 311b Rn 274; NK-BGB/RING § 311b Rn 109; MünchKommBGB/RUHWINKEL § 311b Rn 142) und somit sämtliche Erklärungen, nicht nur diejenigen des Verpflichteten oder Verfügenden. Die notarielle Form gilt auch für eine **Vertragskombination**, bei der der Erblasser dem darin enthaltenen Erbschaftsvertrag ausdrücklich zustimmt (BGH NJW 1995, 448 = ZEV 1995, 142 m Anm THODE = DNotZ 1995, 763 m Anm FRENZ; ERMAN/GRZIWOTZ § 311b Rn 97; jurisPK-BGB/LUDWIG § 311B Rn 508; SOERGEL/J MAYER § 311B Rn 274; NK-BGB/RING § 311b Rn 106). Der Form bedarf der schuldrechtliche Vertrag mit sämtlichen damit zusammenhängenden Vereinbarungen (ERMAN/GRZIWOTZ § 311b Rn 97; vgl BFH NJW-RR 1998, 448; MünchKommBGB/RUHWINKEL § 311b Rn 142). In Bezug auf gemischte oder zusammengesetzte Verträge gelten dabei dieselben Grundsätze wie zu § 311b Abs 1 BGB (vgl BeckOGK/SCHREINDORFER [1. 7. 2023] § 311b Rn 481), sodass sich das Beurkundungserfordernis des § 311b Abs 5 S 2 BGB auf alle weiteren Verträge oder Bestandteile des Vertrags bezieht, die nach dem Willen der Beteiligten mit dem Erbschaftsvertrag eine Einheit bilden sollen (s § 311b Abs 1 Rn 239 ff).

68 Dieselben Grundsätze gelten ebenfalls für einen **Erfüllungsvertrag vor dem Erbfall** (s zur Zulässigkeit Rn 47 ff), soweit dieser nicht ohnehin (§ 2033 Abs 1 S 2 BGB) der Form bedarf (so auch DANIELS 134; anders aber BeckOGK/SCHREINDORFER [1. 7. 2023] § 311b Rn 481. 2). Da richtigerweise der Wortlaut der Norm nicht zu reduzieren und in der Konsequenz auch dingliche Geschäfte von § 311b Abs 4 und Abs 5 BGB umfasst sind, besteht keine rechtliche Möglichkeit, derartige Vereinbarungen, soweit sie von § 311b Abs 5 S 1 BGB erlaubt werden, vom Formerfordernis des § 311b Abs 5 S 2 BGB auszunehmen. In der Konsequenz bedarf jede dingliche Verfügung über einen der erfassten Gegenstände vor dem Anfall der Erbschaft beim Erben der notariellen Beurkundung, unabhängig davon, ob ansonsten ein Formerfordernis besteht (**aA** BeckOGK/SCHREINDORFER [1. 7. 2023] § 311b Rn 481. 2).

5. Rechtsfolgen

Wird das Formerfordernis des § 311b Abs 5 S 2 BGB nicht gewahrt, ist das Rechtsgeschäft gemäß § 125 S 1 BGB **nichtig** (Erman/Grziwotz § 311b Rn 97; jurisPK-BGB/Ludwig § 311b Rn 510; Soergel/J Mayer § 311b Rn 274; NK-BGB/Ring § 311b Rn 110; BeckOGK/Schreindorfer [1. 7. 2023] § 311b Rn 482). Eine *Heilung* des schuldrechtlichen Vertrages durch Erfüllung tritt nicht ein, da es an einer entsprechenden Heilungsvorschrift fehlt (Erman/Grziwotz § 311b Rn 97; Henssler RNotZ 2010, 221, 239; jurisPK-BGB/Ludwig § 311b Rn 510; Soergel/J Mayer § 311b Rn 274; BeckOGK/Schreindorfer [1. 7. 2023] § 311b Rn 483). Insbesondere ist § 311b Abs 1 S 2 BGB nicht entsprechend anwendbar, da es schon an der planwidrigen Regelungslücke fehlt. Dass der Gesetzgeber eine solche Möglichkeit innerhalb derselben Vorschrift unbeabsichtigt übersehen hat, kann als ausgeschlossen gelten, sodass die Unheilbarkeit erkennbar seinem Willen entspricht (s zur Berücksichtigung des Willens des Gesetzgebers im Rahmen der Rechtsfortbildung Jocham, Die Grenzen der richterlichen Rechtsfortbildung im Zivilrecht [2021] 187 ff). Denkbar ist allerdings eine Unbeachtlichkeit des Formverstoßes nach § 242 BGB (Erman/Grziwotz § 311b Rn 97; jurisPK-BGB/Ludwig § 311b Rn 510; Soergel/J Mayer § 311b Rn 274; NK-BGB/Ring § 311b Rn 110; vgl auch BGH NJW 1995, 448, 449; MDR 1996, 821; **aA** aber BeckOGK/Schreindorfer [1. 7. 2023] § 311b Rn 482.1), wobei allerdings auch an dieser Stelle dieselben Bedenken eingreifen, die grundsätzlich gegenüber der Anwendung der Norm in Bezug auf Formvorschriften bestehen (s § 311b Abs 1 Rn 359 ff). **69**

Ist der vermeintliche Vertrag bereits erfüllt, hängt die Wirksamkeit dieser Geschäfte davon ab, ob sie selbst von § 311b Abs 5 S 2 BGB erfasst sind (s Rn 68). Ist dies der Fall, sind sie ihrerseits nach § 125 S 1 BGB formnichtig und damit unwirksam. Sind die Geschäfte dagegen wirksam, insbesondere weil sie erst nach dem Anfall der Erbschaft vorgenommen worden sind oder weil insoweit das Beurkundungserfordernis eingehalten wurde, so erfolgt die Rückabwicklung nach den **§§ 812 ff BGB** aufgrund Bereicherungsrechts (vgl BeckOGK/Schreindorfer [1. 7. 2023] § 311b Rn 484). **Schadensersatzansprüche** gemäß §§ 280 ff BGB scheiden mangels schuldrechtlicher Grundlage aus, allerdings sind in engen Grenzen solche nach §§ 311 Abs 2, 241 Abs 2, 280 Abs 1 BGB denkbar. Insoweit gelten keine anderen Voraussetzungen als im Rahmen des § 311b Abs 1 BGB (s § 311b Abs 1 Rn 350 f). Daneben kommt auch ein Anspruch aus § 826 BGB in Betracht, soweit dessen Tatbestandsmerkmale im Einzelfall gegeben sind (s Rn 311b Abs 1 350). **70**

6. Vertragsstörungen

Da Erbschaftsverträge notwendigerweise von einer unsicheren Tatsachengrundlage ausgehen müssen und damit **Spekulationsgeschäfte** darstellen, ist die Gefahr eines Auseinanderfallens von Vorstellung und tatsächlich eintretendem Ergebnis in besonders groß (vgl auch BeckOGK/Schreindorfer [1. 7. 2023] § 311b Rn 485). Vorrangig sind dabei insbesondere vertragliche Regelungen zu berücksichtigen, sodass es in erster Linie auf den **Willen der Parteien** ankommt, soweit diese denkbare Abweichungen vorausgesehen haben (MünchKommBGB/Ruhwinkel § 311b Rn 144; BeckOGK/Schreindorfer [1. 7. 2023] § 311b Rn 485). Es ist daher primär an den Beteiligten für bestimmte Zweifelsfragen Vorsorge zu treffen und dieser einer entsprechenden Regelung zu unterwerfen. Geschieht dies nicht explizit im Vertrag, so kommt des Weiteren eine ergänzende Vertragsauslegung in Betracht, um etwaig auftretende Störungen zu **71** kompensieren (s auch BeckOGK/Schreindorfer [1. 7. 2023] § 311b Rn 485; vgl Soergel/J Mayer § 311b Rn 275). Nur soweit beide Wege nicht zum Erfolg führen, können gesetzliche Regelungen zur Anwendung gebracht werden, sodass es denkbar ist, insbesondere die Vorgaben zur **Störung der Geschäftsgrundlage** heranzuziehen.

a) Wegfall des Verpflichteten

72 Die herrschende Meinung geht davon aus, dass die Verpflichtungen aus einem Erbschaftsvertrag unter der **Bedingung** stehen, dass der **Verpflichtete** seinerseits **Erbe wird** (BeckOK-BGB/Gehrlein [1. 8. 2023] § 311b Rn 53; Henssler RNotZ 2010, 221, 239; Nieder/Kössinger/Kössinger, Handbuch der Testamentsgestaltung, § 19 Rn 61; BeckOGK/Schreindorfer [1. 7. 2023] § 311b Rn 489). Dabei handelt es sich allerdings nicht um eine Rechtsbedingung (so aber Henssler RNotZ 2010, 221, 239; Nieder/Kössinger/Kössinger, Handbuch der Testamentsgestaltung, § 19 Rn 61; BeckOGK/Schreindorfer [1. 7. 2023] § 311b Rn 489), weil der ungewisse Eintritt der Erbenstellung keine reine Rechtsfrage darstellt, sondern wesentlich von tatsächlichen Gegebenheiten abhängt. Das Bestehen einer solchen Bedingung ist zudem **nicht** durch das Gesetz **vorgeschrieben** oder in sonstiger Weise bestimmt, sodass hierbei lediglich eine **Auslegung** des zwischen den Beteiligten vereinbarten Vertrags vorgenommen wird (s auch die Auseinandersetzung bei Soergel/J Mayer § 311b Rn 275). Ein derartiges Verständnis der Vereinbarungen der Parteien liegt zwar nahe und wird regelmäßig ihren Interessen entsprechen, allerdings ist wie bei jeder Auslegung auch eine **anderweitige Deutung** denkbar (s auch Soergel/J Mayer § 311b Rn 275). Gleichwohl wird eine Auslegung regelmäßig dieses Ergebnis erbringen, wenn nicht andere Anhaltspunkte vorliegen, da eine solche Vertragsgestaltung typischerweise dem Willen der Parteien entsprechen wird. Vor diesem Hintergrund ist es den Beteiligten aber unbenommen, den Erbschaftsvertrag auch explizit unbedingt zu schließen und infolgedessen die Verpflichtung des Vertragspartners nicht davon abhängig zu machen, dass er tatsächlich Erbe wird. Ist eine solche Vereinbarung getroffen, so wird die ursprünglich wirksam begründete Verpflichtung nachträglich gemäß § 275 Abs 1 BGB unmöglich (so auch vProff ZEV 2013, 183, 187), sodass ein etwaiger Schadenersatzanspruch nach §§ 280 Abs 1, Abs 3, 283 BGB in Betracht kommt, für den es allerdings regelmäßig am Vertretenmüssen fehlen wird. Grundsätzlich nicht denkbar ist in einer solchen Situation aber die Heranziehung der Grundsätze zur **Störung der Geschäftsgrundlage** aus § 313 BGB (so auch Henssler RNotZ 2010, 221, 239; anders aber Wiedemann NJW 1968, 769, 773; ihm folgend Grüneberg/Grüneberg § 311b Rn 74). Soweit die Beteiligten den Vertrag oder die Verpflichtungen auf den Erwerb der Erbenstellung (konkludent) bedingen, fehlt es bereits an einer Grundlage, auf die § 313 BGB angewendet werden könnte (Henssler RNotZ 2010, 221, 238 spricht davon, dass § 313 BGB bei Spekulationsgeschäften nicht anwendbar sei; s auch MünchKommBGB/Ruhwinkel § 311b Rn 144). Haben die Parteien jedoch eine Bedingung ausdrücklich abgelehnt, haben sie sich auf die Fortgeltung der Verpflichtungen unabhängig davon, ob der Verpflichtete Erbe wird, geeinigt, sodass eine Veränderung der Umstände nicht vorliegt, weil diese Möglichkeit von den Beteiligten bereits einbezogen und einer Regelung zugeführt wurde.

73 Soweit eine entsprechende Bedingung vereinbart ist und diese ausfällt, können etwa erbrachte Leistungen, soweit die Bedingung den gesamten Vertrag betrifft, gemäß **§ 812 Abs 1 S 2 Alt 1 BGB** zurückgefordert werden (BeckOK-BGB/Gehrlein [1. 8. 2023] § 311b Rn 53; Soergel/J Mayer § 311b Rn 275; BeckOGK/Schreindorfer [1. 7. 2023] § 311b Rn 489; so wohl auch MünchKommBGB/Ruhwinkel § 311b Rn 144). Ist allein die Verpflich-

tung des potenziellen Erben bedingt, wird regelmäßig dem anderen Teil ein **Rücktrittsrecht** zustehen, sodass er erbrachte Leistungen nach den §§ 346 ff BGB zurückverlangen kann. Da es sich nicht um eine Rechtsbedingung in Form eines Verweises auf gesetzliche Tatbestandsmerkmale handelt (s Rn 72), ist bei einer treuwidrigen Vereitelung des Bedingungseintritts **§ 162 BGB** mit der Folge anzuwenden, dass die Bedingung als eingetreten gilt und daher die Verpflichtung entsteht. Die Erfüllung der entsprechenden Verpflichtung ist allerdings dennoch nach § 275 Abs 1 BGB unmöglich, sodass nur ein **Schadenersatzanspruch** nach §§ 280 Abs 1, Abs 3, 283 BGB in Betracht kommt. Insoweit wird typischerweise in einer solchen Konstellation auch das notwendige Vertretenmüssen gegeben sein.

Überwiegend wird zudem davon ausgegangen, dass die Verpflichtungen aus einem Erbschaftsvertrag **nicht vererblich** sind (Henssler RNotZ 2010, 221, 239; vProff ZEV 2013, 183, 186; BeckOGK/Schreindorfer [1. 7. 2023] § 311b Rn 489; **aA** MünchKommBGB/Ruhwinkel § 311b Rn 141; zur Problematik auch jurisPK-BGB/Ludwig § 311b Rn 516). Dem kann allerdings **nicht gefolgt werden**. Der Erbschaftsvertrag ist grundsätzlich eine vertragliche Vereinbarung wie jeder andere Vertrag auch, sodass auch die Verpflichtungen hieraus nach §§ 1922 Abs 1, 1967 BGB vererblich sind. Insbesondere liegt hierin kein Vertrag zulasten Dritter (so aber BeckOGK/Schreindorfer [1. 7. 2023] § 311b Rn 489.1), sondern die Verpflichtung des Erben ist Konsequenz der gesetzlich angeordneten Gesamtrechtsnachfolge. Will sich der Erbe hiervor schützen, muss er die Erbschaft ausschlagen. Gleichwohl wird im Falle des Ablebens des Verpflichteten regelmäßig keine Verpflichtung seines Erben entstehen, da typischerweise die Verpflichtung darum bedingt ist, dass der Schuldner Erbe wird, was nicht der Fall ist, wenn er vor dem Erblasser verstirbt (in diese Richtung wohl auch Henssler RNotZ 2010, 221, 239; Soergel/J Mayer § 311b Rn 275). Am Eintritt dieser Bedingung fehlt es auch dann, wenn die Erben des Verpflichteten Erben des Erblassers werden, da in dieser Konstellation gleichwohl der *ursprünglich Verpflichtete* nicht Erbe wird. Etwas anderes gilt aber dann, wenn die Bedingung derart *auszulegen* ist, dass es darauf ankommen soll, ob der *jeweils* Verpflichtete Erbe des Erblassers wird. In diesem Fall kann die Bedingung auch bei den Erben des Verpflichteten eintreten, sodass sie in dieser Konstellation wirksam würde. Maßgeblich ist somit das konkrete Verständnis und damit die Auslegung der Bedingung im Einzelfall, soweit sie nicht eindeutig im Vertrag gefasst ist. Ist die Verpflichtung nicht bedingt, so ist sie richtigerweise uneingeschränkt vererblich, wobei es nicht darauf ankommt, dass die Erben des Verpflichteten selbst gesetzliche Erben des Erblassers sind, da für die Beurteilung der Zulässigkeit des Vertrags der Zeitpunkt des Abschlusses maßgeblich ist (s Rn 36 ff). Ist die Verpflichtung in der Person des Verpflichteten entstanden, geht sie aufgrund der gesetzlichen Anordnung in §§ 1922 Abs 1, 1967 BGB auf dessen Erben über. 74

b) Wegfall des Berechtigten

Fällt der **Berechtigte** vor dem Erbfall weg, hat dies für den Vertrag grundsätzlich keine Auswirkungen. Nicht nur die Verpflichtungen (s Rn 74), sondern auch die Stellung als Berechtigter ist grundsätzlich ohne Weiteres **vererblich** (Henssler RNotZ 2010, 221, 239; Soergel/J Mayer § 311b Rn 275; MünchKommBGB/Ruhwinkel § 311b Rn 141; BeckOGK/Schreindorfer [1. 7. 2023] § 311b Rn 490; unter Einschränkungen auch jurisPK-BGB/Ludwig § 311b Rn 517 f). **Etwas anderes** gilt nur dann, wenn die Parteien eine anderweitige Vereinbarung getroffen haben. Anders als in Bezug auf die Stellung als Verpflichteter liegt eine solche Auslegung aber regelmäßig nicht nahe, da nicht zu 75 erkennen ist, weshalb der Berechtigte den Erwerb des Rechts davon abhängig machen soll, dass er den Erblasser überlebt. Es ist vielmehr anzunehmen, dass er seine Befugnisse aus dem Vertrag regelmäßig seinen Erben zuwenden will, sodass für die Annahme einer diesbezüglichen Bedingung erhebliche Anhaltspunkte gegeben sein müssen. Ohne Bedeutung ist, ob die Erben selbst zum Kreis der von § 311b Abs 5 BGB umfassten Personen gehören, also selbst potenzielle gesetzliche Erben des Erblassers sind (DUTTA ZfPW 2017, 34, 49; wie hier grundlegend auch jurisPK-BGB/LUDWIG § 311b Rn 517, der die Beschränkung auf den Kreis der gesetzlichen Erben des künftigen Erblassers ablehnt, jedoch anderweitige Einschränkungen vornehmen will; **aA** aber DANIELS 140; HENSSLER RNotZ 2010, 221, 239; BeckOGK/SCHREINDORFER [1. 7. 2023] § 311b Rn 490). Ist der Vertrag ordnungsgemäß begründet und sind die entsprechenden Rechte beim Inhaber entstanden, sind sie ohne Einschränkungen vererblich, sodass auch solche Personen die Befugnisse erwerben können, die ursprünglich nicht hätten Partei des Vertrags sein können (vgl DUTTA ZfPW 2017, 34, 49; SOERGEL/J MAYER § 311b Rn 275).

c) Änderungen im Erbrecht (Quote/Wert)

76 Entfällt nicht die Erbenstellung des Verpflichteten, sondern verändert sich sein **quotaler Anteil am Nachlass** oder der **Umfang seiner Pflichtteilsberechtigung**, richtet sich die rechtliche Beurteilung primär nach den Regelungen des Vertrags. Ist dort für einen solchen Fall Vorsorge getroffen, besteht regelmäßig kein Anlass, von den Vorgaben abzuweichen. Fehlt eine (explizite) Regelung im Vertrag, so bedarf es einer entsprechenden **Auslegung** des Vertrags (HENSSLER RNotZ 2010, 221, 238 f; MünchKommBGB/RUHWINKEL § 311b Rn 144; BeckOGK/SCHREINDORFER [1. 7. 2023] § 311b Rn 487). **Erhöht** sich die Quote im Verhältnis zu der im Vertrag angenommenen, bedarf es einer Feststellung, ob die Beteiligten lediglich den Erbteil erfassen wollten, den der Verpflichtete im Moment des Vertragsschlusses erwartet hatte, oder ob sich die Vereinbarung auf den jeweils tatsächlich erworbenen Anteil bezieht (vgl BeckOGK/SCHREINDORFER [1. 7. 2023] § 311b Rn 487). Ein Indiz für die Auslegung wird regelmäßig die Bestimmung der Gegenleistung liefern können, da bei einer feststehenden Vergütung einiges dafür spricht, dass diese lediglich auf den im Moment des Vertragsschlusses erwarteten Anteil berechnet ist.

77 **Reduziert** sich die Quote im Verhältnis zu der bei Abschluss des Vertrages erwarteten, kommt es ebenfalls maßgeblich auf die **Auslegung des Vertrags** an. Dabei ist regelmäßig zu unterstellen, dass sich der Verpflichtete nicht weitergehend binden will, als er tatsächlich Erbe wird und insoweit die Verpflichtung entsprechend bedingt ist (s Rn 72). Fällt die Quote mithin niedriger aus, als dies im Moment des Vertragsschlusses von den Beteiligten angenommen wurde, wird sich typischerweise ohne spezifische Anhaltspunkte im Wege der Auslegung ergeben, dass die Verpflichtung nur insoweit besteht, als die Erbenstellung eingetreten ist. Dies kann gleichermaßen dazu führen, dass die Gegenleistung entsprechend anzupassen ist, um die Vertragsparität wiederherzustellen (BeckOGK/SCHREINDORFER [1. 7. 2023] § 311b Rn 487), wobei es ebenfalls darauf ankommt, ob sich bei einer Auslegung des Vertrags ein anderes Ergebnis ergibt. Zeigt sich demgegenüber, dass die Verpflichtung unbedingt hinsichtlich einer bestimmten Quote begründet werden sollte, ändert an dieser Schuld für sich genommen der Umstand nichts, dass der Verpflichtete nicht in diesem Umfang Erbe wird. Die Verpflichtung ist mithin weiterhin wirksam begründet, allerdings wird die Erfüllung dem Verpflichteten in aller Regel gemäß § 275 Abs 1 BGB unmöglich sein. Denkbar ist in diesem Fall lediglich ein **Schadensersatz-**

anspruch gemäß §§ 280 Abs 1, Abs 3, 283 BGB, für den allerdings ein Vertretenmüssen erforderlich ist.

Verändert sich nicht die Quote, sondern der **Wert** des Pflicht- oder Erbteils, hat dies mangels einer anderweitigen Auslegung des Vertrags regelmäßig **keine Auswirkungen** auf den Bestand der wechselseitigen Pflichten (Soergel/J Mayer § 311b Rn 276; BeckOGK/Schreindorfer [1. 7. 2023] § 311b Rn 486; vgl BFH NJW-RR 1998, 1379; Grüneberg/Grüneberg § 311b Rn 74; Henssler RNotZ 2010, 221, 238 f; MünchKommBGB/Ruhwinkel § 311b Rn 144). Da die Beteiligten wissen, dass sie sich insoweit an einem **Hochrisikogeschäft** beteiligen, bei dem der spätere Bestand des Nachlasses objektiv zum Abschluss des Vertrages nicht feststehen kann, ist typischerweise zu unterstellen, dass sie sich wechselseitig auf dieses Risiko eingelassen haben, soweit sie nicht Vorsorge im Vertrag getroffen haben (vgl Henssler RNotZ 2010, 221, 238 f; BeckOGK/Schreindorfer [1. 7. 2023] § 311b Rn 486). Daher kann insbesondere **§ 313 BGB** in aller Regel keine Anwendung finden, da die Parteien einen bestimmten Wert des Nachlasses nicht zur Vertragsgrundlage gemacht haben werden (so iE auch Grüneberg/Grüneberg § 311b Rn 74; Henssler RNotZ 2010, 221, 238 f; jurisPK-BGB/Ludwig § 311b Rn 514; MünchKommBGB/Ruhwinkel § 311b Rn 144; BeckOGK/Schreindorfer [1. 7. 2023] § 311b Rn 486; vgl zudem BFH NJW-RR 1998, 1379). Etwas anderes kann nur gelten, wenn sich konkrete Anhaltspunkte hierfür ergeben (vgl jurisPK-BGB/Ludwig § 311b Rn 514). 78

III. Umdeutung/Auslegung

Eine **Auslegung** einer wirksam beurkundeten Erklärung ist wie stets (siehe zu § 311b Abs 1 BGB schon § 311b Abs 1 Rn 312 ff) zulässig. Wird bei einer Überlassung ein auf den Überlassungsgegenstand gegenständlich beschränkter Pflichtteilsverzicht durch die gesetzlichen Miterben gegenüber dem Veräußerer (Erblasser) erklärt, so kann dies zusätzlich als Vereinbarung *zwischen* den Miterben dahingehend auszulegen sein, später einen Pflichtteilsanspruch auch dann nicht geltend zu machen, wenn der gegenständlich beschränkte Pflichtteilsverzicht wieder aufgehoben werden sollte (ebenso Weirich DNotZ 1986, 5, 14). Keine Zweifel verbleiben aber dann, wenn insoweit vereinbart wird, dass der Pflichtteilsverzicht nur *mit Zustimmung* dieser Pflichtteilsberechtigten wieder aufgehoben werden kann oder darf. Eine derartige Auslegung dürfte jedoch stets geboten sein, wenn der Begünstigte eine Abfindungsleistung an die Verzichtenden erbracht hat, da hierin typischerweise eine Gegenleistung zu erblicken ist, sodass anzunehmen ist, dass diese nicht ohne entsprechende Sicherheit geleistet werden soll. Dabei kommt es nicht darauf an, ob die Kompensation rechtlich zunächst an die Eltern geleistet wird, da für die Auslegung allein maßgeblich ist, ob nach dem Willen der Beteiligten wirtschaftlich eine Gegenleistung durch den Begünstigten vorgenommen wird. 79

Eine **Umdeutung** eines nach § 311b Abs 4 BGB nichtigen Geschäfts gem § 140 BGB ist möglich (BGH NJW 1974, 44; Soergel/J Mayer § 311b Rn 277; MünchKommBGB/Ruhwinkel § 311b Rn 136; BeckOGK/Schreindorfer [1. 7. 2023] § 311b Rn 463). Es ist jedoch zu beachten, dass auch das umgedeutete Rechtsgeschäft nicht gleichfalls vom Verbot des § 311b Abs 4 BGB ergriffen werden darf (MünchKommBGB/Ruhwinkel § 311b Rn 136; vgl Fall in BGHZ 26, 227 ff; BGHZ 37, 319; 328) und dass die Wirksamkeitsvoraussetzungen des anderen Rechtsgeschäfts gewahrt sein müssen (MünchKommBGB/Ruhwinkel § 311b Rn 136; BeckOGK/Schreindorfer [1. 7. 2023] § 311b Rn 463. 1; vgl Flume, AT § 32 9 c). Die Rspr 80 hat eine Umdeutung eines nichtigen Abfindungsvertrages in eine Verpflichtung gegenüber dem Erblasser zum Abschluss eines Erbverzichtsvertrages (BGHZ 37, 319, 328) erwogen. Ebenso soll es möglich sein, einen unwirksamen Vertrag unmittelbar in einen Erbverzichtsvertrag gem § 2352 BGB (BGH NJW 1974, 43, 44) umzudeuten, soweit der Erblasser bei der Beurkundung mitgewirkt hat. Zur Umdeutung eines nichtigen Erbvertrages in einen Vertrag nach § 311b Abs 5 BGB s RG JR 1927 Nr 1403.

§ 311c
Erstreckung auf Zubehör

Verpflichtet sich jemand zur Veräußerung oder Belastung einer Sache, so erstreckt sich diese Verpflichtung im Zweifel auf das Zubehör der Sache.

Materialien: E I § 790a; II § 265; III § 308; Mot III 65.
Zur Beachtung: Mit Inkrafttreten des Gesetzes zur Modernisierung des Schuldrechts vom 26. 11. 2001 (BGBl I 3138) am 1. 1. 2002 wurde der bisherige § 314 aF wortgleich durch § 311c BGB ersetzt.

Schrifttum

Becker, Kurzbeitrag: Notar und Weinrecht, BWNotZ 2013, 20
Göhler, Zum Zubehör-Verkauf, BWNotZ 1998, 142
Harke, Wie weit reicht die Vermutung von § 311c BGB?, ZfIR 2004, 891
Kohler, Anwendungsgrenzen des § 314 BGB bei obligatorischen Berechtigungen zum Vorteil eines Grundstücks, DNotZ 1991, 362
Majer, Zur Bestimmung der Zubehöreigenschaft – Begriff und Funktion der Verkehrsauffassung nach § 97 I 2 BGB, BWNotZ 2008, 144
Schulte-Thoma, Zubehörveräußerung bei Grundstückskaufverträgen, RNotZ 2004, 61
Uhlig, Anm zu BGH v 30. 3. 1990 – V ZR 113/89, DNotZ 1991, 667.

Systematische Übersicht

Alphabetische Übersicht

I. Zweck der Vorschrift

1 § 311c BGB zielt darauf ab, eine **wirtschaftliche Einheit** von Hauptsache und Zubehör zu erhalten (BGH NJW 1969, 36; jurisPK-BGB/Ludwig § 311c Rn 2; NK-BGB/Ring § 311c Rn 1; MünchKommBGB/Ruhwinkel § 311c Rn 1). Grund dafür ist der allgemeine Erfahrungssatz (Erman/Grziwotz § 311c Rn 1; NK-BGB/Ring § 311c Rn 7), dass die Vertragsparteien diese Einheit im Zweifel nicht zerreißen wollen (vgl Soergel/J Mayer § 311c Rn 1). Unabhängig davon, ob man dieser gesetzgeberischen Vorstellung folgen will (krit BeckOGK/Schreindorfer [1. 7. 2023] § 311c Rn 2.1), steht die Norm in einem **inneren Zusammenhang** mit zahlreichen anderen Regelungen des BGB. Inhaltlich vergleichbar sind auch § 926 Abs 1 S 2 BGB zur dinglichen Übertragung, §§ 1031, 1062 BGB zum Nießbrauch, § 1096 S 2 BGB in Bezug auf das dingliche Vorkaufsrecht sowie § 2164 Abs 1 BGB für das Vermächtnis. Ähnlich, aber noch weitergehend wirkt § 457 Abs 1 BGB im Rahmen des Wiederkaufsrechts. Insoweit ist die dort getroffene Bestimmung zwar dispositiv (BeckOGK/Daum [1. 7. 2023] § 457 Rn 4; Staudinger/Schermaier [2013] § 457 Rn 5; MünchKommBGB/Westermann § 457 Rn 3), ohne eine ausdrückliche anderweitige Regelung ist aber auch das Zubehör von der entstehenden Herausgabeverpflichtung umfasst. Losgelöst von Abweichungen *im Detail* zeigt dies, dass der Gesetzgeber grundsätzlich von der Einheit von Hauptsache und Zubehör ausgeht und eine derartige Verbindung auch als Wille der Parteien unterstellt (ähnl Soergel/J Mayer § 311c Rn 1; s auch Harke ZfIR 2004, 891, 892).

2 Aus der Formulierung der Norm ergibt sich, dass sie lediglich eine **Auslegungsregel** enthält (BeckOK-BGB/Gehrlein [1. 8. 2023] § 311c Rn 1; Grüneberg/Grüneberg § 311c Rn 1; Majer BWNotZ 2008, 144, 145; Soergel/J Mayer § 311c Rn 1; NK-BGB/Ring § 311c Rn 1; MünchKommBGB/Ruhwinkel § 311c Rn 1; BeckOGK/Schreindorfer [1. 7. 2023] § 311c Rn 1; so wohl auch Erman/Grziwotz § 311c Rn 2). Die eingegangene Verpflichtung bezieht sich dann auf das Zubehör, wenn nichts anderes vereinbart oder aus den Umständen zu entnehmen ist. Die Auslegungsregel führt zu einer Erleichterung bei der Vertragsgestaltung: Zubehör muss im Vertrag also nur aufgeführt werden, wenn und soweit es *nicht* mitveräußert ist (BGH NJW 2000, 354, 357; Soergel/J Mayer § 311c Rn 1; vgl auch MünchKommBGB/Ruhwinkel § 311c Rn 1); ein Inventarverzeichnis muss der Vereinbarung nicht beigefügt werden, wenn es *lediglich* Zubehör enthält.

II. Anwendungsbereich

1. Verpflichtung zur Veräußerung oder Belastung einer Sache

3 Für die Anwendbarkeit setzt § 311c BGB zunächst eine **Verpflichtung zur Veräußerung oder Belastung** einer Sache voraus. Die Legaldefinition der Sache ergibt sich dabei aus § 90 BGB (Grüneberg/Grüneberg § 311c Rn 1; Erman/Grziwotz § 311c Rn 1; Soergel/J Mayer § 311c Rn 4; NK-BGB/Ring § 311c Rn 1; MünchKommBGB/Ruhwinkel § 311c Rn 3; BeckOGK/Schreindorfer [1. 7. 2023] § 311c Rn 5; vgl BeckOK-BGB/Gehrlein [1. 8. 2023] § 311c Rn 1; s zum Sachbegriff selbst Staudinger/Stieper [2021] § 90 Rn 1 ff). Wegen § 90a S 3 BGB können zudem auch Tiere Zubehör darstellen (RGZ 69, 85 [87]; OLG Schleswig SchlHA 1974, 111; OLG Rostock OLGE 3 1901, 235). Eine Verpflichtung zur Veräußerung oder Belastung liegt dann vor, wenn entweder eine solche zur **Übertragung des Eigentums** begründet wird oder eine solche zur Belastung der Sache **mit einem dinglichen Recht** vereinbart ist. Die Vorschrift bezieht sich nach ihrem Wortlaut auf einen *schuldrechtlichen* Vertrag ebenso wie auf *einseitige* Verpflichtungen. Auf Art und Inhalt der vereinbarten Verpflichtung kommt es nicht an. Darunter fallen somit neben Kauf- und Tauschverträgen auch Schenkungsversprechen (BGHZ 65, 86, 88; BGH ZIP 2006, 2307 f; NZM 2009, 198; OLG Düsseldorf 6. 12. 2012 – I-10 U 63/12, juris Rn 13; Erman/Grziwotz § 311c Rn 1; Grüneberg/Grüneberg § 311c Rn 1; Soergel/J Mayer § 311c Rn 3; vOlshausen ZIP 2007, 1145, 1147). Ohne Belang ist zudem, ob es sich um eine bewegliche oder eine unbewegliche Sache handelt (Erman/Grziwotz § 311c Rn 1; jurisPK-BGB/Ludwig § 311c Rn 4; Soergel/J Mayer § 311c Rn 4; NK-BGB/Ring Rn 1; MünchKommBGB/Ruhwinkel § 311c Rn 3; BeckOGK/Schreindorfer [1. 7. 2023] § 311c Rn 5).

4 **Nicht** von § 311c BGB **erfasst** sind jedoch **Erfüllungsgeschäfte** (jurisPK-BGB/Ludwig § 311c Rn 4; Soergel/J Mayer § 311c Rn 3; MünchKommBGB/Ruhwinkel § 311c Rn 2; BeckOGK/Schreindorfer [1. 7. 2023] § 311c Rn 4; vgl NK-BGB/Ring § 311c Rn 6). Die Übereignung der Zubehörstücke erfolgt, soweit als Hauptsache ein Grundstück übertragen wird, ohne dass es einer gesonderten Einigung über die beweglichen Gegenstände gem § 929 BGB bedarf, mit der Erklärung der Auflassung gem §§ 873, 925 BGB (vgl jurisPK-BGB/Ludwig § 311c Rn 4: es greift § 926 Abs 1 S 2 BGB ein; s auch Soergel/J Mayer § 311c Rn 3; MünchKommBGB/Ruhwinkel § 311c Rn 2). Handelt es sich dagegen bei der Hauptsache um eine bewegliche Sache, so ist eine gesonderte Übereignung des Zubehörs erforderlich, da eine § 926 BGB entsprechende Regelung für Mobilien fehlt. Allerdings wird man typischerweise davon auszugehen haben, dass die Übereignung des Zubehörs konkludent mit der der Hauptsache erfolgt. Gleichermaßen

nicht unter § 311c BGB fallen sonstige Verträge außerhalb des Schuldrechts, insbes solche des **Familien- und Erbrechts** (BeckOGK/Schreindorfer [1. 7. 2023] § 311c Rn 4; vgl auch Soergel/J Mayer § 311c Rn 3; MünchKommBGB/Ruhwinkel § 311c Rn 2). Vorgaben auch hinsichtlich des dinglichen Geschäfts enthalten dagegen die auf vergleichbarer legislativer Grundwertung (s Rn 1) beruhenden §§ 1031, 1062 BGB für den Nießbrauch und § 1120 BGB, der eine zwingende (Soergel/J Mayer § 311c Rn 3) Erstreckung bei der Bestellung einer Hypothek sowie über § 1191 Abs 1 BGB auch der Grundschuld auf das Zubehör vorsieht.

Vom Wortlaut der Norm nicht umfasst sind **Gebrauchsüberlassungsverträge**, da sie weder auf die Veräußerung noch auf die Belastung einer Sache gerichtet sind. Die herrschende Meinung nimmt allerdings insoweit eine analoge Anwendung der Regelung vor und erstreckt diese folglich auch auf solche Verträge, die lediglich eine Seite zur Überlassung des Besitzes verpflichten, wozu insbes Miete, Pacht und Leihe zählen (BGHZ 65, 86, 88; BGH NJW 2000, 354, 357; NJW 2007, 216; NZM 2009, 198, 199; Grüneberg/Grüneberg § 311c Rn 1; Erman/Grziwotz § 311c Rn 1; jurisPK-BGB/Ludwig § 311c Rn 4; Soergel/J Mayer § 311c Rn 3; NK-BGB/Ring § 311c Rn 4; MünchKommBGB/Ruhwinkel § 311c Rn 2; BeckOGK/Schreindorfer [1. 7. 2023] § 311c Rn 3; so iE auch BeckOK-BGB/Gehrlein [1. 8. 2023] § 311c Rn 1). Obgleich das Ergebnis Zustimmung verdient, bleibt das Vorgehen der überwiegenden Ansicht **methodisch kritikwürdig**. Dass sich auch Gebrauchsüberlassungsverträge regelmäßig auf das Zubehör erstrecken sollen, lässt sich der Wertung des § 311c BGB nicht unmittelbar entnehmen. Vielmehr ergibt sich die relevante gesetzgeberische Grundwertung erst aus der Zusammenschau der sonstigen Vorschriften des BGB, die eine Erstreckung auf das Zubehör anordnen (s zu diesen Rn 1). Es ist somit eine **Gesamtanalogie** zu § 926 Abs 1 S 2, §§ 1031, 1062, 1096 S 2, § 2164 Abs 1 BGB zu bilden, die die Erstreckung der in diesen Vorschriften verkörperten Wertung, wonach Hauptsache und Zubehör regelmäßig nicht getrennt werden sollen, bewirkt. Im Ergebnis wird damit aber auch bei Gebrauchsüberlassungsverträgen vermutet, dass diese sich neben der Hauptsache auch auf das Zubehör beziehen. 5

2. Zubehör

Weitere Voraussetzung für die Anwendbarkeit von § 311c BGB ist das Vorliegen von **Zubehör**. Mithin kommt es darauf an, ob der jeweils zu betrachtende Gegenstand von §§ 97 f BGB erfasst wird (s auch Erman/Grziwotz § 311c Rn 1; jurisPK-BGB/Ludwig § 311c Rn 5, 11; Soergel/J Mayer § 311c Rn 4; MünchKommBGB/Ruhwinkel § 311c Rn 4; BeckOGK/Schreindorfer [1. 7. 2023] § 311c Rn 12; vgl zudem Majer BWNotZ 2008, 144, 145). Dabei sind die subjektiven Vorstellungen der Parteien nicht von Bedeutung, da der Begriff des Zubehörs auch an dieser Stelle (siehe zu § 97 BGB: Staudinger/Stieper [2021] § 97 Rn 12) ausschließlich objektiv zu bestimmen ist (OLG Köln NJW 1961, 461; BeckOGK/Schreindorfer [1. 7. 2023] § 311c Rn 12; MünchKommBGB/Stresemann § 97 Rn 2; vgl auch MünchKommBGB/Ruhwinkel § 311c Rn 7). Maßgeblich für die Qualifikation als Zubehör und damit für die gegenständliche Reichweite ist dabei grundsätzlich der **Zeitpunkt des Vertragsschlusses** (BeckOK-BGB/Gehrlein [1. 8. 2023] § 311c Rn 1; Grüneberg/Grüneberg § 311c Rn 1; Erman/Grziwotz § 311c Rn 1; Soergel/J Mayer § 311c Rn 10; NK-BGB/Ring § 311c Rn 2; MünchKommBGB/Ruhwinkel § 311c Rn 4; BeckOGK/Schreindorfer [1. 7. 2023] § 311c Rn 13; vgl auch BGH NJW 2000, 354, 357), soweit keine anderen Umstände ein Abweichen indizieren, insbesondere die Beteiligten nichts anderes vereinbaren. Mithin ist der nachfolgende Verlust der Zubehöreigenschaft ebenso belanglos, wie der 6 im Anschluss eintretende Hinzuerwerb einer weiteren Sache als Zubehör. Da anderweitige Abreden der Parteien zulässig sind (s auch BeckOGK/Schreindorfer [1. 7. 2023] § 311c Rn 13; Schulte-Thoma RNotZ 2004, 61, 66; vgl jurisPK-BGB/Ludwig § 311c Rn 5; MünchKommBGB/Ruhwinkel § 311c Rn 4), kann sich auch konkludent eine abweichende Bestimmung ergeben (vgl auch jurisPK-BGB/Ludwig § 311c Rn 5; MünchKommBGB/Ruhwinkel § 311c Rn 4). Dies kommt insbesondere dann in Betracht, wenn es sich um einen sich typischerweise schnell verändernden Zubehörbestand handelt, wozu insbesondere Vorräte (vgl jurisPK-BGB/Ludwig § 311c Rn 5; Soergel/J Mayer § 311c Rn 10) oder ein häufig wechselnder Bestand von Maschinen zu rechnen sind. In diesem Fall dürfte die Auslegung regelmäßig ergeben, dass der die Eigenschaft als Zubehör im Moment der Erfüllung maßgeblich sein soll (jurisPK-BGB/Ludwig § 311c Rn 5; NK-BGB/Ring § 311c Rn 2; MünchKommBGB/Ruhwinkel § 311c Rn 4; vgl Soergel/J Mayer § 311c Rn 10). Gleichermaßen ist bei **gestreckten Vertragsschlüssen** gesondert zu prüfen, ob tatsächlich der Bestand des Zubehörs im Moment der Annahme maßgeblich sein soll, da dies für den Anbietenden mit einem nicht unerheblichen Risiko verbunden ist. Vor diesem Hintergrund dürfte in aller Regel die Bestimmung anhand des Zeitpunkts des Angebots dem Willen der Beteiligten entsprechen.

7 Voraussetzung für die Anwendbarkeit der Vorschrift und damit das Entstehen einer entsprechenden Verpflichtung ist **nicht, dass der Verpflichtete Eigentümer** des Zubehörs ist (OLG Düsseldorf DNotZ 1993, 342, 345; Grüneberg/Grüneberg § 311c Rn 1; Soergel/J Mayer § 311c Rn 4; MünchKommBGB/Ruhwinkel § 311c Rn 4; BeckOGK/Schreindorfer [1. 7. 2023] § 311c Rn 12; Schulte-Thoma RNotZ 2004, 61, 66; s auch Staudinger/Stieper [2021] § 97 Rn 10, 18, 27). Dies folgt aus dem dem BGB immanenten *Trennungsprinzip*, weshalb für das Eingehen einer Verpflichtung die dingliche Lage ohne Relevanz ist (BeckOGK/Schreindorfer [1. 7. 2023] § 311c Rn 12). Gegebenenfalls kann allerdings eine auf diese Weise erzielte Verpflichtung zur Übertragung des Zubehörs gemäß § 275 Abs 1 BGB anfänglich **unmöglich** sein, wenn die Gegenstände nicht im Eigentum des Verpflichteten stehen und von ihm auch nicht erworben werden können. In einer solchen Konstellation kommt eine Schadensersatzpflicht gemäß § 311a Abs 2 BGB in Betracht.

3. Entsprechende Anwendung auf weitere Gegenstände

8 In der Literatur wird zudem eine **entsprechende Anwendung** des § 311c BGB auf **Rechte** die wirtschaftlich in einem Zusammenhang mit der Hauptsache stehen und deren **einfache Bestandteile** sowie weitere Gegenstände, die mit der Hauptsache **wirtschaftlich verbunden** sind, ohne deren Zubehör zu sein, diskutiert (die Anwendung grundsätzlich bejahend Soergel/J Mayer § 311c Rn 5; Harke ZfIR 2004, 891, 892; jurisPK-BGB/Ludwig § 311c Rn 6 lässt eine grundsätzliche Anwendung iE durch Heranziehung eines allgemeinen Erfahrungssatzes zu; vgl auch Grüneberg/Grüneberg § 311c Rn 1). Begründet wird eine derartige Erstreckung in erster Linie mit dem **Normzweck**, der darauf zielt, dass wirtschaftlich zusammengehörige Gegenstände nicht durch die Veräußerung getrennt werden und der ökonomische Wert der Gesamtsache möglichst erhalten bleibt (Soergel/J Mayer § 311c Rn 5; s auch Rn 1). Dieses legislative Ziel rechtfertige es in gleicher Weise, die Vermutung auch auf Rechte und einfache Bestandteile sowie weitere Nebengegenstände zu beziehen (Harke ZfIR 2004, 891, 892).

9 Dem kann allerdings **nicht gefolgt werden** (Kohler DNotZ 1991, 362, 370; MünchKommBGB/Ruhwinkel § 311c Rn 5; BeckOGK/Schreindorfer [1. 7. 2023] § 311c Rn 14; abl auch

jurisPK-BGB/Ludwig § 311c Rn 7 jedenfalls bzgl Rechten als Bestandteil). Richtigerweise fehlt es bereits an der *planwidrigen Regelungslücke* (BeckOGK/Schreindorfer [1. 7. 2023] § 311c Rn 14; vgl MünchKommBGB/Ruhwinkel § 311c Rn 5; dagegen aber Harke ZfIR 2004, 891, 892 ff). Der Gesetzgeber hat die Schaffung des heutigen § 311c BGB umfassend diskutiert und in einen klaren Zusammenhang mit der Bestimmung des Zubehörbegriffs gestellt (siehe dazu Mot III 64 f). Es ist vor diesem Hintergrund anzunehmen, dass er eine bewusste Entscheidung ausschließlich für das Zubehör getroffen hat und folglich weitere Gegenstände nicht von der Vermutung ergriffen sehen wollte (s auch umfangreich zur historischen Auslegung Kohler DNotZ 1991, 362, 366 ff; krit hierzu aber Harke ZfIR 2004, 891, 892 ff). Bestätigt wird die Annahme einer bewussten legislativen Entscheidung durch § 2164 Abs 2 BGB (in diese Richtung auch BeckOGK/Schreindorfer [1. 7. 2023] § 311c Rn 16), in dem der Gesetzgeber eine Erstreckung des Vermächtnisses auf bestimmte Ersatzansprüche ausdrücklich anordnet, was belegt, dass ihm die insoweit bestehende rechtliche Trennung zwischen Zubehör und sonstigen wirtschaftlich mit der Hauptsache in Zusammenhang stehenden Gegenständen bekannt war und er somit keine planwidrige Divergenz erzeugt hat.

Letztlich mangelt es ebenfalls an der *vergleichbaren Wertungslage* (BeckOGK/Schreindorfer [1. 7. 2023] § 311c Rn 14). Der Begriff des Zubehörs ist legaldefiniert und daher trotz aller im Einzelfall bestehenden Unklarheiten (s dazu Staudinger/Stieper [2021] § 97 Rn 4 ff) rechtlich eindeutig bestimmbar (s auch BeckOGK/Schreindorfer [1. 7. 2023] § 311c Rn 15 f). Gleiches gilt allerdings für Rechte oder andere Gegenstände, die wirtschaftlich der Hauptsache zuzurechnen sind, ohne die Anforderungen der §§ 97 f BGB zu erfüllen, nicht (BeckOGK/Schreindorfer [1. 7. 2023] § 311c Rn 15; vgl auch MünchKommBGB/Ruhwinkel § 311c Rn 5). Es fehlt insoweit an einer nachvollziehbaren und abgrenzbaren Definition, um rechtssicher bestimmen zu können, welche Gegenstände von der Verpflichtung umfasst sein sollen. Eine entsprechende Anwendung wäre rechtsunsicher und würde in erheblichem Maße die Gefahr von Streitigkeiten bewirken. Infolgedessen besteht ein signifikanter Unterschied zwischen Zubehör und sonstigen, der Sache möglicherweise ebenfalls dienlichen Gegenständen, sodass eine entsprechende Anwendung von § 311c BGB nicht zulässig ist (wie hier auch Kohler DNotZ 1991, 362, 370; jurisPK-BGB/Ludwig § 311c Rn 7; MünchKommBGB/Ruhwinkel § 311c Rn 5; BeckOGK/Schreindorfer [1. 7. 2023] § 311c Rn 14). Darüber hinaus sind Sachen, die die Zubehöreigenschaft erfüllen, für die Beteiligten gegenständlich wahrnehmbar und unterscheiden sich deshalb auch für Laien deutlich von Rechten. 10

§ 311c BGB ist folglich **nicht** entsprechend anwendbar auf **gewerbliche Schutzrechte** (wie hier MünchKommBGB/Ruhwinkel § 311c Rn 5; BeckOGK/Schreindorfer [1. 7. 2023] § 311c Rn 146. 1; **aA** RGZ 112, 242, 247 zum *Zwischenbenutzungsrecht* nach § 7 PatVerlG; BeckOK-BGB/Gehrlein [1. 8. 2023] § 311c Rn 2; Grüneberg/Grüneberg § 311c Rn 1; Erman/Grziwotz § 311c § 311c Rn 1; Soergel/J Mayer § 311c § 311c Rn 5; NK-BGB/Ring § 311c Rn 8) sowie Warenzeichen (BeckOGK/Schreindorfer [1. 7. 2023] § 311c Rn 16. 1). Insoweit gelten lediglich die Sonderregelungen in § 27 Abs 2 MarkenG und § 29 Abs 2 DesignG. Ebenso ist zu entscheiden für **Gewinnanteile bei Aktien** (offen bei RGZ 77, 333, 335; wie hier MünchKommBGB/Ruhwinkel § 311c Rn 5; BeckOGK/Schreindorfer [1. 7. 2023] § 311c Rn 16. 1; **aA** Soergel/J Mayer § 311c Rn 5), **schuldrechtliche Ver- und Entsorgungsrechte** wie zB Geh- und Fahrtrechte oder Wasserbezugsrechte (Kohler DNotZ 1991, 362, 364 ff; jurisPK-BGB/Ludwig § 311c Rn 9; Soergel/J Mayer § 311c Rn 6; BeckOGK/Schreindorfer [1. 7. 2023] § 311c Rn 16. 1), **Zuckerlieferungsrechte** (BGHZ 111, 110 = BGH DNotZ 1991, 11

667 m Anm UHLIG; GRÜNEBERG/GRÜNEBERG § 311c Rn 1; jurisPK-BGB/LUDWIG § 311c Rn 9; SOERGEL/J MAYER § 311c Rn 6; NK-BGB/RING § 311c Rn 9), **Milchlieferungskontingente** (GRÜNEBERG/GRÜNEBERG § 311c Rn 1; SOERGEL/J MAYER § 311c Rn 6; NK-BGB/RING § 311c Rn 9; UHLIG DNotZ 1991, 667, 671 f), sowie sonstige **landwirtschaftliche Zahlungsansprüche** (BeckOGK/SCHREINDORFER [1. 7. 2023] § 311c Rn 16. 1; UHLIG DNotZ 1991, 667, 671 f; s auch MünchKommBGB/RUHWINKEL § 311c Rn 5) und **Wiederbepflanzungsrechte** nach § 6 WeinG (BECKER BWNotZ 2013, 20, 23; BeckOGK/SCHREINDORFER [1. 7. 2023] § 311c Rn 16. 1) und **Ansprüche auf Freistellung von Erschließungskosten** bei der Veräußerung von Grundstücken (BGH NJW 1993, 2232 bei Letzteren mit der ausdrücklichen Begründung, dass diese nur dem Veräußerer persönlich einen Vorteil bringen; BeckOK-BGB/GEHRLEIN [1. 8. 2023] § 311c Rn 2; jurisPK-BGB/LUDWIG § 311c Rn 9; NK-BGB/RING § 311c Rn 9; MünchKommBGB/RUHWINKEL § 311c Rn 5; BeckOGK/SCHREINDORFER [1. 7. 2023] § 311c Rn 16. 1; zum Anspruch auf Erstattung von Erschließungskosten GRZIWOTZ KommJur 2010, 96, 97 f). In den meisten dieser Fälle dürfte bereits die Vorfrage, ob eine Zubehöreigenschaft vorliegt, zu verneinen sein (das Zuckerrübenlieferungsrecht – s BGHZ 111, 110 – bzw Milchkontingent dient bspw allenfalls dem betreffenden Betrieb, nicht dem betreffenden einzelnen Grundstück; zudem kann ein Recht nicht unter § 97 BGB fallen [s dazu STAUDINGER/STIEPER [2021] § 97 Rn 4]). Kein Fall des § 311c BGB ist zudem die **Firma** bei der Veräußerung eines Handelsgeschäfts (BeckOGK/SCHREINDORFER [1. 7. 2023] § 311c Rn 16. 1). Da ihr allerdings kein konkreter Einzelwert zukommt (vgl § 23 HGB), wird eine Auslegung regelmäßig ergeben, dass die Beteiligten gleichwohl deren Übertragung beabsichtigen, soweit nicht anderweitige Anhaltspunkte bestehen. **Nicht** entsprechend anwendbar ist § 311c BGB ferner auf den **Erneuerungsschein auf Aktien** (HÜFFER/KOCH § 58 AktG Rn 30; BeckOGK/SCHREINDORFER [1. 7. 2023] § 311c Rn 16. 1).

12 Die Frage, ob und inwieweit die **Instandhaltungsrücklage** und sonstige Vermögenswerte im Zusammenhang mit einer Beteiligung an einer Wohnungseigentümergemeinschaft bei der Veräußerung des Miteigentumsanteils erfasst sind, hat sich durch die **Reform des WEG** erledigt, da die Gemeinschaft der Wohnungseigentümer nunmehr gemäß § 9a WEG vollständig rechtsfähig ist und somit diese Positionen ausschließlich der Gemeinschaft der Wohnungseigentümer zustehen (vgl jurisPK-BGB/LUDWIG § 311c Rn 9; SOERGEL/J MAYER § 311c Rn 6; MünchKommBGB/RUHWINKEL § 311c Rn 5). Einer Verfügung zwischen den Mitgliedern sind sie deshalb von vornherein nicht zugänglich. Dabei kommt es nicht darauf an, um welche Rechtsposition es sich im Einzelnen handelt, weil sämtliche Rechte, die der Gemeinschaft der Wohnungseigentümer zustehen, der Verfügung durch eines ihrer Mitglieder entzogen sind. Auch Rechte und Ansprüche, die dem jeweiligen Wohnungseigentümer gebühren, sind aber grundsätzlich nicht von einer Übertragung und einer hierauf gerichteten Verpflichtung erfasst, soweit sich aus den entsprechenden Verträgen nicht etwas anderes (durch Auslegung) ergibt (vgl MünchKommBGB/BURGMAIR § 9a WEG Rn 31; BeckOGK/FALKNER [1. 5. 2023] § 9a WEG § 311c Rn 203).

13 Soweit es sich um **wesentliche Bestandteile** der verkauften Sache handelt, ist § 311c BGB gleichermaßen unanwendbar, weil diese bereits nicht Gegenstand gesonderter Rechte sein können (§ 93 BGB) und daher sowohl schuldrechtlich als auch dinglich von der Verpflichtung und der Veräußerung der Hauptsache umfasst sind (BeckOGK/SCHREINDORFER [1. 7. 2023] § 311c Rn 17. 1). Infolgedessen bedarf es der von § 311c BGB angeordneten Zweifelsregelung nicht, sodass alle Bestandteile, die unter §§ 93 f BGB fallen, Gegenstand auch der schuldrechtlichen Vereinbarung sind. Dasselbe

gilt für die mit dem Eigentum verbundenen Rechte gemäß § 96 BGB, da auch sie kraft Gesetzes zu den wesentlichen Bestandteilen zählen (BeckOGK/Schreindorfer [1. 7. 2023] § 311c Rn 16. 2). Demgegenüber hat § 311c BGB keine Auswirkungen auf einfache Bestandteile (diese können nach hM auch nicht Zubehör sein, vgl BeckOGK/Mössner [1. 5. 2023] § 97 Rn 19; Staudinger/Stieper [2021] § 97 Rn 4) oder Gegenstände im Sinne des § 95 BGB, soweit diese nicht ihrerseits Zubehör sind.

Unabhängig von der Vermutungsregelung des § 311c BGB ist es allerdings immer möglich, dass eine **Auslegung des Vertrags** gemäß §§ 133, 157 BGB zu dem Ergebnis führt, dass dieser auch bestimmte Rechte oder andere Gegenstände, die nicht als Zubehör zu qualifizieren sind, umfassen soll. Allerdings trägt hierfür derjenige, der sich hierauf beruft, die **Beweislast** (vgl BeckOGK/Schreindorfer [1. 7. 2023] § 311c Rn 18). Ein allgemeiner Erfahrungssatz, wonach sämtliche Gegenstände, die der Hauptsache wirtschaftlich dienen, regelmäßig von der Verpflichtung umfasst sein sollen (jurisPK-BGB/Ludwig § 311c Rn 6; Soergel/J Mayer § 311c Rn 5; MünchKommBGB/Ruhwinkel § 311c Rn 6), besteht zudem nicht (BeckOGK/Schreindorfer [1. 7. 2023] § 311c Rn 18; **aA** jurisPK-BGB/Ludwig § 311c Rn 6; Soergel/J Mayer § 311c Rn 5; MünchKommBGB/Ruhwinkel § 311c Rn 6). Eine solche abstrakte Vermutung würdigt den konkreten Einzelfall nicht ausreichend (vgl BeckOGK/Schreindorfer [1. 7. 2023] § 311c Rn 18), da es häufig bei Gegenständen, die nicht zum Zubehör zu rechnen sind, von der konkreten Verhandlung der Beteiligten abhängt, ob diese auf den Erwerber übergehen oder beim Veräußerer verbleiben sollen. Dies gilt insbesondere in Bezug auf Gegenstände, die für den Veräußerer ebenfalls von Wert sind oder sogar ausschließlich dem Veräußerer einen Vorteil bringen können (s hierzu auch BGH NJW 1993, 2232). Handelt es sich dagegen um eine Position, die *nur* im Zusammenhang mit der Hauptsache einen Wert entfaltet, wird eine Auslegung, wonach diese von der Verpflichtung umfasst ist, regelmäßig angezeigt sein. 14

III. Rechtsfolgen

1. Auslegungsregel

§ 311c BGB stellt ausweislich seines Wortlauts eine **Auslegungsregel** dar (BeckOK-BGB/Gehrlein [1. 8. 2023] § 311c Rn 1; Grüneberg/Grüneberg § 311c Rn 1; Majer BWNotZ 2008, 144, 145; Soergel/J Mayer § 311c Rn 1; NK-BGB/Ring § 311c Rn 1; MünchKommBGB/Ruhwinkel § 311c Rn 1; BeckOGK/Schreindorfer [1. 7. 2023] § 311c Rn 1; so wohl auch Erman/Grziwotz § 311c Rn 2), wonach im Zweifel das Zubehör als mitveräußert gilt. Als dispositive Regelung ist sie folglich widerleglich, sodass die Norm keine Bedeutung hat, wenn eine konkrete Auslegung des Vertrages ergibt, dass das Zubehör nicht von der Verpflichtung umfasst sein soll (vgl Erman/Grziwotz § 311c Rn 2; jurisPK-BGB/Ludwig § 311c Rn 2; Soergel/J Mayer § 311c Rn 1; BeckOGK/Schreindorfer [1. 7. 2023] § 311c Rn 7; Schulte-Thoma RNotZ 2004, 61, 66; s auch Staudinger/Stieper [2021] § 97 Rn 30). Sie ist mithin nur insoweit relevant, als sich aus dem Vertrag kein eindeutiges Ergebnis ermitteln lässt (Soergel/J Mayer § 311c Rn 1; vgl zudem Erman/Grziwotz § 311c Rn 2; BeckOGK/Schreindorfer [1. 7. 2023] § 311c Rn 7; Schulte-Thoma RNotZ 2004, 61, 66). Weichen der unter Anwendung von § 311c BGB ermittelte Inhalt des Vertrags und der Wille einer Partei voneinander ab, ist eine Anfechtung nach den §§ 119 ff BGB denkbar (BeckOGK/Schreindorfer [1. 7. 2023] § 311c Rn 9; vgl auch jurisPK-BGB/Ludwig § 311c Rn 11; Soergel/J Mayer § 311c Rn 12; MünchKommBGB/Ruhwinkel § 311c Rn 8). Insoweit unterliegt die Möglichkeit der Anfechtung den allgemeinen Regeln. Die überwiegende Ansicht geht 15 davon aus, dass dann, wenn ein Gegenstand Zubehör mehrerer Hauptsachen ist, die Vermutung des § 311c BGB dahin gehe, dass das Zubehörstück anteilig nach seiner Nutzung für die konkrete Hauptsache zu einem Bruchteil umfasst sei (Staudinger/Stieper [2021] § 97 Rn 30; MünchKommBGB/Stresemann § 97 Rn 12). Gegen ein solches Verständnis spricht allerdings die Verkehrsauffassung. Der Erwerber wird regelmäßig nicht erkennen können, dass die Sache noch anderen Hauptsachen als Zubehör dient, sodass der Erwerber erwarten wird, die Sache insgesamt zu erlangen. Vor diesem Hintergrund muss § 311c BGB derart verstanden werden, dass er dazu führt, dass vermutet wird, dass beim Verkauf der Hauptsache ein Zubehörstück, das noch weiteren Hauptsachen dient, dennoch vollständig mitzuübertragen ist.

2. Auswirkung auf ein etwaiges Formerfordernis

16 Die ganz herrschende Meinung geht zu Recht davon aus, dass wegen § 311c BGB bei einem **formbedürftigen Vertrag**, insbesondere bei einem solchen, der wegen § 311b Abs 1 S 1 BGB der notariellen Beurkundung bedarf, die Verpflichtung zur Übertragung des Zubehörs **nicht** eigens **in die Vereinbarung aufgenommen werden muss**, um das Formerfordernis zu wahren (BGH NJW 2000, 354, 357; Grüneberg/Grüneberg § 311c Rn 1; jurisPK-BGB/Ludwig § 311c Rn 2; Soergel/J Mayer § 311c Rn 1; MünchKommBGB/Ruhwinkel § 311c Rn 6; BeckOGK/Schreindorfer [1. 7. 2023] § 311c Rn 10; vgl NK-BGB/Ring § 311c Rn 5). Dabei vermag allerdings die vom BGH hierfür gegebene Begründung, wonach dem Formerfordernis nur dasjenige unterliegt, das eine vom Gesetz abweichende Bestimmung treffen soll (NJW 2000, 354, 357), nicht zu überzeugen (abl auch BeckOGK/Schreindorfer [1. 7. 2023] § 311c Rn 11. 1). Vielmehr ergibt sich die Möglichkeit zum Verzicht auf eine derartige Regelung daraus, dass auch formbedürftige Verträge der Auslegung zugänglich sind (s § 311b Abs 1 Rn 312 ff), sodass ein Vertrag oder eine explizite Bestimmung zum Zubehör wegen § 311c BGB in der Weise auszulegen ist, dass das Zubehör ebenfalls geschuldet ist (vgl auch BeckOGK/Schreindorfer [1. 7. 2023] § 311c Rn 11).

17 **Praktisch** ist es daher ausreichend, wenn eine entsprechende Regelung in einen Vertrag aufgenommen wird, falls das Zubehör nicht von der Übertragungspflicht umfasst ist (BGH NJW 2000, 354, 357; jurisPK-BGB/Ludwig § 311c Rn 2; BeckOGK/Schreindorfer [1. 7. 2023] § 311c Rn 10). **Ratsam** ist es jedoch, insbes bei beurkundungsbedürftigen Verträgen, wegen § 17 Abs 1 BeurkG eine entsprechende Regelung aufzunehmen, insbesondere bekanntes Zubehör explizit aufzuführen, um etwaige Unklarheiten, Missverständnisse und Streitpotenziale von vornherein auszuschließen (Soergel/J Mayer § 311c Rn 1; BeckOGK/Schreindorfer [1. 7. 2023] § 311c Rn 11. 2; s auch Schulte-Thoma RNotZ 2004, 61, 74 ff). Eine derartige Regelung ermöglicht es den Parteien auch, klar festzustellen, welche Gegenstände Inhalt des Vertrags sind, und zudem rechtssicher zu belegen, was durch den Veräußerer geschuldet wird.

3. Beweislast

18 Hohe praktische Bedeutung hat § 311c BGB für die **Beweislastverteilung**. Insoweit trifft die Beweislast für eine von § 311c BGB **abweichende Vereinbarung** den Belasteten (Erman/Grziwotz § 311c Rn 2; Soergel/J Mayer § 311c Rn 12; NK-BGB/Ring § 311c Rn 5; MünchKommBGB/Ruhwinkel § 311c Rn 7; BeckOGK/Schreindorfer [1. 7. 2023] § 311c Rn 8; Schulte-Thoma RNotZ 2004, 61, 66), da die gesetzliche Vermutung für die Erstre-

ckung spricht. Der Gegenbeweis ist somit zulässig (jurisPK-BGB/Ludwig § 311c Rn 11; NK-BGB/Ring § 311c Rn 3; MünchKommBGB/Ruhwinkel § 311c Rn 1; BeckOGK/Schreindorfer [1. 7. 2023] § 311c Rn 7; Schulte-Thoma RNotZ 2004, 61, 66; vgl schon RG BayZ 1922, 202 für den Koksvorrat eines verkauften, mit Zentralheizung versehenen Hauses), muss aber durch denjenigen geführt werden, der sich gegen den Inhalt des § 311c BGB stellt. Ihm können allerdings **Bräuche und Verkehrssitten** zu Gute kommen, wenn in dem Gebiet, in dem der Vertrag geschlossen wurde, eine Erstreckung nicht üblich ist (MünchKommBGB/Ruhwinkel § 311c Rn 7; vgl Soergel/J Mayer § 311c Rn 12; BeckOGK/Schreindorfer [1. 7. 2023] § 311c Rn 8. 1). Im Übrigen gelten allerdings für den Gegenbeweis die allgemeinen Regelungen, da dem Gesetz eine Beweislasterleichterung für die beweisbelastete Seite nicht zu entnehmen ist.

Keine Umkehr der **Beweislast** besteht dagegen für die **Tatbestandsvoraussetzungen des § 311c BGB** (Soergel/J Mayer § 311c Rn 11; vgl jurisPK-BGB/Ludwig § 311c Rn 10). 19
Mithin muss derjenige, der sich auf das Eingreifen der Vorschrift beruft, deren Voraussetzungen beweisen, insbes auch den Umstand, dass ein bestimmter Gegenstand Zubehör der Hauptsache ist (jurisPK-BGB/Ludwig § 311c Rn 10 f; Soergel/J Mayer § 311c Rn 11). Die **Qualifikation als Zubehör** ist zudem eine Rechtsfrage, die nicht vom Willen der Beteiligten abhängt (jurisPK-BGB/Ludwig § 311c Rn 11; Soergel/J Mayer § 311c Rn 11; MünchKommBGB/Ruhwinkel § 311c Rn 7; BeckOGK/Schreindorfer [1. 7. 2023] Rn 12; Staudinger/Stieper [2021] § 97 Rn 12) und deshalb gleichermaßen nicht von § 311c BGB berührt wird.

Sachregister

Die fetten Zahlen beziehen sich auf die Normen, die mageren Zahlen auf die Randnummern.

J. von Staudingers Kommentar zum Bürgerlichen Gesetzbuch mit Einführungsgesetz und Nebengesetzen

Übersicht vom 15. 12. 2023

Die Übersicht informiert über die Erscheinungsjahre der Kommentierungen in der 13. Bearbeitung und deren Neubearbeitungen (= Gesamtwerk STAUDINGER).

Die Übersicht ist für die 13. Bearbeitung und für deren Neubearbeitungen zugleich ein Vorschlag für das Aufstellen des „Gesamtwerk STAUDINGER" (insbesondere für solche Bände, die nur eine Sachbezeichnung haben). Es wird empfohlen, die Austauschbände chronologisch neben den überholten Bänden einzusortieren, um bei Querverweisungen auf diese schnell Zugriff zu haben. Bei Platzmangel sollten die ausgetauschten Bände an anderem Ort in gleicher Reihenfolge verwahrt werden.

	Neubearbeitungen				
Buch 1. Allgemeiner Teil					
Einl BGB; §§ 1–14; VerschG	2004	2013	2018		
§§ 21–79a	2005	2019	2023		
§§ 80–89	2011	2017			
§§ 90–124; 130–133	2012	2016	2021		
§§ 125–129; BeurkG	2012	2017	2022		
§§ 134–138	2003	2011	2017	2021	
§§ 139–163	2003	2010	2015	2020	
§§ 164–240	2004	2009	2014	2019	
Buch 2. Recht der Schuldverhältnisse					
§§ 241–243	2005	2009	2014	2019	
§§ 244–248	2016	2021			
§§ 249–254	2005	2016	2021		
§§ 255–304	2004	2009	2014	2019	
§§ 305–310; UKlaG	2006	2013	2019	2022	
Anh zu §§ 305–310			2019	2022	
§§ 311, 311a–c	2013	2018	2023		
§§ 312, 312a–k	2013	2019			
§§ 313, 314	*2025*				
§§ 315–326	2001	2004	2009	2015	2020
§§ 327–327u	2023				
§§ 328–345	2009	2015	2020		
§§ 346–354	2012	2022			
§§ 358–360	2016	2021			
§§ 362–396	2000	2006	2011	2016	2022
§§ 397–432	2005	2012	2017	2022	
§§ 433–480	2004	2013			
§§ 433–448			2023		
Wiener UN-Kaufrecht (CISG)	1999	2005	2013	2017	
§§ 488–490; 607–609	2011	2015			
§§ 491–512	2004	2012			
§§ 516–534	2005	2013	2021		
§§ 535–556g (Mietrecht 1)	2011	2014	2017	2021	
§§ 557–580a; Anh AGG (Mietrecht 2)	2011	2014	2017	2021	
Leasing	2004	2014	2018	2023	
§§ 581–606	2005	2013	2018		
§§ 607–610 (siehe §§ 488–490; 607–609)	./.				
§§ 611–613	2005	2011	2015	2020	2022
§§ 613a–619a	2011	2016	2019	2022	
§§ 620–630	2012	2016	2019	2022	
§§ 630a–630h	2021				
§§ 631–651	2003	2008	2013		
§§ 631–650v				2019	
§§ 651a–651m	2003	2011	2015		
§§ 652–655; 656a–656d	2021				
§§ 655a–656; 657–661a	2020				
§§ 662–675b	2017				
§§ 675c–676c	2012	2020			
§§ 677–704	2015	2020			
§§ 705–740	2003				
§§ 741–764	2002	2008	2015	2021	
§§ 765–778	2013			2020	
§§ 779–811	2002	2009	2015		
§§ 779–782				2020	
§§ 809–811				2023	
§§ 812–822	1999	2007			
§§ 823 A–D	2016				
§§ 823 E–I, 824, 825	2009	2021			
§§ 826–829; ProdHaftG	2003	2009	2013	2018	2021
§§ 830–838	2002	2008	2012	2017	2022
§§ 839, 839a	2007	2013	2020		
§§ 840–853	2007	2015	2023		
AGG	2017	2020			
UmweltHR	2002	2010	2017		
Buch 3. Sachenrecht					
§§ 854–882	2000	2007	2012	2018	
§§ 883–888	2002	2008	2013	2020	
§§ 889–902	2019				
§§ 903–924	2002	2009	2015	2020	

§§ 925–984; Anh §§ 929 ff	2004	2011	2016	2020	
§§ 985–1011	1999	2006	2013	2019	2023
ErbbauRG; §§ 1018–1112	2002	2009	2016		
§§ 1030–1112				2021	
ErbbauRG				2021	
§§ 1113–1203	2002	2009	2014	2019	
§§ 1204–1296; §§ 1–84 SchiffsRG	2002	2009	2018		
§§ 1–17 WEG	2017	2023			
§§ 18–49 WEG	2017	2023			

Buch 4. Familienrecht

§§ 1297–1352	2007	2012	2015	2018	2023
LPartG	2010				
§§ 1353–1362	2007	2012	2018		
§§ 1363–1407	2017				
§§ 1408–1563	2018	2023			
§§ 1564–1568; §§ 1568 a+b	2004	2010	2018		
§§ 1569–1586b	2014				
§§ 1587–1588; VAHRG	2004				
§§ 1589–1600d	2000	2004	2011		
§§ 1601–1615n	2000	2018	2022		
§§ 1616–1625	2007	2014	2020		
§§ 1626–1633; §§ 1–11 RKEG	2007	2015	2020		
§§ 1638–1683	2004	2009	2015	2020	
§§ 1684–1717	2006	2013	2018	2023	
§§ 1741–1772	2007	2019	2023		
§§ 1773–1895	2004	2013	2020		
§§ 1896–1921	2006	2013	2017		

Buch 5. Erbrecht

§§ 1922–1966	2000	2008	2016		
§§ 1967–2063	2002	2010	2016	2020	
§§ 2064–2196	2003	2013	2019		
§§ 2197–2228	2003	2012	2016	2021	
§§ 2229–2302	2022				
§§ 2303–2345	2014	2021			
§§ 2346–2385	2010	2016			
§§ 2346–2352			2022		
§§ 2353–2370			2023		

EGBGB

Einl EGBGB; Art 1, 2, 50–218	2005	2013	2018		
Art 219–232	2015				
Art 233–248	2015				

EGBGB/Internationales Privatrecht

Einl IPR	2012	2018			
Art 3–6	2013				
Art 3–4		2019			
Art 7–12, 47, 48	2007	2013	2018		
IntGesR	1998				
Art 13–17b	2003	2011			
Art 18; Vorbem A + B zu Art 19	2003				
Haager Unterhaltsprotokoll (HUP)		2016	2021		
Vorbem C–H zu Art 19	2009				
EU-VO u Übk z Schutz v Kindern		2018			
IntVerfREhe 2	2016				
IntVerfREhe (Brüssel IIb-VO)	2014	2023			
Art 19–24	2008	2014	2018	2022	
Art 25, 26	2000	2007			
Art 1–10 Rom I-VO	2011	2016	2021		
Art 11–29 Rom I-VO; Art 46b, c; IntVertrVerfR	2011	2016	2021		
Art 1–3; 10–14 Rom II-VO	2023				
Art 38–42	2001				
IntWirtschR	2006	2010	2015	2019	2023
Art 43–46	2014				

Eckpfeiler des Zivilrechts	2012	2014	2018	2020	2022

Demnächst erscheinen

§§ 1353–1362				2024	
Einl IPR				2024	
Art 7–12, 47, 48 EGBGB				2024	

Otto Schmidt Verlagskontor / Walter de Gruyter Verlag OHG
Genthiner Str. 13, 10785 Berlin, Telefon (030) 2 60 05-0, Fax (030) 2 60 05-222